中華民國史檔案資料滙編

第五輯 第三編

財政經濟（一）

中國第二歷史檔案館編

鳳凰出版傳媒集團 鳳凰出版社

图书在版编目（CIP）数据

中华民国史档案资料汇编. 第5辑. 第3编. 财政经济 / 中国第二历史档案馆编. -- 南京 : 凤凰出版社, 2000.1 (2010.6重印)
ISBN 978-7-80643-306-5

Ⅰ. ①中… Ⅱ. ①中… Ⅲ. ①档案资料－汇编－中国－民国②财政－经济史－档案资料－汇编－中国－民国 Ⅳ. ①K258.063

中国版本图书馆CIP数据核字(2010)第085836号

书　　名	中华民国史档案资料汇编 第五辑　第三编　财政经济(共七册)
编　　者	中国第二历史档案馆
责任编辑	高思源　王春南　尹亚伟　陈晓清
出版发行	凤凰出版传媒集团 凤凰出版社(原江苏古籍出版社) 南京市中央路165号　邮编 210009 发行部电话 025—83223462
集团网址	凤凰出版传媒网　http://www.ppm.cn
印　　刷	金坛古籍印刷厂有限公司 江苏省金坛市晨风路186号　邮编:213200
开　　本	850×1168 毫米　1/32
印　　张	188.5
字　　数	4729 千字
版　　次	2000 年 1 月第 1 版　2010 年 6 月第 2 次印刷
标准书号	ISBN 978-7-80643-306-5
定　　价	566.00 元

(本书凡印装错误可向承印厂调换,电话:0519—82338389)

编辑说明

《中华民国史档案资料汇编》(1912—1949),是为了适应中国近现代史的科学研究与教学需要,就馆藏历史档案中具有一定史料价值的资料编辑而成的一套综合性资料汇编。

这套档案资料汇编,系以前副馆长王可风生前主持编辑的《中国现代政治史资料汇编》(1919—1949)初稿为基础,进行修订补充的,全书扩编为五辑:第一辑《辛亥革命》(1911);第二辑《南京临时政府》(1912);第三辑《北洋政府》(1912—1927);第四辑《从广州军政府至武汉国民政府》(1917—1927);第五辑《南京国民政府》(1927—1949)。

本汇编为第五辑《南京国民政府》,由施宣岑、方庆秋主编。

本辑分为三编:第一编为《南京国民政府的建立与十年内战》(1927.4—1937.7);第二编为《第二次国共合作与八年抗战》(1937.7—1945.8);第三编为《蒋介石发动全面内战与南京国民政府的覆灭》(1945.8—1949.9)。以上每编各按政治、军事、外交、财政经济、文化教育等分为若干分册。

本分册为第五辑第三编的财政经济分册。全书分为七个部分:〔一〕战后复员与挽救经济危机的重要措施。〔二〕财政,其中分为:战后财政概况;中央与地方财政;税制与税收;内外债等。〔三〕金融货币,其中分为:战后国民政府的金融概况;国家金融机构的扩张;金融货币制度的总崩溃等。〔四〕工矿业,其中分为:工矿业概况;战后工矿业的复员与接收;“国营”工矿业的扩张;民营工业的破产;工业合作运动的衰退等。〔五〕农业,其中分为:农村经济政策与土地问题;租佃问题;农业生产;灾荒与农村破产等。〔六〕商业,其中分为：商业政策；物资管制与垄断；物价问题与市场危机；美货泛滥；外贸政策；外货概况等。〔七〕交通，其中分为：交通概况；铁路；公路；水运；航空；邮电等。以上档案资料，基本上反映了抗日战争胜利后国民政府的财政经济状况。

本分册档案资料的选辑、标点、校对者：第〔一〕部分为刘冰、李琴芳；第〔二〕部分为刘冰、杨斌；第〔三〕部分为于彤；第〔四〕部分为李琴芳、方庆秋；第〔五〕、〔六〕部分为张士杰；第〔七〕部分为杨斌。最后，全书由施宣岑、方庆秋审阅统编定稿。

本汇编在编辑过程中，承蒙唐彪等指导并分担部分审稿工作，在此特表谢意。

本汇编，由于涉及的面广量大，加以档案资料等条件的种种限制，以编者有限的水平，在史料的选编等方面，难免有遗漏、不当和错误之处，谨希读者批评指正。

编者　1994年11月

编　　例

一、本汇编所选资料，为保持档案文件原貌，凡原文中对中国共产党及革命人民的诬蔑不实之词，均未加改动，全文照录。但对少数文件因内容重复及与主题无关者，则酌了删节。资料出处，于文件篇后注明之。

二、本汇编所选资料，按问题分类排列，并以文件形成时间先后为序。但属综合性或追述性的资料，则按其内容酌加调整。

三、本汇编所选资料，一般以一篇为一题。但同属一事，彼此间又有直接联系者，则以一事为一题。文件标题、标点，均为编者所加，沿用原标题、原标点者，则于篇目之后加注说明之。

四、本汇编所选资料，一般均用简体字，但遇有可能引起文义歧异者，则保留原来繁体字。

五、本汇编所选资料、排印格式一律采用横排，凡竖排原件文中有“如左”“如右”者，横排后应为如下、如上，例如“命令如左(下)”，“右(上)令”等，文中不再一一注明。

六、本汇编所选资料，凡有破损缺漏或字迹不清者，以□号代之；错字、别字和衍文的校勘以及简单注释，均加在正文之后，以〔　〕号标明之；较长的注释，在正文之后以①②等号标明之；增补的字，以【　】号标明之；文件内容删节者，以……符号标明之；待考的字，以〔?〕符号标明存疑。

南京国民政府时期

第　三　编

财政经济

目　录

〔一〕战后复员与挽救经济危机的重要措施

（二）中央与地方财政

(三) 税制与税收

一、关　务

二、货物税及其他赋税

（四）内外债

一、内外债概况

二、内债

〔1〕内债整理与换发

〔一〕战后复员与挽救经济危机的重要措施

1. 经济部公布收复区敌产处理办法

（1945年8月29日）

经济部部令公布 （第七三五号）

一、凡敌国在中国之公私事业资产及一切权益一律接收，由中国政府管理或经营之。（说明）所谓沦陷区者，东北各省以及台湾澎湖群岛皆在其内，在各沦陷区内敌人充分毁损吾国资源（其中如煤、铁、铝、镁等重要矿产损耗储量为数甚多，尤为不可补救之损失），破坏吾国财产以扩张日本侵占实力，吾国所受损害至极重大，此时即宜决定宣告，凡敌人在吾国沦陷各地所有之资本财产及一切权益，一律悉皆接收作为国有，且吾国对日宣战令中已正式声明，已往一切合同契约概归无效，故正当主张凡敌国及沦陷区之资产权益，不问其属于彼方之政府或私人皆应同等看待，接受充公。

二、敌人在收复区内不得迁出或破坏任何设备，如有违犯应负完全赔偿之责。（说明）当战时将终时，敌人将沦陷区设备撤迁该国或炸毁重件，使吾国无可使用极为可能，自应先为警告，绝对不许有此种行为，如果违犯，该国须于最短时间完全赔偿，不得推诿，并由外交途径通知各同盟国政府。

三、凡与敌人合办之事业，不论公营或私营，一律由中国政府派员接收，分别性质。应归国营者移交国营事业机关，应归民营者移交正当民营事业组织接办。（说明）沦陷区各事业有归特种公司经营者（如满洲重工业特殊会社、轻金属特殊会社等），有归军事管理者（如中兴煤矿、上海电厂、长江铁矿等），又有名为中日合办，而实为日方操纵者（如华北开发会社、华中振兴会社及其投资之各事业），此类事业关系最为重大，为吾国经济之命脉，须一律由中央政府接收清理，依照事业性质移交经营，庶能认真整理纳之轨物。

四、收复区各事业遇有必要，中国得责令敌国指派经管或熟悉人员，负责点交说明。（说明）沦陷区敌人所设事业往往规模宏大、设备繁多，吾国骤为接收不免隔阂，吾国政府自应责令敌国负责点交，俾吾国接收人员得以迅速明了。

〔国民政府经济部档案〕

2. 行政院颁行收复区财政金融复员紧急措施纲要

（1945 年 9 月 6 日）

收复区财政金融复员紧急措施纲要　三十四年九月六日行政院通令施行

甲、分区设置财政金融特派员。

（一）将全部收复区分为京沪（包括南京、上海市及苏、浙、皖，驻上海），辽吉黑（驻沈阳），冀鲁察热（包括平、津、青岛各市，驻天津），晋豫绥（驻太原或郑州），鄂湘赣（包括汉口市，驻汉口），粤桂闽（驻广州）及台湾（驻台北）等七区，遴选高级干员派为财政金融特派员，处理各区内一切有关财政金融复员之紧急事项，于任务完成后撤销。

（二）制定财政金融特派员公署组织规程。

（三）财政金融特派员应随同军事人员尽先搭机前往驻在地执行任务。

乙、金融复员紧急措施。

（一）供应收复区钞票。

1. 收复区行使之钞票，除台湾行使台湾地名券外，一律行使法币。在法币尚未充分供应以前，并由中央银行发行代用券，以资补充。

2. 供应收复区钞票，分下列三办法办理：

（子）由中央银行空运钞票及代用券集中下列供应站：(1)上海(包括南京)、(2)长春、(3)天津(包括北平)、(4)汉口、(5)广州、(6)台湾。

（丑）由中央印刷厂或其他委托之印刷厂派员携带票版，随同军事人员，尽先搭机前往下列各地：(1)上海、(2)长春、(3)北平、(4)香港，利用当地印刷机器、材料及技工，以最速方法印制钞券暨代用券，以资供应。

（寅）收复地区如系由后方推进者，所需钞券得分别洽由各部队机关自行携运。

（二）推设收复区行局。

1. 国家行局立即派定人员与特派员随军前往设立分行局，除特派员驻在地外，其余暂以一地一行局为原则。

2. 收复地区如系由后方推进者，已移驻后方各地之行局，应随军前往恢复各地营业。

3. 各行局所需房屋，除原有行局外，得请政府指定接收敌伪房屋应用。

4. 复业行局经、副、襄理等干部人员，应以后方派往为原则，其人员指派，由各行局负责办理。

5. 推设行局所需交通工具及通迅工具，应由军事及交通机关尽量供应。

6. 被敌伪劫夺之金融机关，由原行局接收清理，其损失财产报请政府，责令敌人赔偿。

7. 各省地方银行立即指定人员随军推进，恢复原有省区行处。

（三）举办紧急贷款。

复员期间国家行局之贷款，应注意下列事项：

1. 军民日用必需品之生产贷款。

2. 小工商业及农民贷款。

3. 受政府委托救济贫民之贷款。

(四) 处理敌伪钞券(专案办理)。

(五) 处理敌伪金融机构及商业金融机构(专案办理)。

丙、财政复员紧急措施。

(一) 接受国有及敌伪财产。

1. 凡收复区内有关财政金融之国有及敌伪财产,由各区财政金融特派员分别处理接收事宜。

2. 接收敌产时,应与敌产管理委员会切取联系。

3. 国有及敌伪财产已由当地军事机关或地方政府接管或查封者,于财政金融特派员或其所派人员到达时,应即查洽接收。

(二) 减免赋税(专案办理)。

(三) 推设收复区财务机构。

1. 关税部分

(子) 派员接收收复区关所及关产,并次第设置上海、九龙、粤海、潮海、厦门、江海、江汉、胶海、东海、津海、秦皇岛、大连、安东、延吉、滨江、台南、台北各关所。

(丑) 设置及接收巡艇,并充实缉私力量。

(寅) 恢复航行标志及灯塔。

(卯) 清查并接收敌伪留存税款及其他款项。

(辰) 清理留存未税商货补税放行。

(巳) 甄别接收关务人员分别去留。

(午) 准备账册税单。

(未) 分别撤移内地关所。

2. 盐务部分

(子) 派员接收并次第设置辽宁、吉黑、河北、山东、山西、苏北、苏南、湖北、台湾等九区盐务机构。

(丑) 接管各地盐场仓坨,并清查存盐,予以检验。

（寅）配备交通工具赶运济销。

（卯）整理缉私事务，充实盐场警卫。

（辰）准备账册、票照。

（巳）甄别接收盐务人员去留。

3. 税务部分

（子）派员接收敌伪税务机构，并次第分别设置安徽、江苏、山东、冀察热、辽宁、吉林、黑龙江、台湾等地货物税与直接税区局及分支机构。

（丑）清查敌伪留存税款及其他款项。

（寅）清理留存商货补税放行。

（卯）甄别接收税务人员分别去留。

（辰）准备印花票照、账册。

4. 公债部分

（子）敌伪组织在收复区内发行之各种债券及库券，自即日起一律停止交易，听候处理。

（丑）凡政府已往发行之各种公债，如持有人寄存银行有案而被敌伪劫持或因战事损失者，由财政部公告限期登记。

（四）订定库款收支办法。

1. 各机关在收复区推设分行机构，第一次所需之经费，应拨交各主管机关领转，或直接拨交各推设机关之负责长官，在渝具领，携往备用。

2. 收复区内各机关本身如有收入者，其经费暂准坐支。

3. 收复区各种税收，在分支库未成立以前，暂准税收机关自行收纳。

4. 收复区内之机关本身无收入，而当地又无分库者，其经费由财政部指定当地或附近税收机关就近划拨。

5. 收复区已设分支库时，准予直接由总库随时电令拨发。

6. 通知中央银行充分准备头寸，洽定集中站，分别飞运济用。

7. 催促中央银行迅于各重要地点设立分库。

8. 军费之划拨，由军政部另行洽定办理。

（五）调整货物管理办法。

1. 取消封锁线货运管制及检查。

2. 因查禁敌货及防止资敌而列入《战时管理进口出口物品条例》之物品，一律解禁。

（六）台湾区财政紧急措施（专案办理）。

〔国民政府财政部档案〕

3. 蒋介石关于确立战后经济事业制度及贸易制度的代电

（1945年11月26日）

蒋主席戌寝府交丙代电

十一月一日发签字第二〇三号报告及附件均悉。所拟战后我国经济事业制度及贸易制度两种，准照会拟意见办理，由行政院分别草拟法案施行。惟（一）关于外人在我国内直接投资单独经营之事业，应否先经政府之特许，可再加考虑。（二）关于出口关税之废除与结汇办法之规定两点，亦应针对战后各时期实际环境之需要，详作具体之研究，以期国际贸易与国内工业之发展，并希注意为要。

确立战后我国之经济事业制度

战后我国之经济建设事业，规模宏大，经纬万端，欲期谐和发展，早观厥成，必先确立制度，以为准绳。经济事业制度之中心问题，首在规划经营方式，俾使中外人士有所遵循；次则树立国营事业之管理制度，使其有所规范。爰本此意，并依民生主义之原则与中央之既定方针，分：（一）经济事业之经营方式；（二）经济事业之管理制度二端，胪陈如次：

经济事业之经营方式

甲、方式之分类

依民生主义制造国家资本之要旨，并兼顾目前我国公私资力有限之事实，战后经济事业之经营方式，应一面以政府全力发展国营事业，同时在不违背节制资本之原则下，扶植民营企业，并本平等互惠及国际经济合作之精神，以各种方式鼓励外资之输入，以助我经济建设之迅速完成。本此原则，战后我国经济事业之经营方式，应为下列五类：(一)国营；(二)民营；(三)政府与人民合营；(四)中外合营(政府或人民与外人合营)；(五)外资单独经营。

乙、原则上应由政府独占经营之事业

(一) 直接涉及国防秘密者，其种类为：海陆空军器、弹药等制造事业，“工业建设纲领实施原则”与“第一期经济建设原则”均将此种事业列为国营事业。其理至为显明，兹不具论。

(二) 有独占性质者，种类为：主要铁路、邮电暨大规模动力厂及其他公用事业。此类事业有需要资金甚巨，非一般民力所能胜任者，有事关社会福利不便人民私营者。二有与国防关系密切者，均具有独占性质，不宜于自由竞争，应予划归国营。

(三) 国防关系密切之大规模炼钢、炼焦、炼油(石油等)，亦应划归国营。

上列政府独占经营事业之范围，仅系原则上之规定，为适应未将情势之需要起见，政府亦得以特许或委托方式允许民营或外资经营。至其他事业拟可民营、政府与人民合营、中外合营或外资独营，不必加以限制。惟人民力量有所未逮时，亦得由国家经营。

丙、国营、民营事业之待遇

政府所经营之事业不论单独经营或与人民或外资合营，其具有商业性质者，均应与同类之民营事业，享受同等之权利与义务。

丁、中外合营及外人单独经营事业之管理

(一) 中外合营之事业，外国资本对中国资本不规定比例，总经理为外国人或中国人，亦不加限制。

(二) 外人在我国直接投资、单独经营之事业，应遵照中国法令办理，法令规定须经特许始得经营者，亦应依照其规定办理。

(三) 国营事业之管理制度

我国国营事业虽已具有数十年之历史，因已往制度未立，规划欠周，以致漫无规律，流弊丛生，自应建立合理之经济事业管理制度，庶事前有通盘之筹算，事后有严密之考核。而普通行政系统与国营事业系统之明白划分，尤为切要。兹列举国营事业管理制度之原则如次：

普通行政系统与国营事业系统，应予严格划分。我国国营事业系统与普通行政系统尚未截然划分，所有法令，凡施之于普通行政者，无不适用于国营事业，其结果遂不免发生种种阻碍与弊端。查普通行政之要务在于推行国家政策与政令，而国营事业则系营业性质，须依据企业原则灵活运用，二者性质既异，管理制度自应明白划分，毋庸混淆。兹建议国营事业应采公司组织，由政府选任董事，组织董事会，政府对董事会应予以指导、监督外，不直接干预。其各层业务公司经理由董事会提请政府任用之，免职时亦同。

依照此项原则建立之国营事业管理制度，应分左列三项：

子、人事管理制度：

(一) 国营事业人员之管理为：适应事业机关之企业性，应实施事业人员之专业化与定业化。人员之分类、分级，应以工作性质为标准，并实行定期分职考核制度，依照一般企业管理办法，分别规定之。

(二) 国营事业人员之待遇，应在同工同酬之原则下，依据“时”“地”之生活状况，分别厘定薪给标准及晋级办法，并确立保障退休、养老、抚恤等各种制度。

丑、财务管理制度：

(一) 每一国营事业机关之资本，应确定其固定资本数额，一次或分次如期拨发。流通资金得向国家银行借支，必要时经政府许可，并得发行债券。

（二）国营事业之审计，应另定国营事业审计办法，以事后审计为原则，其手续力求简单迅速。

（三）国营事业之盈亏，应经审核公告并得按一般公司办法保留一部分盈余，作为一种公积金。

（四）国营事业之会计，应依照一般企业公司之通行办法另定之。

寅、物料管理制度：

（一）国营事业为减少物料损耗，增加经营效率，应按照一般公司通行办法另定保管处理规程，勿庸按照官物保管规定，多费时间手续，招致损失。

（二）应设置财物管理机构，管理材物之购置、运输、保管、分配及供应等事宜。

确立战后我国贸易制度

战后我国贸易制度亟应根据民生主义及中央既定方针，并适应国内外情势，从早予以建立，始克贯彻国家贸易政策，促进经济建设之完成。关于贸易制度之建立，应从经营方式及管理两方面着手。

（一）经营方式：

（1）我国国内外贸易经营方式可分下述五种：

甲、政府单独经营；乙、民营；丙、政府与人民合营；丁、中外合营（政府或人民与外资合营）；戊、外资单独经营。

（2）国内外贸易以民营为原则，但性质上宜于国营之进出口物品如军火、钨、锑等，政府得组织国营进出口专业公司，分别经营之。

（3）政府应指导人民组织生产、运销及消费合作社，以改进民营贸易经营方式，并提高生产者及消费者之福利。

（二）管理制度：

（1）政府对于进口贸易、进口外汇及关税，在战后初期应予适度管理，以期进口物品能配合经济建设计划之需要，并使有限之外汇资源不致浪费，而国际收支亦能逐渐接近平衡。

（2）政府对于出口贸易以不统制为原则，并废除出口税，俾使扩大出口量值。

（3）政府应指导出口贸易之产制运销组织并加强检验工作，使其增加产量、改进品质、扩展销路，并应在各重要国际市场设立商务专员办事处及加强领事馆组织，以便报导商情、协助推销及宣传工作。

（4）在战后初期，政府对于重要出口品，应在不影响出口商正常利益之原则下，规定结汇办法，以便集中外汇统筹用途，出口商本人并得有优先使用其外汇购入经建器材之权利。

（5）政府对于国内贸易，以不统制为原则，以期货畅其流。

〔资源委员会档案〕

4. 蒋介石关于肯纳逊对中国战后经济建设之意见致宋子文电

（1945年12月9日）

行政院宋院长勋鉴：据美国陆军工程部工程师肯纳逊上校对中国战后建设之建议，其内容如下：（一）建设强大中国之必要，战后二十五年内中国能赶上英美尤其苏联，始能立足于世界，而美国必须在太平洋对岸有此强大之友人始可获永久之安全。共党问题为世界问题，中国首当其冲，而解决此一问题，必须中国在国际经济合作之下从事建设，俾人民有生计之收入，安心生产，始为根本之计。（二）国家投资之各项工程，在战后初期，中国须定五年或十年计划，以国家资力从事于六项工程：（1）铁路；（2）公路；（3）航空交通所需之机场；(4)总理孙先生所计划之海港；(5)治河浚江所需之水利工程；(6)电气动力。此诸种工程不但为一切生产事业必要之条件，且足以增加人民之职业及社会购买力，调剂经济恐慌，故为经济建设首要之工作。(三)工程人才之使用，中国工程人才不够，必须征集，作最有效、最经济之使用，同时借用美国工程人才，统一集中而使用之。(四)各项工程宜有统一事权之组织以使用之，在行政院设建设委员会(或局或部)，下分六局：(1)铁路；(2)公路；(3)机场；(4)港口；(5)水利工程；(6)电气动力。其职能在：(1)设计；(2)估计器材及费用；(3)指导工程；(4)移交已完工程于各行政机关。此委员会各局工作，专在建筑，已建者分别移交交通部航委会港务机关等经营及管理使用。故与现存各部会有分工而无抵触。(五)工程人才之培养，中央宜设最高工程学校培养与英美工程学术水准相等之工程人才，各等情。此项建议可作为关于经济建设意见之重要参考，并可将最高经济委员会之组织，亦可以此作研究之材料，希即遵照。中正。卅四亥佳府军义。

〔国民政府行政院档案〕

5. 行政院为加强经济复员订定紧急措施办法的报告①

(1946年3月17日)

行政院为加强经济复员订定紧急措施办法之报告

我国当前之经济问题，一方因抗战以来负荷繁重，积月累年，有加无已，国家收支不平衡之趋势竟与时日激增而愈显其严重；一方更因胜利之后收复区域遍地疮痍，后方事业重感挫折，一切复员须百废俱兴，而经济上有关之必要措施又以国内秩序尚未安定，国

---

① 1946年3月17日国民党六届二次全会通过。

际贸易尚未恢复，致难以纳于正轨。前因后果相激相荡，乃演成今日困顿危难之现象。欲求有效之挽救，必须循下列四种原则以进行。

一、增辟新税源，以裕国库收入，遏止通货之急剧膨胀，以治其标。

二、前项增辟之新税源，应本民生主义、节制资本、平均地权之原则，兼顾并筹，廓清障碍，勉力实施，以治其本。

三、切实解决劳资纠纷，消弭罢工怠工之现象，以促进生产事业，开扩就业领域，使民生经济渐臻健全，以奠标本兼治之基础。

四、调整公教人员、军队官兵及产业员工之待遇，务期公平合理，使能廉洁奉公，安心乐业，以振标本兼治之效率。

上述四端，本为近年常谈，然欲实施有效，则千头万绪，而非一蹴可就。应如何执简驭繁，确订平实易行之办法，以期逐步成功，而免过去徒托空言之弊，实为首当严切考虑之问题。行政院忝理庶政，责无旁贷，除对于恢复交通运输，增加物资来源，开放国外贸易，整顿各种税收，利用敌伪物资，鼓励人民生产，并向国外接洽借款各项工作分别积极督促进行外，特针对时弊，订定紧急措施办法。谨将其内容要点列陈如次：

（一）开辟新税源以增国库收入之办法

甲、举办财产税

1. 为使全国财富阶级及大地主对国家经济复员应有贡献，并使社会财富分配失平之畸形现象得以纠正起见，应即举办全国财产总登记，无论动产、不动产均限期据实申报，以累进制征收财产税。

2. 关于平均负担，各国多以直接税提高税率扩大范围为主要办法，我国直接税举办未久，收效未宏，在此复员期间，应即征收一次财产税，以增收入而平负担。

3. 为使前项执行有效起见，应即办理户籍登记，并修改姓名使用限制条例，限期实施。如违反限制条例之规定者，不保障其产权，得予以严罚。

乙、征收交易所税及交易税

1. 先在重要都市恢复交易所，于年终结算时按其盈利征收交易所税。

2. 各种交易所之每笔交易，均征收其交易税。

丙、举办特种过分利得税

斟酌目前经济金融情形，分别工商业，重新订定合理利润及分红制度，凡超过规定之盈余为过分利得，以累进制予以课税。关于工厂资金之升值，并应予以合理之核定。

（二）制定国营及民营事业员工待遇纠纷处理之办法

甲、所有国营事业人员，包括一切员工，均应视为公务人员，应遵守有关公务人员服务之一切法令，不得有罢工怠工情事。

乙、设置劳资评断委员会，根据安定劳工生活及促进投资生产事业之合理准则，处理民营事业之劳资纠纷。其评断决定由所在地地方政府强制执行，以遏止罢工怠工情事之发生。

丙、民营事业属于公用交通及民生重要物品制造范围者，遇有劳资纠纷，通过公平合理之评断而仍不能解决时，政府得施行临时国家代营办法。

（三）调整公教人员、军队官兵及国营事业人员之待遇办法

甲、属于公教人员者

1. 重新规定基本生活费之标准及薪津加成数，其薪俸加成数并应按照各地公务员生活指数采取“低级提高”、“高级递减”之方式，合理订定。

2. 上项基本生活费及薪俸加成数，由行政院视公务员生活指数之实际增减情形，即予订定实施。以后每三个月调整公布之，各机关不得擅有出入或额外变相补助情事。

乙、属于军队官兵者

军队官兵之待遇，除目前应就国库勉力负担之可能范围另案酌定相当调整办法外，一俟整编完成，所有军官佐之薪俸应与文职人员平等待遇。

丙、属于国营事业人员者

1. 国营事业人员应参照公务人员之待遇，酌留一定限制之弹性，以规定其合理标准，借期适应业务需要而杜流弊。

2. 上项标准规定之后，不得再有任何变相津贴或补助之给与。上级主管机关并应随时严格考核，连带负责。

3. 国营事业机关应由上级主管机关视其业务实际需要，确定其员额编制。

凡上所陈，皆为当前必须采取之紧急措施，一切具体施行章则，行政院已在加紧拟定之中，决于最短期间排除一切困难，即付实施，以求贯彻，俾国家收支接近平衡，物价波澜渐趋平息。而且为期迅速达此目的起见，关于军事与行政各方面应恢复平时体制，其因战时增扩之庞大军额，必须依照整军方案之计划与期限，切实完成缩编；其因战时关系增设之机关及为收容播迁人员而扩充之员额，必须破除情面，分别切实减缩。盖既经复员之后，其他公私事业及社会经济，均必相继发展，所有军政复员人员转业就业，尽有余地，此虽为节用节流之消极工作，实与上述各项积极办法有相济相成之因果。总之，今日经济情势已面临极严重之关头，一切应兴应革之措施必采划时代之转变，而其成败利钝尤为国家民族兴衰荣枯之所系。自政府各级主管以至社会各界人士，均宜以奉行主义、贯彻政策为职志，勿狃于积习，勿蔽于私图，勉忍艰苦，通力合作，则转危为安，否极泰来，重跻国计民生于富庶康乐之前路。谨陈概要，惟希公鉴。

〔国民政府中央执行委员会秘书处档案〕

6. 中国国民党六届二中全会对于财政金融经济交通报告的决议案

（1946年3月　日）

对于财政金融经济报告之决议案

壹、财政部办理情形〔略〕

贰、交通部办理情形

关于恢复交通一节，早经本部饬令各附属机关，遵照办理。

叁、经济部办理情形

一、扶助生产事业

原决议案提示各点，对扶助生产事业，业曾再三致意，综其要点，不外“调整对外贸易”（原案第四项之一）、“宽筹工业资金”（原案第二三七各项）、“供应燃料动力”（原案第六项）、“训练工业人才”（原案第四项之三）、“保障工业利润”（原案第四项之四六）、“便利货运流通”（原案第五项之二）诸端。兹就本部所主管者陈之：

（一）调整对外贸易

目前国际贸易之逆差，一面外货进口激增，压迫民族工业之生存，一面国产输出锐减，窒息出口事业之发展，为生产危机最大症结之所在。本部为谋限制进口、鼓励输出，以确达扶助工业生产之目的起见，经与财政部数度往返咨商，拟具初步意见，建议最高当局采择，业已次第见诸实施。

（1）调整外汇比率　我国对外汇率，业于本年八月十八日经国防最高委员会明令调整，对减少进口刺激输出，当可收相当成效。

（2）免除出口关税　出口免税一案，亦已与汇率调整同日明令施行，今后出口贸易，已均可因成本略减而转趋复苏与向荣。

（3）考虑改订税则　今后为合理保护民族工业之发展，对关税政策亦亟应积极研讨，通盘调整，以资因应，本部经参酌战后建设计划与当前经济情势,对我国目前亟须保护之工业种类及其可行之方法与应达之程度,拟订初步意见,提供财政主管当局作为改订海关进口税则之参考。

(4) 发展国际商务　关于对美对苏对加商务协定、对阿根廷智利易货及对瑞士瑞典贷款购科〔料〕等商谈,均在分别进行中。最近便派员参加世界贸易就业会议,并先提出对美要求继续免税减税之输美货品名单,进行初步商谈,以为发展今后对外贸易之张本,此外并于原有驻美驻苏商务官之外,加设驻英商务参事及驻新加坡商务专员,以加强对各该地商务之联系。

(二) 宽筹工业资金

资金为事业之母,关系至为切要,原决议案所指示可分两点言之,一为增筹事业经费与扩张生产贷款,一为吸收社会游资纳入生产轨径,本部于职掌范围,已均经致力办理。

(1) 举办复工贷款　接收厂矿,亟待复工,经洽商四联总处筹贷款项,以利进行,计上海区本年(卅五)二月至七月贷出704,500万元,受助工厂58家。嗣复先后商定平津区及湘桂区复工贷款各15亿元及4亿元,对恢复生产不无裨益。

(2) 协助增产资金　四联总处核办投资贴放方针,近已修订公布,其要旨即系以促进生产、稳定物价为主,各地厂商自可依照规定,随时申请贷助。本部为进一步协助民营中小工业增产资金起见,现正拟订办法,拟请政府指拨专款,分区贷放各中小型厂矿,由本部协助贷款,银行审核监督,俾收切实效果,俟有成议,即可正式进行。

(3) 恢复证券市场　社会游资之吸收、工业资金之调剂,均有赖于证券市场之建立,上海于战前原有证券交易所之设,胜利后经由本部会同财政部督导尽先恢复,已于本年九月间正式开业。其他各地如天津证券交易所等,亦在积极筹备复业中。

(4) 延长工贷债务　胜利前后,后方工厂所借紧急工贷,目前因生产停顿，大都无力偿还，本部以各该工厂对战时生产贡献甚大，为保持工业既有基础，并兼示酬庸有功之意起见，迭经与财政部商洽，将该项贷款延期两年偿还，并免除全部利息，以资救济，已得该部同意照办。

（三）保障工业利润

保障工业利润与鼓励生产投资，具有连带关系，本部对一般工业之扶助，除减少外货竞销，扩充低利贷款，亦足收保障工业利润之效外，并进行以下各项设施：

（1）收购滞销产品　出口事业，以外销停滞，咸面临严重危机，仅恃提高对外汇率，已不能尽补救之能事，亟应由滞销产品之收购或贴补方面加以协助，以保障工业最低之利润。现在生丝一项，已开始办理收购，由中央信托局负责执行，每担收价，经本部与农林部商定为380万元。收购茶叶，亦在着手办理。其余如桐油，亦在考虑中。

（2）办理保息补助　保息补助为保障工业利润之重要措施，本部于三十六年工作计划内，曾列有专项，并拟指拨大量基金，以资运用。

（3）提高劳动效率　保障工业利润，有赖生产成本之减低，而减低工业成本，又系于劳工效率之提高。本部鉴于胜利以来，工潮迭起，工人习气嚣张，迭经与社会部密切会商，通饬各厂矿根据有关法令，参酌自身需要，拟定本厂矿管理规则，呈由主管官署核定后，严格执行，以期工厂管理，克臻完密，工作效能，赖以提高。同时对工资调整一节，认为工人所得工资，既已按生活费指数比例给付，则工资基数，自不可规定过高，尤不可继续增加，以免工厂因负担过重而停工减产，转使工人有失业之虞，迭经以此意与社会部商洽办理。

（四）训练技术人才

关于全国工业人才之储备与运用，似应有一统筹机关，负调查设计及分配之责。本部前于核议六全大会有关技术人才问题决议案时，即曾有以中央设计局主办是项工作之建议。兹就本部主管者分陈于后：

(1) 选派实习人员　过去一二年内，政府曾派有优秀技术人员1,000余人赴美研究高深技术，已有一部分人员期满返国，分发各厂工作。最近本部方面，仍将有137人分批出国深造。

(2) 训练技术人员　关于中高级工业干部人才之训练，应以工厂与职业学校密切配合为原则，本部今后自当与教育部随时洽商进行。至由本部各附属机关直接举办者，则有纺织事业管理委员会之纺织技术人员训练班及全国度量衡局之度量衡检定人员养成所。

(3) 训练技术工人　本部为培养熟练技工，曾设有技工训练处，委托并督导各国营民营工厂分别办理，特别、普通、速成等技工训练，计自二十九年至三十五年止，三种技工已各训练382人、3,246人及879人，共4,500余人。本部复经拟订扩大技训计划，预计三年内训练各种技工1万人。

(五) 筹设督导机构

本部为推进各项扶助生产事业之设施，业经决定于各经济中心地点设置工商辅导处，期以顾问工程公司姿态，协助各民营工矿事业创办经营，并沟通商业情报，调查经济实况，筹助生产资金，改进工业技术，以促助各区经济之平衡发展。其组织条例，已由国民政府明令公布，并分就上海、天津、广州、汉口等地先行筹备成立。

二、处理敌伪产业

接收厂矿之复工，亦原决议案最注意之点(第四项之二又补充意见之二及对政治报告决议案乙项之七)。本部对收复区工矿事业之处理方式容有不同，然其目的则无不以厂矿设备之迅速恢复利用为第一义。兹将各区敌伪产业接收处理情形分述如后：

(一) 接收经济事业

本部各区接收工矿事业及公司企业总数，截至本年九月止，计共达3,255单位。其中以台湾为最多，达1,736单位。苏浙皖区次之，为571单位。冀热察绥区又次之，为334单位。湘鄂赣鲁豫晋东北区更次之，各为192单位、188单位及148单位。粤桂闽区最少，仅86单位。以种类言之，则化工厂最多，达841单位。机器厂次之，为797单位。再次则为纺织厂230单位，饮食品厂159单位，冶炼厂113单位，其他工厂525单位，电厂80单位，矿场104单位，公司企业406单位。

（二）处理敌伪厂矿

各区接收之厂矿公司，均经视事业性质分别加以处理，其方式如左：

(1) 发还　凡属国人或盟邦人民产业被敌伪强占或强买者，一俟人民申请，均予查明发还或赎还，迄本年八月止，已发还原业主经营之厂矿公司共达352单位，计工厂135单位、矿场6单位、电厂25单位、公司企业186单位。以地区言，则以台湾为最多，计占267单位。

(2) 移管　凡属纯粹敌伪产业而其性质合于国营条件者，分别交由资源委员会中纺公司、中蚕公司或其他主管机关接办经营，迄本年九月止，计共移管工厂296单位、矿场7单位、电厂10单位、公司企业43单位，综计356单位。以地区言，以苏浙皖区为最多，共达356单位。

(3) 标售　纯属敌伪产业而其性质合于民营条件者，则由各特派员办公处尽量以标售方式交予民营，迄本年九月止，各区共已售出工厂120单位、公司企业3单位，综计123单位。矿场电厂则以大多属于国营范围，或战前已有原主经营者，故无标售。以地区言之，则上项工厂，大都为苏浙皖区所售，计达116单位，其次则仅有湘鄂赣区之7单位，其余各区虽已进行标售，惟以人民投资兴趣不浓，或以地方正常秩序未复，则迄尚无人承购。

(4) 保管　前项厂矿公司，在已决定处理而尚未标售以前，则均由各区特派员办公处暂行保管经营，迄本年九月止，各区尚在保管之事业，计有工厂1,481单位、矿场51单位、电厂42单位、公司企业8单位，共达1,582单位。以地区言，则以台湾区为最多，达915单位。冀热察绥及苏浙皖区次之，各为285及138单位。

（三）督导厂矿复工

工矿复员之重点，不在于敌伪产业之接收，而在于原有工矿设备之尽速恢复利用，故其处理方式虽有划管发还标售与保管经营之不同，然语其目的，则无非在使有用设备迅速复工，以免长此废置，致贻利弃于地之憾。故本部于各区敌伪厂矿接收之初，即考虑对各项工厂复工应需之基本条件预为准备。如：

（1）举办复工贷款　洽请四联总处于上海、天津各区举办复工贷款，已如前述。

（2）统筹燃料供应　经先后设置上海区及河北平津区燃料管理委员会，购运各矿产煤，接济复工各厂需要，并协助各煤矿积极增产，以裕水源。

（3）扩增电力容量　对各区接收之电厂，尽先发还或交由资源委员会整理经营恢复发电，并协助其充实设备，扩增容量，以裕工业动力之供应。

（4）代筹原料来源　各厂矿必要器材原料，除已由物资处理及供应机关随时协助供给外，其需要向美国洽购或由日本以易货方式换取者，如纺织业所需之棉花、蚕丝业所需之桑苗蚕种、煤矿业所需之窑木炸药等，亦均协助办理。

各区接收厂矿，在以上种种协助之下，其设备较为完整可资利用者，已大多相继复工，迄本年九月止，已由特派员办公处主持复工，或于发还移管后自行复工之厂矿总数已共达856单位，计矿业35单位、化工320单位、机器电器216单位、纺织121单位、给水及电力65单位、冶炼21单位、其他78单位。以地区言之，则以台湾为最多，达377单位。苏浙皖区次之，有226单位。冀热察绥区又次之，有115单位。其余各区较少，惟仍陆续增加中。

（四）酬庸复员工厂

抗战期内，后方民营厂矿艰苦转迁，勉维生产，有功抗战，至不可没。际兹胜利复员，自应酌予优惠，以示酬庸之意。本部对收复区敌伪工矿事业之标售于后方厂矿，向即予以便利，最近为切实表示优遇，并使可用设备尽速恢复利用起见，复经拟订苏浙皖区标售二次以上未能售出之敌伪工厂由后方复员工厂优先承购或承租办法，对承购工厂予以一次七折付款或分三期付款之优待，俾复员东归之工业人士，咸能以简捷方法，获得投资生产事业之机会。是项工作，自八月份开始办理以来，第一、二两批申请优先承购厂家，经本部核准者，已达22家，其余各厂，则尚在分别核办中。

三、管理重要物资

胜利以来，各地物价飞涨，民生日困，全会深以为忧，爰有对各大都市人民生活必需品妥筹供应(原案第三项)，以谋稳定物价之提示。查目前重要民生物资属于本部主管业务范围者，仅煤及纱布两项，由上海、河北、平津二区燃料管理委员会及纺织事业管理委员会分司其事，其办理情形可分述如次：

（一）燃料

（1）督导煤矿增产　复员之初，各收复区存煤告罄，深以燃料缺乏为苦，本部经对接收各矿，悉力协助，一面贷放生产资金，并由上海区燃料管理委员会于售煤盈余内提成补助，一面以我国食盐与驻日美军总部交换矿用窑木100余万株、炸药100吨、雷管50余万只，并由联总运取钢丝绳280吨、炸药50吨，分配开滦、淮南、台湾各矿，以供增加生产之用。此外于本年六月前，复曾商由行政院善后救济总署每月价售开滦面粉3,000吨，对中兴、淮南各矿亦有少量工粮之供应，俾各矿工人得以安心工作。施行以来，各矿产煤激增，开滦由日产500吨增至2,000吨，淮南由月产400吨增至1,200吨，华东由日产300吨增至700吨，台湾各矿由日产500吨增至3,000吨。此外,东北之阜新、北票、抚顺、本溪湖,华北之民生、宜洛、龙门、井陉、门头沟,华中之萍乡、湘江各矿,亦均已次第复工,每月生产能力可共达70余万吨,现仍在继续增产中。

(2)加强煤斤运输　三十四年十月上海区燃料管理委员会成立之初,京沪煤荒情形异常严重,经即开始调查各地存煤,查得秦皇岛、青岛、连云港、基隆四处共存有22万吨,惟以船只无着,无法取运接济,爰由行政院电商英美政府拨租自由轮,并与英美挪巴各国商轮公司洽租商轮赶运济急,迄本年六月止,计共租赁船舶17艘,总吨数达14万吨,每月运输能力最多可增达16万吨,航行区域,亦日益扩展。除上述数港埠外,葫芦岛、九龙、香港以及越南宫门口等海港及南京、汉口等内河口岸,均经常有船舶来往,运送煤斤。

(3)统筹燃料分配　胜利以来,各方需煤甚殷,而各矿产煤有限,颇呈供不应求之势,不得不斟酌缓急,妥筹分配,综计上海区燃料管理委员会配售烟煤数量,自三十四年九月至十二月共148,024吨,三十五年一月至六月共539,582吨,分配标准,以公用事业为最多,占26.8%,其次为铁路16.7%、工厂15.5%、船舶10.6%、政所机关3.7%。又运供外埠电厂工厂26.7%。七至九月份配售烟煤431,837吨,分配标准,计公用事业24.68%、工厂20.09%、铁路17.13%、船舶13.18%。

(4)稳定燃煤价格　上海区燃料管理委员会煤斤售价,均系按照产运成本合理决定。其后因物价工资逐步上涨,各矿采煤成本增加,曾于上年十二月、本年〔三十五〕三月两度调整煤价。嗣以该会对工厂用煤,大量登记供应,黑市煤价旋即迅速下降。自三月下旬起,经再饬其分别用途,酌定等级,并照市价八折订价配发公用事业及工业用煤,价格均得略为低减。惟以经常配量甚巨,不敷成本过多,不得不另谋调剂,减轻负担。爰再行商订纱厂以煤易电办法,施行以来,颇收成效。故综观上海区煤斤售价,较之其他民生日用必需品如米食油等项之上涨率，大致尚称稳定。

（二）纱布

敌寇投降后，经济部接收敌伪纱厂纱锭达170万枚，约值2,000亿元以上，其经营殊非民力所能胜任，而标售时估价手续之烦难，公司组织及资金筹集程序之繁复，均非半年以上之时间不办，此半年之损失，非仅徒耗保管费用，加重国库负担，抑且减少工人就业，影响人民生计。本部为求迅速复工供应市场需要起见，故决定成立中国纺织建设公司，暂由政府独资经营，以二年为期，今后当依原定期限或提前逐步售予民营。兹将该公司业务进行情形略陈如此：

(1) 增加生产　该公司对接收之纱锭织机，经积极整理陆续复工，其生产能力已递见增加，迄三十五年六月止，纺锭日班已开至95万余枚，连同夜班可共开至160万锭，一至六月止，计共产棉纱111,328.95件(内上海91,948.21件)、棉布2,977,760.7匹(内上海2,108,586.5匹)、毛纱647,025磅、毛织品497,714码、麻线1,355,154磅、麻胶布215,439码、麻袋布856,797码、绢丝及各种混纺丝116,620磅、丝织品及其他交织品359,268码，加工布741,367匹。此外尚有内衣坯布成衣等件(均上海产品)。七月至九月份开工锭数续有增加，已可达接收纱锭总数百分之八十。三个月计共产棉纱74,169.24件、毛纱551,769磅、麻线770,595磅、绢丝59,134磅。

(2) 充裕供应　该公司生产成品，大都依各方需要分别出售或拨交，自本(三十五)年一月至六月止，计共出售棉纱线50,551件，又56,670.5磅。棉布624,470.5匹，174,585码，又219,490磅。呢绒142,478码、绢丝11,842码，又2,072磅。又受财政部及敌伪产业处理局委托代售外国布1,076,726码，另2,561,884公尺。拨交分支机构棉纱1,643件、棉布212,097匹、美墨布3,480件、呢绒200,000匹。拨交其他机关棉布1,079,728匹，又

360,791码，美墨布200,000件，军毯169,536条。七至九月份共售出棉纱33,277.9件，棉布1,990,309匹，呢绒203,783码及毛毯、麻袋、绢丝、棉绸针织品等。又代售棉纱布、人造丝及服用品多种。

（3）稳定纱价　迩来物价骤涨，工资激增，纺织成本虽已加重，但纱布售价，则迄未比例增加。如四月至六月份上海工资加高49.97%，棉花上涨30.67%，而棉纱则仅上涨23.99%，中纺公司售价且较之一般市价更低减5%，以视衣食住行有关之其他民生日用品，如粮价房租运费等项之上涨程度，不能认为过高。八月十九日调整外汇率公布后，棉纱布价随之波动，该公司为抑平纱价起见，除仍力维原价配售外，并自八月三十日起联合民营大型纱厂25家，大量配销供应，九月份计共配出42,142件半（内民营纱厂26,889件半），故目前纱布市价尚形稳定。

对于交通报告之决议案

壹、交通部办理情形

一、原案二、复员工作望于形势可能时迅速工作，以期配合需求。查本部复员工作及其新措施：铁路方面，因其性质可别为二类，第一类如粤汉、陇海（洛阳以西）、湘桂黔、滇越、浙赣、南浔等铁路，为胜利以前已由我方或敌方自行破坏者，此类路线，因不在共军占领区内，故抢修工作可顺利进行，且修复以后，亦不致再遭破坏。第二类如陇海（洛阳以东）、平汉、津浦、胶济、平绥、同蒲、平古、德石、正太、北宁等铁路，为胜利以前原由敌伪控制通车，而胜利以后共军之侵占而遭破坏或盘据者，此类路线因屡遭破坏，有同一地段修复达多次者。水运方面，以招商、民生公司之船舶为主，有时加用木驳，自三十四年九月至三十五年六月二十二日止，共计运输旅客（军公民）651,839人，物资（军公民）47,512吨。空运方面，由中国、中央两航空公司办理，以机数太少、运量有限，于复员不无影响，计自本年四月起至六月止，共运复员人数16,109人。公路方面，抗战胜利之日，为应付军事方面兵员及一般人员前往收复区办理复员工作起见，奉令办理紧急复员，第一、二两期复路工程，第一期计十一线，共长4,263公里，第二期计十七线，共长4,331公里。本年度为运送救济物资及办理战区善后，复继续办理第三期复路工程，计四十线，共长9,447公里。其余因军事破坏及年久失修，路线尚有4万余公里，现正计划陆续修复中。惟办理各期复路工程，收复区人力物力均异常缺乏，且区域辽阔，期限短促，困难已多，工款又时虞不继。第一、二期所修已通各路，因经费未能拨足，以致大部路面未铺。桥则以便桥为多，雨季期中，每有桥毁路滑，不能通车情事。第三期工程路线颇多，需款亦巨，但仅奉拨到经费100亿元，不敷分配，致多数路线，尚未开工，亟望政府迅赐拨足工款，以便加工赶修，俾一气呵成。若仍用土路便桥先行通车，则一遇雨季，又复重蹈覆辙，匪特耗时费工，徒增国库负担，抑且影响交通复员，危及人民生机，殊属非计（各期复路工程实施进度及已拨工款表已抄附上次报告中，送实施督导委员会转中央秘书处兹从略）。关于新措施方面，本年度公路部分，善后救济基金，计达1,100余亿元，当时仅奉拨到复路工款100亿元，尚不及全数十分之一，而复路工款即占善后救济基金之一大部分，恐难立即全数拨付。查现时待修路线，分为A、B、C三类，A类为紧急路线，须照规定工程标准，立即修复者，计二十六线，共长8,315公里，需款486亿余元，甚望提前一次拨足，俾可赶办。B类为可减低标准修复，仍俟需要陆续举办者，计六十四线，共长15,140公里，需款513亿余元，亦望视需要情形，分期陆续拨发，以凭办理。C类为其余待修路线，拟暂缓办理。又审核拨款及国库审计手续，应力求简化，俾一奉指令，即可领到工款，以免坐耗时光，贻误工进。此外关于公路复员运输，自去年十月开始以来，配备客货车辆达1,400余辆，共运出234,000余人。经行路线计：（一）以重庆为基点者，共南北二线，南线由渝经川湘线至长沙，或由渝经西南线贵阳邵阳至衡阳。北线经川陕线至宝鸡后，经公路至兰州，铁路至南京。（二）以贵阳为基点者，有筑柳、筑梧及由曲江至长沙等线。（三）以昆明为基点者，东至贵阳，西达龙陵、畹町等地。（四）以潼关为基点者，经阌乡、陕县至洛阳，此线专接运由渝经广元宝鸡而来之赴京联运旅客。以上各线复员运输，均系单向，反〔返〕程各车，大都空驶，公商车辆，亏损甚巨。本年夏初，又值雨季，各线公路冲毁者甚多，交通时有阻碍。而公路、铁路、水路之旅客联运，尚系初次办理，未臻完善，对于复员运量，均不无影响。

二、原案四、公路运输业务交由地方办理或开放民营，亦为适应现局之革新，仍望继续研讨，期收更大效果。查关于上列各点，本部曾经继续研讨，确定今后公路运输业务，应由中央与地方划分管理职权，藉收分工合作之效，同时应采鼓励民营政策，尽力推行，以期普遍发展。至研讨后之计划与办法，在中央与地方划分管理职权及中央对于地方公路之协助方面：甲、本部拟定为：1. 全国国道及跨越省市路线，以本部公路总局所属各区公路工程管理局为主管机构。2. 省道县道，以各省政府主管公路单位为主管机构。3. 市区道路，以市政府之主管公路单位为主管机构。乙、本部经商准前军政部于接收敌伪卡车内，指拨 5,000 辆专为分拨各省增强运力，现已拨配 3,800 余辆。又向善后救济总署请拨新车 500 辆，拟先拨各省，每单位 20 辆，作为恢复急要交通及抢修工程之用，此项车辆，现正装配分拨中。在鼓励民营与推行计划方面，本部自公路运输开放民营后，以现在环境已与战前不同，所有前颁各种管理汽车运输规则，当难符合实际，经已另行拟订全国汽车运输业管理规则草案一种，正送请立法院审议中，一俟此项规则公布，拟即逐步推行。最初三个月内，将各地已有汽车运输业之登记发照事宜办理完竣，次三个月内举行普查，以期所有汽车运输业，均能登记领照营运，此后除随时办理调查登记发照事宜外，并于每年举行普查一次，以期周密。现以规则尚未公布，遇有汽车运输业申请领照时，均先饬各主管区公路工程管理局核议具复，再暂准试办，尚未能确加管理。复以战前各线公路汽车运输公司，多有因承筑或承租道路，获得专营权者，殊与现在普遍发展公路运输政策不合，亟应予以调整，爰经公路总局拟订战前公路专营权处理办法一种，抄送各省府参照，并饬由第一区公路工程管理局遵办具报，拟俟该区办理具有成效，再行普遍推行，以期专营公司之逐渐减少而符公路运输政策。

上述公路运输政策推行以来，各省地方公路因得中央拨车协助，运力业已增虽〔加〕。惟开放民营一点，因吾国工业落后，各地汽车运输业之组织及能力，目前尚属薄弱，不能应客货运输之需求，故在民营汽车运输业未能普遍发展以前，公路主管机关，尚难即行停办运输。同时为免各运输业之自由竞争，漫无限制及独占经营起见，仍须于开放之中，施以合理监督。

三、原案五、复员运输管理机构，仍嫌繁复，须力求集中简化，如全国船舶调配委员会，形同骈枝机关，可予撤销，同时注意扫除一切弊端，严厉取缔黑票。至运送义民难民还乡，更不容缓，应速会商善后救济总署切实积极办理。

查关于复员运输管理机构须力求集中简化一节，在大后方，各公路原分西南、西北等线，设局主管，抗战胜利后，公路运输任务极为繁重，各收复区公路，亦须统筹规划，原有机构未能适应事机，爰经参酌各公路情形及实际需要，将全国公路划分九区，每区设一管理局掌管一切，凡运输任务特别繁忙之路线，则另设直辖运输处办理，以专责成，各局处组织力求简化，并注意工作效率。目前举办复员运输者，为二、四、五各区局及直辖第二、三运输处，由渝出发复员运输路线，经由本部公路总局于一月中旬设立联合营业所于重庆两路口，专办复员旅客之登记购票，接送行李及答复问讯各事宜。同时并经洽饬有关各公路铁路等商定联运办法，凡复员旅客由渝出发，一次购买联运票后，中途即可不再重新购票，实施以来，缩短行车日程，便利行旅，确具成效。运送还乡难民一点，亦经与善后救济总署洽定合约，由该署贴补，普通难民半票，赤贫难民全免，自元月二十一日至五月二十日止，共运送难民达7.7万余人。至战后各公路建设及复员运输用车，公路总局前曾统筹全国各路需要，估计共需工程新车500辆、运输用车2,000辆及各省公路用车790辆，屡经交涉，迄尚未能拨到。行总所有新车，系用于自运救济物资，并未拨交本部公路总局，致各公路因车辆缺乏，目前无法达到预计运量。至取缔黑票，扫除弊端一事，本部向极十分注意，故采用公告票价及购票须先登记等办法，以期杜绝。如本部公路总局为预防发生转售黑票，浮收运费等情弊，规定旅客登记购票，须同时付给票款，次日再按登记先后次序发给车票，以防空占登记号次。本年二月及四月中，复派专员出发视察，督导复员旅客联运，并代为筹备食宿站事宜，结果尚未发现黑票情弊。惟目前交通工具缺乏，复员旅客众多，难免有不肖之徒，乘机舞弊，甚盼各方随时检举，务期彻底革除。此外关于撤销全国船舶调配委员会一事，本部已通令撤销该会及其所属各分局办事处，并限六月底以前结束。其在渝业务，交由招商局及民生公司合组“渝宜轮船运输联合办事处”，商承中央党政军各机关留渝联合办事处之指导，办理船舶调配事宜。其他各地则由招商局统一办理。

四、原案六、西北交通动关国家大计，无论铁路公路航空邮电，均应积极开发，列为最重要工作计划主办。现值整军之际，编余官兵当不在少，自应妥予安置，关于兵工筑路办法，极为适宜，可即会同有关机关切实商讨，先就西北方面积极进行。查关于积极开发西北交通一节，铁路方面，本部系以五年铁路建设计划为准则，该项计划于三十三年由本部会同中央设计局并参照经济部及前军令部等方面之意见，一再缜密研讨拟定，对于国防与经济双方兼筹并顾。同时对于工程之艰巨及经费之浩大，亦予详加考虑，顾及今后五年内之国力可以担负为度。该项计划撰拟之初，原包括二个五年计划，嗣后前军政部陈部长曾有《铁道十年路线方案》拟议，亦系以十年为期，故较为次要或工程极艰巨之路，均拟留待次期计划内举办，而由兰州经哈密至迪化之线，及经西宁以达玉树之线，于首期计划内，不得不暂修至哈密及西宁为止。至于由兰州经宁夏而达包头及经天水至广元成都三线，则以关系重要，拟予提前兴建。现天兰段已正式开工，天成亦在请款中。此外，关于兵工筑路一点，本部曾经洽商同军政部方面草拟安置编余官兵计划，拟修筑西北至西南铁路，暨叙昆川中二路两大干线，分三年实施。第一年自三十五年七月开工，逐渐增至官兵15万人，第二年再增15万人，第三年再增11万人，共容纳官兵41万人，其工作范围以担任土方及材料运输为限。惟现在天兰铁路已徇省府之请，以工代赈，西南铁路亦经急进修复，所余工作多有不适于兵工办理者，前项计划尚须变更。公路方面，本部为开发西北交通及确保河西走廊之安全起见，自民国三十年起，迄今已修成及正在修筑之公路，共计5,000余公里。兹分述如左：

甲、康青公路，自康定经营官寨甘孜至歇武，全长795公里，自三十年起，分康营、营甘、甘歇三段先后兴筑，于三十三年底全线修通。

乙、青藏公路，自西宁经黄河沿歇武至玉树，全长827公里，三十二年先后修通西黄段，三十三年完成黄玉段。

丙、南疆公路，自燉〔敦〕煌至婼羌全长739公里，于三十四年下半年利用民工兵工分甘新两段同时开工，至年底已先后初步修通，本年继续施工，年底可全部完成。

丁、青新公路，自西宁经都兰、火柴旦、柴达木盆地越阿尔金山以达婼羌，全长约2,000公里，本年一面勘测全线，一面先修西宁至哈吉尔段，约1,000公里，利用民工兵工，分十个总段同时开工，预计年底可打通。

戊、河西三支线：

1. 酒泉至架掮　　　　330公里

2. 桥湾至公婆泉　　　154 公里

3. 马连井至明水　　　　98 公里

以上三支线，均利用民工兵工于三十四年八月开工，于是年年底初步修通，本年继续施工，至年底可全部完成。

己、婼羌至具木公路全长 600 公里，已奉准先拨 10 亿元筹备开工。

庚、以上各路办理困难情形如左：

1. 地处高原，海拔多在数千公尺以上，气候恶劣，工作效力减低，且有沮洳地带，路床难以稳定，颇费周章。

2. 沿线居民，多系游牧为生，征集不易。

3. 工粮饮料，须由远处运达。

4. 人工材料，均须远地征采。

此外，关于兵工筑路一点，本部拟于西北及西南修筑新路，容纳官兵 50 余万人，第一年约 15 万人，第二年约 15 万人，第三年约 20 余万人。航空方面，本部中国、中央两航空公司，已在西北各省分别开辟渝哈（由重庆经兰州、兰州至哈密），渝兰（由重庆至兰州），渝陕（由重庆至西安），沪兰（由上海经南京西安至兰州、由上海经汉口至兰州），平绥（由北平至归绥），沪陕（由上海经南京汉口至西安）等航空线，除渝哈线每月班期二班外，其余均系每周一班。此外尚有中苏航空公司开辟之哈阿线（由哈密经迪化伊宁至苏境之阿拉木图），每周班期二班。邮电方面：

A. 邮政

甲、邮路

（一）兰州迪化线

1. 航空　中国航空公司兰州酒泉哈密线与中苏航空公司哈密迪化伊宁阿拉木图线联运。

2. 汽车　第七区公路工程管理局兰州哈密线：日班局车，及新疆公路局哈密迪化线十日班局车联运。此外本局开驶兰州酒泉线局车每周二次，以为补充。

3. 邮差　兰州迪化线，因汽车班期稀疏，故沿途均有马差班，传递短距离间往来邮件。

（二）兰州宁夏陕坝线

1. 兰州宁夏线：逐日昼夜兼程步差班，单程五日可达。

2. 宁夏陕坝线：逐日昼夜兼程马差班，单程四日可达。

3. 兰州西宁线：逐日昼夜兼程步差班，单程二日半可达。

（三）新疆省南北线

1. 南线由迪化经吐鲁蕃、库尔勒、阿克苏、疏附而达伊塘及蒲犁；另一线由库尔勒绕道婼羌、且末、和阗而达疏附，均为马差班。

2. 北线由迪化经绥来而达塔城，另一线由绥来经精河而达霍尔果斯，均为马差班。

乙、局所

（一）新疆邮区，现设有邮政管理局 1 处，二等邮局 16 处，三等邮局 16 处、支局 2 处、代办所 80 处、信柜等 149 处，共计 264 处（本年五月底数字）。

（二）甘宁青邮区　现设有各级邮政局所共 959 处（本年六月底数字）。

1. 甘肃邮政，管理局 1 处、一等局 2 处、二等局 13 处、三等局 53 处、支局 7 处、代办所 281 处、信柜等 359 处，共计 716 处。

2. 宁夏一等局 1 处、二等局 2 处、三等局 7 处、支局 1 处、代办所 49 处、信柜等 51 处，共计 111 处。

3. 青海一等局 1 处、三等局 7 处、代办所 33 处、信柜等 48 处，共计 89 处。

4. 绥远二等局 3 处、三等局 9 处、支局 2 处、代办所 19 处、信柜等 10 处，共计 43 处。

B. 电信

1. 兰州至迪化话线，除兰州至武威前已设有线路外，武威至猩猩峡（计 930 公里）一段，已架设完成，其余猩猩峡经哈密至鄯善一段，计 550 公里，正积极架设进行中。鄯善至迪化 280 公里之线料，正赶运筹备兴架，全线预期本年十月底完工。

2. 兰迪间载波电路，拟分三段：一是兰州酒泉。二是酒泉哈密。三是哈密迪化。加装单路载波终端机 3 套，并分在山丹、安西及鄯善三处装置载波增音机 3 套。

3. 无线电部分，除最近已有迪化加装 500 瓦机一部外，库尔勒婼羌两地 15 瓦台，亦在赶装中。并另拨 100 瓦机 2 部，500 瓦机 1 部，运新疆管理局，视该省军政需要择地装用。又甘肃省酒泉张掖原设之 600 瓦及 200 瓦报话双用机各 1 部，目前已不需要，已饬即拆卸整理后运新装备。

4. 有线电部分建设计划，关于"西北各省电信部分推行情形图"及"说明"，已抄附上次报告中送实施督导委员会转中央秘书处，其中加强通讯案之话线，估需经费 100 亿余元，拟请政府拨发，以便进行。

五、原案七、扶植并积极发展民营航业，倡导开放民用航空。查本部对于扶植民营航业一节，业经拟订下列两种办法予以经济上之支持如下：

1. 贷款捞修沉船　国内直接间接因战事关系受有损害之船舶，其地域包括四川、广东、广西、湖南、湖北、江西等省，总计轮船 286 艘、驳船 28 艘、趸船 15 艘，航商于大劫之后，无力捞修，本部正商洽四联总处，予以低息贷款。

2. 损害船舶之补偿　战时各要塞地区，如江阴、马当、镇海、海州、珠州、闽江、乌龙山等处民营船舶充作阻塞工程者，总计 124,032 吨，是项船舶，依照军事征用法规应予赔偿。本部已奉行政院指令，按船舶折旧暨战前币值与钢铁木材之指数，拟具折算办法呈核，经部征集专家意见后，该项折算办法，业已决定，不日即可呈院实施。此外，关于倡导开放民用航空一点，经已拟定《民用航空业登记及管理办法草案》一种，呈请行政院核示中，一俟该办法奉准施行，凡有志经营民用航空事业之机关或人民，皆可依据该办法规定手续声〔申〕请设立民航公司，本部亦即依照该办法所规定予以扶导及管理，俾民航事业日渐发展。

六、原案八、铁路材料，国外进口未能如约到达，而国内钢铁事业，均呈停滞状态，宜及时利用自制路轨配件。又公路运输，日形发达，对于汽车需要，极为殷切，亦应自行设厂制造，同时鼓励民间厂商生产各种交通工具，以期自给。交通技术员工，现时已感缺乏，将来交通发展，必益不足，务须积极训练，大量培植，其薪给待遇，尤须予以合理调整，俾资维持。查关于铁路材料宜及时利用自制路轨配件一节，本部早已顾及。惟前綦江铁路所向大渡口钢铁厂定制钢轨，成绩殊不见佳，所制仅为35磅之轻轨，而长短不一，且大部均在5公尺左右，不适于平时普通铁路之需。故修复所用钢轨，除由本国拆移外，仍全赖外洋供给。

配件中，如鱼尾板、鱼尾螺丝、道钉等，除可搜得者外，悉由各路自行配置。至本部现有各工厂，每月生产此项钢铁配件能力表，已抄附上次报告中，送实施督导委员会转中央秘书处，兹从略。此外关于自行设厂制造汽车一节，本部公路总局曾利用接收之敌伪华北自动车工业株式会社等10余家工厂，成立平津区汽车修配总厂，先制造三轮车，已完成10辆，每辆成本约300万元，如有大量生产，成本自可减低。此后当一面研究改良，一面筹备大量生产，同时设计制造客货汽车，以期早日完成国父实业计划内初期十年制造汽车45万辆之任务。惟最近中央规定汽车制造工业，应归资源委员会办理，故本部未予计划。至鼓励民间厂商生产交通工具，向由经济部主办。又关于训练培植交通技术员工一点，在抗战期间，本部为训练铁路、公路、电务、邮政、航政各部门技术员工，曾设置交通人员训练所，先后训练毕业者逾5万人，另设运输人员训练所，训练公路运输人员约3,000名，各省电信局训练报话务员

7,000余名，邮政总局招训邮务员2,000余名，最近招商局亦成立轮船业训练班，计第一批已结业者200名，大学专科学校以及高级职业学校毕业生，本部历年均就各附属机关需要，函准教育部选送。在抗战期间，每年专科以上学校毕业生约500名，高级职校毕业生约400名，分发各路厂实习，期满依其成绩授以职务。本年须大学土木、机械、运输等系毕业生及低级技术人员900余名，计已分发大学毕业生100余名，低级技术员70余名，其余尚待教育部选送中。

关于培植高级技术人员，本部前年曾选派27人赴美国考察交通事业，并由租借法案选送大学毕业服务二年以上人员赴美实习，计统案343名、专案107名，共450名，现已陆续返国，分派各路局厂服务（派遣出国实习人员统计表已抄附上次报告中，送实施督导委员会转中央秘书处，兹从略）。至于本部所属各机关人员之待遇，以往均照中央规定办理，所有事业机关，除邮政人员奉院准照物价指数发给膳宿补助费外，余亦照《战时国营事业机关人员待遇补助办法》，以膳宿补助费为调济，本年奉院颁行《国营事业机关人员待遇办法》，当即转饬遵照。惟1. 邮政机关仍照院准原案办理。2. 中航公司、招商局等，原已照上海物价倍数支薪办法予以调整，嗣因发生困难，曾于本年五月特此情形呈院在案。3. 电信机关亦有超过规定百分之三十者。4. 其他各机关均照规定办理。

甚望中央遵照二中全会议决案，按照物价指数，随时作合理之调整，俾国营事业机关，一律依照办理，以安定员工生活，提高工作效能，同时国营事业机关，现多亏折，尚有无力照调整数字担负者，亦望予以相当之贴补。

七、原案九、过去电信事业，因机件陈旧，材料缺乏，人力未尽，通信效率减低，常有迟误情事，亟应力谋改善，以达迅速确实。至中央与地方以及其他机构办理通信业务，应再明确规定范围与限度，期能切合实际，各地临时设置之军用报话线，并应切实调整。查关于改善电信事业一节，本部除在业务上应改善传递及处理方法外，并以增强设备最为重要。惟在整个政府尚未稳定以前，线路设施阻碍甚多，目前先在全国主要城市添设无线电台，一面增设载波电报电路，以增通信效率。兹分述如左：

(一) 改进业务

甲、改善传递及处理手续　按改进电信效率，除扩充机线设备外，传递及处理手续，至关重要，自应同时改进，以达提高速度之目的。本部电信总局，为研求切实可行之办法起见，现以南京电信局为研究试验之对象，经常派员前往巡视，俾厘定一整个方案，推行各局。目前正在研究中者，计有：1. 各繁忙电局所用电报号数种类，多应设法简化。2. 减少公电。3. 管理报底方法。4. 处理手续及其次序等问题。

乙、加强稽查　各繁要局之电报速率，已订有登记稽延表格，饬按月填报，俾考核其成绩，以资改进。

丙、迁回郊外报房　抗战期间，各电局为预防敌机轰炸，均将报房移设郊外，以至城郊之间，多一接转，影响电信效率甚巨，现正陆续迁回。

丁、规定电报到达速度　本部为便利公众通讯起见，曾于战时试办特快电报，成效尚佳，并已推行至收复区。此项电报，自交发至送妥为止，原规定不得超过 8 小时，现已重行规定：京沪港粤沪杭平津等四电路不得超过 3 小时，其他各处有直达电路可通者，不得超过 5 小时，又加急私务电报，亦经规定，京沪港粤沪杭平津及 200 公里以内之直达电路传递者，应于 6 小时到达，其余直达电路，10 小时到达，将来设备加强刷新后，拟再酌量缩短。

(二) 加强设备

甲、无线电　最近四个月已添设无线电台计 15 瓦 11 座、100 瓦 8 座、200 瓦 6 座、250 瓦 1 座、500 瓦 3 座、800 瓦 2 座、1000 瓦 1 座，共 32 座。又目前尚有美军剩余机件一批，计 10 千瓦 2 部、3 千瓦 12 部、1 千瓦 10 部，已运抵上海，正整理分套中，将来拟分装上海、南京、广州、汉口、天津、锦州、沈阳、青岛等地。此外在东京订购1瓩短波机60部，拟装于南京、上海、汉口、广州、天津、北平、长春、沈阳、汕头、厦门、南昌、长沙、铜山、郑州、西安、兰州、济南、青岛、哈尔滨、太原、福州、桂林、九江、杭州等地。同时尚有长波机25部，拟分设于上海、天津、广州、青岛、厦门、营口、南京、连云港、葫芦岛、烟台、福州、汕头、宁波、温州、秦皇岛、汉口、九江、宜昌、重庆等地，成立海(江)岸电台，专与船舶通报。以上机件，均在积极清理及催运中，如无意外，本年底以前，当可全部装设完成。

乙、载波电报　于主要干线上，加装载波电报机件，计六路音频载波电报机4套、四路音频载波电报机3套，四路中频载波电报机1套。目前已装置完成者，计有重庆至西安及重庆至汉口两套(最近四个月加强设备情形及目前正在扩充工程情形表已抄附上次报告中，送实施督导委员会转中央秘书处，兹从略)。

此外，关于明确规定中央与地方以及其他机构办理通讯业务一节。查本部电信事业，包括电报、长途电话、市内电话、无线电及广播，原以国营为原则，但以适应环境及各方需要起见，规定一部分电信事业，可由地方政府或其他机关办理，其范围如左：

1. 可由地方政府办理之电信

(1) 市内电话　经申请本部核准后，可由地方政府设置，订有公营市内电话设置规则管理之。

(2) 长途电话　订有委托省政府代办长途电话原则，各省政府经申请核准后，得由省府代办。

2. 可由地方政府及其他机构办理之电信

(1) 专用电台　专供传递请设机关公务电报之用，订有各机关及公司团体专用电台统制办法。

(2) 广播电台　经申请核准后，可设置广播电台，订有广播电台设置规则。

3. 现时各机关团体自设专用电台甚多，以致发生种种流弊，拟将设置专用电台办法废止，尽本年内将各专用电台全部接收，以杜私传商电及扰乱无线电波之弊，并维持国营电信事业之完整，一面由本部加强各大局无线电设备，以应付专台撤销后之业务。至关于调整各地临时设置军用电报话线一节，前航空委员会所设各地防空情报专线，曾经军委会及行政院规定以长途干线交各地电信局接管，支线交各地县政府接管为原则，迭经遵饬各区电信管理局洽办，以后各地防情机关，多以尚须继续使用，或已交各省县政府接收为词，多未交出，其经局接收者，为数极少，仅川区一部分而已。

贰、善后救济总署办理情形　三十六年二月十三日呈院

关于运送义民难民还乡更不容缓，应速会商善后总署切实积极办理一节。查本署为协助运送义民难民还乡，经于三十五年一月二十一日与交通部公路总局订有难民还乡贴补半价合约，原订实行三个月，于同年四月二十日终止，旋以各公路登记还乡难民尚多，难以如期运竣，经本署于四月十一日函知该局将上项合约延期一个月，至五月二十日终止。及对复员难民尽先登记乘车，务必如期运竣。至沿长江归乡者，除由本署重庆难民疏送站，自雇木船遣送外，并为加强运率积极进行遣送工作，又于四月十六日呈请行政院令行交通部转饬全国船舶调配委员会，于支配东下之船只，将统仓票位，交由本署重庆难民疏送站，以便分批遣送难民各在案。

〔国民政府中央执行委员会秘书处档案〕

7. 财政部奉发国民参政会建议严厉清除官僚资本案的训令

（1946年8月20日）

财政部训令　中华民国三十五年八月廿日
　　　　　　京财人三字第一一六三号

令统计处

案准行政院秘书处通知，以国防最高委员会秘书厅函送国民参政会第四届第二次大会，建议严厉清除官僚资本案奉　院长谕“原建议三项及五至八项，交各主管机关采择施行”等因。附抄原函及原建议各一份，准此。合行抄发原建议案一件，令仰遵照，并转饬所属一体遵照！此令。

附抄发原建议案一件

部长　俞鸿钧

我□□前官僚资本之病国病民，各方言之綦详，无庸多述，党国贤达亦多洞悉，然官僚资本往往假借发达国家资本、提高民生福利等似是而非之理论为掩护，欺骗社会，社会虽加攻击，彼等似亦有恃无恐。盖官僚与资本家已结成既得利益集团，声势浩大，肆无忌惮也，倘我政府不予彻底清除，恐将成为革命之对象，心所谓危，难安缄默。爰拟定清除原则若干条如左：

一、政府应彻底调整公务人员待遇，使能维持适当之生活程度。

二、公务员及公营事业机关人员之待遇，应采平等原则。

三、公务员及公营事业人员应宣誓不兼营工商业。

四、公营事业机关之收支，应受审计机关之审核。

五、公务员及公营事业人员之职位，应受法律之保障。

六、兼营工商业之公务员及公营事业人员，应自动放弃工商业，否则辞职。

七、公务员及公营事业人员兼营工商业者，任何人得告发之。

八、公务员及公营事业人员利用职权经营工商业者，直接图利或便利工商业机关间接图利者，均应依法加重处罚。当否，请

公决

国民参政会决议文

通过送请政府采择施行

〔国民政府财政部档案〕

8. 行政院奉发当前财政经济措施之改进方案并饬拟具实施办法训令

（1946年8月30日）

行政院训令　节京叁字第一〇五〇三号
　　　　　　中华民国三十五年八月三十日

令财政部

国民政府本年八月十四日府交字第六一五二号代电开：关于目前社会经济动荡，生产事业停滞，民生艰苦，前经手令中央设计局吴秘书长，饬会同财政部、经济部从速研拟财政、经济、金融之具体方案呈核。兹据呈复，遵经约集经济部王部长、财政部俞部长会同研讨，拟具当前财政经济措施之改进方案前来。查所拟具之方案，大体尚属可行，应准照办。兹将原件抄发，希即予核定，分饬各主管机关切实施行。等因。自应遵办，除分行有关机关外，合行抄发原附件，仰就主管部分，依照该项原拟具实施办法呈核。此令。

抄发当前财政经济措施之改进方案一份

院长　宋子文

当前财政经济措施之改进方案

（一）关于增加国内物资生产者

1. 目前金融政策，应以最有效之方法，协助增加生产，便利物资运销为急要。关于协助增加生产方面，不应任各厂要求予以贷放，应先由经济主管部门提出急切之生产计划，尔后金融机构按照计划配以贷款，并按时课以成绩。至便利物资运销，亦应为有计划之放款。四联总处本年度之银圆贷放办法，仅以纱盐二项，似可逐渐推广于其他物资。

2. 为鼓励商业银行运用资金于生产及运销，中央银行于必要时，应予以重贴现及转抵押之便利。

3. 中央银行应注意各地筹码之供求，力求汇兑之畅通。

4. 接收敌伪厂矿，除必须国营者外，尽速尽量鼓励民营，督导其早日复工。

5. 接收之敌伪工厂不易标售者，改取租赁、委托、合股及分期交款方式，移交民营。

6. 前列4、5两项工作，由经济部就现已拟在全国重要城市设立之工商督导处兼办。

7. 尽量利用外国资本及技术，对全国矿厂所用之器材、原料与技术人员统筹其供应。

（二）关于适当利用国外输入物资者

1. 过去中央银行对于外汇汇率之运用，颇嫌板滞，今后应加以活用，使中央银行挂牌汇率随国内外物价之相对变动而作适当之调整。

2. 上海出口外汇现已集中，其他各地尚未完全举办，漏匿甚巨，至为可惜，亟宜积极举办，使珍贵之外汇悉得合理之使用。

3. 目前国内产业之保护，应着重汇率之调整，因国内外物价水准距离过大，如欲关税政策奏效，则非收税率增至百分之百以上不可，为保证今后我国工业发展计，关税应积极准备通盘调整，先由经济主管机关妥拟保证工业之种类、方法及其程度，然后由财政机关处以改订税率。

（三）关于民生日用必需品价格及工资之管制者

1. 民生日用必需品之管价及配售，先实施于南京、上海，俟有成效，再推及于北平、天津、汉口、广州等大都市。

2. 管价及配售之民生日用必需品暂定为粮食、煤炭及布匹三种，必要时得酌增一二种。

3. 粮食之管价供应，由粮食部主办，煤炭及布匹之管价供应，由经济部主办。

4. 粮食、煤炭及布匹之配售价格，由主管机关根据产品价格、运输费用与配售商人合法利润而随时厘定，并公告之，遇产品价格上涨过巨，政府认为仍有在市区稳定价格之必要时，得以低于成本之价格配售，其营业亏损由国库补贴之。

5. 民生日用必需品之配售，应尽量委托商人或合作社代办，由主管机关与之立约，给以合法利润，并督导其业务进行。

6. 民生日用必需品之配售，暂限于市区内公教人员、工厂工人及其眷属，俟物资来源充裕，即扩大于全区市民。

7. 民生日用品之配售，采凭券购物制。

8. 民生日用品平价配售制实行后，市区以内所有工厂之工资应即暂停增加，其它按生活费指数计算工资者，生活费指数低落，应照指数递减，生活指数升高，仍按管制前之最高指数计算。

上述各点，俟核定后，再由主管机关分别拟具实施具体办法。

〔国民政府财政部档案〕

9. 国民政府关于绥靖区经济设施纲要

（1946年9月　日）

甲、土地部分

一、各县设土地委员会，办理土地登记，调查分配及公平处理一切有关土地因被共党强制分配而生纠纷事宜。

二、原有土地应依土地等级准予保存（应同时规定土地五十亩最大之限度）适当限额内之土地，但此项土地，仍准由耕户继续使用，其地租由耕户按照土地法之规定（二五减租之原则）缴纳之。

三、各地主超过规定限额之土地，应由政府征购，其地价以土地债券偿付之。

四、土地债券由中国农民银行发行,并由财政部担保之。

五、凡使用政府征购土地之耕户,应依土地法令之规定行之。

六、前条耕户依法使用土地至相当年度,或依政府扶植自耕农之其他规定,得优先取得所有权。

乙、粮食部分

一、绥靖区民食军粮应兼筹并顾,于各省设立粮食处,实施有计划之调剂。

二、共党征存之粮食应归公有,由粮食处接收统筹分配。人民报告此项存粮者,按实收数给予20%作为奖励。其隐瞒者,按情节轻重从严议处。

三、凡人民所积存或生产之粮食,应由粮食处举行登记,并依每户人口数量大小及其他经政府认可之必要用途保留其所需自用之数量,凡超过自用部分之余粮,得由政府价购之。

四、农民送缴粮食以来往一日行程为限,其运力按照规定发给粮食现品或代金。

丙、财政金融部分

一、共党所发行之伪币,一律认为无效,严禁使用。

二、凡人民因被迫而收受之伪币,得声〔申〕请登记。

丁、合作部分

一、绥靖区人民均应指导其分区参加合作社之组织,并踊跃认股,热心服务,以解除其痛苦,增进其生活。

二、合作社依城区及乡村各区为单位,分别组织之,并应于适当地点设立分社。

三、城区合作社以粮食及其他主要生活必需品之配备为主要业务,必要时得兼办合作食堂,合作住宅,并得附设合作工厂。

四、乡区合作社以粮食及其他生活必需品之生产运销为主要业务,必要时得兼办布匹及其他主要日用品之供应,其生产规模较大及土地状况适宜者，得专设合作农场。

五、各县应设立合作社、联合社，以统筹城乡区合作社业务之配合及相互间物品之交流。

六、各合作社对政府所需价购之粮食及其他物资，有充分供应之责任，必要时，政府得以合作社所需要之实物偿付之。

七、中央合作金库应迅速开始业务，并应于各县成立支库或分理处，负责调剂绥靖区各合作社之资金，由政府先拨专款100亿元以应急需。

八、农业推广机关合作，供销机关及国营工厂均应以物资或技术加强合作业务之发展，以适应人民之需要。

九、各级合作，行政应积极予以加强，并应特别注意优秀合作干部之训练与培养，勤加指导或督察，以健全合作组织，充实合作力量。

十、各级政府机关及各级党部、团部，应确认合作事业为实现主义之基本经济事业，共同负责，促其发展，必要时得由社会部会同各有关机关组织合作事务委员会，以加强推进之力量，便利工作之配合。

〔国民政府行政院绥靖区政务委员会档案〕

10. 财政部钱币司检送绥靖区财政金融紧急措施实施办法函

（1946年11月5日）

查绥靖区财政金融紧急措施实施办法，业由本部拟定，呈经国防最高委员会通过施行在案。兹检附上项办法油印品一份随函奉达，即希查洽以后办理。有关绥靖区财政金融事项，并希知会本司接洽为荷。此致

设计考核委员会

附件①

钱币司启　印

十一月五日

绥靖区财政金融紧急措施实施办法

一、绥靖区非法发行币券之处理

（一）绥靖区流通之非法发行币券一律作废，禁止使用，于每一地区收复后，立即布告周知。

（二）每一地区收复后，应将截获票版立予销毁，印制设备不便运出利用者，亦就地销毁及运出情形制成记录，报告财政部查核。

二、绥靖区钞票之接济

（一）由中央银行分区指定负责行配备大小额钞券，以备随时调拨供应。

（二）由中央银行分别洽由国家行局及省地方银行派员携带足量法币随军推进。

（三）由中央银行洽由各部队机关自行携运。

三、绥靖区金融机关之敷设

（一）绥靖区非法设立之银行，立予封闭，交由地方政府接收。

（二）国家行局及省地方银行应即规定绥靖区设行地点，并于该地方收复后，立即派员前往积极筹设。

（三）绥靖区原设行局因变乱停止营业者，应于收复后，即日复业。

（四）农民银行及合作金库应积极在绥靖区普设机构，以复兴农村经济。

四、举办急账〔赈〕

---

① 1946 年 12 月 17 日行政院训令修正该条例第四条第五项和第五条第二项。

(一) 绥靖区贫苦人民由政府举办急账〔赈〕,积极救济,其方式分为1.账〔赈〕济;2.小本贷款两种。

(二) 由社会部会同有关机关组织急账〔赈〕队随军推进,对绥靖区赤贫人民账〔赈〕济法币或实物,以维持其生活,放账〔赈〕办法由社会部会同有关机关订定施行。

(三) 由中国农民银行组织小本贷款处(如地区广阔不及普设时,得委托省县合作金库及省县银行办理),于每一地区收复后,立即派员前往组设成立,实施贷放。

(四) 凡农民因购备种子、肥料、整理农具、农舍及小本经纪人因复业,均得向小本贷款处请求贷款,一年后无息分期偿还。

(五) 小本贷款处会同当地公正人士组织审查会审查贷款之核定,当地已设有地方善后协进会者,会同该会办理,各贷款人应取具连环保证。

(六) 以上账〔赈〕款及贷本,均由国库拨给,为应付紧急需要起见,得由财政部商请中央银行先行垫付,至实物之账〔赈〕济,得由社会部商由有关机关拨给。

五、绥靖区内债权债务之处理

(一) 原以法币订立之契约,经被迫改拆非法发行之币券者,一律回复法币原额。

(二) 以非法发行之币券订立之契约,由当事人协议,以法币改订之,协议不成时,由当地乡镇或区地方善后协进会予以调解,当地未组织协进会者,由乡镇公所调解之,调解不成时,由该管司法机关依法公平处理之。

六、绥靖区各项非法捐税一律废止。

七、每一地区收复后,中央及地方主管税收机关应即派员前往调查地方实际状况,分别税收性质,尽量减免。

〔国民政府财政部档案〕

11. 国民政府经济紧急措施方案

（1947年2月17日）

经济紧急措施方案　三十六年二月十七日国民政府令公布

一、关于平衡预算事项

甲、本年度政府各部门预算内，凡非迫切需要之支出，均应缓发，应由行政院会同主计处斟酌情形，妥拟办法呈核。

乙、严格执行征收各种税收，以裕库收，特别注重切实征收直接税，并加辟新税源，其实施办法，由财政部迅速拟具，呈准施行。

丙、政府所控制之敌伪产业及购得之剩余物资，应由各主管机关加紧标售，并将办理情形按旬报告。

丁、凡国营生产事业，除属于重工业范围及确有显著特殊情形必须政府经营者外，应即分别缓急，以发行股票方式公开出卖或售与民营。

二、关于取缔投机买卖安定金融市场事项

甲、即日禁止黄金买卖，取缔投机。附取缔黄金投机买卖办法。①

乙、即日禁止外国币券在国境内流通。附禁止外国币券流通办法。

丙、加强对于金融业务之管制，以控制信用，配合政府经济政策，安定金融市场。附加强金融业务管制办法。

三、关于发展贸易事项

甲、为恢复国际收支平衡及挽救国内工商业之衰落起见，外汇汇率应予改订，中央银行外汇牌价自即日起以法币一万二千元合美金一元。至二月六日公布之出口补助及进口附加税办法，即予

---

① 附各项办法均略。

废止。

乙、输出贸易之发展，除调整汇率外，应由输出推广委员会从改良生产技术、采取货品标准化、减低成本及开发新市场方面入手，饬即拟具切实方案积极实施。

丙、按照修正进出口贸易暂行办法所规定之输入许可制度，若干原料品及机器之进口为国内工业所必需，估计总值本年全年度达四亿七千二百五十九万美元或等值外币。其大宗货品之限额既经输入临时管理委员会予以规定，应先将一至六月之限额予以公布，其所需外汇共达美金二万万元，即由中央银行准备支付。

丁、现行之中央银行管理外汇暂行办法关于买卖黄金及外钞部分应予修正。所有应予修正条文详见附件。

四、关于物价工资事项

（一）行政院指定若干地点为严格管制物价之地，各该指定地之地方政府及有关机关应动员全部力量稳定物价。

（二）各指定地一切日用必需品严格议价，依照取缔违反限价议价条例及评议物价实施方案办理。

（三）各指定地职工之薪水，按生活指数计算者，应以本年一月份之生活指数为最高指数，亦不得以任何方式增加底薪。但此项工厂应就食粮、布匹、燃料三项按本年一月份之平均零售价，依定量分配之原则配售于各职工，各工厂为供应工人所需之粮食、布匹、燃料，应请由政府代购，不得自由采购，变相囤积。

（四）二十七年府令修正公布之非常时期农矿工商管理条例应严格执行，对于指定之企业及物品依该条例切实管理。其管理要点如左。

1. 明定劳工待遇及物品售价利润等。

2. 在经济紧急措施时期之内，禁止闭厂罢工或怠工。

3. 禁止投机垄断或其它操纵行为。

4. 对违反该条例规定者从严处罚。

（五）原定非常时期取缔日用重要物品囤积居奇办法应严格执行，违者除没收其囤积之物品外，并依该办法及非常时期农矿工商管理条例处罚。

（六）在本办法施行期间，各指定地政府为制止投机买卖之必要，得暂行封闭某种市场。

（七）本办法自公布之日施行。

五、关于日用品供应事项

民生日用必需物品供应办法

（一）政府对下列各项民生日用必需物品充分供应：食米、面粉、纱布、燃料、食盐、白糖、食油。

（二）政府对于上列物品以定价供给，公教人员按月之正当需要勿使缺乏，就京沪两地先行试办，并于市场随时出售，以安定市价。

（三）政府对于第一条所列物品项目，得按照供需及各地情形随时增减之。

（四）民生日用必需物品之生产运销，除政府机关自行经营外，应协助并鼓励人民多运米面部分，并由政府充分向国外购运。

（五）政府应在各重要地区分期推进，充分供应民生日用必需物品。

（六）最高经济委员会为调度供应民生日用必需物品之督导机关，负决定政策、指示方针、考核业务之责。

（七）经济部、财政部、粮食部、资源委员会，应各按其主管范围秉承最高经济委员长〔会〕之指导，分别掌管民生日用必需物品之供应。

（八）各省市地方政府应负责监督经营民生日用必需物品之各行业遵行政府政策，供应社会需要。

（九）民生日用必需物品出售之价格，由主管机关核定公布之。

（十）经营民生日用必需物品之工商行号，不得有下列行为：

1. 出售民生日用必需物品超过公布价格者。

2. 囤积民生日用必需物品延不供应者。

违反上列事项者，以扰乱市场论罪，从重惩处。

（十一）各项实施办法，由最高经济委员会督促各主管机关核定施行。

（十二）本办法自公布日施行。

〔国民政府财政部档案〕

12. 财政部秘书处奉发国民党六届三中全会决议通过之经济改革方案函件

（1947年5月27日）

财政部秘书处函　京秘甲字七三二号

奉交行政院三十六年五月十四日徙晨字第一八一七四号训令开：奉国民政府三十六年四月二十二日处字第三九六号训令开：第六届中央执行委员会第三次全体会议决议通过经济改革方案送府办理。除分行外，合行检发原案令仰遵照办理。其应另订实施办法者，并仰迅即拟订为要。等因。自应遵办。除分行外，合行检发原方案，令仰遵照，就主管事项办理具报。等因。附发经济改革方案一份到部下处。除分函外，相应抄同原附件一份函请查照，迅就主管事项办理见复，以便汇报为荷。此致

钱币司

附抄经济改革方案一份

秘书处启　五月二十七日

经济改革方案

甲、过去之检讨

我国今日之经济，已面临严重之危机，实无可讳言。细查致此之最大原因，厥为长期战争之破坏消耗，使战前数年辛苦缔造之建设事业，摧毁无遗；加以先天贫弱之国家，奋起抗战，苦撑八年，虽幸获胜利，确已精疲力竭。我国本为一农业国家，唐宋以来，士大夫习以文章，竞趋仕途。至于今日，环境理想，虽已变更，而多数知识分子之心理与其技能，仍不能与科学生产之伟大时代相适应，而一切建设，百废待举，心或有余，力实不足。迨抗战胜利以后，复员为当务之急，元气已伤，民力未苏，休养生息，刻不容缓。乃共产党蓄意造乱，利于国家之分崩，利于社会之动乱，以破坏民生为手段，以夺取政权为目标，视其一党之利益高于一切，漠视国家之生存，罔顾人民之疾苦，阴谋煽动，武力争夺，无不用其极，使目前复员之工作，倍增困难，一息待舒之生机，因而加重其危殆。

以上所述，或为先天之缺陷，或遭意外之人祸。本党领导革命，固无时无刻不在内忧外患中力图补救其缺陷，克服其困难，然而终属力有未逮，致政府措施，不仅效果未彰，而缺点时现。兹约为言之：

（一）民生主义为建国之大经大法，而其成功则有待于实业计划之实施。一切经济政策果能依此原则与计划，以解决人民生计为主，自必日起有功，终可办到人尽其才，地尽其利，物尽其用，货畅其流，以达到社会化之目的。过去经济措施对于民生主义之原则，未能力行，此其一。

（二）生活要素，劳力当先，中国人口众多，人力是其优点。过去措施，忽视人力之发挥与物质之运用，对于如何计算物质，计算人力，如何引人力参加生产，计划未周，不能造成生众食寡之经济基础。此其二。

（三）施政之要，立信为本。过去在经济、财政、金融上之措施，轻决多变，使人民对政府之信赖，为之减低。此其三。

（四）经济政策重点不明，财政金融制度未立，国营、民营畸轻畸重，宜存宜舍，孰后孰先，缺乏明确之划分与坚定之决策，民力外资，观望隔离，生产建设致受影响。此其四。

（五）民富则财足，民穷则财尽，故财政问题之解决，当从增加生产，充裕国民经济着手，方为有效。过去空有平衡预算之悬想，实际预算未能平衡，通货不免增发，复误认资金之真正用于生产者亦为通货膨胀，致未能以国家之力量扶植生产，而民间剩余资力，亦未能由政府计划领导，走入生产建设之正途，致集中都市成为游资，竞事投机，妨害生产。此其五。

（六）金融政策与最大多数人民生活需要相离，尤未能与经济政策密切配合，以扶植农工，奖励生产，大部以商为主，趋逐近利，成为“不理农业，敷衍工业与恶化商业”之病态。此其六。

（七）抛售黄金，原为收缩通货，稳定物价，乃因运用不得其法，反使黄金领导物价上涨，造成市场之狂澜。此其七。

（八）缺乏久远之筹维与全盘之计划，舍本逐末，枝节应付，致使内地经济枯竭，资金集中一隅，造成不均不安之状态。此其八。

以上所举，实为坦白之检讨。今后如何解决当前之困难？如何培养未来之基础？必须对症下药，确定有效之对策。

乙、今后之方策

中国有丰富之人力与广大之土地，以战胜之国家，作复员之工作。就经济现状言，共产党之破坏捣乱，固为增加困难之重要原因，但其艰窘，不应有如今日之甚者，问题所在，仍视政府有无适当之政策，以增加生产，培养民力。果能根据民生主义之精神与其社会化之原则，处理一切经济问题，当不难获得适当之解决。民生主义虽有节制资本之理想，但在现阶段中，生产建设必须先求其有，民殷则国富，生众则财足。故当以国家资本为中心，领导私人资本之活跃，以国营事业任其难，扶助民营事业任其易。关于招致外资，鼓励民营，如何解除其困难，如何保障其利润，政府当明确决定，辅导而鼓励之。政府尤应下大决心,并以事实表现。凡一切有关财政、经济、金融之措施,应着重于国家远大之利益,慎之于始,一经决定颁行,即不轻易变更。尤须注意厉行法治,严惩贪污渎职,取缔操纵垄断,以保障人民权利,庶几政府信用,得以巩固,则今后经济政策,自不难推行尽利。兹简述方案之要项如次:

一、发挥人力增加生产

(一)对于现在之生产事业,尽量予以保护,以安定在业,防止失业。

(二)以有效之计划,使新的生产建设事业逐渐增加,引导游闲坐食之人力转而参加生产。

(三)奖励科学发明,提倡劳动服务,以转移世风,鼓励创造事业之精神。

(四)以计划教育配合计划经济,使人才之培养与生产之建设,打成一片。

二、增产物资稳定物价

(一)政府须透过农业生产贷款,或采定购方式,期能促进米、麦、棉、豆等主要农产原料之生产,并运用其一部或大部。

(二)政府须以原料供给厂商,或透过工业生产贷款,或采定购方式,期能促进面粉、纱布、油、糖、燃料及其他日用必需品之生产,并运用其一部或大部。

(三)政府须透过输出品贷款,或采定购方式,期能促进生丝、矿砂、桐油、毛革、茶叶、猪鬃输出口之生产与输出,以充实外汇基金。

(四)政府当以民生日用必需品对官兵、公教人员及生产工厂工人,先作有计划之供应与配给,此外有余之物资,则应都市之需要,作稳定物价之用,使囤积者无法居奇,以达到安定民生之目的。

三、稳定币制

(一)迅速处理无须国家经营之企业,出售敌伪产业及剩余物资，并整理税收，以谋在短期内弥补财政之不足，防止通货之膨胀。

（二）政府应有充分准备，并选择适当时机，以整理币制，期能逐渐恢复常态。

（三）东北、台湾、新疆各地之币制，亦须同时整理，使归一致。

四、改革金融制度

金融制度之改革，必须特别注意为国家经济政策服务，以增加农工生产为其主要之目的。金融机构应各有主要之专门业务，使普遍商业化之现象得以消除。公私银行并须有计划的〔地〕分布全国，使之成为有系统之金融网，不致集中于沿海少数都市，尤其是上海一隅。其办法：

（一）以县为金融制度之基层机构，扶植县银行之设立，以便利建设，并配合地方自治之推行。

（二）县银行以每县一行为原则，初办时其资本，县占四成，中央六成，待县自治工作次第完成时，中央资本逐渐减少，将来达到地方七成，中央三成之比例。中央须供给专门人才，并予以业务上之辅导。

（三）县银行视其业务之类别及需要，分别由中国农民银行、交通银行或中国银行为其后盾。

（四）土地金融，系属长期性质，必须政府指定专款与发行土地债券，始可济事。至适当时期，并应另设专行以司其事。在过渡期间，应充实农民银行土地金融之资本，通过县银行，开展业务。

（五）中国农民银行经营农田水利、农业品之仓储、运输、加工以及土地贷款，以便利农民，扶助农村繁荣，为其专业之范围。

（六）交通银行经营工矿、交通贷款，发展实业，为其专业之范围。

（七）中国银行经营国内外贸易、放款及国际汇兑业务（包括侨汇），为其专业之范围。

（八）邮政储金汇业局吸收人民储蓄存款，办理小额汇款，并应与合作金库合作,本“取之于农村,用之于农村”之原则,以发展农村经济。

(九) 中央合作金库经营生产、运输等合作贷款,扶植各种合作社之组织及发展,为其专业之范围。

(十) 中央信托局专司信托、保险,并对民众之信托、保险等业务,负辅导之任务。

(十一) 中央银行为银行之银行,以调剂全国金融,使金融与经济密切联系,以完成经济建设,为其主要之职责。

(十二) 四联总处俟复员完成后,改为设计与联系之机构,或与财政部钱币司合并,改设金融管理局,隶属于财政部,以一事权。

(十三) 对于省市银行及普通银行,政府应为合理有效之指导与管理。

(十四) 各国家银行,应依其性质,实行专门化,对其性质相同之普通银行业务,负联系辅导之任务。其设置分支行之范围及地点,并应依其业务对象,分别予以规定之。

五、农　　业

农民占国民绝对之多数,农业为中国经济之骨干。农业发达,农村繁荣,农民有其购买力,然后工业有所凭藉,社会得以安定。故发展农业,繁荣农村,乃今后经济政策实施之主要对象。其办法:

(一) 改革农地之分配关系,使能充分改良利用。租佃关系应依“二五减租”之原则,彻底推行,并尽量设法实现“耕者有其田”,使农民充分从事生产。

(二) 举办集体农场,利用新式机器及方法,增加生产,以示范于农民,并扩充农业试验研究场所,以增进生产技术。

(三) 农业改革,水利为重。大型水利工程及干渠之修筑,应由国家积极举办。小型水利工程及支渠之修筑,应由中央督促省县办理。准许发行水利公债。其已完成之工程,并由地方政府负保养之责。

（四）扩充合作社及互助社等之组织，确实便利农贷，以减轻农民所受高利贷之压迫。

（五）积极普遍建立仓储制度，以保护人民生产之利益。

（六）广设苗圃，提倡造林，并须以有效之办法，保持其成长。

（七）利用农暇，训练农民以土、木、石、工等技术，并发展农民副业，以提高农民生活。

（八）发展畜牧，并予以辅助及保障。

（九）奖励渔业，并保护发展之。

六、工　　业

非有自足之民生工业为农业之保护，使农工业交流互济，则中国经济之基础不能确立。故目前发展工业，当以民生工业为急切之图。政府并亟须改善工业环境，保障工业利润，并予工业贷款以最大之便利。同时订立全盘建设计划，确定国营、地方营、民营范围，分类分区，明细规定，督促实施，并预定其分年生产量，合政府与人民之力，分期完成之。其办法：

（一）发展机械及化学工业之第一期，应力求适应农林之需要，解决水利工程、化学肥料、农具仓库、运输工具等问题。

（二）工业建设应尽量分布在燃料原料便宜之内地。

（三）若干工业先从装备工业起，一部分零件购自国外，逐渐发展到全盘制造的工业。

（四）除干线铁路、大规模水力发电厂及钢铁厂、矿业等，规定由国营或地方营者外，其余工业尽量鼓励民间以合作方式经营。

（五）鼓励若干制造事业，同时用力于工业试验及地质勘测，使获得进步及新的发明。

（六）特别着重利用农暇，发展农村手工业，内而适应都市之需要，外而适应国际之需要。

（七）适应工业发展及出口货物之需要，开发各种矿产。

（八）政府应集合公私立银行，组织复兴金融公司，以长期资金，投资于工矿建设事业，并可利用华侨资金及存放国外之外汇资产，投资于该公司，以向国外购入机器及原料。

（九）银行对于工矿事业之贷款，应监督其确实用于生产，并接受厂房、机器等固定资产为押品，不得限于原料及成品价值之半数为贷款之标准，尤不得采预扣利息，擅收手续费等不合理之方法，以增加工业成本之负担。

（十）由日本拆迁之工厂设备，除必须国营者外，应责由各业承办拆迁运输装置开工。国内现有之敌伪工矿事业标售不易者，应租与民营。

（十一）工资应力求合理，各省市应普遍实施工资评议制，以求生产秩序之安定，劳资合力，以增加生产。

七、商　业

入超过巨，为国民经济之大病，政府应以有效之方法鼓励输出，以谋对外贸易渐趋平衡。其办法：

（一）国内贸易，应尽量利用金融机构之调剂与水陆空运输之便利，激励懋迁，以增加全国之贸易总量，促进均衡之发展。

（二）国际贸易，在进口方面，除生产工具、原料及图书、仪器外，应设法严加限制，以简省不必要外汇支出，并应尽量利用贸易金融机构，奖励并辅助民营。国人存在国外之外汇存款，尤应依照经济紧急措施方案，迅予执行。

（三）出口事业应予积极奖励，其所得外汇，得采进出口许可连锁方法，以发展进出口之业务，并应积极改善暨扩展各种特产，使之标准化，以作主要之输出货物。农村手工艺品，亦应以合作社方式，加以组织并改进，集中输出，以平入超。

（四）责成全国合作社、物品供销处与国际合作联盟之国际合作贸易委员会及各国批发合作社切取联系，并试行物物交换制。

八、交　通

（一）铁路何者为干线，何者为支线，由中央正式公布。其干线由中央全力经营，支线在中央管理制度下，许可并鼓励地方及民间经营。

（二）公路工程，除省会与省会间之国道由中央建造外，其余一律在中央之标准下，鼓励各省建造，中央以财力、人力辅助之。若干支线，由省鼓励各县建造。公路运输，鼓励人民经营。

（三）飞机场由政府经营，航空事业尽力鼓励人民经营。

（四）航道干线由中央疏浚，支线由省疏浚，最小之支线由县疏浚。港口重要者由中央经营，次要者由省市经营。凡由省市经营之航道港口，均由中央以财力及人力辅助之，航业尽量鼓励民间经营。

（五）电报由中央经营，航空航运等在海空中特殊需要之无线电台，在中央管理下，应准其自行设置。

（六）长途电话干线由中央敷设。各省支线由省敷设，中央辅助之。县乡支线由县敷设，省助之。

（七）市电话在与长途配合的管理之下，鼓励人民经营。

九、财　　政

（一）政府应速保障并扶植农田生产，以裕田赋收入；保障并扶植工业生产，以裕直货两税收入；保障并扶植贸易事业，以裕关税收入；保障并扶植盐业，以裕盐税收入；应以数万万人民之生产能力及其总收入，支持整个国家之财政。

（二）去年修正之中央与地方财政收支系统，县（市）级财政固较前充裕，而省级财政，以财源较少，支用浩繁，收支失其平衡，应由中央主管机关与各省政府协商，重行改订，务使地方财源足敷自力更生之需要。

（三）目前直、货、关、盐四税税率，对于现时经济环境，未能适合，因是未尽能充分把握税源，平均人民负担，应加调整。

（四）调整征收机构，严密控制税源，简化稽征手续，以革除积弊，以裕税收。

（五）未出售之敌伪产业及剩余物资，应速尽量出售，其不必由政府经营之生产及交通事业，应售与人民经营或出售股票，以裕收入。

（六）国库所需，除整顿税收外，应以发行有价证券之途径，取诸人民，并使富有财力者，有较重之负担。

（七）以建国之需要，定机关之存废，过分庞大之机构，必须紧缩，骈枝重复之机关，必须裁并。

（八）非国家迫切之需要及有利于生产建设之支出，必须节约停止。

十、粮　　政

（一）从三十六年度起，各省市征借粮食，一律停办，以轻人民负担。其历年借粮应还本息，由中央参酌到期时各地粮价核定折率，以法币拨还，不再抵缴田赋，以便清偿。

（二）三十六年度各省市田赋，仍暂行征收实物，以应国家需要，但粮产不丰，交通不便地区，折征法币，其折征地区及折征标准，由粮食部查酌情形，分别核定。

（三）田赋收征所得实物，其应属省市县地方所得部分，照邻近征币地区折征标准，由中央拨款收购，其附征之省县公粮，仍归地方运用，不予收购，以利军食之统筹，兼顾地方之支应。

（四）征币县市田粮机关，一律裁撤，其事务由县市政府办理，征实县市及省级田粮机关，仍予保留，其经费完全由中央负担。

（五）常平仓制度，亟须建立。长江流域各重要地点，必须于本年度内，完成初步建仓储粮计划。地方积谷，亦应加强推动，普遍实施，以厚储备。

（六）中国农民银行对于农仓储押，农产运销业务，应积极推广，期以金融力量，协同政府，扶助生产，控制粮源，调剂盈虚。

十一、引导游资纳入正轨

当前经济最大之病态，即为游资集中一隅，竞为投机，游资所向，风浪随兴。欲使经济入于正常状态，一面需要根本筹策，一面首先克服游资之作祟。故引导游资参加生产，乃当前切要之图。其办法：

（一）国家银行配合生产建设计划，对于正当企业，予以低利之贷款及保障，迅速确实使正当企业无仰赖高利贷款之必要。

（二）规定利率最高额，超过规定之高利贷，不予保障，并惩罚之。

（三）在过渡时期，国家银行毋妨以较高之利息，吸收游资，转用于生产，所存放之利益差额，政府自行补贴之。

（四）准许人民以黄金向中央银行按牌价请购外汇，为购买许可进口物品之用，并准以黄金为优先购买政府出售国营生产事业及敌伪产业之用。

（五）政府指定国家银行举办黄金储蓄存款，或发行金公债，均优给利息，并予保障，特组监理委员会监督之。

（六）取缔投机、操纵，建立健全合理之证券市场。

十二、吸收国外资本加强生产建设

（一）政府应以最优惠方式，欢迎国外资本，以助国内工业之发展。

（二）若干种类工业，并可与外资合作经营。

（三）便利侨汇，优予公平汇率，并奖励保障侨民投资，予以兴办国内各种工业之便利。

（四）登记国民存放国外之外汇资产，使之用于国内生产建设。

十三、合理解决官兵公教员工之待遇

（一）实施配给制度，使官兵、公教员工能维持最低必需之生活。

（二）政府负责为官兵、公教员工解决子女教育问题。

（三）严格实施同地同酬、同工同酬原则，以减除各机关员工待遇悬殊之现象。

十四、严惩以政治力量便利私人企业之行为

官商不分，假公济私，良好之经济政策，可以变质。社会上有一部分私人企业，受特殊之待遇，则正当之民间工商业，皆受摧残。此为施行经济政策有效之先决条件，必须严格执行。

十五、健全经济组织

为谋政府与人民之合作，使经济政策推行尽利，经济财政金融，息息相通，为一整体，必须照顾全局，通盘打算。以往行政院各部各自为政，而最高经济委员会等同虚设，民间对经济政策之反应，亦无由沟通表达，为挽救此弊，其办法：

（一）政府应健全全国经济委员会之组织，负设计、督导、实行经济政策之责任。

（二）社会方面应发动广大之经济建设运动，提高民间对经济建设之了解与兴趣，并以官民协助之力量，排除经济建设之困难。

附录：经济改革方案一般检讨全文

确定经济政策应先认清对象，总理明诏政治为管理众人之事。是则我国确立经济政策之初，应先认明所得众人系属何等之人，又所得众人之事系属何等之事，然后本末不能倒置，先后乃可有序。查我国人口百分之八十以上为农民，是所谓众人当以农民占大多数，而众人之事，自以与农民有关之事最占重要。故如何使农业国趋向于工业化，实为今后建国最主要之课题，而吾人拟订经济政策，亦应以此为最高指导原则，不容稍有违背。征诸事实，凡政府之经济设施与大多数国民生活要求相吻合者，必臻于富强；相离者必陷于贫困；相反者不免于灭亡。此中关系如响斯应，实不可不加以深切注意。

我国现行各种经济措施是否与大多数农民之要求相吻合，又是否与农业国促进工业化之原则不相背离，惩前毖后，最有研讨之必要。

按经济活动以生产为大前提，生产之要素有三，即土地、资本与劳力。我国地大物博，劳力充沛，倘有健全灵活之金融机构，与土地、劳力配合得宜，即生产自可大增。故现代之经济结构不可一日无适当金融之滋养政策与金融经济政策，殆如一物之两面，不可须臾或离。

顾我国近年之金融与经济确有分离与脱节之现象。先就立国基本之农业及农民而言，试问我国农民经济有无伟大之农业金融予资金上之协助。总裁于二十三年鉴于农村之破产，创立农民银行于江西、湖北等四省，其初旨固在发展农业金融，复兴农村。但成立后早已变质易辙，而亦日趋于商业化矣，近始渐入正轨，而实力甚微，无济于事。农业金融机构既如其脆弱，农业金融政策更付缺如，遂使整个农业经济与夫全国农民所有财产无异悉数加以封存冻结。此种情形不但与农民之要求不相吻合，抑且相离或竟相反，农村奚得不趋于贫困乃至崩溃。

农业金融之要谛在使地尽其利，促进广大农村经济之发展。查农民财产以土地及农产物为最占重要，故农业金融之使用，应使农民得以土地及物产，直接或透过合作社向银行押款，以充生产资金。但目前各银行概不接受土地抵押，对于农产贷款，亦一致采取消极态度，即间接或有之，亦多视为慈善之救济。此种政策，直可名之为冻结农民财产，封锁农村经济之政策，其与经济建设宗旨显相违背，诚为不争之事实。

次言工业经济与工业金融。工业经济之目标，在使物尽其用，而工业家财产中，唯厂房与机器为固定之设备(固定资本)，价值亦最巨，但各银行亦概不接受厂房及机器之押款，而仅承受原料及成品价值之半之微额押款，手续之繁，利息之高，为社会所诟病，且在效用上亦不能达成辅助工厂扩张生产之目的，而反足以引起助长囤积居奇之恶果，使工业资产陷于冻结，工业尽成为商业化矣。至所谓工贷，亦不过作临时急救之应付，决非为一般国家工业放款之正途。

再就由农工所延伸之商业经济及商业金融而言，商业金融之主要任务为使货畅其流，商业财产为堆存仓库中及运送中之货物。商人所需要之融资为栈单之押款，货物之押汇，以及货到目的地后贷款之汇回。但现在银行界所承受之栈单押款，只限于少数种类之商品。又押汇办法尚未普遍通行，内地向海口贷款之汇划更认为防止游资集中而被禁止，使商汇陷于停顿。凡此皆为直接间接之限制，使商人所有财产不获活泼运用，同陷冻结状态。

由于上述我国金融措施之缺陷，遂使金融与生产事业互相分离。此种金融政策，应称为不理农业、敷衍工业与恶化商业，而促成金融机构之由全盘商业化，进而入于投资之途，凡有贷款，厥以金钞及原料商品交押最为欢迎，致使正当农工商人因无正当融资途径，即或得之于国家银行，凡数额稍大者，须经过向四联总处申请审查开会，通过种种手续，迟缓烦难，已达极点，经数日之等待，仍获一所请不准之答复者，亦属常事。此种贷款方法，决不足在企业一般之时效内，以应需要，遂致忍痛冒险向黑市贷款，而私立银行遂乘其弊，以高利吸收存款，以更高利作短期之放款，因之国家银行之私人存款尽数流入私立银行矣。苟无严格法令限制，公款必须存放公库，则国家银行能无分文之存款矣，结果国家银行为生存计，亦往往不惜追随或透过私立银行放出高利贷而陷于被动之地位，投机市场操纵私立银行，私立银行累倒国家银行。经济事业既已失去正常营养，经济机构自必失去其正常之性能，而陷于瘫痪，为现势所必然。

抑我国金融之舍本逐末一至于此，盖亦者〔有〕其特殊之原因。考在昔，外人来华开设银行，本基于侵略性之次殖民地政策，其目的只求搜集原料换回成品，以遂其片面盘剥之大欲，对于中国农工事业之应如何扶助发展，如秦人视越人之肥瘠。故所设机构偏在通商大埠，所营业务集中通商贸易。总之，其制度根本不适合中国内地农民之需要。国人所办银行，青自蓝出，悉依成章，亦丝毫不求所以与国民经济相配合，而唯利是图，重重陷入都市之大主义化，农村殖民地化，良可痛矣。

今欲改正此种错误，并彻底改造金融机构，并从新确立金融政策不为功，而新的金融政策之要点，首须解冻人民之财产，以促成财产之资金化(产化为财)与资金生产化(财用于产)，而使资金与生产密切配合。例如，我人日常所需食物以平均每人年耗食米二石计，则全国四亿五千万人每年共需食米九亿石，每石平均以五元计，合法币四十五万亿元。又油、盐、燃料、菜蔬等，假定与食米等值，亦为四十五万亿元之农产物，仅为人民一年口腹之所需，其生产有季节性，决非一朝一夕所能消耗净尽。如能使其中一大部分透过农业金融机关进入库仓，则政府不但可以掌握粮食，即征实征购重重繁复扰民之手续，亦可得而减免，而农民财产不致呆搁农舍，即可化为资金，以从事地方各种日用所需之生产及建设工作，同时农产加工、农村各小工业亦可乘机兴起，试以农业所剩余者为劳力，而所缺乏者为资金，只须二者善相配合，则生产自趋于扩张。关于劳力剩余之情形，于此亦可略加说明：按农民农闲时间甚多，普通一年内实际工作日数，据专家统计报告，只占九十五天，尚有四分之三弱之时(即二百七十天)属于空闲或半空闲部分。此二百七十天除婚丧酬应疾病休息，从宽对折计算，则尚余一百三十五天。再全国人口中，假定有半数属老幼妇孺，不事工作，或不直接从事生产工作，则依二亿二千五百万人，再以百分之八十计算，合得空闲时间为二百四十三万万天。我人如能利用此闲散余裕之二百四十三万万天工作时间与劳动力使与资金相配合，从事有计划有意义之生产工作，使人尽其才，则生产能力与生产数量之伟大，几非我人所能加以估计。今则以农业金融机构毫不完备，使农民无法获得必需之滋养，因而农地日就荒芜，人力多归浪费，致生寡食众为舒用疾，民穷财尽，上下交困，实自取之也。矧经济原重组织，在自由经济社会中，多由私人企业家在牟便动机下，尽其组织之能事。在统制经济之社会中，则须由国家负此组织之主要责任，将土地、劳力、资本三者加以适切之配合，以增进生产，完成建设三民主义经济建设之目的。在求民生之乐利，撷取自由与统制经济两者之长，由政府与人民双方，在整个计划之下，协助分工合作，计日程功。故其经济金融政策，自应从有关大多数人民之利益者及利用大多数人民之能力处着手，务使各尽所能，劳必有获。其劳而不获者，则救济之；不劳而获者，应铲除之。庶几，本末先后，合乎正道，生产繁荣，税收自裕，国家预算归于平衡，币值稳定，而物价日趋于平稳矣。

犹有进者，国人在实业计划中，原将各种企业分国营、地方营、民营三大类。凡以全国人民之力量经营者为之国营；以自治政府令一县人民之力量经营者谓之地方营；以个人或合作方式经营者，谓之民营。国营事业应限于全体人民有关或独占性质者，前者如铁路干线、电信等，后者如大规模水利发电、特种矿产等。地方营事业应限于建国大纲中所规定之山林川潭、矿产水利等。至于衣食住行印刷五大类工业之与民生日用有关者，应与建国大纲之所诏政府当与人民协力共谋农业之发展，以足民食；共谋织造之发展，以裕民衣；建筑大计划之各式房舍，以乐民居；修治道路运河，以利民行，由政府与人民协力经营或听由民营。目前国营、地方营、民营之范围尚未划分清楚，致中外企业家多存观望，政府应速厘订细表，明定某事国营，某事地方营，某事民营，正式公布，以资准绳，而免纷扰，同时并应按类分区，俾与各地经济环境相适合，而预定各区各类之分年产量，上下一体，限期完成。自后，国营者由中央政府举办，地方营者由县举办而省助之，民营者由政府保障并鼓励人民首先以合作方式创办，其边远区域及新兴事业人民一时不愿兴办者，应由中央或地方政府代为开创，树之风声，待有成效，交还民营，外人如愿参加办理者，可明定范围及条件，予以允许。凡此，皆须有强有力之金融机构为其后盾，使财产能变成资金，资金真用于生产，务期金融经济密切联系。无论国营、民营事业，均能以正常方式，以股票公司债券等方式，向金融机构及市场周转融通，以谋生产之累进不已，而回复经济正常之状态矣。

国营、地方营及民营事业确立后，生产资金获得银行之融通，全国生产事业获得充分之营养，势必日渐发达，财政收入自可比例增加，虽一时不易达到收支平衡，亦可用正当财政方法弥补，不必从日用必需品作财政上补贴之打算，致生活指数提高，得不偿失；亦不必采停闭工厂、标价出售之方法，以增加收入。盖事实上，在现时紧缩工业贷款政策下，承购者不易踊跃，购之者亦不能生产，更不必以损害政府信用之方法，图有助于收支之平衡。凡此为临时救济、竭泽而渔之方策，自应即刻停止。徒以政治方式解决经济问题之行为，亦应设法避免。政府应以不以利为利以义为利之精神，在政府信用重于一切之两大原则下，决定经济金融财政之种种措施，而予以全盘之配合，则现实之生产萎缩、物价飞腾、税源枯涸、收支失平之现象，立时改观，庶几生产者众，食之者寡，为之者疾，用之者舒，则财恒足，财政经济之危机乃可以挽救矣。

〔国民政府财政部档案〕

13. 国民政府关于整理财政及加强管制经济办法

（1948年8月19日）

整理财政及加强管制经济办法

第一条　政府为平衡国库收支，调节国际收支并加强管理物价、薪资、金融业务，特制定此法。

第二条　切实增进各种税收，其税率低于战前标准者，应参照战前标准调整之，奢侈性之课税标的，并应提高其税率。

关于前项税收增进事项，需要修正现行法律者，应由财政部迅行计议，报经行政院提请立法院修订之。

第三条　国营公用及交通事业之收费低于战前标准者，准参照战前标准调整之，以期自给，其由国库贴补者，应以受军事破坏之地区为限。

第四条　各种国营事业应竭力节省浪费，裁汰冗员，所有盈余，应由主管部会责令悉数解交国库。

第五条　剩余物资及接收敌伪物资产业，应尽量加速出售，以裕国库收入。

第六条　文武机关员工士兵名额，应严格核实，不得浮滥。

第七条　民国三十七年下半年度国家岁入岁出总预算，应于金圆券发行后，依照本紧急处分令，按金圆改编，其因实际情形必需变通办理者，并应由行政院咨请立法院修正。

第八条　政府机关及人民正当用途需用外汇者，由政府核准结售之。

现行中央银行管理外汇条例，依本令有关各条之规定，予以修正。

第九条　输出入管理办法，以左列各款予以调整。

一、输入限额自第七季起，照第五、第六两季平均标准，至少核减四分之一。

二、除前项限额货品外，应另行指定若干类货品准许商民申请输入，以其存储于中央银行之外币存款支付货价。

三、出口商输出货品所得外汇，按金圆对外币之汇兑率，全部结售于中央银行。

四、凡可供输出之物资，应奖励其增加生产，并得限制国内消费。

第十条　华侨汇款按金圆对外币之汇兑率，由中央银行收兑，并由国家银行对侨汇予以便利。

第十一条　第八条、第九条、第十条之外汇汇兑率，依左列各款之规定。

一、美金每元折合金圆四元。

二、其他外汇由中央银行参照美金对金圆之汇兑率随时规定。

第十二条　凡物资须由国外输入者,应依左列各项厉行节约。

一、在上海及行政院指定之其他都市内,限于本办法公布后两个月内,核减各类汽车执照四分之一至三分之一,并严格限制汽车用油量。

二、禁止进口之物品,自民国三十七年十月一日起在指定都市内禁止销售,违者以走私论处,其办法由工商部会同财政部定之。

第十三条　全国各地各种物品及劳务价格,应照民国三十七年八月十九日各该地各种物品及劳务价格,依兑换率折合金圆出售,由当地主管官署严格监督执行。

第十四条　各种物品及劳务价格,依前条折合金圆后,应严格执行取缔违反限价议价条例,其有特殊原因者,非经主管官署核准,不得加价。

第十五条　各种公用交通事业,除国营者按第三条之规定调整外,民营者应参照第三条之规定及实际成本,经主管官署核定后,改收金圆,以后非有特殊原因,不得准其加价。

第十六条　在上海及行政院指定之其他都市,实施仓库检查并登记其进出口货品,凡违反非常时期取缔日用重要物品囤积居奇办法之规定者,应依法从严惩处。

第十七条　自本办法施行之日起,报纸通讯稿及其他印刷物,不得记载金银外汇及各种日用、重要物品之黑市价格,违者依妨害国家总动员惩罚暂行条例第十条之规定处罚之。

第十八条　自改行金圆本位之日起,所有按生活指数发给薪资办法,一律废止。

第十九条　文武公教人员之待遇，一律以金圆券支给，其标准以原薪额四十元为基数，实发金圆券，超过四十元至三百元之部分，按十分之二发给金圆券，超过三百元之部分，一律按十分之一发给金圆券，士兵薪饷副食悉按战前基数实发给金圆券，概不折扣。

第二十条　京沪区文武公教人员及士兵，按照前条标准发给，京沪区以外各区原有生活指数，较京沪区高低者，按其七月份与京沪区之比例，由行政院核定，照前条标准加成或减折发给之。

第二十一条　国营事业人员之待遇，应依第十八、第十九、第二十各条之规定，改发金圆券，其每人实际所得，除照国营事业人员待遇办法，较同级公务员所得，最多得加三成外，其超过此限度之部分，一律取消。

第二十二条　民营事业员工薪资，一律折合金圆支给，但其半月所得，不得超过八月份上半月，依各该事业原定办法应领法币折合金圆之数。

第二十三条　在本办法实行期内，禁止封锁工厂、罢工、怠工，违者依妨害国家总动员法惩罚暂行条例第五条第四款之规定处罚之。

第二十四条　国营银行局库，不得以任何方式作商业性质之放款，对于奉行国策之贷款，并应负考核资金运用及成效之责，由主管机关妥定办法，严格执行。

第二十五条　商业银行钱庄应严格遵守银行法及金融管制法令经营业务，不得以任何方式继续经营物品购销业务，其有此种情形者，由财政部查明，责令限期结束，违者除吊销其营业执照外，并以囤积居奇论罪。

第二十六条　信用合作社除收受社员存款并以所收存款及社股贷放于社员外，不得经营银钱业之其他业务，违者除勒令解散外，并以私营银行之规定处罚。

第二十七条　除银钱业外，任何公司商号不得收受存款或放款，违者除勒令停业外，并依私营银行之规定处罚。

第二十八条　本国银行在海外设有分支机构者，应由财政部考核其业务成绩，凡成绩不良者，限期勒令撤销其海外机构。

第二十九条　银钱业有左列情事之一者，应吊销其营业执照或予以停业处分。

一、被停止票据交换者。

二、违反经济管制法令者。

三、资力薄弱，营业难循正轨发展者。

第三十条　财政部应即参照战前银行法规定之银行最低资本额，拟定各区银行钱庄信托公司之最低资本额，报经行政院核定后，限令于两个月内增达最低资本额，其现金增资部分，不得少于百分之五十，逾期无力增足者，一律勒令停业，限期清理。

第三十一条　上海天津证券交易所应即暂停营业，非经行政院核准，不得复业。

第三十二条　市场利率应予抑低，国内汇率应分区调整，以期活泼金融，维护生产，由财政部、中央银行切实办理。

第三十三条　本办法自公布之日施行。

〔国民政府立法院档案〕

〔二〕财　　政

(一)战后财政概况

一、财政方针政策

1. 财政部所属各部门报送拟订抗战胜利后财政政策函件

(1945年8—9月)

(1)关务署函(8月19日)

关务署函　渝秘甲字三七七号
　　　　　卅四年八月十九日

大函附六全大会决议案本部办理情形检讨会议记录均敬悉。查记录内关于财政政策纲领之研拟一项,本署遵照会议主席指示,就本署主管之税制、机构、缉私三部分拟具意见,随函送达,即希查收汇办为荷。此致

秘书处

附意见一份

关务署启　印

八月十九日

(一)属于税制者

1. 奢侈品非必需品于进口时加征临时特种附税

(说明)本部为简化内运物资检查手续,经洽经济部同意,并呈奉本院令核准,对于禁止进口物品,除香精、香水、脂粉、化妆用具、真假珍珠、首饰盒、玩具及游戏品等十项外,其余已予弛禁。查

此类弛禁之物品在战时消费税未废之时，曾于应缴关税外，另纳洋货战时消费税自百分之十至百分之二十五不等。为节约人民消费，减少其输入，在新关税税则未颁行前，拟照下列办法加重其纳税负担，期能寓禁于征。(1)征税品目，参照洋货战时消费税征税品目表酌予列举规定。(2)附加税额，以各该货品应征关税之百分之五十为度，其已缴此项临时特种附税者，免予再缴一般进口货品应缴之一成附加税。(3)施行期间，俟新关税税则颁行后，此项临时特种附税即予停征。

2. 划一进口货核算完税价格办法

(说明)进口货缴纳关税，现系一律按货价核计，照章进口货完税价格，应以输入口岸之"趸发市价"为计算根据。如进口货在国内市场无趸发市价可考者，始得适用真正起岸价格作为完税价格计算根据，因国内物价波动关系，依照洋货国内市价算出之完税价格较之采用洋货起岸价格算出之完税价格，两者颇形悬殊，故海关对于进口货核算完税价格，概以该货国内市价为准，藉维关税收入。惟间有国营机关，如资源委员会所属各厂购办之工业器材、本部花纱布管制局采运之外国纱布经部署饬关有案者，始准适用起岸价格计税，以减轻国库负担。现六全大会通过之工业建设纲领(八)实施原则(3)经指亦"同类事业不论国营民营应一律平等纳税"。为遵行此项国策，对于进口货核算完税价格拟不复以国营民营加以区别，应由海关一律照输入口岸之趸发市价为准，以示公允。

3. 配合工业化之进程改订关税税则

(说明)关税政策既以配合工业化为中心，关税税则应置重点于发展国际贸易及维护国内产业。举凡国内外经济情势之演变，在在与修订关税税则具有密切关系。现军事甫告结束，地方商会一时难全恢复，自宜暂时沿用现行关税税则，同时筹划分期实施新关税税则。(1)过渡时期之关税调整，以适合停战初期之经济情形，尽于本年内准备完成。明年一月间饬关实施，并订明施行期间为一年。

(2)重建时期之关税调整,在停战初期一年内,详察国内外经济情形及国际贸易状况,并与政府工业建设计划所定之分期进度及预定产量密切配合,妥订重建适用之关税税则,尽于停战后一年内准备就绪,于完成立法程序后,即予公布实施。

(二)属于机关者

1. 将海关分支机构向海陆边境推进配设于各货运要口

(说明)海关之任务,原为管理进出国境之船只、车辆、飞机及其他交通工具与所装运之货物,并稽征进出口关税,其分支机构本应配设于海陆边境货运出入之要口,战时为管理对封锁线之输入与输出,在邻近战区各货运要道设置关所,本属一时权宜之计。现战事已告结束,自应将前项关所向海陆边境货运出入之要口推进,俾俟正轨而应需要。

2. 在国际航机起运站设置海关分支机构

(说明)国际航机起运站,亦属货物进出口之枢纽。各海关原经派员在站执行缉私检查工作,战后国际民航运输当日趋发达,所有国际民航机起落地点自应配置海关分支关所,以资控制而利稽征。

3. 裁撤内地海关分支机构

(说明)内地关所,原为担负检查私运应受管制及应予查禁物品与协助防止偷漏货物税、盐税而设。战后管制法令与禁运法令即将次第废除,而货物税及盐税均得就厂或就场加强控制,以遏私运。故拟一面呈请政府解除海关在内地担负货物检查及缉私之职责;一面将内地关所除长江之南京、重庆、汉口及西江之江门、三水、梧州等六处系属交通枢纽,为使内地销用之洋货及由内地起运外销之土货纳税便利,并与推行保税制度配合起见,暂予保留外,余拟陆续予以裁撤。

(三)属于缉私者

1. 海上巡缉:划分区域,配备巡船,以资巡缉。

(说明)海上巡缉以上海、大连、厦门、九龙等地为总根据地,分区配备舰艇，以为巡海缉私之用。

2. 陆上巡缉：划定路口，配置关警，武装协缉。

（说明）在边境划定路口，以便集中力量查缉私运，其非路口概禁通行，并严密查验往来车辆，其保税运输车辆以规定颜色油漆，于驶进路口时执行初验加封加锁，俟运至设有关所之到达地点，执行复验，以利商运，并由关所派遣关警巡缉。

3. 空中缉私：加强国际民航飞机起落站各关所之组织，并设置飞机队于空中，侦察海上轮船之走私，以便追缉。

（说明）一面于国际航机起运站设置关所，稽征进出口税；一面购办飞机在沿海沿边重要地区设立根据地，于接获轮运大宗私货情报时飞翔侦察，以为海上缉私之助力。

(2) 盐政局笺函（8 月 21 日）

笺函 盐秘（卅四）第 203 号
中华民国卅四年八月廿一日

案准贵处渝秘甲字第四一五号大函，嘱就主管范围编拟财政政策等因。兹经编具盐务部分财政政策一份，相应检送察照汇办为荷。此致

秘书处

附件

财政部盐政局启

财政政策　盐务部分

（甲）总　　纲

盐务制度采用征税制。税则应予调整，场产管理应予加强，原有运销管制，逐渐开放。

（乙）征　　税

（一）盐税定为国税，地方政府不得附加任何税捐。

（二）盐税就仓征收。但近场本销，应就场征收。

（三）简化盐税种类，将战时盐之正税、附税，合并征收。

（四）食盐税率逐步减低。农、工、渔业用盐征率，特予减轻。

（五）实行等差税率，视产场成本之高低，管理之难易及销区运道之远近等项，酌定税率之轻重（本高道近及管理困难之区，税率从轻，反是则税率较高）。但等差数率，不得过巨，以免冲销。

（丙）场　　产

（一）盐由民制，但须经政府之许可，停业时亦同。

（二）全国每年产量由政府统筹核定，盐质须经政府之检定。

（三）产盐一律归仓，非经政府核准，不得放运。

（四）逐渐取消官收，酌量办理产制贷款。

（五）场价由政府按照制盐成本及合法利润核定之。

（六）产场零星、产数微少之场，逐予裁废。

（七）盐质恶劣之土盐、硝盐产地，逐予裁废，并扶助改良土壤，种植农作。

（八）建设盐场仓坨设备，便于管理查验收税。

（九）指导改良产制，减轻制盐成本。

（丁）运　　销

（一）近场及本销区内之运输便利地带，任商民就场领运，自由销售。

（二）外销及本销区内距产地辽远、运输较艰地带，应根据交通情形及人口分布状况，分别择定配销据点，设立盐仓，以招商代运或委托商运方式，将场盐运至据点盐仓就仓放销，必要时得酌办官运。

（三）各地销售食盐一律开放，任商民自由竞销，不加限制，公家仅以管理至配销据点就仓放销为止。

（四）就仓发售之价，由政府按照场价运缴及合法利润加入盐税核定公布之。

（五）成本不同之盐在同一地域配销者，一律归仓，按各盐品类分别各个平均划一仓价放销。

(六) 输出盐视产量及国外市场之需要核定数量，征税运销。

(七) 发展农工渔业用盐。

(3) 税务署函(8月31日)

税务署函　卅四年八月卅一日

案准贵处八月廿九日渝秘甲字第四一五号大函，嘱就主管研拟今后财政政策等由，兹已拟就，相应随函送请查照汇陈为荷。

此致

秘书处

税务署启

八月卅一日

研拟战后财政政策货物税部分

一、调整征税科目

查货物税征收对象以产量丰富、产制集中、税收巨大、稽征简易之机制物品为主。现在征收货物税科目计有卷烟、熏烟叶、糖类、棉纱、火柴、洋酒、啤酒、国产烟酒、矿产品等九种。其中非机制物品产销零星散漫，如土制糖类、劣质土酒等，稽征困难，费用较大，与货物税之原则未尽相符。现在对日战事结束，复员在迩，将来工业发达，货物税之整理应从征税科目入手，逐渐选择工业产品而合于上述原则者征收(如收复台湾后之樟脑等)。其属于土产品产制零星散漫者，酌予调整，以完成货物税之体系。

二、调整完税率

货物税属内地税，关系民生，复员后所有完税货品除按第一项原则予以调整外，完税率亦应切实分别奢侈品、半奢侈品、日用品三种，妥为厘定。属于奢侈品者，税率应尽量提高，半奢侈品次之，日用品则酌予减至最低限度，并视国内工业生产情形及国外输入状况，配合关税及贸易政策为适当之调整。

三、改进课征办法

战时货物税之课征，为适应物价波动，均用从价办法。此后生产发达，物价安定，此项办法自不尽适宜，应视物价情形酌量改用从量征税，或从量从价兼用，并采分级制，按货品之质量酌分等级，分别课征，其在战时因把握物资所施行之棉纱、食糖等征实，亦应酌予回征法币。

四、简化稽征程序

征税科目调整后，尽量就机制产品课征，则可普遍施行派员驻厂征收办法，并适用统一花照，于税源之控制、私漏之稽查、征收之手续，均形简便。征收机构及人员经费可逐渐裁减，税收既大量增加，征收费用则反省至最低数目，以符合最经济之原则。

五、奖助工矿事业

凡迁至后方之本税工厂如需迁回时，尽量予以协助，使其复员，其被战争破坏之工厂、矿场予以援助，使其复业。此外原有或新兴之本税生产机构，尤其棉纱、烟类及矿产，随时从经济、政治各方面予以协助，俾与外商竞争。

财政政策直接税改进纲要

一、完成所得税制

所得税推行甫达十年，体系尚未完备。复员以后，社会经济渐趋安定，应力求税制减化，体系完备，以奠定永久税制。兹拟改进纲要如次：

（一）举办综合所得税　所得税之课征，应综合个人所得，累进征收，始符公平原则。吾国过去因一切调查资料尚未完备，故仅有局部分类所得税课征。今后为建立整个所得税系统，应于分类所得税之外征课综合所得税，拟俟税法完成立法程序后开始办理（综合所得税之征课主要凭个人申报，似难切实，但较之征课财产税需要估价者实为简而易行）。

（二）取消营业税　营业税与营利事业所得税征收对象含有重复，而营业税课及成本，对于工商业之发展，实有不良影响，为配合战后生产建设起见，拟于复员一年后计划取消营业税。惟营业税在中央接管四年中收入增加甚巨，为中央及拨补地方重要财源。故在未取消营业税之先，应加强综合所得税之稽征，俾不影响建国财源。

（三）取消非常时期过分利得税调整营利事业所得税税率　过分利得税原属战时税，各国成例，均于战后一年一般经济恢复常态时予以废止。故此税拟于民国卅六年取消，取消时并应提高营利事业所得税税率，以资抵补。

（四）筹办农业所得税　吾国本为农业国家。但战后必趋向工业化，农业亦将受工业影响，使农产成为商品化。届时拟即举办农业所得税，与现行之营利事业薪给、报酬、证券、存款、财产租赁各类所得并列，以完成分类所得税。

二、改进遗产税制

遗产税为直接税系主干之一。吾国遗产税推行五年，尚无显著成绩，其主要原因不外辅助法令未能普遍推施。复员以后应加强遗产税之征课，以完成直接税体系。

（一）积极普遍推动现行总遗产税　自本年开始积极推行财产调查与登记，以把握税源；严密死亡调查，以求得纳税单位，实行拍卖遗产，以减少滞纳；提高告密奖金，以提倡检举；诸端并举，以期加强征课条件。

（二）举办赠与税　财产之赠与，在受赠与者属于不劳而获，虽非承继遗产，但为避免藉生前赠与为逃漏遗产之手段，各国多举办赠与税，拟于卅五年开始举办。

（三）准备加课继承税　吾国现行遗产税系总遗产税，为兼顾财政政策及社会政策，拟自卅六年起筹办继承税，与总遗产税同时并行。

三、现行土地税(包括田赋)改隶自治财政系统

自治财政系统尚无可靠财源,今后地方自治工作为重要部门,自宜妥筹财源,拟将现行之田赋、契税及土地税划为自治财政系统之主要财源,中央酌保留百分之十五至百分之四十为调剂各省盈虚之基金。

(4) 地方财政司函(9 月 2 日)

地方财政司函　卅四年九月二日

准贵处大函,以本部八月廿九日召开之六全大会决议案检讨会议中奉次长谕,今后财政政策应由各单位就主管范围分别研拟计划,嘱速编送,以便汇陈等由。兹就本司主管范围拟具民生主义的自治财政政策纲领草案,备函送请贵处汇办为荷。此致

秘书处

附送民生主义的自治财政政策纲领草案一份

地方财政司启

九月二日

民生主义的自治财政政策纲领草案

一、前　　言

确定民生主义的自治财政政策之理由

中国自治财政自三十年成立独立系统以后,似应分为三大时期如左。

甲、自三十年至抗战结束,为自治财政制度逐渐建立,而政策尚未决定时期。

此一时期所以未能决定政策之原因,在于抗战方殷,军事第一,故中央未能积极改进地方财政。

乙、自三十四年秋至三十五年,似应为自治财政决定政策,而开始实行时期。

胜利实现，复员伊始，此诚与民更始，重建基础之良好机会，且此一政策必须是民生主义的，其理由如下：(一)英、美民主国家其中央与地方政治皆以提高人民生活水准为号召。(二)国父提倡三民主义而曰建国之首要在民生，又提倡地方自治而曰其志向在实行民权、民生主义。(三)六全代表大会所宣布之政纲政策，皆以彻底实行民生主义为革命建国之终极目标。

综观以上三项理由可见：(一)顺从世界潮流；(二)遵奉国父遗教；(三)依照已定国策，今后自应确定一民生主义的自治财政政策，在复员期中开始实行。

丙、自三十五年以后，似应为民生主义的自治财政政策积极实行时期。

抗战期中未达决策，复员期中虽有决策，而时期太短，复员以后恢复正常，自应积极实行。

二、纲　领

甲、最高原则

遵奉国父遗教，实行民生主义。本纲领虽亦列举其他主要目的与实施项目，然一切理想、一切办法，皆应遵奉国父遗教，以改善人民生活，实行民生主义为最高原则。

国父对于地方财政之遗教。国父曾云地方自治，以实行民权民生两主义为目的，而建国大纲第十、十一、十二、十三各条所指示之地方财政政策，似以实行民生主义为唯一目的。试观(一)建国大纲第十条地价税及地价增益收归公有，似以达到公平负担，有钱出钱，平均地权，节制资本为要旨。(二)第十一条土地岁收公产利益，皆为地方政府之所有，藉以经营地方事业，满足公共需要，似以达到提高人民生活水准，增进社会福利为要旨。(三)第十二条开发天然资源，繁荣国民经济，似以达到充实财政，改善民生为要旨。(四)第十三条现在中央固有助于地方，将来地方必有益于中央，似以百姓足君孰与不足为要旨。

综观以上各条，莫不以实行民生主义为最高原则。此国父之地方财政政策也。

乙、三大目的

今后自治财政之一切设施，除以实行民生主义为最高原则外，尚有左列三大目的，然亦皆以实行民生主义为终极目标。

（一）配合地方行政计划

吾国过去地方行政多为消极之应付，绝少积极之建设。今后世界大势所趋，无论中央与地方，皆应以计划政治为依归，中央政治领导全国，固应以民生主义为终极目标，而地方政治接近民众，尤应以民生主义为最高原则，且实际上所谓政治者，不外管教养卫四字，所谓民生主义者，尤重在教养二字。中央之责任管卫同于教养，地方之责任教养多于管卫。换言之，即实行民生主义为中央政治与地方政治之共同责任，而地方尤首当其冲。财政为庶政之母，故今后自治财政似应配合地方行政计划，对于管卫之经费则力求节约，对于教养之经费则不断增加，务使教育文化、经济建设、卫生治疗、保育救济，以及与人民生活有关之种种公营事业，在行政计划中调整得宜，管理有方，非但在量的方面日趋于发展，而且在质的方面益臻于美善，以期实现民生政治的自治财政。

（二）促进地方经济建设

地方经济与地方财政有密切不可分之关系，二者实相辅相成，必地方经济发展，然后财源得以充实，民生得以改善，亦必地方财政措施合理，然后经济得以发展，民生得以康乐。建国大纲第十一、十二两条皆含有开发资源，建设经济，以期充裕财政，改善民生之义。今后自治财政，似应促进地方经济建设，在收入方面应平均负担，节制资本；在支出方面，应增加生产经费，扶植公营事业，尤必注意办事效能之提高，社会福利之增进，以期实现民生经济的自治财政。

（三）巩固国家财政基础

地方财政为国家财政之一环，如地方财政不入正轨，则经济衰落，民生困穷，国家财政亦受莫大之影响。反之，如地方财政入于正轨，则经济发展，民生康乐，国家财政亦有深植之基础，所谓百姓足君孰与不足，非特先哲之名言，其教训如此。即现代英美之历史，其事实亦如此。今后中央财政固应以扶植地方财政为职务，而地方财政亦应以巩固国家财政为目的。上下相维，盈虚互助，以期实现民富而后国富之民生主义的自治财政与国家财政。

丙、实施事项

（一）增裕地方财政

现在自治财政之根本问题为财源不足，本部业已依据六全代表大会关于地方自治决议案第三项，拟定田赋或土地税及契税分期划归自治财政系统之实施办法，此外尚有主张：1.改善附加制；2.创办新税（例如财产登记税）；3.保留边远贫瘠各省之特殊性与历史性的税课（例如牲畜税）；4.改革摊派为合理之捐献制及其他办法者，均在考虑之中。至于促进地方经济建设以培养财源，尤为根本之图。

（二）划清国地财政

县市推行自治已感财源不足，而年来中央与省交办事务层出不穷，尤以军事供应为难于应付，此于实行预算制度最有妨碍，而收支紊乱，弊窦丛生。今后必须严格划清国家与地方财政，凡属中央及省之事务其委托或命令地方办理者，均须一律给予经费，不得令就地筹款。

（三）废除苛杂摊派

苛杂摊派久垂厉禁，但年来县市收支无法平衡，临时需要又甚浩大，遂有种种苛捐杂税，以及无奇不有之政治摊派、军事摊派与自治经费摊派，巧立名目，中饱自肥，败坏官常，病民祸国。现在胜利实现，复员伊始，自应与民更始，廓清积弊，铲绝苛杂摊派之根源而废除之，不容稍缓。

（四）调剂地方财力

中国各省之内县与县比，贫富悬殊，而省际之间县与县比，差距更大。战前江苏一县之收入竟有多于西北一省者，似此情形，全国各地不易平均发展，落后区域尤难迎头赶上，且各地人民负担亦难趋于公平，故中央监督全国自治财政必注意于调剂地方财政。

（五）调整收支比例

收支不合理，亦为自治财政病态之一，近数年来各县市预算内容，在收入方面，始终以税课为主，虽亦贫乏，但常占岁入之大半，而生产事业之收入，则为数甚微，可以反映民生之困穷；在支出方面，政务费所占比例远较事业费为大，且隐瞒移用虚掷浪费于繁复之机构、庸冗之人事者，非预算数字所能表现。今后整顿方法，似应一面严格监督执行预算，一面分期调整收支比例，务使生产收益在岁入比例中渐次增多，行政经费在岁出比例中渐次减少。本部业已拟定之建设自治财政实施方案，对于此一问题有详细周密之解决办法。

（六）发展地方事业

地方事业之最重要者约有三类：1. 教育文化；2. 经济建设；3. 社会福利。此即本纲领最高原则与三大目的之终极目标，亦即民生主义的自治财政政策之中心工作。至于如何发展地方事业，则除增裕财源调整收支外，吾人主张加强中央与省之监督，建立完善之补助制度，其理由容述于后。

（七）简化基层政治机构

现有地方政治机构似太繁复，非目前财力所能负担。本部业于建设自治财政实施方案中，拟定新县制基层组织调整紧缩办法，似于地方自治、地方财政皆有裨益。

（八）建立基层人事制度

理财之道贵有治法，尤贵有治人，今之从事地方财政者，胥吏庸员所在皆是，贪墨横行，弊窦百出，识者谓欲改进地方财政，非先从澄清地方政治、健全地方人事着手不为功。故今后似应从速建立良好之地方自治及自治财政之人事制度，于考选、训练、任免、升调、待遇、保障、抚恤诸端，皆本法治之精神而实行之，以期培养大批贤能之干部分布全国，庶几地方财政之进步，可以指日而待矣。

（九）筹划乡镇财政

关于此一问题意见不一，或谓乡镇财政即宜独立，或谓时机未至，应暂附属于县市。但乡镇为基层组织，于推行自治最关重要，似应一面谋乡镇政治之改良、基层人事之健全；一面对于乡镇财政之筹划、财力之培养、制度之建立，亦不容缓。

（十）厉行预算制度

预算制度表面为政府收支范围之划分，实系一年施政之具体计划，不仅为财政上之问题，亦为政治上之问题，未闻预算制度不立，而政治能上轨道者。我国县市预算制度虽推行有年，然缺点尚多：1.预算以外之收支甚多，流弊不可胜言。2.缺乏正确性或漏列收支，贪图处理之便易或虚列款目，妄求收支之平衡。3.缺乏时间性，往往年度已过，预算始告成立。4.缺乏控制力，核定之先未经民意机关之审议，执行之时，未闻公开文告之宣布。今后厉行预算制度，以上缺点均宜纠正，以期培养自治财政守法之精神而纳入正轨。

（十一）健全财务行政

执行、主计、公库、审计四权分立，为现代财务行政之基础。战后地方财政日益重要，亦应切实推行四权分立之制。财政科局之职权应扩大，会计室应普遍设立公库制度，因谋银行之广泛创设与邮政机关之切取联系，审计制度亦不宜常赖送审抽查办法，现在可暂由会计室兼办事前审计及临时稽察，不久增设县审计人员。

（十二）加强民意机关监督

自治财政虽应本民生主义之原则决定政策。但应本民权主义之精神建立制度，故加强民意机关之监督，殊属重要。关于预算之审议与执行收支之调整，地方事业之推进，苛政之废除，贪污之检举，尤非赖民意机关就近监督不可。

（十三）加强中央与省监督

关于此一问题，议论亦不一致，中央对于自治财政，有谓可采放任主义者，有谓应加严厉监督者，窃以后说为然。盖中国地方自治尚无基础，地方人事亦未健全，虽云自治尚待训政，苟无贤明之中央监督与领导，则自治财政之进步殊难实现。故中央之主管监督机关应彻底改革，而省财政厅之职权亦应明白规定。

（十四）建立补助制度

欧美各国中央政府调剂地方财力之主要方法，亦不外附加制、分配制、补助制数种，而补助制似优于附加与分配，倘中央有良好之补助制度，非但可以调剂地方财力，平均人民负担，且可加强中央监督指挥之权，一面监督地方行政，一面促进地方事业，以推行国家之民生主义的地方建设政策。

（5）国库署（9月20日）

国库署函

关于六全大会决议案检讨会议（丙）今后财政政策一案，兹就本署主管事项拟具意见，送请查核汇编为荷。此致

秘书处

附本署今后财政政策一份

国库署启　印

九月廿日

健全库政

查公库法自二十八年推行以来，适当抗战剧烈期间，因各地多具有特殊情形，新政推行，虑有窒碍，不得已而另订游击区域及接近战区地方各机关收支处理暂行办法、军事机关实行公库法、军费收支手续暂行办法等，以资补救。现在抗战胜利，各地逐渐恢复常

态，以前一切障碍当可悉数扫除，对于公库制度之实施，自应积极推进，俾国家财政一切收支纳入正轨，特将今后推设库政要点分述于次。

甲、推广公库网

一、国库部分　查国库网计划规定，自三十一年起两年内完成一千二百库。嗣因战事蔓延，区域沦陷益广，原已设库地方，亦因此撤退或撤销，迄未达到预定进度。今战事业已结束，不但沦陷区收复，即台湾等处今后亦重隶我国版图，以一千二百库分布各地，必感不敷分配，以全国面积之大，至少有二千余县，最低限度以一县一库计，则战后国库之推设，至少需二千五百库，始足配合各地收支机关之需要。自应洽请中央银行于最近期间广设分支机构代理，并洽委其他各银行、邮局普遍代库，以资因应。

二、县(市)库部分　全国现已推行县库网计划者，计有川、滇、黔、粤、桂、闽、浙、赣、皖、鄂、湘、豫、陕、甘、宁、青、绥、康十八省。前以战事关系，奉准展缓实施省份如苏、鲁、冀等省，今已收复，依照推行县库网三年完成计划议决案，应自各县市实行新县制后一年内实行，自应通饬苏、鲁、冀三省及东北各省暨台湾等处主管机关按照议决案迅拟县库网三年完成计划呈奉核准，积极推行。晋省虽奉准应自三十三年七月一日起实行，但迄今尚未据该省财政厅拟具计划呈核，亦应并案督促，积极办理。

乙、设立集中库

查现时国库转账系采总库集中转账制。对于收入方面未能于最短时间中，立将数字表显，支出方面亦多辗转周折，未能争取时间。今后各地收复面积益广，若仍照旧由总库转账，则表报更形迟滞，头寸调拨益感不便，为补救此项缺点，拟将各省分库指定为集中库。所有该区内库款调拨悉由该集中库集中管理，当较灵便。此项办法曾于东南五省邮路中断，与总库失却联络时试办，指定粤、闽、浙、赣、皖五分库为集中库，就近处理库款收支，颇收成效，自应普遍推行，以增进行政效率。

丙、分区设立国库署办事处

查关于国库行政事宜，现均由本署集中管理，对于库政指示、库务处理，以及纠正各机关违法收支等，每感指挥未臻灵敏，虽随时均有派出稽核人员分赴各地严密考查，但多属于事后纠正，对于事前就地监督指示工作，尚待积极开展。今后区域益广，此项事前督导工作，至关重要，且库款调度拨付，采用集中库制度，既如上述，则国库行政机构为配合集中库制起见，自应于边远省份筹设若干办事处，秉承部署命令，就近办理国库行政事务，以资配合。

以上三点关系库政推进极为重要，至其详细节目尚有待随时改进，务使国家一切财政纳入正轨，公库制度之基础益臻巩固，库款之保管力求集中，库款之运用力求敏活，以表现财务管理之真实精神。

〔国民政府财政部档案〕

2. 粮食部与财政部针对自治财政困难情形共同研拟统筹办法会呈

（1946年5月1日）

粮财会呈　渝地二字第　　号

案奉钧院本年一月十日节安丁字第一九七八号训令：以奉主席电饬察酌自治财政困难情形，研拟统筹办法，并会商将财政收支系统法妥为修改呈核，等因。奉此。自应遵办。当经本财政部拟具修改财政收支系统法原则草案，经送国防最高委员会财政专门委员会研讨审查后，复由钧座以拟请修改现行财政收支系统，以期中央地方平衡发展案提交二中全会，并经二中全会通过关于迅速改变财政收支系统之决议四项各在案（详见二中全会对于地方行政报告之决议丙项关于充实地方财力者各节）。兹为迅求实施计，本财政部复将钧座原提修改财政收支系统法原则草案，遵照二中全会决议案，加以整理，重拟修正财政收支系统原则草案会衔呈请鉴核，并祈转送立法院查照，请予早日修改财政收支系统法，完成立法程序，以便实施。

复查二中全会决议，财政收支系统改为中央、省(市)、县(局)(市)三级制，与现行二级制迥不相同，且改定以土地税、营业税等重要税收为中央、省、县各级共有之税源，是项新订收支系统，应于何日实施，及改制后所有各税之征收缴纳拨发暨各级预算编制与补助款核定标准等各项，允宜预为之计，兹谨分别胪陈如次：

一、关于改制实施日期者

查修改财政收支系统原则，虽经二中全会决议，但修改原法尚须经过立法院之各种手续，颇费时日。本年度似应尽速完成立法程序，拟请自三十六年一月一日起，由国府公布施行。惟关于土地税(田赋)一项，二中全会决议为中央、省(市)、县(局)(市)三级共有之税收(中央百分之三十，省百分之二十，院辖市百分之六十，县(局)(市)百分之五十)。为期早日划分以充裕地方财政计，拟自本年度田赋开征日起，即由地方征收，俾便列入明年度地方收入预算(因粮食年度较会计年度计迟九个月，三十六年粮食年度须在是年十月一日起至三十七年九月底止，如不提早实施，恐不足以解救目前地方财政之急)。

二、关于改制后所有各税之征收缴纳拨发者

查改制后，所有国地各税之征收，以省暂不设征收机构为原则，中央税由中央征收机关征收，县(局)(市)税由县(局)(市)征收机关征收，省税则由县市或中央征收机关代征，以增效能而节经费。又各税之缴纳视其性质之属于中央、省(市)或县(局)(市)者，各以其本级公库直接经收，以免征收机关之截留或挪移。凡关共有之税收，其缴纳拨发，则以征收机关于征收时就地分别划拨中央、省(市)、县(局)(市)各公库，以资简捷。惟查田赋一项，其征收划拨原提案主张由省主持办理，似不如明定由县（局）（市）征收，而由省及中央处于督征地位为宜。因土地税已为县级税收主干，且成数亦占其半，县级政府当能努力稽征。如由省级征收，未免多设机构，徒增开支，似不如县市征收之简捷有效，而又可节省费用。又营业税一项，于决议案中规定，全部划归地方，省县各占百分之五十（县辖市拨给中央者不得少于百分之三十）。但为征收便利、机构简化计，似应由中央征收机关代征，并明订征收费用为百分之五至百分之十较为合宜，其理由陈明如次：

1. 营业税在三十一年未改制前由各省征收，但其税率各省不同，法制各异，商民有苛扰之感。中央接收后，始将全国税率法制作统一之规定，实行简化稽征，商民称便。

2. 中央直接税征收机构普及各省各县，所利得税之稽征与营业税有密切联系。改制后之营业税，仍由直接税征收机关代征，既可收指臂相助、事半功倍之效，且可免另设机构虚糜公帑之弊。

3. 直接税税务人员多数经过严格考试，一部分由各著名大学保送，再施以税务训练，分派各局服务，具有相当经验。故中央接管营业税后，历年均有超收。如改制后仍由中央代征，则人事基础稳固，自可驾轻就熟，易收绩效。

4. 本年度营业税岁入预算数字较历年均为庞大（上半年岁入预算四十亿元，本年度达六百亿元），现各省区局对于业务推进已有详密计划，且已积极开始征收，不难达成本年预算之任务。如一但易辙，恐新制征收未建基础，而旧有规模反废于一旦，影响国地税收，似不能不预为之计。

关于上述国地各税之征收缴纳拨发方面，业经拟订国地各税之征收缴纳拨发办法草案，一并呈请鉴核施行。

三、关于改制后共有各税之预算编审者

查土地税、营业税等，原决议改为中央、省（市）、县（局）（市）共有之税源，则各税岁入预算之编审，似应于实施改制前，早予规定，以期推行顺利。爰拟就改制后分配各税之预算编审办法草案一份，一并呈请核夺示遵。

四、关于改制后中央补助款核定之标准及拨补之程序者

查改制后，虽明订中央、省(市)、县(局)(市)三级财政，惟为中央扶植地方自治事业使其平衡发展计，对于补助款制度，似应确定其原则，拟由国家预算内明订地方补助款之科目，以为补助经费之来源，然后分别规定补助款核定之标准及拨补之程序，以期改制后补助款制度之确立。爰拟中央核拨地方补助款办法草案并案呈请核示遵行。

五、关于改制后地方自筹经费者

查二中全会对于充实地方财力之决议案(见对于地方行政报告之决议案丙项)内，其第四款规定，为促进地方之发展，关于地方农田水利交通教育卫生救济事业之举办，经地方民意机关之决议，得因地制宜，酌量自筹经费一节。审其决议原意，无非欲使地方政府得以按照各地特殊情形自辟财源，以期促进地方建设。惟举办因地制宜之税捐及其他酌量自筹经费，倘不予以范围限制，则恐利未见，而弊先作。盖昔日之苛捐杂税以及地方摊派，莫不起因于地方自筹经费之临时措置。今中央于收支系统法内明文规定，地方得以自筹经费，似应定其范围，加以限制，以防流弊。故对于是项决议补充各点如次：

1. 县市自筹经费，不得以强迫摊派方式为之。

2. 县市举办因地制宜之税捐，不得与法定国税省税或县市税抵触或重复。

3. 县市自筹经费或举办因地制宜之税捐，应由县市政府拟具计划、办法、预算、税目、税率、征收章则等，送经当地民意机关通过后，呈由省政府转呈中央核准后，方得为之。

右列各点，拟请钧院于咨请立法院实行改订财政收支系统法时，予以注意，加入条文，以示限制。

六、关于改制前各省(市)县市三十五年度预算应如何合理调整者。

查原决议案丙项第二款规定,在财政收支系统改变未实行前,各省(市)三十五年度预算应请主管院部照各省(市)实际需要,迅予分别作合理之调整及第三款规定,三十五年度各省之县市预算不敷数目,应迅速调整增拨各节。兹谨拟具意见如次:

1. 省级院辖市(国家部分)员工生活补助费支出,可随时照核定标准调整,其事业费则由钧院专案核定。

2. 县(市)及院辖市(自治部分)三十五年度预算平衡困难,已由本部另拟办法二项:(1)主席前曾电饬提高县级人员待遇,经钧院会计处召集会商决定,将分配县市田赋及补偿豁免田赋及三成县级公粮折价标准提高一倍一案,应请迅予核定。(2)由中央另立县市补助款五百亿元,以便中央统筹补助,呈请择一核定实施在案,拟请迅予核示。

综上所拟各节,是否有当,理合检同重拟修改财政收支系统原则草案及二中全会原提案及决议案暨国地各税之征收缴纳拨发办法草案、改制后分配各税之预算编审办法草案、中央核拨地方补助款办法草案〔略〕一并呈请钧院鉴核示遵。谨呈

行政院院长宋

〔国民政府财政部档案〕

3. 财政部报送1947年度施政方针草案呈函稿

(1946年6月21日)

财政部 呈/公函 财秘字第 四六/五十一 号

民国三十五年六月二十一日

案 查前/准 中央设计局/贵 局 本年四月二十日设编〈35〉字第二五

四六三号代电，以三十六年度国家施政方针亟待草拟，嘱就主管范围提出意见（不拘格式但须用条文列举）密送过局，以便汇办，等由。正拟办间，复奉钧院本年五月四日节京七字第一二九号训令，略以准函前由，饬迅办呈院，等因。兹谨就本部主管范围，将对于三十六年度施政方针之意见分条列举，拟为草案，除函送/呈报中央设计局/行政院外，理合缮具/检同该项施政方针草案同式三份备文/函请呈请/查核鉴核示遵。谨呈/汇办并见复为荷。此致

行政院/中央设计局

附本部三十六年度施政方针草案同式三份

财政部三十六年度施政方针草案

一、参酌国家物资建设五年计划第一年度所需要之资金，由政府统筹供给，并予以合理之支配，力求财政政策与经济政策密切配合，以利战后建设之进行，而促成国家之现代化。

二、切实调整税制，健全机构，简化稽征手续，采取下列各项措施，以谋岁入之增加。

1. 积极实施特种过分利得税、交易所税及交易所交易税。

2. 推行商账管制及会计师代办纳税办法，以改进营利事业所得税之稽征。

3. 加强遗产税及综合所得税之推进。

4. 举办丝织品统税，并调查大量机制属于奢侈及半奢侈之产品，筹征统税。

5. 简化各税稽征手续，视物价币值稳定情形，酌采分级从量课征办法。

6. 促进完税货品原料之增产，如卷烟原料之熏烟叶、糖类原

料之甘蔗等，以繁荣农村经济，增裕税收。

7. 依照三十五年度各局税收成绩及调查税源分布情形，调整机构，以利稽征，而臻合理化。

8. 根据新订战后关税税则，在进口方面，对于建设器材及工业原料征收轻关税或免税，以便利工业化之推进。对于非必要品及奢侈品分别征收较高关税及重关税。在出口方面，除少数原料征收关税外，余均一律免税，以鼓励输出贸易之发展。

9. 逐渐划一全国盐税之征率，推进自由运销政策，并建设盐场，加强缉私暨以剩余盐斤输出国外，换取建设物资。

三、清理敌伪物资财产及变价收入暨清查及利用国有财产，以增加国库收入。

四、竭力减少军事费及削减一切不急要之支出，并参〔增〕加物质及文化建设各费，以谋岁出之合理。

五、适应需要发行公债，并相机与友邦洽商整理战前战时内外债务，维持债信，简化债务行政。

六、改善国库制度，实行分库转账制，并完成省县公库网。

七、厘订关务、盐务及直接税、货物税等税务共通适用之人事法规，并积极推进考铨制度，加强财务人员训练，以健全各级干部人事，促进财务行政之效率。

八、切实执行划分国地财政收支系统，增裕地方财源，以巩固省县财政，而利宪政实施。

九、整理币制，稳定币值，以谋国民经济之安定，并确立银行体系，健全金融机构，加强国家银行控制金融力量及督导银行资金合理运用，以利复兴建设之进行。

十、控制外汇，稳定汇率，并充分利用国际货币基金及国际金融力量，以发展对外贸易，促进国家建设。

〔国民政府财政部档案〕

4. 国民政府令修正公布财政收支系统法

（1946年7月1日）

财政收支系统法　三十五年七月一日国府令修正公布

第一章　总　　纲

第一条　中华民国各级政府财政收支之划分配置调剂及分类，依本法之规定。

第二条　财政收支系统分为三级：

一、中央；

二、省及院辖市；

三、县市及相当于县市之局。

乡镇或市区财政，应分编单位预算，列入县局总预算内。

第三条　各级政府财政收支之分类，依附表一、附表二之所定。

第四条　省与院辖市之财政收支，在完成自治前，直接受中央行政、立法、监察之监督，在完成自治后，直接受本省市民意机关之监督，间接受中央行政、立法、监察之监督。

第五条　县市局之财政收支，在完成自治前，直接受省之监督，在完成自治后，直接受本县市局民意机关之监督，间接受省之监督。

第二章　税　　课

第六条　下列各税为中央税：

一、所得税　包括分类所得税及综合所得税。

二、遗产税。

三、印花税　谓交易凭证、人事凭证、许可凭证等证明文件依法贴用之印花税。

四、特种营业行为税　谓银行、信托、保险、交易所及其他法律规定之特种营业行为税。

五、关税　谓由海陆空进出国境之货物进口税、出口税及海港之船舶吨税。

六、货物税　对国内货物及国外同类进口货物依法应征之税。

七、盐税。

八、矿税　包括矿产税及矿区税。

第七条　遗产税为中央税，但中央应以其收入百分之三十分给县市局，百分之十五分给院辖市。

第八条　营业税为省税及院辖市税，在省应以其总收入百分之五十归所属市局，在院辖市应以其总收入百分之三十归中央。

第九条　土地税在省县市局地方，应以其总收入额百分之五十归县市局，百分之三十归中央，百分之二十归省。但省应以其土地税之一部分补助贫瘠县市局，在院辖市应以其总收入额百分之六十归市，百分之四十归中央。

在土地法未施行之区域，契税为市辖局税。

第十条　下列各税为市县局税：

一、土地改良物税，在土地法未施行之区域为房捐。

二、屠宰税。

三、营业牌照税，谓戏院、旅馆、酒楼、茶园、球房、屠户及其他依法应征之营业牌照税。

四、使用牌照税，谓舟车牌照税及其他因使用地方公有财产应征之牌照税。

五、筵席及娱乐税。

第十一条　凡中央税，地方政府不得重征，并不得以任何名目征收附加捐税。

一切货物税均为中央税，地方政府不得征收，并不得阻止国内货物之自由流通。

各级政府因改良及维持水陆道路，得对通过之舟车征收使用费。

第十二条　各种税法另以法律定之。

第三章　独占及专卖

第十三条　各级政府经法律许可，均得经营独占公用事业，并得依法征收特许费，准许私人承揽经营。

地方政府所经营独占公用事业之供给，以该管区域为限。但经邻近地方政府之同意，得为扩充其供给区域之约定。

第十四条　中央政府为增加国库收入或统制生产消费，得依法律之规定，专卖货物，并得制造之。

前项专卖为中央独有之权，地方政府不得为之。

第四章　工程受益费(即特赋)

第十五条　各级政府于该管区内，对于因道路、堤防、沟渠或其他土地改良之水陆工程，而直接享受利益之不动产，得征收工程受益费。

前项工程受益费之征收，不得超过各该工程直接与间接实际所费之数额。若其工程之经费出于赊借时，其工程受益费之征收，以赊借之资金及其利息之偿付清楚为限。

本条工程之举办与工程受益费之征收，均应经过预算程序，始得为之。

第五章　罚款及赔偿

第十六条　罚金、罚锾、没收或没收财物，非依法律不得为之。

第十七条　罚金及没收物之收入，应归入国库。罚锾、没入〔收〕财物及赔偿之收入，除法律另有规定外，应分别归入各级政府之公库。

第六章　规　　费

第十八条　司法机关、考试机关及各级政府机关征收规费，应依法律之所定。未经法律规定者，非分别先经立法机关或民意机关之议决，不得征收之。

第十九条　各级政府所属下列各种事业机关或组织，对于直接享受其利益者，得征收规费。但除法律另有规定外，并应经过预算程序，始得为之：

一、教育文化事业；

二、经济建设事业；

三、卫生治疗事业；

四、保育救济事业；

五、保安防灾事业；

六、保健娱乐事业。

小学教育、传染病之预防、残废之赡给及水火灾患之救济，不得收费。

第七章　信托管理收入

第二十条　各级政府依法为信托管理时，其管理费收入，应列入预算及决算。

第八章　财产售价收入

第二十一条　各级政府对于所有财产孳生之物品，公务机关及事业机关或组织对于出产物品与其应用物品中之剩余或废弃物品，均得按实价售卖之。但应经各该级审计机关之同意，未设审计机关者，应经该管上级机关之核准。

各级政府出售不动产或重要财产，除法律另有规定外，准用前项之规定。

第二十二条　公务机关得售卖其公开之印刷品，其售价应以成本为标准。但为增进公民智识者，应在成本以下。

为取缔人民行为之印纸，其售价得在成本以上。

教育文化机关、试验场所、监狱及其他保育救济之处所，其出品之售价，应以成品〔本〕为标准。但遇必要时，得在成本以下。

第二十三条　国营独占价格及专卖价格之规定，应经立法机关之议决，其他独占价格，应经各该级民意机关之议决。

前项以外之公有营业机关所供给之物品或劳务，其售价应参酌成本及市面通行之时价定之。

独占、专卖或其他公有营业机关售卖其剩余或废弃物品，准用第二十一条之规定。

第九章　孳息盈余捐献赠与及其他合法之收入

第二十四条　各级政府所有财产之孳息，公务上或事业上获得之收入，公有营业之盈余，所受之捐献或赠与及其他合法之收入，均为其当然收入。

第十章　政府间之征免

第二十五条　各级政府及其所属机关为办理公务及第十九条第一项各款事业所需要之机械仪器及其他有永久性之设备物品，得免征关税，其免税范围于关税法中定之。

第二十六条　各级政府及其所属机关自用之簿籍凭证及所发之凭证，依印花税法之规定免税。

第二十七条　各级政府及其所属机关所用之土地及土地改良物，均免征土地税，其所办之左列事业或营业，免征营业税。

一、交通及其他公用事业；

二、银行保险及其他金融事业；

三、林垦矿业及无竞争性之畜牧及制造业；

四、专为供应政府及所属机关之事业；

五、其他不以营利为目的之事业，但法律另有规定者，依其规定。

前项各款事业或营业，有兼营竞争性副业者，应按其兼营部分，征营业税及土地税。

第二十八条　各级政府及其所属机关，除法律或契约另有规定外，对于货物专卖及独占公用事业，均应依照所定价格给付之。

第二十九条　各级政府或其所属机关，对于他级或同级政府依第十五条所定征收之工程受益费，应按其因改良工程而享受之利益比例纳税。

第三十条　各级政府或其所属机关，对于他级或同级政府或其所属机关征收之合法规费，应缴纳之。

第三十一条　各级政府或其所属机关使用他级或同级政府或其所属机关之不动产、动产或其他特权时，除法律或契约另有规定外，应照缴租金、使用费或特许费。

但下列之中央财产，经中央之许可，省市或县得使用之，或享有其收益，而免缴租金或使用费。

一、归公不动产。

二、荒地。

第三十二条　各级政府左列各款收入，应免一切征课。

一、公有权利或财物之售价或公有金钱之孳息。

二、所受之捐献或赠与。

三、公债及赊借收入。

四、其他直接专属于政府之收入。

第三十三条　乡镇或市区之各类收入，应依类分别列入各该市局之岁入预算，并免一切征课。

第十一章　补助及协助

第三十四条　各上级政府为求所管辖各区域间教育文化、经济建设、卫生治疗、保育救济等事业之平均发展，得对下级政府给与补助金，并得由其下级政府取得协助金。

补助金、协助金之用途，除法律另有规定外，以前项事业为限。

第十二章　赊　　借

第三十五条　各级政府非依法律之规定，并经其立法机关或民意机关之议决，不得发行国内外公债，或为一年以上之国内外赊借。

省市县政府对于外资之赊借，应先经中央政府之许可。

省市县局之民意机关，得制定单行规则，限制其行政机关之借债或赊欠。

第十三章　支　出

第三十六条　各级政府之一切支出，非经预算程序，不得为之。

第三十七条　各级政府区域内人民行使政权之费用，由各级政府负担之。

第三十八条　中央政府在地方行使司法权、考试权及监察权所需之费用，由中央政府负担之。

第三十九条　国防费用及外交费用，由中央政府负担之。

第四十条　乡镇或市区之各类费用，应依类分别列入各该市县局之经费预算。

第四十一条　关于教育文化、经济建设、卫生治疗、社会救济及移殖等支出，凡有全国一致之性质，或为一省或院辖市资力所不能发展或兴办者，归中央；凡有全省一致之性质，或为一县市局资力所不能发展或兴办者，归省；凡有因地制宜之性质，或为一县市局资力所能发展或兴办者，归县市局。其事务范围之划分，另以法律定之。

第四十二条　乡镇区支出，应占县市局预算百分之五十至百分之七十。

第四十三条　上级政府委托下级政府办理事务，其必需经费，应由委托机关负担之。

第四十四条　各级政府为他级政府或同级政府代办事项时，其受益政府应负担相当之费用。但法律明定有办理之义务者，不在此限。

第十四章　附　则

第四十五条　本法施行条例另定之。

第四十六条　本法自公布日施行。

附表一：收入分类表

甲、中央收入

一、税课收入　见附表三之甲

二、独占及专卖收入　中央为增加国库收入或统制生产消费而经营之专卖收入及独占公用事业收入，均属之。

三、国营工程受益费　中央为经办水利道路及其他土地改良工程而征收之工程受益费，均属之。

四、罚款及赔偿收入　中央公务机关因执行惩罚而收入之罚金、罚锾、没收、没入财物之变价及因损害而要求之赔偿金，均属之。

五、规费收入　中央公务机关为司法、考试及执行各项行政事务，依法征收之规费及中央所属之事业机关或组织合法之收入，均属之。

六、信托管理收入　中央公务机关依法为信托管理时之收入，均属之。

七、国有财产孳息收入　国有财产所生之孳息收入，均属之。

八、国有财产售价收入　国有财产及其所孳生之物品，中央公务机关及事业机关或组织所出产之物品，与其应用物品中剩余或废弃之物品，其售价均属之。

九、国有营业之盈余及事业收入　中央银行及其他国营金融事业、邮政电信及其他国营交通事业、国营安全及其他公用事业、国营制造业、林垦业、畜牧业、矿业等所获之盈余或收入，均属之。

十、收回资本收入　中央收回其营业或非营业循还〔环〕基金全部或一部分之资本，均属之。

十一、捐献及赠与收入　中央所受人民捐献、赠与、遗赠，地方政府捐献赠与及其他捐献赠与遗赠，均属之。

十二、公债及赊借收入　中央发行之公债、库券收入与借入之金钱及赊入货物之价格，均属之。

十三、协助收入　中央所受省市及其他地方政府协助之收入,均属之。

十四、其他收入　中央依法应有之其他收入,均属之。

乙、省收入

一、税课收入　见附表三之乙

二、省营工程受益费　省为经办水利、道路及其他土地改良工程而征收之工程受益费,均属之。

三、罚款及赔偿收入　省公务机关因执行惩罚而收入之罚锾、没入财物及因损害而要求之赔偿金,均属之。

四、规费收入　省公务机关为执行各项行政事务,依法征收之规费,及省所属之事业机关或组织合法之收费,均属之。

五、信托管理收入　省公务机关依法为信托管理时之收入,均属之。

六、省有财产孳息收入　省有财产所生之孳息,均属之。

七、省有财产售价收入　省有财产及其所孳生之物品,省公务机关及事业机关或组织所出产之物品,与其应用物品中剩余或废弃之物品,其售价均属之。

八、省有营业盈余及事业收入　省营银行及其他金融事业,省营运输及其他交通事业,省营电气及其他公用事业,省营制造业、林垦业、畜牧业、矿业等所获之盈余或收入,均属之。

九、中央补助收入　省所受中央补助之收入,均属之。

十、收回资金收入　省收回其营业或非营业循环基金全部或一部分之资本,均属之。

十一、捐献及赠与收入　省所受人民捐献、赠与、遗赠,同级或他级政府赠与及其他捐献、赠与、遗赠,均属之。

十二、公债及赊借收入　省发行公债收入与借入之金钱及赊入货物之价格,均属之。

十三、其他收入　省依法应有之其他收入,均属之。

丙、市收入

一、税课收入　见附表三之丙

二、市营工程受益费　市为经办道路、堤防、沟渠及其他土地改良工程而征收之工程受益费，均属之。

三、罚款及赔偿收入　市公务机关因执行惩罚而收入之罚锾、没入财物及因损害而要求之赔偿金，均属之。

四、规费收入　市公务机关为执行各项行政事务，依法征收之规费，及其所属之事业机关或组织合法之收费，均属之。

五、信托管理收入　市依法为信托管理时之收入，均属之。

六、市有财产孳息收入　市有财产所生孳息收入，均属之。

七、市有财产售价收入　市有财产及其所孳生之物品，市公务机关及事业机关或组织所出产之物品，与其应用品中剩余或废弃之物品，其售价均属之。

八、市有营业盈余及事业收入　市营银行及其他金融事业，市营运输及其他交通事业，市营电气及其他公用事业等所获之盈余或收入，均属之。

九、造产收入

十、中央补助收入　市所受中央补助之收入，均属之。

十一、收回资本收入　市收回营业或非营业循环基金全部或一部分之资本，均属之。

十二、捐献及赠与收入　市所受人民或其他捐献赠与遗赠，均属之。

十三、公债及赊借收入　市发行之公债收入与借入之金钱及赊入货物之价格，均属之。

十四、其他收入　市依法应有之其他收入，均属之。

丁、县市局收入

一、税课收入　见附表三之丁

二、县市局工程受益费　县市局为经办道路、堤防、沟渠及其他土地改良工程而征收之工程受益费，均属之。

三、罚款及赔偿收入　县市局公务机关因执行惩罚而收入之罚锾、没入财物及因损害而要求之赔偿金，均属之。

四、信托管理收入　县市局依法为信托管理的收入，均属之。

五、县市局有财产孳息收入　县市局有财产所生孳息之收入，均属之。

六、县市局有财产售价收入　县市局有财产及其所孳生之物品，县市局公务机关及事业机关或组织所生产之物品与应用品中剩余或废弃之物品，其售价均属之。

七、县市局有营业盈余及事业收入　县市局营银行及其他金融事业，县市局营运输及其他交通事业，县市局营电气及其他公用事业，县市局营林垦事业等所获之盈余或收入，均属之。

八、造产收入

九、补助收入　县市局所受省或中央补助之收入，均属之。

十、特别课税收入　其征收应经民意机关通过，并经省政府核准，报中央备案，方得为之。

十一、收回资本收入　县市局收回其营业或非营业循环基金全部或一部分之资本，均属之。

十二、捐献及赠与收入　县市局所受人民及其他捐献、赠与、遗赠，均属之。

十三、公债赊借收入　县市局发行公债收入，与借入金钱及赊入货物之价格，均属之。

十四、其他收入　县市局依法应有之其他收入，均属之。

附表二　支出分类表

甲、中央支出如左

一、政权行使支出　国民代表对于中央行使政权，由国库之支出，均属之。在训政时期，中国国民党行使政权，由国库之支出，亦属之。

二、国务支出　国民政府之各项支出，除所属机关另有科目列举者外，均属之。

三、行政支出　行政院及所属机关之各项支出，除另有科目列举者外，均属之。

四、立法支出　立法院之各项支出，均属之。

五、司法支出　司法院及所属机关与其在中央或地方行使司法权之支出，均属之。

六、考试支出　考试院及所属机关与其在中央或地方行使考试、铨叙权之支出，均属之。

七、监察支出　监察院及所属机关与其在中央或地方行使监察、审计权之支出，均属之。

八、教育及文化支出　关于教育文化等之中央事业及补助之支出，均属之。

九、经济及建设支出　关于经济、交通、实业、劳工、建设等中央事业及补助之支出，均属之。

十、社会及救济支出　关于育幼养老、救灾恤贫、赡给残废等中央事业及补助支出，均属之。

十一、卫生支出　关于卫生防疫医药等之中央事业及补助支出，均属之。

十二、国防支出　关于海陆空军之支出及国防特别经费，均属之。

十三、外交支出　关于使领馆经费、外交特别经费及关系外交之事业及补助之支出，均属之。

十四、侨务支出　关于侨务之事业及补助之支出，均属之。

十五、移殖支出　关于屯垦移民之中央事业及补助之支出，均属之。

十六、财务支出　财政部所属办理国帑收支管理及国债募集偿还等特种公务机关之支出，均属之。

十七、债务支出　中央国内外长短期债券及赊借等债务之还本付息及其所折扣申溢之支出,均属之。

十八、公务人员退休及抚恤支出　中央公务机关及事业机关或组织人员之退休金及抚恤金支出,均属之。

十九、损失支出　中央各机关关于货币、票据、证券之兑换买卖损失及其他损失之支出,均属之。

二十、信托管理支出　中央代管及代办事项之支出,均属之。

二十一、补助支出　中央补助各级地方政府,未经明定其用途之支出,均属之。

二十二、国营事业基金支出　中央政府自办或合办之营业投资及维持之支出,均属之。

二十三、其他支出　中央依法应为之其他支出,均属之。

二十四、第二预备金

乙、省支出如左

一、政权行使支出　省公民或其代表对于省行使政权,由省库之支出,均属之。在训政时期,中国国民党行使政权,由省库之支出,亦属之。

二、行政支出　省政府及所属各机关之各项支出,除另有科目列举者外,均属之。

三、教育及文化支出　关于教育学术文化等之省事业及补助之支出,均属之。

四、经济及建设支出　关于经济、交通、实业、劳工、建设等省事业及补助之支出,均属之。

五、卫生支出　关于卫生保健、防疫医药等之省事业及补助之支出,均属之。

六、社会及救济支出　关于育幼养老、救灾恤贫、赡给残废及其他救济事业等省事业及补助之支出,均属之。

七、保安及警察支出　关于省保安水陆警察消防等组织及其设备供给、补助等之支出,均属之。

八、移殖支出　关于开垦移殖之省事业及补助之支出，均属之。

九、财务支出　省所属办理公帑收支管理及省公债募集偿还等特种公务机关之支出，均属之。

十、债务支出　省债券及赊借等债务之还本付息及其折扣申溢之支出，均属之。

十一、公务员退休及抚恤支出　省公务机关及事业机关或组织人员之退休金及抚恤金支出，均属之。

十二、损失支出　省各机关关于货币、票据、证券之兑换买卖及其他损失之支出，均属之。

十三、信托管理支出　省代管及代办事项之支出，均属之。

十四、协助及补助支出　省协助中央及补助下级地方，未经明定其用途之支出，均属之。

十五、省营业基金支出　省自办或合办之营业投资及维持之支出，均属之。

十六、其他支出　省依法应为之其他支出，均属之。

十七、第二预备金。

丙、院辖市支出如左

一、政权行使支出　院辖市公民或其代表对于院辖市行使政权，由市库之支出，均属之。在训政时期，中国国民党行使政权，由市库之支出，亦属之。

二、行政支出　院辖市及所属各机关之各项支出，除另有科目列举者外，均属之。

三、教育及文化支出　关于教育学术文化等之院辖市事业及补助之支出，均属之。

四、经济及建设支出　关于经济、交通、实业、劳工、建设等院辖市事业及补助之支出，均属之。

五、卫生支出　关于卫生保健、防疫医药等之院辖市事业及补助之支出，均属之。

六、社会及救济支出　关于育幼养老、救灾恤贫、赡给残废及其他救济事业之院辖市事业及补助之支出，均属之。

七、保安及警察支出　关于院辖市保安、水陆警察、消防等组织及其设备供给补助等之支出，均属之。

八、移殖支出　关于开垦移殖之院辖市事业及补助之支出，均属之。

九、财务支出　院辖市所属办理公帑收支管理及院辖市公债募集偿还等特种公务机关之支出，均属之。

十、债务支出　院辖市债务及赊借等债务之还本付息及其折扣申溢之支出，均属之。

十一、公务员退休及抚恤支出　院辖市公务机关及事业机关或组织人员之退休金及抚恤金支出，均属之。

十二、损失支出　院辖市各机关关于货币、票据、证券之兑换买卖损失及其他损失之支出，均属之。

十三、信托管理支出　院辖市代管及代办事项之支出，均属之。

十四、协助及补助支出　院辖市协助中央及补助区，未经明定其用途之支出，均属之。

十五、院辖市营业基金支出　院辖市自办或合办之营业投资及维持之支出，均属之。

十六、其他支出　院辖市依法应为之其他支出，均属之。

十七、第二预备金

丁、县市局支出如左

一、政权行使支出　县市局公民及其代表对于县市局行使政权，由县市局库之支出，均属之。在训政时期，中国国民党行使政权，由县市局库之支出，亦属之。

二、行政支出　县市局政府及所属机关之各项支出，除另有科目列举者外，均属之。

三、教育及文化支出　关于教育学术、文化娱乐等之县市局事业及补助之支出，均属之。

四、经济及建设支出　关于经济、交通、实业、劳工、建设等县市局事业及补助事业之支出，均属之。

五、卫生支出　关于卫生、保健、防疫、医药等之县市局事业及补助之支出，均属之。

六、社会及救济支出　关于育幼养老、救灾恤贫、赡给残废及其他救济事业之县市局事业及补助之支出，均属之。

七、保安及警察支出　县市局警察保卫消防等组织及其设备供给补助等由县市局库之支出，均属之。

八、财务支出　财〔县〕市局办理公帑收支管理及县市局公债募集偿还等特种公务机关之支出，均属之。

九、债务支出　县市局债券及赊借等债务之还本付息及其折扣申溢之支出，均属之。

十、公务人员退休及抚恤支出　县市局公务机关及事业机关或组织人员之退休金及抚恤金支出，均属之。

十一、损失支出　县市局各机关关于货币、票据、证券之兑换买卖损失及其他损失之支出，均属之。

十二、信托管理支出　县市局代管及代办事项之支出，均属之。

十三、协助及补助支出　县市局协助省或其他政府及补助乡镇区公所，未经明定其用途之支出，均属之。

十四、乡镇区临时事业支出。

十五、县市局营业及乡镇区造产基金支出　县市局自办或合办之营业投资及维持之支出，与乡镇区造产之支出，均属之。

十六、其他支出　县市局依法应为之其他支出，均属之。

十七、第二预备金。

附表三　税课分类表

甲、中央税

一、所得税

1. 分类所得税;2. 综合所得税。

二、遗产税

三、印花税

四、特种营业行为税

五、关税

1. 进口税;2. 出口税;3. 吨税。

六、货物税

七、盐税

八、矿税

1. 矿产税;2. 矿区税。

九、营业税,在院辖市总收入中,至少占百分之三十。

十、土地税

1. 在省县局总收入中,占百分之三十;2. 在院辖市总收入中,占百分之四十。

乙、省税

一、营业税,总收入百分之五十。

二、土地税,总收入百分之二十。但省应以其土地税之一部分,补助贫瘠县市局。

丙、院辖市税

一、营业税,至多占总收入百分之七十。

二、土地税,总收入百分之六十。

三、契税

四、遗产税,由中央分给百分之十五。

五、土地改良物税,在土地法未施行之区域,为房捐。

六、屠宰税

七、营业牌照税

八、使用牌照税

九、筵席及娱乐税

丁、县市局税

一、营业税，由省分给百分之五十。

二、土地税，总收入百分之五十。

三、契税，仅未依土地法举办土地登记之区域征收之。

四、遗产税，由中央分给百分之二十。

五、土地改良物税，在土地法未施行之区域，为房捐。

六、屠宰税

七、营业牌照税

八、使用牌照税

九、筵席及娱乐税

〔国民政府财政部档案〕

5. 国民政府财政收支系统法施行条例

（1946年7月1日）

财政收支系统法施行条例

第一条　本条例依财政收支系统法第四十五条规定制定之。

第二条　财政收支系统法第二十五条所定免征关税事项，在关税法未公布前，暂依现行免征关税成例办理。

第三条　省政府于所属县市局之补助协助，应先拟定数额，呈经行政院核准行之。

第四条　政府间之协助金额，应由上级政府于拟定概算一个月前，通知各该下级政府。

第五条　各省市县局依财政收支系统法第三十五条所定，发行公债或为赊借时，其民意机关尚未成立者，应先经上级政府核准。

第六条　本条例自财政收支系统法施行之日施行。

〔国民政府财政部档案〕

6. 财政部国库署币制改革后整理财政计划稿

（1946年12月5日）

币制改革后之整理财政计划

改革币制后，须有较为健全之财政计划以相配合，方能稳定币制，克奏成功。财政收支之不能立即平衡，为国人周知之事实，而改革币制之要求，必须平衡财政收支，此又为国人心理上普遍之顾虑。为期达此鹄的，则在收入方面不能不以货物税为重心，而调节收支，弥补差额，不能不改以公债代替通货政策；支出方面不能不酌采量入为出之原则，力求撙节，防止滥费，以求收支接近平衡，而使财政趋于健全。

甲、支出之估计

依上述方针，在币制改革后，假定新币每元等值四分之一美元，则每年支出应以不超过新币四十亿元（相当十亿美元）为最大限度。第一年度暂即以此范围估计，各项支出如左表，以后第二、第三两年须视第一年度预算执行结果及届时情势，再为调整，以符实际。

科　　目	全年支出总数	百分比
（一）军费	二十三亿二千万元	58%
（二）建设费	八亿元	20%
（三）普通政务费	六亿八千万元	17%
（四）预备金	二亿元	5%
合　　计	四十亿元	100%

表列第一年支出，估计新币四十亿元。其中仍以军费最大，约为新币二十三亿余元，占总支出百分之五十八，故其他支出之比例不免较小。军费系按官兵四百五十万人计算，单就薪饷一项而论已占三分之二，其余仅有三分之一可供业务之用。故如谋充实军力，以期达到现代化之水准，则必须彻底整缩编制，力求核实，以三百万人为度。而对于改善装备，充实军人所需之物资，则尚非上述财力所能完全承担，其有仍需取给于国外援助者，应由主管机关另提详细计划。至普通政务费约新币六亿八千万元，占总支出百分之十七。因机关与人员较战前增加三分之二，故用人经费所占之比例也较大，必须减少三分之一，始臻合理。军队可从缺额中自行弥补，但政务机关人员则应尽量裁减。建设事业约新币八亿元，占总支出百分之二十。此似为国内及配合请求国际借款计划所必需军费外，所占之比例略大，较战前约增加十倍。盖以过去建设事业受预算之限制，不克充分发展，故酌予宽列。因为建设事业必须衡量财力，通盘筹划，故其预算应独立编制，与一般行政经费绝对划分。此外另列百分之五预备金——新币二亿元，以为各项支出不敷时之挹注。关于各项支出之估计，详具说明如次：

（一）军费

依据国防部及主计处最近资料，全国海陆空军连同联勤人员，共按四百五十万人计算（官佐五十万人，士兵四百万人），较战前官兵一百八十万人增加一倍半，较二十六年抗战初期二百八十万人增加百分之六十强，较三十四年八月抗战结束时之五百二十万人，略见减少。其内容如下：1.官兵薪饷约新币一十六亿二千万元，占军费支出百分之七十，官职待遇比照文职人员计算。士兵照战前饷制，包括副食费每人每月平均按十二元计算。2.服装粮秣照现有人数按规定给与量，估计约新币二亿三千万元，占军费支出百分之十。3.武器弹药及兵工经费约新币二亿八千万元，占军费支出百分之十二。4.运输燃料及交通器材约新币一亿二千万元，占军费支出百分之五。5.其他军费约新币七千万元，占军费支出百分之三。以上五项共新币二十三亿二千万元，系就目前实际情形斟酌估计，将来如人数减少，则士兵薪饷比例可望提高。

（二）建设费

包括交通、经济、农林、水利、资源各部门建设事业所需之经费。系参照今年支出情形酌量从宽估计，共约新币八亿元，较以往各年比例为大，应由各主管部门分别按实需单独另编预算。

（三）普通政务费

包括中央经临费与省市补助费，共估计新币六亿八千万元，其中1.中央公教人员薪给约四亿五千万元。系按员警技役五十二万人并假定职员薪俸除基本数五十元外，超过五十元部分二百元以下，按六折；二百元以上按五折。工警平均按十五元估计。2.中央机关经临费参酌目前支出情形估计，共约新币一亿五千万元。3.省市补助费，在各省财政应谋自给自足之原则下，今后对于各省之补助应视实际收支情形分别核实办理，故暂酌列新币八千万元。

（四）预备金

依例按总支出百分之五酌列新币二亿元

乙、收入之估计

依前项支出之估计，假定每年以新币四十亿元为最大限度，本收支平衡原则，就上项数额范围估计收入如左表：

科目	第一年		第二年		第三年	
	金额	百分比	金额	百分比	金额	百分比
（一）赋税收入	二十亿元	50%	二十四亿元	60%	二十八亿元	70%
（二）赋税外收入	八亿元	20%	六亿元	15%	四亿元	10%
（三）债款收入	十二亿元	30%	十亿元	25%	八亿元	20%
总计	四十亿元	100%	四十亿元	100%	四十亿元	100%

各项收入估计之说明

（一）赋税收入

表列赋税收入，系指货、盐、关、直四项，此为我国唯一可靠之财源，但因币值日低，税收数额所代表之购买力随之递减，因而无法获致收支平衡。今应于改革币制之时，币值得到稳定，即努力于增加税收，取自税收，以应付支出，究较之取自膨胀为有利而无害。但税收可靠来源仅为上述四种，就四种来源而言，直接税之增裕，尚有待于国民经济之改进。为把握现实，自应以货物税为中心。广义之货物税包括货、盐、关三种，其中盐税因盐消费有一定限量，关税在保护国内生产出口免税原则下，均难期大量增加收入。唯货物统税，以税源普遍，征收简易，适合我国社会环境，不失为一优良税制。实行此项税制以来，成绩优异，历年收入逐有增加，已为各项税收之冠。本年度货物税收入估计占全年赋税总收入之半。现在本部对于此项税制税法，仍不断加以改进，故今后平衡预算，增裕收入，为最具理想之首要财源。至各税之估计方法：(1)以二十六年收入为标准；(2)以二十六年币值为比例予以增减；(3)以改进税制税率为前提。于此更应有说明者，财政部为应付当前难关，必须扩大其权力，每一法案之提出及施行，均宜出于迅速有效，不可再如过去层层束缚，使其不能有所作为也。兹将各税收入分别估计并说明于后。

1. 货物税：民国二十六年收入总计二亿余元，现行税制较战前增加七种，增加约百分之三十，两共约二亿七千万元，依战前币值比例折合新币约为五亿余元。但二十六年东北沦陷，华北已成特殊化状态，华南也不安定，西南则有共匪流窜，税收损失甚巨。今则台湾、东北等生产繁盛地带复归祖国，征税区域扩充，国内虽有共匪骚扰，但货物集中之城镇，均在政府控制之下，即以目前货物税收入言，占赋税收入之半，已如上述。如再改进税制税率，当可增加百分之八十。故第一年估列新币九亿四千万元，约占赋税收入之半，以后因币值稳定，人民购买力递增，生产扩充，税收益可增加。

第二年估列新币十一亿五千万元。第三年十三亿五千万元。

2. 盐税：本年税盐为四千万担。将来交通改善并推广渔业、工业用盐，又加外销盐，当可达五千万担，每担计税新币十元，第一年估列新币五亿元。以后用盐可趋增加，第二年估列新币五亿二千万元。第三年五亿五千万元(盐税税率似仍可酌增)。

3. 关税：民国二十六年关税收入为三亿六千万元。唯目前对于出口货，全部免税。在进口货方面，亦因保证国内产业及维持外汇基金而实行许可制，输入货物亦减。故加上战前币值比例计算，第一年仍估列新币三亿六千万元，其后国内工业发展所需，国外器材物品加增，关税亦当增加。第二年估列新币四亿三千万元。第三年五亿元(关税亦应酌增税率)。

4. 直接税：现以所利得税、印花税为大宗。币制改革后，币值稳定，工商发展以及税政之改进，收入应年有增加。第一年估列新币二亿元，第二年三亿元，第三年四亿元。

(二) 赋税外收入

表列赋税外收入，系以敌伪产业、剩余物资两项为主暨征借收入，及其他非赋税收入加以估计。如敌伪产业、剩余物资两项，另指用途，则此项收入将归无着。故必须假定此两项来源完全可供财政周转之用。兹将各项赋税收入分别估计并说明于后。

1. 物资售价收入：现存敌伪产业可售部分，估值约新币二亿余元。美军剩余物资可售现部分从严估计约值一亿余美元，折合新币约四亿余元。两项共计新币七亿元。分配第一、二年中，第一年估列新币四亿八千万元，第二年二亿二千万元。至将来日本赔偿现金以及赔偿物资售卖收入，未予估计。

2. 征借实物收入：本年度征借总额为二千万担。改革币制后，第一年仍征借二千万担，每担平均以新币八元估计约一亿六千万元，第二、三两年均各估一亿六千万元。

3. 其他收入：二十六年其他收入，各项合计为一亿七千万元。

改革币制后，各项其他收入中，规费与罚金、罚锾收入可趋切合物价。依战前币值比例计算，唯国营事业，如交通等项收入较少。故第一年从严估列为新币一亿六千万元，其后各种情况改善，第二年估列新币二亿二千万元，第三年二亿四千万元。

（三）债款收入

表列债款收入，系指发行政府公债，以谋取得收入，平衡支出。改革币制以后，政府可能力求收支接近平衡，但仍有赖于公债收入之调节。改革币制之目的，自为遏止通货之无限制膨胀，然如何而后能遏止膨胀，则在政府收支之如何平衡。在政府方面，应即改发公债以代替通货政策；人民方面亦应竭力拥护此一政策之成功，一方为政府策安全，一方也即为自身谋福利也。公债之发行暂以三十亿为目标，各年分配数额参见前表，所列推销办法为募销与充作发行之保证、准备两种。至其程序，在最初阶段中，自以充作准备较为方便，然后徐谋大宗之推销，以期取得确实之收入。

〔国民政府财政部国库署档案〕

7. 财政部修订之1947年度工作计划

（1947年3月）

中华民国三十六年度财政部工作计划（极密） 三十六年三月修订

目　　录

行政部分

一、计划提要

（一）直接税

1. 加强稽征营利事业所得税

2. 积极实施特种过分利得税

3. 举办特种营业税

4. 举办一次财产税

(二) 货物税

5. 加强稽征货物税

6. 切实整顿矿产税

7. 加强控制国产烟酒税

(三) 关税

8. 切实执行进出口贸易办法并严格稽征关税

9. 筹改关税税则

10. 严密查缉私运

11. 扩充海务工作及其设备

(四) 盐政

12. 调整盐税征率

(五) 金融

13. 稳定法币价值

14. 规划整理币制

15. 设立土地银行

16. 加强管制金融业务

17. 健全合作金融及特种金融

18. 督导证券交易市场正常发展

19. 参加国际货币基金及国际复兴开发银行

20. 实施绥靖区财政金融紧急措施(临时部门)

(六) 公债

21. 清理内债

22. 筹划偿付外债办法

23. 拟订公债法

24. 洽借外债

(七) 地方财政

25. 整理地方财政

26. 调剂地方财政盈虚并拟订免赋补助办法

27. 推进土地税之征收

28. 实施统一地方征收机构

(八) 公库

29. 推广国库网

30. 催促成立省(市)库网

31. 继续推广县(市)库网

32. 清查国有财产及管理国有土地

33. 加强公库稽核并严密稽核库款收支

34. 改善国库出纳会计制度

(九) 计政

甲、岁计

35. 依限核转催编三十六年度本部主管岁入岁出分配预算

36. 筹划拟编三十七年度本部主管二级岁入岁出概算及特种基金概算暨债务支出、补助支出概算及拟编中央政府岁入总概算

37. 汇编三十四年度本部主管各项二级预算

乙、会计

38. 设计修订各种会计制度

39. 继续甄选会计人员并设置与加强部属机关会计机构

丙、统计

40. 督导所属机关推行公务统计方案

41. 办理税收旬报、税源统计与征收费用之统计

(十) 人事

42. 完成税务人事管理条例

43. 考选税务人员

44. 调整直接税、货物税分支机构

二、计划表

事业部分

一、计划提要

（一）盐政

1. 建设盐场

2. 推行自由运销政策

3. 余盐输出国外

4. 严缉私场增加装备

5. 组设中国盐业公司充实生产设备

二、计划表

行政部分

中华民国三十六年度财政部工作计划

财政部部长　俞鸿钧　三十六年三月①

设计考核委员会主任委员　俞鸿钧　三十六年三月

计划提要

一、直接税

1. 加强稽征营利事业所得税　为适合直接税负担公平之原则，并适应当前国库需要，拟恢复分区分业查账核税办法，并规定提前申报所得额，经拟具办法呈准施行。

2. 积极实施特种过分利得税　为适应现时经济社会状况，战时所举办之非常时期过分利得税，拟即废除，改办特种过分利得税，现税法业经立法院通过，已呈行政院转请国民政府准自三十六年一月一日公布施行。

3. 举办特种营业税　财政收支系统改制后，营业税奉令自三十四年七月份起划归地方，为谋充裕中央财政收入起见，拟即依照财政收支系统法之规定，举办特种营业税，现正积极起草法案，转送立法院审议，总期于三十六年上半年度内全国一律推行。

4. 举办一次财产税　为谋充裕国库收入，并均衡人民负担，

① 系财政部留存件。

拟举办一次财产税，草拟征课方案，呈请行政院核转，俟通过后，并拟于本年度上半年全国一律施行。

二、货物税

5. 加强稽征货物税　简化稽征手续，加强控制税源，严密征收，促进完税货品质量改良及增产，同时推进台湾、新疆及绥靖区税务，以完成税制，增裕库收。本年度本税岁入预算为一万零八百零五亿元。

6. 切实整顿矿产税　切实整理矿区，调整驻矿机构，并调查东北、台湾各省税源。本年度本税岁入预算为三百亿元。

7. 加强控制国产烟酒税　择重要产区或酿造厂所推行驻征制度，与地方政府洽商解除禁酿令，加强烟酒生产之管理，并调整台湾烟酒税务。本年度本税岁入预算为一千三百七十亿元。

三、关税

8. 切实执行进出口贸易办法，并严格稽征关税　政府为鼓励生产，促进输出，经对出口货准许商民自由运销者，取消出口税。又救灾附加税因美棉麦本息业已偿清，亦经停止征收。本年度内依照修正进出口贸易暂行办法，对于进出口货物之管制，切实执行，凡属禁止进口物品，绝对不准输入。其余进口物资亦悉凭输入许可证，始准进口，并遵照现行进口税则，严格稽征关税，以裕税收，并遵照府颁经济紧急措施方案，严禁私运金钞出口，同时加强缉私，以杜偷漏。

9. 筹改税则　根据政府核定之关税立法原则，依照工业建设纲领实施原则之指示，与经济主管机关商拟保护工业之种类方法及其程度，参照世界贸易就业会议我国所接受之义务，筹改税则，由国定税则委员会继续搜集资料，缜密研究，妥为筹拟，准备实施。

10. 扩充海务工作及其设备　将测量水道及沿海沿江灯塔航行标志等，已经完成或尚待修建之部分，切实检查，分别恢复及整理，以利航运。

11. 严密查缉私运　年来走私之风甚炽，尤以华南及上海一带为最，迭经督饬海关认真查缉，以设备及人力诸待充实，成效尚未大著。本年度决意加强缉私力量，严密执行，以戢私风，其要点：(1)增添船只，充实设备，训练缉私人员，并派员与香港政府协商协助九龙关防止走私办法。(2)拟具派员随车稽查铁路客货运办法，商交通部呈准实施。(3)拟具拨派舰船，由关调遣，并派关员驻舰，查缉海军舰船及军人走私办法，商海军总司令部呈准实施。

四、盐政

12. 调整盐税征率　盐税征率经三十五年度三期调整后，各区税率渐趋接近。本年度税率拟察酌各区情况，予以适当调整，俾将按照本年度预算(五千三百五十亿元)征收足额，并使全国税率逐渐更趋接近，以至划一。

五、金融

13. 稳定法币价值　本年度除仍本过去办法实施外，并督导中央银行加强管理外汇，参酌法币在国内外之购买力，调整汇率，稳定汇价，督饬中交两行在国内外增设机构，畅通侨汇暨与国际货币基金切取联络，以稳定法币对外价值，并相度时宜筹划稳定币值之有效方法，予以实施。

14. 规划整理币制　审查国内外经济情势，参酌各方意见，缜密筹拟整理币制方案及其实施程序，相机实施，并完成省钞之整理、流通券之收回及伪券之收换。

15. 设立土地银行　设立土地银行，并归并中国农民银行土地金融处及其业务于土地银行，以建立独立完整之土地金融系统。

16. 加强管制金融业务　督导中央银行，厉行银行之银行之职责，充实控制金融力量，以实行国家金融政策，督饬三行两局各就专业范围分别发展业务，举办贷款，调剂金融，积极扶助民生必需品及出口物资之增产，以配合国家经济需要，督饬各类银行分别依照规定，妥慎运用资金，协助经济建设，并严切取缔其投机性之营业，并督促国家行局完成全国金融网，扶助省县在辖境以内均衡发展，整饬商营金融机构，指定地区，限制增设行庄暨督促中央银行完密金融检查网，严密检查各行庄业务，以导入正常合理之发展，达成金融协助经济之目标。

17. 健全合作金融及特种金融　督促中央合作金库推设及调整各级合作金库，完成全国合作金融网，并修正信托法及信托公司法、保险法及保险业法，完成其立法程序，俟储蓄银行法公布施行，更积极督导储蓄存款投放于生产事业。

18. 督导证券交易市场正常发展　督导上海证券交易所推广业务范围，并督促全国其他各大都市筹建证券交易市场。

19. 参加国际货币基金及国际复兴开发银行　依照国际货币基金及国际复兴开发银行两协定，斟酌国内经济金融情势，拟定办法，逐步实施，尽量获取国际金融协助，以谋复兴建设之顺利发展。

20. 实施绥靖区财政金融紧急措施　苏鲁豫热察绥以及东北各省绥靖区域原有财务金融设施，悉遭破坏。自国军逐步收复后，本部为配合军事与政治之进展，亟应恢复，并筹设国家银行及地方银行，迅速运济钞票，对于贫苦人民，由国库拨款举办急赈与小本贷款，以及废止各项非法税捐，谋求债权债务之合理处理，另发土地债券，推行土地征收工作，并以金融力量协助绥靖区经济建设之复兴。

六、公债

21. 清理内债　政府在战前及战时发行公债多种，为简化债务行政，拟于本年度内首将战前所发各种公债筹议清理办法，或提前清还。如币制改革，再将战前所发各种公债，斟酌情形，继续筹议清理，以期简化。

22. 筹划偿付外债办法　关于战前停付关盐两税担保之各种外债，拟陆续筹划恢复偿付办法，以维债信，庚款机关及以庚款为担保之各债，分别核议解决办法，交通债务另行会同交通部拟议整理方案。

23. 拟订公债法　各级政府发行公债之用途限制募集方法及还本付息借换等程序，拟订定公债法详细规定，以资依据。

24. 洽借外债洽订国外借款　酌察国际情形，配合经济建设，计划统筹。

七、地方财政

25. 整理改进地方财政　财政收支系统恢复三级制后，省市财政业经独立。惟以所划税源过少，尚不足以资因应。又县市财政改制后，较前虽已增裕。但以物价激增，收支仍有不敷。值此完成自治，实施宪政之时，除应各就原有收支加以整理外，其税源方面，均虽酌予充实，应即拟具各方案呈院核定后，分别办理，俾省县财政具有平衡之发展。

26. 调剂地方财政盈虚并拟订免赋补助办法　地方财政甫经建立，端赖有合理之调剂，用资适应。又后方各省分年免赋应行补助之标准，亦须有统一之规定，俾有遵循，自应由部分别拟具办法呈院核定实施。

27. 推行土地税之征收　土地税原为中央税收，财政收支系统重划后，为国地共有税课。惟其征收区域，现该段仅限于各大都市及各省重要城镇，本年度自应扩大征收区域，悉力推进，以裕税收。

28. 实施统一地方征收机构　各县市原设征收机构名称不一，隶属互异，组织亦欠健全，现新财政收支系统实施后，地方税务增繁，为求适应事实需要，并便于监督起见，经拟订县市税捐稽征处组织规程草案，藉使征收机构臻于统一，一俟呈奉核定，即可付诸实施。

八、公库

29. 推广国库网　全国库数截至三十五年底止计有一千四百八十六库，因受时局影响，尚未达到上年度二千库之目标，目前仍有甚多地区未复常态。本年度拟赓续原计划，先行积极筹设五百一十四库，以应各收支机关之需要。如时局好转，再相机推设，以期库款收支能以达到悉由国库办理之目的。

30. 催促成立省(市)库网　自财政收支系统恢复三级制后，省市库亟应成立。惟依公库法规定，各级公库事务应先尽央行代理，但在各省市之央行分支机构过少，不若省市银行普遍易于推行。三十六年度内应由各省市财政厅局迅将代库银行指定，签订契约，送部备案，并开送清单，以便考核其省市库推行进度。

31. 继续推广县(市)网　此项计划应由各省财政厅拟具计划，呈报中央核定施行。截至三十五年度止，已拟送计划或已着手实施者，共有十七省，尚未拟送计划之晋、绥、苏、鲁、冀、察、热及东北九省及台湾等地，本年度内均应督饬各该省财政厅等迅拟计划，呈转核定，按照计划积极实行，并考核已实施省份之推行成绩。

32. 清查国有财产及管理国有土地　自清查以来，据报到部者固多，惟尚未据报者亦复不少。本年度拟再继续调查登记，以竟全功。其接收敌伪物资财产，亦为国有财产之一部，为数甚巨，亦应积极清理，并将所得变售价格全部解库，以裕库收。至公有土地，自土地法修正后，分为国有、省有、市县有、乡镇有四权以后，本部应予管理者，仅属国有部分，其以前颁行之公有土地管理办法即应加以修正，以符适用。

33. 加强公库稽核并严密稽核库款收支　关于库款收支稽核工作，历年均曾办理，三十三年度并遵照主席手令指示，加强稽核，增派人员分区巡回考察督导。其主要工作，不外收支两部。支出部分，各机关领支经费，过去间有限于事实，由各机关自行保管支用。收入部分因代库机构过少，致经征经收未能彻底划分。现失地收复，国库因配合收支机关大量设置。本年度对于稽核工作应注意下列各点：(1)严查各机关收入是否足比及解库迟延暨有无握存税款情事；(2)严查各机关经费是否一律存入公库，依法支用，有无擅自挪移公款情事；(3)考察并督导各代库机构之业务。

34. 改善国库出纳会计制度　按国库出纳会计制度，设分国库主管机关与代理国库机关两套。前者并未完成立法程序，而后者附属于央行营业会计制度之内。彼此性质互异，颇多杆格。三十六年度为增进行政效率，健全公库制度，实行联综组织，并使两机关密切联系起见，拟另行建立公库出纳会计制度，以利库政，同时并修改代理国库契约，配合推进。

九、计政

甲、岁计

35. 依限核转催编三十六年度本部主管岁入岁出分配预算　三十六年度本部主管岁入岁出预算，一经核定，应即依照规定期限，严催各机关编送分配预算，务求尽速办理，期于六月底以前查催核转完竣。

36. 筹划拟编三十七年度本部主管二级岁入岁出概算及特种基金概算暨债务支出、补助支出概算及拟编中央政府岁入总概算　本项计划依照中央政府总预算编审办法及修订营业预算编审办法规定之限期办理，并察酌上年度已核定之预算及已报之收支实数及其营业实况，其有追加追减案者，应切实查核其原因，尽量收集有关资料，以备参考。

37. 汇编三十四年度本部主管二级决算　三十四年度决算期于本年十二月底赶办完成，以前年度各三级机关决算延未办理者，仍随时查催核转。

乙、会计

38. 设计修订各种会计制度　按照中央及所属普通公务单位会计制度及暂行公有营业会计制度之一致规定暨各业统一会计科目，责成各主管机关主办会计人员，视其业务之需要，分别设计，或修订会计制度草案，由部核转。

39. 继续甄选会计人员，并设置与加强部属机关会计机构。抗战胜利后，陆续在收复区内增设之财务机关及以前相当于县级之分支机构，应仍继续积极筹设，并征选人员，加强其组织。

丙、统计

40. 督导所属机关推行公务统计方案　依照规定，切实推行业务，遇有变更随时修订，以期配合。

41. 办理税收旬报税源统计与征收费用之统计　税务统计为本部统计工作之重要项目，三项并举，俾发挥统计配合行政之效能。

十、人事

42. 完成税务人事管理条例　本部前以关盐货直四税人事管理办法分歧，有统一规定之必要，经设立税务人事法规起草委员会，对考选任用、考核迁调、保障退休抚恤等项，已于三十五年度内分别详定原则，拟于本年度内拟妥条文，并呈转完成立法程序。

43. 考选税务人员　配合本部各单位及附属机关业务需要，就上年成例，再加改进，举办特种考试、税务人员考试，并任用国民政府分发本部高考普考财务行政财政金融等类考试及格人员，以期建立考试用人制度，健全财务行政基干，促进财务行政效率。

44. 调整直接税货物税分支机构　就全国已设立分支机构辖区税源丰啬、区域广狭及三十五年税收多寡情形，重新酌予调整，以期减少稽征费用，适合经济原则，并继续设置冀察热山东晋绥及东北九省陆续收复各地分支机构，一面筹设台湾新疆分支机构。

〔国民政府财政部档案〕

8. 财政部视察室检送缪忠谟关于财政收支系统改进办法阅后意见函

(1947年4月29日)

前贵司所拟财政收支系统改进办法扼要中肯，曷深钦佩。兹据缪视察忠谟邮送阅后意见暨改进意见各一份到室，相应检同原件一并送请卓酌办理见复为荷。此致

地方财政司

附件

视察室启　四月廿九日

阅地方财政司所拟财政收支系统改进办法后意见

视察缪忠谟

一、营业税归省，县无利害关系，代征恐不如今日之努力，省自收则费用太大，拟收县附加，以为补救。

二、契税附加收入不多，似可改订税率，取消附加。

三、县级收支不能适合，由于职权划分不确，上级交办事项太多，军队委办事项繁难，似应设法补救。

四、竹木等大量特产应由省收，小者或一县性者，宜准县收。

五、原案对县乡财政改进各点，尚未详尽，犹待补充。

改进地方财政意见

改订财政收支系统办法实施以后，瞬将十月，省县财政之困难较前尤甚。事业既为〔未〕停减，摊派仍复盛行，政府人民交受其困，究其症结，不外下述：

一、省级财源缺乏，改制后省之可靠收入较战前为少，复员后百废重兴，支出浩繁，收支无法适合。

二、县税未能整理，县之课税收入虽已增加，但经征制度不良，人才缺乏，税率过低，故收入仍不充裕。

三、意外支出过多，地方复兴建设需款甚巨，而层〔上〕峰与军队委办事项太多，复须筹款贴补，竟视摊派维〔唯〕一出路。

鉴于当前状况，改革实不容缓。在政治上应明确划分省县主管业务；在财政上应重订各级税源，使财政与政治有适当之配合。目前经济尚未发展，税收自有一定之限度，而支出繁多，常有意外庞大之负担，非从开源节流双方兼顾，难收实效。兹酌察地方情形，缕陈改进意见如次：

一、改进原则

1. 新财政系统须配合新宪法规定之制度。

2. 新财政系统须将财政权集中于中央，财源匀分于各级。

3. 新财政系统在时间上须能持久，对各地情况须能适应。

二、修改要点

1. 省财政之开源

(1) 划拨中央三成田赋归省。

(2) 从速测量土地整理田赋。

(3) 营业税全部归省。

(4) 核准各省征收特产税。

(5) 遗产税改拨四成归省(拨县部分取消)。

2. 省财政之节流

(1) 裁撤省级骈枝机关，将事业划归各厅。

(2) 裁减省级冗员，订定裁减标准实施。

(3) 裁减保安团队，治安改由师团管区负责。

(4) 省事业较巨无力经营者，改归中央接管。

3. 县财政之开源

(1) 整理现有税收，分别提高各税税率。

(2) 切实整理公有款产，并改善管理方法。

(3) 调查各户财产，举办殷富捐。

(4) 慎审各县特殊情形，核准征收杂税。

(5) 营业税加收附加，拨为县收入。

(6) 中央协助各县开发重要资源。

4. 县财政之节流

(1) 上级交办事项必须拨足经费。

(2) 军队委托代办事项严禁就地筹款贴补。

(3) 县财政应采量入为出原则，减少一切不急要支出。

(4) 裁撤县骈枝机关，并裁减冗员。

(5) 健全警察,裁减保安队。

5. 乡镇财政之整理

(1) 调整乡镇区划,裁减乡镇保甲。

(2) 订定乡镇经费应占县预算比例。

(3) 筹募国民学校基金(一是整理原有学产;二是提拨各姓祠产及各种会款;三是向殷富劝募)。

(4) 严厉禁止摊派,违则上级连带负责。

6. 财政管理方面

(1) 省财政厅长应由财政部提出。

(2) 省财政厅职权应稍予扩大。

(3) 县征收制度应切实改善,并提高职员待遇。

(4) 层级建立补金制,俾能分层控制。

〔国民政府财政部档案〕

9. 财政部视察室检送姜善甫呈报改订财政收支系统办法施行一年后之改进意见函及附件

(1947年5月3日)

前据浙赣区视察缪忠谟报告对于财政收支系统改进办法意见到室,经检同原件送请贵司核办在案。兹又据陕豫区视察姜善甫呈报,对于改订财政收支系统办法实施一年后之改进意见到室,相应抄附原报告函请查照,并案办理为荷。此致

地方财政司

附抄原报告一件

视察室启　五月三日

报告　　四月二十四日于开封

事由：为呈报对于改订财政收支系统办法实施一年后之改进意见由

甲、省财政

一、开源方面

（一）营业税　依照财政收支系统办法第二章第八条之规定，营业税为省税，应以总收入百分之五十归所属县市局。兹以省财政困难万分，收支不敷，为数甚巨，无力拨补各县，且营业税为惟一省税，别无税源，拟援战前成例，将拨县部分全部归省，以资弥补。

（二）契税附加属于县市者，改为省附加收入，各省已奉部令实行。

（三）田赋原为地方税，应将原属中央之三成划归省收入，以利各省建设事业之实施。

二、节流方面

省级机关对于冗员与骈枝机关紧缩问题，佥不愿表示具体意见。盖以裁减员额善后困难，而裁并骈枝之议，尤恐招人怨嫉。但征诸实际，各省情形未能尽同，如后方较安定之各省，地籍之整理、社会合作事业之举办，诚有必需。但绥靖省县以安定秩序、救灾恤民为急务，一般政务自应分别缓急，逐步推行。今各省不论地方客观环境如何，凡他省已有之机构，本省均如数成立，事业费既付厥如，徒增行政支出，不仅为省级财政之累，实为今日行政组织效率不张、社会诟病之主要原因。试以豫省为例，现有之社会处、合作事业管理处、地政局等机关，目前实无必要，反之，如全省之赈恤机构，以豫民疮痍之余，痛苦之深，裁并之议不得不予以个别之考虑，未可视同一律，通案办理。至转移省营事业机关之隶属问题，原则上可无异议，但实行上不无难题。盖各级地方财政原支极绌，其所以重视事业机构者，纯依其有无盈余可资挹注而定。易言之，有盈余者，省县均不愿放弃，反是，则避之惟恐不及，其结果，凡无事可图之事业，势非尽归中央不已，此虽与减轻地方负担之初旨相符，但对中央本身,则不能不认为增加负担也。窃以为对现有省级事业机构加以抉择,其无盈余而又非各该省急需者,明令停办或缩小范围,藉以撙节开支。至其意义重大,不容停顿者,则由中央察其需要,酌予补助,以利推行。

三、财政厅长人选

原意见由部提供人选问题,各省于原则上,自不能有所异议。惟实际上之困难,仍应顾虑。盖年来各省财政困难万分,而各省财政厅长多不能独力解决,平时仰承省主席公私协力之处颇多,如财政厅长人选纯由本部提供,难免启各省主席推诿卸责心理,事事专责财厅,此事实上之困难,不容忽视。权衡得失,仍以由各省主席遴选合格人员,征求本部同意为最妥适。

乙、县地方财政

一、建立合理地方税制

特别税课　各县财政入不敷出,拟举办特别税捐,以资弥补。惟豫省贫瘠,除禹县、襄、郏、邓、许昌等县之烟叶及豫西、豫北各县之棉花为大宗生产外,别无特产,无特别税源可开,各县纷纷呈请举办地亩捐(或富户捐)及商捐,财厅拟准予举办,其各产烟、产棉县份之烟包捐及花包捐,虽有与国税重征之嫌,但为有效解决县财政问题起见,拟请一律准予征收,尤其烟包捐,无碍民生,应准继续办理。但以人民习于缴纳者为限,并不得从价征收,以维民命。

二、改正税率及征收方法

(一) 使用牌照税,系从价征收,物价迭涨不已,拟每三个月或半年调整税率一次,以合实际,而裕税收。

(二) 屠宰、筵席、娱乐等税调整税率及改正房捐征收方法,原检讨意见,颇合实际。

(三) 契税自划归地方后,税率较前减低两倍,影响收入至巨。查契税对象为受业主,富有纳税能力,拟请恢复旧税率,以增收入。

三、节流方面

紧缩县级机构,淘汰冗员,意见与省级部分同。

四、乡镇财政

乡镇国民教育应由乡镇士绅自行举办,其经费自行筹集,不列入乡镇预算以内,政府只规定设校标准,至乡镇公有款产之收入与乡镇造产之收益,应以百分之五十拨作国民教育经费,作专款处理,应由政府以明令定之。

摊派实难禁免,如承认事实,应设法使其合理化、明朗化、公平化,藉以减少人民之苦痛。

以上系根据地方意见与视察观感所得,是否有当,理合报请鉴核。谨呈

主任姚转呈部长俞,次长徐、李

陕豫区视察　姜善甫

审查报告

一、案由:改进地方财政方案一案

二、时间:三十六年四月三十日上午九时及五月一日上午九时

三、地点:行政院审查室

四、出席机关:内政部代表杨君励

经济部代表陈永乾　财政部代表孙静工

粮食部代表庞松舟　社会部代表黄友郢

农林部代表卢蔚乾　地政部代表许振鸾

主计处代表卫金人　施正信　毛松年

行政院代表黎琬　严毅沉

五、主席:行政院黎参事琬

六、审查情形:首由主席说明本案关系重大,特邀请各部会详细审查,俾付实施,并先请财政部代表说明本案草拟情形,再付讨论。旋由职说明自财政收支系统改制后,行将一年,本部检讨过去,

策划将来，深觉地方财政尚未纳入正轨。改制后省级财政虽恢复独立，但以规定税源不足资应其支出，致省财政实际犹未独立，仍仰赖于中央之大量补助。县级财政改制后，虽较前增裕，但以物价高涨，仍不敷支应，尤以乡镇基层经费短绌，摊派繁兴。故本年度对于各级地方财政逐予检讨，分别以开源节流为先务。惟原拟中央三成田赋拨归省收入一项，目前征实尚须继续，似应再为郑重研究，请对本方案改进各点多予指教。旋由粮食部代表庞次长发言，首先赞同本方案内将中央所得田赋三成拨省。谓中央三成田赋归还省市，本人极表赞成，且谷部长并赞同划归县市，因田赋原为地方收入之大宗，其整理须地方层层查挤，方克奏功。现以由田赋为中央省县三级共分税源，共同管理，则整理殊多困难。至征实与否，实与拨为省收入无关，以三成拨省后，省市亦多赞成征实，以裕收入。故本人主张田赋既以中央三成划省后，本粮食部之田赋署工作可于本年六月间结束，移还财政部接管。至附加三成公粮最好应予取消，而以加高田赋征率补偿。营业税归省，省则需设立机构经征，仍不若由县分成为宜，云云。后经决定本案分别依财政部原呈各要点逐项讨论，其结果如次：

(一) 甲项省财政之改进一、开源部分(1)款说明内末段改为故拟将此田赋三成，仍划归为省收入，省共得五成后，即以随赋带征三成公粮中之一成五之半数统筹调剂县市盈虚，于原文一成五归还县市句下全文删除。

(二) 省级财政开源部分(2)款说明内于故拟自三十六年度起，除省辖市因缺少田赋收入，对营业税仍应分得五成外，所有县(局)概不再分得营业税，以裕省级财源句下加至直辖市营业税分给中央三成仍旧一句，其余照原文。

(三) 省级财政节流部分(1)各省市政府员工依三十五年度中央核定名额普减三成修正为各省市政府员工除核定教职员名额外，所有员工依三十五年度中央核定名额普减三成，说明内于根据地方财力最低需要句下加除核定教职员名额外一句。

（四）省级财政节流部分（2）裁并机构说明内将如省社会处、卫生处、地政局等一句删去，并将皆自民政厅划出句改为皆自民财教建四厅划出。

（附注：本方案讨论至此，各部会代表均主张裁并机构原则甚是，但对各部本身、各省市直辖机构多不主张裁撤，且有请扩充之举。旋经职说明现时省级支出用人经费实属最大，其百分比占百分之八十至百分之九十者，有十七省市，且有占至百分之九十八点一七者，大部省市经费几在养人，而无事业之可言，如不核实裁并，则省级财政无法纳入正轨。此点拟请钧长于本案提院会时强调说明，以免裁并机构一节成为具文）

（五）省级财政节流部分（3）项说明内，应由中央令饬各省市严密监督句，改为应由中央订定办法，令饬各省市严密监督。

（六）省级财政节流部分（4）项说明，全部改为查省级事业中可移一县或数县负担其经费，或可请中央负担者，由各主管部会拟订划分标准，呈院核准施行。

（七）乙项县市自治财政之改进一、开源部分（3）修正地方自治税捐之捐率及征收方法，改为修正地方自治税捐之捐率，并改进其征收方法。

又（寅）筵席税原呈规定，在起税点上之筵席，一律从价征收百分之二十五，改为百分之二十。（辰）土地税说明内，已开征者依规定按市值重估地价句，改为已开征者依法重估地价，并将末段为按月加征所欠数额百分之二十以利推行两句删去。（巳）契税一节保留。

（八）乙项（4）开辟财源以裕县库第三款设置保田一节，应移列于丙项乡镇财政内，并将原说明改为各保应酌量设置保田，作为保甲经费，其来源（1）拨用公有土地；（2）劝募保内庙产、教产及祭田；（3）征收保内地主逾额土地及逾期不使用之土地，其办法俟原则核定，再行拟订。

（九）乙项二节流部分(1)严密管理县市支出，并紧缩机构说明内，亟应由各省政府严订调整办法句，改为亟应由中央授权各省政府严订调整办法。

又(3)并保设置保国民学校一节应保留。

（十）丙项乡镇财政之改进(3)款以上两项收入应作专款处理，不准挪用句下加并公告数量及用途一句。

以上奉派出席审查本案经过情形，理合检同原案报请鉴核。谨呈

部长、次长、次长

五月八日

〔国民政府财政部档案〕

10. 行政院抄发经济改革方案实施办法关于财政部分训令

（1948年4月）

行政院（密）训令

令财政部

据全国经济委员会拟送经济改革方案实施办法，并称金融部分原方案（二）、（十一）两项尚待继续研讨报核等情，提经本年四月六日本院第五十次会议决议，由院分令各主管部会参酌办理，并呈报国民政府（不对外发表）记录在卷，除呈报并分行外，合行抄发该项实施办法，令仰遵照，参酌办理。此令。

附抄经济改革方案实施办法一份

中华民国三十七年四月　日

经济改革方案实施办法

生产事业扩展，财政收入自可随之比例增加，政府应以有效方

法保障并扶植农田生产，以裕田赋收入；保障并扶植工业生产，以裕直货两税收入；保障并扶植贸易事业，以裕关税收入；保障并扶植盐业，以裕盐税收入。以全体人民之生产能力及其总收入，支持整个国家之财政。至财政上应行兴革诸端，可纳为整理财政与稳定币值二者．其详细办法兹列于后。

一、整理财政

（三十七年二月十二日全国经济委员会第三十四次会议修正通过）

原方案（一）

财政收支系统应重予修订，增加省级财源，期能自给。对于县市法定税课，并应切实整理，严禁非法摊派，藉使地方财政健全发展，适应地方建设之需要。

实施办法

1. 财政收支系统之修订

（1）全国财政收支划分为中央财政与地方财政两大系统。

（2）地方财政分为两级，一是省及院辖市暨特别行政区域为一级；二是县及省辖市或相当于县市之设置局为一级。

（3）中央及地方税源之划分，在动员戡乱时间，仍暂依现行财政收支系统法办理。惟中央税收应将宜于提成拨补地方或由地方代征者提前划归地方，并将土地税于行宪后全部划归地方，以增裕地方财源。

2. 省市级财政之充实

（1）土地税：土地税于行宪后改为地方税，省县各占该项收入百分之五十，院辖市仍以百分之四十协济中央。在行宪以前，仍为中央省县共有税，其划分成数，暂仍按现行办法办理。

（2）带征公粮：带征地方公粮，省县各分配百分之五十，惟省应以所得之半数作为统筹调剂该省内各县市盈虚之用。

（3）营业税：营业税全部划作省（市）级财源，除省辖市协济中央之成数在行宪以前仍照现行办法办理，在行宪以后全部划作院辖市之收入，并将其税率分别提高。

(4) 契税：将此项收入全部划作县市收入，其附加原属县市者改为省收入，院辖市正附一律归市。

(5) 特别税课：准院辖市就当地实际需要情形，依法开征特别税课。

3. 县级财政之整理

(1) 税收之增拨

i. 遗产税：提高遗产税拨补县市之成数，并规定县市政府协助稽征之办法。

ii. 国产烟酒类税：由中央委托县市代征或协征，并提成拨补之。

(2) 税率之调整

i. 各项捐税税率：房捐、营业牌照税、使用牌照税、屠宰税、筵席捐、契税等各项税率，均分别提高，并改进其征收之方法。

ii. 田赋赋率赋籍：调整田赋之赋率赋籍，藉以均负平赋，挤查黑地，增加收入。

(3) 新税源之增辟

特别税课：凡人民久习缴纳或不损地方人民生机而收入可靠之捐税(如西北之牲畜税、东南之海产、山区之药材及特种农作物等)，准地方依照合法手续沿办或举办。

4. 乡镇财政之充实

(1) 设置保田，每保至少以三十亩之收入指定为乡镇保甲经费，以无主土地及依法征收之田地拨充之。

(2) 乡镇教育经费得经民意机关通过举办“学谷捐”，并指定乡镇公有款产及造产收益百分之五十为乡镇教育经费。

(3) 乡镇经费应促使逐渐达到占县总预算百分之五十之规定。

5. 非法摊派之禁止

(1) 各县市应切实执行地方总预算,不得于预算外另有收支,如须举办地方新兴事业,应先依法办理收支追加预算,经呈准后方得施行。

(2) 凡不属地方自治之事业,如经中央或省委托办理者,其经费应由委托机关拨给。

(3) 凡非法定征收机关不得径向人民征收任何款物,违者依刑法第一二九条论处。

(4) 制订县市开辟特别税课办法,以限制地方摊派。

原方案(二)

直、货、关、盐各税税率,应察酌人民纳税能力,切实调整,以增裕国库收入,平均人民负担。

实施办法

1. 直接税税率之调整

(1) 所得税税率第一类营利事业所得,仍采全额累进税率,第二类报酬及薪资,第三类利息,第四类财产租赁及第五类一时所得,一律改行比例税率。

(2) 各类所得税起征额及课税级距,于每年年度开始前,斟酌国民经济情形及国家财政需要制定之。但第二类乙项及第五类,并应按物价指数每三个月调整一次。

(3) 取消特种过分利得税,并入营利事业所得税计征,而放长其课税级距。

(4) 遗产税提高起征额,减轻税率,改为自百分之一至百分之二十五。嗣后按物价指数于每年一、七两月各调整一次。

(5) 印花税比例税率之起征额及定额税率,均提高十倍。嗣后按物价指数,于每年一、七两月各调整一次。

2. 货物税税率之调整

(1) 应税物品之属于奢侈品者,视经济情形及负担能力,酌予提高税率。

(2) 切实按照市场批价评定应税物品之税价税额，在物价变动较甚时期，并应改为依最近一个月之平均批价，每月评定一次。

3. 关税税率之调整

(1) 恢复征收汽油、柴油进口税，并修订汽油、柴油、煤油进口税率为从价百分之五十。但甲类柴油减为百分之十八。

(2) 依据政府核定之关税原则，修订进口税则，在税则未经修订以前，暂行开征临时附加税共为百分之五十。

4. 盐税税率之调整

(1) 由原用等差税率改行分类划一税率，分为普通食盐、土膏盐、渔农盐三类税率，工业用盐仍予免税。

(2) 察酌物价变动情形及人民负担能力，并配合库支需要，为适当之调整。

原方案(三)

依照有钱出钱之原则，增辟新税捐，以应建国之需要。

实施办法

1. 为平衡政府预算，配合建国之需要，除调整直、货、关、盐各税税率外，应将各税之征税范围切实扩大，如特种营业税之推广及货物税课税物品之增加等，均宜特加研究，同时并应举办财产登记，以便将来开办财产税，俾能符合负担原则，使真正有钱者出钱，增加国库收入。

2. 举办救济特捐，使全国富户捐输款项，以配合动员戡乱，安定民生。

原方案(四)

调整征收机构，严密控制税源，改进稽征手续，以加强税政效率，减低征收费用。

实施办法

1. 机构之调整

(1) 直接税

i. 加强据点分局,充实业务人员,省区机构紧缩组织。

ii. 税源不丰,征收费用在税收百分之三十以上之分支机构随时裁并或减少员额。

iii. 未设置机构地点之税收,采行巡回稽征办法。

(2) 货物税

i. 分局及县办公处收支比率超过百分之三十以上,驻厂、场、矿人员收支比率超过百分之二十者,均随时裁并或核减员额。

ii. 俟国产烟酒类税委托地方代征办法实施后,对于代征县份,酌量裁并县办公处。

(3) 关税

配合稽征需要及防止走私,以调整海关分支机构。

(4) 盐税

i. 盐务机构以充实产区紧缩销区为准则,查验卡所尽量裁并。

ii. 销区机构紧缩后,原配备于销区之盐警部队亦减少至最低限度。

2. 税源之控制

(1) 直接税

i. 厉行工商业及自由职业者业务所之普查与登记。

ii. 厉行扣缴制度,明定第二、三、四、五类所得税均由扣缴业务人员负责扣缴,并提高扣缴奖励金,鼓励如期扣缴。

iii. 遗产税奖励告密,印花税厉行检查。

iv. 加重罚则,对于怠不申报或隐匿税额滞纳税款之纳税单位,从重课刑。

v. 由各地法院指定专任法官,迅速审理税务违章案件,并于重要地点筹设税务简易法庭。

(2) 货物税

i. 切实调查各课税物品产销数量，并普遍办理厂场矿商号登记。

ii. 加强查验工作，厉行违章处罚。

(3) 关税

i. 充实海关查缉力量，添置船艇，配备武装，装置无线电机，分发各关应用，并训练关警，调配关员，派赴各关执行任务。

ii. 与香港政府商订海关在香港境内执行缉私协定，并由财政、交通两部会订海关检查铁路客货办法，以配合缉私工作。

iii. 加强民航机起落站之查缉，以杜空运方面之走私。

iv. 颁行惩治走私条例，对于走私人犯，从严处刑。

(4) 盐税

i. 尽量集中盐警部队，于产区加强盐场控制，根绝私漏。

ii. 匪区流散盐斤，暂划定接近匪区查验补征线，补税放销。

3. 稽征手续之改进

(1) 直接税

i. 营利事业所得税采行估缴办法，按上年税额约加倍数，限期先缴，仍依税法查账核税，多退少补。

ii. 营利事业资本额按物价指数换算，并放宽资产折旧及必要开支之尺度。

iii. 简化各类所得之计算，第二类甲项、第四类及第五类所得，均按收入额改用比例税率课税。

iv. 遗产税如遇遗产继承人无现款缴纳时，准以实物抵缴。

(2) 货物税

i. 调整课税品目，对于税收无多、产量微少、稽征繁琐之土制品，免予征税。

ii. 简化卷烟征税办法，依其价格品质，试行分级核定征收税额。

iii. 国产烟酒类税，试办择区委托地方代征。

(3) 关税

i. 参照化简关税则例国际公约，对于一切必备之通关手续，尽量减化便利。

ii. 配合输出入管制法令，与主管机关切取联系，尽量减化管制货品之通关手续。

(4) 盐税

i. 就仓征税，据点放盐，全国食盐除近场本销与原由散商行运之区际济销盐斤仍照旧办理外，其余各销地需盐，得由盐务机关垫款采购，盐场交商代运至销地重要集散据点收仓，核定仓价，就仓征税放销。

ii. 收仓地点以各销地原设之重要集散据点备有官仓便于供应者为原则，以便集中管理。

原方案(五)

敌伪产业及剩余物资应迅速出售，其不需由政府经营之国营事业，并应以发行股票或其他方式让售民营。

实施办法

1. 敌伪产业之处理

(1) 分区派员巡回督导，加紧处理，并稽核收支，使售价收入迅速纳库。

(2) 所有敌伪产业及物资，除机关学校得准洽购外，概以标售为原则。

(3) 出售敌伪产业及物资，除为国防、交通、民生所必需及该主管机关原定预算确属无法容纳得专案申请追加预算转账外，均以收现为原则。

(4) 军政机关及公教人员占用敌伪产业，除由行政院加派人员率同财政、国防两部指派人员分赴重要地区协同处理机关切实清理外，并责由该管上级机关勒令交还处理机关清理，其属于私人占用部分，即予强制执行。

(5) 加强各级处理机关组织,促进处理业务。

2. 剩余物资之处理

(1) 专属军需用品或军用主要辅助品之物资尽先划出,备拨国防、交通、卫生各部按原价领用。

(2) 非专属军用品物资,各机关如需领用,应由其原有预算项下备价承购,如原预算已无余额可资缴付价款,不得以转账方式先行领用,悉由物资供应局变售现款解库。

(3) 属于日用物品、建筑器材、船舶器材,以及其他物资,悉由物资供应局视市场需要情形评定底价,分别以洽售、标售或委托代售各种方式售现缴库。

(4) 存岛部分除国防、交通急用物资,仍应加速运回国外,其余尽量就岛变售,争取外汇。

3. 国营事业之出售

(1) 由各主管机关就现有各国营事业迅行核定让售民营之单位,凡与国防及重工业无关之事业,以让售民营为原则。

(2) 凡决定让售民营之事业,应即估定资产总值,公开标售或发行股票,公开出售。

(3) 范围较小之国营事业,得由主管机关依照市场价格及营业状况估计底价,公开标售。

原方案(六)

推行公债政策,吸收游资,以弥补财政收入之差额。

实施办法

〔俟适当时期再行规划〕

原方案(七)

优先准许以黄金向中央银行请购外汇,为购买许可进口物品之用。

实施办法

〔俟适当时期再行规划〕

原方案(八)

以建国之需要,定机关之存废,过分庞大机构必须紧缩,骈枝重复之机关,必须裁并。

实施办法

1. 现有各军政机关暨国营事业机构及其附属机构,凡其性质业务相同者,应分别切实合并,归于关系较为密切之主管机关。

2. 各级机关应切实裁减员额。

3. 尽量减少业务机关办理总务、人事、会计、统计等人员,并规定其对业务人员之最高比率。

4. 税务机关应尽量减少征收费用,并规定收支比率,其超过者均予裁并。

原方案(九)

非国家迫切需要及有利于生产建设之支出,必须节约停止。

实施办法

1. 严格限制各机关之预算员额,非有特殊原因呈经核准成立法案者,不得扩充组织。

2. 新增机关其组织未经完成立法程序者,不得先请成立预算。

3. 军费预算除官兵待遇之调整比照文职公教人员通案办理及实物预算按其需要核实编列追加外,应就原预算范围统筹撙节支用,非有特殊急需先经专案呈准,不得追加。

4. 各机关经常费除因物价关系确有不敷,经通案追加者外,不得提请追加预算。

5. 非因(1)行宪戡乱所必需;(2)外交有重大关系;(3)灾害救济所必需;(4)与国库收入有直接关系者,不得提请追加临时费。

6. 除联合国会议外,其与国家无重大关系或须缴纳年费之国际会议,以不参加为原则。

7. 各机关成立之临时机构所需人员,以调用为原则,经费应就原主管岁出预算内匀支，或就主管预备金内动支。

8. 国营事业所获盈余，应照数追加岁入，缴纳国库，非经核准，不得移用。其必需扩充费用，应专案提请追加，或向银行贷借。

9. 各机关事业费或工程费，非与国防有关之紧急工程或抢修工程，不准追加预算，如有不敷，得就主管岁出斟酌缓急，提请移用，调整预算。

10. 各机关经临事业等费之追加，以动支第二预备金为原则，如不敷动支，得酌定数额请予追加。

11. 各项外币支出，除驻外使领馆及国际间必不可少，并经特许之驻外机关经费外，不论已否列入预算，均应专案请准，方得结拨。

12. 各机关已准驻国外附属机构，如无继续存在必要，应即裁撤，嗣后非经请准，不得设置。

13. 严限各机关向外国购买器材、图书及派遣出国人员。

14. 严格限制紧急命令拨款。

二、稳定币值

原方案(一)

政府应积极增加收入，严格限制不必要之支出，使财政收支差额逐渐减少，以节制发行之数量。

实施办法

详见一、整理财政原方案(二)至(九)之实施办法。

原方案(二)

以有效方法延缓货币之周转率。

实施办法

1. 由国家行局依照合理利率吸收存款，诱导游资投入生产途径，并提高人民储蓄兴趣。

2. 由中央银行运用金融力量，控制市场信用，防杜信用膨胀。

3. 监督银钱行庄授信业务。

原方案(三)

政府应有充分准备,并选择适当时机整理币制,东北、台湾、新疆各地区现行币制亦应同时整理,以求划一。

实施办法

1. 主管部对于整理币制之准备工作,应即积极筹拟进行,其具体实施办法,应俟适当时机再为确定。

2. 东北、台湾、新疆地区现行币制,原系适应特殊情势之权宜措施,俟整理币制时,应同时整理,以求划一。

原方案(四)

加强管制外汇,吸收侨汇,以充实外汇基金。

实施办法

1. 中央银行应依照管理外汇办法,切实执行其管理外汇之任务,其以官价外汇进口之商品,并应会同主管机关对其销售情形及出售价格,予以查核。

2. 外汇平衡基金委员会对于外汇市价之核定,应斟酌汇价与物价变动,而为妥慎之因应,对于指定银行收售外汇,并应切实查核。

3. 输出入管理委员会对于输入许可证之发给及输出之推广,应切实依法办理,并按月报告行政院查核,对于具有历史性之侨批业,并应加以组织,予以利用。

原方案(五)

政府应准许人民以黄金为购买政府出售国营生产事业及敌伪产业之用,以增加法币之准备。

实施办法

〔俟适当时期再行规划〕

原方案(六)

国人在国外资产应限期申报,妥筹利用。

实施办法

国人存放国外之外汇资产，主管部门应依照政府制定条例，切实办理。

〔国民政府财政部档案〕

11. 财政部财政经济紧急处分令补充事项折呈稿

（1948年8月23日）

折呈 （密）

谨呈者：奉颁财政经济紧急处分令，经已就本部主管事项，遵照切实执行。惟关于整理财政及加强经济管制办法、增进税收、调整税率、提高税率及其他事项有关增加人民负担者，均非经过立法程序不能实施，而目前立法院尚在休会期间，延期复会会议，各该事项之实施又属迫不容缓。可否仰恳钧座于提经院会通过后，依动员戡乱时期临时条款之规定予以命令施行之处，谨拟具财政经济紧急处分令补充事项具签赍呈，仰祈鉴核施行。谨呈

院长转呈

总统

附呈财政经济紧急处分令补充事项

财政部长　王云○谨呈

财政经济紧急处分令补充事项

一、关于增加税收变更税率者：

甲、食盐税每市担征金圆六元，井盐及土膏盐每市担征金圆四元二角，渔业用盐每市担征金圆三角，工业用盐及农业用盐一律免收。

乙、海关进口税加征戡乱时期附加税，按正税征百分之四十，

但协定一律不在此限。

二、关于增加税收变更稽征方式者：

甲、营利事业所得税目三十七年起分上下两半年度征收，其要旨如左。

1. 纳税义务人应于八月底（三十七年准展至九月底）及次年二月底以前，分别向征收机关申报其半年度所得额，征收机关得于查定后通知限期缴纳。

2. 征收机关于半年度终了后，得参酌上半年度各业营利实况，估定各业所得额及应纳税额，通知纳税义务人于限期内缴纳，其遵限缴纳者，免除其申报义务，并免予查账。遵照估缴三十七年上半年度所得税者，并免除其三十六年度所得已估缴税款以外之纳税义务。

3. 纳税义务人不依限申报或纳税者，依照所得税法处罚。

4. 关于申报及估缴之详细补充办法，由财政部定之。

乙、实物税、国产烟酒类税及矿产税之征收，一律依三十七年八月十九日之市场批发价格减除该期实际税额后，以其余额为完税价格，依法定税率征收之。

三、关于参照战前税率改订课税起征额及税率级距者：

甲、改订所得税起征额及税率级距，依附表(一)之规定。

乙、改订遗产税起征额、宽减额及税率级距，依附表(二)之规定。

丙、改订印花税税率表及免税标准，依附表(三)之规定。

四、关于改订罚金罚锾标准者：

甲、罚金罚锾提高标准条例停止适用。

乙、凡规定罚金罚锾之法律，原适用罚金罚锾提高标准条例之规定者，一律依各该法律之原定金额改以金圆处罚，关于易服劳役及易料罚金之标准亦同。

丙、凡规定罚金罚锾之法律，原不适用罚金罚锾提高标准条例之规定者，一律以其所定金额按其公布时之全国趸售物价指数与三十七年八月上半月之全国趸售物价指数之比例调整后，再依规定折合比率折合金圆处罚，其折合金圆之金额，由主管机关公布之。

五、关于改定规费征收标准者：

各项规费征收标准，一律由主管机关参照战前标准改订，报经主管院核定后征收金圆。

附表：改订分类所得税起征额及税率级距表

一、营利事业所得税之起征额与税率：

甲、起征额每年所得额满金圆三百元者。

乙、税率：

（一）所得额在金圆三百元以上未满金圆五百元者课税百分之五。

（二）所得额在金圆五百元以上未满金圆八百元者就其超过额课税百分之六。

（三）所得额在金圆八百元以上未满金圆一千五百元者，就其超过额课税百分之八。

（四）所得额在金圆一千五百元以上未满金圆三千元者，就其超过额课税百分之十。

（五）所得额在金圆三千元以上未满金圆六千元者，就其超过额课税百分之十二。

（六）所得额在金圆六千元以上未满金圆一万二千元者，就其超过额课税百分之十四。

（七）所得额在金圆二万二千元以上未满金圆二万四千元者，就其超过额课税百分之十六。

（八）所得额在金圆二万四千元以上，未满金圆五万元者，就其超过额课税百分之十八。

（九）所得额在金圆五万元以上，未满金圆十万元者，就其超过额课税百分之二十一。

（十）所得额在金圆十万元以上，未满金圆二十万元者，就其超过额课税百分之二十五。

（十一）所得额在金圆二十万元以上者，一律就其超过额课税百分之三十。

属于公用工矿及运输事业者依前项各款规定减征百分之十。

二、报酬及薪资所得税之起征额与税率：

甲、甲项业务或技艺报酬所得税：

（一）起征额每年所得额满金圆四百八十元者。

（二）税率百分之三。

乙、(二)项定额薪资所得税：

（一）起征额每月所得额满金圆四十元者。

（二）税率：

1. 所得额在金圆四十元以上，未满金圆一百五十元者，就其超过额课税百分之一。

2. 所得额在金圆一百五十元者，就其超过额课税百分之二。

3. 所得额在金圆三百元以上，未满金圆六百元者就其超过额课税百分之三。

4. 所得额在金圆六百元以上，就其超过额课税百分之四。

三、财产租赁所得税之起征额与税率：

（一）起征额每年所得额满金圆八十元者。

（二）税率百分之四。

四、一时所得税之起征额税率及标准纯益率：

（一）起征额每次所得额满金圆四十元者。

（二）税率百分之十。

（三）行商一时所得之计算，以其每次售货收入减除百分之九十之成本开支后之余额为所得额。

〔国民政府财政部档案〕

12. 财政部秘书处检送该部三十八年度施政意见及施政方针等函件

(1948年10月5日—23日)

(1) 秘书处致地方财政司函件(10月5日)

案奉交行政院三十七年七月七日八审字第三一二二五号训令饬编送本部三十八年度施政意见呈院办理,等因。本处经汇集资料,拟就本部三十八年度施政意见一份,于本年八月十一日以财秘字第五五〇号呈院在案。兹随函检奉是项施政意见一份,即请查照参考为荷。此致

地方财政司

附本部三十八年度施政意见一份

秘书处启印

十月五日

财政部三十八年度施政意见

一、按照三十七年下半年度合并直货两税简化机构、裁汰冗员之原则,对本部主管之其他机构,如有骈枝重复或冗员特多者,继续裁汰,以节政费,而增效率。

二、加强并改进各税收机构之视察督导,以期渐清积弊。

三、关税新税则甫经修正公布,对税率方面,暂无修正之必要。惟应加强缉私,以防偷漏。又为适应戡乱需要,于必要时,酌收戡乱时期附加税,以裕税收。

四、盐税方面,除按照人民负担能力调整税率外,注重下列事项:(甲)改进运销制度,务使自由运销名实相符。(乙)对于盐荒省份,由政府加强供应,以裕民食,并减轻人民负担。(丙)裁撤不必要之机构与冗员。(丁)改善盐民生计。(戊)尽量以过剩之盐产输出,

易取外汇。

五、货物税方面，除按照三十七年下半年修正之货物税条例，配合物价切实稽征外，并筹征新税，对于税源丰富可靠，而其消费者负担能力较强之物品，酌征新税目，以裕收入。

六、直接税方面，除整顿各税外，对营利事业所得税，特别为有效之改进。

七、力谋恢复债券，发行新公债，以弥补收支，平衡预算。

八、改订财政收支系统，对省县财政，务使多数能自给，今后中央对于地方之补助，应以贫瘠省份为对象，并以经建事业为范围。

九、健全金融机构，规定行庄最低资本额，俾能作正当之发展，并严格取缔假借名义经营银行业务者与非银钱业而从事款项之存放者。

十、管理外汇，注重鼓励输出，吸收侨汇，合理节约输入外汇之供给，并对若干类物品特准利用自备外汇，以谋国际收支平衡。

十一、妥慎运用美援，使发生最大之效用。

十二、以最大努力，谋致币值之稳定。

(2) 秘书处致地方财政司函件(10月23日)

奉交行政院三十七年十月十六日(三十七)八审字第四六一一号训令开：关于三十八年度施政方针，业经本年十月六日本院第十九次会议决议通过后，呈奉总统核定。除分令外，合行抄发上项方针，令仰遵照，拟定三十八年度施政计划，并各依其计划拟编三十八年度之概算呈核。等因。附发三十八年度施政方针一份到部下处。除本部各单位拟编三十八年度施政计划注意事项一种，连同三十八年度施政方针一份及编制施政计划用纸四十份，一并函送，即请查照办理为荷。此致

地方财政司

附三十八年度施政方针一份，本部各单位拟编三十八年度施

政计划注意事项一份，施政计划用纸四十份〔略〕

秘书处印启　十月二十三日

本部各单位拟编三十八年度施政计划注意事项

1. 拟编三十八年度施政计划，应以三十八年度施政方针及本部三十八年度施政意见（本项施政意见已由本处于十月六日以京秘二字第二〇〇号函检送在案）为依据。如三十八年度举办之业务确有重要性，而未经列入前项施政方针及施政意见范围内者，亦可酌加列入。

2. 计划内所列事项，如属极重要者，可作为中心工作。惟应于该项目首端加注“*”号，以资识别。

3. 计划之文句，应以本部语气行之，避用本署、本司、本处、本局等字样。

4. 拟编之计划，应以本处印送之用纸缮写两份，字迹务须清晰。该项用纸，如不敷用，请径向本处第二组索取。

5. 计划内所列事项，如有附送统计数字之必要时，请检附简明扼要之统计表，以便缮印。

6. 此项计划，应请于本年十一月三日以前送由本处汇编。

三十八年度施政方针

我国在长期抗战之后，继以戡乱，国力削弱，民困已深，今后施政自宜统一意志，集中力量，本坚韧持久之精神，作经济有效之策划，实事求是，计日程功，庶几有济。三十八年度之施政，当以增强军事力量、戡平叛乱、刷新政治、安定社会、增加生产、稳定经济为中心，并就各该有关事项中之应行特别注意或加强者，摘取要点，以示准绳。至于一般政务业务上之兴革、财政上之开源节流，以及兴修水利、推行地政、保护侨民、增进友邦睦谊、争取合作等事宜，应本已定方针继续办理者，概从略焉。

一、国军应积极整理充实，尤应特别注意于战斗部队之加强及非战斗部队机关与兵员之紧缩归并，以增强作战力量，并妥善运用，争取主动。

二、充实地方保安团队，补充装备，严格训练，以期能增强自卫力量，确保地方治安，必要时配合国军作战，分担戡乱任务。

三、在绥靖区内之政治设施，应以配合戡乱为主，紧缩机构，简化法令，以期运用灵活，推行尽利。

四、在省县自治准备实施期间，中央与地方之权责，应本法制事实双方兼顾之旨，妥为调整，并改进地方与边疆政治设施，培养法治精神，树立宪政基础。

五、提高教育素质，充实内容，整饬学风，并对流亡学生妥善安顿，使其能获得就学或就业之机会。

六、赈恤灾难人民，加强紧急救济，尤注重于公共卫生灾害预防及建设性之救济工作，以安定社会秩序。

七、扶植劳工组织，促进劳资合作，提高劳动效能，以安定生产秩序。

八、积极扶助各主要农工产品，如粮食、花纱布及其他日用必需品之增产，以裕民生；加紧开发中部、南部煤矿等矿产，扩充电力建设，以裕工业资源及动力之仿照。

九、整理加强各主要交通运输路线及通讯，抢修遭受破坏之交通线，以利军事行动与物资之交流。

十、掌握或控制粮食、花纱布、油、盐、煤等生活必需品，并加强管制市场交易，节制消费。

十一、健全金融组织，奖励国民储蓄，扶助输出贸易，便利侨民汇款，并诱导人民投资生产与建设事业，使币制改革后，民间大量游资获得正当出路，以促进经济之繁荣。

十二、改订财政收支系统，使省县财政多数能自给自足。中央对地方之补助，以贫瘠省份及建设工作为限。整顿国营事业，使其能自谋发展与维持国库。贴补亏损以受匪乱影响者为限。

〔国民政府财政部档案〕

二、财政施政报告

1. 财政部长俞鸿钧在国民党六届二中全会上所作财政金融口头报告

（1946年3月）

极密0063

引　　言

主席、各位同志：

今天奉命对大会报告财政、金融问题。各位同志对于当前这一个极重大的问题，当然是非常关心的。所有九个月来财政部工作详细情形，当经另具书面报告，呈由行政院汇编分发。现在谨择其中最重要而为各位所最关心之数项，提出简单的报告，并坦率地加以检讨，敬请大会诸同志赐予指教。

本报告分为以下八项：一、当前财政中心政策。二、租税制度改进问题。三、变更物资管制问题。四、金融管制问题。五、稳定币值问题。六、充裕地方财政问题。七、平衡国库收支问题。八、整饬税务人员风纪问题。

一、当前财政中心政策

本会议之举行，距一中全会之期，约阅九月。在过去九个月当中，国内外情势都有重大的变化，政府一切政策，当然也要随着而有种种新决定与新措施。尤其自去年八月以后，抗战胜利结束，国家由战争状态进入复员阶段，在政治方面，自然更须迅速改变其战时设施，而为适应战后需要之种种决策。在此期间内，因六全大会暨一中全会已有详尽的决议，一切可资遵循。嗣后战事突然结束，国家财政不能不由战时财政一变而为复员财政。所谓复员，诚如总裁所尝训示的，并非恢复原状的意思。个人亦以为，复员就是由战时进入平时之过程。因此，今日之复员财政，既非抗战时期的财政，亦非平时状态的财政，而是由支持战争的战时财政，走向复兴建设的平时财政之过渡状态。所以，当前我们所揭橥的，就是以复员为中心的财政政策。

因为复员工作是过渡时期的桥梁，故必须根据过去阶段的实际情况，去衔接未来理想的建设目标。现在要说明以复员为中心的财政政策，首先要检讨抗战后期的财政政策，并指出今后建国财政的目标。在战争期中，本部之政策，为遵照总理遗教、总裁训示，及历届大会之决议，在抗战建国齐头并进政策之下，宽筹军费，直接供应作战需要，促进经济建设，间接加强作战力量。换言之，此前的财政政策，是以集中财力物力、争取最后胜利为目标。故本部之措施，除改进税制、筹募公债、增加政府之货币收入外，对于物资兼采管制政策，藉以掌握实物，供应军需民用，从而帮助稳定物价，巩固战时经济。至于将来建国的目标，不外完成地方自治、促进经济建设、提高人民生活、平均财富分配，进而完成民主宪政，建立实现三民主义的现代国家。为求达到这样的建国目标，毫无疑问的，我国未来的财政政策，就必须是能符合这种建国要求的政策；而当前以复员为中心的过渡期间财政政策，也就可以由过去、未来两个阶段来决定了。

复员财政为战时财政转入平时财政之准备阶段。以复员为中心的现阶段财政政策，必须配合经济条件与经济要求，也就是说，财政政策应配合经济政策，以为未来的建国财政树立一健全基础，俾战时财政能顺利转入平时财政，国民经济不致因政策之变更遭受不良影响。本部为达成此项任务起见，一方面放宽管制，废除统购统销、计口售盐、花纱布管制等战时措施，以恢复自由企业，促进国民经济之发展，豁免田赋，减免营业税，以纾民困；一方面改订税法，推设全国税务机构，以期收支逐渐接近平衡，然后进而筹措建设经费。同时对于币制之改革、公债之整理以及农工贷款之筹拨、地方财政之充实等等，均为本部当前重要任务，悉在研究筹策之中。

概括言之，本部过去数月所实施并为今后计划所循依的方针是：(一)改进租税制度，以平均人民财富之分配，并促进国内产业之发达。(二)划拨省、县税收，充裕地方财政，以期推进经济建设，完成自治。(三)以国际合作稳定汇价，以黄金外汇物资稳定币值，因而减少法币发行，导金融于生产途径，并促进我国之国际贸易。(四)利用敌伪产业与国际剩余之经济力量，以补给国家之财力，进谋国库收支之平衡。凡此种种，都是根据本党主义与六全大会所决议、本党政纲政策之各项原则，抽绎归纳而得来的。以下所报告的各项问题，就是本部依照这几条原则而推行的。

二、租税制度改进问题

战前我国中央税制，主要为关税、盐税、统税三者。抗战时期，所得、遗产等直接税，始渐推行。为应付非常时期的支出，对于增加税收，虽已积极进行，但于税制的调整、税源的培养，还未有显著的成效。胜利以后，国家财政应渐由战时转入平时，我国现行租税制度，多已从〔重〕新检讨，加以改进，期能适应今后建国的需要。改进之目标，举其要者有三：第一，力求税制的简单化。现代税制，因课税客体之复杂，过于单纯，固为事实所不许，但过去租税种类的繁复，征收手续的琐细，多有应予改进之处，故特详加研讨，删繁就简，俾税制渐臻合理，征课不致扰民。第二，配合今后的经济建设。租税之主要目的，虽为收入，但发展经济，培养税源，亦为重要条件。我国各种生产事业，经长期抗战之后，须赖政府维护之处甚多，何者宜税，何者宜免，何者税率可重，何者税率应轻，均与经济建设息息相关。因之改订税制，调整税率，处处谋与经济政策相配合。第三，连用税制，以改善社会财富的分配。利用财政政策，以改善财富分配，简括不外两途：一为增加社会福利支出，一为采用减免规定与高度累进税率。胜利后改进税制，在直接税方面，已采用各种生活必需费的减免规定，同时对各税的累进税率，又酌予提高。一方面实行有钱出钱的原则，一方面复减免贫苦者的负担。我国税制，经此改进以后，假以时日，生产事业发达，即可以直接税为主干，各种货物税辅之，完成一种健全的税制体系。以下再就直接税、货物税 、关税 、盐税之改进内容，简括加以说明。

先就直接税言，直接税中如各类所得税及遗产税等，均系战时陆续举办，亟待统筹改订。本部遵照六全大会“确立经济建设纲领”案的建议，改进税制，采行分类综合所得税制度，以分类所得税为基础，加课对人全部所得在若干限度以上者之综合所得税 。此项修订税法，已在立法院审议中，一俟完成立法程序，即可立即实施。其中重要改进有四：（一）就各类所得的性质，确定不同的税率，分别轻重，以求公允。例如基本制造业，特予减税规定，以期配合经济建设政策。（二）遵照全会“迅速完成经济建设”案及“战后社会安全初步设施纲领”案之指示，提高累进税率，计各类所得税及遗产税之税率，均已从〔重〕新改订，予以提高。（三）依据全会工业建设纲领“同类事业不论国营民营应一律平等纳税”之指示，规定国营事业与民营事业，同纳营利事业所得税。（四）依据“本党政纲政策”案之指示，简化税制，已在修订税法中。并将非常时期过分利得税及财产出卖所得税予以废止。因利得税为战时税，亟应取消；财产出卖所得税因与土地增值税，有重复课征之嫌，亦应合并。同时提高营利事业所得税税率及土地增值税税率，以资抵补。复员期间，本部为发展工商业，已将全国各地营业税税率呈准减低一半，其经兵燹及匪患灾情严重者，并准免征三个月，而对于粮食、运输两业，则免征一年，均自上年十月起实施。

关于土地税之征收，以地政机关地籍整理的完成为先决条件，依照全会“土地政策纲领”案第九条，经商请地政机关，择定各收复区战前地籍早经整理的城市，如京、沪、平、津等地，速办临时登记，并重估地价，以凭征税。最近地政署修订土地税法，本部已提出增高累进税率的意见，且主张土地增值在原值四百倍以上者，全数归公，以符涨价归公之旨。

此外，如遗产税，已提高其起税点，并提高其累进税率。印花税，以现行比例税率部分税负过重，经减低四分之一。定额税率部分，因币值关系，予以提高，俾趋公允。此项修正案，已在立法院审议中。

次就货物税言，本部遵照五全大会及六全大会决议案简化税制及废除生产运输之阻碍等重要指示，在胜利以前已先完成者，计有：(一)取销竹木、瓷陶等零星土产品之统税，以祛除苛扰。(二)废止卷烟、火柴专卖，改征统税，以期手续简单而利商民。(三)裁撤各地专卖机关，并将已有货物税驻征单位尽量裁并，以节省开支。(四)加强各税货品之生产调查登记工作，如各地糖税之查搞，东南酒税之查缸及卷烟用纸之管理等，以加强稽征，控制税源。

胜利以后，棉纱糖类统税即回征法币。盖因此两种统税，在战时为把握物资，协助供应，经先后改办征实，已收相当效果，战后已无征实必要，经呈准停止征实，仍照原税率从价回征税款，分别于十月、十一月份起实施。至已征获之实物，除棉纱应如数拨归原指定机关接收外，川省沱江区域征获糖斤，尚存有一百二十余万市斤，已由产区制糖商代表全部承购，以资结束。

再次就关税言，我国经济建设，有赖于国际间之援助者甚多，战后关税政策，对外自不能不注意到国际间自由贸易之趋向，亦不能忽视国际合作互助的原则。惟工业化为我国战后经济政策的中心，对于进口商品妨碍国内产业发展的，又不得不藉关税的运用，以资维护。是以保育税则仍须继续，并酌量加以调整，使进口物品在种类上具有建设性之变换，以促进工业建设之进行。因之，第一步在此复员期间，呈准采行关税稽征办法八项，除救济物品、租借物货及洋米、汽油等，分别依照协定与定案予以免税外，所有战时减税之货品及奢侈品、非必需品，已一律恢复民国二十三年公布之进口税则征收全税，以资过渡。其出口免税之物品与结汇物品，仍准继续免税。第二步当俟国内外经济情形渐次安定，再参酌国内外经济情形与我国建设计划，将进出口税则根本改订。依一般趋势推测，将来关税政策，进口税方面，应尽量减轻必需品税率，加重非必需品及有竞争性货品税率，以维护国内之产业。出口税方面，应按货品性质，分别订定税率或减免，以助长输出贸易，并保留自给原料，以利工商之发展。

最后，就盐税言，盐为日用必需品，课之以税，负担失平。将来整理各税具有成效后，即当降低税率，以减轻贫苦人民之负担。兹就目前情形予以说明：自上年二月停办盐专卖，改行征税，业务方面，仍维持五中全会民制官收、官运、商销之原则，以适应战时需要。抗战胜利后，盐政政策有重行研讨拟订之必要，经本部数度召集盐务会议，根据民制、民运、民销之原则，拟订盐政纲领二十八条，以为今后推进依据。业由本部呈院通过，转呈国防最高委员会核定。关于盐税税率方面，本年度为符合六全大会改革税制、简化稽征程序之旨，拟将战时措施性质之战时附税及国军副食费两项，与盐税合并调整，采用等差率，分类分地规定渔盐及农工用盐，从轻征税，以配合战后经济建设政策。

至东北、台湾税务之处理，自战事结束后，本部即派员前往接收税务机构，并调查当地税务实施情形。现东北方面，盐税与关税已次第在锦州、滨江二地分别开始征收；直货二税，亦已决定设置四区局及一直辖局，人选亦经派定，积极筹设。至台湾方面，除关税已开征外，其余各税，暂由当地长官斟酌办理。俟相当时期后，仍应按照中央税法统筹规划。

三、变更物资管制问题

战时财政之特点，为支出浩繁，而需要物资之供给，比较平时尤其迫切。我国经济落后，生产不振，战前就是一个入超国家，一切日用品大多数仰给国外输入。战时海口被敌封锁，沿海地区又相继沦陷，军需民用，不能不另谋补给，因而控制物资，遂成为战时经济之重要问题。抗战后期之财政政策，对于运用物资一途，尤为注重。现在战争结束，物资之来源渐畅，供应可无问题，而且军事需要又不如以前那样迫切，所以战时的管制办法，自然也没有继续存在之必要，应及时改变政策，以适合当前的环境。在胜利以前，我政府先后管制之物资，品类甚繁，属于本部所主管者，如花纱布之管制，食盐之专卖，麦粉糖类统税物品之征实，及桐油、猪鬃、羊毛、茶叶、生丝等统购统销都是。现在全已变更过去办法，一方面可以畅通货运，便利商民；另一方面也可藉资促进生产，增加税收。现在花纱布的管制已经取消，食盐的管制亦已废止，统税征实部分，又已回征税款。

关于进出口物资之管制，在战事结束以后，因情势变迁，以前办法中，凡属纯因战时需要而管制者，已分别予以修改或废止。扼要言之，为：（一）废止物资进出封锁线禁运及检查之规定，使物资在国内运输，得以自由流通。（二）取消桐油、猪鬃、羊毛、茶叶、生丝等统购统销办法，俾主要外销物资，迅速恢复国外市场。（三）简化管制物资之品目。进口方面，对于普通商品已全部弛禁；出口方面，除矿产及若干种结汇物品与军火、粮食、古物、钱币等外，概准自由运销。战时主管此项业务之贸易委员会及其附属之三公司，亦已先后裁撤。最近公布实施的“进出口贸易暂行办法”规定：除出口货物须由海关验讫，方准报关出口外，海关方面得设置签证处，与中央银行取得联系，办理少数管制物品进口之签证事宜。今后对于进口出口的管制既经放宽，必能有助于我国国际贸易之发展与国内产业之维护。

四、金融管制问题

抗战八年，经济组织大半均遭破坏，国家财政，极度艰窘，应付备感困难。在抗战发生之初，政府即感于金融基础薄弱，不易负荷其对财政经济应有之使命，当即组织中、中、交、农四行联合办事总处，集合四行实力，办理贴放，举凡工厂之内迁，生产事业之扶助、生产原料之购储分配，均经注意办理。唯四联总处为集合四行资力分配运用之总机构，而四行亦各有其自己的责任，不容混同。因此，又有四行分业化之规定，使各行各本其专业，分途发展，俾收分工合作之效。现在抗战胜利，金融政策方面，首在健全银行制度，使各种银行得依法营业。本部于三十二年间即组织金融法规研讨委员会，研究整个金融法规，作成初稿。延至抗战胜利以后，复经审酌实际情形，加以修正，完成中央银行法，中国、交通、中国农民三银行条例，中央信托局条例，邮政储金汇业局条例，修正储蓄银行法及银行法，并另订银行法施行法共计九种，业经呈奉行政院会议通过，送请完成立法程序，不久当可付之施行。今后，各种银行经营，皆有途辙可寻，而银行制度亦赖以健全，藉树经久之宏规。至金融体系方面，尚有信托、保险两业，亦关重要。信托方面，本部前已提出信托法、信托公司法两草案，呈送行政院审核，不久自可提出，完成立法手续。保险方面，现有战时保险业管理办法及实施细则可依据，现正准备将保险法、保险业法继续提出修正，俾利施行。庶金融法规，悉臻完备，而完成金融之体系。次为管理银行业务。银行业务之管理，原颁有修正非常时期管理银行暂行办法。积极方面，在督促各银行资金，尽量用于发展生产及联合产销事业；消极方面，在防止银行兼营商业及以资金大量投放商业，助长投机。施行以后，本部监督严密，历年以来，各行尚能依照法定办理，凡有违反上项规定者，本部均分别情节轻重，予以处分：或吊销执照，予以关闭；或停止营业，令其清理；或改组人事，纠正业务。而对于收复区银行有附逆情形者，并从严处理，使是非可明，忠奸可分。关于各行贷款方面，以三十四年度而论，四联总处核定贷款共为七百五十六亿五千二百八十万五千余元。农业贷款预定五十二亿五千万元，而实际贷款，已超过此数。商业银行贷款，据三十四年上期九十九家行庄报表统计，为六十四亿三千八百九十七万余元，其中工矿业约占百分之二十强，其余为商业、交通、公用事业及农业等放款。依上述情形，银行资金运用，尚能勉符国策。现在抗战胜利，管理银行法令自应酌予放宽，使金融发展力量，以培养经济。银行法已在送请立法院审议中，一俟通过，公布施行，则战时管理银行法令即当废止。唯在此复兴建设时期，银行资金运用，仍当以扶助生产事业为主要，本部自应督促继续办理。他如健全银行会计制度，推行票据制度，以健全信用工具，平抑市场利率，发展经济，均经订有办法，可资遵循。今后如交通恢复正常，工厂逐渐复工，国际路线畅通，俾管理银行业务得以配合进行，则本部对于金融之管制，当可表现相当成效。

五、稳定币值问题

我国自三〔二〕十四年施行法币政策以来，币制基础本已奠定。惟不二年即发生全面抗战，以我国经济情形之贫弱，应付战时庞大支出，自有困难，结果终不得不借助于发行，以抵补财政支出之不足，因而不无通货膨胀现象。虽在过去八年中，本部对于稳定币值，减少发行，随时为不断之努力，如两次平准基金之运用，黄金政策之推行，各种储蓄之举办，在防止通货膨胀过程中，均收有相当之效果。现在抗战胜利，复员建国期间，如何稳定法币价值，尤为首要之图。本部在此方面，最近致力的工作约有数项：

第一是开放外汇市场。关于外汇政策，本部自二十七年始，即采取严格管理制度。惟近年以来，物价上涨，官价汇率，久已不能切合实际；但若骤予改定，无论过高或过低，对国民经济，对国家财政，均将发生不良影响。战事已告结束，经济建设亟待加强，国际贸易尤须推进，尤其要使法币的对外价值与对内价值获得配合。经详细考虑，决定废止原有官订汇价，开放外汇市场，由中央银行根据供求状况，随时察酌市面情形，买卖外汇，藉以消灭外汇黑市，安定金融。现已订定中央银行管理外汇暂行办法及进出口贸易暂行办法，业呈经国防最高委员会通过施行。深信今后外汇市场，可以纳入正轨，国际贸易亦可顺利发展，而复兴建设亦可顺利进行。

以上是指明中央银行管理外汇办法之要点。兹再就此项办法可收之效果言之：第一是可以安定国内金融。以前因外汇官价过低，市面发生黑市，投机者推波助澜，涨跌均甚剧烈，甚至物价随之涨落，其影响使社会经济为之不安。此项办法公布后，黄金美钞价值，立刻得以稳定，物价普遍下跌，金融渐见安定。今后中央银行善为运用，不难收平定之效。第二是恢复国际贸易。因以往黑市汇价，高下不一，进口商不易计算成本，出口商以低价结汇，关系尤为萎缩。今后由中央银行控制汇价，出口货既可踊跃输入，而进口商亦免去汇兑之冒险，国际贸易，可以畅通，对于国内经济，亦不难发展。第三是加速经济复员。因汇价波动之故，经济事业颇感棘手，最低限度，亦不敢放手进行。现汇价既有中央银行为之平准，工业家可以安心进行恢复工厂工作；进口物品，又有进出口贸易办法加以限制，亦足以保护国内工业，因之经济复员可以加速进行。至国际收支之平准，自可利用国际平准基金为短期内之平衡，复可利用国际复兴开发银行借款，以为建设工业之用。因之国际收支，不致发生过大差额。依上所述，足见此项办法效果甚大。数年以来，最感棘手之外汇汇率问题，暂时可告解决。今后自应着重于平衡国内收支，发展国内经济，复兴建设，不难计日程功。

第二为整理敌伪钞券。在收复区，敌伪所发钞票，为数甚巨。胜利后，本部为安定收复区人民生活并恢复国家金融建制，确定“伪钞予以收换，敌钞予以登记”之原则，并分别订定办法，积极加以清理。原流通于华中、华南区之伪中储券，经规定以二百元换法币一元，自三十四年十一月一日起，至三十五年三月三十一日止，为收换期间。流通于华北区之伪联银券，经规定以五元换法币一元，自三十五年一月一日起，至同年四月三十日止，为收换期间。此外尚有伪蒙疆银行券，因情形特殊，一时未能接收处理，俟接收调查完毕，即定价限期收换。

第三是处理台湾及东北钞券。这两个地方沦陷较久，情形比较特殊，且当地工业较为发达，恢复生产需要迫切，对于货币整理，自不能与华中、华北同一办法。为适应环境，安定人民生活，恢复工厂生产起见，在东北方面，经制定“中央银行东北九省流通券发行办法”及“东北九省汇兑管理办法”，准由中央银行发行东北九省流通券，与当地旧伪满币等值行使，并陆续将其收回。至台湾方面，并经政府核定，以台湾银行名义，改用中华民国年号，印行新券，与当地旧券等值行使，并由本部制定办法，指定中央银行派员前往监理。以上东北流通券及新台券办法，皆为临时过渡性质，一俟情势许可，当即进一步予以收换，使币制归于统一。

至于中央银行管理外汇暂行办法之要点，可概括为三：(一)废止官价。自三月四日起，凡正当之外汇需要，皆得向指定银行申请购买，出口外汇，亦集中结售与指定银行。(二)中央银行得察酌市面情形，并依照供求实况，随时供给或收买外汇，藉以稳定外汇市场，黄金亦得同样办理。(三)所有外汇存款，不得增加。各存户主最迟应于本年九月底，将存款余额依照当日市价售予中央银行，以达集中外汇之目标。本办法之实施，一方面可以使进出口贸易畅利发展，同时资金逃避也可藉以防止，不论就贸易或外汇政策上言，皆具有积极之意义。

六、充裕地方财政问题

我们深切了解，国家的基础，应该建筑在地方自治之上。我们完全认识本党的重要使命之一，在于完成地方自治。要使国家民主化，要使人民生活提高，也无疑的有待于地方自治之发展；而发展地方自治，必须有相当充裕的财源。抗战军兴，国家完全在穷困之中，上下艰苦，竭力支持，才能勉强渡过难关，得有今日。大家知道，战前我国所恃唯一财源的关、盐、统各项税收，在战时因沿海沦陷，已大部分损失，几乎无着。政府为维持军公粮食，不得不将田赋收归中央，改征实物，因而五届八中全会而有改订财政收支系统之决议案。实施以来，对于中央财政，固有相当的帮助，同时中央对于自治财政，绝对没有忘记或忽视。今天限于时间，不能在收支数字上作详尽的分析。现只将从二十八年度起（即县各级组织纲要公布以后）的县市预算，简单作成一个指数，说明自治财政逐年递增之情形。如以二十八年度为一〇〇，则二十九年度为一二〇，三十年度为三三五，三十一年度为九六八，三十二年度为一八七〇，三十三年度为四八五四，三十四年度因各省报告未齐，尚难提出总数。仅就中央补拨各款而论，约为三十三年度之四倍弱，而三十五年度国家总预算，中央拨补省及县、市支出为二千五百余亿元，约为三十四年度之十三倍。不过我们对县、市收入，固然已经尽了很大的努力，以期增加数额，而其结果，仍觉难与支出取得平衡。因为县、市支出，并不是完全依据法令所规定暨自治的要求的，或者为应付上级命令，或者为应付军事需要，临时支出，多于正常支出的数字，实在难以估计。据非正式的报告，有多至数倍甚至数十倍不等。此种临时支出，为县、市预算难于平衡之主要因素。所以，自治财政虽有赖于收入的增加，但如同时不谋支出的调整，则结果增不抵支，政府与人民交受其困。

财政部依据本党政策，随时注意自治财政之改进。胜利以后，为谋财政复员，业已拟有计划，经过财政专门委员会之研议，现正送请国防最高委员会核示中。以前为适应战时需要改订之财政收支系统，现拟酌予变更，仍分中央、省、县三级，至乡、镇财政，则暂在县总预算内，分编附属单位预算，俟乡、镇依法完成自治以后，再行划分。在税源方面，现经通盘筹划，土地税系统之收入，划归县、市，但各以一部分协助中央与省。此外，并将原属中央之契税，一并划归县、市，连同房捐、屠宰税、营业牌照税、使用牌照税、筵席及娱乐税等，皆为县、市独立税。遗产税则由中央分给县、市若干（院辖市同）。营业税之收入，划归省及院辖市，属于省者，应酌以各市所收，分给所辖各市；属于院辖市者，应以各市所收，分给中央。除分配各税外，其他各项收入，原属各级主管者，均划归各级收入，另列中央补助款，仍由中央分别予以补助调济。依此项划分办法，则中央所保持之税源，仍为直、货、关、盐四项及独占等专卖收入，其余均归还地方，实已完全恢复战前状态。此项重新划分之计划，纯以发展地方自治为目的，正待中央予以核定。

财政部依据本党的政策及六全大会决议案，竭力注意增加自治财政的收入，同时依据复员计划，对于战时政策，略有变更。虽然依据上项计划，自治财政收入大量增加，但对于自治财政支出，各级政府如果不加调整，则此项增加之收入，仍将无补于地方自治之推行。上面说过，据非正式之报告，临时支出多于正常支出几倍或几十倍不等。因为正式预算中，无法编列此项支出，所以不能不取自摊派。摊派之种类极多，摊派之范围极广，事前无法预知，事后无法核计，甚至日日在摊派之中，物物在摊派之列，人民痛苦，实属不堪想象。现在一面为自治开辟财源，即一面为人民解除痛苦，各级政府接近人民，利害关切，对于调整支出，协助中央完成计划，尤应引为本身之责任，决不推诿，决不观望，同时并希望全体同志，督促施行，则自治前途，必充满无限之光明。

七、平衡国库收支问题

抗战以来，国家预算不易平衡，收支差额甚巨，每年均在百分之七十以上。三十四年度之差额，为百分之八十二强，仅次于三十年度百分之八十八弱而已。三十四年度现仅过去两个月，实际收支数字，还要等该年度国库收支结束以后，始能完全明了。今为报告便利计，截至本年二月底为止，结算上年度收入为二千三百五十余亿元，仍以赋税收入最多，占百分之五九点七二；其次为黄金存款及其他债款收入，占百分之二七点二四；其次为物资及黄金售价收入，占百分之八点六二；再其次为行政事业捐献等项收入，占百分之四点四二。属于本部主管之收入，按照总预算所列，应为一千八百六十余亿元，业已有盈无绌。上年度支出为一万二千五百八十九亿八千一百余万元，以军费为最大，占百分之六五点六八；其次为中央政务支出，占百分之一四点八八；其次为建设事业费，占百分之一四点一〇；其次为省市支出，占百分之四点七六；其次为债务支出，占百分之四点五四。收支相抵，亏短仍多。就支出论，在年度开始后，即执行预算之初期，约为一至四月，此一时期，大体均能按照预算执行，支出增加不巨，及至五月以后，为配合反攻作战暨迭次改善国军官兵待遇，一切临时紧急支出，忽然激增；八月以后，则因抗战胜利结束，各部门紧急措施，动需巨款，因此，下半年度支出，增加更多。上年度实因情况特殊，一切支出都是省无可省，因而收支愈难平衡，差额所以不免愈大。

本年度抗战已经结束，在财政复员计划中，平衡国库收支，自属先决条件。因本下列方针进行编制预算：在收入方面，1. 以恢复战前收入为目标。2. 确实估计税率、税额与物价之关系。3. 扩大一切可能收入之范围。在支出方面，1. 尽可能求得军费比例之合理。2. 切实配合善后救济计划。3. 紧缩不必要之支出。

三十五年度总预算，岁入岁出倍蓰于前，各为二万五千二百四十九亿余元。岁入部分第一为正常收入，此处称为正常收入，系表示国家平时应有之收入，包括赋税收入，行政及事业收入，财产及物资售价之收入，暨其他收入在内，较上年度增加约九倍，总数为一万二千二百七十八亿余元，约占总岁入百分之四八点六六：其中赋税收入合七千一百九十九亿余元，占正常收入百分之五八点六四，较三十四年度增加约达八倍；其余各项收入五千零七十九亿余元，占正常收入百分之四一点六三，较上年度增加亦巨。就正常收入而言，各项估计已觉达于顶点。其次为非正常收入，此处称为非正常收入，系表示国家之临时收入，包括接收敌伪财产之售价、租赁及营业盈余收入，共为六千二百亿元，约占总岁入百分之二四点五五。此项收入，实为抗战胜利之一种收获，亦即目前平衡预算之数，仍达六千七百七十亿余元，暂列债款收入，以资平衡。此项债款收入，占总岁入百分之二六点七九，将来仍拟取给于日本赔款，以为弥补。但是敌人赔偿问题，尚待解决，因此本部筹拟进一步的运用黄金外汇和物资的政策，以期调节发行，弥补亏欠，一俟币值稳定，当即筹发公债，以增加收入。

岁出部分仍以军费为较巨，包括陆、海、空及兵工经费共列一万零九百九十亿余元，占总岁出百分之四三点五二，较之上年度支出之百分比，已大为减低。军费比例之减低，使本年度预算之分配，接近理想，吾人首先不能不感谢军事当局之苦心。其次为善后救济同建设事业各费共列四千八百四十九亿余元，占总岁出百分之一九点二一。其次为省、市支出，包括分配县、市国税，补助县、市建设费及补偿免赋县、市田赋附征三成，共列二千五百零一亿余元，占总岁出百分之一〇点七六。其次为中央党政支出，包括教育文化费、司法费、财务费、粮食费等，共列二千二百一十七亿余元，占总岁出百分之八点七八。其余为复员支出、抚恤及补助支出、债务支出、预备费等，所占比例均不甚大。

我国抗战八年，创巨痛深，公私建设，残破无存，恢复交通，救济民众，自然均是刻不容缓的。本年度支出自应充分供给善后救济之需要。就国家财力而言，实属难于负担，而不能不有赖于盟邦之援助。本年度善后救济支出，虽所占比例数甚大，但按照善后救济计划。我们所需要的盟邦物资数额更大，以预算内支出之数，较之盟邦供应之物资约为其四分之一弱。在支出方面，我们深知国家财力有限，而善后救济支出，既属急需而费大，所以总预算尽量提高比例，以求经济而合理，仍旧一面配合盟邦供应之物资，作为国家全部计划必需费用之另一财源，藉以减轻国库直接负担，而期达成平衡国库收支之目的。本年度预算自开始执行以来，尚无特别增加之支出，以常理来推测，抗战业经结束，自然不至于发生如上年那样特殊情形，致使支出大量激增，难于控制。本年度在支出方面，如能按照预算执行，收入又能完全足额，国库负债之比例，自可逐渐减低。在复员开始之第一年，虽未能完全达到收支平衡地步，但已相当接近理想。本部职责所在，自当竭力以赴，尤其盼望本党贤达多所协助，不胜感激。

八、整饬税务人员风纪问题

前段已经报告过，本部主管各税，现正不断改进，但是健全之税制，必赖有健全的税务干部来推行，方能成功。抗战以来，政府事务剧增，机构员额亦随而加多，公务人员在物价日涨，待遇菲薄之环境下，往往见异思迁，所以流动性很大，实足以妨碍人事之安定与工作效率之提高。

本部在过去一年间，先后裁撤附属机关共六百一十四个单位，各级人员共有一八〇八六名，目的在调整业务，简化机构，亦即健全人事，树立制度之初步准备。现在通盘检讨今后用人方针，拟从考试入手，以杜钻营；从严考核，以正风气；优定待遇，以揽贤良；加强保障，以励永业；并树立退休抚恤之制，以提高其工作情绪；明定训练甄拔办法，以激励其服务精神；创立实习进修制度，以增进其智能，协助其发展。如此，或可使弊绝风清，税政一新。现正着手草拟整套税务人事法规，将四税人员之考试、任免、训练、服务、俸给、考绩、养恤、退休等项，前后关联，制定条文，以期早日完成立法程序。

在消极方面，本部对于贪污案件之举发，素所鼓励。凡检举案件，无论匿名、具名，一律受理。其经查有不法情事或贪污属实者，一律从严办理，不稍姑息，以资警惕。计自三十四年七月至本年二月底止，经撤职法办者二十八起，永不复用者十六起，呈院通缉者六起。其余情节较轻者，则分别情形，予以记过、免职、申斥等处分。

本部对于税务人事之整顿与税人风纪之树立，现在虽已定有办法，标本兼施，分途求进，但不能于短期内做到弊绝风清之标准，这是无庸讳言的。希望本党全国同志，人人负监督检举之责，并且要发动健全之舆论，使是非分明，信赏必罚，贤者得所鼓励，不肖者自动敛迹，那是本部所万分蕲求的。

至若今后应如何在国家财力许可范围以内，酌增经费，提高待遇，使税收人员与一般公务人员同获温饱，进而提高效率，革新风气，更是本部所日夕筹划的。尤盼大会诸同志赐予协助。

结　语

以上是本部对当前财政金融几个重要问题的措施概况，谨切实检讨，简明报告于大会诸同志之前。鸿钧及财政部内外各级同仁，对于以往所做的工作，深感有许多缺欠和失当之处，无以副总裁及大会之所期，非常惶悚！但在过去种种困难环境之下，个人深信，本部全体同仁均不敢不竭智尽虑，以最大之努力为党国服务。今天提出的这一篇报告，是毫无掩饰地把我们工作的得失利弊，尽情陈述于我大会诸同志。敬希

赐予指教！

〔国民政府财政部档案〕

2. 财政部秘书处抄送国民党六届二中全会对于财政金融经济报告之决议案致参事厅函件

（1946年5月4日）

奉交行政院三十五年四月二十二日节伍字第一二六八八号训令内开：奉国民政府三十五年四月六日处字第二五八号训令开：第六届中央执行委员会第二次全体会议通过对于财政金融经济报告之决议案，经中央执行委员会秘书处转送前来，合行转发原案，令仰该院遵照，并分别转饬有关机关遵照。此令。等因。除分行外，合行检发原决议案，令仰遵照。此令。等因。附检发原决议案一件，除分函外，相应抄同原件函达查照，希就主管事项办理见复为荷。

此致

参事厅

附抄对于财政金融经济报告之决议案一件

秘书处启

五月四日

对于财政金融经济报告之决议案

财政经济问题，为当前最迫切而严重之问题，交通阻滞、物资不足、预算失平、法币贬值、游资作祟、物价飞腾、官贫民病、社会不安。此一问题，若无合理之改革，可能招致经济破产，造成全国之纷乱，细查何以致此之原因，一则以贫弱之国家苦战八年，本具先天之缺憾；二则重要生产区域大半沦陷，沿海全受封锁。革命政府统一前后建立之各种现代化工业，无一不受极大之破坏；三则抗战以来，缺乏通盘之筹划，徒为支节之应付，实有人谋之未臧。审查会同人对于财政经济两部报告之审查认为，财政经济实不可分，民穷，当然财尽，裕国，必先富民。欲根本解决这一问题，首在和平安定，使民困昭苏，恢复其自救、其生存之力量，再加进工业建设，以求全国生活水准之提高。往昔对日抗战竭全民之力，争取民族之生存，此时若尚不能急求安定，恢复民力，任何支节之筹维，断难得有效之补救。故当前急务，政府之希望在和平安定，全国人民之所祈求者，亦在和平安定。任何党派、任何集团，其行动及企图，绝不能与此全民共同一致之愿望背道而驰，而政府必竭尽全力恢复秩序，恢复交通，安定农村，安定物价，以谋进一步之建设。兹就当前重要问题提述共同见解如次：

（一）当前要务在安定物价、平衡预算，故财政方面必须增加收入，减少发行，在有钱出钱，不涉苛细两大原则之下，扩大征税之范围，除财政部原报告所举各项，如改进租税制度，充裕地方财政，以外汇物资、敌伪产业、国际剩余经济力量平衡国库收支，以安定汇价、币值等，认为可以实行之外，并提出用田赋累进税，土地涨价归公，强制富户推销公债，增加奢侈品课税及其他增加收入办法，以为补充，务使收支相悬不致过巨，而一般平民不致有不胜负担与苛扰之苦，尤望财政当局改革财务行政，裁减骈枝机关，减少财务行政费用，简化征收手续，务使滴滴归公，人民称便，以树立政府之威信。

（二）财政政策必与经济政策配合，以增加生产为最大目标，故预算原则，在生产部门宜量出为入，不可因小失大，而不急之事务必须完全停止。

（三）战后半年以来，物价高涨如故，其原因除通货膨胀与物资短缺而外，尤以游资作祟、操纵投机，实为最大之症结。政府一方面在人口集中之各大都市，对于人民生活主要必需品妥筹供应，计划分配，使投机之辈无法操纵居奇。同时更当以外汇黄金作严谨有效之运用，并采取各种方法，保障及鼓励生产事业之投资，使一切游资逐渐纳入生产事业之正轨。

（四）无论经济财政，治标治本，总宜增加生产。过去前方封厂、后方停工之现象不可再任其存在，致使工人失业，社会不安，为达成生产增加之目的，必须注意以下数点：①与盟邦切商合作，使新生之民族工业不仅不受摧残，且因其有合理之保护，而逐渐成长。②目前特别注重民生工业之发展，新接收工业之机构应立即打破一切困难，迅速复工。③对于工业人才计划使用，加速训练。④保障民族工业之利润。⑤注重国营事业之效率。⑥保护中小工商业。以上六项，政府若能实事求是，一一施行，必能于短期之内，使当前困难问题顺利解决。

（五）为发展生产起见，必须肃清工业之各种人为障碍：①全国币制必须统一，共产党占领区域内非法发行之货币，迅速停止，以舒民困。其他省区币制亦须迅谋整理。②流通之障碍，各种重叠之关卡及苛扰之检查，必须取消，以谋货畅其流。③各种官吏之不法及官僚资本之垄断，尤必须切实整饬。

（六）交通，乃各国家之血脉，燃料，乃民生迫切之需要，物价之不能安定，工厂之不能如期开工，乃至人民衣食陷于艰难痛苦，无不如此息息相关。今全国煤矿十之七八皆共产党军所占领、所破坏，工厂无燃料之动力，人民有冻馁之深忧。故恢复交通，增产燃料，普遍供应，为解除人民生活痛苦，解决生产建设之主要条件，此不能不特别唤起国人发出一致之呼声，以至问题之解决，政府更必须负起责任，亟谋迅速妥筹解决之道。

（七）欲使财政经济日趋健全，则建立金融体系，合理划分业务，明定方针，以巩固金融基础，实为要务。原报告所列各项均属可行，务盼按步骤实施，有良好之成绩表现，尤望农业金融机关改进业务，有助于农村之复兴，而对于都市之商业银行加强管理，取缔投机囤积与套取行为。

（八）战时财政重在统筹全国力量，集中于抗战，财源分配遂亦偏重于中央。现战争胜利，宪政开始，地方自治为建国工作之基础，收支系统必须重新划分，使中央与地方平衡发展，尤在使人力、财力逐渐转向地方，一矫过去头重脚轻之弊端。

（九）未雨绸缪，计划为主。就财政言，虽不能立即谋预算之平衡，至少应预作一年两年以后健全财政方案之筹划。就经济而言，更应配合财政，考虑资金之来源，配合农工，研究供需之调合，庶不致空有计划不能实行，或破碎支离，顾此失彼，则希望财政经济当局特别注意努力者也。

（十）目前风气败坏，军纪废弛，行政效能低落，其最大原因首为军警公教人员生活待遇之未尽合理。因此建议对于官兵公教人员生活之改善有如下述：①维持最低必需之生活费用，应参照各地生活指数按时调整。②子女教育免费入学。③各机关平等待遇。④合并机构，紧缩组织，转移人力运用（由中央转向地方，由机关转向生产），增加工作效力。⑤军队整编之后，对于退役之官兵，必须妥筹出路，俾得充分就业，良以全国将士以及公教人员撑持抗战，奋斗牺牲，忍困耐贫，忠勤不懈。虽今日国家财政困苦万端，而建国工作尤须刻苦。但最低生活养廉之费必须筹措。以上各项办法，政府应即确实计划，速付实施，务使公务人员安心工作，同时，更殷切希望全国将士以及公教人员体念时事之艰难，国库之支绌，一本过去长期抗战〔艰〕苦奋斗之精神，固守岗位，倍加努力，矫正风气，提倡效能，以短期之忍耐、少数之痛苦，换取全民之福利，创造国家光明之前途。

（十一）以上各项虽不失安定社会，解决经济财政困难合理之原则与有效之途径，惟是一切良善美意行之在人，不得其人，终成画饼。对于人事问题，提请注意下列各点：①人事与政策相配合之问题。执行政策之人，必须对于政策有忠实之信仰与实行之信心，高级主管人员尤贵乎事事公忠体国，处处为人民大众着想。②根据六全大会本党政纲民生主义丙项第十条之规定，登记官吏及公营事业从业人员之财产，并切实执行官不经商之决议，修改公务员服务章则，严格遵守，使所有官吏保持超然之立场，本诸革命之原则，处理一切经济事业，庶不致以私害公，违反民生主义之精神，既可以提高国营事业之效能，亦可以保障民营事业之正当发展。此项政纲本为实行民生主义之先决条件，全会闭幕后，中常会宜负责监督实行，并宜设置党员经济生活管理一类之机构，专司其事，免成具文而无实效。③责任问题为治国之要，信赏必罚。凡一定时期，或执行政策不力，全无成效，或背离政策，错误丛生，党应严加考核，明定是非，公开赏罚，使负责当局功过显然，无推诿卸职之余地。过去财政经济多所遗误，应请政府课其责任。此外，须待说明者尚有两端，一是国家光明之前途虽在不远，而此种光明非无代价，必须全国上下同德同心，刻苦耐劳，方能渡过难关，有所成就。今后如何检举贪污，转移风气，如何号召国人节约忍苦，以加紧建设。本党同志应负宣导力行之责任，以身作则，为天下先。二是和平安定生产建设，为国家今后唯一之出路，全国人士为目前、为将来、为自身、为民族，自当争取时机，以求成就。举凡破坏和平、破坏交通、破坏建设、破坏生产秩序，使经济之困厄更趋严重，乃至因抗战胜利，世界和平得来之一线光明归于幻灭,此乃对于中华民族与全国人民不可原恕之罪行。所望各党各派同体时艰,共奋忠勤,一致努力,勿以一党之偏私,贻误百年之大计,尤望全国人民以明敏之觉察作严正之监督。庶几,和平安定,生产建设不受任何妨碍,皆能按照计划顺利推行,中国前途,实利赖之。

〔国民政府财政部档案〕

3. 行政院院长宋子文向国民党中央监察委员会所作之政治活动报告关于财政金融部分

(1946年9月28日)

政治活动报告

(壹)财政金融

本年度财政金融之措施,本中央既定政策,第一,安定物价,平衡国家预算;第二,调整财政收支系统及改革租税制度;第三,稳定金融,繁荣经济。盖收支平衡,则财政健全,税制合理,则负担公允;金融稳定,则物价可免波动。三者互为关联,而中心之运用,厥为财政金融政策与经济政策之相配合。半载以来,悬鹄趋赴,罔敢或懈,而每因客观环境及一般政局之困难丛生,程功以计,远距所期。检讨过去,顾瞻未来,曷胜悚惕。兹综为三目分别胪陈:

(一)平衡收支之困难及其成就

三十五年度预算编定之际,正当大战之后,元气已亏,民力凋残。故必先谋民生之安定,徐策建设之进行,而健全财政,巩固金融,恢复交通,繁荣经济,为安定民生必要之措施。是以三十五年度预算之编制审核,咸本此旨。关于岁入,一方面拓税源,裕税收,以谋增加收入;另一方面慎发行、运物资,以制止通货膨胀。关于岁出,则注重复员与善后救济工作之完成。所有应办事业,旧有者斟酌维持,于收复地区尤求适应,务期民安其业,货畅其流,则财政金融可渐臻健全，社会经济可日见繁荣，而将来和平建设之始基，亦可由此奠定。此三十五年度预算编写之重要方针也。

本年度之岁入岁出预算各为二万五千亿左右，较之三十四年度之实际岁出数超出一倍以上。此一数字，原为极谨慎之估计。盖复员之进行，百端待举，如兵员之编遣，交通之修建，水利之改进，生产之恢复及维持，流亡之抚恤及安插，收复区政治机构之加强及增设，动需巨亿，而自敌伪接收之资产，又须先投大量流动资金方能发挥效用。岁出方面，预算之过于谨慎，早在预料中，同时预算数字之成立，有若干基本条件，必须遵守，若干假定，不时变化，亦使预算更难以执行。(1)施政方针，关于减轻人民负担者之规定，必须遵守。如凡适应战时需要之各种赋税及物资管制，分别予以取消或调整，及豁免收复区之亩赋一项，三十五年度施政方针(十七)、(十八)在解救民生之困苦上极具意义，然对于国家之收入亦具有削减作用。(2)预算成立之时，原期国家秩序恢复，社会经济纳于正轨，税源日益畅旺，乃因匪患之绵延及扩大，华北、东北俶扰不宁，交通破坏，生产僵滞，孑遗待救。此等区域内，不特事先计及之各项税源大部分落空，且用于复兴救济各项经费膨胀无已，转为国家支出上无从取偿之纯负担。(3)预算成立之时，原期兵力大量裁减及整编，故军费一项之比重由三十四年度占总支出百分之七十降至三十五年度占总预算百分之四十七。半载以来，匪乱扩大，背景牵涉国际，滋蔓将危国本。故整军方案虽继续执行，而军事费用仍有巨额增加，此预算成立时，无法计及之因素。(4)三十五年度，遭逢数十年未有之饥馑，灾民达数千万，国际救济缓不济急，临时支出极为浩繁，至于税源之削弱，尤为难于精确估计之无形影响。(5)因时局之不安定，影响人民心理，致物价日趋波动，全国文武公教人员之生活费用经数度之调整，计文职人员至本年度约超越预算二六六亿，而全国军队生活费用之调整迄年度终了止，将超过一一，五〇〇亿，省县文武职员之生活补助费数额尚不与焉。如物价再继续高涨，则超过预算不止此数，境地艰危既如上述，收支接近，又为经国不移之政策，不容不努力趋赴，此中艰苦曷可缕述。

支出既非预算所能控制，增开税源，又受施政方针及客观环境之限制，虽二中全会有紧急措施之决议，增开新税大都在筹备之中，难收急效(此点当于次节详述)。平衡收支之主要方法，仍为增加行政效能，整顿旧税。兹分别述之：

(1)土地税及直接税署主管各税，全年预算共二，一五〇亿，自今年七月财政收支系统改订后，营业税及契税完全划归地方，土地税亦改为地方税，中央仅保留百分之三十，中央损失收入达千亿之多，然经督饬主管机关竭力整顿，今年国库直接税主管之收入仍可达成原定比额，不啻较原定税额超出千亿之多。

(2)货物税全年预算二，〇四四亿，截至七月底，库收总数已达一，四五二亿，八月以后，为税收旺季，至年底预计最低限度可达三，〇〇〇亿。

(3) 关税全年预算为一，〇〇〇亿，截至七月底止，已收九三六亿，按各月之增加率，至年底亦可达三，〇〇〇亿。

(4) 盐税全年预算二，〇〇〇亿，截至七月底，亦可改〔收〕足千亿左右，而苏鲁冀及东北三大盐场如军事顺利，自可增益国库之收入，至年底，作三，〇〇〇亿之估计当能接近事实。

据上述，全年各项税收可达万亿以上，较之预算七，一九九亿超收三，〇〇〇余亿元之多，在匪乱横行，烽烟遍地，交通破坏，生产僵滞之境地下，仍有超出预算之税课收入，人民之踊跃输将，政府之持续努力，似可告慰。

万亿之税课收入，不足平衡庞大之支出，彰彰明甚。至预算中关于行政规费收入，国有事业收入，财产物资售价及国营工业盈余等收入，列数亦不下九，〇〇〇亿元。经政府力加整顿，在七月底以前，实收仍不过半数，但敌伪财产及物资之变卖，正在妥慎进行。又国营事业如中纺公司等之盈余，亦逐渐增加，将来年度结束或能超过预算。至于黄金及外汇之出售，虽旨在调节国际收支平衡，平抑物价。但售价收入数亦颇巨，足以弥补国库差额之一部分。经上述各项之努力，本年度国库收入当超过总预算所列岁入总额。但以支出增加过巨，收支比照，差额仍大，则不能不依赖于中央银行之垫借。过去数月，因物资及金融政策之运用，中央银行虽垫借巨款，然发行之增加程度日减，七月份与六月份相较发行几已稳定，八月份以后，则因文武公教人员生活费用之调整，发行数字仍在增加，本年度终了时，支出总数如须超越预算一倍，则所赖于中央银行之垫借者其数字甚浩大，所幸汇价提高后，金融政策颇具效能，或可渡过此最艰苦之难关。

（二）改革税制及调整财政收支系统

合理之租税制度，在能力负担不涉苛细之原则下，充裕原有各税之收入，开拓新征各税税源。直接间接二税之配合，胥本此原则以进行，两税各有其分工合作之领域，对消费者课税，其便于间接税；对生产者课税，则以直接税为优。近来直接税之地位虽趋重要，但仍以间接税为主要税收，在今后一较长之时期内，国家政策应为改良间接税与改进直接税同时并进，使两者收分工合作之效。年末之租税政策，即基于此一认识。关于改良间接税者，如出口税之取消，奢侈品课税之加重，工业物资课税之从轻，交易税之举办，稽征手续之简化均是。至于推进直接税，则有综合所得税之建立。综合所得税者，相当于英国之超额所得税，乃专对大所得之征课，深符能力原则，为现代最优良之税。至于关税，则为配合外汇政策，取消出口税，以扶植生产，促进输出，而同时将全国海关视其税收之旺欠，分别裁并，以节虚糜。此外如特种过分利得税，土地增值税或已完成法案，或在推行，方针既定，全力以赴，不因困难而阻其决心，完美之税制，终可逐渐建立。二中全会加速经济复员紧急措施办法，曾规定举办一次财产税，政府正在进行准备工作，其中困难关系到国家根本，谨缕陈如次：

(1)财产登记资料不完全,税课难于着手。我国财产登记分属于各部署主管。例如不动产之登记,属于法院;地权地籍之登记,属于地政署;交通工具之登记,属于地方政府;商标股份及若干无形权利,如发明专利等之登记,属于经济部;著作权之登记,属于内政部;银行存款及公债之登记,属于财政部。法令初具,成效未彰,原始资料本感不全,复多变易,重新举办登记,有赖于社会秩序之安定,且旷日持久,亦难符紧急通知之旨。

(2)财产所有者之负税能力极其薄弱,财产分动产与不动产两大类:(A)乡村之不动产主要为田地。未经沦陷之区域,历年因田赋征实征借之推行,地主之负担显已超出比重,沦陷区域则因敌人之搜括、匪共之横行,哀鸿遍野,更属怵目惊心。胜利之后,故有豁免田赋之令,后方豁免田赋,今年亦正在执行。如一面豁免田赋,一面开征一次财产税,毋乃窒碍难行。且现在对共作战方剧,政府须有安定社会秩序之方策,以争取同情,骤然采取急进之财产税,可能引起社会之骚动,无异为渊驱鱼、为丛驱雀。如此,则不动产之征课,势必就未经战事破坏之都市先行举办,都市之不动产无论为房屋或土地,或其他固着物,大都均加入生产程序,或为人民之住宅,其加入生产程序者,一旦被财产税触及,必减少其经营资本,招致生产之萎缩及失业之发生,抑尤有进者,今日生产事业,除少数特殊商业外,已奄奄一息,毫无生气,正赖国家银行大量贷款救济,以资维持,是否能骤然担负财产税,而不引起纷扰,不无问题。至于能担负重税之事业,则有特种过分利得税,政府始终把握可靠之税源,未敢放松,又都市之住宅,现在社会一般正苦租金之高昂,增课财产税势必加重此一倾向,亦非政府及社会人士所期望。(B)动产,或为银行之存款与有价证券,或为其他可移动之物资,前者容易隐匿,甚难把握,计划未周详,客观条件未成熟,断然予以课税,可能造成金融之危机。后者又与生产程序胶结而不可分,一受不预期之重税所影响,势必引起纷扰,故急进之政策,事先须极端审慎。

(3) 金融紧张阻碍课税之推行。现在物价尚不能完全安定，生产界时感资金之不足，贷款请求纷起，政府正难应付，如再采取紧缩政策，加课财产税，不但可能引起舆论之反响，万一纳税人无纳税之筹码，或为逃税起见，势必出于下列各途：(A)纳税人大量提取存款。现代银行体系建筑于信用制度之上，任何银行决不能担当同时提取之风险，欧美已然，何况中国。(B)纳税人如无纳税之筹码，群向国家银行押借，则政府所收之税款即国家银行所放出之贷款，其无助于通货之收缩已甚显然。(C)纳税人如无纳税之筹码，银行又不放款，则国家只有征收实物之一途，既可能妨碍生产，且政治机构处理实物之能力，不敢令人乐观，处理实物之经费又极庞大，技术又异常复杂，贸然为之，恐利未呈而害先见。

据上述各点可知，一次财产税尚须经过严密之准备，并待社会秩序恢复，生产状况好转，方可着手。在中枢决议之时，客观环境或不如现在之严重，政府执行，则不能不针对变动不居之局势，作万全之筹划，实为中枢所共谅。至于举办财产登记之准备工作，政府职能所在，已在努力推进。

改订财政收支系统，为适应当前需要，配合国家政策之重要措施。对外抗战，为集中财力物力争取胜利起见，全国财政收支系统，由中央统筹，实有必要。胜利以后，为求人民生活水准之提高，地方自治之推进，则改订财政收支系统，亦属急不容缓。经饬财粮两部，召集财政会议，经过立法程序，自本年七月一日起实行。今后财政收支系统分为中央、省、县三级，各有其固定财源，以营业税全部划归地方，省县各占百分之五十，土地税划归省(市)者不得少于百分之二十，划归县(市)者不得少于百分之五十，划归院辖市者则为省县收入之总和，遗产税由中央分给县(市)百分之三十。此外，并将原属中央之契税一并划归县(市)，连同房捐、屠宰税、营业牌照税、筵席捐及娱乐税等，皆指定为县市独立税源。除以上分配各院〔税〕外，其他各项收入原属各级主管者，均划归各级收入，如县市营业税、受益费、罚款及赔偿收入，信托管理收入，县市有财产孳息及售价收入，县市营业盈余及事业收入，生产收入，特别课税收入，经民意机关通过而由省政府核准中央备案者，概为县市之财源，其贫瘠之省县，中央并得酌予补助。经此次改订之后，地方自治可因地方财政之改善而发展，行政效率亦可因此而逐渐提高。惟胜利之后，地方建设事业百端待举，就现有之财政仍不足以资因应，如何再行开拓财源，尚有待于今后之努力，希望省与县市各本财政自给自足之旨，逐渐调整支出，增裕税收，完成地方财政独立之任务。

（三）稳定金融繁荣经济

金融与经济脉脉相关，非巩固金融不足以发展国民经济，而稳定币制，亦待发展生产为必要条件。胜利以还，为与经济政策配合，促进经济建设起见，除在财政方面革新税制，利用敌伪物资以增加收入，减少支出外，在金融方面，则力持严谨发行之原则。一方面，审慎贷款及管理银行业务，以扶植生产之进行；另一方面，开放外汇市场以稳定汇价，设立证券交易所，导游资以从事生产。

中央银行之钞券发行额，至本年六月底止，约为二万一千五百八十亿，较之二十六年六月底发行额十四亿约增一千五百三十四倍，而现在，物价较之二十六年已增六千倍以上，此中原因不难分析。盖社会之通货为货币与信用共同构成，国家所发行之货币，一部分为商业银行所据，以为现款准备，创造若干倍之存款或信用，即信用系数，此种信用系数各国不同，我国因银行、钱庄业务控制之不严密，信用系数想亦不低，中央银行本身能发出大量信用，转手又成为商业银行之现款准备，再发挥其膨胀作用。故现在之通货膨胀总量必远超发行总额数倍以上，盖无可疑，政府于物价高涨至六千倍，仍保持中央银行之发行低于一千五百倍左右，已属极其谨严。

银行钱庄之过多，亦为刺激信用之因素。复员以来，政府未曾批准新银行之设立，即已在战前设立之银行钱庄，亦须由当地政府证明，于当地金融有甚深之关系，而其过去业务正常者，始准复业。对于银行业务曾订定财政部管理银行办法，积极在督促银行之资金运用于生产运销之过程，消极在防止银行兼营商业，助长囤积，刺激物价，藉以建立信用、发展经济。

控制发行及信用之渎增尚有更为艰难之事实，国库巨额之超支，不能不赖中央银行为之垫借，垂危之工业及劫余之农村，非贷放巨款不足以恢复生产，而接收敌伪之工厂又须投入大量资金，方能发挥效用。例如本年度四联总处所核定一月至八月之工业放款为三千三百七十余亿，而以外币、台币及东北流通券之发放款，尚未计算，此等膨胀因素，如置之不顾，必招致生产之窒息及社会经济之崩溃。政府对于此种情况，故在另一方面运用黄金及物资政策，以收回已发出之通货，表面似系矛盾，实则相辅而成。盖垫借及贷放者乃政务及生产上之所必需，可致社会之安定与充分就业之维持，收回者乃商场上不必要之游资，促使通货回笼，以谋物价之稳定。惟抗战以来，中央银行为应付非常，其准备与信用之关系已非平时之合理状态，对于贷款每因审核之不精确，名为工业贷款，实则转用之于商业行为，而于生产过程上未发生其效能。今后，贷款政策除生产必需外，一律予以紧缩，而贷款之技术，必须予以改善。

政府稳定金融、扶植生产之另一方案为开办证券市场。盖商品市场与证券市场为通货两大宣泄之处，为压抑物价之高涨、通货之流于商品市场之闸，加以遏闭，则必导之于证券市场而后可发生其应发生之功效。今后之经济建设各种企业组织，应采取进一步资本集合，则证券市场之设立，对于工业之发展，可提供资本之来源，而同时为产业界与金融界建造一互相沟通之桥梁。现上海证券交易所业已成立，将来天津、汉口、青岛各地证券交易所设立后，必可导游资纳入生产之正轨。

货币之对外价值不加控制，于经济建设及国家贸易之障碍甚巨。自外汇市场开放后，由中央银行根据供求状况，随时察酌市场情形，买卖外汇。汇价之渐趋稳定，然以汇率太低，于出口贸易，仍感不利，乃于八月十九日宣布美金自二千二百对一改为三千三百五十对一后，汇率虽提高约百分之六十五，然国内主要商品售价则仅平均上涨百分之三十，对于鼓励出口，限制物价上涨之初步目标似已达到。

检讨最近财政金融之措施，盖无不朝复员建设之方向以迈进，惟以匪患扩大，军费日增，交通破坏，物资阻滞。战后疮痍遂难平复，原定计划不易计日程功。此后希望仍在政治安定，军事用途逐渐减少，而建设费用在预算上之比重渐有增加，则以财政金融之健全，可助生产之发展，而生产之发展，可培植税收之来源。惟目前困难重重，尚待努力克服，以期贯彻中央既定之国策。

〔国民政府行政院档案〕

4. 设计考核委员会秘书处检送财政部1946年度工作总检讨报告表函

（1946年12月31日）

查本部三十五年度工作检讨报告，业经汇编印制完成。除签呈部次长鉴核外，相应检奉一册，函请查收密存凭核。此致

财政研究委员会

附送本部三十五年度工作总检讨报告表一册（第二十号）

设计考核委员会秘书处启

十二月三十一日

财政部三十五年度工作总检讨报告表

三十五年十二月制

财政部三十五年度工作总检讨报告表

目　　次：

类　　别：直接税

工作项目：配备全国分支机构。

工作计划：相机完成收复区机构，并裁并后方税源较少之单位及减少查征所。

实施概况：去年年终全国直接税机构，计区局十六、分局二百五十一单位，直辖局六。本年上半年于收复区陆续成立者，计二区局、六十六分局。复员以后，多数县市地方经济衰落，裁并六五分局，并将成都直辖局改为分局。迨本年七月财政收支系统改制，营业税、土地税、契税划归地方，机构再度调整，经呈奉核定，全国共设十八区局，五直辖局及一百三十六分局，较之本年初设立之征收单位减少百分之六十。至东北九省直货两税机构统一设置，目前据报成立者，仅辽安、吉北两区税务管理局及沈阳、营口、长春、永吉四分局，尚有少数正在接收筹备改组中。

未办竣原因：全国直接税机构均已调整完竣。惟收复区地方秩序尚未完全恢复，无法照预定计划成立机构。

检 讨 意 见：机构紧缩，对业务及税收确有影响。惟节省经费年达一百数十亿元。如以本年度追减以后之岁入预算与全年度岁出(包括上半年度未裁减以前之经费)比较，其百分比为二二点四七，较上半年度占百分之三十以上者减低甚多。如依明年度之岁入岁出预算比较，征收经费与预算之百分比将自二二点四七减至六点八二。

工 作 项 目：举办综合所得税。

工 作 计 划：修改税法及施行细则，完成立法程序，并积极筹备实施。

实 施 概 况：本年度税法修正后，采取分类综合所得并课制，就分类所得为征课综合所得税之依据，对大所得者予以累进征课，以符能力负担之义。经此次修改，所得税体系乃告完成。嗣因物价上涨，又经拟订所得税法免税类及课税级距调整条例，业经行政院会议通过，现正送请立法院审议中。综合所得税因开办伊始，首重宣传提倡，少数地区亦已开始征收。据报已起征二千三百余万元。

未办竣原因：综合所得税之征课对象为大资产之孳息与大所得者。在目前情况下调整不易，只能就整理分类所得之资料予以归户，以明了所得之大小。本年系创办时期，故不求税收之增加，但冀税制确立，准备工作完成，则明年自可逐渐推展。

检讨意见:综合所得税之创办,使中国所得税制度得以完成,并使负担渐趋公平。

工作项目:稽征营利事业所利得税。

工作计划:继续采用简化稽征办法,迅速完成预算。

实施概况:本年度营利事业所利得两税因收复区开征伊始,为便利推行,把握预算,呈院核准,继续采用简化稽征办法,即将上年度所行办法酌加修正,并补充收复区计税方法,以资适应。惟收复区商人纷请免征,以三十四年度之所利得额为标准之税收,经部署迭令解释,并洽商会晓谕,依法报缴,始于十一月间先后申报纳税,现尚在继续缴纳中。迄今据一部分地区之报告,已征起二百二十九亿四千八百余万元。

未办竣原因:本年因税法修改,简化稽征办法,核定较迟,加以商人多方阻挠,故税收开征延缓,十一、十二两月,虽已加紧赶办,终以时间太短,尚未征足,预计再有一月时间,尚能全部完成或可超收。

检讨意见:营利事业所利得税简化稽征,在当前情势下仍不失为一良好办法。(一)商民纳税称便。(二)征收机关完成预算较易。(三)可不顾虑收复区伪币资本额之折算问题。但以分配税额,征收机关不能主动审查会复,为大商人所操纵国家税收,限于预算缺乏弹性,商人负担亦难公平合理。

工作项目:加强稽征遗产税。

工作计划:修正税法及施行细则,完成立法程序,颁发施行。

实施概况:遗产税法拟订于上年,经完成立法程序后,于本年四月十六日国府公布,遗产税法施行细则亦于七月十八日由行政院公布。本年度遗产税预算二十六亿余万元，截至目前，查完数为二，〇九六，三七九，一四〇元，占原预算百分之八十，纳库数为五五四，七二七，一〇〇元，占百分之二十。

未办竣原因：财产登记尚未举办，姓名限制并未认真实施，遗产不易调查，人民又狃于积习，不肯报缴，且遗产中多为不动产，一时不易变卖现金缴纳。查完税款每多无法措缴。

检讨意见：年来经济情况变更甚剧，原订税法中之税率与起税点均与现状不能切合，纳税人深感负担之重，益使逃漏税之可能增加。

工作项目：筹议财产税。

工作计划：单拟举办一次财产税征课原则。

实施概况：本年春间六届二中全会决议，加强经济紧急措施办法，拟增办财产税，以裕税收。本部曾迭次与有关部门会商各种准备工作，并拟具一次财产税征课方式四种呈院核示：(一)先进行准备工作，即举办全国财产总登记与户籍登记，由关系部署分别进〔行〕。(二)先行举办财产登记税，以两年为期，第三年起就已办登记税之财产开征一次财产税。(三)先就纳税义务人自行申报之财产种类、数量及价额，核定暂缴数额，先行纳税，然后将各机关已有之财产登记资料整理核对，确定税额，分别退补。(四)略仿苏联一九一八年百亿革命税办法，并采用我国固有之捐献方式，改办财富捐或建国献金。近奉行政院核示，应采用第一种方式，先行举办户口总登记，实施姓名限制使用及完成财产登记后再行举办，刻正会商内政部拟具办法中。

未办竣原因：财产税征课方式甫奉行政院核定，仍以举行户口调查与财产登记为先决条件,明年度能否举办,尚赖关系各部协力合作。

检讨意见:财产税之举办,对于所得、遗产各税均有帮助,确属目前财政措施中之重要手段,惜以条件未备,关系部门太多,未能于短期内见诸实行。

工作项目:筹办特种过分利得税。

工作计划:草拟特种过分利得税法。

实施概况:特种过分利得税亦系二中全会决议举办,当经拟具税法草案呈请行政院核转立法院审议,业已完成立法程序。该项税法奉国民政府核准,将于三十六年一月一日公布施行。凡本年内买卖业、金融信托业、代理业、营造业及制造业等之利得额超过资本额百分之六十者,均应于三十六年度报缴利得税。

未办竣原因:已办竣。

类别:营业税

工作项目:普查营业税。

工作计划:原税法规定每半年查征一次,平均分月缴纳。本年七月一日起,省县市营业税移交地方,原定预算减少。

实施概况:本年因收复区机构成立较迟,初期查征进度较缓。嗣以归还地方之议起,商人咸抱观望态度,税收影响殊大,经拟订办法,督饬各局加紧赶办,在移交以前竭尽全力催征,迄今查征数已达五六,四一六,五八一,九三九元,达预算百分之一四一,纳库数为四五,二一二,三九一,〇九三元,占百分之一一三。

未办竣原因:已办竣。

检讨意见:营业税原为税源最丰之税,三十年中央接管以来,迭经整顿,年有超收,本年如不受移交之影响,税收更能超益。惟移交以后,本税即可集中人力从事直接税之改进,使各级主管不存倚赖营业税超收之心理。

工作项目:筹办特种营业税。

工作计划:筹办特种营业税,草拟税法,完成立法程序。

实施概况:经拟具特种营业税法,将银行保险、矿业、信托、交易所、进口商国际性及省际性之交通事业、国营、公营及官商合办之营利事业等八种,列入征课范围。

未办竣原因:税法尚在立法院审议中,如本年底前完成立法程序,公布施行,明年度即可开始征收。

检讨意见:特种营业税税源集中,征收便利,可以最少之征收费用征收最丰富之税源。

工作项目:开办证券交易税。

工作计划:筹办交易所交易税,草拟税法草案,完成立法程序,公布施行。

实施概况:证券交易税条例,系于本年九月二十日公布施行。目前开业之交〔易〕所仅上海一处,已于本年九月十五日起开做现货交易,十一月十四日起开做期货交易,均已分别征税。

未办竣原因:已办竣。

检讨意见:交易税之性质与营业税同,将来特种营业税法公布,交易税即可容纳于该税法。时局安定,各地交易所次第成立,税收当可增加。

类别:印花税

工作项目:调整印花税税目税率。

工作计划:修正税法转请颁行。

实施概况:印花税战时税率较重。本年修改税法,起税点自四十元提高至五百元,比例税率减低千分之一,定额税率酌予提高，以求税负之公允。推行尚称顺利。修正税法系于四月十六日府令公布施行。

未办竣原因：已办竣。

检 讨 意 见：本年税法之修正基于去年年终时之物价，年来物价上涨，前项修正税法中之税率及起率点又感难于适应，拟于最近期内再请修正。

工 作 项 目：扩大印花税票之供应。

工 作 计 划：及时加印税票，增加印花税票销售机构，改进印花检查办法。

实 施 概 况：本署于上半年共印税票三百四十五亿元。嗣以预算自一百三十亿元增至三百亿元，又以复员期间运送困难，供应不畅，经赶印税票四百七十亿元，利用空运力量供应各省。又税票代售机关，原仅限于中国、交通、中国农民三行与中央信托局、邮汇局，实欠普遍，乃扩充代售机构，与各省省银行及殷实之商业银行签订代售合同，计省银行六家，商业银行六十家。此外，本税在商业繁盛之区，亦得由分局呈准，自售印花。至印花之检查，自税款停止拨补地方后，拟由本税机关自行办理，已拟订办法呈核。又印花税实收数已达一二五，九〇六，四〇三，二一四元，已超过预算五十九亿余元。

未办竣原因：已办竣。

检 讨 意 见：本年度收复区各税之推行以印花税成绩最优，人民具有购贴习惯，固为主因，而税票供应之迅速与销售方法之改进，亦极重要。

类　　　别：货物税

工 作 项 目：配备全国分支机构。

工 作 计 划:(一) 调整上年设置之分支机构。

实 施 概 况:考核各局税收实况,依税源分布情形及简化机构原则,分别加以调整,计改组广州、内江、河口三直辖局为一等分局,裁并分局十九处,实计现有直辖局四处、分局一百六十一处。

(二) 完成收复区分支机构

实 施 概 况:本税复员案内,原定内地设区局十八处、直辖局七处、分局一百九十七处。上年因华北各地情形特殊,未能普遍设置,除区局十七处(晋绥局未成立)及直辖局七处均已成立外,其余各地分局已组成一百三十四处。本年度依照原定计划,察酌各地治安情形,逐步推进,于四月成立晋绥区局,其余苏鲁豫冀察热晋绥等省绥靖区,先后随同军事进展增设新分局四十六处,连同原有分局共计已成立之分局一百八十处。

(三) 计划成立东北及台湾分支机构

实 施 概 况:东北九省原定设置辽安、吉北、松合、嫩黑兴四管理局及大连市直辖局,四管理局下共设四十分局,兼办直、货两税,现已先后成立者计辽安、吉北两管理局,沈阳、营口、长春、永吉四分局。至台湾本部复员计划预拟于台湾收复后设置区局一、分局九。嗣因该省税务暂由台湾省行政长官公署依照原有制度征收间接税或实施专卖,由该长官公署财政处及专卖局分别掌理货物税及专卖事宜。

未办竣原因:其余松合、嫩黑兴两管理局,大连市直辖局及分局三十六所须待军事进展,相机设置。

检 讨 意 见:三十五年度行将终了,检讨货物税本年业务,得失互见。关于税收部分,本年预算原列二千零四十亿余万元,嗣经一再调整追加,共列为三千五百二十亿余万元，由于各级征收机关努力稽征，截至十二月七日止，实收数已达三千七百亿余万元，俟年度终了，税收表报汇齐，预期本年税收当在四千亿元以上，约当上年实收数之二十倍。但检讨一般业务，缺点尚多，撮其大者概述如次。

(一) 查缉力量薄弱，私漏之风仍炽。

本年自内地海关裁撤后，本税查验工作经拟具货物税查验规则呈奉核准颁行，改由货物税机关接办，但并未增加人员及经费，各级机关编制原甚紧缩，经费尤感拮据，查验工作往往顾此失彼，致各地私漏之风迄未消戢。再则铁路运输之入站查验及派员驻邮局查验邮包两案迭与交通部洽商，迄尚未承同意，商人利用铁路及邮包走私亦在所难免。

(二) 办公费用过少，影响业务推进。

三十五年货物税各级机关办公费用仍依照三十四年度成案编列，平均每人每月仅摊得费用二千数百元，在本年物价高涨情形下，实感不敷开支，致重要业务均受影响，迭经呈请追加，直至最近始成立法案，按原预算增加二倍至二倍半，其中仍包括特别办公费等在内，实际所增甚少，又为时过晚，妨碍业务推进，税收并受损失。

(三) 新税开征过迟，三十五年举办麦粉、水泥、茶叶、皮毛、锡箔及迷信用纸、饮料品、化妆品等七项新税在年初即已完成准备工作，呈请修正条例。惟延至八月十六日始完成立法程序，由府令公布施行，复由部转行各区分局，至十月一日方开始征收，延搁过久，致茶叶、麦粉、饮料品等旺季已过，税收损失甚多。

(四) 共军到处窜扰，业务未能普遍开展。三十五年度共军在冀鲁豫晋热察绥、苏北、皖北及东北九省仍据有广大地区，至今尚有若干县市未能设局开征。本年内虽有不少收复地区，但遭破坏过甚，一时未能恢复生产，而交通阻断，货运不畅，致各地产制货物因无法推销，不得不予减缩，影响税收尤巨。

以上四项，或系内在原因，或系外来影响，致本年货物税业务未能达到合理境地。

备　　注：(一) 东北税务：东北各省沦陷较久，在敌伪统治时期，其货物税制税率与内地各省迥不相同。光复后，为顾及地方情形，暂依旧制征收；一面由部令饬东北财政金融特派员依照中央税制规划调整。其中火柴一项，敌伪系实施专卖，经于本年八月三十一日依照中央税制改征统税，其他货品卷烟、熏烟叶及国产烟酒，均于本年十月一日依照中央法令改征。洋酒、啤酒、糖类、棉纱、麦粉、水泥等五项，于本年十月二十一日改征，茶叶、皮毛、锡箔、迷信用纸、饮料品、化妆品等项货品，或系伪满旧制所无，或系光复后曾经停征(如饮料品)，均经于十一月一日起一律开征。现东北税制与内地完全划一。惟卷烟一项因特殊情形，暂征百分之四十，拟分期提高，至明年七月起与内地各省一致。

(二) 台湾税务：台湾自光复后，暂时采用特别预算，各项货物税暂由台湾行政长官公署依据单行法规或实施专卖，或征收地方税，尚未由中央接收办理。至内地运入台湾及台湾运入内地之货品，奉院令暂定台湾省征收国税暂行办法，凡内地运入台湾之货品，由台湾地方机关验凭内地完税照放行，不再重征，其系台省实施专卖物品(如烟酒火柴)运入时，由台省专卖局收购，至由台湾运入内地之货品，一律由入口地点海关代征货物税。

工作项目：稽征货物税

子、糖类税

工作计划：督饬各省区加强管理，严密稽征。

实施概况：本年度糖税预算为二一，七七五，九八七，〇〇〇元，迭经饬属努力稽征，截至十二月七日止已征起四五，二五五，五九九，〇二八元，达预算数一倍以上。

未办竣原因：糖类产制系具季节性，每年于秋冬之交甘蔗成熟，制糖商即开始收蔗制糖，货物税机关届时派员办理查搞工作，登记产量，以把握次年税源。上年制糖季节，除川康滇黔闽等省均遵规定办理查搞外，其他如粤桂湘赣浙等产糖省份则多以战时沦陷，胜利后复员较迟，未及举办。经督饬加强查征，严防私漏税源，大致尚可把握。本届查搞工作已由署酌定查搞希望数，分别令饬切实办理，达成任务。

丑、棉纱税

工作计划：(一) 办理厂商及商标登记。

(二) 调整棉纱批价及棉纱产量。

(三) 核定完税价格及完税额，饬属严密稽征。

实施概况：三十五年度棉纱税业务主要旨趣在恢复战前原有税制，增裕税收及进而谋简化稽征手续，可资陈述者计有下列二事：(1)修订战时百分之三点五棉纱税率为仍按战前百分之五课征。(2)取消就织成品补征棉纱税办法，一律仍就棉纱征税。

以上二事对于税制上之整理、税收之增益及稽征手续上之简化裨益良多。至三十五年度原拟施政计划，如收复区厂商登记、产量调查等事项及所列全年度收入预算，亦均尚能如期完成。统观此一年来之棉纱税，固不无进步也。

寅：卷烟叶税及熏烟叶税

工作计划：调查产量，补行登记，卷烟商分期订定税价税额，督饬稽征。

实施概况：卷烟及熏烟叶税三十五年度依照原定计划逐步实施。该两税岁入预算虽一再追加，截至本年十二月七日止按各局已报之收数，可望超收。兹经详加检讨，三十六年度除仍照本年所定办法切实进行，并筹划采行分级从价课征办法，并公布管理手工卷烟厂办法，一面加强管理卷纸，修订管制办法，正分别筹划或呈请核示，以俾实施。

卯、火柴税

工作计划：督饬各省区火柴厂驻厂人员严密稽征并调查各地批价，随时调整完税价格。

实施概况：火柴税本年收入预算经追加列为六十一亿六千七百二十万元，截至十二月七日止，已收入八十一亿六千余万元，已超收甚巨。至厂商应办登记手续迭经饬催。现查各厂照章申请登记者已达百分之九十五。

辰、洋酒、啤酒统税

工作计划：调整完税价格及完税额，饬属认真稽征。

实施概况：截至本年十二月七日止，实收税款七，一六八，〇九九，一五六元，超过原预算数百分之三十三。惟自货物税条例公布后，洋啤酒税率改为百分之八十，并由本署拟定数项原则，分令上海、天津、青岛货物税局及广东、冀察热区局等主要洋酒产地，饬根据实际情形，核议具复，俾便确定洋酒与土酒划分标准。至洋酒、啤酒稽征规则正在草拟中，俟此项标准确定后，一并列入，呈部核定，通饬施行。

巳：矿产税

工作计划：按期改订完税价格，并调查全国矿产税源，凡属适合驻征矿厂，一律派员专驻稽征。

实施概况：(一) 本年度矿产税预算定为六十七亿。截止十二月七日止，已收到七十三亿七千余万元，大量超收已无问题。

(二) 本年度因收复区内大矿居多，稽征机构亟宜加强，爰于五月间订定各区货物税局驻矿办事处组织规程通饬施行。此项规程其要点，除规定大矿设置驻征机构标准外，并将此项机构划为区局直辖，提高驻员待遇等项，藉以增加稽征力量，于税收俾益不少。

(三) 关于调查全年矿产税源一事，原系本年度工作计划之一。经依原定计划分期进行后，虽因一部分中共侵占区无法行查。但在可能调查区内，大致业已查竣，可算大部分完成。

午：烟酒税

工作计划：(一) 调查收复区烟酒产制情形，举办烟酒商登记。

(二) 调整完税价格及完税额，饬属认真稽征。

(三) 提高烟酒税率，修改条文。

实施概况：国产烟酒类税截至十二月七日止，烟税征获一四，八七八，六七四，〇三二元，已达预算数百分之六十七，年底当可收足。酒税现已征获二二，三二四，八一七，五七二元，业经超出预算百分之二十五。惟国产烟酒产制向极零散，复员后新收复地区情形尤多复杂，关于稽征方法有待改进之处颇多，业经依据产销概况拟具改进意见，于十一月二十九日签呈核示有案，俟奉核定，即当分别核饬实施。

工作项目：举办新统税

工作计划：（一）修订各种稽征法规，完成立法程序。

（二）调查麦粉、水泥、皮毛、茶叶、锡箔及迷信用纸产销状况，定期开征。

实施概况：麦粉、水泥、茶叶、皮毛、锡箔及迷信用纸、饮料品、化妆品等项新办统税，于本年十月一日各省一律开征。各地商人恐征税后成本增高，影响营业，曾纷纷电请减免，经部署多方晓喻，逐渐纳入规范。茶叶一项，为我国出入大宗货品，本部为扶植出口贸易，配合经济政策，对于外销茶类，已酌定免税手续，通饬办理。最近修正货物税条例，将化妆品内雪花膏、面蜜、爽身粉、花露水、香皂等五项货品予以免征，为维持国内小工业，俾与外货竞争。综观各项新税开征以来，虽不无问题发生，但均经合理解决，推行尚称顺利。

类别：关务

工作项目：恢复收复区及光复区各关之稽征机构。

工作计划：对三十四年度尚未或未能接收恢复之关所，继续恢复。

实施概况：本年度内恢复收复区各关，及在光复区复设海关情形如次：

甲、收复区——江海关、九龙关、粤海关、江门关、潮海关、拱北关、厦门关、江汉关、胶海关、津海关、秦皇岛关、闽海关、瓯海关、浙海关、金陵关、营口关、沈阳关。

乙、光复区——台南关、台北关。

以上各关均已恢复机构，执行稽征业务。

未办竣原因：此外，滨江关曾于本年二月间一度恢复，旋因局势变迁，暂行撤退。烟台之东海关，东北之安东、延吉、大连等三关，亦因地方秩序未复，海关人员尚在候令推进中。

检讨意见：原定进度大部完成。

工作项目：裁减并调整内部关所。

工作计划：本年度拟配合复员计划之进行，将内地关所酌加裁减调整，而将节余之人员财力，移供收复区关所之用。

实施概况：战时管制法令与禁运法令已次第废除，货物税及盐税亦经就厂就场加强控制，海关在内地所负之货物检查及缉私任务业经解除。所有内地关所除上年已将沙市关、洛阳关、宜昌关、万县关、上饶关、长沙关裁撤具报外，本年三月间复将兰州、西安、曲江等三关及重庆所属一品场支关、青木支关、雅安支关先后予以裁撤，所有各该关之人员已分别派往收复区及光复区各关服务。

未办竣原因：

检讨意见：完成原定进度。

工作项目：征收关税。

工作计划：依照国定进出口税则切实征收关务〔税〕。

实施概况：依照国定进出口税则切实征收关税，(1)根据复员计划提前实施过渡时期之关税，调整取消进口货减税办法，洋货适用之进口税率已恢复其在战前原有之高度，并按输入口岸之趸发市价，一律从价征税，所有准许商民自由报运之出口货物经遵照政府本年八月十七日之决定，一律豁免出口税。(2)自进出口贸易暂行办法于本年三月一日实施后，烟、酒、首饰、珍珠、宝石、表等六项进口货品，经依照该办法附表之规定，按各该货品现行进口税率加之百分之五十奢侈附加税，政府于同年十一月十七日公布修正上项进出口贸易暂行办法，将输入许可制度推广应用于一切进口物品。自实施之日起，一切货品之输入，均须呈验输入许可证，以期减少外国货之进口，藉使进出口贸易趋于平衡。(3)敌伪产业处理局价卖之敌伪物资，依照院令规定，免征关税。(4)海关为维护税收，简化稽征手续并划一管理起见，对洋货在国内转运及复出口于外洋者，经规定征免关税办法，凡属应行补税之货物，概在起运口岸或在初次报验之海关办理纳税手续。

乙、关税税收情形本年度关税岁入预算数，原经核定为一千零三亿元，旋又追加二千亿元，又追加奢侈品附加税二十五亿一千七百八十亿元，复经本月六日本部第八次税课比较检讨会报，决定再增加三百亿元，又因停征救灾附加税及出口税呈请追减七十一亿余元，合计约为三千二百九十余亿元。关税征收本年一月至十一月底止共计收入国币二九一，一九〇，〇八一，四二二元，又流通券七，〇六七，〇一六元，港币七，七六九，五〇五，一六元，连十二月份估计数国币四百五十亿元，全年度计可收入国币三三六，一九〇，〇八一，四二二元，如连流通券及港币一并计算，约可超收四百五十余亿元，征起成数可达百分之一一四点五五。

奢侈品附加税截至本年十一月中旬止，共收入国币六，八六六，五一〇，九一〇元，全年度约可收入国币八，五六五，六五四，一八九元，占实征总数百分之二点四九（奢侈品附加税照核定预算数已超收两倍以上）。

未办竣原因：

检 讨 意 见：完成原定进度。

工作项目:继续筹划战后关税税则。

工作计划:(一)调查国内产业及进出口货品产销状况。

(二)办理有关各种产业之特约研究。

(三)研究有关关税之重要事项。

(四)研拟并审订进出口税则。

实施概况:(一)已由国定税则委员会对若干种工业制品试办成本调查,并对进出口贸易商同海关调查,俟关税调整计划预算案核定后,再由该会增添人员,分按产业种类研拟充分资料。

(二)搜集关于世界贸易及就业会议税则部分之有关资料,并对美国所送世界贸易及就业会议之白皮书中有关关税事项拟议初案意见,依照美方节略拟具希望美国对中国货物减低关税办法及减税品目单,已奉行政院修正核定,分行外交部作为答复美方之根据。旋即与英国、加拿大、澳州、纽西兰、南非联邦、英属印度、法国、〔荷〕兰及荷属印度、比利时、鲁生堡、捷克、古巴、巴西、智利、挪威、苏联等国,各别研拟。(1)希望英加等国,对我国货物减低关税办法。(2)希望英加等国减低关税之我国货物中英文名单。(3)我国对英加等国输出重要货物价值及英加等国进口税则一览表,现已由部呈院鉴核。

(三)研议修改关税立法原则,洽由经济主管机关妥拟保护工业之种类方法及其程度,并对各类进口货品之条文税率通盘检讨,准备调整税则方案。

未办竣原因:本案准备已具端绪,俟政府确定修改关税立法原则,及洽由经济主管机关妥筹保护工业之种类方法及其程度后,即行厘订新方案,呈准颁行。

检讨意见:符合原定计划。

工 作 项 目：加强沿海沿边及空运缉私。

工 作 计 划：扩充巡缉舰队，调配关警巡察队，举办航空缉私，设置无线电台，加强稽查空运邮包及铁路货运。

实 施 概 况：(一) 关于沿海者，以上海、大连、厦门、九龙等地为总根据地，分区配备巡船、舰艇巡缉。近以华南沿海一带走私猖獗，为加强海关巡缉力量起见，奉院令颁海关暂行借调海军舰艇指派关员驻舰查缉海军或军用船只及军人私运办法，并由海军总司令部指派美□舰前往协缉。

(二) 关于沿边者，划定路口配备关警武装巡缉，其非路口概禁货运通行，并严密检查外来车辆，于驶进口时执行初验，并加封锁，俟运至设有关所之到达地点，再行复验。

(三) 关于空运者，已分别调查缉人员在国际民航机起落站执行查缉。

(四) 关于稽查空运邮包者，由驻在民航机起落站之关员严密检查。

(五) 关于稽查铁路货运者，近以广九铁路及国内各干路走私日盛，已遵奉宋院长谕示，饬由海关总税务司拟具海关稽查铁路客货简则草案，呈送到部，刻正电商交通部，俟得同意后，即会同呈院核定施行。

未办竣原因：(一) 海陆空应有之缉私配备尚形缺乏。

(二) 武装走私猖獗，海关查缉人员有时限于人力，不克尽量遏止。

(三) 无线电台因款绌，尚未能实行设置。

检 讨 意 见：符合原定计划。

工 作 项 目：培养关务人员。

工 作 计 划：本年度由税务专门学校继续举办研习、税务、海事三班，每班定额四十名。

实 施 概 况：本年一月税务专门学校研习班学生一班在渝结业，分发海关服务，其税务、海事两班学生随校于四月底迁抵上海旧址，开始复课，不放暑假，并于八月分别在上海、北平、汉口、广州各地招考税务、海事各班新生，计录取甲级税务班新生一百名，乙级税务班新生二百五十名，特级海事班新生二十三名，海事班新生一百五十一名，于十一月间开始训练。至该校原有税务班学生一班计三十六名，已于本年暑期结业后分发海关服务。又本部三十五年度举行财务人员考试，高级及格人员五名分发海关学习任用者，已由海关按照呈准学习任用办法转送税务专门学校训练。

未办竣原因：

检 讨 意 见：完成原定进度。

工 作 项 目：扩充海务工作。

工 作 计 划：继续接收灯塔，加以恢复整理，并测量长江航道，印制图表，在涨水时期修整测量用船只。

实 施 概 况：(一) 上海至宁波段内灯塔已修整十一处恢复发光，惟唐脑山一处因遭敌人彻底破坏，正筹划重建。

(二) 青岛沿海之大公岛灯塔及塔连岛灯塔本年四月间恢复发光，并修复浮标四处。

(三) 长江航行标志除宜渝段外，汉口至吴淞段助航标志已修复七十余处，并为协助夜航起见，恢复灯杆、灯标七十一处，自汉口至宜昌段之助航设备已修复一百一十九处，又在宜昌、汉口、九江、安庆、镇江等处设置水尺，其余有关轮船航行及水道水量等事项及测量结果，并由海关随时公告及印制图表，以供航商参考。

未办竣原因:

检 讨 意 见:符合原定计划。

备　　　注:海关接办上海引水事务,上海海港港务及引水管理,自胜利后,即由美海军自动办理。嗣美海军交还我国接管,乃奉院长核定由交通部委托财政部交海关接管办理,本署业经遵令饬办。于江海关内设立上海引水办事处,派员负责办理,并经督饬海关总税务司署拟订上海区(外海至上海段)管理引水暂行章程及引水费率表等件送部,候示遵行。

工 作 项 目:恢复编印进出口贸易统计。

工 作 计 划:自三十五年一月份起,仍照战前办法,编印全国贸易统计月刊、年刊及物价统计月报。

实 施 概 况:(一) 海关总税务司署以本年复员伊始,人事配备不敷,印刷困难,一至六月份贸易统计资料仅编有底稿呈署,自七月至十二月份已按月编印贸易月报,十一月尚未出版。其内容除照战前体制外,并于卷尾增刊善后救济总署物资进口表,及因无进口税完纳凭证补征进口税之洋货表。又对上海进出口贸易及由上海进口之救济物资编制简表,分呈部署长官参考。

(二) 本署对于总税务司署所赍呈之资料,以其项目繁细,经分析整理,另制海关进出口贸易统计提要一种,按月编呈部署首长,并送主计机关参考。

未办竣原因:

检 讨 意 见:符合原定计划。

类　　　别:盐政(行政部分)

工 作 项 目:调整盐税征率。

工 作 计 划:调整盐税征率,全年盐税以二千亿元为目标。至于税目，所有战时措施之战时附税、国军副食费等名目悉予取消，综称盐税，并实行等差税率，后方地区及收复各区分三期调整，使渐接近其调整办法。后方地区第一、二两期维持原率，第三期酌予减低。收复区第一期从低，第二期起逐渐提高，并定每四个月为一期。

实施概况：关于战时附税及国军副食费等名目，于年度开始时即经依照计划予以取消，并称盐税。至于税率，后方各区第一期仍旧，第二期经于六月一日起将原应于第三期调整之每担减低四百元，提前办理。收复区第一期，按照原计划实施，惟第二期提前于四月间调整，第三期税率亦经提前于八月十五日调整。经此调整以后，全国税率计分三千元、四千五百元、六千元、七千元等四种，日益接近。至十月份，并呈准将工业用盐及盐副产品免税，综计截至十一月份止实收盐税共一九二，七一三，五四九，〇〇二元，与同期预算数一八〇，四三六，二〇〇，〇〇〇元相较，计超收百分之七。

未办竣原因：实际进度已超出原定百分之七。

检讨意见：本年度税收并未因局势动荡及场地尚未完全入于国军控制之下，以及因运输工具困难，致输出盐亦未如额输出等原因而稍短绌，且呈超收，殊非易易。将来内乱敉平，当能更有增益。

备注：（一）关于输日盐税案　输日盐税，现为每担五千元，本年度预算列为五百亿元，现奉院长谕应予免征。惟以输日盐税现已列入预算，倘予免征，必须办理追减预算手续，现年度即将终了，追减预算似有未宜，业由部陈院，请自明年度起实施，尚未奉核定。

（二）台湾盐政改制准备情形　查台湾产盐，在日人管制时期，系由盐业株式会社招工生产，给以低薄工资，株式会社再以高价售给专卖局，再由日人组织之运输公司从事运输，由各销地专卖支局或配销所销售。本局接收后，即将原有株式会社改组为台湾盐业公司，为维系税食起见，呈准暂维至三十五年底止，产盐仍由公司收购，于重要据点设立官仓，暂由公家自运或招商代运至各据点仓配销，缺盐之地，并赶运济销，一面视环境情形，将各地原设之配销所逐步取销，前以本年度行将终了，来年应改照国内现制办理，自应克速准备，经将以下应行注意事项急电该局遵照。(1)取销各地食盐配销所，销盐放弃管制，准商民价购税盐自由行销。(2)台北设置常平仓，运存适量盐斤，用于调节。(3)培植运商，以商运商销为原则。(4)裁废产量不丰，易遭水患，即难望改进之盐场。(5)停止收盐付价办法，改为收仓管理。(6)推行就场征税。(7)维持全局一价制度。该案并据台局拟具三十六年度业务计划到局，关于就场征税一节，以商民对于自由运销尚乏认识与组织，为免临时周章起见，业经先行培植运商，于十一月份起布告试办商运商销，以便正式推行。

类　　别：盐政(事业部分)

工作项目：调整产量。

工作计划：以量销配产适合供求为原则，按照各区生产情形与存盐数量，暨全国食销及农工渔各业用盐等需要，厘订全国各区产量为四五，五〇八，六四〇担。

实施概况：实产盐量根据最近各区已报到截至十月份止之数字计算，共为三一，四三六，六二四担，与同期之产额三六，九一五，五三三担相较，计合定额百分之八十五强。其中除长芦、陕西、川康、川北、台湾等五区均属较额超产外，余均短绌。

未办竣原因：因(一)山东、东北等滨海场地尚未完全入于国军控制之下，而已复场地又多不时遭奸匪骚扰。

(二) 两浙、两广、福建等区时遭风雨袭击，影响产制。

(三) 西北区及云南区迤南、迤西两场存盐过多，实施节产等重大原因，致未产足。

检讨意见：短产原因实系由于天时、军事不可力打击及西北等区场存丰富，毋庸产足所致，尚非人谋不藏，倘将来时局好转，自能有起色。

工作项目：调剂运销。

工作计划：参照战前情形暨本年度开始前之现实状况及今后趋势，拟订全年本产运额四九，九三一，一二〇担，接运额一三，九九〇，〇〇〇担，以自由贸易为原则。

实施概况：实运盐量根据最近各区报到截至十月份止数字计算，为本产实运二四，二〇八，〇〇四担，与同期定额(实运数尚未据报到月份及工作尚未开展各区定额除外)二八，〇〇七，五九九担相较，计合定额百分之八十七，又接运七，七五三，一七二担，与同期定额(工作尚未开展各区定额除外)一〇，五〇四，九九九担相较，计达定额百分之七十四，除台湾区外，各区均实行管制自由运销。

未办竣原因：实运较额短绌原因，由于收复各区交通迄未恢复，运输不畅，云南区交通则素称困难，川康区上半年枯水运艰，并因整修盐井河，西北区因销地存盐壅积，为顾全资金，未予赶运。

检讨意见：盐运之能否足额，端视各地交通之能否畅通为转移。本年运量，根据已报到数字计算，虽未及额，但各地军民食需均属及时供应，从未有匮缺现象发生。

类　　别：金　　融

工作项目：整理币制，稳定币值。

工作计划：依照规定办法，督促中央银行及有关各行局分别切实办理，藉谋紧缩发行，以稳定法币之对内价值，暨参酌法币在国内外之购买力，订定适当汇率，藉国际货币基金之协助，以稳定法币对外价值，渐谋国际收支平衡，并随时参酌国内外金融情况，缜密筹划币制整理方案，一俟时机成熟，俾使付诸实施。

实施概况：督促中央银行以机动性方式，运用黄金在各地办理票据交换，并积极推行储蓄，以促进通货回笼，节省券用。又督促四行增设分支行处，推广法币流通地域，以调剂盈虚，并遵照国防最高委员会决议案筹拨美金五亿元，充实法币准备，以固币信而维币值。同时督促中央银行切实推行外汇管理办法，察酌国内外情势，厘订美汇价格。并参加国际货币基金，以期切取联系，稳定法币对外价值。此外复审察实际经济情况，参酌各方意见，对整理币制随时筹度准备事宜。

未办竣原因：办理稳定币值各项工作，经照原定计划积极进行，只以国内和平迄未实现，交通秩序动辄扰乱，致货运不畅，生产受阻，金融情况不得安定，而物价亦难遽予平定。至整理币制工作，亦因政治经济状况未臻安定，只得随时筹度各项准备事宜，以利来日实施。

检讨意见：办理前项调节发行，充实准备工作，系与增加税收、利用善后救济物资、举借外债、出售敌伪产业等项工作配合进行，以谋紧缩发行，稳定币值。只以收支不易接近平衡，故紧缩发行，辄难进行。至整理币制，应俟政治经济情形安定，再着手办理。过去一年系由部审察实际经济情形，参酌各方意见，随时筹度各项准备工作。

备　　　注：查钱币司工作计划，原列二十四项，此次仅检讨未办竣之四项，其他二十项，因均大体完成，故未列入。

工作项目：肃清敌伪钞票。

工作计划：肃清工作分敌钞、伪钞。办理伪钞种类不一，流通情形亦殊，当予分别调查，个别规定收换比率暨收换期限。办理收换敌钞，严禁流通，持有人应照规定限期，向指定银行或机关登记缴存，以便一并向日本清算赔偿。

实施概况：敌伪登记工作，经委托中央银行办理，现已竣事。至于伪钞方面，伪中储券自去年十一月一日起至本年三月底止，由中央银行办理收兑，嗣虑尚有未兑余额，经呈准由中央银行办理登记，限期四月底截止，该项登记伪钞，亦早经收兑完毕。至在绥靖区内留存之伪中储券，为体恤人民损失，亦经电达中央银行转饬有关分行，以一月为期，公告登记结束，由中央银行汇转本部后，再凭核定处理办法。伪联钞券于本年一月五日起，各地定价收兑，已于六月底截止，嗣亦虑有未兑余额，经呈准再予登记，限期至九月底止，一俟中央银行汇总报部后，即行核定处理办法。至华北各收复区留存之伪联券，亦经援照处理。苏北伪中储券，例由部电中央银行及各省政府于每一地区收复后，由当地分行公告登记，以一月为期，俟登记结果汇报本部后，再定处理办法。伪蒙疆券，以情形特殊，未能及早定价收兑。前经参酌各项报告，研议比价及收兑办法呈院核定，尚未奉指复。至于伪满币，因情形特殊，暂准流通，俟适当时期，即行收兑，现仍在洽商办理中。

未办竣原因：关于收兑伪钞，或因地方情形特殊，或因共军阻挠，致有部分工作未能早日完竣。

检 讨 意 见：伪券收兑工作，因各地情形复杂，困难滋多，惟经努力督促，办理成绩尚称满意。

工 作 项 目：规划设立土地银行。

工 作 计 划：参酌土地政策及土地金融实况，草拟土地银行法案，并依立法程序呈请公布施行。

实 施 概 况：

未办竣原因：关于土地银行法草案，原拟于本年六月底完成，虽经积极努力洽办，然以复员期间情形特殊，且须与地政机关工作配合，故未能达到预期进度。

检 讨 意 见：规定工作，因复员还都，致有延缓。

工 作 项 目：修正银行法，并另订银行法施行法，以健全银行组织，并改进其业务。

工 作 计 划：（一）修正银行法付诸实施。

（二）继续督促各行庄增加资本，强化组织，并使旧式庄号逐渐改进为现代化金融组织。

（三）对于各地银行分布，使调节均匀，适合全国金融需要。

（四）督促各地银行业同业公会依法执行职责。

实 施 概 况：（一）银行法业经修正，并另订银行法施行法，一并呈转审议中。

（二）督促资力薄弱之行庄，增资改组，改进业务。本年内经核定增资行庄，计有同心银行等家。

（三）为调整各地银行分布，经订定商业银行设立分支行处及迁地营业办法，严格实施，以配合各地经济发展，并审慎核定收复区、绥靖区金融机构之复员，务使全国行庄均匀分布。

（四）依照规定，随时督促各地银行业同业公会，依法执行职责。

未办竣原因：对于规定工作之办理，大体尚能符合预定进度。惟银行法及银行法施行法早经呈转立法院审议，迄尚未奉核定，本年内恐不能见诸施行。

检讨意见：复员期间经济未臻稳定，银行法既未公布，自应继续依照财政部管理银行办法实施管理，以适应当前需要。

类　　别：公　债

工作项目：处理收复区我国及敌伪债券。

工作计划：拟具各项登记收缴办法，分电各战区司令长官部、各省市政府、各区财政金融特派员暨央中交农四行公告施行。

实施概况：（一）国债部分：

民国三十年以前发行各债，被敌伪劫持者，经举办登记清查完竣，拟定收复区银行战时劫失债券处理办法十条，呈奉行政院核准施行，现正催饬各银行办理。

（二）敌伪债券部分：

敌伪发行债券，举办登记收缴各银行表报数目，业予初步估计，计日金一七，九六一，八五六元、伪满币七，五四〇，三四五元、伪中储券二三一，七二七，四四〇元，并另按照各区财政金融特派员查报之发行数连同利息一并计算汇清，准备向日索赔。

未办竣原因：此项工作原拟于公告登记后一个月内办竣，惟因各区接收先后不一致，一再展期。现除东北九省因情形特殊，暂缓办理外，其他各收复区均已办理完竣。

检讨意见：（一）关于战时劫失债券之处理，业已完成百分之九十。至东北九省拟俟接收后，银行次第设立，再行依照办理，并报部核定限期。

（二）此项处理工作，业已完成百分之七十。

备　　注：（二）此项敌伪债券登记收缴数目，系为将来向敌索得赔款后，对原持有人酌予清偿之参考。

工作项目：整理债券。

工作计划：（一）战时发行之国币公债，统一整理，斟酌情形，延期减息，另行发行新公债，分类换偿。

（二）战时停付之外债，应分别整理恢复偿付，以维债信。

（三）在战前未及整理之无确实担保各债，拟恢复整理内外债委员会筹议整理。

实施概况：（一）未办。

（二）此项停付外债，经拟具恢复偿付办法，顺序迟延八年偿付，不计衍期利益，呈奉院令照准，惟尚有应行请示之处，已再呈院，俟奉核示，即可进行，并另将庚款停付后应行对付部分拟交涉债权国予以放弃，并经核议整理办法，报院核夺。

（三）未办。

实施概况：（一）此项整理工作原应照办，惟因持票人类多分散各地，且币值迄未稳定，市场利率续涨，如予延期减息，发行新债换偿，影响持票人利益太甚，故以从缓办理为宜。

（二）关于整理无确实担保各债，原拟恢复设立整理内外债委员会，呈奉行政院令，毋庸设立，而尚未整理之债务，复因本年度对筹议恢复战时停付各外债之偿付，尚未完全办毕，顾及国库财力，未能同时并行。

未办竣原因：(一) 战时发行之各项国币公债，因时局关系，虽未能统一整理。嗣以上海证券交易所复业，本部乃选择战时发行曾向民间大量推销各债，呈请令准上市开拍，亦为适时之举。

(二) 已大体完成。

(三) 在有确实担保尚未恢复偿付以前，未便进行。

工作项目：维持债信。

工作计划：(一) 修改战时关盐两税摊存办法。

(二) 调整以货偿债办法。

(三) 恢复偿付收复区人民各种公债到期及衍期本息。

实施概况：(一) 修改战时关盐税摊存办法，已决定至本年底止取消，停付外债恢复偿付以后，一律改由国库支拨。

(二) 调整以货偿债办法，业与有关机关随时接洽，针对事实需要，次第洽商调整。

(三) 恢复偿付收复区人民公债到期及衍期本息。除三十年以后发行各项公债已于三十四年十二月间先在收复区普遍恢复偿付外，至三十年以前所发公债，因战时曾有被敌伪劫失情事，且此等劫失债券多已由部登报通告作废，各地收复后必须先行查明是否确实劫失，不能收回，方能办理。嗣据各银行陆续报告被劫债券大部仍旧封存，并已多数收回，故拟定一律恢复偿付，经呈奉行政院核定，于七月一日普遍恢复偿付。至已逾兑付期限之债票本息票，并定同日起补付，至三十五年十二月三十一日为止。

未办竣原因：

检讨意见：(一) 大体完成。

(二) 大体完成。

（三）全部完成。

工作项目：发行内债。

工作计划：（一）拟发行水利公债。

（二）发行三十五年建设国币公债五百亿元，外债公债一亿美元。

（三）发行土地债券。

实施概况：（三）土地债券目前暂以适应绥靖区土地问题之处理，先予发行绥靖区土地债券，在土地银行未成立前，经指定由中国农民银行发行。

未办竣原因：（一）原计划本拟筹发水利公债，嗣经详细审核三十五年度国家岁出总额预算，水利委员会主管部分列有农田水利事业费三亿余元，又善后救济基金分配水利事业费一千四百五十七亿余元，总计达一千四百六十亿余元，比较以往年度增加甚巨。一切水利事业自应在预算范围内统筹匀支，经呈奉院令，案经国防最高委员会决议停发。

（二）发行建设国币公债，目前因币值尚未稳定，募销不无困难，而美金公债又因库存美汇无多，且有急需用途，经呈奉院令准缓发。

检讨意见：（三）大体完成。

工作项目：举借外债。

工作计划：为利用外资促进复员建设工作，拟相机与各友邦洽借新债。

实施概况：本年行政院交下先后与加拿大订借信用贷款六千万加币及美国各种实业贷款五次，总计债款共美金八千五百余万元，均随时与有关机关接洽办理。

未办竣原因：

检讨意见：此项工作系由各机关自行办理。本部前经呈准行政院，嗣后各机关洽借外债，应会同本部办理，以便与财政金融统筹支配，惟各机关多主〔未〕遵行，拟再呈院重申前令。

类　　别：地方财政

工作项目：改订现行财政收支系统，增裕自治财源，准备改订现行财政收支系统。

工作计划：准备改订现行财政收支系统，其重要原因如下：

（一）财政收支系统改为中央、省（市）县（市）三级制。

（二）土地税为中央省县共分之税源，划归县（市）者，不得少于百分之五十，划归省者，不得少于百分之二十，院辖市占百分之六十。

（三）营业税全部划归地方，省县各半，院辖市占百分之七十，其余百分之三十拨中央。

（四）契税全部划归县市。

（五）本年度为准备修订时期，拟于三十六年度起实施。

实施概况：本项工作业经呈奉院令，自本年七月一日起，将财政收支系统修订实施，所有修订原则亦与原定工作计划各节符合。

未办竣原因：

检讨意见：查财政收支系统自本年七月改制以来，所有全国财政系统业经分为中央、省市、县市三级。其收入之划分，除土地税为中央省县共分之税源外，营业税规定为省市税，但以百分之五十拨补县市，契税则全部由中央划归县市。此外，原有自治税课仍属县市。经此次划分后，县市财政已较改制以前增裕甚多，所有自治经费已足资因应，惟省级财政则因规定其收入过少（仅土地税不成营业税）。

工 作 项 目：继续整理地方自治财政。

工 作 计 划：拟将已加整理尚未完成之县市统限于半年内完成，其收复区域一律依照院颁整理自治财政办法分别整理。边远省份（如新疆）亦自本年度起分期整理，每期为六个月。

实 施 概 况：查整理自治财政工作截至上年度止，有河南等二十省市，其中全部完成者有七省，因复遭敌人破坏，收复后仍须分期整理，曾经本部会同内政部通函各省市政府，对于已加整理尚未完成各县市，统限本年上半年内完成，收复区域自本年起一律照案实施，各省市先后施行。

未办竣原因：本年度整理自治财政工作，各县市有因甫经收复，须重新整理，有因受特殊情形之地区不能积极推进，致未能全部如限完成。

检 讨 意 见：三十六年度应参酌新财政收支系统实施情形，对于收复区及原未完成整理工作县市特别督促办理，并拟分区派员实地督导，其属于绥靖区及边远或情形特殊之县市地方，则斟酌实际情形，分别加以整理。

工 作 项 目：增裕自治财政过渡办法。

工 作 计 划：（一）分配县市田赋由百分之十五提高为百分之二十五。

（二）营业税仍照百分之五十分配县市。

实 施 概 况：经拟具办法呈奉院令核准，于上半年实施在案，惟以自七月份起财政改制，自应依照新制实施。

未办竣原因：

检 讨 意 见：此项工作，业经上半年完全照计划实施。

工 作 项 目：实施县市公营事业。

工作计划：督促各省饬由各县市依照奉颁章则拟具计划预算，呈由省府核明。其已指定为试办县市者，应即开始筹备，并由省分报有关各部会查核。至已开办在先者，并照新规定报由各省府核定施行，院辖市亦照案酌量试办。

实施概况：已由部拟订县市创办公营事业办法，经院审查改为条例，并补具办法原则，呈奉行政院转报国防最高委员会核复，应另拟具有一般性而能共同通用之法规，奉院令会同经济部资源委员会拟订，正在会商中。

未办竣原因：俟与经济部资源委员会商定拟具原则，再行呈院核定后，即可实施。

检讨意见：拟即积极与有关机关洽商办理。

工作项目：严禁苛杂摊派。

工作计划：督促各省市根绝一切苛杂及非法摊派。

实施概况：上年度已废除湖北之学棉捐、商铺捐、田亩捐、浙江之山地收益捐、安徽之特产捐、四川之公斗秤使用费等。本年度复废除台湾之特别行为税、特别入场税、骨牌税、酒类出港税、特别法人税、建筑税、织物消费税、广告税、资本利息税、利益税，东北九省之畜犬税、户税等，计有五十余种之多。此系举其最著者之苛杂税捐。

未办竣原因：

检讨意见：考其苛杂摊派一时不能根绝之原因：一是由于地方财政之不足；二是由于中央及省委办事务之频繁，而不能照给经费，尤以军事之征用、征雇、征购等项为多。兹为谋根绝起见，已由部参酌实际情形拟定办法五〔三〕项：

(一)拟再请院通令中央各部会署及各省市政府，凡中央及省委托县市办理之事项所需经费，应由委托机关指拨专款，核实发给。

（二）在预算核定后，如须举办地方新兴事业，应先依法办理追加预算，呈奉核准后，方准举行。

（三）凡非法定征收机关，不得径向人民征收任何款物，即属法定征收机关，亦不得向人民征收非法税捐或摊派。

工作项目：加强督导制度。

工作计划：对督导职权与组织等予以加强，使县市对自治财政之进展，达到预期限度。

实施概况：督导专员出勤区域及人员，自上年度调整后，尚多贡献。本年财政改制后，业务增繁，七月间将所有出勤人员一律调回本部检讨业务，俟全部明了后，再行签派。

未办竣原因：

检讨意见：本年财政改制，督导业务增繁，派往各省之督导专员尚未充实，故成绩未著。

改进意见：今后督促各部督导专员根据财政新制加以检讨，加强组织，再行派往各省轮回切实督导。

工作项目：筹补豁免田赋省份县市经费。

工作计划：拟具中央分年豁免各省田赋补助县市经费办法草案，并经呈奉行政院核准施行。

实施概况：此项工作业经拟订三十五、三十六两年度豁免田赋中央补助经费办法呈院核示，计本年度省级免赋补助款为一百二十二亿余元，县级为一百二十三亿余元。

未办竣原因：上项工作俟奉行政院核定，即可照案施行。

检讨意见：

工作项目：统一县市征收机构。

工作计划：督促各省将原有县市征收机构分期改组。

实施概况：财政收支系统改制后，地方收入增加，税务行政日趋繁重，原有各省自治税捐征收机构已不足因应，经另行拟订院辖市财政局税捐稽征处组织规程草案，暨县市税捐稽征处组织规程草案，呈奉行政院令准先行设置，并将草案分行各省市政府参照修正县市组织法呈核。

未办竣原因：

检讨意见：现行制度机构虽隶属县市政府，而其各级人员则由省财政厅委派，地方尚有争执，今后拟饬各省市于所送稽征处办事细则中，加强县市长对稽征处指挥监督之权。

类　　别：公　库

工作项目：推进国库网。

工作计划：积极完成上年计划一千六百库外，本年度再增设四百库，以资配合。

实施概况：国库总分支库及税款经收处在三十四年底仅达一千零三十六库处，胜利后各地收复、收支机关次第设立，国库普设益感重要，经函催中央银行，凡收复地区原已设库经撤退者，应即恢复继续办理，原无中央银行分支机构尚未设库者，应即筹设或尽速委托各地之银行或邮局代理库务，以利收支。经此积极推进，截至本年十一月份止，已共设有一千四百七十七库处，比较上年增加四百四十一库处，约占原有数字百分之四十三。尚有地方秩序未入正常状态，无法推设，如各地情况正常，当可达到原计划所预定，于本年底完成二千库。

未办竣原因：

检讨意见：本项尚未完成上年度计划库数，应配合情势加紧推设。

工作项目：推广县(市)库网。

工作计划：考核川粤等十九省实施成绩，并饬促新收复之冀热暨东北、台湾等处迅拟计划，送部转呈核定。

实施概况：各省推广县(市)库网，已报三年完成计划，经呈院核定推行者，计有川湘鄂赣浙皖豫陕甘闽粤桂黔青绥宁滇晋康等十九省，依照决议案原应至三十三年底一律完成。惟在战时，情形特殊，容有未能按照计划实施者，本部为明了实际情形起见，曾令各省财政厅，将已设库县份与未设库县份开列清单，并今后推进办法报部查核。其未拟送计划及以前完全沦陷省份，现已收复之苏鲁冀热及东北九省暨台湾等处，亦令由各该省财政厅迅拟三年完成计划，送部转院核定。现据呈复到部者，计有川滇黔湘鄂赣闽皖桂粤甘等省，正审核指饬推进中，收复区省份拟送县库网三年完成计划经核准实行者，计有河北一省。此外，吉林一省因现时情形尚属特殊，缓至三十六年一月一日起实行，亦经呈院核准转知。

未办竣原因：

检讨意见：当应按照原定进度督促推进。

工作项目：清查国有财产。

工作计划：继续办理事项，随时审核登记，并催促其将收益解库，以裕岁入。

实施概况：依照清查国有财产办法，拟定调查表，分送各机关填报。现据填表报部者共有三千五百四十五单位，随时审核登记，共计财产总值为一三七，三六二，六四六，一四九.八五元，其收益款合计为一七三，四〇三，八五五.三二元，均已督催解缴国库。至未填报各机关，仍在继续催查填报。

未办竣原因：

检 讨 意 见：当应依照原定计划继续办理。

工 作 项 目：管理公有地产。

工 作 计 划：拟定公有土地管理办法呈院核定，通行各省（市）财政厅（局）遵照办理。

实 施 概 况：公有土地管理办法业经通令颁行各省财政厅遵照管理，对于获得收益土地予以放租，荒废土地予以放垦，期满土地予以放领，由各省财政厅拟具工作计划，并编具概算报部核办。各省财政厅已遵照呈报到部者计有宁夏、广东、江苏、湖南、新疆等五省暨南京、重庆、北平等三市，现正汇核登记中。

未办竣原因：

检 讨 意 见：当应依照原定计划继续办理。

工 作 项 目：分区设立国库署办事处。

工 作 计 划：

实 施 概 况：

未办竣原因：

检 讨 意 见：此项计划未奉核准。

工 作 项 目：加强公库稽核，并严密稽核库款收支。

工 作 计 划：继续遵照主席手令，增派稽核人员加强组织巡回考核，对于握存库款或擅自挪用公款人员严加惩处。

实 施 概 况：（一）派员常驻各地，巡回考察库政，稽核收支。本部前以复员工作逐步完成，关于库政如何推进，库款收支是否依法办理，为加强稽核，实有派员实地考察督导之必要。爰于本年度开始后，拟订分区巡回稽核计划及考察注意事项，派员分途出发，切实考察。业经陆续派出者，计有苏、浙、皖、湘、鄂、粤、桂、闽、台、冀、陕、豫等省暨京、沪、平、津等市。最近又继续派员前往东北区及山东青岛区考察，现在苏浙黔桂闽豫鄂等省及京沪等市大部分业已次第考察完毕。据报考察结果，大致尚称良好。各该地区分支库代库业务，有未尽依法办理者，均经随时督导纠正。各税收机关握存税款者，亦分别督催报解。其余各区尚在进行考察，未据报告，已电催迅速办理，以凭汇核。

（二）分区派员考察敌伪产业物资收入解库情形。查敌伪产业物资收入，已列入国家总预算。其处理解库情形如何，关系库收甚巨。为明了实况起见，曾经拟具考察注意事项，划分区域，呈准遴派稽核，分赴各重要收复区实地考察，其范围，计有苏浙皖区、河北平津区、山东青岛区、粤桂闽区、湖北区、东北区，除东北与山东青岛两区或因环境特殊，或因交通梗阻，所派人员出发较迟，近甫开始进行考察，又福建、广西两区尚未考察竣事外，其余各区业经陆续查毕，已据报告到部。关于各地接收敌伪产业物资已经处理之收入，计苏浙皖区本年十一月四日止约为二千二百余亿元，纳库数为二千零七十亿余万元，连同军政部接收之被服转账部分九百一十八亿余万元，总额约为三千亿元，十一、十二两月份约可各缴三百亿元，尚有黄金五十万两，如以每两二十万元作价，约可得一千亿元。本年度共约可收四千六百亿元。武汉区截至本年十月底止约为九十三亿余元，除扣手续等费约十四亿余万元外，纳库数约为六十亿余万元，未纳库数为十九亿余万元。广州区截至本年九月二十一日止，约为二十亿余元，纳库数为八亿六千一百余万元。平津区尚未查毕。据报查洽结果，本年度收入可能达到二千亿元，已缴库数截至本年十一月七日为止约六百亿元。综合以上所报各区收入情形，约共为六千七百余亿元。其中尚未纳库者，已分别洽催各敌伪产业处理局迅速报解，并饬各驻外稽核随时洽催。至东北、山东青岛、广西各区敌伪产业物资收入情形，俟考察完毕再行续报。

未办竣原因：

检 讨 意 见：当应按照原定进度继续加紧办理，以重库帑。

工 作 项 目：督促成立省市库。

工 作 计 划：

实 施 概 况：本年七月一日起财政收支系统改为三级制，原有省库仍应恢复，依照公库法规定，应尽先委托所在地中央银行代理。惟各省市政府皆以各有特殊情形，拟指定省市银行代理省市库。本部考察实际，为推行顺利起见，略予变通，经拟定各省市政府委托各省市地方银行代理省市库应行注意事项四项，通函各省市政府查照办理，并呈院奉令核准。现据报已委托省银行代理省市库者，计有吉(林)、鄂、桂、闽、皖、晋、鲁、陕、粤、浙、苏、豫、赣、甘、滇、黔十六省，重庆一市。除重庆市、陕、桂、晋、吉各省已经核准外，其余经核尚有未尽符合前项应行注意事项，均经驳复纠正。

未办竣原因：

检 讨 意 见：此项工作未曾订列本年度工作计划内，自财政收支系统改制后，为应需要，而措施尚属适当。

类　　　别：计　　政

工 作 项 目：依限核转催编三十五年度本部主管岁入岁出分配预算。

工 作 计 划：照原计划包括补助东南各省部属机关原编三十四年度岁入岁出分配简表，仍编正式分配预算。至各税务机关，因划分改组关系，未能如限送核之分配预算等审核转送手续，连同三十五年度预算，计划于本年度内全部完成。

实 施 概 况：截至本年十一月底止，属于三十四年度者，除少数改组机关尚未完竣者外，其余均已核转完毕，属于三十五年度者，已核转数占百分之九十以上。此外不在计划以内之工作，为审核转送直、货两税及关务等机关追加追减岁入预算，本部所属各机关之还都经费、房屋修建费、遣散费、各省部属机关之复员经费、复员补助费暨本部及所属之追加常临各费、追加还都经费等预算。

未办竣原因：三十四年度税务机关两经划分改组，岁入岁出预算亦迭经调整，而结束遣散等费复经专案追加，所有应行编送之分配预算，或以编制不合规定，发还重编，或以原主管人员调迁变动，呈送核转，因而稽延。三十五年度本部还都，所属机关中亦有搬迁者，以交通畅通，原送表件如有不合，须予发还重编，时日因而稽延。

检 讨 意 见：除分别严催并就原送表件尽可能代为更正核转外，希望主管业务单位，如机构有调整必要时，应顾及预算上之处理问题。

工 作 项 目：考核登记本部主管岁入岁出预算。

工 作 计 划：照原计划包括前项所述三十四年度未转分配预算，连同本年度所转预算随转随登。

实 施 概 况：照前项所述凡经核转者均已登记。

未办竣原因：无

检 讨 意 见：无

工作项目：查核登记三十五年度中央暨省市各机关岁入岁出预算。

工作计划：本项目原计划包括查核登记在本年内续到之三十四年度预算案件。

实施概况：凡经递送到处，均已扫办完竣，并为迅捷计，经与国库署洽定，其应送本处登记之案件，即由该处主管科径送本处主管科办理，此类径送文件未到本处，处到文本年内计办一千余件。

未办竣原因：无

检讨意见：无

工作计划：筹划拟编三十六年度本部主管二级岁入岁出概算暨中央分配县市国税支出、债务支出、补助支出概算及拟编国家岁入总概算。

工作计划：照原计划，自本年四月起开始收集有关资料，自八月份起开始审核拟编，十月内送出。

实施概况：本项目各种概算均已如限完竣。惟查其中国家岁入总概算，依照三十六年度中央政府总预算编审办法之规定，限于九月二十日以前送达主计处等各有关机关，但因各机关未能遵限将主管岁入资料送部，致本部于十月中旬始将此概算拟编完竣。然照原计划并未逾限。此外因财政收支系统改订，本处所办计划以外之工作：

(一) 为拟订改订财政收支系统后各级政府三十五年下半年度总预算整编办法草案、县(市局)预算编审办法草案、各级政府共分各税预算编制办法草案暨国地共分各税征收缴纳办法草案等项。

(二)关于审核省(市)县(市局)预算，虽划归地方财政司办理，然仍由该司送本处核签意见。

未办竣原因:无

检讨意见:地方预算既划归地方财政司主管,一切案件本处多感隔阂。嗣后审核省(市)、县(市局)预算案件,似可毋庸由地方财政司送处核签意见,以免稽延。

工作项目:核转本部主管各种基金三十五、三十六年度概算。

工作计划:照原计划,三十四年度部分拟于本年度五月以前办竣,三十六年度部分限年底以前完竣。

实施概况:三十五年度营业概算业经核转者,计有盐政总局,中央造币厂,中央、中国农民各银行,经核本年度核转情形已较往年提早。惟仍不能随同年度总概算一并核定。

未办竣原因:各特种基金机关因经费自给自足,政府控制较难,其概算编送时期往往逾限。

检讨意见:随时依法督饬编送。

工作项目:核转本部主管各营业机关三十四年度决算及补转三十三年度决算。

工作计划:三十三年度决算计划于四月以前全部核转,三十四年度决算于年底以前核转完竣。

实施概况:三十三年度决算已核转者,有前复兴公司、前盐务总局、前货运局及中中交农四行两局,正核办者为花纱布管制局,发还更编者为前专卖事业局。三十四年度决算已送部正核办者为复兴公司、中国银行,其余均未送部。综观本项目进度情形,已较往年进步。

未办竣原因:各机关行局还都,为迟送最大原因。

检讨意见:拟再分别严催督促。

工作项目:查核中央及各省市特种基金三十五、三十六年度概算及三十三、三十四年度决算。

工作计划:此为由院主管之件,系奉院交核者,随到随核。

实 施 概 况:随到随核,均已办竣。
未办竣原因:无
检 讨 意 见:无
工 作 项 目:汇编三十三年度本部主管二级决算。
工 作 计 划:本项目包括赶办上年度未办竣之三十二年度决算计划,于六月底以前送出,三十三年度决算则以一至八月为审核整理,三级机关所送决算时期自九月起,按月依次汇编补助支出、债务支出,二级岁入及二级岁出等决算,年底全部完成。
实 施 概 况:三十二年度决算已照原订计划办竣送出,三十三年度决算年内虽难望送出,惟一俟国库署将各机关支出库拨数查明送处后,即可赶办,当不至逾限甚久。
未办竣原因:因各机关受还都影响,档案到达异常延缓,应送表件多未能如期送部。
检 讨 意 见:一面严催各机关速送表件,一面加班赶办,尽可能于下年六月底以前送出。
工 作 项 目:催报及核转部属普通基金机关月份会计报告及年度决算。
工 作 计 划:照原计划随时查催,并饬各附属机关、各级会计人员将办理情形随时呈报,期能在法定期间内报部核转。
实 施 概 况:其能依照办理不过半数,惟已较往年进步。此外,为督促各机关办理交代案件计,并先后制订各项有关交接办法四种,分别通饬遵办。
未办竣原因:(一)附属机关层次众多,层转汇编颇费时日。
(二)各机关制度时有变更,影响报表编制。
(三)主管人员随时更调。
(四)间有少数机关为便于私图,不设置会计账簿,有意与会计人员磨擦。

检 讨 意 见:除继续严令督催外,并希望各主管单位通力合作,针对以上各项原因,尽可能设法补救。

工 作 项 目:查核中央省市普通基金机关月份报告及年度决算。

工 作 计 划:随到随办。

实 施 概 况:同上

未办竣原因:无

检 讨 意 见:无

工 作 项 目:办理支付书及紧急命令拨款书登记核签事宜。

工 作 计 划:根据国库署送签之支付书、拨款书及各机关分配预算,随时核签登记,每届月终汇编报告呈核。

实 施 概 况:属于核签登记部分者,非紧急命令之支付书,均系随到随办,其紧急命令拨款书,凡经国库署送处者,亦经随到随办,其未送处者,正催送中,报告部分已编呈至十月份。

未办竣原因:十一月份报告未送原因,系因受还都影响,所有自八月份起之报表均系赶办。

检 讨 意 见:努力赶办并切取联系。

工 作 项 目:办理本部经费会计事务。

工 作 计 划:执行分配预算,如期编送会计报告。

实 施 概 况:本部各项经费之会计报表已报至九月份,还都经费因总务司单据未送齐,尚待续报。

未办竣原因:受还都影响,本部各项经费分在京渝两地支用,各项单据汇齐较迟。

检 讨 意 见:赶办并切取联系。

工 作 项 目:办理本部统制会计。

工 作 计 划:根据各机关所送会计报表编制主管岁入岁出统制会计账目。

实 施 概 况:已编至十月份以前月份统制会计记录及综合报告,虽因受还都影响，京渝两地办公，各报表难以衔接，时有积压，惟现已赶办完竣。

未办竣原因：无

检讨意见：与月份会计报告之催送同。

工作项目：设计修订各种会计制度。

工作计划：本部所属各机关之特种公务会计制度尚未核定，拟在本年度内设计者，计为特种公务盐税征课会计制度、盐类营运基金会计制度、关税征课会计制度及国库出纳会计制度等四种。

类　　别：统　　计

工作项目：普遍设置部署各机关统计机构。

工作计划：充实考核并随时调整统计机构及统计人员。

实施概况：关于普遍设置各省区税局统计机构工作，经与各机关商洽，现本部各级机关统计机构，均按实际需要设置，除部内各单位外，计已完成各省区税局统计室三十七个，直辖局统计室九个，分局统计室二百八十七个，并修订各省区税局组织法规，增列设置统计人员之条文，现在立法院审议中。至考核各机关统计人员工作，除随时派员考核外，对各省区机构之考核，则用书面指示，并印制统计工作考核表，交由所在机关长官严密考核，按期填送。

未办竣原因：

检讨意见：仍应依照原定计划继续办理，期能普遍设置。

工作项目：推行公务统计方案。

工作计划：随时派员视导，并抽查登记资料。

实施概况：关于督导推进公务统计方案中所定应行办理之事项，并督导所属机关推行各类公务统计方案。实施以来，尚能顺利推行，年度统计总报告资料亦能如限编报，其次则经常汇编统计资料，绘制各种财政统计图表与手册，编印统计刊物，编制税收旬报，提供行政上之参考。对于税收费用统计，曾拟订详细实施办法通饬办理。本部主管范围之抗战损失，经汇制报告总表分送行政院赔偿委员会及外交部。至于国库收支、货币金融及直接税之统计分析，暨国税增加与货币改革之专题研究，均可于本年度内完成。

未办竣原因：税源统计，直接税部分，因目前人力物力有限，推行困难，仅办到一部分，物价指数之编制，原为本部厘订盐价之参考。嗣以厘订盐价授权区局办理，故未办。

检 讨 意 见：仍应依照原定计划继续办理统计数字，并应须注意，必须做到其准确。

类　　　别：人　　事

工 作 项 目：完成人事管理机构。

工 作 计 划：确定附属机关人事管理机构等级，遴选合格人员，商请铨叙部派充人事主管人员，并分别令饬各局人事主管人员遴选合格人员，转请铨叙部派充人事佐理人员。

实 施 概 况：本年元月份派定本部各区直货税局人事室主任三十六人，二月份办理裁撤之花纱布管制局、贸易委员会人事管理及佐理人员登记分发事宜，三月份商请铨叙部派定直辖各局人事管理员十一员，四月份起开始办理各区局人事佐理人员及各分局人事管理人员，转请铨叙部分别委派，以后各月份继续办理此项工作。截至十二月中止，派定区局人事佐理人员一三三人，分局人事管理员二二六人，人事佐理人员一〇一人。

未办竣原因：本年度此项工作依照原定进度办理，尚无未完成事项。惟以事繁责重，待遇有限，物色适当人事主管人员不无困难。

检 讨 意 见：此项工作尚符原定计划，犹应克服困难，继续推进。

工 作 项 目：建设税务人事制度。

工 作 计 划：本部税务人事法规起草工作始于本年初，截至三月份止，计举行委员会三次及干事会四次，通过税务人事管理条例纲目草案（包括总则、任免、训练、服务、考绩、薪给、例给假、差旅费、养恤、福利及附则凡十一章）及税务人员职位保障制度、官职分立制度、进修考察制度、养老抚恤制度、训练实习制度等案，所有委员会通过之原则，干事会即据以草拟条文初稿，自四至八月五个月间，因还都关系，各委员分在京渝办公，集会不易，经决定暂停举行会议。九月份以后开始起草工作，本年年底可将税务人事管理条例草案全部条文初稿拟妥。

未办竣原因：关、盐、货、直四税以举办时期有先后，沿革各不相同，人事制度互异，为求四税人事纳入同一轨辙，故拟订立整套法规。除四税首长为税务人事法规起草委员会当然委员外，四税人事主管人员亦派兼干事，以期彼此充分交换意见，获得技术上之合作，使法规之拟定能适合各税各阶层各方面之需要，可以切实推行，不致有闭门造车之弊。惟事关建制，不容草率，初稿完成以后，尚须详密订正，再提委员会议审查讨论，预计全部草案可于明春拟竣，提付讨论。

检 讨 意 见：此项工作尚应加紧办理，俾能早日建立完善之税务人事制度。

工 作 项 目：招集复员人才。

工 作 计 划:配合本部各单位及附属各机关需要,举办特种考试,财务人员考试,公开招考,并以调查登记及甄审方式随时甄用,必要时并举办训练或讲习。

实 施 概 况:按照原定进度,于本年一二月份内规定七月一日举行考试,并筹定经费,确定成都、昆明、西安、长沙、汉口、广州、上海、北平等八个考区,各区设办事处,就当地税务主管择一派充处长,其余主管人员担任试务委员,商决重要试务,三月份内拟定应行公告事项草案,送考选委员会核定,并编订财务人员考试应用法规及报名书表、试卷式样、弥封手续等项,分别付印,并订定奖励现职人员参加考试办法,通饬施行。四月底本部考试委员会职员大半到京,于五月份内分在本京及各办事处所在地正式公告,并印就应考须知备案,订定口试办法、记分标准,通饬遵行。积极办理缮印、封寄试题等项工作,七月一至四日各区同时举行考试,计参加笔试人员六,九七一人,内高级一,九六〇人、初级五,〇一一人。各区试卷共四一,五八六本,七月底全部试卷运寄到京,八月份内分送各阅卷委员评阅,核算分数,评定等级,确定录取标准等项工作,九月十八日正式放榜,计录取高级人员一三〇名,初级四二二人,共五五二人,约为应考人数百分之七。放榜以后,即筹划分发事宜。本部为预筹分发,曾由部分饬各区税局查报需要人数,至发榜时止,计直货两税共需二,二九二人,内直接税九八二人、货物税一,三一〇人。但因录取人数较少,均不能如数分发,经斟酌实际情形,除请求保留分发者一名外,计分发关盐两税一七人,部内各单位三二人,直接税方面一四八人,货物税方面三五四人,于十月份内全部分发竣事。本年度考试告一段落。自十一月份起，即着手筹划明年度考试事宜。根据本届经验，深觉尚有应该改良之处，业经拟定三十六年度税务机关举办考试补充人员办法及特种考试税务人员考试规则，分别送请考试院核定，作为明年度举办考试之准绳。

未办竣原因：依照原定进度，本年度内应举行两次考试，并自本年三月份起，即分期公告招考各级财务人员。嗣以本年四月份即须筹备还都事宜，在还都期间，一切进行均有不便。故变更计划，改为举行一次。所有考试分发事宜，业于十月底全部办竣，一般情形尚属良好。此次尚系试办性质。以后，本此经验，力求改进，业已拟有办法签奉核定。至原计划中以调查登记及甄审方式，随时甄用一节，系经常工作，如裁遣人员之择优调派，税务分局长之遴选存记等办理，特别谨慎，尚少困难。惟原拟举办特考及格人员训练一节，因还都关系，窒碍特多，未及举办，改以学习代替训练。

检讨意见：本年考试仅举行一次，自系为还都所影响，考试及格人员之训练应通盘筹划，拟定具体办法。

工作项目：加强工作考核。

工作计划：

实施概况：直货两税主管人员之考核尚未规定办法，对于征税成绩特著者，既无所奖励，而因循废弛者，也无所惩戒。曾经会同直接、税务两署拟具财政部直接、货物税分局长税收考成办法草案，并经函商参事厅同意。嗣又拟将区局长及办公处查征所主任之税收考成一并加入，改订财政部直接、货物税主管人员税收考成办法草案，复经函商两署及参事厅。因税务署主张区局长及办公处主任之考成，不便与分局长以同一标准考核。又经两署派员商洽重加修正，订成分局长考核办法，先行颁行。至区局长与办公处查征所主任之考核，仍当另行拟订。现行分局长考核办法，经两度补充修正，业于本年十二月初，由部通令两署及各局遵办。依照此项办法实施，所有直、货两税分局长之惩奖，有一定准绳。嗣后税收成绩当有显著进步，而税政风气亦可藉以刷新。

未办竣原因：

检讨意见：税局各级人员之考核应有精密之规定，期以纠正过去之积习。

工作项目：厉行职位保障。

工作计划：

实施概况：本部所属税务人员为数众多，在整套人事法规未完成立法程序付诸施行以前，关于税务人员之职位保障，亟待颁订办法，先行实施，业于本年年初草定税务人员保障初步办法，其内容要点为：

(一) 现任区分局长对局内外现职人员，绝对不得无故撤职，或不得授意辞职，以排除旧员引用私人之实。

(二) 各税务分局所属人员，如有懈怠庸劣不堪任职者，应由分局长列叙事实，呈明区局核准办理。

(三) 各区分局长如故违规定办法，特许被免职人员据实呈控，以凭惩处。

(四) 嗣后发表新任分局长时，即由部颁发训令，饬其依法保障现职人员。新任分局长视事时并须将是项训令公布周知。

自上项办法通行以后，所有直、货两税分局人员变动渐减，其不遵令办理者，均已由部分别处分。

未办竣原因：

检 讨 意 见：职位保障办法，应依照执行，期收实效。

工 作 项 目：严密甄选。

工 作 计 划：

实 施 概 况：关于甄选干部工作，除推行考试用人制度外，税务分局长之遴选，亦为重要工作之一。关于分局长之遴选，本部向所实行之人才保荐办法，已不甚适合当前需要，业于上年停止实施，并另颁行税务分局长遴选标准四项。此项标准重在选拔各税优秀业务人员主管征收工作，施行以来，已将一年，经审查合格，以分局长荐引者计一〇九员。办理此项审查工作，采严格公平态度，对以往服务成绩之考察，尤为重视。近因上项遴选标准尚难与任用恰相配合，且原规定亦有须加修订之处，现正拟订分局长登用办法，核定后，即付实施。

未办竣原因：

检 讨 意 见：税务分局长为税务机构之基层主管人员，值得重视，应速拟定分局长登用办法，付诸施行。

类　　　别：参事厅

工 作 项 目：修订法规。

工 作 计 划：一月份进行检讨，二月开始修订。

实 施 概 况：计修正者有：

所得税法及施行细则

印花税法

遗产税法及施行细则

营业税法及施行细则

货物税条例

银行法

中央银行法
中国银行条例
交通银行条例
邮政储金汇业局条例
管理银行法
银行检查工作纲要
财政收支系统法及施行条例
财务罚锾处理办法
计审订者有：
麦粉税稽征规则
化妆品税稽征规则
皮毛税稽征规则
饮料税稽征规则
茶类税稽征规则
水泥税稽征规则
锡箔税稽征规则
证券交易税条例
财产登记税法
诉愿案审查委员会组织规程
各省财政厅职权调整办法

未办竣原因：重要法规如各部组织法、银行法、盐政条例等，未完成立法程序，未便编印。

检 讨 意 见：所修订之重要法规共计三十余种，均为配合复员后政策及业务需要，分别缓急，陆续修订，以适机宜。依据母法修订之各种办法尚未列入。

工 作 项 目：编印财政法规汇编。

工 作 计 划：原定一月至三月搜集资料，四月至六月编纂，七月至九月授印，十月至十二月编印补遗。

实 施 概 况：搜集资料及编纂，均能依照预订进度，惟因较重要之法规（各部组织法、银行法及盐政条例等）呈院后，迄未完成立法程序，致未便率尔编印。

未办竣原因：

检 讨 意 见：为便于本部查考及应各机关征求财政法规汇编，有早日刊印之必要，拟将现行编纂之稿先行付梓，以免久悬。

工 作 项 目：解释法令。

工 作 计 划：随时办理。

实 施 概 况：遗产税法、印花税法及其他各种税法行政法令疑义。

未办竣原因：

检 讨 意 见：均依据有关法令及司法院解释作明确之解释。

工 作 项 目：审核普通法令及诉愿案件。

工 作 计 划：随时办理。

实 施 概 况：凡经审核之普通法令或诉愿案件，均无错误。

未办竣原因：

检 讨 意 见：无论审核何项案件，除根据法令外，并征询主办单位对于事实上之意见，故无杆格不通及操切失平之弊。

类　　　别：视察室

工 作 项 目：分派常川视察。

工 作 计 划：全国划分为京沪、江苏、闽浙粤、桂滇、黔川康、皖赣、陕甘、豫冀鲁、察、热及东北等十一区，并常川视察。

实 施 概 况：（一）普通视察部属机关。各区视察对其区内一级机关及业务繁重之二、三级机关均有普查报告，内容悉就被查机关业务措施、政令推行、人员配备及机构分布等要项分别陈述，并就其视察后之观感附具简明扼要之建议或改善意见。总计本年内此项普查报告已达四百余件，超出已往四年报告之总和。

（二）认真办理专案调查。查本年收复区域各机构多系新设，尤以复员期间一切人事配备，尚未尽善，主管业务不免发生弊端及遭舆论指责。故本年专案调查之案，大体均能详密侦查客观事实，搜集确实证据，遵限报告，俾得有妥速处决。

（三）考察有关本部业务法令施行之反响及有无滞碍。如本年度货、直两税税法之修订，贸易管理办法及关税之改订，以及两次外汇之调整，在重要地区所发生之反响，各该地常驻视察均随时有扼要报告，并多附具建议。

（四）考察各地金融物价动态。查各地金融物价之动态，直接关系本部金融政策，间接则关系本部税收，尤属至大且巨，平津、沪汉、闽浙等区视察对此项情形均能随时注意，并就其前因及动向随时报告。

（五）考察各地地方财政情形。查地方财政在目前情形下，原在本部监督之列，而地方财政之得失尤能直接、间接影响本部业务，故各地视察人员对此亦均加重视，随时就考察所及扼要报告。

未办竣原因：

检 讨 意 见：综上五项，第一、二项虽以员额及旅费所限，尚未能达到预期之目标，然就质量两面均较以前数年工作确有猛进，第三、四、五各项因各区地域辽阔，本部业务繁多，对此事项尚嫌未能充实，有待明岁之改进。

类　　　别：财政研究会

工 作 项 目：研究工作及资料之搜集与整理。

工 作 计 划：分税制、金融公债、地方财政、财务行政四组研究，按月出版金融参考资料。

实 施 概 况:本年举行研究会议十八次,讨论商业银行业务改进问题、税务机构调整问题、法郎贬值问题、省县银行业务改进问题、调整外汇问题、国家银行专业化问题、对外贸易问题、调整外汇汇率问题、调整金融机构问题、黄金政策与美钞流通问题、信用政策问题、改革币制时机问题、公债发行问题、中美商约及我国对外贸易政策问题、当前经济危机对策、进出口贸易暂行办法、国际金融政策、三十六年度预算问题,每次讨论结果均作报告。

财政金融参考资料,既出版至第十二期。

剪集报纸资料及编译英美财政经济名著。

未办竣原因:定购欧美财政经济名著未寄到,故未编译。

检 讨 意 见:(一) 复员运输迟滞,以致本年四月至八月工作殆陷于停顿状态中。

(二) 本会秘书李应兆十月间奉派赴粤工作,继任人选未定,对于本会同仁心理颇有影响。

(三) 本会一部分职员工作能力较差,服务精神欠佳,多自视为暂时安插过渡性质,无能力而亦无兴趣从事研究工作。

(四) 本会组织机构未臻健全,秘书与委员职位相等,事实上领导委员工作颇有困难。

(五) 本会业务费过少,对于业务推进颇有阻碍。

(六) 研究工作与各单位业务配合不密切。

类　　　别:设计考核

工 作 项 目:设计部分。

工 作 计 划:(一) 编订三十六年度施政方针。

（二）拟编本部三十六年度工作计划。

实 施 概 况：（一）本部三十六年度施政方针，经参照中央设计局所送第一期国家经济建设总方针与物资建设五年计划草案提要，就本部主管范围编制三十五年度施政方针草案，分送行政院及中央设计局汇办。嗣中央设计局拟定三十六年度国家施政方针草案关于国地财政之划分，因自财政收支系统改制，情形已不相同，外汇及金融之规定亦略不详，暨国库关税、盐务、公债、货物税等事项均阙未列。复经参酌本部原订草案提出应加补充修订各点，分送办理。

（二）本部三十六年度工作计划，业经依照院颁三十六年度国家施政方针及各机关工作计划编审办法，编制完竣。全部计划共分行政、事业两部分。行政部分，计分直接税、货物税、关税、盐政、金融、公债、地方财政、公库、计政、人事等十章。事业部分，仅盐政一项。此项计划正由部呈院核示中。

未办竣原因：

检 讨 意 见：设计工作尚待加紧推进，考核工作重于实地视察。本年因在复员期内，尚未能普遍推行。但设计、考核、竞赛各项工作均属繁重，虽经积极举办，为人力所限，推动殊感困难。前在各单位调派人员，有因其本身职务关系，未能到会办事者，拟与人事处暨各单位商洽调整，以期加强工作效能。

工 作 项 目：考核部分。

工 作 计 划：（一）考察部署各机关工作。

（二）考查提高工作效能，及行政三联制总检讨会议决议案之实施。

（三）考核复员工作。

实施概况:本年一月,本会考核组周兼组长奉派会同党政工作考核委员会组长何会源、专门委员李肇膺率同本会秘书刘家驹,考察川西之内及自流井、五通桥、乐山、成都、灌县等地盐政税务,业将考察所得之详细情形附具意见,编制报告,其应整饬改进及应奖惩各事项,则函请各主管单位分别办理。本年四月周兼组长奉命还都,并视察沿途部属各机关工作,计为鄂西盐务分局、宜昌货物税局、宜昌直接税局暨湖北盐务办事处等机关,亦经分别编制报告暨本部在宜昌产业调查表,并经分别抄送各有关单位查照办理。

(二)上年中央为提高行政效率及实施分层负责制,曾召开党政军提高行政效能及行政三联制总检讨会议,所有决议各案,经奉院令遵照办理。本会以上项决议案施行以来,为加强本部之业务检讨起见,曾拟订检讨项目分函各单位切实检讨,将检讨结果书面报告送会,复经签奉指派本会人员分赴各单位实地考查,就考查所得制成报告表。对于已办事项今后应如何再求执行之加强与效果之促进,对于未办事项目前如何参酌本部业务情形立付实施,均已拟具考查意见于报告表内,其有应办事项,本会均已分别办理,并洽由各主管单位切实遵照推行。

(三)查本部抗战胜利后,对于复员工作,曾于上年制订有:(1)三十五年度复员实施办法初步计划暨(2)收复区财政金融复员紧急措施纲要及其实施办法及院颁收复区五项紧急措施办法,均经分别报送实施。本年八月间曾奉主席蒋手启代电,以各项复员工作执行如何,成就如何,应各就所辖切实考核列报,对于执行工作人员并应详察虚实,确办优劣,明白赏罚,以建立革新政治风气。经就本部主管业务将一年来所有复员工作办理情形及成绩详加检讨，对于执行复员工作人员之成绩优劣，亦经切实考核，编制本部复员工作成绩检讨报告表及本部执行复员工作人员成绩考核表，呈院转陈。

工 作 项 目：工作竞赛部分。

工 作 计 划：举办各项工作竞赛。

实 施 概 况：关于工作竞赛，本部历年均有举办。三十四年度举办竞赛工作为货物税征收及契税征收二种。征收契税竞赛结果，四川省实征数超出配征数 391％，青海省实征数超出配征数 290％，新疆省实征数超出配征数 274％，均获得奖。征收货物税竞赛结果，以甘宁青绥区货物税局成绩特优，凤翔货物税分局实征数超出预算数 250％，徽县货物税分局实征数超出预算数 220％，临洮货物税分局实收数超出预算数 100％，均获得奖。本年度已届年终，正拟推动竞赛工作，配合本部现在业务增加项目，积极办理。

类　　　别：总　　务

工 作 项 目：文书出版。

工 作 计 划：关于文书方面，求办理迅速，手续简单，实行会计出纳划分制。

实 施 概 况：办理文书尚无延压，截至十二月十日止，计收文九五，三五〇件，发文四七，四九〇件，收电九，〇五〇件，发电四，七一二件。经临各费之支付均须凭会计传票。

未办竣原因：

检 讨 意 见：出纳方面单据及传票之往来，略有迟延，拟请会计处派制票员驻总务司办公。

工 作 项 目:复员工作之推行。

工 作 计 划:预备空运、航运、车运,并在南京修建及租赁房屋。

实 施 概 况:复员工作至十月底止,计空运一,七三二人,轮运一,三四六人又半,车运二八八人,此外空运急要文卷公物、轮运公物家具行李等六九二九公斤又六三七三件,在京租赁办公房及宿舍二十七处,修建房屋十项工程,购家具三,六〇三件,还都费结存三,五二〇,八二五元,复员临时费结存一一,三二九,二七三元。(附表)(略)

未办竣原因:

检 讨 意 见:本部财政公报自三十四年秋奉令各部会公报资料送由国府公报汇登后,即行停刊。复员以来,各处来函订阅索取者颇多。最近秘书处有编印本部综合性刊物之议,原属公报材料,自应列入,依照目前情形,似有从速举办之必要。

〔国民政府财政部档案〕

5. 财政部拟国民党六届二中全会关于财经报告决议案该部办理情形稿

(1946 年)

对于财政金融经济报告之决议案

一、财政部办理情形

(一) 扩大征税之范围一节　本部本年度(三十五)原已决定恢复麦粉、水泥、茶叶、皮毛、锡箔及迷信用纸五项统税,已呈请修正货物税条例,正在立法院审议中,一俟完成立法程序,即行开征。此外,并拟就大宗消费品之属于奢侈性质而又宜于课征统税货品举办统税,已积极调查研究,容另专案呈核。

（二）以外汇物资、敌伪产业、国际剩余经济力量，平衡国库收支一节　查抗战胜利后，接收敌伪矿产、财产及货物之租赁售价及营业盈余，估计六千二百亿元，已列入国家岁入总预算，由各区敌伪产业处理局积极办理中。一部分收入，已经缴库。中纺公司经售美墨布价款，亦先后缴库。美国租借法案之存印物资，及联军在华物资，最近已由政府以美金二千五百万元及法币六十余亿元之数全部承购，并由行政院所派存印物资接收委员会开具详细清册，并补列收入预算，弥补国用。

（三）田赋累进征税一节　本部于三十四年六月拟订田赋累进征收办法，呈请行政院核夺，经审查暂缓实施。再本部于三十三年曾拟定累进征借粮食规则，呈奉核准通饬施行，亦系依田赋为基础，惟以总归户办理未善，推行未尽顺利。

（四）土地涨价归公一节　依照现行土地税征收条例之规定，在已开征地价税之区域，同时开办土地增值税。凡土地所有权发生移转或届满十年无移转土地，皆就现时地价或估定地价与原卖价或原规定地价之差额征收增值税，税率采超额累进制，最高达百分之八十，是即以课税方式实行涨价归公。

（五）强制富户推销公债一节　本部发行公债，向系依据强制富户推销原则。筹募三十三年同盟胜利公债时，复饬各省市遵照五届十二中全会暨国民参政会加重富户负担之决议办理。

（六）增加奢侈品课税一节　查进出口贸易暂行办法实施后，烟酒、首饰、装饰品、珍珠、宝石及表等报运进口，自本（三十五）年三月一日起，悉照现行税率加征百分之五十奢侈附加税，计已征起一亿数千万元。以外国烟酒而论，其所纳之关税、统税、奢侈附加税合计达百分之一百二十及百分之一百八十。此外禁止输入之奢侈品，计有丝织物、化妆品及高贵华丽之座车等二十二项。

（七）简化征收手续一节　本部各税经历年之改革，大体已符简化之旨，今后自应随时研求改进。以盐税一项而论，原酌用等差税，以适应各区不同之环境，惟仍力避差额过巨及等次过多，以简省查补手续，现销盐已不予管制，同一税率之区域内，可自由销售，查验机构已裁并不少，征率本年已两度调整，现分为七千元、五千元、三千元、二千元及一千元等八种，较上年度之等差，已渐趋简化。

（八）改革财务行政，裁并骈枝机关，暨（二）项内关于预算原则，在生产部门亦量出为入，不可因小失大。不急之务，必须完全停止一节　本部历年审核预算，对于财务行政费用，均系依据国家总预算编审原则，切实分别缓急，紧缩核列，而事业费用，则视其业务实际需要情形酌予核列，今后仍当遵照提示，继续尽力办理，增加收入，减少发行。

（九）平衡国库收支以安定汇价币值及（三）项内政府当以外汇黄金作谨严有效之运用一节　查政府现在所采之外汇及黄金政策，一面采用以充实法币准备，藉使币值稳定；一面以动机方式加以运用，以期随时控制市场，抑制投机。施行以来，对于安定汇价币制，已著相当效果，将来充裕国库收入之各项措施达到预期效果，钞票发行，自可随之减少，币值更可臻于稳定。至（三）项内游资作祟操纵投机及（七）项内对于都市之商业银行加强管理一节，本部最近颁布之管理银行办法，关于商业银行资金运用，规定以贷放于农工矿生产事业日用重要物品之运销事业，及对外贸易重要产品之运销事业为主要对象，且规定其贷放总额之最少比率作为考核之标准，使银行业务得正轨之发展，并配合协助货源畅通，增加物资平衡物价之重要政策。同时并禁止商业行庄买卖外汇及生金银及承作以外汇及生金银为抵押之放款，以避免助长游资之投机作祟。至对都市商业银行业务之检查，本部尤特别注意，除授权中央银行加强检查报部核办中，并以上海为全国金融重心，所有上海地方行庄之检查，由部直接派员办理。又以欲求管理金融之圆满实施，尚须注意对市场金融之全面管制，诱导市场游资透过金融机构，其重要关键，实在利率政策之合理实施。关于此点，本部亦经随时协助中央银行，运用金融力量予以有效之控制，以减少游资之猖獗。

（十）关于注重国营事业之效率一节　自应遵照提示，于审核各国营事业机关营业预算决算及营业计划、营业报告时，切实注意办理。

（十一）关于全国币制必须统一，共产党占据区内，非法发行之货币，迅即停止，以舒民困。其他省区币制亦须迅谋整理一节　查推行法币，统一币制，为本部一贯政策，为取缔中共在其占据区内非法发行之货币，本部迭有措施予以有力之防范制止在案，今后仍当继续加强，以防止其扰乱金融，贻害民生。至于其他情形特殊省区之钞券，俟至相当时期，自当加以整理，俾全国币制早归统一。

（十二）关于取消重迭关卡及检查一节　查战时海关机构，多设于邻近战区及内地货运要道。战事结束后，次〔此〕项机构，应向海陆边境货运出入之要口推进，且战后管制法令与禁运法令，已次第废除，货物税及盐税均将就厂或就场加强控制，以遏私运，海关在内地所负之货物检查及缉私任务既经解除，自应将内地关所陆续裁撤，以适现情。除与进出口贸易及保税货物有关之金陵、重庆、江汉、江门、三水、梧州等六关暂予保留外，余如宜昌、沙市、长沙、上饶、洛阳、兰州、西安、曲江、万县等九关所及其所属分支关所，经已裁撤。

（十三）关于建立金融体系，合理划分业务，明定方针，以巩固金融基础一节　本部业将银行法、储蓄银行法、中央银行法及五行局条例分别核定呈转审核中，一俟立法程序完成，自当依照督促积极实施，以期各达其所负之使命。至于农业金融机关改进业务，以助农村之复兴一节，本部迭经督饬中国农民银行就各省农村需要普遍贷放，并简化其手续，以便利农民，此外并经会同社会部积极筹备成立中央合作金库，呈请核拨专款，以利进行，各在案。

（十四）关于改订财政收支系统一节　查抗战胜利结束后，地方建设迫不容缓，对于现行国地财政收支系统，实有改订之必要。本部爰于本年（三十五）六月六日召开实施改订财政收支系统会议，当经决议通过下列各点：(1)财政收支系统改为中央省（市）县（市）三级制。(2)土地税为中央省县共分之税源，划归县市者为百分之五十，划归省者为百分之二十，院辖市占百分之六十。(3)营业税全部划归地方，省县各半，院辖市占百分之七十，仍以百分之三十协解中央。(4)契税全部划归县市。上列各项原则，业经二中全会决议，现已由部拟订办法，完成立法程序，于本年（三十五）七月一日公布施行。

（十五）关于公教人员维持最低必需之生活费，应照各地生活指数按时调整一节　查关于本部主管事业机关部分生补费，根据三十五年度国家岁出总预算生活补助费附表所列，包括经济、交通、农林、水利四主管所辖各事业机关单位，在本年度开始之际，即根据总预算附表所列数目，一次垫拨六个月，将一至六月份应拨数，先行填开支付书拨付国库，以备各机关按月支用。嗣因各地物价上涨，奉国防会议核准，自二月份及三月份起，各调整增加一次，均经先后补拨。复以奉令还都，亦将七至九月份各该机关应领之生补费，提前签拨。至近奉自六月份起调整增加之数，正签补中。按以前办理情形，各机关均能如期领得款项，尚无不便之感。

（十六）关于合并机构紧缩组织移转人力运用一节　上年本部裁并缉私货运管理专卖银行监理及花纱布管制等机构，暨贸易委员会及其所属之复兴商业公司，共约裁遣两万余人。其中优秀人员，符合本部裁并机关职员任用办法规定资格者，均已分别改派本部所属各税务机关服务。

（十七）关于安插退役官兵一节　经行政院复员官兵安置计划委员会分配本部容纳军需官佐一千人，先经考选，再予训练，结业后分发本部附属机关任用。关于上项人员之考训，正与有关机关商洽中。

（十八）关于人事与政策应相配合一节　本部向极重视，所有本部及附属机关高级主管人员，多系在部服务年久，积资循升，对于中央财政政策有深切之认识，并具实行之决心。

（十九）关于切实执行官不经商，暨检举贪污，移转风气一节　本部历经遵照层令通饬恪遵，凡检举贪污案件，不论具名匿名，一律受理。其经查实者，无不从严处办，不稍姑息。

〔国民政府财政部档案〕

6. 财政部抄送宋子文政治活动报告关于财政金融经济审查意见函

（1947年1月18日）

奉交行政院秘书处三十六年一月十日礼京七字第五三二三二号通知，以中央监察委员会对院长政治活动报告审查意见，奉谕：原意见第一项交财粮两部分别核办，第二项交内财两部参考，第三项交财经两部注意，第四项交经济部及资源委员会办理。通知查照。等由。抄送原附件一份到部，并奉批：分别交主管研拟实施办法，等因下处。除分函外，相应抄同原附件函请查照，迅就主管部份研拟实施办法或核议意见，于一星期内送处汇办为荷。此致

公债司

抄附原附件一份

秘书处启　印

三十六年一月十八日

抄宋子文同志政治活动报告财政金融经济审查意见（一）

一、平衡国家预算一项。整顿税收、变卖敌伪物资、督饬整顿国营事业，均尚具成绩。军费超支及文武公教人员生活补助费之调整，亦属事实需要。惟原报告载本年度之岁出岁入预算，各列二万

五千亿元，而文武公教人员生活费之调整，已超支一万四千余亿元，合本年度支出预算百分之六十。军费之超支为数尤巨（见原报告）。如此巨大之收支差额，仍不能不赖中央银行之垫借（原报告语）。如何归垫，虽未明言，势必增加发行，刺激物价，实与二中全会对于财政金融经济报告之决议案之（一）未能尽符，应谋开源节流方法，俾预算早趋平衡。至原案同项所列田赋累进征税，土地收价归公，强制富户推销公债，增加奢侈品课税等，尚未举办，应加注意。

抄宋子文同志政治活动报告财政金融经济审查意见（二）

二、改革税制及调整财政收支系统一项。举办综合所得税及特种过分利得税等，应积极催促从速完成立法程序，早日付诸实施。至举办一次财产税应速办理户籍登记暨财产登记，与登记官吏及公营事业从业人员之财产同时举行，例如参酌下列办法。

（一）此次南京举办国民身份证，并举行普遍检查，法良意善，可资为办理本案之前奏。

（二）国民身份证所用姓名，即为合法姓名。嗣后私人财产权利登记，即以国民身份证所用姓名为准。

（三）上项办法，南京现经办理，所有在京银行农工商矿私人存款股本权益，一律改用合法姓名与国民身份证对照（手续务简，例如原有权利证书改名后加盖主办机关印信图章即可），并注意以后私人在银行存款及产权登记须持国民身份证，始得办理，绝对禁止堂号及不用国民身份证姓名存款登记，由政府拟具办法实施。

（四）户籍登记与财产登记应自通都大邑先行倡办，渐及县乡。

以上四项应从速规划，庶可早日实现六全大会及二中全会是项决议案。关于调整收支系统补充地方财源，以完成地方财政独立，推进地方建设，核与二中全会对于财政金融经济报告之决议案之（八）尚属符合。

抄宋子文同志政治活动报告财政金融经济审查意见(三)

三、稳定金融促进生产一项。紧缩发行及管制银钱业,尚具成效。惟八月间宣布提高汇率,原期鼓励生产,促进出口贸易,而所得结果,则物价工价均受强烈刺激,相继飞涨,致生产成本提高,出口亦感困难。至大多数人民因物价暴涨,所受之损失,尤为浩大,招致物议,不为无因。应设法补救,期与二中全会关于安定物价之决议相符。

〔国民政府财政部档案〕

7. 财政部关于1946年度奉行政策推进业务困难情形及原因检讨稿

(1947年1月27日)

三十五年度一年间对政策之奉行业务上推进其困难情形及原因之检讨

甲、困难及原因

一、关于制度者

(一)抗战胜利后地方财政之不健全,因人事与制度之相互因果,乃其本身之困难,而非监督问题。地方财政司处于超然的监督地位,而非其业务之主管者。故现对于地方财政之收支两部分均处于被动地位。

(二)战后地方机构简化(省级仅民财教建四厅),现中央各部会,因其业务之发展,各争取其系统之膨胀,机构单位与人员俱增,已形成中央缩影(省级除民财教建四厅外,增地政、社会、统计、会计、新闻、卫生、警保等处,县则设科或室)。中央机构且有扩张之趋势,地方机构亦方兴未艾,即上海一市观,员工已达四万人以上,其支出膨胀,可见一般。

(三)财政收支系统改制后,给与地方财源同于战前,因中央税课之伸张,且或少于战后,五种自治税,大都为都市税,而非普通税源。省级财源仅为田赋二成之共分税，及其唯一省税之营业税，复半分于县市，几不能构成其独立收支系统地位。中央与地方同知机构之膨胀，为不合理。基于人事关系，复均不能大声疾呼，以紧缩裁员，因致收支无法平衡，惟有仰助于中央补助之一途。中央补助之数字有限，地方要求无已，上下交受其困。

（四）乡镇根本无可靠财源，县市尚不能自足，因军差供应，上级委办，及因物价不能控制预算等原因。惟有出于苛杂摊派一途，以资因应，病民无已。

二、关于税制者

（五）田赋为地方税，被割于中央。营业税为省税，而分于县市。五种自治税捐之课征对象，均基于经济之优越条件，经济落后或偏远地区，其税源本身萎缩或全无，何从而得税收。今则视为普遍税源，普遍征收，复不权衡其负担能力，同其税率，以致税名繁多，税收依然短绌，无济于事，均不合理。

（六）在改制前，地方税源枯竭，因有开办特别税课之必要，以救其穷。在改制后，地方财源增裕，特别税课已无生存理由，何不任其滋长，以蹈过去军阀时代无物不税之恶习，此就理论上而言。然事实上，县市因政务与业务之扩张，依然不能自给，而尤以特别市最著，故新收支系统法仍专列科目，中央立场，惟恐其滥征，必予以限制，地方立场，必宽筹财源，常虑其不足，或格于禁令（如警捐）有而不能征，征而不能报，或基于事实，禁而仍征，征而不能禁（如上海之旅机捐等），不独威信攸关，抑且失其监督作用。立场参差，公牍盈尺，仍苦于不能调协，中央立法为一般之规定，地方环境确有不同，若普遍放宽，固将失之滥，然一律从严，则将失之矫。再因中央税课范围伸张，原有地方之特别税源（如无锡之锡箔、湖南之竹木产销及其他山地土产等），已成为中央货物税系统，根本地方已无特别优良税源，强弩之末，何能望其增裕税收以弥补预算乎？

（七）在抗战高潮时，国土日蹙，税收萎缩，通货膨胀，法币贬值，而军粮公粮供应反形激争。基于以上各因，中央苦无〔于〕无法筹措，遂有田赋征实之决定，确有助于抗战成功，发挥最大效能。然现抗战胜利结束，已无上项需要，而征实依然继续。查三十五年度全国征实配额，谷类为八七，四七一，二二一石，麦类为三一，〇四三，三二一石，照普通例以七折合谷计，为二一，七一四，三二四.七石，谷总计为一〇九，一八五，五四五.七石，今假定全国军队为五百万人，每人每天以二十两米计，所需军粮今年估计不过一四，六〇〇，〇〇〇石米，即二九，二二〇，〇〇〇石谷，以之与配额较，令人咋舌。现时征实约分征购、征借、托购、抢购等种。全国普设机构，其缴征费之巨，无法估计，其详实数字则无数字可查。至其征存与支出谷数，则迄无账目可稽，地方每因瞒奖而报虚收（四川即其一例），或以虚作实，而无谷可提，流弊百出，矢以区区军粮，而增重人民若大负担，肩担苦于途，尤所不计，其不合理孰甚。倘能节其开支，以收购军粮，何往不可，于国库之损益，更不待智者而知。再就业务上言，田赋为地方重大税源，因征实而隶受粮食部主管，关于赋籍科则之整理，无法进行，影响税收亦巨。

三、关于税率与征收者

（八）依房租为比例而征收之房捐，政府复一面限制房租，或因房费高而房租小（如上海市）；从价征收之屠宰税，而各地则按头计征，且多沿袭已征制；土地税因原定地价大都远在十年前，不合时值，契税因院令减低，且多隐匿逃税。物价日涨，而房捐、土地税与屠宰税，均不能配合物价以裕收入。

四、关于公有款产者

（九）地方公有款产，依四川等十五省市报告，从三十二年至三十五年六月底止，计清出公款为一八五，八三〇，九〇六元；田地一九，九七九，五二一亩；房屋一三三，四一四间；租谷一四，九一四，六〇三石；租金一一七，五九二，一八二元，其数目大有可观。然抗战时期，地方得失无常，与地方绅士之把持，以致未能彻底清理，复以租章未随土地法修正，冒名顶租等流弊百出，而收入亦从而减少。

五、关于造产及公营事业者

（十）理想之地方财政，应配合自治，有其本身经济之收入，不当视税收为唯一财源，即应从乡镇造产与公营事业着手。过去乡镇造产，以无可靠财源，虚收虚支，不独为消极之敷衍，甚至假借名义实行摊派或寄一卵而岁终索一鸡，放一鱼而收其全塘之鱼，反成病民害政。在抗战时期，各省公营事业颇多，如企业公司、民生日用品购销处等，驴蒙虎皮，适以构成其经商工具，取以自肥，或其他公营经济事业，则设法套取盈余，其目的为私，固无公利而言。

乙、改进办法

一、平衡收支

（一）收支方面：中央所占田赋三成，应全数划归省级收入，事业税全部划归省有，契税附加归省。

（二）支出方面：实行紧缩，裁并机构，恢复战前状态，以维收支平衡（详见专论）。

二、建立合理地方税制

（一）田赋省县各半，事业税全部归省，契税附加归省（如上述）。

（二）院辖市与普通县市，对于五种自治税捐，各依其经济条件，应为分别之规定（如上海、南京税率高，未繁荣县市，不妨减低；如交通不发达之县市，可免征使用牌照税；如仅有屠宰税源之县市，则视其收支情形，可专征屠宰税一种，提高税率，罢征其他各税）。

（三）特别税课，应视其税源优劣为选择之标准，不当以特殊性税源（见限制条例第二条）为限（如上海、南京、杭州之旅机捐，建设捐等，虽非特殊性，然事实上确为可靠税源），应依其收支情形为前提，不当为普遍性之限制（如某地无其他特别税源，只有户捐，应准其开征户捐）。原属地方特别税源，为中央所吸收者，仍应退还地方（如锡箔税等）。

三、田赋废止征实

(一) 从明年度起田赋废止征实，一律改征法币。

(二) 本年度应商准粮食部，将赋籍赋则业务交还本部管理(交接办法另定之)。

四、改正税率与征收办法

(一) 房捐　严密编查房捐底册，制定房屋标准价值，推行房捐官租捐。

(二) 屠宰税　从价增征百分之十，彻底废止包征制。

(三) 娱乐税　统一由经征机关印发娱乐场所入场券。

(四) 土地税(1)尽速开征土地税，(2)重估地价，(3)查征定期性之土地增值税，(4)增辟税地，(5)开征土地改良物税，(6)调整累进起点地价。

(五) 契税(1)恢复原来税率，(2)改行契税票制，(3)废止乡镇监证制度，(4)继续征收省附加。

(六) 营业税(1)控制商人账簿，(2)缩短营业税查定期限，(3)制止包征、拦征及摊派。

五、整理公有款产

(一) 继续清理加强，严禁冒名顶租及分租公产。

(二) 公有款产孳息委托县市税捐征收机关代征。

(三) 依照修正土地法改订租率。

六、整理公营事业

(一) 遵照上令，会同有关机关拟具有一般性，而能共同适用于中央及地方公营事业法之原则，以资遵守。

(二) 严密监督考核其收入。

(三) 协助并励奖公营事业之发展。

(四) 省营行省库资金应发还地方，中央仅处于监督地位。

七、改进乡镇造产

(一) 确定造产资金。

（二）依其地方经济条件，举办有利益之造产。

（三）照农贷办法，由中农行贷款协助。

（四）无成绩之乡镇造产，应予取缔。

（五）各县设立造产示范区。

丙、展望

收支不能平衡，财政不能上轨道，地方自不能例外。现时地方财政实不能自给，倘无源可开，无流可节，无债可举，中央又不能依其收支不敷，为无定限之补助，反以地方自给为藉口，则地方收支无法平衡，而苛杂摊派又必随之以起，或政务萎缩，不能达到均衡发展。故今后方针，似应放宽新税限制，建立合理税制，厉行减政裁员，树立合理之比例补助制度，俾中央得争取主动地位，以实施其监督效能，进而达到经济自给，地方财政之健全建立，庶有易乎。

〔国民政府财政部档案〕

8. 财政部关于在绥靖区实施经济渗透的报告

（1947年3月）

财政部绥靖区施政报告　三十六年三月份

（一）运济钞券　关于绥靖区所需小额钞券，兹准四联总处秘书处函报中央银行南京、天津、北平各分行存数较丰，其余扬州、淮阴、青岛、济南各地中央银行亦均存有中小额钞券，并已电知上列各行随时注意匡计，以便继续拨济。又陕北收复区需用钞券，经由部电准中央银行后，称已分饬西安、宝鸡等地分行充分准备并准四联总处电复，已分电各行局预为运往附近行处，以便解付。

（二）推设行处　本月份国家行局及有关绥靖区各省银行筹设情形，计(1)陕北区中央银行已于三月二十五日派员筹备。延安分行，陕西省银行亦正筹设延安绥德两办事处。(2)鲁西南区之济宁、临沂两地，山东省银行已派员前往设行。(3)苏北区之东台中国农民银行已设立，其盐城办事处已先营存汇，并正筹设淮安分理处。又南通、泰县、六合、靖江、泰兴等县，江苏省农民银行均已先后设立。(4)关于东北各行局应随军推进设行，经电准四联总处秘书处复称，已分行切实注意配合办理。(5)冀鲁两省绥靖区实验县如昌黎、丰润、昌乐、章邱等地中国农民银行，已由该行总管理处催速筹办。

(三) 小本贷款　　据中国农民银行呈报三月份办理情形：(1)苏北区十九县共计贷出十三亿二千零三十万元，其中宿迁、东台、兴化、高邮、砀山、沛县、丰县、萧县、睢宁、扬中等十县均已贷毕，惟淮阴、泗阳两县已贷数额截至三月十五日止，应为淮阴四千一百十万元，泗阳三千三百十七万元(据称前报数字有误请予更正)。(2)皖东区泗县、灵壁、五河、天长等四县，各贷一亿元，均已办理完竣。(3)豫北区各县，共贷出六亿九千八百四十万元。其中孟县、濬县、滑县、博爱、兰封、沁阳等六县各一亿元，已全数贷出。(4)冀东、冀中区贷出八亿五千九百一十二万元。其中昌黎、洏阳、东亭、丰润、三河、宁河、保定等七县均已办理完竣。(5)热河区承德、隆化等县共贷出二亿六千四百二十七万元。(6)察哈尔区各县共贷出五亿零一百四十万元。其中万全、张家口、崇礼、张北等四县市已办理完竣。(7)绥远区配贷数额，略有变更，即归绥市及归绥县共九千五百万元，集宁八千五百万元，现该区各县已贷出数额八亿三千万元。(8)晋北区之大同已贷出一亿七千四百十五万元。

又鲁东南区配定各县之未放贷额，经中农行与鲁省府洽定，移配鲁南区之菏泽等十六县每县一亿元先行贷放，并据称已转请贵会核议。再晋北区之怀仁县配额因无法贷放，已移配阳高县，并据称已另报贵会备案，其余如豫北区之永城，夏邑、虞城、济原；冀东冀中区之宝坻、迁安、遵化、玉田；热河区之闸鲁、绥东等县除因治安、交通等关系，一时无法前往工作外，所有已成立审查会各县，均正加紧贷放中。

（四）土地债券　中国农民银行发行绥靖区土地债券办法及计划，经先后呈奉核定，现该行正加紧印制债券，第一期暂先印稻谷券及小麦券各五百万市石，共一百三十六万张，预计四月底，可以印就，当即督促发行。

〔国民政府行政院绥靖区政务委员会档案〕

9. 财政部国库署关于1947年度1至3月份国库赤字等问题的报告

（1947年4月14日）

国父纪念周国库署工作报告　（4月14日）

主席、各位长官、各位同仁：今日纪念周轮到国库署报告工作，谨将本年度数月来工作大概分为八项报告于后：

（一）三十六年度一至三月份，国库收支概况

本年度国家岁出岁入预算各达九万三千七百零四亿余元，除弥补差额之债款收入二万零一百二十亿余元外，实际岁入预算也达七万三千五百八十四亿余元。照四分之一计算，本年度三个月应收一万八千余亿元。现在本年度一至三月份综计国库实际收入为一万零八百九十亿元。其中除直接、货物、关、盐四税，补收上年度税款一千二百八十三亿余元外，本年度三个月税收计共六千零五十六亿余元。内土地税八百六十一亿余元，直接税三百九十三亿余元，货物税二千零四十一亿余元，关税二千零十五亿余元（台湾、东北关税在内，按台湾、东北流通券比例折算），盐税七百四十六亿余元，行政事业收入三千五百十一亿余元，内债、外债四十亿余元，综计本年度三个月收入九千六百零七亿余元，占三个月收入预算分配数额百分之五二点二二。不过依照以往各年收入比例，此三个月本系淡月，收入应较少。国库实际支出三万七千二百三十二亿余元。内有补拨上年度一万零九百九十一亿余元，属于

本年度实际支出者二万六千二百四十一亿余元，为一至三月份支出预算分配额百分之一一二点零二。其中以国防费支出为最巨，计一万四千零十四亿余元，为其分配预算额百分之一六六点一四。政务费支出五千一百六十二亿余元，为其分配额百分之九四点二。省市补助费支出一千六百八十二亿余元，为其分配预算额百分之一〇四点二七。善后救济基金支出九百一十五亿余元，为其分配预算额百分之三七点八。复员支出二千七百零三亿余元，为其分配预算额百分之八五点八一。债务支出八十三亿，为其分配预算额百分之一二点九六。国库实际支出连同补拨上年度支出，计不敷二万六千三百四十亿余元。收入较三个月分配预算额平均数短少百分之四七点七八，支出则较三个月分配预算平均数超出百分之一二点〇二。

以上为本年度三个月收支大概情形。收入所以短少，原因实以年度开始未久，各项收入报告多未到齐，而直、货两税在上半年例系淡月，收入尚少，将来转入旺月以后，收数自可逐步增加，以全年度估计，不难达到预算。又将来特种营业税开征以后，尚属可能追加，财产税如能开征，也能增加收入。货物税其中棉纱税率由百分之五增为百分之七，亦属可能增收。关税，因外汇率调整，全年度自应超收更巨，所以税收前途仍可乐观。

支出方面，自本年度预算开始执行以来，其超过三个月分配预算额之原因，部分系军费照案提早一个月预拨。其最显著者则由于物价高涨，政府改善公教人员生活。自去年十二月调整待遇，结果所增之支出，每月三百七十余亿元，全年约增加四千四百五十亿元，至武职官兵待遇亦自二月份起调整增加，按月一千零二十亿元，本年十一个月共需增加一万一千一百一十亿元。仅此调整待遇，国库增加之支出已超过甚巨。而叛乱敉平，绥靖地方，拯救灾黎，恢复交通，所费也多。又外汇汇率调整，每一美元由折合法币三千三百五十元改定为一万二千元，增加达三倍半。各机关原按汇率三三五〇元列入本年度预算之外汇经费美金四千三百五十五万八千余元，英镑八十七万五千余镑，印币五十一万二千七百余卢比，缅币二万盾共，国币一千五百九十四亿余元。依美金新汇率计算，折合国币，约增加为五千七百零六亿余元，此实当前影响预算之重要因素。唯自本年度二月经济紧急措施方案公布施行以来，关于平衡预算事项，本署拟具办法九项：

1. 本年度各机关经常费、生活补助费，每月按十二分之一分配拨发。

2. 临时费、事业费及善后救济基金，在分配预算未核定前，拟斟酌情形缓拨或按核定预算，按月先拨二十分之一，俟分配预算核定后再行核拨。

3. 呈请主席暨行政院通饬各机关严守预算限制。紧急命令拨款，其必须以紧急命令拨付者，得察酌情形分期匀拨。

4. 减少直字支付书，除特殊规定外，凡有国库地方，一律签发拨字支付书。

5. 各机关凡因紧急措施需款，不得请本部担保向中央银行息借款项。

6. 呈请行政院通行各机关，本年度分配预算，应按业务需要，核实编制，平均分配。

7. 加强实施军政机关公款存汇办法，以免库款外流。

8. 加强推行公库支票流通办法，以节头寸。

9. 本年度各项收入及上年度各机关已收未解之款，暨公营事业机关盈余，督催解库。

此外并请政府加速处理敌伪产业及剩余物资，以便售得价款弥补预算，现均积极进行。本部发行美金公债一亿元，美金库券三亿元，现在推行顺利，预计收入之款，足以弥补差额。

本年度关于平衡收支，在政策方面之重大改变，即以发行公债代替发行通货。相信此项改变，必有裨于整个财政金融之安定，这是可以告慰诸位的。

（二）推行公库制度情形分作三点报告如下：

1. 推广国库网

国库总分支库及税收、经收处，在上次三十五年十二月二十三日纪念周时已报告，共设一千四百七十七库处。近三个月来，经督促国库局推广，计增分库二，支库有三十四，税款经收处九十六，共计增加一百三十二库处，连同以前合计共有一千六百零九库处。东北各省情形仍属特殊，未能大量推设。虽于沈阳、永吉、长春、四平、承德、安东、锦州等各大都市成立国库，仍因币制不同，未能悉按公库法规定办法。所有库款收支，仍以东北流通券为准，依照“东北及热河各省市区域内库款收支暂行办法”及其补充办法办理。兹将国库及分支库统计数字报告如下：

总　库	1
分　库	35
支　库	1115
经收处	458
合　计	1609

2. 督促成立省市库网

省市库自财政收支系统改制后，即应从速成立。经本部电令催促，现已报部核准备案者，计有江苏、浙江、安徽、江西、湖南、湖北、四川、福建、广东、广西、云南、贵州、山西、陕西、甘肃、山东、热河、吉林、台湾、河南等二十省及重庆、青岛二市。各省市政府皆以省市地方银行机构较为普遍推行便利，均指委各该省市银行代理本部考核实际情形，除吉林省系委中央银行代理外，均已予以核准，并为明了推设情形，通知各省市财政厅局将成立省市库名称列表报部，以备登记考核。

3. 考核县(市)库网

各省推行县(市)网三年完成计划，有因战事关系，未能按照计划推进。本部为考察实行情形，通令各省市财政厅局填报，并对于收复省份饬拟计划，呈院核定施行。现已呈奉院令核准者有四川、湖南、陕西、广东、青海、广西、云南、福建、安徽、贵州、宁夏、江西、湖北、甘肃、浙江、河北、河南、西康、江苏等十九省，黑龙江、嫩江、察哈尔三省计划正呈院核示中，吉林一省奉准自本年度起实行。

（三）拟订东北流通券折合法币转账办法

查三十五年度内，本部奉主席及行政院令饬拨暨东北行辕，依照东北及热河各省市区域内库款收支暂行办法、补充办法标准，核准垫拨东北各省市政府及中央在东北各机关流通券，为数甚巨。因东北流通券与法币折合率，迄无明令规定，以致无法归垫。现在年度急待结束，必须确定办法方能转账。业由本部呈院，拟暂按央行汇率即收流通券一元折合法币十一元五角划扣转账，已奉院令指复照办。所有央行垫拨各款正清理中。

（四）处理垫款利息情形

近年垫款利息支出为数颇巨。本部迭请中央银行，将以往各年度垫款不再计息，当年垫款利率减低，未获同意。兹此案业经本部呈奉行政院本年二月十九日指令，核定三十五年度新垫款改按周息四厘计算。三十六年度新垫款改按周息二厘计算。其以前各年度旧垫款概不计息，并经本部迭函中央银行查照办理。所有三十五及三十六两年度预算内借垫款利息，亦系分别照四厘及二厘计划。

（五）处理国外输入物资情形

历年国外借款购料，各机关以款非国库拨领，视为预算外支出，不允在其应领经费内扣抵，事后亦不办理追加缴还现款。本署为使国外借款动支纳入预算范围，平衡国库收支起见，经与物资供应局商定，嗣后所有国外输入物资，应由该局造具详册，送部查核。未经国库转账，亦未成立支出法案者，均分别注明金额，由该局收现缴库，否则不予放领。现第一批清册已由该局署分别核注，并已送还该局查照办理。

（六）修正公库支票流通办法

加强公库支票流通办法以节头寸，列入本署所拟紧缩拨款办法中，前面已经说过。查此项办法，旨在便利库款收支，调节通货，减少发行。唯自三十一年施行以来，成效未见显著。推原其故，实以当时通货情况尚较良好，而支票签发、提取等程序又复繁密，因之在流通方面未能尽如所期。现为节省大量现钞之发行，此项公库支票之流通，殊有切实推广之必要。爰将原办法加以研讨，酌加修正，现正拟函征求审计部同意。此项修正办法，如能获得该部同意，付诸实施，当可以节省大量现钞之发行，于节制库款不无裨益。

（七）严密稽核库款

关于库款收支稽核工作，历年均曾积极办理。上年度以复员伊始，各收复区公库机构推设情形如何，经征、经收机关是否配合，以及接收敌伪产业物资收入处理状况如何，均有实地考察、督导之必要，并于各重要收复地方如江苏、浙江、安徽、江西、湖南、湖北、福建、广西、广东等省，南京、上海、北平、天津、青岛等市暨东北、热河，分别派员前往切实考察，截至本年三月底，除东北、热河区因接收较迟，情形特殊，派遣人员较后，尚在进行考察外，其他各区均已陆续考察蒇事。据报，大致尚称良好。其间有不合或欠解库款者，已分别予以纠正或督催，俟各员考察报告全部整理完竣，再行汇编总报告，并将各员考察意见及本署处理经过签呈部次长以供参考。至于本年度稽核外勤工作，业经拟具“三十六年度外勤稽核工作纲要，”与“稽核考察注意事项”及“稽核服务规程”，重划全部为十七区，每区视范围之广狭，单位之多寡及业务之繁简，遴派稽核一人或二人，就规定对象与任务，对各地代理公库之银行及邮局暨各机关作普遍巡回之考察。除加强督导库政推进，严密稽核税收征解，查催历年欠解税款外，并为配合经济紧急措施，切实执行收支预算，更注意加紧考察公营事业盈余及各项物资收入、公库与军政机关公款存汇办法实施情形。唯因交通与人员不敷关系，拟先就交通便利，性质重要之上海等十五区派员前往考察，其余晋、察、绥与新疆两区将来俟有必要时，再行续派，业已签奉部次长批准。现正赶办一切手续，本月中旬前可以全部出发，分途开始考察，预计四个月完成任务。

（八）新国库出纳会计制度推进情形

现行国库出纳会计制度的缺点，以及本署拟订的新会计制度的几项原则，已在去年十二月二十三日纪念周上报告过。兹将新制度推进情形简单报告如下：

新制度草案系去年十月间拟妥，嗣经几番整理，在去年十一月主计处召开的简化国库会计报告审查会上正式提出，商讨决定进行步骤，以后再经修正。于今年二月间会同本部会计处正式送请主计处核定。中央银行对新制度曾提出八点意见，经本署仔细酌量，认为诸多妨碍，国库出纳会计制度应具有基本精神，不能全部赞同。遂于三月间复行提出意见，一并转请主计处，作为核定本制度之参考。主计处为慎重起见，在核定本制度之前，先于三月二十六日召集本部会计处及本署，将新制度主要原则再加商讨。这次会议，以讨论记账基础问题为主。这个问题实在是新制度改进的中心问题，因为现行会计制度最大的缺点是总库集中转账采取报告到达基础的问题。在这种记账基础之下，总库不依支库表报日期记账，而以转账日期为记账日期，于是总库每日转账的数字，包括全国各分支库前前后后期间不同的收支。本署登记之库账，为便于与总库核对起见，不得不以总库转账日期为记账日期，于是产生两个严重的问题。

1. 本署库账无法与各收入机关及支出机关相核对，因为总库与本署账上每日收支并非该日全国各分支库的收支，且各收入及支出机关所取记账基础不同，自无从核对，而且本署亦无法断定库账记载之真确性如何。

2. 中央银行计算国库透支利息不公平。采取报告到达基础，每日总库所汇总的国库余绌数额自非真实数额。各代库银行又往往将国库收入表报迟不编寄，而支出表则尽先寄递，使总库汇总的国库透支愈益扩大。再中央银行为了总库转账较迟，垫付国库款项不能按时计息，遂规定各分支库将国库收支按日结算，如有一日收入不敷出，即作垫款计算，立刻开始计息，前后日收入均不能移抵。此种办法矫枉过正，极不合理。

由上面两点可见，目前国库记账采取报告到达基础，流弊丛生。一方面部署登记的库账失去与收入机关及支出机关核对的作用；一方面国库蒙受额外的利息损失。因此本署所拟的新制度，即规定分库总库及本署记账，一律依照支库原始收付日期为标准，即所谓期间一致基础，深以为如此办理，以往两项严重的问题可以迎刃而解。所以前两次会议，本署曾坚决维持此项记账基础，而中央银行却以为表报难得汇齐，始终反对。这次三月二十六日的会议，主计处为预计国库平时收支总报告能随时产生起见，仍主张采取报告到达基础。会商结果决定将主要库账仍取报告到达基础，另将有关库款收支及存欠数额之报表及账簿依期间一致基础编登其后。主计处又于本月五号召集本署本部会计处、审计部及中央银行再度开会商讨各项主要原则，以便决定此次会议。中央银行仍提许多反对意见，然均未通过。所以现在主计处核定新制度的标准已经确定。本署理想的各项改进原则，虽没有完全实现，但第一，考行分库转账表报及寄递不由各代库行局的上层机构承转，以资迅速。第二，计算库款，透支利息依实际现金收付数额为标准。将普通经费存款、特种基金存款、保管金等余额与收入总存款合并计算存欠，以资公平。第三，计算库款余绌之账表，依期间一致基础编登以杜流弊。第四，简化账表登编手续，使总库会计列于本署会计之补助地位，以节省人力、物力等等，均已一一确立，使公库制度更臻周密合理。如新制度试行有成绩，现在未达到理想的地方，将来不难逐步改进。这实在是一件幸事。主计处对于新制度即将核定试办。本署第二步工作即在根据新制度修订本部与中央银行代库契约，连带中央银行与其他行局代库契约也要改订。关于此点，本署已在准备中，契约改订完成，新制度即可开始试行。

以上为本署近数月来工作之大概情形，还请各位长官、各位同仁指教。

〔国民政府财政部档案〕

10. 财政部编中国财政备忘录节略

（1947 年 7 月）

甲—丙〔略〕

丁、第四时期（一九四六年至一九四七年上半年）

此一时期即胜利以后一年半之时期，中国政府抚藉流亡，重建失地。在政治上既不得不有蠲免税捐之种种设施，又不能不支应复员之庞大费用，而同时共产党军队则盘据把持破坏交通，影响生产，又使中国政府无法锐减军额，节制支出。于是，政府负担仍极巨大，通货膨胀之趋势不特无法遏止，反而加速恶化。

一九四六年国库支出实为五万五千六百七十三亿元，而税收、债款及其他收入仅一万九千七百九十二亿元，其中税收收入仅占支出百分之二一点九。一九四七年半年间国库实支为十万七千四百八十六亿元，而税收、债款及其他收入为四万一千三百七十一亿元，其中税收收入仅占支出百分之十九点八。其短绌之数，均仍不得不取给于银行之垫借款，计一九四六年银行之垫借款占国库实支额百分之六四点四，一九四七年上半年，则占百分之六一点五。于是发行数字，截至一九四七年六月底止，则竟累积至九万九千三百五十二亿元之巨。

币，更可使财政金融之状况逐渐改善。本人深知外方援助未能常时。我们自当利用此次援助的机会来加紧一切财政金融上革命的工作，以不负于友邦的盛意，而符合国民的期望。

以上系就当前金融财政中心政策略具轮廓，兹更据政府所推行之施政概况分数段扼要报告。

〔以下原件缺〕

〔国民政府财政部档案〕

12. 财政部向国民大会作关于国库收支概况报告

（1948年4月13日）

国库收支情形

国库收支情形，在抗战以前，赤字约占百分之三十。抗战期内，军用浩繁，赤字较巨。复员以来，建设复兴百端待举，同时则戡乱事起，国家支出无法减缩。举凡官兵待遇之改善，作战设备之充实，军粮之储备，铁路、公路之抢修，以及各项重要建设事业之增加，公教人员待遇之调整，在在需款，可是民力凋弊，开源亦倍感困难，以致三年以来，平衡收支之努力尚未发挥显著之绩效。兹应向诸位坦白报告者。三十四年度国家总岁入为二千四百三十余亿元，岁出为一万九千五百九十亿元，两抵不敷，约为一万余亿元。三十五年度总岁入为一万九千七百九十一亿元，岁出为五万五千六百七十二亿元，两抵不敷四万三千余亿元。三十六年度总岁入为十三万亿余元，岁出为四十万余亿元，两抵不敷，约二十七亿余元。历年赤字虽迭有增加，然就岁入对岁出之比例而言，则三十四年度为百分之十九，三十五年度为百分之三十五，三十六年度约为百分之三十二，渐有改进，足见政府在万分困难之中，仍曾努力于平衡收支之接近。本年政府为配合戡乱进行宪政准备起见，经将上半年预算分为普通与特别两部门。凡属经常性质之赋税及行政事业等岁入及一般政务、事务、债务、经常军备等费用之岁出属之普通预算；凡特别征课之赋税与出售之物资及债款等之岁入，及动员戡乱所需军事、政治、救济上一切设施费用，则属之特别预算。在普通预算中岁入岁出各为二十六万余亿元。特别预算中岁出为六十九万余亿元，岁入为三十一万余亿元，收支不敷为三十七万余亿元。此项庞大之赤字固足惊人，但普通预算，政府已决定收支双方应绝对保持平衡，非有确切可靠之收入来源，绝对不许追加岁出。执行以来，因近月物价高涨，文武、公教人员待遇自四月份起须按照指数逐月调整，而各机关经临各费亦待追增。复就税收及物资售价项下重新如数追加十四万七千亿元，预计普通预算收支仍可望其平衡。至特别预算，值此戡乱期间，收支自难相抵，但赤字比例约合总预算百分之三十八强，与战前赤字百分之三十相较，尚非过巨。目下，经济方面可望得美方援助，力使物价、币值两见稳定，则此项预计当不致再有剧巨之追加，同时，税收及物资售价方面，本部仍当更加努力以为处理，故收支不敷之状况，下半年尚可更期改进。

〔国民政府财政部档案〕

13. 财政部实施十项计划之进展报告

（1948年6月20日）

财政部实施十项自动计划之进度　三十七年六月二十日编

原计划一　尽可能范围节减政府一切支出——法币支出与外币支出

按本年上半年度预算，行政院已照此目标办理，且已成立预算审核委员会、外汇审核委员会，分别审核法币支出与外币支出，并将预算分为普通及特别两部分。凡属经常性质之赋税及行政事业等之岁入及一般政务事务债务经常军备等费用之岁出，属于普通预算；凡特别征课之赋税与出售之物资及债款等之岁入及动员戡乱所需军事政治救济上一切设施或建设之费用，则属于特别预算。普通预算须绝对达到收支平衡，非有确切可靠之收入来源，绝对不许追加岁出。至特别预算，值此戡乱建国时期，支出之数较巨。但赤字比例约合总预算百分之三十五左右，与战前赤字百分之三十相较尚非过巨。下半年度预算现亦正照此目标切实编制中。今后经济方面希望获得美国物资援助，使物价币值两渐稳定，则下半年度之预算当不至再有剧巨之追加，同时在税收及物资处理方面，仍当更加努力，以期减少赤字，使收支不敷状况可渐趋改善。

原计划二　改善国税省税地方税制及其管理俾达增加收入与平衡负担之双重目标

按本部已照此目标改进税制，整顿税收，其在直接税方面，所得税、遗产税、印花税等税法，均经分别修订。如营利事业所得税，在税法中明定估缴原则，并据以另行制颁稽征办法，藉使税款提前纳库。各类所得税起征额及税率级距规定按年公布，并按期调整，藉以适应物价变动，裨益库收。此外，并重奖严罚，防杜逃漏。其在货物税方面，则改订评价办法，货物税、矿产税、国产烟酒税之完税价格，自本年一月份起，由三个月改为每月评价一次，以争取税收。卷烟、棉纱及国产烟酒等税税率，酌予提高，以增裕库收，有关税法，亦经分别修订。其在关税方面，为增加税收，经核现行海关附加税之外另行开征临时附加税。实施以来，税收增加。此外，并经准海关试办进口商延不付税，另缴滞纳费办法，藉以加强稽征，期能完成原定税收目标。又为防止华南走私起见，已于本年先后与港澳政府分别洽商签定中港暨中澳关务协定，期在双方密切合作之下，防杜走私偷漏。复以现行税则，系沿用二十三年税则，亟待修改，已参酌战后经济状况、产销情形，并依照国际贸易会议条款，改拟新税则，提请立法院审议，俟通过后，即付实施，并将附加税停征。其在盐税方面，向系采用从量税率，且早已分类划一，以期稽征简化。本年内税率复已调整两次，惟较物价指数相距仍远。嗣后仍当视物价变动情形，随时酌予调整，以裕库收，同时积极建设盐场，取缔走私，俾确保税源，增进收入。此外，为平衡负担增益库收起见，正筹议办理临时财产税，其法案正在立法院审议中，俟完成立法程序，即拟定期开征。以上为改进中央租税之概况。

地方财政方面，则对省税及县税亦分别加以改善。省税以营业税及田赋收入为主，营业税税率已予调整，稽征方面亦逐渐改善。县税方面之主要收入，除田赋外，为房捐、屠宰税、营业牌照税、使用牌照税、筵席税、娱乐税等。凡此五税，最近已将税率调整并扩大其征收范围，改进其征收方法。此外各县市如法定收入不敷支出，而确有特殊性之税源可资开辟者，得由县市政府拟具征收特别税课办法，提经当地民意机关通过，呈由省府核准施行，并报财政部备案，但不得以中央应税之货品为征收对象，以免重复。至地方政府之苛杂摊派，则已切实严禁。至于行宪后，省县应即实行自治，已由财政部依照宪法拟具国地税划分法，正在行政院审核中。

原计划三　为增进公务员及军官士兵之工作效率，待遇将逐步予以提高，一面并实施足额之逐渐缩减计划。

按本项提高公务员及军官士兵待遇，业经国务会议通过，全国文武职人员待遇自本年四月份起按月调整。至每月生活补助费支给标准，系按上月份生活指数分区核定，士兵副食及马秣等费，亦比照调整，下半年预算复将士兵薪饷酌予提高。至员额之缩减，则规定各文职机关员工生活补助费，仍继续减少。惟为减少执行困难，改为本年四至六月份共减发百分之五.七，至十二月份共减发百分之十。

原计划四　日用品供给之控制必须加强，并扩大范围，藉以防止投机与物价之暴涨。

按本项应由工商部会同全国经济委员会主办。

原计划五　尽力建立一种使币制问题稳定之基础，俾外援得收最大功效。

关于稳定币值，本部所作各方面之努力可分述如下：

（甲）充实法币准备金　查发行法币之准备金，除政府保有之外汇、黄金、白银，共值约美金二亿九千万元外，并订有出售国营事业资产充实法币准备办法，将中纺公司资产中划出价值二亿美元之资产，招商局资产中划出一亿美元之资产，资源委员会资产中划出价值五千万美元之资产，日本赔偿物资之一部分中划出价值八千万美元之资产，总计四亿美元，将一律交由中央银行设立专帐，作为法币准备金之一部，其应划出之资产，大部分业已估定价值，造具清册，送中央银行洽收，其余亦正在赶办中。

（乙）设立法币准备检查机构　拟由中央银行特设法币基金保管委员会，聘选民意机关及金融机关同任基金委员会委员，随时检查准备，并独立行使职权，如发现准备不足时，政府并应随时以资产或外汇补足，以固币信。

（丙）管理金融机构及市场　政府对金融机构及市场之管理，曾订定加强金融业务管制办法，并就沪穗津汉四地各设金融管理局，对于一切行庄之业务均赋予全面检查之职权，使金融机构之业务趋于正规，同时对外币黄金之买卖，依照黄金外币买卖处罚条例之规定，严予取缔，并为防止资金集中都市，助长投机之风起见，经订定各地对沪穗两地汇款及运现管理办法公布施行，以求安定金融，平抑物价，藉使法币对内价值趋于稳定之基础。

（丁）严格管理外汇　为求国际收支平衡，藉谋币值稳定起见，对于外汇管理，一方面力求外汇支出之撙节，对于政府机关所需外汇，由行政院设置外汇审核委员会负责审核，以免浪费。至关于进口货品所需外汇之管理，自三十六年起即采行输入限额分配制，由输出入管理委员会严格执行，在维持工业及交通必需物资供应之原则下，输入限额逐渐减少，另一方面鼓励出口吸收侨汇，并指定中央信托局于出口发生困难时代理政府收购出口物资，以增加外汇收入。

原计划六　改善银行与信用制度，加强中央银行之管制责任，继续推行遏止通货膨胀之政策。

（甲）关于改善银行制度方面

我国银行制度分为中央银行、特许银行、省市县银行、商业银行、实业银行等数种。中央银行负控制全面信用之责，特许银行负专业放款调剂专业资金之责，省市县银行负发展当地经济、调剂当地金融之责，商业银行负调剂商业资金之责，实业银行负调剂工业资金之责，并由中央银行集中收存存款准备金，办理转抵押，重贴现，以张弛信用。银行法公布后，银行制度已划分清晰。惟关于限制增设银行地区及各种银行最低资本额，应补充规定，以利实施，现正由财政部研究核议中。

（乙）关于改善信用制度方面

国家银行方面（一）改善授信方针。查国家银行之放款，向采扶助生产事业低利贷款政策。施行以来，尚未臻达理想。自本年度起，予以改进，将贷款性质分为国家贷款与业务贷款。前者为完成经济建设、配合动员戡乱、农业及合作之生产贷款及依照国家经济政策必须举办者，国家行局均应协助办理，中央银行尤应全力维持，仍采低利之原则。后者系各行局专业范围以内之贷款，为使贷款利息不致与市场利息相距过远，以免套用起见，规定此种业务贷款之利息应接近市场利息。（二）发挥受信效能。过去国家行局贷款，因采低利政策，利息难以提高，对于社会游资未能大量吸收。本年度规定各行局得提高存款利息，吸收游资，以充裕业务资金。

商业银行方面（一）遏止信用膨胀，核定各类存款之付现准备金及保证准备金比率，一律规定以现金储存，并严格审核，藉以紧缩银行授信总量。（二）缓和通货流通速率，限制行庄对于收入他行票据于未兑收前予以抵用。（三）防止滥施授信，审核各类放款，对存款总额之比率及其放款之期限，凡信用放款之比率超越规定者，特予严格纠正。（四）审核贷款对象，务以合法经营者为限，当地有同业公会者，并以加入各该公会者为限。各项放款，并均应事前订立契约，并逐笔记载，用以考查银行资金之出路。（五）考核票据交换。如商业行庄在交换所退票金额占该行庄当日交换总额百分之五以上连续三次者，即予检查有无弊端，并严予纠正。

（丙）关于加强中央银行之管制责任方面

（一）全部控制公款。所有国家行局收存之机关公款，均限期全部移存中央银行。（二）控制同业多余头寸，由中央银行提高同业存款利息，使商业银行之多余资金亦得集中存放。（三）扩大办理转抵押，重贴现由中央银行成立贴放委员会负责办理。

原计划七　鼓励货物出口尽力排除出口之障碍

按现行关税国货出口本已免税，至补贴政策有悖国际贸易宪章之原则，自难施行。目前出口所受之障碍却在结汇，为求改善进出口贸易起见，已由中央银行另行订定使用结汇证明书办法，于本年五月三十一日起实行，使出口商人所得汇价接近市价，同时进口商人亦可获得其所需之外汇。深信今后出口贸易，当可发展。此外，输出入管理委员会特订输出品制造原料输入办法，出口商装运出口货物所需包装材料准予特许进口之办法公布施行。又对棉布外销，曾由花纱布管理委员会纺织品外销委员会实施外销纱布易换外棉办法，以利推销。惟事关推广输出，及进口管理属工商部及输管会主管，本部海关仅负执行之责。

原计划八　改进进口货之管制，俟环境许可时，管制办法之含有紧急措施性者，当酌予变更。

按目下关于限制进口之紧急措施，衡诸环境，似尚未届变更之时机。但关于改进进口办法属于输出入管理委员会主管，应请由该会办理。

原计划九　发展农业生产，改善农村经济，并实施土地改革。中美农业技术合作团之建议，其可提前实施者，即予采行。

按本项关于农业改善工作不属本部主管，应由农林部主办。其在协助发展改进上，资金方面之融通，本部已于本年度内，针对需要情形，并参酌农林、地政两部工作计划暨中美农业技术合作团之建议，订定三十七年度农业及土地金融贷款计划，扩增贷款数额，贷放对象，以粮食、棉花需要最切，配额特多，次为农田水利食糖烟叶丝茶渔产，以及农村副业、简易农仓等。至土地金融贷款，首在扶植自耕农，次则为土地改良、土地征收等类，并经核定，由中国农民银行与地政、农林两部投资，合组土地开发公司，着手农地开发业务。此外，并经核定发行土地债券，以利运转。

原计划十　尽可能范围恢复交通及重要工矿业，以期增加生产，减少过分依赖舶来品之输入。

按本项不属本部主管，应由交通部、工商部、资源委员会各有关机关分别主办。惟本部于本年度重新厘订生产事业贷款方针，规定以民生日用必需品、基本工矿事业、交通公用事业及出口贸易为对象，并尽可能采用定货贷款，收购成品，委托产制等方式，藉以协助物品产销。

〔国民政府财政部档案〕

14. 行政院院长翁文灏在立法院第二会期第一次秘密会议上所作财政经济紧急处分令实施情况报告

(1948年9月10日)

翁院长文灏：今日到贵院报告财政经济紧急处分令实行情形。政府鉴于法币膨胀日趋恶性，物价飞涨影响国计民生非常厉害，因此制订了财政经济紧急处分令，其中包涵了四个办法，一是金圆券发行办法；二是人民所有金钱外币处理办法；三是中华民国人民存放国外外汇资产登记管理办法；四是整理财政及加强管制经济办法，合起来就是所谓财政经济紧急处分令。这个紧急处分令经行政院会议议决，由总统依据动员戡乱临时条款发布命令，根据这个命令，行政院规定几种补充办法，如中央银行外币外汇支付办法，银行钱庄存款放款利率限制办法，银行钱庄资本增资办法，法币公债整理办法，物品禁止囤积居奇办法等，分由有关机关拟具草案，送请立法院讨论通过。现在要说明几项重要方针。

第一，我国对日抗战八年，又遭共匪倡乱，政府支出与收入，相差数额很大，收支不能平衡，通货膨胀，物价高涨，公教人员及全国人民生活困苦，必需改革币制，方能有所好转。这种现象，世界各国，除了美国而外，凡是上次大战以后的国家，莫不改革币制，我国现在改革币制，实行已很晚，而不是太早，为什么改革币制办法要在八月中旬才发表实行呢？因为八月份市场波动剧烈，物价上涨很快，政府职责所在，不能不想办法遏抑涨风，毅然决然改革币制，因为人民的拥护，各方配合努力，已著效果，外汇支出减少，国内市场亦趋稳定，希望能有更大的效果收获。其中几种重大方案说明如下(一)改革币制，停止通货膨胀，法币及东北流通券停止发行；(二)金圆券之发行有充分准备；(三)发行数额有最高限制，以安定新币信用；(四)增加辅币发行，此种辅币，现已就旧有者发行，不足之数正在铸造中，并铸造新银辅币。现在要补充说明的是我们发行的新金圆券，为什么要以美元来定其价值呢，大家都了解，上次世界大战各国因战事影响，国计民生都很穷困，美国因为资力充足，很快恢复战前情况，美钞地位成为世界标准通货。我们为了维持国际收支和对外贸易便利起见，不能不与美金配合计值，每一金圆含金，等于美金一元之四分之一，这个价格，经过多次讨论研究才发表的，这个办法发表之后，颇得人民信仰拥护，拿黄金白银到中央银行兑换金圆券。另一方面，我国是参加国际贸易会议的国家，改革币制，应该事先报告，征求意见，所以摘要报告他们，他们接到报告之后，立刻召集临时董事会，提出讨论，很为满意，认为中国政府采取正大途径，走上复兴大道，很希望我们完成工作。在美国反应很好，青岛美海军总司令并下令驻军不得使用美钞，限令所属换取金圆才能购买东西，足证一斑。

第二，国内人民所有金银外币，规定在法定期间，要向中央银行或其他委托银行兑换金圆券，或购买美金公债，折合美金存储，超逾法定期间不遵照办理者，全部没收充公。这个办法，立法院诸君是很容易了解的，因为黄金美钞压低法币价格和信用，非要根本收回不可，而握有黄金美钞的人，不外两种人，一是少数积蓄性的执有户，一是拥有大量黄金美钞的大户。前者，是由他们工作勤劳俭朴节余所得，他们遵守政府法令，紧急处分令公布，他们很忠实的〔地〕到中央银行兑换金圆券，事实上他们需要很切，我们要给他们充分便利，充分供应。后者第二种人，他们拥有大量黄金外汇，而又是银行中重要人，他们并不需要用这么多钱的，所以要他们存入中央银行，如果要使用，也有限制，不能给他很快用完，否则变成游资，在市场上引起波动。这是很需要的方针。同时要说明的，当前局势艰难，政府人民都很穷，而少数人把资金存放外国银行，自行在国外享受，所以订立第三种办法，就是中华民国人民存放国外外汇资产登记管理办法，政府严格执行，要求他们不要忘记自己仍是中华民国的国民，对于国家有责任的。

第三，整理财政及加强管制经济，使收入增加，支出减少，以减少收支差额，这个方针非常重要。因为市场波动是通货过分膨胀，通货为什么过分膨胀？是因为政府收支差额太大。抗战以前政府只有一年收支勉强相符，此外收支差额都在百分之二十七以上，不过收支相差没有超过三分之一，可以发行公债来吸收市面游资，不致发生什么危险。自从抗战发生，支出增加，收入减少，收支不敷差额，总在七成以上，这样数字已呈危险状态，结果自非演变到通货膨胀不可，政府职责所在，当然非常明了。但是这种危机如何挽救？前次本人曾向贵院报告，最重要的方法是开源节流。开源方面，改良收税方法，增加收入，重要国营事业，发行股票，美援物资善为运用，公债发行确保信用。节流方面，最重要的是撙节开支，严禁浪费，办事要有实效，非必要的机关不要设，非必要的钱不要用，士兵缺额要实在，不得吃空缺。这些方法表面看起来都是空话，实在不是空话，如果大家说是空话，便是空话，如果大家认为是真话，便能对国家发生很大的效力。

第四，增加输出，减少输入，招致侨汇，以求国际收支平衡，奠定金圆价值。我们知道，国际收支在国家经济上占很重要的地位，我国对日抗战以前，向为入超国家，其所以不感觉过分大的困难者，第一赖有大批华侨汇款，这个数字相当于政府收支不敷差额的一半。第二赖有相当数量的外国资金(存款或投资)。自从抗战以后，对外贸易几濒停顿，华侨汇款又复锐减，而政府支出反较战前增加。结果如何，不难想象。胜利以后，侨汇办法已加改良，输出入办法亦经部分改善，鼓励出口已收相当效果，为了达成金圆价格充分提高，对于输出贸易，自然有很大影响。据报本年二月输出贸易等于美金一千二百万美金，其后每月增加到二千万美金，现在输出已经超过输入。由此可见，我们中国已经走向复兴之路。不过输出贸易数量我们还要努力充分提高，使国际收支能够平衡，甚至收入的外汇要在支出的外汇之上。

第五，压低利率，调整汇兑，督促银行钱庄增加资本，紧缩银行非必要的放款，收兑金圆券，增加银行进款，使市场资金纳入正当用途，减少物价高涨的因素。这完全是根据过去的教训而定的，从前物价高涨是因为游资太多，银行高利贷促使投机涨价，而国家银行的存款，事实上转入游资活动。因此我们才采取这个方法。

第六，收兑金钞硬币，检查仓库，禁止投机，加强管制，使物价趋于安定。所谓安定物价，绝对不是政府一纸布告，规定最高价格所能办到的，必须找出涨价的原因，然后针对这些原因来一一克服，所以要禁止行使金钞硬币，检查仓库，严禁投机，加强管制。可是在整理财政及加强管制经济办法中，有一条规定，全国各地各种物品及劳务价格应照本年八月十九日的价格规定严格执行，其有特殊原因者，非经主管官核准不得加价。这点我想借今天的机会加以说明。我们采取各种办法，目的无非在使市场物价稳定。市场本来不能完全不变，尤其大战以后，物价要有相当变动。我国各地物价通常是根据上海的标准规定的，但华南一带并不完全如此，所以不能不用其他办法加以调整，否则必将发生黑市。我们要采取道理上讲得通的办法，才能发生预期的效果。但是价格调整有两款，第一款是没有限制的，因为税则加高或运费增加，价格不能不相对的〔地〕调整，以求物价的稳定。第二类是因为币制超越信用，而不得不提高，到相当时候予以调整。可以说是根据第一个理由而调整的。在这里，有两点需要考虑，第一，劳工的工资规定以八月上半月的工资为标准，如果因为其他物价调整，生活无法维持，必须相对的提高，不能绝对不问。第二，公教人员的待遇所以没有提高，是因为政府收支相差太多，但因物价调整，生活提高时，公教人员的待遇，当然也要考虑调整。

以上是我们办理财政经济紧急处分一案的大概情形。实行以来，一般人都感觉在某一时期内，经济可望稳定。但要长期成功，便要大家继续不断努力，要求根本调整，必须力求政府收支平衡，发展工商业，提高生产，增加输出，减少输入……不但行政部分要尽心竭力，立法院代表全国人民公意的各位委员先生，也请共懔同舟共济之义，使全国上下，一德一心，以求我们这个办法的彻底实现！

〔国民政府行政院档案〕

15．行政院 1947 年度重大行政措施检讨报告有关财政金融部分实施概况

(1948 年)

财政金融

财政金融与经济息息相关，必须配合行动，乃能收效。故三十

六年二月间订颁的经济紧急措施方案及八月间订颁的经济改革方案，均列有平衡财政收支安定金融市场的原则。三十六年度虽以共匪叛乱益甚，物价上涨益烈，因而财政收支更难平衡，金融更难安定。但本院仍用开源节流、加强管制的方式，为求其接近平衡与安定，以与整个经济措施相配合。同时对于绥靖区财政金融的困难并特别予以救助。兹将一年来财政金融方面的重大措施分述如下：

一、执行预算

三十六年度国家总预算，原列岁入为七万三千六百余亿元，岁出为九万三千七百余亿元，不敷之数列为债额收入，计二万零一百余亿元。一年来，执行预算的结果，根据国库现金收支纪录，虽收入总额增加为十三万八千三百余亿元，将近原预算的二倍，但支出总额亦增高为四十万零九千一百余亿元，约当原预算的四倍半，以致收支相抵，差额仍达二十七万亿元之巨。

岁入方面以赋税收入居首位，共为九万一千四百余亿元，占收入总额百分之六十六，其次赋税以外收入，包括敌伪物资、剩余物资与黄金售价，以及国营事业等收入，共为二万八千七百余亿元，占税入总额百分之二十一。债款收入为一万八千一百余亿元，占税入百分之十三。

岁出方面以军费支出居第一位，计二十一万三千一百余亿元，占岁出总额百分之五十二。次为政务费支出，计包括中央公教人员生活补助费及抚恤复员等费，共为十万零八百余亿元，占总额百分之二十五。又事业费支出，包括善后救济基金支出，共为五万六千二百余亿元，占总额百分之十四。省市补助费支出为二万九千三百余亿元，占总额百分之七，债务支出为九千九百余亿元，占总额百分之二(三十六年度国库收支详见附表一)。①

在执行预算过程中，由于物价不断上涨，共匪叛乱日甚，以致

① 附表均略。

有关实行戡乱抢修道路，救济难民，调整文武人员待遇，以及其他行政上必须支出，都不能不大量追加。但本院仍于万难之中，力事撙节。故三十六年六月间即于院内成立预算审查委员会，以严格审查院属各机关的预算案件，九月间复订颁三十六年度追加预算限制办法，以尽量减少预算的追加数额。至在收入方面，本院亦曾力谋增加。惟因国民经济衰落，美金公债的推销既有困难，租税收入的增加未能与物价上涨成正比。故全部收入的增加，仍然不及全部支出的增加，而必须暂时增加通货，以为弥补。

二、整顿租税

中央税制计有直接税、货物税、关税、盐税四大体系，经年来不断整顿的结果，税收税额均有相当的进步。三十六年度四税收入根据各征收机关最近报表计算，共为十万零三千二百七十余亿元，较原预算数增加二倍强，即与最后追加预算总数相比，亦超出百分之四十一，如与三十五年度收数比较，则增收七倍。此外因共匪叛乱而损失的税收，据估计约达一万零九百八十余亿元。兹将各税整顿情形分述于次：

（一）直接税　营利事业所得税及特种过分利得税，均改就申报额先行征收，再一面进行调查，并择定各大都市恢复查帐核税。印花税则厉行检查制度。又为增辟税源，经于五月一日就全国性的营业开征特种营业税。绥靖区收复各县的直接税，则以体恤民艰之故，免征一年。关于税法方面，由于年来经济变动激烈，亟待改进之处亦多，经拟定所得税法、印花税法、遗产税法各种修正草案，均以能适应物价变动，切合实际，简单易行为原则。现正候完成立法程序中。总计三十六年度直接税共收入一万五千九百二十余亿元，较最后追加预算总数约超收百分之十四，如与上年收数相比，则增加五倍。又关于一次财产税之筹办，业经拟具建国特捐条例草案，送经国务会议改为救济特捐，俟办法制定后，即可征收。

（二）货物税　三十六年改进之点凡五：1. 为切实配合市

场实际批价，依法调整税价税额，以增税收；2. 为简化课税品目，如毛织品改就毛纱课税，毛制品免征毡鞋毡袜税等，以免苛细；3. 为简化稽征手续，如卷烟贴用查验证，废除分级制，水泥包装免贴印照等，以利商情；4. 为规定卷烟火柴厂最低产量，以便管理；5. 为添设查验人员，加强查缉工作，以防私漏。又在税法方面，经将货物税条例、国产烟酒类税条例分别拟定修正草案，正候完成立法程序，矿产税条例亦在修订中。总计全年度货物税共收四万六千一百三十余亿元，较最后追加预算总数额超收百分之八十四，如与上年度收数相比，则增加八倍。

（三）关税　　三十六年度以华南走私日形严重，经于六月间订定加强华南缉私方案，加强海关查缉力量，并由海军总司令部调派炮舰协力查缉，因此走私之风得以稍戢。总计本年全国缉获走私案件共达二万三千余件，货值达三千一百七十余亿元，其中以粤海关为最多。又为防止港澳走私，经先与香港政府洽订我国海关在香港境内执行职务协定草案。嗣又与英方接洽，已于年底商妥，即可正式签订实施。关于修订关税税则，现已完成初步准备工作，俟联合国贸易就业会议举行后，即可参照我国所接受之义务，并根据政府订颁之进出口税则立法原则，妥订新税则。此外为增裕税收计，业将汽油、柴油进口税予以恢复，并连同煤油提高税率。惟在目前输出入货物继续采行全面管理制度之下，关税收入自难望大量增加。总计全年度关税共收二万三千三百七十余亿元，较最后追加预算总额超收百分之二十三，如与上年收数相比，则增加六倍强。

（四）盐税　　三十六年制定公布盐政条例，采行民制民运民销政策，而由政府在产销方面加以调节管理，并设常平盐以备荒缺。关于盐政上的重要措施，在产制方面，为继续建设盐场，增加产量，改进品质，防止私漏；在运销方面，为招商公平，配运货款，扶持盐运，严格管理销售，力杜囤积居奇。各区产盐除供应国内食需及农工渔业用盐外，并曾以余盐二十万余吨输往日本，换回建设物资，计值国币六百二十余亿元。又食盐税率，经于年初及八月间调整两次，最后一次调整为普通食盐每担十万元，土膏盐八万元，渔农盐五千元，虽较战前平均率（每担六元）增加一万六千余倍，但仍不及一般物价增涨指数之半，民食负担自非过重。总计全年度盐税共收一万七千八百三十余亿元，较最后追加预算总数超收百分之十八，如与上年收数相比，则增加七倍半（三十六年度国税收入与预算比较详见附表二）。

三、改善地方财政

改善地方财政之目的，端在筹划地方合理财源，俾达于自足自给之境地。三十六年度因需一面剿匪，一面建国，各省市县财政多较前更为困难，而尤以绥靖区为甚。本院为减少其困难，特予分别改善。兹将改善情形分述如下：

（一）整理省市财政　　自三十五年财政收支系统改订后，省市财政乃开始独立，为求奠立良好基础，经于三十六年九月制定整理省市财政办法公布施行。其要点为整理税课、清理公有款产、清查公营事业收入、清理债权债务及调整收支等五项，并规定自三十六年十月一日起，至三十七年九月底止，为整理期间，由各省市财政厅局主持进行，截至年终，各省大多业已着手整理，惟因实施不久，成果尚未显著。

（二）改进县市财政　　地方摊派久为苛政，自修正财政收支系统法公布后，即经明定各县市如法定收入不敷时，得因地制宜，开辟特别税课，以资调剂。嗣以各县市政府对于此种税课精神，未尽充分了解，施行时多失立法原意，乃于三十六年九月订颁县市开辟特别税课办法，提经县市参议会通过，并呈经省政府核准后，方得施行，税率不得超过值百抽五之标准，亦不得附加税捐，摊派之风，因而稍戢。又地方自治税捐，本为地方重要财源。自胜利复员以后，政府为减轻人民负担起见，曾将各税税率酌予减低，惟县市收入因而减少，地方财政顿感困难。故剿匪军兴后，为适应事实需要，复将各税税率及课税范围，分别调整增加，以充实地方收入，计屠宰税、房捐、筵席娱乐税、使用牌照税及营业牌照费等五种自治税捐，均照原税率提高一倍至十倍以上，营业税亦增加百分之五十至百分之一百。

（三）改善绥靖区财政　　绥靖区地方情形特殊，财政亦更艰困。为减轻其地人民负担，并维持其行政机构起见，经订定豁免田赋补助标准，将受害严重县份田赋分别减免，并拨发免赋补助费，更对初经收复地区增发复员补助费。至对于区内各县市在军事上必需筹集之临时费用，则经订颁绥靖区绥靖临时费筹集办法，规定各县市征收此项临时费，必须先经县市参议会通过，呈经省政府核准后，方得征收，以防浮滥。

四、管理外汇

自三十五年三月外汇市场开放以后，政府即授权中央银行成立外汇审核处，负责管理外汇，当时核定美汇率为二千二百元，同年八月十九日调整为三千三百五十元。三十六年二月十七日经济紧急措施方案公布后，再度改订为一万二千元，外汇汇率在实行此种定时逐节调整制之下，虽然比较稳定，但因物价猛烈上涨，每次调整之初，法币国内外购买力水准尚勉强接近，稍阅时日，即感不合现实，以致黑市猖獗，出口萎缩，而各次调整，相隔时间较久，新旧汇率相差较巨，反易为投机者所藉口。本院为补偏救弊起见，特于八月中旬订定中央银行管理外汇办法，于呈奉国民政府核准后公布实施，同时成立外汇平衡基金委员会，以负责调节进出口贸易及其他合法外汇买卖的供需。依照新办法的规定，外汇汇率计分官价、市价两种，所有本院特准之政府结汇案件及一般民生必需物品，如棉花、米、麦、麦粉及煤炭等之进口仍按官价结汇。至其他进口物品及非进口货所需外汇，则按市价向指定银行结购或结售，官价仍维持原定汇率，市价则由平衡基金委员会参酌指定银行每日供需情形，随时调节，在新办法实施后的三个半月内，出口结汇较以往三个月约增加百分之七十五，侨汇约增加百分之五十七，而进口则减少约百分之三十七。外汇收支之差距，实有逐渐缩小之趋势。惟十月以后，因投机作祟，黑市猖獗，出口及侨汇又形减缩，平衡基金委员会为维持出口货物之输出及侨汇之吸收，势须将外汇市价节节提高，以与黑市接近，但过分提高市价，又必刺激人心，而非政府稳定整个经济之至意。故该会每次调整市价，均极审慎。计自八月十八日起迄年底中，对美汇率共调整十五次，对英汇率共调整二十四次，最后汇率为美汇八万七千元，英汇二九万元（外汇平衡基金委员会所定外汇基准市价及美汇黑市详见附表三）。

又本院为节省外汇消耗起见，三十六年五月间特于院内设立外汇审核委员会，由主计长、审计部长、本院秘书长、财政部长及中央银行总裁担任委员，并以财政部长为主任委员，凡各机关及人民申请结购外汇及国家总预算所有之外币经费支付或总预算外请拨外币经费，均由该会严格审核，同时并尽可能减缩驻外机构官员及尽少派员参加国际会议，以尽量减少不必要之外汇开支。总计三十六年政府机关支用之美汇约一亿一千七百零九万余元，较三十五年之一亿零十八万余元增加甚微（三十六年度政府机关支用外汇统计详见附表四）。

五、加强金融管制

三十六年二月间经济紧急措施方案公布后，政府即颁行加强经济业务管制办法，对国家行局省县银行以及商业行庄之业务均明确加以规定及限制，对于银行机构之设置，亦责由财政部酌察各地行庄分布情形，指定限制地区，严格限制各行庄复业及分支机构之增设。对于银钱行庄违反法令经营黑市金钞者，并严订罚则，予以处分。其因周转不灵，经中央银行停止交换者，则勒令停业，限期清理，藉以整饬行庄组织，保障存款人利益，并避免信用过度膨胀。财政部根据是项方案，于同月二十一日指定南京、上海、天津、北平、青岛、广州、重庆、济南、汉口、西安、成都、杭州、昆明、苏州、宁波、绍兴、永嘉等十七市县，为限制地区，六月十九日复将沈阳市列入。凡在限制地区内商业行庄之复业及分支机构之增设，均停止核准。因上海一地向属投机渊薮，所有该地行庄，在经济紧急措施方案颁行以前业经核准复业，而截至三十六年二月二十六日尚未开业者，并经撤销核准原案，计被撤销核准复业原案之银行钱庄各有十三家。

九月银行法公布，对于银行业务更作进一步之管制。凡经营银行业务者，必须先经财政部核发执照，方得开业。现各种银行最低资本额及应行限制之地区，正由财政部依法核拟，所有申请新设银行或增设分支机构者，均一律饬暂缓议。计截至年底止，经该部批驳案件约有二百余起。至在限制地区以外，因抗战或匪乱而停业之行庄呈请复业者，亦经订定收复区银行复业办法及补充办法，以从严限制。

关于现有各种金融机关业务之检查，系由财政部授权中央银行分区实施，必要时仍由部直接派员为之。全年计经该部派员检查二百二十八次，派员巡回稽核二十七次，授权中央银行检查一千六百四十四次，共计检查一千八百九十九次。各县银行则由部授权各省财政厅检查，检查后因业务不合规定，而经该部依法处分者，共达二百一十二家，内计吊销执照者十家，撤销分行者五家，暂停营业者二家，饬将负责人撤换及移送法院法办者二十七家，处以罚款者一百六十八家。此外，对于未经核准之行庄，并由财政部与地方政府随时密切联系，加紧查缉，一经发现，即予严格取缔。

十二月因各地投机情形又见激烈，原有检查办法，难争时效，且中央银行因无权检查其他国家行局及省县银行，亦有欠周密，特将金融管制办法酌予修正，以扩大管制范围，加强处罚规定，并先在沪、津、穗、汉四大都市成立金融管理局，直隶财政部，以加强管制各该地之金融业务。

本院又以各地间有以黄金美钞替代通货流通情事，至足以刺激物价，破坏币政，曾于二月经济紧急措施方案颁行后，即订定有取缔黄金投机买卖及禁止外国币券流通办法付诸实施。四月复订颁黄金外币买卖处罚条例，规定凡银行钱庄未受政府允许，而买卖黄金或作为交易收付者，除没收其金钞，撤销其营业执照外，并处经理人以五年以下之徒刑。其他以黄金外币为买卖，或代替通货流通及携带黄金外币出境超过规定数量者，则概予没收。三十六年度经缉获处分之违法案件，共有四十六起，计没收黄金二千零五十余两，金饰三十余件，美钞一万四千七百余元，港币七百七十六元及外国硬币若干。又国家勒令停业之金店银楼共二十一家，其在核办中者尚未计入。同年十二月，为使取缔办法更易生效起见，经将原订处罚条例加以修正，规定对违法买卖者加科相当于买卖标的物价额一倍至三倍之罚金，并将收买黄金外币所用之财物，一并没收，其全部或一部不能没收时，且得追征其价额。各地金融管理局成立后，本院即以取缔金钞黑市规定为该局职掌，俾益能专一事权，以加强管制。除了对于金融业务加以消极的限制，检查取缔处罚以外，为了积极扶助正当生产事业的发展，亦曾由国家行局举办生产事业贷款，并于四月间由中央银行成立贴放委员会，内设工业贷款及出口物资贷款两审查委员会，分别聘请专家进行审核，贷款对象系以工矿农粮盐务交通等与增产及畅通物资有重大关系事业为主，迄至十一月止，经四联总处核定的贷款，计有六千七百六十六笔，共达国币六万三千一百九十二亿余元，东北流通券三百一十七亿余元及美金一元五角（四联总处核定放款数额统计详见附表五）。十一月底为紧缩信用，以配合大钞发行，乃将是项生产贷款暂予停放，俟将来情势变迁，仍当酌量恢复，其合理的贷款方式，现正在拟议中。

六、募销美金券债

三十六年度为适应国内经济环境之需要，特发行短期库券三亿美元，以作稳定金融，鼓励储蓄之用，并发行美金公债一亿美元，以作充实外汇基金，调剂对外贸易之用。此项券债于四月一日及十一月一日，各发行半数，同时组织基金监理委员会负责监理基金，并委托中央银行负责募销，截至年底为止，美金公债已募销数为二千五百八十一万八千五百五十美元，尚未售出数为七千四百一十八万一千四百五十美元，短期库券已募销数为三千零九十五万六千五百三十美元，尚未售出数为二亿六千九百零四万三千四百七十美元。由于市场利率太高，人民购债习惯尚未养成，上项债券销售额虽仅及发行额百分之十四强，但亦足以表示政府领导人民从事自力更生苦衷与决心。

七、处理各种物资

物资变价收入，本年度预算列为二万一千亿元，约占岁入预算百分之二十一强，原恃为财政上一大支柱，其中除敌伪产业物资外，尚可分为三大类：(一)借款购料物资(包括美英加贷款物资及美进出口银行贷款物资)；(二)租借接购物资(分自美及自印运华两部分)及(三)美军剩余物资、借款购料物资及租借接购物资，多系供应政府机关领用，均以由原申请机关价购为原则，且系沿袭三十五年度成案办理，其数量最大而处理情形最为复杂者，当属美军剩余物资。此项物资拨交国防、交通两部使用者约占全部百分之七十，其余则由本院物资供应局变价出售，各类物资出售变价，除剩余物资有美金二百八十三万九千九百一十一点二元系以原币缴库外，余均以原币折合国币收帐。总计三十六年度接收各类物资原值美金三亿余元，英金四十余万磅，出售部分值美金一亿一千余万元，计售得现金二百八十三万九千一百一十点二十五元，国币二万五千九百三十九亿余元(各类物资接收售出及结存价值与三十六年度变价数，详见附表六、七)。虽因其中转帐部分占居大半，对于国家预算之弥补为数甚少。但各案物资既多为政府机关所领用，或以支应军需，或以辅助建设，其直接对于戡乱建国之裨益，间接对于国库负担之减轻，亦非浅鲜。为求今后对于外援物资之处理，更能兼顾供应国用，平衡预算双重目的。本院现正在妥拟办法，限制转帐，以免除物资之浪费，并以增加国库之收入。

八、调整文武人员待遇

三十六年公务人员生活经常受物价上涨的影响，政府为安定其生活，以提高行政效率，曾就国家财力所及，先后将公务人员的待遇调整四次。兹将各次调整情形分述如下：

（一）第一次：公务人员待遇自于三十六〔五〕年十二月调整后，依照每三月调整一次的规定，本应于三十六年三月重行调整。惟因过去用法币调整待遇的效果，常易为物价上涨所抵销，且关于整个经济的稳定，已于二月间颁有经济紧急措施方案。故乃自三月份起先在京沪两地试办公务员所需米、（面）、煤油、糖、盐、布六种生活必需品的定量配售，均以一月份零售平均价格为准。嗣又于九月份起，将麦、煤、布的配售扩及于平、津，一俟对于上项物资的控制有相当把握，并拟推行于其他各地，以期公务员的生活能达到真正的安定。

（二）第二次：自从三月份起根据经济紧急措施方案试办公务人员实物配售后，原期公务人员薪给即可不再调整，嗣以各地物价有剧烈波动，迄至四月底止，公务人员的生活又已不能维持，乃于五月份起参酌物价上涨程度，平均就原有薪给增加百分之八十五，同时并决定各机关如能紧缩人员，得以所节省之薪俸及生活补助费拨交员工福利之用，此次调整待遇结果，国库每月约增加支出三千余亿元。

（三）第三次：五月份待遇调整后的两个月内，各地物价大致尚少剧烈波动，惟因原有待遇分区办法与各地实际情形略有参差，乃于八月份依据七月份各地物价指数，将各地待遇标准重行改定，以符实际。又以过去文职人员待遇高于武职人员，殊欠公平合理，乃同时决定溯自五月份起，将各级武职人员薪俸比照各级文职人员支给，并严格限制国营事业机关人员各种待遇所得总额不得低于相等公务人员所得百分之二十，不得高于百分之三十，俾文武人员及国营事业机关人员的待遇得以大致趋于公平。此次调整待遇结果，武职官佐的俸给平均约较前增加一倍，国库每月约增加支出三千六百余亿元。

（四）第四次：八月份文职人员俸给的增加既甚微小，而其后物价的上涨则颇剧烈。本院以公务人员生活实难维持，乃自十月份起暂将文武人员待遇一律增加百分之一百二十五，并同时向国务会议建议，由主计处会同五院组织文武人员待遇调整计划委员会，负责研拟更为切实合理的待遇调整办法，自明年一月份起施行。此次调整结果，国库每月约增加支出一万三千余亿元，连前历次调整，国库负担每月约达二万四千余亿元。

〔国民政府行政院档案〕

16. 财政部长兼中央银行总裁徐堪所作财政金融报告

（1949年7月16日）

我国自经八年抗战继以三年戡乱，东北、华北及滨江各省富庶之区先后沦入匪手，后方各省亦属工商不振，农村凋敝，人民生计国家财政同陷困境。本年一月以后共匪窜扰，江淮政府被迫南迁，军政各费支出倍增，而各种税收反形锐减，收支差额益巨，钞券发行遂急剧膨胀，物资匮乏，物价愈涨，而金圆券贬值愈速。迨三月以后京沪军事形势骤变，支出益漫无限度，观于左列金圆券发行额膨胀速度，即可见其梗概。

金圆券一月份发行额二〇八亿

二月份发行额三七〇亿

三月份发行额一，二〇〇亿

四月份发行额一五，三一二亿

五月份发行额为五六五，二九二亿

六月份发行额为一,三〇三,〇四六亿

通货过度膨胀以后,物价疯狂上涨,政府开支急剧增加,其初预算为千万元者,越宿即倍增,而税务收入原定千万者,转瞬即折其半,益以领拨款项、运输钞券需时,迨款到之日,已无法支用,而税款则经层层征解手续,入库以后,已等于零。收支相去既远,钞券贬值势如水泻。虽漏〔昼〕夜印制,终有不及,各地筹码,日见不足,钞荒现象日深一日,终至市场紊乱,人心惶惑,最后则为人民所拒用,纸币信用遂为隳坏无余。因之政府财政已无法为之收付,工业商业资金无法周转,一般借款利率随货币贬值而自然提高,因果循环,愈演愈烈,士气益觉不振,民生愈陷困苦。凡此现象,言之可痛。此为本年五月以后一般情形。

金圆券既为人民拒用以后,民间日常所需以及工业商业交易媒体,必须有代用之物,始克支应,其时内地各省最普遍流行者则为旧铸之银元,通商大埠则以美金、港币等外币代之,各种旧有铜镍辅币亦随时随地作价为流通之筹码,甚至各商店各学校亦多以纸片记数加戳,以代筹码,紊乱现象达于极点,其时政府各种军政支出又不容一日停顿,为环境所迫,只能以库存外币黄金银元以为支应,四、五、六三个月中,在国库方面先后付出者计:

1. 银元三千四百四十三万五千九百七十元,

2. 白银七十万两,

3. 黄金十九万五千六百十一两,

4. 台币四千四百三十五亿余元,

5. 各种外币折合美金二千四百三十五亿余元。

以上各项支付,皆为多数地方拒用金圆券以后,国库金银外汇之支出。此外,应付未付之款积欠之数尚达银元五千余万元,嗣经行政院切实检讨,必须补付之款减至银元二千六百余万元,所有部队冬季服装费及收换金圆券款尚不计在内。

中央政府支付军政各款之艰苦情形既如上述,省地方政府之政费自亦同在窘境。各省为谋自保起见，封存或提用中央银行各地银行库存金银者有之，径行提取当地存盐或其他物资者有之，干预关政，随地设卡检查强迫缴税放私者有之，擅自印发钞券及辅币券者有之。凡此现象皆足显示中央威信之低落，地方行政官吏各自为政之风突起，政府主管当局之未能因应得宜，实与有责焉。

国家久经战役，整个国家之经济陷入困境，自属必然现象，而多数人民生活陷于困苦之境，善良者轧生怨言，刚愎者铤而走险，整个国民道德日益低落，国家法纪荡然无存，民穷不足虑，人心之向背实足忧。堪受命于危疑震撼之际，自维才输任重，深感弗胜，只以服膺党训危难，不应言辞。受任半月，朝思夕虑，谨就管窥所得作补苴于万一之计。兹将整理财政安定金融之初步计划，分陈于后。

挽救当前财政危机，实以重建币信、安定金融为当务之急，惟目前大局未靖，一切未复常轨，各种条件未备，欲树立健全理想之币制，实非其时。默察近数月社会情形，民间多已习用银元，信任硬币。为求适合人民心理，顺应社会需要，必须先恢复银元本位，以为公私会计计算之准绳，并为公私收付合法之工具，一面利用旧存银元，使之流通，一面大量铸造，以补不足，其为便于携带调拨收付起见，不能不发一种纸币以资替代，亦必实事求是，采用兑现办法，币信始能建立，遂拟具银元及银元兑换券发行办法，提经行政院会议中央政治委员会暨中央常务委员会联席会议决议通过，于七月二日明令公布施行，此时采用硬币并用兑现办法，实与现代进步之币制原则相违，无如法币金圆两度贬值，再发新币，设仍不能兑现，绝难取信于民。但银元体质笨重，各地运输至为困难，故暂定以广州、重庆、成都、昆明、厦门、桂林、衡阳、兰州九地办理兑现，其他各地则以平汇或委托代兑等方法处理。

整理财政必先确立币信，确立币信必先求财政之收支适合，衡之目前情况，则实相径庭，初步估计每月军政各费之支出，必须在银元五千万左右，而各种赋税收入改征银元以后，每月不过一千万元之谱，收支不敷之数达四千万元之巨。嗣经多方策划，并秉承阎院长指示，一面设法减少支出，每月总额以四千五百万元为限；一面竭力增加收益，各项赋税收入逐步整理，使能达到每月二千万元，国营事业物资售价及各项规费收入每月增至二百五十万元，其余不敷之数，以动用库存基金及筹募公债捐款等弥补。以上支出部分，现正由行政院主计处编拟本年下半年度预算，以资遵守。收入部分现正由本部全力规划，俾达成预期之目的。谨再将整理财政增加收入计划要点分陈于次：

甲、各种税收之预计

1. 关税。我国关税以江海关收入最巨，历年江海关之税收占关税收入百分之八十。自上海弃守以后，其余各关税收实已无多。现拟一面督饬加紧稽征，一面以津、青、沪、汉沦陷以后，纺织工业几于全部丧失，酌量放宽纱布进口之限制，以裕民用，并增税收。预计每月关税收入可以达到二百五十万元。

2. 盐税。盐税原为大宗税入之一，全国盐产年达五千余万市担。盐税税率在战前每担平均为六元，最高者则在十元以上。抗战后随币值变动，陆续降低。至金圆券贬值以后，税入益微。以现况估计，目前西南西北及闽粤两省每月产销数量大减。兹拟参照战前标准，将税率酌予调整，并积极清除积弊，严密稽征。预计每月收入可望达到五百万元。

3. 直接税及货物税。直接税中之印花税、所得税、遗产税暨货物税中之卷烟税、棉纱税、糖类税、水泥税、矿产税等酌将税率调整，并拟将印花税、糖类税等税率酌予提高，卷烟等税率参酌战前标准改行从量征收，预计每月可征印花税二百万元，卷烟税三百万元，棉纱税八十万元，糖类税一百三十余万元，其余各税约共可收一百五十万元，总计各项每月可望达到八百五十万元。

4. 田赋。田赋征实办理已历七年，弊窦丛生，耗费极大，原拟及时回复征币，无如军粮需数仍巨，全年约需谷麦二千五百万市担，如全部以平购方式办理，不仅刺激粮价，军粮补给无虞中断。故本年度拟仍以征收实物为主，并仍随赋征借，其偏远交通不便县份，尽量回征银元，以减繁费。预计中央应征实征借粮，以之供应军粮，可列抵军费支出之一部，每月平均约为四百万元。

综观以上各项赋税收入，共计每月约可征收二千万元，为使达到预期之目的，自当于健全大事，调整机构，祛除积弊多方努力。又查上列各项税收，仍以间接税收入为大宗。此项间接税制非合于近代税制之理想设施，且不免因租税转嫁而影响物价。惟就我国社会经济现状言，目前又不能不以此为确实有效之筹款办法，一面仍当尽力办理财产登记，收益调查，俟有相当头绪后，租税政策自当逐渐转移以直接税为主，以符合负担公平之旨，且免层层转嫁之弊。

乙、其他收入之筹措

1. 除前述赋税收入外，各项国有营业收入、国有事业收入及国有财产售价收入、规费收入等，拟分别办理，每月收入以二百五十万元为目标。

2. 发行爱国公债，发动捐献，以五亿元为目标，并筹划举办临时财产税。

上拟各项增税募债所悬目标，均觉甚高，能否于最短期之内完全达到，殊无确切把握。惟当此国家危急存亡之际，虽明知其困难多端，仍不能不力排万难，逐步推进。

复查上述收支之外，政府机关各项外汇支出亦为国家极大之负担。就本年下半年度应行支付者约略估计，如外交使领馆经费、军事购料费、各项外债本息、参加各种国际组织经费会费等，共需美金五千万元左右。今后对于此类外汇用款之支出，固当尽量节省，而对于出口之鼓励，侨汇之吸收，亦当积极注意改善，以裕来源，其为增加新生力量，改进人民生活，从事军备上之扩充、经济上之建设所需外汇用款更属巨大，所望国外侨胞尽力捐献，尤盼友邦同情援助。

中央与地方原属休戚相关，为期兼筹并顾计，一面将原属中央之特种营业税、土烟土酒税、熏烟叶税及锡箔迷信用纸税，一律扣归地方接办，以裕地方库收，一面于银元及银元券发行办法内规定，各省省银行经财政部之核准，得发行面额一元以下之银元兑换券及银元辅币券，俾地方金融渐及活泼，地方财力亦得舒展。惟其发行数额实况，应按月报告财政部，并由财政部随时派员检查，以资复核，而固信用。

上文前段所陈，系过去半年间财政金融上紊乱情形，前事不忘，后事之师。故不嫌词费，作较详尽之叙述，使吾人知所儆悟。其后各项为最近财政金融上之筹划与措施，或甫经施行，阅时未久，或规划粗有头绪，尚待研究决定，再付实施。将来能否达到预期目的，端赖全国上下群策群力，精诚合作，共同赞助，因再撮举要点以乞指正。

1. 国家财政收支之适合及币信之建立，为整个大局成败所系。故阎院长扭转时局案内，以财政问题之解决列为首要事项，而本报告内所拟之收支数目，即以该案内所定纲要为依据，其中支出总额定为每期四千五百万元，以四千万元分配于军事经济等，全部政务与事业之费用以五百万元为总预备金，备临时紧急事件之需用。此项数额几经斟酌考虑，在支用方面颇觉极度紧缩，难于支配，在负担方面则深感筹维之不易。今后能否切实控制，不再有所超越，端在军政各方面之共体共谅，对于一切开支，力求核实节省，不涉丝毫浪费，并祈分别缓急，谨守范围。所有过去通货膨胀时期国库开支横竖以纸币为挹注，无妨从宽支拨之观念，尤须彻底改变。

2. 政府库存金银外汇经切实考查，除支拨刘前任积欠军政各费之外，今后可以动用约合银元三亿一千余万元。阎院长遵照总裁支持两年之指示，拟平均每月以二千三百万元弥补财政收支之不足，其余每月三千二百万元，责成以增加税收，筹募公债捐款等方法抵补之。其中税收月增至二千万元，国营事业财产物资规费等收入，均增至二百五十万元。现届七月中旬，各项增税计划，尚未核定施行。发行公债等办法则尚在计议中，均须假以时日，逐步推动，并须藉社会力量、政治组织，激发人民爱国热忱，使有钱出钱，多者多出，预计在三个月之后，方能有成效可观。故在最近三个月内无法按计划所定分月摊筹数额，视为经费来源，恃以指拨军政各费，必须宽筹基金，酌量增加发行，方能周转应付。

3. 在现代经济生活中行使硬币，在全面战争状态下施行无限制兑现之纸币，实为币信扫地、财政破产后不得已之措施，亦属扭转时局挽救经济危机惟一之方法。实施未久，对内对外已获良好之反应。此为我国军事政治经济起死回生之枢机，必须尽全力为之保持。深盼中央地方深切体认当前处境之困难与关系之重要。对于币券之流通、基金之调拨、兑现秩序之维持，多方协助，其有投机操纵或阻止流通调拨，足以影响币值，妨碍币信者，必须予以制裁。

4. 国家财政收支原应借赋税收入以求平衡，方属正办。值此国土大部沦陷，民生凋敝之际，骤然增加负担，势不可能。现以库存资产提拨一部抵补，原属不得已之举，而此项资产□外瞩目，为求自力更生博得中外同情援助，当先尽其在我妥筹运用。今后拨用基金虽分月计数，仍宜以半年为一期，俾有统筹周转余地。至于我国现行税制，侧重间接税收，在在可以转嫁，增税之后不免影响物价，进而影响国家支出。故在一方面当谋税收税制之改善，力避对物价之刺激，另一方面对于民生日用品之增加生产，调剂盈虚，节制消费，稳定物价等工作，亦须作切实有效之措施，以期财政经济相互配合，国计民生均有俾益。

财政部长兼中央银行总裁　徐堪

三十八年七月十六日

〔国民政府财政部档案〕

（二）中央与地方财政

一、国库收支与国家财政预决算

1. 财政部秘书处检送1945年度国家总预算内容及执行情形函

（1945年7月12日）

财政部秘书处函　渝秘市字325号

查本部对参政会四届一次会口头报告，业经由部检奉。经将原报告内容各项空列收支数字补印竣事，兹随函附送，即请查收，并希出席参政会审查会时，携带原报告参考为荷。此致

翟主任

附件

秘书处　七月十二日

三十四年度国家总预算内容及其执行情形

（一）上年度收支概况

三十三年度六月以前的国库收支概况，曾于贵会上届大会时，撮要报告。现在三十三年度国库收支业已结束，应将全年度收支情形先作一简单说明。按上年度国家收支总预算原核定数，各为七百九十五亿元，执行结果，截至三十四年四月底，国库现今收支结束日止，实际支出为一千七百二十九亿九千三百余万元，除以田赋征实收支抵拨军公粮支出，计六十六亿一千九百余万元外，现部分仍为一千六百六十三亿七千四百余万元，其中以军务费为最大，计一千二百七十五亿七千二百余万元（包括粮食费在内，因粮食费以军粮为大宗），约占总支出百分之七十三点七四，其次为建设费，计一

百七十亿零六千三百余万元，约占总支出百分之九点八六，省市支出为七十亿零三千三百余万元，约占总支出百分之四点〇七，债务支出为二十三亿四千九百余万元，约占总支出百分之一点三六，平抑物价及奖助金支出为十四亿二千八百余万元，约占总支出百分之〇点八三，其余中央政务、教育、文化、卫生、救济及公教人员生活补助、米代金等支出为一百七十五亿四千五百余万元，约占总支出百分之二十二点〇一，收支不敷之数以债款弥补者为数过巨，且均为争取全面胜利所必需，吾人决无紧缩之理由。税收方面，遭受中原及西南、湘桂战争之影响，颇有短绌，故政府收支差额相当悬殊，不得不以债款应此庞大的作战经费，同时设法强化税制，吸收游资，调节发行，紧缩信用，增加国防民生所必需之物资生产，冀通货膨胀之威胁可以减轻，物价可趋于稳定。此为政府主要之政策，且已获得相当成效。

（二）三十四年度预算之内容

三十四年度总预算岁入岁出，各核定为二千六百三十八亿四千四百一十三万八千九百元。岁入预算中所有租税收入、规费收入、财产孳息收入、公有营业盈余收入、公有事业收入、捐献收入及其他收入，共为一千八百六十三亿四千六百六十八万余元，比较岁出不敷之数，依例增列债款收入以资平衡者为七百七十四亿九千七百四十五万余元。

（子）岁入部分

属于经常者共列五百一十四亿八千一百一十八万余元，较上年度预算数二百九十亿零三千二百余万元，约增百分之七十六，其主要项目，土地税列一百八十五亿零八百五十一万元，较上年度增加七十一亿八千八百五十一万元，为岁入总数百分之七点〇二。直接税体系之所得税、利得税、遗产税、营业税、印花税等共列一百〇二亿元，较上半年度增加二十七亿二千万元，为岁入总数百分之三点三六。属于货物税体系之棉纱、麦粉、水泥、火酒、饮料品、洋酒、糖类、茶叶、竹木、皮毛、磁陶、纸箔、土烟酒等共列一百〇三亿六千一百万元，较上年度增加六十一亿七千万元，为岁入总数百分之三点八九。食盐、火柴、卷烟三类专卖收入共列八十亿〇七千万元，较上年度增加四十七亿七千四百万元，为岁入总数百分之三点〇六。关税收入列六亿元，较上年度增加二亿二千九百余万元，为岁入总数百分之〇点二三，矿税收入列二亿〇〇三十余万元，较上年度增加七千六百二十余万元，为岁入总数百分之〇点〇八。战时消费税列二十亿元，较上年度增加五亿元，为岁入总数百分之〇点七六，规费收入列二亿九千零一十余万元，为岁入总数百分之〇点二三，财产孳息收入列一亿三千四百六十一万元，为岁入总数百分之〇点五一，公有营业盈余收入列十一亿〇二百八十余万元，为岁入总数百分之〇点四二，公有事业及其他收入共列一亿〇三百六十余万元，为岁入总数百分之〇点〇一。各科目之收入较上年度均有增加。

属于临时者共列一千三百四十八亿六千五百五十余万元，较三十三年度预算数二百〇五亿九千二百五十余万元，约增四倍又十分之六，其中列数最巨之项目为战时食盐附税，列三百三十三亿一千二百余万元，较上年度增加一百三十余亿元，为岁入总数百分之一二点六六，捐献及赠与收入，列四百〇四亿元，较上年度增加四百〇二亿元，为岁入总数百分之一五点三〇，国外借款购入物资及黄金售卖收入列六百亿元，为岁入总数百分之二二点七四，系本年度新增之收入。

三十四年度岁入预算经临两部分，共列一千八百六十三亿四千六百余万元，相当岁出预算二千六百三十八亿四千四百余万元之百分之〇点六二强，比较三十三年度岁入总预算三百五十三亿五千八百余万元，增加约达四倍又百分之二十七强，其中各项收入增加之数字已如前述。虽本年度收支不敷，仍赖债款以为弥补，但亏短之比例，则较上年度大为减少，盖债款收入上年度占总岁入百分之五二点二二，本年度则仅为百分之二九点三七也。

本年度因支出庞大，未可全恃租税收入以图平衡，不能不另筹临时财源，藉资抵补。故特别增列大户献金、献粮收入四百亿元，与国外借款购收物资及黄金售价收入六百亿元，前者系依据贵会建议，本战时有钱出钱之原则，以达到公平负担之目的，后者系利用英美借款购入物资及黄金出售补充国用为主旨。此两项收入占总岁入预算百分之三八点〇五，与租税收入同为岁入之支柱。

（丑）岁出部分

岁出依规定体例，按主管系统分为二十五款，再加债务、抚恤、省市补助等支出及第二预备金，共为三十款，并按经费性质分为普通岁出及事业岁出两大类。普通岁出中再分经常、临时及战时特别补助费。三部门岁出总额共为二千六百三十八亿四千四百一十三万八千九百元，计普通岁出共列二千四百二十一亿四千四百二十万〇二千五百元内，经常费一千七百六十四亿七千五百八十二万二千五百一十八元，临时费三百一十九亿四千五百〇六万九千四百七十六元，战时特别补助费三百三十七亿二千三百三十万〇九千五百〇六元，事业岁出共列二百一十六亿九千九百九十三万六千四百元，兹就各重要部门支出核列情形略述如左：

1. 军费共列一千七百六十三亿元，约占岁出总额百分之六六点八一，系包括部队经费、兵工经费、服装费、空军经费、改善给与增加经费、交通运输军粮经费及机关经费、教育经费、整军经费、兵役经费、海军经费、抚恤费，以及其他属于战时补助之款。

2. 建设事业费除空军、兵工、陆军等建设费已在军费内说明，县市建设费归纳于省市支出以内另述外，其属经济交通各部门主管之建设费为一百〇八亿八百五十三万余元，约占岁出总额百分之四强，包括交通建设费、经济建设费、西北建设费、平定物价基金，农林建设费、水利建设费暨其他事务费。

3. 教育文化费为七十九亿〇四百二十余万元，约占岁出总额百分之三，包括国立各校学生公膳、高等教育经费、中等教育经费、特种教育经费、各部门训练经费、战区教育经费、新闻广播出版事业费、国立各校增班经费及建筑设备费、教育行政经费、战时教育推进救济费及其他文化团体经费。

4. 省市支出为一百八十亿〇六千三百五十余万元，约占岁出总额百分之七弱，包括普通经临费，省级公务人员生活补助费及公粮费、县市建设费。

5. 其他政务费为三百五十亿〇三千九百五十余万元，约占岁出总额百分之一七点三七，包括经常费、临时费、战时特别补助费（生活补助及公粮）。

6. 此外债款支出四十七亿八千八百六十余万元，公务人员退休抚恤支出八亿四千七百二十万元，又另酌列第二预备金九十九亿八千余万元，备年度进行中遇有新增设施、各部门经费不敷分配时统筹挹注之用。

综合上述各项支出，除军粮现品作价、银行借垫款利息与粮食库券本息三项未列预算外，支出总额约当三十三年度原预算岁出总额七百四十亿〇〇一百四十余万元之三倍强，较三十三年度原预算及追加预算之总和一千七百二十九亿九千余万元，亦增加百分之五十四以上，其中以军费增加之比例最大，约为百分之七四点一〇，其他各费亦增加颇巨。盖因本年度为军事反攻之年，增强兵工建设费，改善官兵生活，充实空军设备，加强国军力量，致一切军需上必要之开支特别激增，又为加强战时生产，改进交通运输，改进学生营养，招考战区青年以及赈济各省灾荒，救恤战地难民所需各种事业费用均较往年增加，而物价上涨也为重要因素。

（三）三十四年度预算执行情形

（子）收入部分

根据国库总分支库报告及最近电报数字，三十四年度一至六月份实收一千一百一十亿〇九千二百余万元，合全年度预算百分之五九点六一，如以六个月之预算分配数计算，则约合百分之二九点二二强（所有数字为简明起见，百万以下均采四舍五入，特此注明。）

再按各项实收项目加以分析，则本年度一至六月之收入，系以租税收入为大宗，计土地税系统（包括田赋契税，地价税及土地增值税）九十五亿四千九百余万，直接税系统（包括所得、利得、遗产、营业、印花各税）三十一亿八千二百余万元，货物税系统（包括货物税及矿税）四十三亿〇七百余万元，关税及战时消费税六亿二千四百余万元，盐税及战时附税二百〇八亿七千五百余万元，合计三百八十五亿三千七百余万元，共占实收总数百分之三四点六八，其次为黄金存款及筹募债款收入五百亿〇〇〇六百余万元，占总收入百分之四五点〇一，再次为黄金售价收入，计一百八十八亿九千四百余万元，占总收入百分之一七点〇一，其余专卖、行政事业及捐献等项收入，合计不过三十六亿五千五百余万元，仅占实收总额百分之三点三〇，至黄金存款收入约计四百九十六亿六千七百余万元，如连同黄金售价收入计算，则此期内运用黄金政策，国库方面所收回之法币已达六百八十五亿六千一百余万元（黄金售价及黄金存款收入系就已经转帐部分核计，各地经办行局尚未报解中央银行者不在其内），共占总收入百分之六一点七二。

（丑）支出部分

本年一至六月份之支出属于本年度者包括原核定预算、追加预算及紧急命令拨款，共达二千八百八十八亿八千三百余万元，按本年度岁出预算，平均分配数（现金支出等预算平均分配数各有不同），每月为二百一十九亿八千七百余万元，六个月应为一千三百一十九亿二千二百余万元，实际支出约当预算分配数之比例百分之一百二十弱，其中因年度开始后，军政各费额外急要支出激增，在预算以外，依据追加案及紧急命令拨付之款达一千三百〇六亿一千八百余万元，约占半年度实支总额百分之四十五强，以军费最多，计九百一十二亿四千一百余万元，次为交通经济各部门事业费计二百五十七亿二千五百余万元，再次为省市支出计三十八亿一千五百余万元，余为调整公务员待遇增加之生活补助费，特别办公费暨国立学校学生膳食费，各项账〔赈〕济费以及其他政务费，再加补拨三十三年度追加款五十四亿一千四百余万元，并计六个月实支出总数共为二千九百四十二亿九千七百余万元，业已超过原来核定全年度预算数总额百分之十强，各项实支数中以军费为最巨，计一千九百一十亿〇九千五百余万元，约占总支出百分之六四点八三，建设事业费计三百四十五亿九千七百余万元，约占总支出百分之二点七八。省市支出计一百四十二亿〇一百余万元，约占总支出百分之四·八三，中央政务费计三百二十一亿四千八百余万元，约占总支出百分之一〇点九二，教育文化费计七十五亿一千九百余万元，约占总支出百分之二点五六，粮食费计八十四亿五千四百余万元，约占总支出百分之二点八七，债务支出计六十二亿八千余万元，约占总支出百分之二点二三。

此外因供应在华美军需要所垫美军总部用费，修建机场、营房，改善公路用款及招待美军用费，接运物资用费等项，本年一至六月垫付之款，除中央银行垫付九百〇六亿七千三百余万元外，其由国库垫付者为一百九十六亿八千七百余万元。

关于美军垫款偿还办法，除一部分记入回惠租借帐内，依照双方约定，暂时无需现款偿还，应俟战事终了再行清算外，其余应由美政府以美金偿付归垫。上年九月底以前所垫之款业经结算，由美方偿还美金二亿一千万元，作为全部清结。自上年十月份起商定每三个月结算一次，十至十二月份业已结算，又经美方偿还美金四千五百万元，至本年一月以后之垫款迭经磋商，因尚有牵涉中美双方负担问题未得完全解决，以致美方延未清结，现正电催我国驻美代表洽办中。

〔国民政府财政部档案〕

2. 国民政府关于收复区库款收支紧急处理办法

（1945年8月）

一、收复区所需各项军事费用，仍应拨交军政部统领转发，如有直接拨交领款军事长官之必要者，由财政部随时洽明军政部办理。

二、各机关在收复区推设分支机构，第一次所需之经临费（生活补助费米代金在内），依据支出法令，拨由各上级主管机关领转，或直接拨交，由推投机关在渝或指定地点具领，携往备用。

三、收复区各机关继续所需之经临费，如有收入者，准予暂行坐支。

四、收复区内之机关本身无收入者，当地或邻近亦无分支库时，由财政部指定当地或邻近税收机关就近划拨，或饬总库拨交各该上级主管机关领转。

五、收复区各收入机关所在地代库机构未设前，各该收入机关暂准依法自行收纳。

〔国民政府财政部档案〕

3. 徐堪为审编1946年度国家总预算案及建议事项的签呈

（1945年12月22日）

签呈

为审编三十五年度国家岁入岁出总预算案

奉交三十五年度国家岁入岁出总预算案，遵经审编完竣，除就审查结果整理核算，分别编成岁入岁出预算总分各表及附表加具说明缮呈鉴核外，谨将审编经过、预算政策、收支概况及建议事项分陈于左。

甲、审编经过

查三十五年度国家总预算编审办法规定，主计处应将岁入总概算及各类岁出概算审核整理，编成国家总预算案，于十一月五日以前呈请“国民政府”转送“国防最高委员会”，并先付“财政专门委员会”审查，乃因八月初战事突告结束，各主管机关关于复员计划，均需从〔重〕新检讨，列入概算，故编送较迟。主计处审核整理后于十二月初旬始陆续呈送，奉交审查。本会为详慎周密起见，仍照向例，先指定委员十四人，以其中三人为召集委员，组织小组会，作初步审查。审查时，均遵照三十五年度国家施政方针及总预算编审办法，并参酌“中央设计局”三十五年度国家总预算平衡方案草案及各主管机关原签意见，衡量当前局势，逐项逐目予以增删，必要时复通知有关机关主管人员列席说明或备咨询。编订岁入岁出总额预算草案后，复秉承行政院宋院长指示，将收支两方之若干部门加以调整，提经“财政专门委员会”全体会议复核，逐一审定，计岁出岁入各列二万五千二百四十五亿〇九百八十五万五千元，编成三十五年度国家岁入岁出总预算正式草案，此审编经过之大概情形也。

乙、预算政策

已往各年度，因在抗战期中本军事第一之义，所有军需各费，极力供应，支出浩繁。虽各项收入力求增加，而收支差额逐年递增，多系依赖发行，以资挹注。驯至酿成通货膨胀，物价高涨之后果。现在战事结束，自应进谋建议，以完成建国之大业，唯兵灾之余，元气未复，民力凋残，遽谋积极建设，诚恐力有未逮，故必须先求民生之安定，然后徐策建设之进行，而健全财政，巩固金融，恢复交通，稳定经济，实为安定民生必经之步骤。是以三十五年度应为安定之年，编审预算，悉本此方针加以检查。关于岁入，宜一面开拓税源，于增裕税收之中仍寓体恤民粮之意，一面运用物资收回法币，稳定物价，使经济危机得以消弭。关于岁出，宜本撙节之要旨，权衡缓急，妥为分配。旧有事业固须斟酌需要，量予维持，收复地区尤宜适应事实，力图善后，以其民安其业，货畅其流，循此以行，庶几开源节流兼筹并顾，使年度开始后，一切经费不至随时追加，藉以减少此过渡期间由通货膨胀引起之变态，从此战后，财政金融可以渐臻巩固，社会经济自可日见昭苏，亦即以奠定将来和平建设之基础。以上所述为三十五年度预算编审之重要方针，至其收支预算内容，谨分陈梗概如次。

丙、岁出预算内容

三十五年度岁出预算依照上述方针并恪遵钧座及宋院长之指示，对于军费，以本年十至十二月份三个月实际支出平均为基数，伸算全年计划，其必须建设改进编遣等新增费用，不予另行增加，须由主管机关就原则经费内统筹挹注。对于一般政费，以善后复员所必须者为重心，而尤注重恢复交通运输，整理水利，以树立经济建设之基础。举凡新兴事业与新设机构之经费，凡非恢复交通，稳定物价，安定民生，推行政务所必需者，一律删除，不予编列。但收复区幅员广阔，所有因恢复机关，增添人员，恢复交通，办理善后，拨补地方新增支出，虽尽量核减，为数仍甚浩大。综计岁出总额共为二万三千二百四十五亿余元，较之三十四年度总预算所列岁出，增加约为八倍，即较之三十四年度实际支出，增加亦逾一倍，且揆诸历年先例，年度开始以后，因临时或特殊事故发生追加支出，自所难免。为严定追加范围及数目起见，特将第二预备金列为二千亿元，因此岁出总预算共达二万五千二百余亿元之巨，惟第二预备金动用程序，遵照钧座核准宋院长所拟办法，应特组委员会严格审核支配，俾临时紧急之支出，不至如已往追加数目之庞大，而使预算数目保持真确性，则主管国库者，事前可妥为布置，不至引起财政之危机。

岁出预算内容系依规定体例，按主管系统，自政权行使支出，至府院部会止，分为二十四款，再加债务抚恤补助，省市复员及第二预备金等六款共为三十款，并按经费性质，各分为经常、临时、生活补助、善后、事业五类，分别计列其支出数目，在审查时各依其支出性质斟酌先后缓急，妥为调节，以期适应事实，避免虚浮。在抗战期间，历年军费支出，均占支出总额百分之六十五至七十，现在战事结束，而整编部队，改善待遇，绥靖地方，处理敌俘，补充空军，整理军舰所需费用仍甚浩繁。因是军政部主管支出，包括陆、海、空及兵工在内，计列一万〇九百九十余亿元，仍居第一位，占支出总额百分之四十七强。此外，中央一般政费以交通部主管支出，包括铁路、公路、航政、邮电各部分之复员整理、维持等费为最巨，计列二千六百九十九亿余元，占支出总额百分之十一点四强。其次为水利委员会主管支出，包括农田水利、江河修防、整理航道各项费用，计列一千五百〇一亿余元，占支出总额百分之六点五弱。再次为经济部主管支出，除接收之机器、厂矿不计外，其由国库支出包括工业、矿业、商业之维持、复员、善后等费在内，计列五百四十二亿余元，占支出总额百分之二点六强，再次为财政部主管支出，包括各项税收机关及国库事务等费在内，计列五百三十四亿余元，占支出总额百分之二点二强。其次为债务支出，包括内外债及银行借垫款、易货偿债等应付本息在内，计列五百六十九亿余元，占支出总额百分之二点四强。其次为教育部主管支出，包括各校及文化机关、新闻事业、学生膳食等费在内，计列四百七十六亿余元。此外于复员支出款内，另列学校复员费六百亿元，若并计之，则超出一千亿元，占支出总额百分之四点一。其次为粮食部主管支出，包括征购经费及包装储运等费在内，列四百七十六亿余元，占支出总额百分之二点〇五。其次为司法行政部主管支出，包括新旧法院监所之维持、复员、修建等费在内，计列三百七十一亿余元，占支出总额百分之一点六弱。再其次为农林部主管支出，计列一百三十七亿余元，社会部主管支出，计列为一百二十四亿余元，均各占支出总额百分之一点六弱。至政权行使支出、国民政府主管支出及其他各院部会主管支出，大部均在百亿以内，所占支出总额百分比例甚微。惟特为陈明者为善后救济总署主管支出，计三百一十一亿余元，分列善后救济总署经常费、生活补助费及善后救济基金三项；惟其中善后救济基金三百〇六亿余元，仅为善后救济基金之一部分，盖依照善后救济协定，三十五年度国库对于善后救济基金之支出，配合盟邦供应物资总数应为四千三百二十亿元，其中一大部分为交通、水利、社会、农林各项事业，可动用之善后救济费，业已预为分配者，均已列入各该主管支出之内。至其未分配数之三百〇六亿余元，连同善后救济机关经费，则计列为善后救济总署主管支出。若以善后救济基金支出总数连同机关经费，合计共约四千三百二十四亿元，实占支出总额百分之十九强。又复员支出计列一千八百亿元，系包括各机关学校及省市复员费及日侨给养在内，约占支出总额百分之七点一。此两项支出共占支出总额百分之二十六有奇，仅亚于军费支出。在一般政费中实居首位，此为本年度岁出增加之主因，亦即表示善后复员工作之重要性也。

省市支出连同分配县市国税及补助县市建设费在内，计列二千五百〇一亿元，占支出总额百分之十点八弱，居军费支出与交通支出之后，为支出各项中第三位，较之三十四年度预算增加几及十三倍。其所增加原因有二：(一)收复地区各省市政务均须分途推进，所需迁运复员及增设机关，编制保安团队，各费为数甚巨；(二)县市建设为地方自治基础，故由中央分拨之国税及补助费支出均有巨额增加，惟东北及台湾各省，其收支确数尚待查核，币制亦尚未统一，所有收支概算须另核编，再行补列，犹未编入此次省市支出之内。

以上为支出预算大概情形，为数之巨，实属空前，但较之主计处拟编岁出总数三万二千七百〇七亿余元，已核减七千四百六十二亿余元有奇，其中军费核减数约九千〇七十八亿余元，政费则较增一千六百一十七亿余元，系因增列复员费及第二预备金等项之结果，其通常政费，则仍遵照钧座及宋院长指示，从严审核，斟酌事实所必需，再三调整，已属极端紧缩，减无可减。至各费类之分别说明附载分表各款之内。

丁、岁入预算内容

三十五年岁出预算，依上所陈，空前浩大，岁入数目自不能不力求增裕，以资抵补。查主计处拟编之岁入预算，除以债款充者外，其经临赋税收入、规费收入、事业收入等仅为七千二百三十九亿余元，收支不敷为数过巨，迭经详加检讨。一面将各项赋税收入酌予增加，一面复查考政府现有物资及接收敌伪财产物资之可以经营或出租及出售者约略估计，增列收数共计岁入总额除税收外为一万七千四百七十八亿余元，比主计处原列岁入总额增加一倍以上，比三十四年度岁入预算总额增加几达十倍，兹谨分析言之。

(一) 赋税收入包括直接税、货物税、关税等项，计六千二百亿元，比三十四年赋税收入预算增加约为八倍，占收入总额百分之三十五强，其属于直接税性质者为土地税(包括田赋、契税、地价税、土地增值税)，所得税(包括综合所得税、分类所得税)，利得税，遗产税，营业税，印花税，共列二千一百五十四亿余元，占赋税收入百分之三十四强，其中各项税收均有增加，而以举办综合所得税，推广地价税，改进印花税，增加田赋实折价较为显著。又其属于间接税性质者为货物税、盐税、矿税等项，共列三千三百四十四亿余元，占赋税收入百分之五十四，而以盐税收入为最巨，货物税中之卷烟税次之，土烟、土酒税又次之，糖税收入又次之。在货物税中除原有各税目外，并恢复皮毛、水泥、麦粉、纸箔等税，虽增收无多，但于国库不无补益，所有各项货物税均系按照可能产销之数量估计。关于盐税一项列一千亿元，虽按现行税率及实销数估列，但收复各省盐价本低，恐难照案，骤然提高，能否收足，尚难预定。又关税一项计列经临收入七百亿元，占赋税收入百分之十一强，而以进口税为主，系依照战前关税收入伸算估计，但三十五年内进口货物属于免税减税者居多，能否如数收足，亦无把握。

（二）规费、罚款、公有事业等收入共列五百〇四亿余元，其原有各项收入均较上年度增加各达数十倍，另由财政部计划举办验契，以确定战后产权，估列收入四百亿元，但此类收入仅占收入总额百分之三，为数实属有限。

（三）公有财产、物资及营业收入，共列八千一百六十亿余元，占收入总额百分之四十六强，除少数国有财产孳息收入及公有营业盈余收入外，计几均无增之收入。其中属于接受之敌伪财产（有纱厂、工厂、矿厂、银行、房屋、食栈等）及敌伪物资（如纱布、糖、盐、油、煤、粮食、钢铁等）之售价、租金或余利者约六千二百亿元，此项收入估计虽未必正确，但实为目前之重要财源，自应由主管切实清查，并妥订处理办法呈准施行，俾得充分利用，增益库收，增生裕民之效。次之则为花纱布管制局余存纱布及自美、墨购运之布售价收入计划一千六百余亿元，系按照时价估计，尚属核实。

（四）捐献及收回垫款收入，计列二千三百三十亿元，占收入总额百分之十三强，其中黄金捐献部分，系仿照定案应捐存购黄金百分之四十折算，计列八百亿元。又美金垫款除剔除我方所允负担者外，当可收回一千五百亿元，自应与美方洽商归垫缴库。

以上为岁入预算之大概情形，其与岁出二万二千二百四十四亿余元相较，仅为百分之七十五强，亏短之数已达五千七百六十六亿元，连同加列之第二预备金二千亿元，则亏短增至七千七百六十八亿余元之巨，为欲增加赋税收入，以资弥补，则战事甫平，疮痍未复，收复各省虽多属殷富之区，人民久苦流离，尚待救恤，而后方各省在战事负担已觉较重，故所列赋税收入无可再增加，仍依赖大量发行，则通货膨胀过甚，不仅刺激物价，且足酿成财政经济崩溃之危机，其唯一之途径可资补救者，惟有取给于日本赔款。我国抗战八年，国家与人民损失不可以数量计。现虽接收敌人少数财产物资，为数甚微，不足抵补战时损失之万一，似应洽商盟邦政府，在接管日本境内除工业机器应交与我国外，其所存现款或外汇中划拨若干抵充一部分赔款，用以收回法币，弥补亏短，此系我国正当之要求，务宜多方设法，期底于成，如此项现金赔款能于明年度内大量获得，则亏短之数即可不必仰给于借垫款及债款以为抵补。惟洽商结果如何，可能获得之数目若干，此时未便于总预算内悬列，故拟仍按照亏短数七千七百六十六亿余元暂列债款收入，以资平衡。

戊、建议事项

（一）经济建设为实现民生主义必循之途径，现在战事结束，自应依据实业计划，确定实施程序，次第推行。在三十五年度，政府一切设施尚偏重复员与善后，关于经济建设未能同时并举，但应预为准备，期自三十六年度起开始实施。为经济政策与财政政策互相配合起见，似可分饬各主管克速拟具第一期经济建设五年计划，并附五年继续预算，送由最高经济委员会统筹规划审定，于三十五年七月以前编审完毕，并应自三十六年度起筹定财源，分年支用，每年收支一并编入总预算，俾岁出能与计划互相配合，岁入亦能与岁出互相适应，使国家财政步入正轨，建国事业亦获如期观成。

（二）国家预算编审程序，预算法规定綦详，但自三级机关拟编起至完成立法程序止，为时几及一年，层转手续过于繁密，施行诸多不便。抗战时期为适应事实起见，迭经制订临时编审办法，仍未能全部纠正，致人力、物力多所烦费，似应将预算法妥为修改。其修改要旨为：(1)开始编拟时期与完成立法时期之距离不得超过半年，其间审查程序力求简捷，并采用会查办法以资联系而免繁复。(2)施政计划与预算之编拟应由同一机关主办，以期预算与计划密切配合，易收逐步完成之实效。

（三）历年政府对于国营事业所拨资金及经费为数甚巨，其各该事业已达到营业阶级者，虽多编制营业预算呈经核定，但资负状况及收支内容均欠详确实在，盈余亦多未照缴解库，每年仍继续拨资金，增加国库负担，亟应由主计审计及工作考核各机关会同主管机关作一总检讨，将历年财政状况办理情形详细审核，藉以评定成绩，分别整顿。其与民生或国防有关而成效显著者，应饬本诸自给自足之原则，继续办理。除须准确扩充或改良者外，国库不再增拨资金或维持费。其余各事业酌为停办或改为民营，此项总检讨务于三十五年六月以前办理完竣，呈候核定施行，庶几此后事业预算益臻核实，而工作效能亦可增加。

（四）政府各机关所管事务必须系统分明，权责确定，始足以程效率而赴事功。现在中央及地方机关或因旧制相沿，或因机构增设间不免失之重复、分歧，致工作成绩无从表现，而经费支出反因之增加。年来虽迭有调整，仍多为环境所构，未能彻底改革，似应由政府于年度开始后三个月内，再加检讨，分别厘正。所有骈枝机关，固应尽量裁并，即法定机关而兼掌非其主管之事务者，亦应妥为划分，务使每种事务专由一机关主办，并各依其性质划归一院部会管辖，庶几人力、物力得以集中运用，获收事半功倍之效。

（五）年来利用租借法案及盟邦借款所运物资分存印度及国内各处者，数量甚巨，自应从速清理，分别移归各机关运用或出售变现，其出售者所收现款固足弥补国用，其移归各机关者，亦应估价转帐，抵充国库支出，似应责成军政、经济、财政各部会同办理，并克期办结具报。

（六）推行地方自治以充实地方财政为前提。抗战期间，中央集中财力供应战时需要，自属应急措施。现在战事结束，亟应遵照建国大纲并参酌各国税制，将赋税之具有因地制宜之性质者划归地方，其贫瘠地方并应由中央酌予补助，应由行政院、立法院会同征询主管意见，务于三十五年度上半年内将财政收支系统妥为修改，以便三十六年度预算，即得据以统筹编列，付诸实施。

（七）我国户口调查、地籍整理、财产登记诸要务，虽经陆续举办，但为战争所阻，未能切实推行，致使全国土地户口及人民富力迄无正确记录，不仅稽征赋税难达公平、合理、确实之境，而“平均地权、节制资本”之政策，亦难实现，应由主管妥定方案，分年分区，限期完成，庶使现行各税，得以把握税源，增裕收入。不仅国民负担能得其公平，而民生主义亦可达到。

（八）自所得税、遗产税等相继举办以还，税收逐渐增加，已蔚成直接税体系，渐与货物税体系互相峙立，但直接税体系内各项税款如土地税、营业税、各类所得税等税制与税率未能为合理之配合，遂令人民负担不无畸轻畸重之嫌，查征手续亦难收执简驭繁之效，应饬财政主管机关迅将直接税体系各项赋税通盘检讨，简化税目，修订税率，俾构成合理而公平之税制，期在三十五年六月以前完成立法程序，自三十六年起施行。

（九）本年度既已撙节支出，增裕收入，为巩固财政之准绳，而恢复交通，畅通货运诸要政，苟能与之适应，加以东北、台湾、海南岛生产丰富之物资，善为运用，则物价自可日趋平衡。而要安定经济，安定民生之鹄的，不难贯彻。在此过渡期内，为预谋国际贸易发展及经济建设进行起见，对于调整汇率，改革币制，似宜密饬主管机关先事筹划，并妥为准备，以期在适当时期颁布施行，庶几财政政策，经济政策均能互相配合，步伐整齐，获收建国必成之实效。

以上各节系综合各方意见，举其重要者略陈梗概，似于将来预算之执行与编制，不无裨益。谨连同拟编预算总分各表缮呈钧核。拟于奉令后依例提请总预算审议委员会审议，再送国民参政会初步审议，仍提国防最高委员会通过，以便执行，并依法完成立法程序，是否有当，敬乞批准。谨呈

委员长蒋

财政专门委员会主任委员　徐堪

三十四年十二月二十二日

〔国民政府主计部档案〕

4. 徐堪关于1946年度党务经费分别列于政府各部门主管之内的密呈

(1945年　月　日)

签呈

敬密呈者，现值国民大会业已定期召开，关于三十五年度党务经费谨遵钧座指示，将政权行使支出内之中央党部主管部分尽量减少，列为二十九亿五千一百余万元，其余各按事务性质，分别列入政府各部门主管之内，计为一百五十七亿〇三百余万元，至省市党务经费一百六十六亿三千五百余万元，则并入省市行政经费之内，以上三项共计三百五十二亿九千余万元，系照中央财务委员会通过之数计列。其拨款手续仍应依照向例，一律由中央党部统领支配，谨按上述编列情形缮具总统计表呈送签核，拟请于总预算定案后，抄表密饬行政院分令有关部会及省市政府一体遵照。是否之处，敬乞批定。谨呈

委员长蒋

〔国民政府主计处档案〕

5. 财政部部长纪念周关于1945年度国库收支概况的口头报告稿

(1946年2月22日)

部长纪念周口头报告稿

一、三十四年度国库收支概况

三十四年度国家总预算岁入岁出各列二千六百三十八亿余元，岁入预算计列赋税收入、规费收入、财产孳息收入、公有营业盈余收入、公有事业收入、捐献收入及其他收入，共为一千八百六十三亿余元，比较岁出相差七百七十四亿余元，依例列为债款收入，

以资平衡。至实际执行结果，除该年度内尚有一部分收支库款依照三十四年度国库收支结束办法须延至本年三月底方能结束外，兹就截至本年二月二十日止国库实际收支情形分别概述如左。

甲、收入部分

根据国库总分支库报告及各税收机关电报报告之征起数，三十四年全年度实际共收二千〇八十六亿四千五百余万元，约占岁入总预算（连债款收入在内）二千六百三十八亿四千四百余万元百分之七九点〇八，若与实际岁入预算总额一千八百六十三亿四千六百余万元相较，则为百分之一二点九七，其中以赋税收入为大宗，计土地税系统（包括田赋契税地价税土地增值税）一百六十亿〇六千七百余万元，直接税系统（包括所利得税、遗产税、营业税、印花税）一百四十亿〇三千五百余万元，货物税系统（包括□税、烟酒税、矿税）一百九十三亿一千七百余万元，关税及战时消费税四十亿〇三千三百余万元，盐税及战时附加五百七十四亿二千七百余万元，合计共为一千一百〇八亿七千九百余万元，占收入总额百分之五三点一四，其次为黄金存款及举募债款收入六百一十三亿九千一百余万元，占收入总额百分之二九点四三，其次为国外借款购入物资及黄金售价收入二百六十四亿一千九百余万元，占收入总额百分之一二点六六。其余行政事业捐献及专卖等项收入合为九十九亿五千六百余万元，占收入总额百分之四点七七。

上述三十四年度国库实收数，现虽尚未届满国库收支结束时期，较之原预算所列实际岁入总额一千八百六十三亿余元，业已有盈无绌，若俟国库收支完全结束之日止一并核计，超出自应更巨。

乙、支出部分

截至本年二月二十日止，三十四年全年度原预算及追加预算与紧急命令拨款合并核计，共支一万二千五百二十九亿二千五百余万元，均为原预算总额之四倍半。在本年开始后，即执行预算之初期，大体均能按照预算执行，支出增加不巨。迨五月以后，为配合反攻作战暨迭次改善官兵待遇，一切临时紧急支出突行激增。至八月以后抗战胜利结束，又为积极准备复员各部门紧急措施，动需巨款，以至下半年度支出增加更巨。兹就各项主要支出分析如左。

（一）军费，三十四年下半年度虽因战事结束，反攻军费减少。但复员开始，派遣部队前进收复区办理接收及供应敌俘给养等项临时特别支出增加颇巨。此外用于改善国军官兵生活之增加经费及副食车马费等项，包括原预算追加预算及紧急拨款共为七千八百三十七亿六千四百余万元，占支出总额百分之六二点五五。

（二）各项建设事业费，包括交通、经济、农林、水利等部门连同复员接收等费，共为一千七百六十二亿五千万余元，占支出总额百分之一四点〇七。

（三）省市支出，包括各省市行政事业紧急复员费及省级公粮分配县市国税等项，共为五百九十亿〇四千四百余万元，占支出总额百分之四点七二。

（四）中央党政费包括各机关经临费、公务员生活补助费米代金及复员紧急措施费与补助抚恤各项支出共支一千〇一十二亿六千三百余万元，占支出总额百分之八点〇八。

（五）教育文化费全年共支三百〇二亿一千万余元，占支出总额百分之二点四一，大部分系学生公膳费及为推进教育充实设备之业务费用。

（六）粮食费全年共支九百五十六亿一千五百余万元，占支出总额百分之七点六三。

（七）债务支出全年共支六十七亿八千万余元，占支出总额百分之〇点五四。

综合三十四年度国库实际收支情形观之，虽收入超越原预算，但以支出浩繁，收支相比，收入仅及支出百分之一八点二六。支出方面又实因情况特殊而发生之必需费用，省无可省，因而收支愈难平衡，国库债务负担遂至益以加重。

二、三十五年度国家总预算内容及执行情形

三十五年度为战后进入建设之过渡时期，承兵燹之余，疮痍未复，民力凋残，国家政策在于巩固金融，稳定经济，先求民生之安定，后策建设之进行。本年度预算即本此方针以为编审准绳。关于岁入，以恢复战前收入为目标，一面整理旧税，开拓税源，于增裕库收之中，仍寓体恤民艰之意，一面运用物资，收回法币，稳定物价，消弭经济危机。关于岁出，首在减低军费之比例，对于一般政费则以善后复员为重心，特别配合善后救济计划，注重于恢复交通运输，整理水利，维护农业，发展教育，以树立经济建设之基础。至于一切非必需之支出，则力求紧缩，以达撙节之旨。

三十五年度总预算岁入岁出各为二万五千二百四十九亿三千四百七十二万五千元。岁入方面分析言之，第一为正常收入，包括赋税收入、行政及事业收入、财产及物资售价收入暨其他收入，共列一万二千二百七十八亿余元，约占总岁入百分之四八点六六。其中赋税收入，包括土地税、直接税、货物税、盐税、关税、矿税等项合为七千一百九十九亿余元，占正规收入百分之五八点六四，较三十四年度增加约达八倍，各项收入均有增益，而以举办综合所得税、推广地价税、改进印花税所增为显著，其余各项收入为五千〇七十九亿余元，占正常收入百分之四一点三六，较上年度亦有增加。次为非正常收入，包括接收敌伪财产之售价、租赁及营业盈余收入，共为六千二百亿元，约占总岁入百分之二四点五五，系本年度之新增科目。此项收入实抗战胜利之一种收获，亦即目前增裕库收之重要财源。综上两项岁入，固较上年增加甚多，但因岁出庞大，预计亏短之数仍达六千七百七十亿余元，暂依往年成例列为债款收入，以资平衡，占总岁入百分之二六点七九，较上年度之百分之二九点三七已为减少。此项亏短，将来仍拟取信于日本赔款，以为弥补。岁出方面以军费为最巨，包括陆海空及兵工共列一万〇九百九十亿余元，占总岁出百分之四三点五二，较上年度百分之七十已大为降

低。次为建设事业费，包括交通、经济、农林、水利各部门，连同善后救济基金在内，共列四千八百四十九亿余元，占总岁出百分之二六点五二。次为省市支出包括分配县市国税、补助县市建设费及补偿免赋县市田赋附征三成，共列二千五百〇一亿余元，占总岁出百分之一〇点七六。次为中央党政费连同教育、文化费及粮食费共列二千二百一十七亿余元，占总岁出百分之八点九七。亚次为债务支出列五百六十九亿余元，占总岁出百分之二点四四。其余抚恤及补助支出列数甚微，所占百分比例极小。此后应特为报告者，为善后救济基金，依照善后救济协定，配合盟邦供应物资，在三十五年度内，应由国库支出四千三百二十亿元，其中一部分如交通、水利、社会、农林各项事业可动用之善后救济专款已归纳于各该主管支出预算之内，尚有未分配数二百九十四亿余元，连同善后救济机关经费另列为善后救济总署主管，合计共为四千三百二十四亿余元，约占总岁出百分之十九强。又复员支出包括中央机关学校及省市复员费暨日侨给养费共列一千八百亿元，约占总岁出百分之七点七四，此两项支出共占总岁出百分之二十六有奇。在各项支出中，除军费分配占比例最大，为本年度岁出预算增加之主因，亦即表示善后复员工作之重要性。

至东北台湾各省区因币值及物价情形特殊，收支尚待考查核计，暂未编列预算，俟各该地区接收完成后，设施布署就绪，另再依据实际情况，依法补列。

三十五年度预算内容略如上述。自年度开始至二月二十日为止，国库实收数为四百六十五亿四千八百余万元，实支数为三千四百零三亿七千八百余万元，收支相抵不敷约二千九百三十八亿三千万元。就收入言，实以年度开始未久，各项收入报告多未齐全，尤以新增之收入或以税法尚待核定，或以计划尚在进行，或以工作尚待开展，一时尚无收入数字以资报告。又直货两税在上半年例系淡月，收入甚微，移入旺月后，收数自可逐步增加，按以往各年为例，编列预算之正常收入(即税课等收入),均当能征收足额。至准本年度增列之各项非正常收入,均系各主管部门根据可靠资料加以估计。本年度支出自预算开始执行以来,尚无特别增加,以常理论之,兹抗战业经结束,自不应发生如上年度之特殊情形,致使支出迭次激增,难于控制。本年度若能在支出方面按照预算切实执行,收入又能完全足额,国库负债之比例自可逐渐减低,在复员开始之第一年,虽未必完全达到收支平衡地步,自应使之接近平衡,本部本此方针全力以赴,尤望党国贤达多所指导协助,俾竟全功。

〔国民政府财政部档案〕

6. 财政部会计处抄送国防最高委员会财政专门委员会审核1946年度总预算建议事项函及附件

(1946年2月25日)

财政部会计处公函　财计字第(三十五)一〇七七三号
中华民国三十五年二月二十五日

查三十五年度国家总预算业经层奉国防最高委员会第一八〇次常会修正通过,送国民政府先予执行。除总预算内容前经本处摘要提出本部业务检讨会议报告外,兹再缮同财政专门委员会审核本年度总预算建议事项全文一份函请查收为荷。此致

秘书处

附财专会建议事项一份

会计长　张国正

财政专门委员会建议事项

(一)经济建设为实现民生主义必循之途径。现在战争结束,自应依据实业计划,确定实施程序,次第推行。在三十五年度政府一切设施尚偏重复员与善后,关于经济建设未能同时并举,但应预为准

备期，自三十六年度起开始实施。为经济政策与财政政策互相配合起见，似可分饬各主管，克速拟具第一期经济建设五年计划，并附编五年继续预算，送由最高经济委员会统筹规划审定，于三十五年七月以前编审完毕，并应自三十六年度起，筹定财源，分年支用，每年收支一并编入总预算，俾岁出能与计划互相配合，岁入亦能与岁出互相适应，使国家财政步入正轨，建设事业亦获如期观成。

（二）国家预算编审程序，预算法规定綦详，但自三级机关拟编时起至完成立法程序止，为时几及一年，层转手续过于繁密，施行诸多不便。抗战时期，为适应事实起见，迭经改订临时编审办法，仍未能全部纠正，致人力、物力多所烦费，似应将预算法妥为修改。其修改要旨为：(1)开始编拟时期与完成立法时期之距离，不得超过半年，其间审查程序，力求简捷，并采用会查办法，以资联系而免繁复。(2)施政计划与预算之编拟应由同一机关主办，以期预算与计划密切配合，易收逐步完成之实效。

（三）历年政府对于国营事业所拨资金及经费为数甚巨，其各该事业已达到营业阶级者虽多编制营业预算呈经核定，但资负状况及收支内容均欠详确，实在盈余亦多未照缴解库。每年仍复续拨资金，增加国库负担，亟应由主审计及工作考核各机关会同主管机关作一总检讨，将历年财政状况办理情形详细审核，藉以平定成绩，分别整顿，其与民生或国防有关而成效显著者，应饬本诸自给自足之原则，继续办理，除须特准扩充或改良者外，国库不再增拨资金或维持费，其余各事业酌为停办或改为民营，此项总检讨务于三十五年六月前办理完竣，呈候核定施行，从此后事业预算益臻核实，而工作效能亦可增加。

（四）政府各机关所管事务必须系统分明、权责确定，始足以程效率而赴事功。现在中央及地方机关，或因旧制相沿，或因机构增设，间不免失之重复分歧，致工作成绩无从表现，而经费支出反因之增加，年末虽迭有调整，仍多为环境所拘，未能彻底改革，仍应由政府于年度开始后三个月内再加检讨，分别厘正，所有分支机关，因应尽量裁并，即法定机关而兼掌非其主管之事务者，应妥为划分，务使每种事务专由一机关主办，并依其性质划归一院部会管辖，庶几人力物力得以集中运用，获收事半功倍之效。

（五）年末利用租借法案及盟邦借款所运物资分存印度及国内各处者，数量甚巨，自应从速清理，分别移归各机关运用或出售变现，其出售者，所收现款因足弥补国用，其移归各机关者，亦应估价专帐抵充国库支出，仍应责成军政经济财政各部会同办理并定期办结具报。

（六）推行地方自治以充实地方财政为前提，抗战期间，中央集中财力供应战时需要，自属应急措施。现在战争结束，亟应遵照建国大纲并参酌各国税制，将赋税之具有因地制宜之性质者，划归地方，其贫瘠地方并应由中央酌予补助，应由行政院立法院会同征询主管意见，务于三十五年度上半年内将财政收支系统法妥为修改，以便三十六年度预算即寻据以统筹编列，付诸实施。

（七）我国户口调查、地籍整理、财产登记诸要务，虽经陆续举办，但为战争所阻，未能切实推行，致使全国土地户口及人民富力迄无正确纪录，不仅稽征赋税难达公平合理确实之境，而平均地权、节制资本之政策亦难实现，应由主管妥定方案，分年分区限期完成，庶使现行各税得以把握税源，增裕收入，不仅国民负担能得其公平，而民生主义亦可达到。

（八）自所得税、遗产税等相继举办以还，税收逐渐增加，已蔚成直接税体系，渐与货物税体系互相峙立，但直接税体系内各项税收，如土地税、营业税、分类所得税等税制与税率未能为合理之配合，遂令人民负担不无畸轻畸重之嫌，查征手续亦难收执简驭繁之效，应饬财政主管机关迅将直接税体系各项赋税通盘检讨，简化税目，修订税率，俾构成合理而公平之税制，期在三十五年六月以前完成立法程序，自三十六年起施行。

（九）本年既以撙节支出增裕收入为巩固财政之准绳，而恢复交通畅通货运诸要政，苟能与之适应，加以东北、台湾、海南岛生产丰富之物资善为运用，则物价自可趋平抑，而安定经济、安定民生之目的不难贯彻。在此过渡期内，为预谋国际贸易发展及经济建设进行起见，对于调整汇率，改革币制，似宜密饬主管机关先事筹划，并妥为准备，以期在适当时期颁布施行，庶几财政政策、经济政策均能互相配合，步伐整齐，获收建国必成之实效。

〔国民政府财政部档案〕

7. 财政部与行政院就处理紧急命令拨款问题的来往文件

（1946 年 3 月 6 日—4 月 1 日）

1. 财政部呈(3 月 6 日)

财政部呈　财库叁字第二六五六号
中华民国三十五年三月六日

查公库法第十三条规定：一切经费得依法以紧急命令支付，并奉国民政府二十八年十月公布紧急命令拨款办法，原为战时应付非常之一种权宜措施。乃近年来因各机关往往以经费不敷及追加手续之繁费，任意申请，遂使国库支出事前无法核计，预算也难控制。前经本部于三十三年五月以库谕陆字第一四二〇六号呈奉委座暨钧院通知各机关严格遵守预算，限制紧急命令拨款在案。现在战争已告结束，国家制度应复常往，且本年度预算空前庞大，各机关尤应严格遵守。复查本年总预算审编时，财政专门委员会已有建议提请修改预算，缩短编拟时间，简化审核程序。如能迅速实施，各机关支领经费，自无不便，紧急命令拨款办法，似可废止，并将公库法内关于紧急命令拨款条文酌加修正。如果暂时尚有维持之必要，亦应严加限制，以免泛滥，并须依照规定程序，随时补具法案手续，应使支出有所规范，而便核计。是否有当，理合具文呈请察核施行。仍候指令

祇遵。谨呈

行政院

2. 行政院指令稿 （4 月 1 日）

行政院指令 节伍 9874

令财政部

三十五年三月六日财库叁字第二六五六号呈拟废止紧急命令拨款办法，并修改公库法有关条文，如暂仍有施行必要，亦应加以限制，并随时补具法案由呈悉。查修改预算法，缩短编拟时间，简化审核程序，尚未见诸实施。在复员未完成以前，凡紧急措施，如待法案成立，领款支用，实属缓不济急，紧急命令拨款办法，应仍继续施行。再本院核发紧急命令，向依公库法紧急命令限制办法之规定办理，并随时补办预算手续，并仰知照。此令。

〔国民政府行政院档案〕

8. 财政部对参政员赵雪峰在四届二次国民参政会上关于财政赤字问题的答复

（1946 年 3 月 日）

赵参政员雪峰询问

（一）自抗战以来，国家收支不能平衡。其收支相差究竟有多少？目前因为金融财政之紊乱，以造成不堪设想之危机。请问俞部长有无挽救之策，如有挽救之策，其策为何？请答复。

（二）查目前黄金作祟，不但导致物价上涨，帮助造成恶性通货膨胀，而且因为黄金储蓄既失了政府对人民之信用，又因黄金骤然跌价，害了多少黄金储户，为害之大，令人可怕。今后对黄金运用仍然听其在社会上作祟呢？还是要改变运用政策呢？请答复。

答复

（一）自二十六年七月至三十四年底止，国库收支差额共计一万二千六百八十八亿余元。三十五年度岁入岁出各为二万五千二百四十九亿余元。岁入部分，经常及临时收支一万八千四百七十八亿余元，占总岁入百分之七十三点二，然以岁出庞大，预算差额仍达六千七百七十亿余元，暂列债款收入以资平衡。此项债款收入拟在不危及国民经济发展之范围内，整顿税收，举办财产税、交易税及特种过分利得税，以及取给于日本赔款与筹发公债等，以资弥补。此外，并继续运用黄金外汇以及国外善后救济物资洽借外债等政策，以稳定币值、安定金融、收缩通货，使物价逐渐平抑，收支趋于平衡。

（二）本项答复详见第九号陆参政员锡光询问案内。

〔国民政府财政部档案〕

9. 财政部会计处抄送行政院令为国防最高委员会核定财政专门委员会对于立法院审议 1946 年度国家总预算意见之处理意见函及附件

（1946 年 5 月 16 日）

奉交下行政院三十五年四月三十日节要乙字第（13685）号训令一件，为国防最高委员会核定财政专门委员会对于立法院审议三十五年度国家总预算意见之处理意见一案，除分函外，相应抄附原附件函请贵处查照为荷。此致

秘书处

附抄原令一件、原颁意见一份

会计处启

五月十六日

行政院训令 节要乙字第一三六八五号
民国三十五年四月三十日

令财政部

奉国民政府三十五年处字第(215)号训令开:立法院院字第三〇五七号函,国防最高委员会秘书厅为检送本院审议三十五年度国家总预算之意见请转陈一案,经财政专门委员会拟具处理意见,并经国防最高委员会第一百八十四次常务会议决议,关于决算之审核,仍依向例办理,余照通过。除分行外,合行检发原附财政专门委员会处理意见,就各有关部分令仰该院遵照,并分别转饬遵照。此令。等因。除分行外,合行抄发有关部分令仰遵照。此令。

计抄发原颁意见一份。

对于立法院审查三十五年度国家总预算意见之处理意见

甲、关于岁出者

(一)原意见:岁出总预算之编制颇欠详尽。例如:军务费只有二十一项,而无细目,致对于每项之内容,无从知悉,且本年度军费列数比抗战时期所占总预算之百分数,虽相对减少,而绝对数目则并未减低,甚望今后厉行精兵制度,将全国陆军切实整编并侧重建设空军,兼及海军,又中央军事机关亦应有更为合理之调整,以增效能而节縻费。

处理意见:拟交主管机关切实拟办具报。

(二)原意见:其次关于三十五年度之交通、经济、农林、水利、社会等部门所列之事业费皆甚为笼统,应由有关部会迅速拟详细计划,补编营业概算,或分配预算。

处理意见:事业费之分配预算或营业预算应依法定程序迅编呈核。

(三)原意见:教育经费之编列标准颇不一致。例如:中央政治学校、中央干部学校之经临各费,增加特巨,其他国立各学校,则大部相形见绌,以后对于国立学校之经费分配,应力求公允。至于教育复员经费,既另列总数,尤宜妥慎分配,以符原旨。

处理意见:可照办。

(四)原意见:内政经费特别偏枯,如民政、户政、警政等费均列数甚微,内政工作关系民治前途甚大,理应酌予宽列。至首都警察厅经费在总预算案核定之时，未及列入，现经内部补送到院，审查意见诚为应予补列。又司法行政部主管之添设法院及改良监狱等经费，与农林部主管之森林渔牧经费，亦应分别酌增。

处理意见：所陈除首都警察厅经费已另案核定外，其内政、农林、司法、行政等部所管业务经费，本年度增加已多，如确有再增必要，可拟具计划及预算呈核。

（五）原意见：农林部主管之机关经费，应于下年度予以调整。凡已有合法组织之所属机关经费，均应于事业费分别编列，使更能表示机关经费与事业经费之真相。

处理意见：可照办。

（六）原意见：省市支出比上年度增加甚多，且分别有未分配数及另列有待分配数，统应于年度中间，将各省市之单位预算，包括新疆在内，分别编送本院审议。又东北九省与台湾，亦应从速统一其币制，并查明其财政收支实况，一律编造单位预算，咨送本院审议。

处理意见：各省市（包括新疆）单位预算统限两个月内编送，其统一台湾及东北九省币制并编造单位预算，亦应由行政院速办。

（七）原意见：所有战时设置之各机关，如粮食部等应限期分别裁撤，其他战前设置之机关，亦应有合理之调整，将其节省之经费，用以提高一般公教人员之待遇。

处理意见：关于战时机关之调整，应遵钧会第〈180〉次决议，由行政院切实检讨，迅拟办法呈核。至调整公教人员待遇，可由行政院妥拟具报。

（八）原意见：新增机关之组织，未经完成立法程序以前，不得先列预算。本年度中已列在国家总预算之机关，如经查明其组织尚未完成立法程序，应缓发给经费。

处理意见：现已成立列在国家总预算而组织法规尚未完成立法程序之机关，拟由主计处会同审计部查明，开单呈候，催办立法手续。

（九）原意见：本年度第二预算金列数二千亿元，为数甚大，其动用应提请属于政权机关之年度预算委员会核准，并审办追加预算咨送本院审议，以昭慎重。至于以紧急命令拨付款之办法，立即停止，务使本年度岁出预算之执行结果，不致超过总预算所定之限度。

处理意见：第二预备金之动支程序，应将原核定之审议委员会办法，由行政院迅速成立，在未成立以前，原有紧急拨款办法，暂行维持，但应严格执行，不宜滥发。

（十）原意见：应修正决算法，使国家总决算由主计处切实按期编造，经过审计部详细审核后，仍呈由监察院咨送本院为最后之审核，以昭慎重，务期今后之预算决算相差不至过于悬殊，并使审议预算之时有更为充分之参考资料。

处理意见：所谓决算由立法院最后审核一点，涉及五权分立之监察权限，应请钧会裁决。

乙、关于岁入者

（一）

（子）原意见：关税收入系按战前实收数参照物价伸算，按四分之一估列，颇嫌过少，本年度之进口物资和联合国善后救济物资及政府收购之美国存印物资，虽应于进口时全部免税，但对于其他进口物资，仍不妨修改关税税制，酌予增高，故应由行政院主管部本一面增加财政收入，一面保护本国幼稚工业之原则，妥拟修正关税税制税则，早日呈由行政院咨送本院审议，原列关税收入预算可增列三百亿元。

处理意见：关税收入预算增列三百亿元一节原已增列，共为一千亿元，其余可交行政院饬办。

（丑）原意见：直接税本年度既增设综合所得税，其分类所得税及印花税之课税范围均经扩大；又税率亦当有修正，故直接税收入可酌增二百亿元，并应将直接税系统应行修正之各税法草案迅速咨送本院审议。

（寅）原意见：盐税列数二千亿元，殊嫌过巨，拟减二百亿元，将来俟直接税与关税等有良好成绩之后，再予减轻。

处理意见：直接税及盐税之收入，均暂由主管部依照原核定预算执行，仍查酌执行情形，如有增减必要，随时呈核。

（卯）原意见：货物税可参照国民参政会之意见，增列七百亿元，并应将修正税法草案迅速咨送本院审议。

处理意见：已增列七百亿元，余可照办。

（辰）原意见：应切实铲除各种税务上之积弊，以裕税收。

处理意见：可照办。

（二）原意见：本年度接收敌伪矿厂、财产及货物之租赁售价及营业盈余，计列租赁收入二百亿元，营业盈余收入一千亿元，售价收入五千亿元，共计六千二百亿元。虽仅次于赋税收入，但总系数尚嫌过少，此项矿厂、物资有行政机关接收者，有由军事机关接收者，统应由行政院所属各主管机关开列详细清册，连同处理分配办法以及收入详细数目寄送本院检讨备案。

处理意见：可交行政院切实办理。

（三）原意见：美国租借法案之存印物资及联军在华物资，最近已由政府以美金二千五百万元及法币六十余亿元之数，全部承购。此项物资无论出售予人民或出售予使用之政府机关，均应计列收入，以资补偿。此种物资既为数颇巨，应由行政院所派存印物资接收委员会开具详细清单，开列收入预算，以重国币。

处理意见：可交行政院办理。

（四）原意见：各项重要国际借款合同，或利用外资之协定，嗣后应送本院审议或检讨，以昭慎重。

处理意见：可照办。

（五）关于财政部主管之验契收入及国有财产售价收入，应分别妥拟计划及办法，连同详细概算，送由行政院咨送本院审议。

处理意见：可交财政部及各主管速办。

（六）原意见：本年度万不可再恃增加法币发行，以弥补收支差额。国民参政会初步审查决议，拟提用美国冻结外汇存款，以弥补赤字债务，自应迅筹有效办法，连同收入预算，一并咨送本院审议。

处理意见：关于提用冻结外汇一节，可饬主管部遵照钧会一八〇决议案迅筹有效办法呈候核办，余可照办。

（七）原意见：法币对外汇率应从速研究妥善办法，予以合理之调整。

处理意见：可交主管部研拟具报。

（八）原意见：为统一全国币制，地方滥发他种货币，应责成中央银行及其他国家银行从速接收东北九省及台湾之金融机关与整理当地币券。

处理意见：可交行政院查明实际情况，统筹办理。

〔国民政府财政部档案〕

10. 行政院抄发改订财政收支系统后各级政府1946年度总预算编审办法等章程令

（1946年7月22日）

行政院训令　节京嘉丁二〇第6501号
中华民国三十五年七月二十二日
令湖南省政府

据财政、粮食两部三十五年六月二十九日财地字第九四号会呈，为检呈实施改订财政收支系统会议各项提案及审查报告与决议案，并拟具实施办法七种请鉴核施行等情前来。经饬召集有关机关会同审查，并据报告审查意见提出七月十六日本院第七五一次会议决议修正通过如次：（一）院辖市营业税之征收，仍照改订财政收支系统会议决议案办理，三十六年度起交由各市征收机关征收；（二）各省县市应分得之田赋及带征公粮应按市价（以军粮购价为准）编列岁入预算；（三）由征借项下酌予拨补地方公粮三成，将来仍由各省负责偿还一节，因征借为中央债务而拨借之公粮，各省应照市价□收还，修正为各省收支不敷者，得由中央于配拨军粮有余时，由征借项下酌拨实物补助，至多不得超过三成，仍照市价计列；(四)带征地方公粮本年下半年度省县分配比例，因改制后省级收入较少，改为省县各半计列。但省得之数应以一部分为调剂贫瘠县份之用；(五)此次财政收支系统改订后，省级收支不敷之数，并规定由中央补助，然差额尤甚庞大，能否由国库补助若干，颇成问题。自三十六年度起，各省市财政自治应量入为出，力谋撙节。凡可不必设置之机关与人员及不必要之事业，悉应裁减或停办，以除虚糜而节国力，并授权省主席市长有裁减之权；(六)县级财务应以地方自治各事项为中心，中央各部会责成各省县办理之事项，应斟酌各省县情形及其财力，察其轻重缓急，分别指示。至关于各共有税收经征经费标准，即由财粮两部会拟，呈院核定施行。又原拟县市预算编审办法草案，应暂准施行，国地共有各税之征收缴纳办法草案，各级政府共有各税之预算编制办法草案，以及土地税、契税、营业税等移交地方接管办法草案，即分别由财、粮两部依照上述各点修正，公布施行。其余均准照原呈办法，除分行并指复外，合行抄发该两部原会呈及改订财政收支系统后各级政府三十五年度总预算整编办法及县(局)市预算编审办法各一份令仰遵照办理。此令。

计抄发财政粮食二部六月二十九日原会呈〔略〕及改订财政收支系统后各级政府三十五年度总预算整编办法暨县(局)市预算编审办法各一份

院长　宋子文

改订财政收支系统后各级政府三十五年度总预算整编办法

一、国家总预算三十五年下半年度分配县市国税支出，应全数追减。

二、国家总预算三十五年下半年度田赋、地价税、土地增值税收入，按总额扣除征收费，省辖市按照百分之三十，院辖市按照百分之四十。又遗产税，县市以百分之三十，院辖市以百分之十五，及营业税按照院辖市分得百分之三十分别核算中央应得数额，并将较原预算减少数办理追减，三十五年下半年度契税应全数追减。

三、遗产税及院辖市营业税，由中央征收机关征收。其三十五年下半年度所扣院辖市及县(市)征收费，应追加列入国家岁入总预算。

四、三十五年下半年度国家总预算土地税、契税及省县营业税征收经费，应予追加。

五、国家总预算内所列补助三十四年度免赋各省(市)三十五年下半年度县(市)经费，应全数追减。

六、豁免三十五年度田赋地价税之各省市，其三十五年下半年度省市及县市经费，应由中央补助，国家总预算应追加岁出，其补助办法另订之。

七、三十五年下半年度国家总预算所列省(市)各项收入及支出，应全数追减移列省(市)总预算。

八、各省市应于七月一日以前，按下项标准编列省(市)总预算。

(一) 田赋按粮食部核定三十五年度各该省市应征实物数额，省照规定折价标准折合国币总额以半年度计算，扣除征收费后，以百分之二十、院辖市照半年度总额百分之六十编列。

(二) 地价税及土地增值税，按财政部核定三十五年各该省市岁入分配额以半年计算，省按总额扣除征收费后以百分之二十、院辖市按总额以百分之六十编列。

(三) 田赋带征地方公粮三成，各省应按赋额及规定折价标准折合国币，以一成编列。

(四) 营业税照财政部核定该省市本年预算数以半年计算，并由各省市视实际情形增加，扣除征收费后，省以百分之五十、院辖市以百分之七十编列。

（五）罚款及赔偿收入、规费收入、财产孳息收入、公有营业盈余收入、公有事业收入、其他收入暨财产及物资售价收入，一律以本年度国家岁入预算半年度数额计列，并由各省市察酌实际情形调整加列。

（六）三十五年度免赋省（市）其田赋及地价税应按照中央补助办法之规定编列，其办法另订之。

（七）各项岁出，一律依核定三十五年度各省市岁出单位预算以半年度计算，并对二、三、四各月份起调整公教人员待遇伸算列入，上半年度奉准专案追加之经费，如系属于按月经常支出者，一并伸算计列，其补助公教人员之实物，照收入预算折价计列。

（八）院辖市总预算应与原有自治部分预算合并。

九、各县（市）总预算应按下列标准调整。

（一）下半年度分配县市国税收入，应全数追减。

（二）田赋按粮食部核定三十五年度各该县（市）应征实物数额，以半年度计算，照规定折价标准折合国币总额，以百分之五十编列。

（三）地价税及土地增值税，按财政部核定三十五年度岁入分配额，以半年度计算，照百分之五十编列。

（四）田赋带征地方公粮三成，各县（市）应按赋额及规定折价折合国币，以二成编列。

（五）营业税照财政部核定该县市本年预算数，以半年预算，并由县市视实际情形增加后，以百分之五十编列。

（六）契税按财政部规定该县市本年度预算数，以半年计列，并视实际情形增加。

（七）三十四年度免赋省份之县（市），应将三十五年下半年度中央补助收入，全数追减。

（八）三十五年度免赋省份之县（市），应追加下半年度中央补助收入，其数额应按中央补助办法之规定核列。

（九）田赋、地价税、土地增值税、营业税所扣之征收费，应追加列入信托及管理收入。

（十）田赋、地价税、土地增值税、契税、营业税征收经费之支出，应核实追加。

十、院辖市原有自治部分预算数额之调整，除田赋、地价税、土地增值税、营业税应照第八条第一、第二、第四各类规定办理外，应参照第九条之规定办理。

十一、各省市三十五年下半年度总预算岁入岁出不能平衡时，其差额得由中央补助，列为补助收入。

在省市总预算核定以前，由省市编具收支对照表呈由中央先行核借，照本年六月底以前核定之各省市支出预算数一个月至三个月之经费，俟总预算核定后分别扣补。

十二、各省（市）县（市）实物售价超出折算数额，应于岁入预算内另列实物售价溢收科目，指定为调整公教人员待遇财源，于年终与调整公教人员待遇数额汇办追加岁入岁出预算，如仍有不敷，得专案呈请中央酌予补助。

十三、各省县（市）有特殊情形者，如边远贫瘠省份及秩序尚未恢复区域暨有其他特殊困难者，除照本办法之规定办理外，得另行专案呈请中央核办。

十四、省（市）县（市）局预算科目，除本办法之所定外，省（市）应参照国家总预算所定岁入科目及省市单位预算科目办理，县市仍照县市预算科目实例办理。

县（局）市预算编审办法草案

一、县（局）及隶属于省政府之市（以下简称县）（局）预算编制，除法令别有规定外，悉依本办法之规定办理。

二、县市预算之科目，应依照财政收支系统法所附收入及支出分类表之规定编列。

三、县市各项税课收入编列标准如左。

甲、土地税

1. 田赋　应依照征赋额，以百分之五十编列（应扣中央及省之征收费另列信托管理收入内），所有带征之地方公粮，应就分得部分编列。

2. 地价税及土地增值税，应按本县市最近三年各该税实收数及地价变动趋势估列总额，以百分之五十编列。

乙、契税　应按以往实收情形及土地移转与地价变动情形估计编列。

丙、遗产税　应按中央估列本县市征收总额，按纯收入以百分之三十编列，如中央估列本县市征收总额尚未奉到，应参照最近三年实收数及经济变动趋势，估计编列。

丁、营业税　参照最近三年本县市实收及经济变动趋势估计总额，以百分之五十估计编列。

戊、土地改良物税（或房捐），按本县市实收情形及租金增减趋势，估计编列。

己、屠宰税　按本县市屠宰牲畜情形及肉类价格增减趋势，估计编列。

庚、营业牌照税　按征收细则之规定与本县市实际情形，估计编列。

辛、使用牌照税　按征收细则之规定与本县市实际情形，估计编列。

壬、筵席及娱乐税　按征收细则之规定与本县市实际情形，估计编列。

四、县市工程受益费（即特赋），应先依法定程序经核定后，再以核定数列入预算。但因时间匆促，不及预经核定程序者，得于提出预算案时同时提出征收工程受益费案，请求核定。

五、信托管理收入，应将本县市经征之中央及省土地税、营业税征收费及其他信托费用收入编列。

六、补助协助收入中央或省补助县（局）市之款，应按核定数编列。

七、特别税课收入，应依法定程序，经中央核定后编列。

八、其他各项收入应按照各该征收章则，参酌实际情形，估计编列。

九、县(局)市财务支出，应就县(局)征收机关与县市库所需之经费核实编列。

十、乡镇之收支，应由乡镇公所每年拟编下年度单位预算，于八月底以前呈送县(局)市政府审核列入县(局)市总预算统收统支，其未如期编送者，由县(局)市政府代编列入。

十一、县(局)市预算，应按各该年度预算总额百分之五至百分之十五编列，乡镇临时事业费，由乡镇按事实之需要编具计划及预算，呈由县(局)市政府核准支用，并呈报省政府备案。

十二、乡镇支出总额应占县(局)市预算总额百分之五十至百分之七十。

十三、县(局)市政府每年应拟编下年度施政计划及总预算书，于九月底以前呈请省政府核定。

前项施政计划及总预算书，并应先送县(局)市参议会审议，在县(局)市参议会未成立前，应先提交县(局)市行政会议通过。

十四、省政府应于十一月底以前，将本省各县(局)市下年度施政计划及总预算书分别核定，由县(局)市政府将核定县(局)市总预算公布之。

省政府同时汇编全省县(局)市施政总计划及县(局)市总预算五份，分别呈送行政院及主计处、内政部、财政部、中央设计局备查。

十五、各县(局)市总预算书之收支不能平衡时，应由省政府调查之。

十六、年度开始时如预算尚未成立，各县市政府对于必须继续支用之各项经费，得延用上年度预算，其新增经费如有支付之必要者，须先呈请省政府核准。

十七、本办法自公布之日施行。

〔国民政府财政部档案〕

11. 财政部公布之国地共分各税征收缴纳办法

（1946年9月5日）

国地共分各税征收缴纳办法　三十五年九月五日财政部公布

一、财政收支系统法施行后，中央、省（市）、县（市局）共分各税之征收缴纳，悉依本办法之规定办理。

二、遗产税为中央税，由中央征收机关征收。

三、营业税为省税及院辖市税，得经行政院之核定，由中央征收机关代征，或委托县（市局）代征。

前项代征之经征经费，应由省（市）负担，列入省市岁出预算，其标准由财政部拟订，呈行政院核定之。

四、土地税由院辖市及县（市局）支〔征〕收。

五、田赋折征法币，由各县（市局）田赋粮食管理机关征收。

六、共分各税由中央机关征收者，地方政府应加协助。

七、共分各税由中央征收机关征收者，应由该征收机关填具收款书，交由缴纳人先行缴解代理国库之银行列收代收各该税专户；其由县（市局）征收机关征收者，比照前项办法，先行解缴代理省库或县库之银行列收代收各该税款专户。

八、各级征收机关应于每旬终了时，将本旬经征共分各税，按照规定分配比率，详细划分，填具缴款书，开具支票，由代收各该税款专户内转列各级库帐。

前项代收各该税专户支票，限于缴纳各级公库，或依法退还纳税人，不得由征收机关提取现金或挪用。

九、共分各税税款为便于收纳起见，凡当地设有国库者，其余各级公库事务一并委托兼办；未设国库而设有省库者，应兼代国库及县库事务；未设国库、省库，而设有县库者，县库应代理国库及省库事务。代理各级公库之银行，其经收税款契约另定之。

十、依照规定，得由征收机关自行收纳之税款，征收机关应按规定期限，径行按比率分配，分别解缴国库、省库、县库，并不得截留挪用。

十一、经征机关应将共分各税，按照各级分配数额，分别列帐，按旬编制征纳报告表，分别填列中央、省（市）、县应分配之税款及其总额。由地方经征机关征收者，应分别报送县府、市财政局、省财政厅及当地直接税局列帐，并以一份送省审计处查照。由中央征收机关征收者，应分别报送上级主管机关省财政厅、市财政局、县政府列帐，并以一份送省审计处查照。

十二、共分各税各级政府编列预算之办法另订之。

十三、本办法自公布之日起施行。

〔国民政府财政部档案〕

12. 行政院明令施行之各级政府共分各税预算编制办法

（1946年10月12日）

各级政府共分各税预算编制办法　　三十五年十月十二日院令施行

一、遗产税、营业税、土地税，依照财政收支系统法之规定，系中央、省（市）、县（市局）各级政府共分，其概算应由各级政府按估计总收入额，照规定分配成数，计算其应得数额，分别核编。

二、各级政府共分各税估计总收入额核编概算，应参照最近三年各该税实收数及预测以后经济趋势办理。

三、各省营业税经行政院核定，由县（市局）经征，其经费省应按全省营业税估计总收入额，依规定标准，核计编列省总预算信托及管理支出；县（市局）应按该县营业税估计总收入额，依规定标准，核计编列县（市局）总预算信托及管理收入〔支出〕。又田赋在征收实物期内，其田赋粮食经费之分担，另按规定办理。

四、中央征收之遗产税及院辖市征收之营业税，应由经征税款之中央及院辖市主管税务机关，于每年中央政府二级主管机关概算编送前一个月，依第一条之规定，估计总收入额，照规定分配成数，编具各级政府各该税收入预计分配数额表。除送主管财务机关外，遗产税应分送院辖市及县（市局）主管财务机关，营业税应分送财政部。

五、县（市局）征收之土地税，由县（市）政府（局）于每年中央政府二级主管机关概算编送前二个月，依前条之规定，编具各级政府土地税收入预计分配数额表，呈送省财政厅二份，由省财政厅审核汇编，加具意见，连同原编表一份，于中央政府二级主管机关概算编送前一个月，送达财政部。

六、县（市局）经征之营业税，由县（市）政府（局）于每年政府二级主管机关概算编送前一个月，依第四条之规定，编具各级政府营业税收入预计分配数额表，送达财政厅。

七、中央征收之遗产税，其预计分配数额表地方机关未能及时收到时，得由院管市及县（市）政府（局）按照第一及第二条之规定，估计数额，列院辖市及县（市局）总概算。预计分配数额表到达后，如较院管市及县（市局）总预算核定数相差过巨，应核办追加或追减院辖市及县（市局）总预算。

八、地方征收之土地税与院辖市营业税，如预计分配数额表未能及时送达中央时，得由财政部按照第一及第二条之规定，估计数额，编列国家岁入总概算。预计分配数额表送达后，如较国家总预算核定数相差过巨，应由中央核办追加或追减国家总预算。

九、县（市局）经收之营业税，其预计分配表，县（市）政府（局）未能及时送达省财政厅时，得由财政厅按照第一、第二及第三条之规定，估计数额，编列省总概算。预计分配数额表到达后，如较省总预算核定数相差过巨，应核办追加或追减省预算。

〔国民政府行政院档案〕

13. 国民政府主计处 1946 年度国家总预算案总说明及补充说明

（1946 年 12 月）

民国三十五年度国家总预算案总说明①

（一）本年度国家总预算案，系依据三十五年度总预算编审办法、国家施政方针及核定之有关预算法令，审编完成。

（二）本年度岁入预算分经常、临时两门。岁入经常门合计为七千一百二十二亿五千四百七十三万元，岁入临时门合计为三百〇一亿七千八百四十万二千元。

（三）本年度岁入在千亿以上者有盐税、货物税、土地税三种。在百亿以上者，有关税、营业税、规费收入、公有营业盈余收入、征借粮食收入、所得税、财产售价收入、印花税八种。

（四）本年度岁入总计为七千四百二十四亿三千三百一十四万二千元。

（五）本年度岁出分为经常岁出、临时岁出、生活补助费、复员善后支出、事业岁出五类。经常岁出为一万六千二百九十六亿三千六百一十四万五千二百六十元（内有省市支出一千九百二十六亿余元）。临时岁出为二千〇八十四亿六千一百九十八万九千元。生活补助费估计为二千一百九十亿元。复员善后支出约为五千〇九十亿元。事业岁出为六千〇四十六亿六千六百五十八万一千元，并依法酌列第二预备金一亿元。

本年度岁出总计为三万八千七百〇七亿三千四百七十一万五千二百六十元，与岁入总数相较，不敷二万五千二百八十三亿〇一百五十七万三千二百六十元。

照历年向例增列临时债款收入以资平衡外，有征借粮食收入一百八十五亿五千八百八十万元，系实际收入，亦列入债款收入。

---

① 原件无时间，据文意判断系 1946 年 12 月以后所形成。

（六）本年度经常、临时、复员善后及事业岁出四类，各主管机关原列数为三万二千六百七十九亿九千七百一十九万二千一百五十六元，本处拟列数为二万九千五百一十七亿三千四百七十一万五千二百六十元，计共核减三千一百六十三亿六千二百四十七万六千八百九十六元，其中经常费核减者为八十四亿余元，临时费核减者为九百九十二亿余元，复员善后支出核减者为一百二十四亿余元，事业岁出核减者为一千九百六十一亿余元。

（七）本年度为复员开始之时期，经济秩序尚未完全恢复，自难望有巨款之经常收入，然弥补国库亏短，尚有数种临时财源可以利用：(1)出售黄金收入；(2)接收敌伪财产之一部分出租或变价收入；(3)利用外汇购进国外物资收入。

（八）本年度军费尚未奉委员长核定，兹就军政部会议审订之数（内有国币数及美金按官价折合之国币数），加入粮食部代编军粮购价之数，合并编入，俾全部岁计真相得以表现。

（九）本年度复员善后支出计分中央各机关复员费、各国立学校复员费、各省市复员费、善后救济配合支出及日侨给养费五项，合计拟列五千〇九十亿元。

（十）本年度因有复员善后之关系，各主管机关概算均已逾期甚久，始陆续送达本处。为争取时效起见，连夜赶办，陆续将审编完竣之各类概算印送国防最高委员会财政专门委员会审查，以免延误时机，现已全部告成，依照法定程式采编为三十五年度国家总预算案。

总说明之补充说明

第五条所列岁出总计为三万二千余亿元，内有军费二万余亿元，若以三十四年十二月份实发数伸算，作为三十五年度军费，则军费预算约为一万亿元，不敷数约为一万五千余亿元，以第七条所列之各种临时财源补充，所差当属有限。

〔国民政府主计部档案〕

（2）岁入

中华民国三十五年度国家总预算岁入总表

科　　目	经常收入	临时收入	合　　计
1. 土地税	九四,四六二,四四三,〇〇〇		九四,四六二,四四三,〇〇〇
2. 所得税	四〇,〇〇〇,〇〇〇,〇〇〇		四〇,〇〇〇,〇〇〇,〇〇〇
3. 非常时期过分利得税	五,〇〇〇,〇〇〇,〇〇〇		五,〇〇〇,〇〇〇,〇〇〇
4. 遗产税	三,〇〇〇,〇〇〇,〇〇〇		三,〇〇〇,〇〇〇,〇〇〇
5. 营业税	六〇,〇〇〇,〇〇〇,〇〇〇		六〇,〇〇〇,〇〇〇,〇〇〇
6. 印花税	一三,〇〇〇,〇〇〇,〇〇〇		一三,〇〇〇,〇〇〇,〇〇〇
7. 矿税	二,〇〇二,〇〇〇,〇〇〇		二,〇〇二,〇〇〇,〇〇〇
8. 关税	九〇,九〇九,三九〇,〇〇〇	九,〇九〇,九一〇,〇〇〇	一〇〇,〇〇〇,三〇〇,〇〇〇
9. 货物税	二〇二,四八九,九〇〇,〇〇〇		二〇二,四八九,九〇〇,〇〇〇
10. 盐税	二〇〇,〇〇〇,〇〇〇,〇〇〇		二〇〇,〇〇〇,〇〇〇,〇〇〇
11. 罚款及赔偿收入	二三七,一〇〇,〇〇〇		二三七,一〇〇,〇〇〇

续上表

科　　目	经　常　收　入	临　时　收　入	合　　计
12.规费收入	八,八四二,〇五二,〇〇〇	四一,六四〇,〇〇〇,〇〇〇	五〇,四八二,〇五二,〇〇〇
13.财产孳息收入	二二,二二二,六一六,〇〇〇	三五,〇〇〇	二二,二二二,六五一,〇〇〇
14.财产及物资售价收入		六八四,七五三,〇〇〇,〇〇〇	六八四,七五三,〇〇〇,〇〇〇
15.公有营业盈余收入	一〇九,〇〇四,七九三,〇〇〇		一〇九,〇〇四,七九三,〇〇〇
16.公有事业收入	一九七,一五〇,〇〇〇		一九七,一五〇,〇〇〇
17.捐献及赠予收入		八三,〇〇〇,〇〇〇,〇〇〇	八三,〇〇〇,〇〇〇,〇〇〇
18.收回美军垫款收入		一五〇,〇〇〇,〇〇〇,〇〇〇	一五〇,〇〇〇,〇〇〇,〇〇〇
19.征借实物收入		二七,八三八,二〇〇,〇〇〇	二七,八三八,二〇〇,〇〇〇
20.其他收入	一七九,三六六,〇〇〇	七,二〇〇,〇〇〇	一八六,五六六,〇〇〇
21.债款收入		六七七,〇五八,五七〇,〇〇〇	六七七,〇五八,五七〇,〇〇〇
岁入总计	八五一,五四六,八一〇,〇〇〇	一,六七三,三八七,九一五,〇〇〇	二,五二四,九三四,七二五,〇〇〇

〔国民政府主计部档案〕

15. 国民政府1946年度国家总预算统计表及百分比

（1946年）

三十五年度国家总预算　　（百美元）

岁出			岁入		
科目	数额	百分比	科目	数额	百分比
总计	2,524,935	100.01	总计	2,524,935	100.00
军事费	1,099,080	43.53	税款收入	719,954	28.51
经建费	532,817	21.10	行政事业及其他收入	1,127,922	44.67
财政债务	110,413	4.37	赊借收入	677,059	26.82
文教救济	94,567	3.75			
省市支出	250,183	9.91			
复员支出	180,000	7.13			
第二预备金	200,000	7.92			
其他	57,875	2.29			

〔国民政府财政部档案〕

17. 财政部会计处所拟改制后分配各税之预算编审办法等章程草案

(1946年)

改制后分配各税之预算编审办法草案

一、各级政府共分各税概算之编审，应参照最近三年各该税实收数及预测以后经济趋势办理。

二、中央省(市)县(市)共分各税岁入预算，应按各级政府分配成数计算其应得数额，分别编列。

三、中央经征者其征收费，应按规定标准，由税款总额内扣除，列入中央岁入预算，由县经征者，其征收费以同法扣列县预算内。

四、各级政府共分各税之收入，应由经征机关按照前三条之规定，编具岁入概算及各级政府应得税额分配表，分别层送有关各级政府，按照分配表所列应得税额列入各该级政府岁入总概算内。

五、国家总概算共分各税收入之核编，如因经征机构分配表未能及时送达时，得由直接税署按照一至三条之规定，估计编列，仍应将估计数额行知经征机关遵照补编分配表分别呈送补查。

六、各省(市)县(市)政府总概算分配各税之核编，如因经征机关所送分配表与直接税署估列数有出入时，各该级政府主管机关应按经征机关更编之分配表分别办理追加或追减概算。

中央核拨地方补助款办法草案

一、凡省(市)县(局)市呈请中央核拨补助款，悉依本办法之规定办理之。

二、补助款应由中央每年在国家岁出预算内核列专目，其数额至少应按国家税课及岁入总额百分之一至五为核列标准，作为中央补助省(市)及县(局)市地方之专款。

三、呈请补助款之省(市)或县(局)市应专案将下列事项详细说明,并编制补助预算呈请中央核定之。

1. 补助之原因种类数额及用途;

2. 事业计划及分配情形;

3. 财政状况人口面积及地方自治事业发展情形。

四、中央对于省(市)及县(局)市补助款,应参酌第三条规定,并限于左列情形之一者核补之。

1. 边远或贫瘠之省,其人口稀少、财政支绌,预算经中央核定确无法平衡者;

2. 县(局)(市)地域广大、人口稀少、税源短绌、行政经费确无法维持者;

3. 特殊性之地方建设事业或中央指定必须积极举办之事业,确无款支应者;

4. 地方遭受重大灾害,非人力所能抵抗,经报准有案,且其收入锐减,预算无法平衡者;

5. 地方原有之赋税经中央明令豁免者。

五、补助款之拨发,由中央按照核定数额饬国库直接拨发各该申请之省(市)或县(局)(市)应用,如县(局)(市)无法由国库直接拨发者,中央得拨由省政府转发。省政府不得截留移用,或令提成协助。

六、中央核定之省(市)县(局)(市)补助款,应依法列入省(市)县(局)(市)预算,除规定用途者外,得由各该省(市)县(局)(市)政府统收统支。

七、本办法自核定公布之日起施行。

〔国民政府财政部档案〕

18. 国民政府主计处颁行各省市编制年度决算要点

（1947年2月4日）

各省市编制年度决算之要点　国民政府主计处三十六年二月四日颁行

各省市编制年度决算，除依据决算法及决算法施行细则外，应注意下列各要点。

甲、编制期限

一、各省市尚未编送三十三年度岁出单位决算者，应于三十六年二月底以前补编完成，以三份送达主计处，另以一份呈送行政院。

二、各省市尚未编送三十四年度岁出单位决算者，应于三十六年三月底以前补编完成，以三份送达主计处，另以一份呈送行政院。

三、各省市三十五年上半年度岁出单位决算，应于三十六年五月底以前汇编完成，以三份送达主计处，另以一份呈送行政院。

四、以上各项限期，应由各该主办会计人员负责赶办，不得迟延。

乙、编制办法

一、各类岁出有决算数者，照决算数填列（超过预算部分不应列入）；无决算数者，照该年度十二月份各该科目累计数填列；无累计数者，暂照国库实发数填列，均于说明栏内注明，仍由各省市政府限期将决算数查明补报，分别修正。

二、各省市编送决算时，应附有关之重要统计。

三、各省市支出数如有已接审计机关核准通知者，应依核准数列入决算，并附说明，其余均照实支数及权责发生数列入。

四、各省市编制年度决算，应依决算法施行细则第三条之规定，编送甲、乙两表。甲表就本年度收付实现数及权责发生数编制；乙表按以前年度转入数之决算数编制之。

五、权责发生数以各该年度十二月底以前发生者为限，收付实现数以各该年度收支结束之期限为限。

六、决算法施行细则第四条规定之各种决算附表，在会计报告内已编成者，应检齐附送，其未编齐者，得于事后补送，不得因附表未齐，迟延送达决算书表。

七、各特种基金决算，其预算未经核定者，仍应按照年度终了日实际情况编造决算送核。

〔国民政府主计处档案〕

19. 财政部会商1947年度总预算立法院意见纪录

（1947年3月17日）

会商三十六年度预算立法院意见纪录

时间：三十六年三月十七日午后三时

地址：本部会议室

出席人：缪秋杰　沈松代　盐政总局　罗述祎　参事厅　汪右明　关务署　姜书阁　杨庆春　陈炳华　侯梁生　李　傥　周雍能　孙静工　陈少书代

主席：李次长

纪录：段谦谨

（一）主席报告　〔从略〕

（二）决议事项

甲、岁入部分

一、钱币司应于本星期三（三月十九日）以前，准备下列说明资料，以便提出国防最高委员会财政专门委员会讨论。

1. 核定各国家银行营业盈余收入已多，事实上难能再予增加之理由。

2. 输出食盐原系免税出口，现已决定每担征税五千元，盈余约减少七百亿元，故原列中央信托局营业盈余，似已不能再增，惟该局受政府委托办理易货业务，其盈余似可令酌提佣金后全部纳库，不能列入该局营业范围以内，应以特别会计处理。

3. 参加官股之其他四银行盈余酌量增加。

二、接受敌伪财产，租赁收入，照主计处意见由行政院核办。

三、黄金外汇买卖情形由钱币司准备书面报告，接受敌伪财产、物资及美军剩余物资售价，由主管机关办理，惟国库署应尽可能准备资料。

四、借入外债由公债司会同国库署拟议处理办法，并召集有关机关切实会商办理。

五、日本赔款俟确定后，再行估列岁入数额。

乙、岁出部分

本部所属税务机关由主管署会同人事处照主计处意见拟具调整简化方案。至关务机构组织已由国防最高委员会发交考试院、行政院会同审议，候令遵办。

丙、其他

一、三十六年度本部施政计划由会计处会同设计考核委员会先行检讨，拟具说明补送。

二、本部所属事业机关三十六年度营业概算，由会计处拟稿，令饬限于三月底以前编送。

立法院对于中华民国三十六年度中央政府岁入、岁出总预算案之审查意见。

甲、岁入部分

一、财政部主管各国家银行及参有官股之其他银行所列盈余收入，仍应分别再予酌增。

二、经济部主管中国纺织公司所列盈余收入增加过巨，应就该公司内部机构、人事严加调整，以撙节开支，不应再如前此所为，迭次提高纱价，以致刺激一般物价。

三、接受敌伪财产租赁收入列数与上年度相同，本年度物价上涨应予酌增。

四、关于黄金外汇买卖、美军剩余物资及接收敌伪财产物资售价，应将详细情形分别编制书面报告送院参考。

五、凡三十六年度借入之外债，其实收入及支配数额，均应折合国币列入总预算。

六、日本赔款数额庞大，应将本年度可能收入之赔款及物资作价列入岁入部分，弥补预算差额。

乙、岁出部分

一、关于政权行使支出所列中央设计局、党政工作考核委员会及工作竞赛推行委员会均属骈枝机关，应予裁撤。

二、关于行政院主管所列最高经济委员会、输入设计专门委员会、输入品管理处等机关，其组织多无法律根据，应予裁撤，将其业务分别划归主管机关办理。

三、国防部之组织过于庞大、重复，应再予调整、简化，以节糜费而增效能。

四、财政部所属税务、关务机构组织复杂，亟应调整简化，拟订办法送本院审议。

五、内政部主管之经费支出，最大部分均用于警政方面，对于户政、民政未能充分注意，应由主管部就所列经费总额为合理之调整。

六、粮食部应予裁撤，关于田赋之征收仍交还财政部办理，其军粮之供应仍交还国防部办理。

七、善后救济总署所办之经常救济事务，应移交社会部办理。

八、侨务委员会所属之法定机构，原为侨务局而非侨务处，故总预算中该会所属之第二项至第九项各单位均应依法改正。

丙、其他

一、本年度总预算收支差额之筹补方法，应由行政院提出法案咨送本院审议，并应于最短期间将稳定物价之具体方案送本院查考。

二、本年度各机关之施政计划、事业计划或营业计划，在总预算中均无详细说明，致无从表现各部门之政策或中心工作，应由主管机关分别补送本院，以凭查考。

三、关于国营事业，应由各主管机关一律依法编造营业预算送本院审议，本院迭有建设，亟应查照办理。①

〔国民政府财政部档案〕

20. 财政部国库署预拟国民党六届三中全会关于军费拨发情况问答材料稿

（1947年3月）

三十六年度军费，除军粮、军盐价款，交通警队，东北、云南保安团队，防空经费等，均分别性质移列他项支出外，国防部主管军费计共核列四，五七四，二六七，三七〇，〇〇〇元（包括军事复员费一二，〇〇〇亿元在内）。除兵士服装经费依实际需要分期拨发，军事预备费依例应专案报请行政院核准支拨，美军顾问团经费亦系按照需要拨付外，其他各科目经临费在国防部预算未核转到部前，仍照往年例，以十二个月平均计每月应拨三三九，九〇二，五六

① 该项意见业经立法院第四届第313次会议修正通过，并已于2月8日呈报国民政府。

一，五〇〇元，按月提前一个月预拨，现已拨至四月份。又自本年二月起调整军职人员待遇，每月应增拨军费一，〇一〇亿余元，所有二月份应拨数业已饬拨，以后各月亦援照预拨军成例，按月提前预拨。

〔国民政府财政部档案〕

21．财政部国库署拟国民党六届三中全会关于党务经费拨发情况问答材料稿

（1947年3月）

查三十六年度党务经费，系分别寄列国民政府行政院及教育、交通、社会、侨委各部会主管预算内，综计经常费一五，二九九，〇四〇，〇〇〇元，临时费四一，七四〇，七一四，〇〇〇元，生活补助费一一，五三〇，六五九，三八八元（系照三十五年度八月份标准计列）。除一至三月份生活补助费业经分别饬库径拨各该支用单位外，兹准中央党部、中央执行委员会秘书处函请，将经、临生补各费统由该处总领转发，以事关变更预算，已函复请函国防最高委员会核转本部，再行办理。

〔国民政府财政部档案〕

22．财政部国库署拟国民党六届三中全会关于垫付美军款项问答材料稿

（1947年3月）

（1）三十三年度以前垫付美军各项款共为五百余亿元，已由美方以美金二亿五千五百万元偿还，该项美金经已收归国库，并移充法币外汇基金之用。

（2）三十四年一月一日起至三十五年八月三十日签订《中美

出售剩余物资合约》止，垫付美军各款共为一千三百亿元，已规定在剩余物资项下划抵，美方不再以现金偿还。该项剩余物资原值八亿美元，由物资供应局接收处理。

〔国民政府财政部档案〕

23. 财政部1948年度中央政府岁入总概算书总说明

(1947年11月13日)

中华民国三十七年度中央政府岁入总概算书总说明

财政部编制三十七年度中央政府岁入总概算，系依照三十七年度中央政府总预算编审办法之规定办理，其所列概算数，系依据中央各院部会处原编各该机关主管三十七年度岁入概算及参据三十六年度岁入预算数分别编列。至所列三十六年度岁入预算数，除财政部主管系依照原核定预算及核定追加预算数合并计列外，其余各院部会处均系依照原核定预算数编列。兹将三十七年度总概算拟编情形、概算内容及拟编意见胪述如次：

(甲) 拟编情形

(一) 国民政府文官处主管岁入三六，〇〇〇，〇〇〇元，系照原编经常门其他收入三六，〇〇〇，〇〇〇元编列。

(二) 司法院主管岁入六八四，一八〇，〇〇〇元，系依照司法院原编经常门其他收入六〇，〇〇〇元，最高法院原编经常门规费收入六八四，〇〇〇，〇〇〇元，其他收入一二〇，〇〇〇元编列。

(三) 考试院主管岁入一六四，〇〇〇，〇〇〇元，系依照原编临时门规费收入一六四，〇〇〇，〇〇〇元编列。

(四) 考选委员会主管岁入七，八五〇，〇〇〇元，系依照原编临时门规费收入七，八五〇，〇〇〇元编列。

(五) 铨叙部主管岁入四〇，〇〇〇元，系依照原编临时门规费收入四〇，〇〇〇元编列。

（六）内政部主管岁入七，〇三七，六六〇，〇〇〇元，系依照原编经常门本部规费收入二〇，六〇〇，〇〇〇元，其他收入二〇〇，〇〇〇元，警察总署罚款及赔偿收入六，二五〇，〇〇〇，〇〇〇元，人口局规费收入一九，八六〇，〇〇〇元，其他收入六二，〇〇〇，〇〇〇元，电影检查处规费收入六七五，〇〇〇，〇〇〇元编列。

（七）外交部主管岁入一六，七六〇，〇〇〇，〇〇〇元，系依照原编经常门规费收入一六，七五五，〇〇〇，〇〇〇元，其他收入五，〇〇〇，〇〇〇元编列。

（八）国防部主管三十七年度岁入概算未准编送，所列概算数一〇，〇〇〇，四二〇，〇〇〇元，系暂照三十六年度中央政府总预算所列经常门财产孳息收入四二〇，〇〇〇元，临时门国有财产及物资售价收入一〇，〇〇〇，〇〇〇，〇〇〇元编列。

（九）财政部主管岁入三一，二二五，〇〇九，九五九，二一〇元，系依照原编经常门所得税三，六〇〇，〇〇〇，〇〇〇，〇〇〇元，过分利得税一，〇〇〇，〇〇〇，〇〇〇，〇〇〇元，遗产税一〇〇，〇〇〇，〇〇〇，〇〇〇元，印花税一，〇〇〇，〇〇〇，〇〇〇，〇〇〇元，特种营业税三〇〇，〇〇〇，〇〇〇，〇〇〇元，关税六，一九〇，九二五，〇〇〇，〇〇〇元，货物税一〇，四〇一，三〇〇，〇〇〇，〇〇〇元，盐税七，二〇〇，〇〇〇，〇〇〇，〇〇〇元，矿产税二四七，〇〇〇，〇〇〇，〇〇〇元，营业税五〇〇，〇〇〇，〇〇〇，〇〇〇元，地价税六五，〇〇〇，〇〇〇，〇〇〇元，土地增值税三五，〇〇〇，〇〇〇，〇〇〇元，罚款及赔偿收入四，五〇〇，〇〇〇，〇〇〇元，规费收入一，四〇六，〇〇〇，〇〇〇元，财产孳息收入六，一〇八，〇五九，二一〇元，国有营业盈余收入二三，五八三，九〇〇，〇〇〇元，其他收入五二，〇〇〇，〇〇〇元，临时门关税三〇九，〇七五，〇〇〇，〇〇〇元，财产及物资售价收入四六，〇六〇，〇〇〇，〇〇〇元，捐献及赠与收入五，〇〇〇，〇〇〇，〇〇〇元编列。

（十）经济部主管岁入九二八，三〇八，七二七，六〇〇元，系依照原编经常门矿区税二四，〇〇〇，〇〇〇元，规费收入七，八三一，六〇三，六〇〇元，国有财产孳息收入一二〇，六〇〇，〇〇〇元，国有营业盈余收入九二〇，二八七，四六四，〇〇〇元，国有事业收入一二，一六〇，〇〇〇元，其他收入三二，九〇〇，〇〇〇元编列。

（十一）交通部主管岁入一八，六八四，九八四，二〇〇元，系依照原编经常门规费收入五，三五九，四五一，五〇〇元，国有营业盈余收入一三，二五七，二〇〇，〇〇〇元，其他收入六八，三三二，七〇〇元编列。

（十二）农林部主管岁入二，八八三，七七〇，〇〇〇元，系依照原编经常门国有财产孳息收入三九五，四九〇，〇〇〇元，国有财产及物资售价收入一，六〇〇，二四〇，〇〇〇元，国有营业盈余收入七一二，三〇〇，〇〇〇元，国有事业收入二〇，〇〇〇，〇〇〇元，其他收入五六，二八〇，〇〇〇元，临时门国有财产及物资售价收入九九，四六〇，〇〇〇元编列。

（十三）粮食部主管岁入一，五〇七，五八一，三一五，〇〇〇元，系依照原编经常门田赋一，四八七，五三一，〇一五，〇〇〇元，国有财产孳息收入三〇〇，〇〇〇元，国有营业盈余收入五〇，〇〇〇，〇〇〇元，临时门规费收入二〇，〇〇〇，〇〇〇，〇〇〇元编列。

（十四）司法行政部主管岁入一六六，四四三，九〇〇，〇〇〇元，系依照原编经常门罚款及赔偿收入七五，〇〇〇，〇〇〇，〇〇〇元，规费收入六〇，〇〇〇，〇〇〇，〇〇〇元，国有财产及物资售价收入三〇，〇〇〇，〇〇〇，〇〇〇元，国有事业收入一，一四三，九〇〇，〇〇〇元，其他收入三〇〇，〇〇〇，〇〇〇元编列。

（十五）卫生部主管岁入五，七三八，二一二，〇〇〇元，系依照原编经常门规费收入四，六三七，六〇〇，〇〇〇元，国有财产孳息收入五四〇，六一二，〇〇〇元，国有营业盈余收入五六〇，〇〇〇，〇〇〇元编列。

（十六）地政部主管三十七年度岁入概算未准编送，所列概算数四，三五一，六七〇，〇〇〇元，系暂照三十六年度中央政府总预算所列经常门国有营业盈余收入一〇，〇〇〇，〇〇〇元，临时门规费收入四，三四一，六七〇，〇〇〇元编列。

（十七）水利部主管收入七，一八九，五五二，二九〇元，系依照原编经常门国有营业盈余收入八〇，〇〇〇，〇〇〇元，其他收入七，一〇九，五一二，二九〇元，临时门财产孳息收入四〇，〇〇〇元编列。

（十八）资源委员会主管三十七年度岁入概算未准编送，所列概算数五四，〇〇〇，〇〇〇，〇〇〇元，系暂照三十六年度中央政府总预算所列国有营业盈余收入五〇，〇〇〇，〇〇〇，〇〇〇元，国有财产孳息收入四，〇〇〇，〇〇〇，〇〇〇元编列。

（十九）国立北平故宫博物院主管岁入五二一，六〇〇，〇〇〇元，系依照原编经常门规费收入五二〇，一〇〇，〇〇〇元，国有财产孳息收入一，五〇〇，〇〇〇元编列。

（二十）行政院物资供应委员会主管岁入六六一，八〇〇，〇〇〇，〇〇〇元，系依照物资供应局原送资料代为分别科目核计编列，计临时门规费收入五〇〇，〇〇〇，〇〇〇元，国有财产孳息收入二〇〇，〇〇〇，〇〇〇元，国有财产及物资售价收入五〇〇，〇〇〇，〇〇〇元，其他收入六五六，一〇〇，〇〇〇，〇〇〇元。

（二十一）美军剩余物资售价收入三，九〇〇，〇〇〇，〇〇〇，〇〇〇元，系依照物资供应委员会转送物资供应局原报数计列。

（二十二）接收敌伪财产租赁收入二〇，〇〇〇，〇〇〇，〇〇〇元，接收敌伪财产及物资售价收入四，〇〇〇，〇〇〇，〇〇〇，〇〇〇元,(包括行政院处理接收河南区敌伪产业特派员办公处编报数二百亿元在内)及接收敌伪营业盈余收入一〇,〇〇〇,〇〇〇,〇〇〇元,均系参据三十六年度已纳库数及最近调查敌伪产业尚可续收数计列。

(二十三)征借实物收入二,八六六,二四二,九七四,〇〇〇元,系依照粮食部原编数编列。

(二十四)债款收入三,八〇〇,〇〇〇,〇〇〇,〇〇〇元,系三十六年第二期短期库券美金一亿五千万元及美金公债美金五十万元,自三十六年十月一日起至三十七年三月底止,分别发行各张半数列为三十七年度预算,并按照编制预算时外汇市价每美元折合国币三万八千元之数伸算计列。

(乙)概算内容

查本概算系依照各主管机关岁入概算汇总编列。其未送岁入概算各机关,则依照上年度预算数核列,计三十七年度岁入概算总额为四十二万四千五百六十一亿三千六百余万元。其主要项目如次:

(一)赋税收入包括直接税(所得税、过分利得税、遗产税中央应得部分、印花税、特种营业税等)六万亿元,关税六万五千亿元,货物税(棉纱、麦粉、火柴、水泥、卷烟、土酒等十五种)十万零四千零十三亿元,盐税七万二千亿元,矿税(包括矿产税,矿区税)二千四百七十余亿元,土地税中央应得部分一万五千八百七十余亿元,营业税中央应得部分五千亿元,共计三十一万四千三百五十余亿元,除田赋未包括台湾省收入外,所有东北各省市及台湾省各该赋税收入均已包括在内,较诸三十六年度原核定预算所列赋税收入总数三万六千余亿元增加八倍有奇。

(二)国有营业盈余及事业收入,包括财政部主管之各银行及中央信托局等盈余二千二百三十五亿余元,经济部主管中纺公司纺织事业调节委员会等盈余九千二百余亿元,交通部主管之招商局钢铁配件厂等盈余一百三十二亿余元，资源委员会盈余收入五百亿元及农林部等，其余各机关盈余及事业收入等三十五亿余元，计共列一万二千零九十七亿余元，较诸三十六年度原核定预算数七千九百四十余亿元增加一倍之谱。

(三) 国有财产及物资售价收入包括司法行政部主管之民刑状纸等售价收入三百亿元，国防部主管之废品废料售价一百亿元，财政部主管之公有土地效领放租及出卖产权等收入四百六十亿元，接收敌伪财产及物资售价四万亿元，美军剩余物资售价三万九千亿元，及农林部物资供应委员会等剩余及废弃物品售价六十余亿元，合计七万九千九百二十七亿余元，较诸三十六年原核定预算数二万二千余亿元计增二倍有奇。

(四) 征借实物收入系以三十六、三十七两年度征借谷麦数之半数，按照三十六年度八月份各省市平均粮价计列二万八千六百六十余亿元。

(五) 债款收入系三十七年度募销之三十六年美金公债及短期库券共一亿美元，暂以每美元合国币三万八千余元折合国币三万八千亿元，外债部分刻尚无法估计，俟后如有收入拟另办追加。

(六) 罚款及赔偿收入，规费收入，财产孳息收入，捐献及赠与收入暨其他收入共列八千余亿元，较上年度预算数一千余亿元计增加七倍之谱。

(丙) 拟编意见

查三十七年度岁入总概算财政部主管之各项赋税收入，已较上年度原核定预算数增加五倍至十数倍不等，在国内匪患未平，交通未复之际，实已衡度情势，从高估列。至其他各机关主管之各项收入，则似尚有斟酌实情重行估计增列之处。兹谨将拟编意见胪述如后：

(一) 司法行政部主管之三十七年度诉讼费及罚款等岁入概算数，仅较三十六年度预算数增加两倍，而司法院主管之诉讼费则较三十六年度预算数增加计达二十倍，同时征收诉讼费而其三十七年度列数比较之高低相差如是之巨。故司法行政部主管部分似可视实际情形，量予增列。

铨叙部主管之规费收入与三十六年度预算数同为四万元，列数过微，似可增列。再教育部主管各级学校所收报名费学杂费等历年均未编列预算，自三十七年度起，似可由教育部汇编概算，以符实际。

其他各机关主管规费收入、罚款及赔偿收入等，虽已较三十六年度预算数增列。但现行各种规费及罚款等征收标准过低，实已不足以适应目前情势，为使是项标准不致距离物价过远，而能切实合理，并增裕库收起见，前经本部拟具改善办法呈请行政院采择施行。上项标准如能参照本部建议，并衡量实际需要情形，比例提高，则各主管机关原列数额均可大量增加。

（二）交通部三十六年度原核定岁入预算数为一千一百余亿元，三十七年度该部原编概算列为一百八十余亿元，几较三十六年度少列一千亿元，系因减列京沪铁路及中国中央两航空公司暨邮政储金汇业局营业盈余所致。依照储汇局公布三十六年上半年度收支情形尚有盈余，其原编概算注明该局盈余拟拨充调剂邮政局亏损之用。惟京沪铁路与其他各铁路以及中国中央两航空公司是否确无盈余，似可参酌实际情形，仍予增列预算。

经济农林卫生水利等部所列国有营业盈余收入概算数，依照物价增涨情形，似亦嫌过少。社会部所属各社会服务处各项收入，历年均未编列预算。自三十七年度起，似可酌列国有事业收入预算。

揆诸目前物价上涨情形，各主管机关倘能善于运用资金，则于国有营业盈余收入及国有事业收入当均可增加，以裕库收。

（三）美军剩余物资售价依照中美两国买卖剩余军用物资合同之规定，美国让与我国之剩余物资原价值五亿美元。上项物资应自三十五年度九月起，于二十二个月中全部让与清楚。迄至现在止，已由我国接收之物资约值二亿美元，所余三亿之物资，应于三十七年六月底以前全部让与清楚。是项收入如按美汇市价折合国币计算，当可较本概算所列三万九千亿元增加颇多，似可按照实际情形，尽量增列。

（四）日本赔偿物资业经开始陆续拆迁运华，是项物资当有一部分可以变现供国库支用，亦可量予增列预算。其由各机关领用转帐部分，原属以收抵支，其收入部分，亦可补列预算。

（五）查美军剩余物资售价及接收敌伪物资售价，大部分向系由各领用机关领用后，办理追加岁入岁出预算，由国库转帐。但三十七年度概算已将上项物资可能收入之数，不论其为收现或为转帐部分，全部估列在内。将来各机关领用上项物资，似应一律以现款缴领，或在各该领用机关原有岁出预算项下扣除，以免增加总预算收支差额。

（六）粮食部主管之余粮售价，三十七年度未列概算数，似可依照粮价上涨情形核计补列。

（七）国防部、地政部及资源委员会主管三十七年度岁入概算，迄本部汇编本总概算时，尚未准编送过部，为免总概算之汇编延搁过久，暂由本部依照三十六年度原核定预算数编列。查各该部会主管岁入系包括规费收入，财产孳息收入，财产及物资售价收入暨国有营业盈余收入等项，按照各该机关最近政务业务状况以及参照其他各机关编报上项岁入概算数情形暨现时物价高涨趋势，其三十七年度岁入当可较三十六年度原核定预算数增加倍蓰。

以上拟编意见谨提供以备参考。

〔国民政府行政院档案〕

24. 财政部1948年上半年度国家岁入概算说明及建议事项

(1947年11月27日)

总概算说明及本部建议事项

说明事项

1. 遵照暂编办法办理三十七年上半年度中央政府岁入总概算,其间数额系依据中央各院部会处前送主管岁入概算之半数及本部主管岁入概算编列。至尚未编送岁入概算之国防部及资源委员会等机关,系由本部暂照各该机关三十六年度原预算数以二分之一列入。惟美军剩余物资售价收入、田赋及征借实物收入,则系分别依照物资供应委员会及粮食部新送资料办理,计列三十七年上半年度岁入总概算经常门一五,六九四,五〇八,〇三九,五五七元;临时门八,八一七,五七五,八五六,四一九元,合计为二四,五一二,〇八三,八九五,九七六元。

2. 综合表请参阅原编三十七年全年度中央政府岁入总概算所附机关别来源别综合表。

3. 详细说明请参阅原编三十七年全年度中央政府岁入总概算所附总说明。

建议事项

1. 各机关主管之罚款及赔偿收入、规费收入,以现行各种规费及罚款等征收标准过低,前经本部拟具改善办法呈请行政院采择施行,并奉院指令原则可行,饬定期召集各有关机关商讨,拟订具体办法。各该项收入将来标准改订后,自可大量增加,在标准未改订以前,三十七年度预算数似可比照三十六年度原预算数规费收入,暂以十至二十倍计列,罚款标准业经提高倍数有案,似可参酌增列。

2. 就各机关原编三十七年度上项收入概算数分析,司法行政部主管之三十七年度规费及罚款等收入仅较三十六年度预算数增加两倍，而司法院主管之诉讼费则较三十六年度预算数增加几达二十倍。同是征收诉讼费，司法行政部主管部分似可量予增列。又铨叙部主管之规费收入与三十六年度预算数同为四万元，殊嫌过少。教育部主管之各级学校所收报名费暨学杂等费历年均未编列预算，自三十七年度起，似应由教育部汇编概算，以符实际。

3. 国有营业盈余收入，国有事业收入等，揆诸目前物价上涨趋势，各主管机关倘能善于运用资金，则其可能缴库之盈余当可增加。三十七年度预算数似可较各主管机关原编数增加五成至一倍。

4. 此次交通部原编三十七年度岁入预算数，未将各铁路及中国、中央两航空公司盈余列计，致较三十六年预算数反减少一千亿元之谱，社会部未将所属各社会服务之事业等项岁入编列预算，似均可补列。

5. 资本官息利率六厘似嫌过低，倘能酌为提高至二分以上，则国有财产孳息收入一项当可增加。

6. 粮食部主管之余粮售价，三十七年度未列概算，似可依照物价上涨情形核计补列。

7. 国防部及资源委员会主管之三十七年度岁入概算，迄今未准编送，系由本部照各该机关三十六年度核定预算数计列。各该部会主管之规费收入、财产孳息收入、财产及物资售价收入暨国有营业盈余收入等项，依照现时物价上涨趋势及其他各机关编报情形，其三十七年度预算当可较三十六年度原核定预算数增加倍蓰，似可代为增列。

〔国民政府行政院档案〕

25. 财政部编制1948年上半年度国家岁入总概算总表

（1947年11月27日）

中华民国三十七年上半年度中央政府岁入总概算总表

科目	经常门	临时门	合计	备考
所得税	一,六四〇,〇〇〇,〇〇〇,〇〇〇		一,六四〇,〇〇〇,〇〇〇,〇〇〇	
过份利得税	五〇〇,〇〇〇,〇〇〇,〇〇〇		五〇〇,〇〇〇,〇〇〇,〇〇〇	
遗产税	四〇,〇〇〇,〇〇〇,〇〇〇		四〇,〇〇〇,〇〇〇,〇〇〇	
印花税	四〇〇,〇〇〇,〇〇〇,〇〇〇		四〇〇,〇〇〇,〇〇〇,〇〇〇	
特种营业税	一二〇,〇〇〇,〇〇〇,〇〇〇		一二〇,〇〇〇,〇〇〇,〇〇〇	
关税	二,七八五,九五〇,〇〇〇,〇〇〇	一三九,〇五〇,〇〇〇,〇〇〇	二,九二五,〇〇〇,〇〇〇,〇〇〇	
货物税	四,六八〇,五八五,〇〇〇,〇〇〇		四,六八〇,五八五,〇〇〇,〇〇〇	
盐税	三,二四〇,〇〇〇,〇〇〇,〇〇〇		三,二四〇,〇〇〇,〇〇〇,〇〇〇	
矿税	一二,一六二,〇〇〇,〇〇〇		一二,一六二,〇〇〇,〇〇〇	
营业税	二二五,〇〇〇,〇〇〇,〇〇〇		二二五,〇〇〇,〇〇〇,〇〇〇	
土地税	一,二一九,六八三,一三六,九〇七		一,二一九,六八三,一三六,九〇七	
罚款及赔偿收入	四二,八七五,〇〇〇,〇〇〇		四二,八七五,〇〇〇,〇〇〇	

续上表

中华民国三十七年上半年度中央政府岁入总概算总表

科目	经常门	临时门	合计	备考
规费收入	四八,九五四,六二七,五五〇	一〇二,〇七六,六七五,〇〇〇	一五一,〇三一,三〇二,五五〇	
国有财产孳息收入	一五,五八三,四九〇,六〇五	一〇〇,〇二〇,〇〇〇	一五,六八三,五一〇,六〇五	
国有财产及物资售价收入	一五,八〇〇,一二〇,〇〇〇	五,五三〇,五七九,七三〇,〇〇〇	五,五四六,三七九,八五〇,〇〇〇	
国有营业盈余收入	六〇四,四六五,四三二,〇〇〇		六〇四,四六五,四三二,〇〇〇	
国有事业收入	五八八,〇三〇,〇〇〇		五八八,〇三〇,〇〇〇	
捐献及赠与收入		二,五〇〇,〇〇〇,〇〇〇	二,五〇〇,〇〇〇,〇〇〇	
征借实物收入		二,〇一〇,二一九,四三一,四一九	二,〇一〇,二一九,四三一,四一九	
其他收入	三,八六一,二〇二,四九五	三二八,〇五〇,〇〇〇,〇〇〇	三三一,九一一,二〇二,四九五	
借款收入		七〇五,〇〇〇,〇〇〇,〇〇〇	七〇五,〇〇〇,〇〇〇,〇〇〇	
岁入总计	一五,六九四,五〇八,〇三九,五五七	八,八一七,五七五,八五六,四一九	二四,五一二,〇八三,八九五,九七六	

〔国民政府行政院档案〕

26. 财政部国库署拟1947年度预算执行情形稿

(1947年12月31日)

三十六年度国家岁出总预算原定为九三，七〇〇余亿元，自年度开始执行以来，以叠受共匪扰乱，物价上涨之影响，军政各费历有追加，预算无法控制，以致超出原额至巨，计三十六年一至十一月支出总数已达三二八，四〇二亿余元，为原预算额百分之三五〇倍(三倍半)，尚有十二月份国库支出数字未行审齐，估计全年支出总数当在四十万亿元以上，计为原预算额之四倍有余。其中一至十一月军费支出为一六四，五九六亿余元，计为总支出百分之五〇点一三，为原预算额三七，七四二亿余元百分之四八八倍，政务费八三，〇九〇亿余元，计为总支出百分之二五点六一，为原来预算额一七，八九八亿余元百分之四六四倍，债务费九，九三四亿余元，计为总支出百分之三点〇二，为原预算额二，五六一亿余元百分之三九〇倍，事业费三〇，八七五亿余元，计为总支出百分之九点〇九，为原预算额六，四五二亿余元百分之四七八倍，省市及其他补助费二五，〇〇八亿余元，计为总支出百分之七点六二，为原预算额六，七六五亿余元百分之三七〇倍，善后救济基金支出一一，八九六亿余元，计为总支出百分之三点六二，为原预算额九，六八四亿余元百分之一二三倍，复员支出三，〇〇一亿余元，计为总支出百分之〇点九一，为原预算额一二，六〇〇亿余元百分之二四倍。收入方面亦因随物价上涨而有所增加，计三十六年一至十一月份税款收入已达七〇，〇四四亿余元，计为总收入百分二一点三三，为原预算额三六，一一一亿余元百分之一九四倍，尚有十二月份国库收入数字未能审齐，估计三十六年全年税收总额约为九万亿元左右，约超出原预算额二倍，较之三十五年度税收一一，四〇九亿余元，约增八倍，其中一至十一月份土地税一，三〇五亿余元，计为总收入百分之〇点四〇，为原预算额二，六四一亿余元百分之四九倍，直接税一三，〇〇八亿余元，计为总收入百分之三点九六，为原预算额九，四三〇亿余元百分之一三八倍，货物税三〇，〇五一亿余元，计为总收入百分之九点一五，为原预算额一二，四七六亿余元百分之二二五倍，关税一五，三六九亿余元，计为总收入百分之四点六八，为原预算额六，二一四亿余元之百分之二四七倍，盐税一〇，三〇九亿余元，计为总收入百分之三点一四，为原预算额五，三五〇亿余元百分之一九三倍，此外税款以外各项收入二六，〇二三亿余元，计为总收入百分之七点九二，为原预算额三七，四七一亿余元百分之六九倍，债款收入一一，六三九亿余元，计为总收入百分之三点五五，为原预算额二〇，一二〇亿余元百分之五八倍。以上共收入一〇七，七〇六亿余元，计为总收入百分之三二点八〇，就其收入数字言，已超出全年预算有余，惟其收入之增加比率，以受制于课税制度与缴款滞延等各种关系，远不及其国库支出增加比率之大。故较国库支出总数三二八，四〇二亿余元，尚差二二〇，六九五亿余元，计差额百分之六七点二〇，均系以银行垫借款弥补之。

三十六年度国库收入支出方面，均较以往各年度膨胀至巨，而就近年来之物价上涨情形观察，日呈超比率之增涨趋势，预计三十七年度国库支出数字必将更巨，国库收支之平衡性亦必更较艰困，本署愿与主管税课各单位共同努力，以期稳渡难关。

〔国民政府财政部档案〕

27. 国民政府1947年度中央总预算岁入出总表

（1947年）

（1）岁入

中华民国三十六年度中央政府总预算岁入总表

科目	经常收入	临时收入	合计	备考
1 所得税	三一一,〇〇〇,〇〇〇,〇〇〇		三一一,〇〇〇,〇〇〇,〇〇〇	
2 过分利得税	二〇〇,〇〇〇,〇〇〇,〇〇〇		二〇〇,〇〇〇,〇〇〇,〇〇〇	
3 遗产税	三〇,〇〇〇,〇〇〇,〇〇〇		三〇,〇〇〇,〇〇〇,〇〇〇	
4 印花税	三〇〇,〇〇〇,〇〇〇,〇〇〇		三〇〇,〇〇〇,〇〇〇,〇〇〇	
5 特种营业税	二二,〇〇〇,〇〇〇,〇〇〇		二二,〇〇〇,〇〇〇,〇〇〇	
6 关税	六〇〇,四〇〇,〇〇〇,〇〇〇	二一,〇三〇,〇〇〇,〇〇〇	六二一,四三〇,〇〇〇,〇〇〇	
7 货物税	一,二一七,六二一,七三〇,〇〇〇		一,二一七,六二一,七三〇,〇〇〇	
8 盐税	五三五,〇〇〇,〇〇〇,〇〇〇		五三五,〇〇〇,〇〇〇,〇〇〇	
9 矿税	三〇,〇〇八,〇〇〇,〇〇〇		三〇,〇〇八,〇〇〇,〇〇〇	
10 营业税	八〇,〇〇〇,〇〇〇,〇〇〇		八〇,〇〇〇,〇〇〇,〇〇〇	

续上表

科　　目	经常收入	临时收入	合　计	备考
11 土地税	二六四,一二七,一六〇,〇〇〇		二六四,一二七,一六〇,〇〇〇	
12 罚款及赔偿收入	二六,一一二,〇〇〇,〇〇〇		二六,一一二,〇〇〇,〇〇〇	
13 规费收入	三〇,七九五,五八〇,〇〇〇	一〇,五三二,〇八〇,〇〇〇	四一,三二七,六六〇,〇〇〇	
14 财产及孳息收入	三五,六一七,八五〇,〇〇〇	三〇〇,〇四〇,〇〇〇	三五,九一七,八九〇,〇〇〇	
15 财产及物资售价收入		二,五五〇,〇〇〇,〇六〇,〇〇〇	二,五五〇,〇〇〇,〇六〇,〇〇〇	
16 公有营业盈余收入	八六三,二五一,〇〇〇,〇〇〇		八六三,二五一,〇〇〇,〇〇〇	
17 公有事业收入	五,九二〇,〇八〇,〇〇〇		五,九二〇,〇八〇,〇〇〇	
18 捐献及赠与收入		三,〇〇〇,〇〇〇,〇〇〇	三,〇〇〇,〇〇〇,〇〇〇	
19 征借实物收入		二二〇,八四六,三〇〇,〇〇〇	二二〇,八四六,三〇〇,〇〇〇	
20 其他收入	七九二,一二〇,〇〇〇	七,二〇〇,〇〇〇	七九九,三二〇,〇〇〇	
21 债款收入		二,〇一二,〇四五,五七〇,〇〇〇	二,〇一二,〇四五,五七〇,〇〇〇	
岁入总计	四,五五二,六四五,四九〇,〇〇〇	四,八一七,七六一,二五〇,〇〇〇	九,三七〇,四〇六,七四〇,〇〇〇	

28. 徐堪检送编审 1947 年度总预算岁入岁出详细报告

（1947 年）

编审三十六年度总预算报告

查三十六年度中央政府岁入岁出总预算，依照是年度总预算编审办法之规定，各第二级主管机关应于三十五年八月三十日以前，将其主管部分之计划及岁出概算送达主计处及该管第一级主管机关审查，其岁入概算应送由财政部汇案，编成岁入总概算，于三十五年九月二十日以前送达主计处审查。为谋手续简便，编审迅速起见，并规定主计处于收到各级机关所编岁入岁出概算以后，采取会查方式分别约集各主管机关派员列席说明，并请国防最高委员会财政专门委员会派员指导，行政院、立法院、中央设计局、财政部、审计部各派代表参加，共同审查，由主计处依照审查结果，整理汇编中央政府岁入岁出总预算案，于三十五年十月十五日以前呈请国民政府转送国防最高委员会核定。乃各机关以复员期间事务纷繁，拟编概算着手较迟，其在政治经济各方面又多动荡，下年度施政计划一时难以确定，编送概算大多逾期，而行政院为第一级主管机关，所管范围最为广大，且负有财政上统筹规划之责，对于各项税收，各类经费，权衡缓急，斟酌损益，以求至当，极费周章，其所管岁入总概算及所属各部会署岁出概算，甫于本月十日经院会通过。文送到处，当经依照规定办法，连日开会审查，参酌第一级主管机关意见，衡量当前财政经济情形，详加考订，拟订数目，复先后陈奉主席指示，分别予以增删，经编成三十六年度中央政府岁入岁出总预算总分各表，加具说明，提请核议，并将岁入岁出预算内容撮要陈述如左。

甲、岁入

查三十六年度岁入总预算，财政部依据各机关所报收数核拟编列之总额，原为三万四千四百零五亿零七十余万元，嗣以是年度收支差额过巨，必须力谋增加收入，藉资抵补，经遵奉主席指示，会同行政院财政部详加审议，尽量设法开辟财源，调整税率，衡量物价趋势，将各项税收及财产物资售价等项收入，从宽估计，分别加增，岁入预算总额共列为七万零三百三十三亿六千一百一十七万元，其主要项目如左。

一、赋税收入，包括土地税二千六百四十一亿二千七百十六万元，直接税（所得税、过分利得税、遗产税、印花税、营业税、特种营业税等）九千四百三十亿元，货物税（棉花、麦粉、火柴、水泥、卷烟、土烟、土酒等十五种）一万二千一百七十六亿二千一百七十万元，矿税三百亿余元，关税六千二百十四亿三千万元，盐税五千三百五十亿元，共计三万六千一百十一亿七千八百八十五万元，较三十五年度原核定预算所列赋税收入总数增加三倍有奇，所有台湾、东北各省区各该项赋税收入，均已包括在内，其依改订财政收支系统法规定，应行划归省市县之契税、土地税、营业税、遗产税等全部或一部收数，则经分别剔除，不计在内。

二、公有营业盈余及事业收入计列七千九百四十一亿七千一百零八万元，内财政部主管之各银行及中央信托局等盈余一千五百零五亿三千二百万元，经济部主管之中纺公司等盈余四千一百亿零六百万元，资源委员会主管之各厂矿盈余三百亿元，交通部主管之招商局铁路航空等盈余一千八百七十亿九千二百余万元，其余各机关盈余及事业收入合共一百六十五亿四千一百余万元，概系依照各该营业及事业可能发展情形，酌为估列。

三、国有财产及物资售价收入计列二万三千余亿元，内接收敌伪财产物资售价八千亿元，美军剩余物资售价一万一千亿元，黄金外汇售价三千五百亿元，系就各该项资产可能获得或运用者酌为估列，其余五百亿余元，则属余粮变价及废品废料等变价收入。

四、征借实物收入计列二千二百零八亿四千六百三十万元，系以三十五年度征借所得谷麦之半数，留备本年度使用之部分作价计列，其作价标准则照各省市平均粮价计算。

五、罚款及赔偿收入、规费收入、财产孳息收入、捐献及赠与收入暨其他收入共列一千零七十一亿五千六百八十七万元,比较三十五年度预算增加甚多。

乙、岁出

查三十六年度岁出总预算依规定体例,按主管系统,自政权行使支出至府院部会署止,分为二十六款,再加债务支出、公务人员退休及抚恤支出、补助支出、省市补助费支出、复员支出、第二预备金共为三十二款,并各按其经费性质,分为经常费、临时费、事业费、生活补助费及善后救济基金等五类分别计列。各机关经常费及临时费系依照编审办法第十二、第十三两条规定标准核列。事业费以完成地方自治、恢复交通、增加生产、整编军队等必不可少者,量为核列。生活补助费以三十五年度核定员额及现行支给标准为准。善后救济基金以配合计划利用物资,谋交通水利农林卫生社会各事业之恢复或改善为主旨,酌拟编列。综计岁出总额为九万三千二百二十二亿三千九百三十余万元,依其性质约可归纳为左列各项。

一、属于国防性质者,计第六款国防部主管各项经费共列三万八千一百三十五亿二千一百余万元,占岁出总额百分之四〇点九〇八,其军事复员所需费用,则在第三十一款复员支出内,列有一万二千亿元,未计入国防支出之内。

二、属于建设性质者,计交通、资源、水利、农林、卫生、地政等六款,共列一万五千五百三十三亿八千六百余万元,约占岁出总额百分之十六点六六二。

三、属于复员及善后救济性质者,计两款,共列一万四千零二十三亿二千二百余万元,占岁出总额百分之一五点〇四二,其为恢复交通水利农林卫生等事业,在善后救济金项下动支之款计八千一百三十四亿余万元,已分别列在各该主管部门之下,不计入第二十一款之内。

四、属于普通政务业务者计十七款,共列八千七百四十亿余元，占岁出总额百分之九点三七七。

五、属于补助性质者计两款，共列六千五百十二亿八千三百余万元，占岁出总额百分之六点九八六，其中省市补助费达六千四百九十五亿六千万元，对于公私团体等之补助支出为十七亿二千三百余万元。

六、属于教育文化性质者计一款，共列三千三百五十六亿五千二百余万元，占岁出总额百分之三点六〇〇。但关于军警侨民等教育，以及对于私立学校等补助经费，已分别列在各该主管部门预算之内者，未予并计在内。

七、属于偿还债务性质者计一款，共列二千八百七十五亿七千一百余万元，占岁出总额百分之三点〇八五。

八、其他为公务人员退休抚恤及第二预备金，计两款，共列四千零四十五亿元，占岁出总额百分之四点三三九，其中第二预备金所列四千亿元，系备在年度进行中遇有新增设施或意外事故，临时核准动支，以资因应之用。

上述岁入预算总额共为七万零三百三十三亿六千一百一十七万元，岁出预算总额共为九万三千二百二十二亿三千九百三十余万元，其收支不敷之数计为二万二千八百八十八亿余元，暂照向例在岁入预算临时门，列为债款收入，以资平衡。综核是年度预算收支数字空前庞大，不敷之数亦巨。岁入方面各项赋税收入，估列已高，其收数之盈绌，当视今后治安交通生产，以及整个政治经济情形为断。其余如财产、物资、征借实物等变价收入，或为减少资产，或属增加债务之所致，并非纯粹收益可比，实际亏短之数，远较预算所列收支差额为大。至于岁出方面，各机关对于现编预算所列经费数目，认为在现时经济情况之下，于其政务业务尚感难于发展，而如此庞大之预算实施以后，于物价民生发生若何影响，尤堪考虑。现编总预算所列各数是否适当，收支差额究应如何筹划抵补之处，谨检具三十六年度岁入岁出预算总分各表，并编具可供参考之

有关历年收支情况之统计图表若干种，一并提请核议。谨呈
总预算编审委员会

国民政府主计长　徐堪
财政专门委员会主任委员

〔国民政府档案〕

29. 徐堪关于1947年度中央政府总预算概况报告

(1947年)

编审三十六年度中央政府岁入岁出总预算报告

查三十六年度中央政府岁入岁出总预算，前经依照是年度总预算编审办法之规定，会同各有关机关详加审查，拟定数目，编成岁入岁出总分各表，加具说明及参改图表，陈奉总预算审议委员会，于上年十二月二十八日开会审议，照案通过（其编审经过情形所列岁入岁出概算数及内容要点详见附件二）。①当即依照规定程序，检同原案，送请参政会作初步审查，旋准参政会于一月七日函送审查意见到会，复经依照往年成例，由王秘书长召集各有关机关首长开会，对其意见，逐项详加研究，凡属可以采纳者，均予接受，其事实上不能接受或其观点与实际情形不甚相符者，则说明理由，或加以解释，将参政会审查原文及各机关会商意见，逐条对照，制成意见书（附件一）②呈奉主席指示，准如所拟办理，其中教育部分拟增复员建筑设备补助各款，奉谕共准加列五百亿元。遂经分别整理增删。计岁入方面，加列公有营业盈余收入七百五十亿元，国有财产物资售价收入二千五百亿元，共增三千二百五十亿元，岁出方面，除依会商意见，分别增删各款，及最近核定案件，如参政会延长

① 附件略。
② 附件见后。

任期等应行加列或伸列各款，通盘核计，连同奉准增加之教育经费五百亿元，实增五百零三亿七千五百一十四万元。其教育部分增列之五百亿元，并依教育部朱部长意见分列五目，以三百五十亿元增拨各学校及研究机关修建改良扩充各费，以五十亿元充实边地学校，二十五亿元补助侨民学校，五十亿元补助省立私立专科以上学校，二十五亿元补助公私中等学校。关于国防部主管部分经费奉主席子庚侍黄代电，抄发陈总长签呈，饬将军粮军盐价款、交通警队、东北云南保安队、各省防空队哨及青中等八项经费，如数划出，分别性质，移列他项支出科目之内，亦经遵办。依照上述各节整编结果，岁入总预算共列各项收入七万三千五百八十三亿六千一百一十七万元，其收支不敷暂列债款收入以资平衡者，计为二万零一百二十亿四千五百五十七万元，岁出总预算共列各项支出九万三千七百零四亿零六百七十四万元（收支各款细数及其百分比详见预算总分各表）。至预算所列各单位生活补助费数目，原系依照上年八月份标准核计，现在该项支给标准已于上年十二月底奉准调整，支付数目自应增加。惟以公务人员生活补助费，每年调整数次，出入甚大。曾定有法案，国库拨付该项经费，以各机关核定员额薪额及支给标准为准，不受预算列数限制，其超出预算之数，年终审办追加手续，故此次整编预算，未将应增数目核计加入，拟仍照向例，待至年终审案办理。

以上于拟编三十六年度岁入岁出总预算案，列数是否适当，谨检同预算总分各表暨有关文件，提请核定，交由立法院审议后公布，完成法定程序。一面准由政府先予照案施行，以利事功。本年度预算收支数字空前庞大，不敷之数亦巨，各项收入估列亦高，势难增益。而各项支出尚感拮据，现编预算所有收支差额应如何筹谋抵补，今后物价宜如何控制，一般经济宜如何使其趋于稳定，并请核示办法，交各主管机关共同努力，切实进行，以期预算之执行步入正轨，收支数字不致相差过甚，而一切政务业务亦得循序进行，

国计民生同深利赖。谨呈

国防最高委员会

财政专门委员会主任委员

国　民　政　府　主计长　徐堪

附件一

参政会原案:政府交议三十六年度岁入岁出总预算草案,经详加审阅,并历经各主管机关派员出席说明,同人深感此项草案实属不实不尽。举例言之,国营事业机关多不列入,无法看明全部收入支出景况一也。物价波动不已,预算草案不知根据何月指数二也。各机关收入多无实在根据,不免以多报少三也。漏列事项所在多有四也。同人深感在如此情形下审查之困难,惟时时匆迫,只有勉就现草案中陈列意见。

查三十六年度岁入总计为七万零三百三十四亿元,岁出总计为九万三千二百亿元,相差为二万二千八百六十六亿元。此不敷之数,列作债款收入,为虚字之平衡,似应有所补救。

复查岁入各项中,皆估列过低,尤以接收敌伪物资、产业、美军剩余物资,公有营业盈余,及盐税等项为甚,均应重加估计。

复查三十六年度预算中,各部会等附属机关甚为繁多,有为一事设一机关者,有近于巧立名目者,有久不存在,仍列预算者(如察哈尔省境内蒙古各盟旗地方自治政务委员会)似应详加检讨,删除骈枝机关,裁汰冗员,以收行政之效能,而减少不必要之支出。其已减之机关原列生活补助费应照减。

历年来全国性之业务会议颇多,会毕束阁,在此要求行政刷新之时,本年度各机关所列各种全国性会议(如主计会议、警政会议)均拟删除其经费。

本草案经政府整理之后,深盼无所遗漏,严格执行,勿再随意增加预算。

兹根据上述原则为如下之建议：

审查意见：

一、原案举例一所称国营事业机关多不列入，无法看明全部收入支出景况一节，实因依照预算法第二十二条之规定，关于国营事业机关，应另编营业预算，其列入总预算之单位，仅为其岁计之盈余，凡无盈余者，则不列入，是以若干国营事业机关于总预算内未核列收入。

二、原案举例所称物价波动不已，预算草案不知根据何月指数一节。查总预算之编制，系依照三十六年度总预算编审办法之规定及三十六年度国家施政方针核列数额。

三、各机关收入多无实在根据，不免以多报少一节。查各机关收入之估计，多系根据以往之收入统计，以及国内生产、交通及其他经济之情形核列，故各项收入，实已估列较高，尚无以多报少现象。

四、收入不敷之数，似应有所补救一节。查收支不敷之数，例应暂列债款收入，以谋平衡，将来自应由主管机关妥筹弥补办法。

五、删除骈枝机关，裁汰冗员，以收行政之效能，而减少不必要之支出一节，应由政府妥拟办法实施。

六、主计会议、警政会议经费均删除。

壹、岁入部分

参政会原案：(甲)为求收支平衡弥补不足之数，所有岁入各项目，尤其下列各项目应由各主管机关分别重估，增加或增列。

一、公有营业盈余收入项下：

(1) 属财政部主管者，如各银行及中央信托局等，原估太少，应予增加。

审查意见：各银行盈余估列已高，兹再增列中央银行二百亿元，中国银行、交通银行、中央信托局各一百亿元，共增列五百亿元。

参政会原案：(2)属交通部主管者，如邮政、电信、邮政储汇、铁路、公路等，应予增列。招商局及航空公司等，原估太少，应予增加。

审查意见：邮政电信营业近年亏损极巨，公路营业并无盈余，原京沪铁路招商局及航空公司等所列已多，亦难增加，惟邮政储金汇业局之营业可与邮政划分计算，拟酌列盈余五十亿元。

参政会原案：(3)属经济部主管者，如中国纺织建设公司、上海区燃料管理委员会，原估太少，应予酌增。

审查意见：中纺公司原列盈余已高，似难再加，燃料管理者在平价，其收益亦难再加。

参政会原案：(4)属资源委员会主管各厂矿，原估太少，应予增加。

审查意见：拟加列二百亿元，连原列三百亿元，共为五百亿元。

参政会原案：二、国有财产收入属财政部主管者，如黄金外汇售价之盈余，原估太少，应予增加。

审查意见：预算所列黄金外汇售价，系以国有黄金外汇出售所得之价款，并非盈余，拟加列五百亿元，连原列三千五百亿元，共为四千亿元。

参政会原案：三、美军剩余物资售价，原估系照美金官价，应予增加。

审查意见：原列数额已高，难以增加。

参政会原案：四、接收敌伪财产、物资售价，原估太少，应予增加。

审查意见：拟再加二千亿元，连原列八千亿元，共为一万亿元。

参政会原案：五、盐税比去年初已增十倍，而估计数字比上年度仅增一倍有余，且盐产续有增加，显系估列太低，应照现行税率比例增加。但自本年度起，税率绝对不能再增。

审查意见：盐税收入以销盐数量及税率为计算根据，有一定标准，原预算估列已高，实难再增，且须酌量提高税率，方能办到，因食盐售价，亦较一般物价为低，税率自须逐量加增。

参政会原案：(乙)举办财产税，去年行政院在参政会大会已提出举办财产税办法，惟迄未实行。亟应举办，藉使富人亦得有报效国家之机会，但绝不得转嫁担负于一般人民身上。

审查意见：举办财产税，事前须有充分准备，拟责成财政部妥拟办法，呈候核定实施，并于实施时，再行估计收数，补列预算。

贰、岁出部分

参政会原案：一、政权行使支出。甲款一项三目国际问题讨论会拟裁。

审查意见：拟予裁撤。

同款项四目中央设计局，五目党政工作考核委员会，六目工作竞赛委员会均拟裁。

审查意见：政府正在筹议裁并中。

参政会原案：二、内政部主管乙款二项三目国内外禁烟宣传费拟裁。

审查意见：拟予删除。

参政会原案：三、国防部主管

（一）政府既预定将现有军队数额于本年度内缩减为三百万人，本会深切期望此项计划之实现，俾明年度预算数字得以缩减。

（二）现有军事机关名目繁多，应予裁并，机关内不必要之人员亦应尽量减少。空军司令部组织庞大，与战斗人员数目不称，尤应缩减，非军事性之勤务（如公馆勤务等）应绝对禁止，以免浪费，而达到增加战斗员兵、充实战斗力量之目的。

（三）预算内所列改编伪军、收容敌俘及接收俘马马干掌缰等费均应减少。

（四）由军方接收之敌伪物资如五金、交通、通讯、卫生、医药等器材，应彻底清算，尽量利用，以减少交通、军医等经费之支出。连上（一）、（二）、（三）各项节余经费移作提高官兵待遇之用。

（五）转业训练既费巨款，应切实办理，俾编余军官获有生活技能，易谋出路。

审查意见：所陈（一）、（二）、（四）、（五）等项意见应饬国防部注意办理，至（三）项改编伪军，收容敌俘及接收俘马马干掌缰两项，系以上年旧科目列入，可将原科目取消，其经费并入甲款(1)项陆、海、空军部队、机关、学校经费之内。

参政会原案：四、财政部主管

(一)直接税局、货物税局，同为国税，同在一地设立，未免浪费人力、财力，应即合并。

审查意见：直接税与货物税，性质不同，征收对象及技术亦异，合并统办，以前曾经试行，并不相宜，且本年度核列直接税与货物税税额甚高，此时更不宜有合并改组之议，以免影响税收。

(二)税官、税吏、盐警、税警人数太多，应减少名额，提高素质。

审查意见：本年各种税收列数甚高，对于各种税收之稽征与缉私力量，必须加强，并于东北、台湾各省均新设税务机构，故原有税官、税吏及税警人数，难以减少，但提高素质一节，实关重要，自应饬主管机关切实注意。

参政会原案：五、教育部主管

(一)查此中甲款九项新闻事务费，十项宣传事务费，十一项文化事务费，十二项三民主义青年团，十三项中国童子军总会均并未列子目，亦皆非教育部主管。

又查乙款十二项新闻事务临时费，十三项宣传事务临时费，十四项文化事务临时费，十五项三民主义青年团临时费，十六项童子军总会临时费，亦皆不属于教育部。其中若干项目，均甚庞大，今均列入教育部主管，以成图表中教育占岁出百分比三点六七之印象，实与事实不合，管预算者口头报告本会，今年教育经费增加，按之实际，实为混淆，所有新闻宣传，应改列政权行使，或行政院项下，三民主义青年团似应改列社会部或其他项下。

审查意见：宣传事务经费拟移列行政院主管项下。其新闻事务经费，文化事务经费，三民主义青年团及童子军总会经费，依其性质，仍应列教育部主管。

参政会原案：(二)又查高等教育经常费列九，三三五，四四〇，〇

○○,其中包括全国专科以上各校及研究机关八十三单位,而三民主义青年团一项即列六,九四八,九二四,○○○,为九三与六九之比,高等教育临时费列一三,一二二,六八○,○○○,而三民主义青年团之临时费,即为六,○○○,○○○,○○○,约为六与十三之比,在高等教育不可谓不少,而三民主义青年团不可不谓太多。拟将三民主义青年团临时经常两项各减半数,其外汇也并减半。

审查意见:三民主义青年团经临费均照减半数。

参政会原案:(三)乙款1项6目国际文化合作事业费,列美金七十万元,虽其中有留学经费,然为数实嫌过巨,不免浪费,应减其半。

审查意见:国际文化合作事业费,大部份为对外应摊费用,事实需要,拟不减少。

参政会原案:(四)同款项11目出国考察实习经费,列美金、英镑数目均巨,数年来派遣不无滥竽,应减其半。

审查意见:出国考察实习经费,系按现派人数核计,事实需要,不便减少。

参政会原案:(五)以上二、三、四三项减去之数,计三民主义青年团经临两款共六,四七四,四六○,○○○,国际文化合作费一,二八二,五○○,○○○,出国考察费七七二,七八○,○○○(其中包含美金五十八万一百八十一元,英镑以美金四元折合),拟一律并入乙款九项六目国立各级学校建筑及扩充改良费中。三十五年度学校复员实际并未完成,校舍之不足,图书仪器之不足,乃至绝无,仍为普遍现象,学校有名无实,致青年不能读书而骛外,长此以往,难保无大变故,实应大事增加,公平切实分配。

(六)各级学校经常费单位甚多,而数目甚小,其中与事实不合,分配不允当,不一而足,举例言之,就大学言,武汉大学学院及人数增加甚大,而其经费不及一所大学。就中学言,湟川中学成绩卓著而不及玉树学校,如此之例不一而足,其后多者如中央大学,亦尚不及上海特殊儿童辅导院,更不过日间托儿所四分之一。多者已嫌其少，少者尤感其不足，似应为普遍之调整，使各学校确能开办。拟在国防、粮食、交通等部主管部门中减去一千亿元，改列教育部门，作为下列之用。

1. 各学校经常费之调整，使学校确可尽责任。

2. 边地学校之充实。

3. 侨民学校卓有成绩者之补助。

4. 私立大学及学院卓有成绩者之补助（按私立学校之补助预算所列几等于零，目下有成绩之私立学校，多难维持，应补助之）。

5. 国民教育补习教育教材之编定（按宪法所列国民教育、补习教育均甚重要，未可一蹴而成，应即编定其教材，以便宪法实行时有所依据。三十六年度为准备行宪之年，故教育应特别有所措施，以为行宪之准备）。

审查意见：（五）项各学校扩充改良建筑设备，（六）项充实边地学校暨补助成绩优良之学校等经费，虽有必要，但核减（二）、（三）、（四）项一部分经费，及国防交通粮食等部主管经费项下划拨挹注，事实上颇多困难，拟另行加列复员建筑设备研究等临时费五百亿元，由教育部统筹分配。至各国立学校经费，系依照通例，将经常费、临时费、教职员生活补助费，以及学生膳食补助等费，分数各科目个别核列，经常费科目列数仅为其经费之一部，而非全体。至上海特殊儿童辅导院之经费，系新拟举办之事，所有开办费、经常费、临时费及儿童膳食费等，均包括在内，日间托儿所之经费，则系包括数十单位之开办费、经常费及临时费在内，与某一国立学校经常费一科目之内容迥乎不同，自不能相互列比。

参政会原案：（七）属于各学校之杂项补助费，由教育部统列统筹者甚多，应分列各学校经费内。

审查意见：应饬教育部注意办理。

参政会原案：六、交通部主管

（一）事业计划项目繁多，预算庞大，就过去成就而言，未见满意，今后应集中人力、物力、财力，抓其重要而紧急者，切实办理。至于公路重要国道干线外，以拨补经费交由地方修筑、管理为宜。现行分区制度，行政效率不彰，应彻底改善。航空铁路类，多管理腐败，不但浪费公帑，而且草菅人命，应彻底改善。

审查意见：交通部所管公路部分，除重要国道干线外，已交由地方修筑。分区制度最近亦已改变，其关于事业计划之删繁就简，集中力量择要办理，以及关于航空铁路整顿改善，应饬由交通部切实注意办理。

参政会原案：（二）交通部新修之铁路，如无成铁路，目下工程实难着手，公路如青藏公路，并无何等用途，如此之例，不一而足。其所列经费，应予删去。

审查意见：无成铁路及青藏公路，有关国防，拟仍照办，其他各项，由交通部再加检讨，其有可以缓办者，从缓办理。

参政会原案：七、社会部主管

（一）乙款一项六目印刷广告费同款二项二目人民团体补助，奖助费，均减半数。

审查意见：事实确有需要，拟不减少。

参政会原案：（二）乙款三项一目社会福利事业奖励费，拟减其半，即以所减并入以下二目儿童疗养费，三目弃婴遗孤费，四目各救济育幼院膳食费项下。

审查意见：社会福利事业奖助费减列三亿元，儿童疗养费及弃婴遗孤费各增列一亿五千万元。

参政会原案：八、粮食部主管。

（一）停止征实办法，改征法币。

由粮食部于距驻军区域较近之产粮地方，设购粮站，用购买方式，以济军用。

（二）省县征实机构应一律取消。

（三）粮食部限本年底取消。

审查意见：粮食政策原为适应军糈、稳定经济而实施，本年度应否改变政策，似应于今后数月内体察经济情形，再行决定，至粮食部之任务，原不限于征粮一项，不宜裁撤。

参政会原案：九、蒙藏委员会主管

其中有久不存在之机关，如察哈尔省境内蒙古各盟旗地方自治政务委员会应删除。

审查意见：该委员会经费因政治上关系，历年预算均经照列，必要时始行动支。

参政会原案：十、侨务委员会主管

乙款三项一目侨教视导专员旅费，原列二〇一，〇〇〇，〇〇〇，拟裁半。

审查意见：拟照减半数。

参政会原案：十一、农林部及水利委员会主管

农林水利事业甚关重要，对于复耕兴垦，疏浚黄河，均应加倍努力。

审查意见：应饬农林部与水利委员会切实注意办理。

参政会原案：十二、资源委员会主管

对各厂矿之投资为数甚大，而收入则甚少，应缩并单位，减少人员，以求经常费之减少，事业费之增加。

审查意见：应饬资源委员会切实注意办理。

参政会原案：十三、善后救济总署主管

组织庞大，冗员众多，办理救济事业，名不符实，亟应从速改善。

审查意见：应饬善后救济总署切实改善。

参政会原案：十四、考试院主管

各省考铨处拟一律裁去，其业务分别由考选委员会及铨叙部直接办理。

审查意见：因推行考铨制度之需要，拟予保留。

〔国民政府财政部档案〕

30. 国民政府1945—1947年度预算税收比较表

(1947年)

卅四年度至卅六年度预算税收比较表

税别	三十四年度		三十五年度		三十六年度	
	预算数	税收数	预算数	税收数	预算数	税收数
总计	13,451,000,000	24,984,573,878	169,974,128,113	212,460,997,019	972,592,000,000	715,189,198,384
综合所得税			7,000,000,000	384,576,832	11,000,000,000	1,511,109,976
分类所得税	2,600,000,000	3,493,397,814	49,168,261,900	59,699,043,819	400,000,000,000	429,135,022,616
利得税	3,100,000,000	3,730,179,208	5,000,000,000	31,235,137,037	100,000,000,000	100,587,196,747
营业税	5,000,000,000	9,452,507,856	42,308,818,743	59,108,224,032	80,000,000,000	10,030,799,258
遗产税	200,000,000	360,331,397	2,614,401,370	3,696,624,113	30,000,000,000	12,795,264,708
印花税	1,300,000,000	3,397,719,606	30,900,000,000	49,442,459,500	300,000,000,000	147,653,135,288
土地税	343,000,000	297,113,316	26,910,646,100	599,383,482	29,190,000,000	684,636,135
契税及规费	900,000,000	4,253,324,681	4,530,000,000	7,480,676,532		
惩罚及其他	8,000,000		42,000,000	478,840,557	402,000,000	1,021,267,062
特种营业税			1,500,000,000	336,031,115	22,000,000,000	11,770,766,594

〔国民政府财政部档案〕

31. 国民政府1947年度直接税预算与税收估计表

（1947年）

三十六年度直接税预算与税收估计表

税　　别	预 算 数	估计税收数	超收百分数
总　　计	863,402,000,000	1,403,402,000,000	163
综合所得税	11,000,000,000	11,000,000,000	——
分类所得税	400,000,000,000	780,000,000,000	195
利　得　税	100,000,000,000	200,000,000,000	200
遗　产　税	30,000,000,000	30,000,000,000	——
印　花　税	300,000,000,000	300,000,000,000	——
特种营业税	22,000,000,000	82,000,000,000	372
惩罚及赔偿收入	402,000,000	402,000,000,	——

〔国民政府财政部档案〕

32. 财政部直接税署1945—1947年度税收统计表

（1947年）

财政部直接税署历年度税收统计表

年度	总　计	综合所得税	分类所得税	利得税
34	24,984,573,878		3,493,397,814	3,730,179,208
35	212,460,997,019	384,576,832	59,699,043,819	31,235,137,037
36	715,189,198,384	1,511,109,976	429,135,022,616	100,587,196,747

遗产税	印花税	营业税
360,331,397	3,397,719,606	9,452,507,856
3,696,624,113	49,442,459,500	59,108,224,032
12,795,264,708	147,653,135,288	10,030,799,258

特种营业税	契　　税	土　地　税	惩罚赔偿及其他收入
	4,253,324,181	297,113,316	
336,031,115	7,480,676,32	599,383,482	478,840,557
11,770,766,594		684,636,135	1,021,267,062

〔国民政府财政部档案〕

33. 行政院抄发立法院关于1948年上半年度国家总预算案审查意见训令

(1948年3月30日)

行政院训令　(三十七)会二字第一五二三二号
中华民国三十七年三月三十一日
令财政部

奉国民政府三十七年三月十六日处字第254号训令开:立法院三十七年三月六日京议字第4520号呈,为奉发中华民国三十七年上半年度中央政府岁入岁出总预算,令仰迅即完成立法程序,等因。当即发交本院财政委员会,会同法制、外交、经济、军事各委员会审查。审查结果拟具意见,当经提出三十七年二月二十八日本院第四届第三百四十七次会议议决,一、总预算通过;二、审查意见修正通过。理合录案检同总预算及勘误表,并缮具审查意见,备文呈请鉴核,并请将审查意见令饬行政机关注意办理。等情,并准照办。除已饬由文官处报告本年三月十二日本府委员会第二十二次国务会议,并分行外,合行抄发原附件,令仰该院遵照,并分别转饬知照。等因。除分行外,合行抄发原件,令仰遵照办理具报。此令。
计抄发立法院审查意见一份

院长　张群

中华民国三十七年三月

立法院对中华民国三十七年上半年度中央政府岁入岁出总预

算及特别岁入岁出总预算审查意见

行政当局历年编造预算，送院审查时间已届会计年度开始或在会计年度开始以后，亟待执行，均无充分时间详细审核，其执行结果又未能依照法定时间编送决算以为审核次年度预算之参考，是以本院历年对于预算之审查，俱不无奉行故事未能善尽职责之感，此本院同仁当引为深咎者。三十七年度上半年预算送院审查时间，亦已在本年会计年度开始时及一月之后，其内容系根据各机关上年度原预算数及追加预算数伸算编列，与事实需要不相符合，甚为明显。故就本预算所列收支数目言之，本年度上半年度预算所列支出数额庞大，收支相抵，不敷甚巨，衡以今年物价上涨趋势及历年预算执行结果，将来预算上之赤字，较今日所列者更不知增多若干倍。如专赖发行或借外债以资维持，前途危难宁可设想。我国承大战之后，继以剿匪军事，民困既深，财源日涸。行政当局对于国用之筹措，已煞费苦心，而囿于环境，敷衍因循，无根本改革之计划，亦为不可讳言之事实。本院同人深体国家当前困难，对于本案，除国民参政会驻会委员已提有意见外，兹将收支各方面应行兴革及注意事项举例胪列于次。

甲、关于收入方面者

一、财政部主管各项税收，尤以关税、货物税及直接税，应彻底整顿，涓滴归公，以裕库收。

二、财政部主管各国家行局及参有官股之中国国货银行、中国通商银行、中国实业银行、四明银行所列盈余收入，均应分别再予酌增。

三、特别岁入岁出中第七条，国有营业盈余收入第七款第二项，交通部主管第一目国营招商局本预算列一千一百亿元，比上年度仅增一倍，而同预算该部主管第一项事业费第五目航政岁出，计列六千四百九十六亿八千五百七十七万元，比上年度增加三倍有奇。其最大部分当为招商之事业费，足见该局盈余列数过少，且该局今年办理不善，浪费公款甚巨，外间啧有烦言，应由交通部彻底整顿，并应比照京沪铁路所列盈余，再行酌增一倍，改列为二千二百亿元。又特别预算中交通部主管第四目电信岁出为三千五百九十六亿四千八百万元，比上年度增加五倍有奇，而岁入方面仅列电信机料修造厂盈余九千七百八十五元。又普通岁入岁出总预算中，亦未列有任何电政收入，亦应由交通部核实增列电政盈余，以裕国库。

四、各机关主管收入，其中有列数太少，甚至实际上有较上年度少列若干倍者。例如，岁入岁出总预算岁入分表经常收入第一款目有财产利息收入，农林部主管中央畜牧实验所，鄂豫区、苏皖区及华东区各推广繁殖站、洮河流域及秦岭国有林区管理处第一经济林场，半年度各仅列收入一万元。华西区、华北区、西北区、华南区及西南区等推广繁殖站仅列二万元，烟产改进处仅列三万元。又同款农林部主管华中区推广繁殖站，上年度收入为六百万元，本预算仅列一万元。西北兽疫防治处上年度收入为十万元，本预算仅列二万元。北平农事试验站上年度收入为三千万元，本预算仅列八万元。棉业改进处上年度收入为五十万元，本预算仅列五万元。一年来物价上涨若干倍，所列收入反较上年度为少。又同款粮食部主管中国粮食工业公司，仅列收入十五万元，该公司规模广大，何以财产利息收入如是其少，均应分别检讨增列。

五、本预算赤字庞大，弥补之方，应由政府从速举办财产登记，切实设法，使有钱者出钱，以符依照负担能力课税之旨。例如，举办财产税，亟应迅予妥筹办理。

六、关于美军剩余物资及租借物资、接收敌伪财产及物资、日本赔偿物资等各处理机关，应统一合并组织，减少滥费，袪除弊端，藉增收入，所有各项售价应核实增列，并应严饬主管机关将处理情形按期公告。

乙、关于岁出方面者

一、未经立法程序设置之机关及骈枝机关，应由行政院分别检讨，予以裁撤，以节糜费。

二、财政部所属之税务机构组织复杂，应依上年度本院建议调整简化，拟订办法送院审议。

三、国防部之组织庞大复杂，应依照本院上年度建议再予调整简化，以节糜费，以增效能。

四、教育部经费依照宪法规定，不得少于百分之十五，本预算所列之教育经费，实际上尚不及上年度之数额，应请注意设法增列。又教育部主管岁出临时费内第十项训练费半年度列一千四百零八亿四千九百一十万元，较之上年度所列一百九十六亿三千七百零六万元，实属过于庞大，应请注意调整。

丙、关于其他者

一、据行政当局报告物价上涨倍数，远较法币发行量为大。关于发行制度，应公开按期公告，解除人民心理上之疑，以助币值之稳定。

二、各国营事业，应由行政院聘请专家详细查核各该事业之资产及业务经费实际情况，计其盈亏，抉剔隐匿，以资整顿，而裕库收。

〔国民政府财政部档案〕

34. 国民政府主计部审编1948年下半年度中央政府总预算草案提请核议案稿

（1948年6月24日）

主计部报告：

审编三十七年下半年度中央政府总预算草案提请核议案

查三十七年下半年度中央政府总预算依照奉颁编审办法之规定，由各主管机关将所管岁入岁出概算先后编送到部，经加查核签注意见后，提请钧院预算审查委员会详加审议，必要时邀请各主管机关长官或派员列席说明，依据规定办法及历届成案斟酌情形，分别拟定各部门各单位预算列数，交由本会整理汇编。兹经审查整理完竣，编成三十七年下半年度中央政府普通总预算草案及特别预算草案，谨将各该预算内容略述如左。

甲、普通总预算

一、普通岁入　普通岁入总预算以收入种类性质分为一十八类，共列三百二十六万七千八百五十八亿四千七百五十二万六千元。其中赋税收入计有所得税、遗产税、印花税、特种营业税、关税、货物税、盐税、矿税、营业税、土地税等十款，共列三百万一千六百七十五亿八千一百万元，较上半年度原预算及追加预算所列赋税收入四十二万九千二百二十六亿余元，约增八倍（上半年度列入特种预算之一部分赋税收入，以现行预算法对于特别预算之范围有明文规定，其性质与上半年度预算划分两部分之意义略有不同，故一并归入普通预算内列比），其各税项之增加比率大致相同，系经预算审查委员会依据财政部原编概算，衡量当前物价及预拟在年度进行中随时调整税率，参酌审订。此外，罚款、规费、财产孳息等收入计八款，共列二十六万五千九百八十二亿六千六百五十二万六千元，以普通所有者为限，其具有特殊性质非平时常有者，如美军剩余物资，租借物资，赔偿物资，敌伪资产变价等收入，及征借实物收入等列作特别预算之财源，不计入普通岁入预算之内。

二、普通岁出　普通岁出总预算依机关主管系统及其性质分为三款，共列三百二十六万七千八百五十八亿四千七百五十二万六千元，与普通岁入总预算列数适相平衡，其各款核列情形略述如左。

1. 国防部主管经费　以彻底改善士兵待遇，将士兵薪饷依战前规定支给数额扣除主副食费六元外，一律按文武职公务人员生活补助费支给标准核算发给，同时将副食费基数由三元提高为四元，亦按生活补助费倍数核算发给，均随同公务人员生活费逐月调整，其在生活费指数特高之地区及担任特种勤务者，依例另行加给，故列数较巨。此外，经常临时及戡乱所需之各项费用，亦各切实估计核列，总计普通特别预算内所列军务费用共为五百五十五万七千九百二十二亿九千五百三十四万三千元，约为岁出总额百分之五十三，其中大部分为戡乱所需之特殊费用，并非平时常有之支出，因将支出总额四分之一列入普通预算，其余四分之三列入特种预算，并就各科目性质分别划分计列。

2. 教育部主管经费包括教育文化及科学研究等费在内，依宪法第一百六十四条之规定，在中央不得少于其预算总额百分之十五，戡乱时期军事政治经济上之非常支出特别巨大，宪法上此项规定，似系就平时状态而言，因拟以普通总预算岁出总额为准，预估概数，请教育部斟酌支配，拟编概算，经预算审查委员会核议，照数编列，并于国民教育临时费地方基本教育补助费一目内增列一万亿元，以促进地方基教之发展，并使教育部主管经费总额达五十万一千一百七十二亿余元，适宪法规定之比率。

3. 交通社会粮食水利资源等部会主管经费中，属于建设救济抢修维持贴补等用款，大多为应付军事上经济上之特殊需要，合于预算法第六十条规定之性质，余如配售公教人员实物差价，建筑员工宿舍，以及实施土地改革等所需各款，性质亦复相类，因各从宽核计，列入特别预算，其一般政务事务经费，则各依照普通行政机关共同标准核计，编列普通预算。此外，如农林卫生等部所管事业费，非属于预算法第六十条规定范围，仍列普通预算，然农林事业费与生产有关，下半年度预算共列二万九千七百六十六亿余元。卫生经费与国民健康有关，下半年度预算除少数机关经费依一般标准核计外，其临时费及事业费大多照卫生部原编概算核列，计临时费共列三千四百五十五亿余元，事业费七千二百五十亿余元，两共一万零七百零五亿余元，均较上半年度预算增列甚巨。

4. 岁出中立法院经费，以委员待遇尚未确定，暂将经常费及一部分临时费先予编入，其有关委员俸给外之待遇，俟办法确定后，再行调整。监察院主管经费，以各委员会之组织及各区监委行署组织尚未审定，监委支给公费标准亦未确定，故亦暂照上半年度预算伸算编列，俟各该问题决定后再行调整。此外，如行政、司法、考试等院，内政、外交、财政、司法、工商、社会、地政、蒙藏、侨务等部会主管经临各费，概照编审办法所定原则，分别核列。惟蒙藏、侨务两会所属机关中，以前预算列数过小，难于支应者，酌予增加，其各类预算内列有外币者，概照现时中央银行基准价核计编列，所有生活补助费概照六月份支给标准核计编列。其第二预备金则尽普通总预算收支余额九万七千三百九十亿余元列入，以资平衡。

乙、特别预算

一、特别岁入　特别岁入，仅现时所有临时性之财产物资售价及征借实物两款，共列二百零七万六千七百九十六亿九千九百万元，其中属于售价者，计为美军剩余物资及租借物资售价收入一百五十七万六千三百九十二亿元，接收敌伪财产及物资售价收入十万亿元，日本赔偿物资售价收入三万七千五百亿元，三共一百七十一万三千八百九十二亿元。其中剩余物资、租借物资及赔偿物资，系以原估美金价格，按一比一百五十万元折算计列，征借实物系按谷每石三百万元，麦每石四百万元折算计列，共为三十六万二千九百零四亿九千九百万元，其特别预算收支不敷之数，计五百二十二万三千七百零五亿五千四百四十四万五千元，业由财政部另提筹补办法，俟办法决定，再行核计收数，编入预算，以资平衡。

二、特别岁出　特别岁出预算计分十款，共列七百三十万零五百零二亿五千三百四十四万五千元，其主要项目如左。

1. 国防部主管经费共列四百二十五万四千七百十一亿六千四百十四万三千元，系以其总支出四分之三计列，其中兵工服装、副秣运输、特勤等临时费为最巨，计三百十五万三千五百余亿元，其美国军援项下分配款项特定用途，尚未包括在内。

2. 交通部主管经费共列一百万零三千八百九十亿元，其中铁路部分照交通部原编概算列入，公路电信航政材料等项则分别缓急，酌予核减。对于各交通事业亏损补贴，则拟加以限制，以每月五万亿元为度，酌列准备金三十万亿元，仍责成主管部督饬各该事业机关尽量设法开源节流，以资维持。

3. 粮食部主管经费共列八十五万五千九百三十三亿五千四百三十四万二千元，其中二十万八千六百三十亿余元，系各省征粮拨充军粮折价之转帐支出，其余为军公粮等购价及亏损共四十四万三千九百二十五亿余元，运输、包装等费二十万三千三百七十八亿元，两共六十四万七千三百余亿元，则属现款支出。

4. 社会部主管经费共列十七万八千五百零一亿余元，概为救济用款。水利部主管经费共列三万四千亿元，系江河治本修防及整理航道等用款。地政部主管者，系实施土地改革经费，以实施计划未经核定，且以此为经济上之重大措施或须长期继续推行，故暂按中央土地税收入百分之十计一万二千一百六十七亿元核列，俟计划决定再行酌拟分配。资源委员会主管经费共列十六万九千一百五十六亿五千八百万元，以增进电力供应、煤及石油等增产为中心，并维持原有各矿厂之生产。

5. 省市补助费支出共列七十万二千一百四十二亿四百零五万元，以行宪以后国税与省税县税尚未重行划分，省市地方一部分经费不能不仰赖中央之补助，而绥靖区之继续遭受破坏，地方自卫武力之亟须扩充增强，有赖中央扶助之处更多，故本期预算除对于文武员工生活补助费、副食补助费、免赋补助费、救济费等照案伸算核列外，其增编保甲团队经费共列三十三万亿元，增加独多。

综合上述普通总预算及特别预算，岁出总额共一千零五十六万八千三百六十一亿零零九十七万一千元，为本年上半年度原预算之十一倍，即较上半年度原预算及截至五月十九日第二十五次国务会议核定追加预算之总和，亦将及五倍，为数之大，至足惊人，而普通特别两部分岁入总额共为五百三十四万四千六百五十五亿四千六百五十二万六千元，约及岁出总额百分之五十一，其收支不敷之数达五百二十二万三千七百零五亿五千四百四十四万五千元之巨，在岁出方面各级主管机关尚嫌列数过少，难于展布。预算审查委员会反复检讨，以为在此艰危情势之下，及复杂环境之中，欲谋大规模之裁并紧缩，既为事实所不许，而一般政务业务又不能不予以维持，若干军事、政治、经济上之设施，复不能不作积极性之策划，以求局势之好转，对于现编预算审度至再，亦觉减无可减，复以戡乱行宪同时并进，新兴设施不一而足，一般物价又难期立时稳定，种种意外开支为数自必甚巨，即以文武员工兵警生活补助费、军警副秣费、学生膳食费等一类而言，现编预算仅按六月份支给标准核列，未列调整准备金科目，将来依照规定办法逐月调整，所需额外支出之款，即达数百万亿之巨，其在军事经济各方面之紧急拨款，为数当亦非细。在收入方面，现列各项赋税收入，已较上半年度增加六七倍、八九倍不等，非大量提高税率不易达到，各项资产虽其本身价值甚巨，然在此民生凋疲、工业衰颓之际，大量出售实属不易。原列预算已觉增无可增，至不敷之数多至五百二十二万余亿元，短期间筹谋抵补，殊鲜把握。如此空前庞大预算提请立法院审议时，殊难保守机密，内容一经传布，不但引起中外人士之震惊，且恐刺激市场，发生剧烈之波动。前方军事，后方治安，均将受其影响，瞻念前途，实深悚惧。此项预算，究应如何编制，方臻妥善，敬乞核示。

此次所编预算，列数空前庞大，在收入方面，无论赋税规费盈利以及物资售价等，均系假定增涨倍数，从高估算。执行之际，自须予各该主管机关较为广泛之权力，对各项税费之征课，得适时调整定率，对各种物资之处理，得适时采取适当之方式，以期争取时机，达成任务。在支出方面，预算外之紧急支款宜如何规定适当手续，以期法理事实双方兼顾，亦为政府执行预算、推行政令极关重要之问题。因与财政部会同商订三十七年下半年度中央政府总预算施行条例草案一并提请核议，并祈随同总预算咨送立法院审议，制成法案，以便遵行。至美援物资，为值甚巨，社会人士颇多善为利用之意见，但再三研究，美援主要意旨在为我收缩通货稳定物价，系经济的援助，而非财政的援助，其有关军备及建设部分，则各定有标的，亦不便统筹运用。故美援部分收支当专案办理，概未列入此次所编预算之内。

各主管机关编送概算，依法应附送施政计划或事业计划，将来总预算咨送立法院审议时，各该计划亦应随同送院。此次所编预算，限于国库财力，未能尽如各机关所要求，其所列预算与各机关原定计划容有出入之处，各机关所编施政计划及事业计划卷帙浩繁，其中且有特殊意义及专门性质者，现总预算咨送立法院之期限已极迫促，拟请各部会于院会通过预算草案后，各就主管部分预算所列经费情形，另拟计划纲要，以期计划预算两相配合，并于本月二十七日以前，各以三份分送行政院秘书处及主计部，以便汇总付印，随同总预算咨送立法院。再此次编审总预算时限极为迫促，本部审查签注未能详尽，为谋各机关对其主管事务便于统筹挹注适应事实需要起见，各部分预算内大多列有统筹科目，立法院分组审查时，或须作较详细之说明，应请各部会充分准备参考资料，或可供说明分析之图表，以备应用，并请各以二份送主计部，以资联系。

以上所拟是否有当，谨检同拟编之三十七年下半年度中央政府普通总预算草案特别预算草案暨与财政部会同拟订之三十七年下半年度中央政府预算施行条例草案各一件提请核议。〔略〕

主计部主计长　徐〇

〔国民政府主计部档案〕

35. 财政部长王云五关于1948年下半年度国家总预算岁出岁入概况的报告

（1948年7月2日）

主席、各位委员，刚才翁院长与徐部长已将三十七年下半年度总预算，分别将编制经过及预算内容报告过，本人再补充说明：这个预算可分为两大部门，一是普通预算为经常方面的预算，一是特别预算，为应付军事政治经济临时性事故的预算。关于普通预算，岁出部门计为三百二十六万余亿元，内有九万多亿为准备金，这是完全靠赋税收入来平衡。赋税收入计有十种税收，这十种税收共占三百万亿元，换句话说乃占全部税收百分之九十以上，赋税以外之收入占二十六万多亿，不足收入十分之一。在十种税收中，关税盐税货物税这三种税差不多占了二百五十多万亿。再分开来说，关税一项，上半年度原预算及追加预算只有七万四千多亿，现在下半年列为七十七万多亿，等于较上半年增加十倍半。货物税上半年度原预算及追加预算十三万八千多亿，下半年列为一百十二万多亿，较上半年增加八倍多。盐税上半年度原预算及追加预算只有六万亿，下半年度列为六十万亿，较上半年增加十倍。所以，这三种主要税占了普通收入百分之八十。因为这个缘故，刚才翁院长与徐部长提到，为使税收之增加，对于有关之税法，不能不有所修正。关税部分因过去税则行已多年，有许多不合理处，应该修正。同时为增加收入及兼顾保护政策，亦应调整，故修改关税进口税则，已送贵院审议。货物税为使收入□收市价，不得不去按照物价随时调整。假如税则离开物价太远，预算收入庞大，实在没法应付。货物税以前系按上两月平衡物价折算，今后宜切实调查市场批价，依前一个月平均价格，依法落实，提高税额。对奢侈品税率更宜提高。为达上述目的，已拟具修正货物税条例送贵院审查。盐税在战前平均为六元每担，现在每担为四十五元，按照现在物价指数，还抵不上战前的六分之一。盐税是全体人民负担的，固然不能订得太重，但是它的负担很平均，而且每一个人消费有限，故亦拟定盐税条例方案，送贵院审议。关税、盐税、货物税这三个条例，贵院如能予以通过，那么预算的岁收就可达到预期的数字。因为这三种税已占了经常收入的百分之八十，同时行政院很希望贵院能早日通过，否则不能按照新的税法征收税额，收入一定减少。

其次，特别预算部分，计需发出五百九十多万，在收入方面，我们可以想得到的，只有国有财产及物资售价收入可达一百七十余万亿，其中最大部分是美军剩余物资及租借物资售价收入，此项业务系行政院物资供应局所主管，到现在剩余的物资可值美金一亿五六千万，其中一部分物资需供国防部交通部使用，故可以出售的充其量不过一亿美元，这是可能估价处理的。剩余物资还有一部分没有如期来，正积极交涉，希望来了以后可以处理，以增加一部分的收入。此外是接受敌伪财产及物资售价收入、日本赔偿物资售价收入，以及征借实物收入，合计两百余万亿，不敷三百八十余万亿，如何弥补，这是一个很严重的问题，这就完全要靠债额的收入，但政府并不愿意完全靠发行来弥补，因为靠发行弥补，必会刺激物价，更使支出增加，故大部分拟靠债券收入，预计二百万亿，至将来发行办法，当专案送贵院审核。此外，当差一百八十余万亿，列为赊借收入，那就只有靠发行来弥补了。

除上述以外，如生补费等没有列入，我们只有希望币制稳定，物价稳定，如期追加预算可以减少。至其他可能设法增加收入之措施，自然要设法办理，这是本人要设法说明的。

〔国民政府立法院档案〕

36. 行政院长翁文灏在第一届立法院第一会期第二次秘密会议上关于1948年下半年度总预算编审概况的报告

（1948年7月2日）

主席、诸位委员，今天兄弟要向诸位报告中央政府的预算案，首先要声明的是，这个预算只是三十七年度下半年度六个月的预算。预算案照例应该提出全年的预算，为什么只提半年度？因为三十七年上半年度，是去年宪法公布以后行宪政府还没有成立以前的过渡时期，因此，前行政院对于上半年度六个月的收支，规定了过渡办法，而没有把本年下半年度的预算整个编制起来。所以我们本年下半年度行宪时期的收支预算，算是行宪以后行政院第一次向立法院提出的预算。依照经常法规的规定，预算的编制需要几个月的时间，因为各级机关都要筹划他的工作，才能编制收支数量，然后加以研究编成草案。这次预算编制时间非常匆卒，第一届行政院成立以后，于本年六月一日举行第一次会议，后来在立法院提出施政方针，接着便着手编制下半年度六个月的预算，为期不到一月。因为时间匆卒，工作繁重，预算案内容难臻周密。另一方面，我们在八年抗战以后，又遭遇共匪普遍的扰乱，弄得各地民生凋敝，而且戡乱工作正在充分进行，开支加大，通货加多，物价高涨。在这非常情况下，政府要来筹划预算，当然要增加税收，撙节开支。但增加税收、撙节开支，刚才说过，在上述情况下，整个预算连同特别预算在内，收支不易得到平衡。贵院诸位，大家了解，限于事实困难，收支平衡目前实在无法一蹴而成。既然如此，我们不能不尽量设法开辟财源，使得所有开支不要完全靠发行通货，也要尽量想办法，能够终止，使经济困难能有转机，在这情形之下，立法和行政方面，大家要共体时艰，互相了解。

本年下半年度预算，因为上述非常状况，依照预算法规定，分作两个部门：一是岁入岁出总预算；一是特别预算。现在分别加以说明：

岁入岁出总预算的岁入部分完全靠经常收入，这经常收入又分两大部分，一部分是经常税收，另一部分是国营事业营业赋税以外的收入。两部分合计起来，本年下半年度是三，二六七，八〇〇余亿元；支出部分是中央各机关的经常开支，再加上各省市的补助费以及行政费等。这好几种经常开支总计有三，二六七，八〇〇余亿元。所以本下半年度岁入岁出总预算经常收支数目相符。

其次，我们要提到特别预算，诸位从特别预算草案里可以看出，特别预算开支中多数为戡乱时期军事费用，属于国防部使用的。军事费用因为关系军事机密，希望不要向外宣布。特别预算收入方面，是指临时税的收入，包括日本赔偿物资、美国剩余物资出卖价格，以及实施粮食征实征借所得物资价格。这一类临时性的收入，总计可得二，〇七六，七〇〇余亿元，这里面特别临时收入再加上刚才所说的总预算的经常收入，合计本下半年度岁入为五，三四四，六〇〇余亿元。但是岁出部门，因为许多是戡乱使用的特别开支，以及生产交通建设费用，这类数字均已书面印送，口头不再报告。

大家也许想到，本下半年度我们可以开始使用美援物资，可以收入相当数量的资金，但因中美两国正式协定尚未签订，同时性质上亦不无差别，因此，美援部分我们另行专案报告。

这次提出的预算，两部分合并起来看，可得两个印象：一为数目庞大；二为有戡乱费用，岁出岁入总数不能平衡，其中颇有相当数量的差额。这差额的弥补，不能完全靠发行新的钞票，以避免通货过分膨胀，因此我们应该注重的方法有三种：

一、增加正当的收入。这包括应该征收的税额，出卖物资的价格，政府应该认真征收，使国库有切实可靠的来源，这部分工作，特别是关于预算的税收，行政部分已订有好几个法规送到贵院，希望贵院迅赐审议。

二、紧缩支出。不必要的机构及应该节省的开支，应该认真裁减撙节，使款无虚费，财不虚糜。行政院非常慎重，诸位审查预算的时候，如果认为我们有不够慎重或严密的地方，并望明确指示。

三、发行债券。发行债券可以增加正当收入，使社会上的资金、游资纳入正轨，以贡献国家使用。

以上三种方法能否实行，实在是我国当前财政上重要的关键。行政院职责所在，应该树立信心，期底于成，同时希望全国国民急功好义，共起输将，以渡过这一困难时期。

其次关于岁出数目比较值得注意的有三点：

一、教育经费。总预算中开支的数目，教育部的经费占岁出总数百分之三十五点几，合乎宪法规定的精神，故除国防部之外，开支数目以教育部最高，其他各部均比不上。

二、一般建设事业。交通，资源，水利，农工矿等生产事业，为国家经济根源。但是因为戡乱时期，戡乱费用支出浩大，对于建设工作认为不宜过分发展，以免增加财政困难。虽然决定不宜过分发展，但在事实上我们还是要尽可能予以注意。

三、地政工作。地政工作极为重要，尤以戡乱时期，土地分配改革工作应即着手进行，故在特别预算内按中央土地税收入百分之十核列基金，这一笔基金，经土地改革计划核定后即可开始动用。

三十七年下半年度中央政府总预算及特别预算两部分岁出总数，因为物价高涨，所以这一数目相当庞大可怕。虽然有这样庞大的数字，我们按照物价指数折合抗战以前币值，现在的开支比抗战以前只有减少，并没有增加。举例来说，民国二十六年的时候，物价相当安定，那时岁出为十五亿元。三十七年岁出连同特别岁出在内，按物价指数折算，只合到战前币值十三亿八千万元。所以，民国三十七年的岁出与二十六年的岁出相较，只有减少，没有增加。而且现在的公务人员及作战将士的人数，还超过抗战以前，所以目前人数既增，而经费减少，可见我们的财政状况，实在是在艰难困苦中支持。不但是许多机构绝对没有浪费，从总的现象来看，我们的开支还是非常简朴的。

物价对于预算的关系，我们大家都很了解，预算编制困难的主要原因就是通货膨胀，物价飞涨。对于这些困难，政府不断用好些办法来应付，来平衡。但是综合看起来，因为通货膨胀不断增加，游资充斥，许多事情要暂为因事制宜，另定有效办法来平衡，因为时间来不及说明，不报告了。

今天本人在立法院提出的三十七年下半年度预算，只是大意的报告，其详细数字和工作计划，请徐主计长和财政部长、中央银行总裁来报告。这次预算提出很晚，因为现在是七月，已属实施时期中，希望诸位委员快点审查，使政府的正式开支，有法律根据，同时，因为有增加税收必要，所提出的几种与税收有关的法案，也希望快点审查，议决具体方案，使财政方面可以积极进行，合乎正轨。其他多项，请各主管同人继续说明。

〔国民政府立法院档案〕

37. 立法委员尹述贤等在第一届立法院第一会期第二次秘密会议上关于总预算编列问题的质询

（1948年7月2日）

一、尹述贤的质询

我还没有详细看预算编列情形，但从行政院院长报告中觉得，向来政府对于总预算的编列有四个缺点：

第一，每次都假平衡，所以每年的预算都要超过。

第二，总预算在主管机关编制时，对收入部分尽量列少，而开支部分则尽量加大。

第三，有许多必要的机关，不列预算，而不必要的机关反列预算。但未列预算的机关，仍然有经费开支，这个开支根据什么法令？

第四，每个机关的预算，都是根据本身的需要，没有与整个国家财政收支配合。

今天听到翁院长的报告，在精神上有一个很大的漏洞，就是赤字的预算相当大，这表示总预算缺乏一种精神，就是管制物价，行政院没有信心，对今后物价能否平抑并无表示，这是顶大的一个缺点。

其次对于主计部的报告有几点质问：

第一，国营事业没有列盈余，政府对于它的预算是一个估计，而不是落实。请问国营事业是不是有盈余？如果有盈余，应该列入预算。过去国营事业收入的预算，没有交到政府，今后行政院对于国营事业的预算，要不要列入，如果要列入，希望在二十天以内，把国营事业的预算，一齐交到政府，然后一同通过。

第二，总预算里面有许多新成立的机关，也有些机关没有列入，这些机关的经费怎样开支的？这一点请翁院长切实答复。

第三，关于追加预算有个标准，过去每年的追加，都是看当时的情形，根据当时情形作追加。今天行政院对于物价管制没有信心，怎样追加？是不是以当时的物价作标准？我们在精神上不要追加，但事实可能追加，这个追加用什么方法？要请确实答复。

第四，弥补预算不要用发行通货，而要另外想办法。将来政府如果不发行通货，是否用税收与国营事业的盈余来弥补？要请翁院长切实答复。

上述几点有了答复，然后审核预算才有标准。

二、雷殷的质询

我们看这个预算，养人的费占了一半，又养人的费是按照物价增加的，我们知道抗战八年的预算不能执行，由于物价波动，今天要管制物价，才能核定预算。

〔国民政府立法院档案〕

38. 财政金融参考资料
关于如何平衡国家财政收支问题
（1948年7—8月）

甲、如何平衡国家财政收支 （1948年7月）

一、我国近数年来之国家预算与实际收支情形，及政府对平衡国家财政收支之努力(待补)。

二、本年下半年度预算与政府对于平衡国家财政收入之政策

（一）本年下半年度预算之内容及数字

1. 部长训示岁出约一千万亿，岁入约五百余万亿——本年下半年度预算支出方面，闻提出之数字在一千万亿以上，国防部提出之预算即达六七百万亿，经核减亦当在六百万亿左右。收入方面至多不过五百余万亿，各税收入预算估列数，较诸上半年度实收数约超过六倍。租税外之收入亦占预算重要部分，其中以物资出卖收入为大宗。

2. 李次长报告岁入五百四十余万亿之内容数字——本年下半年度岁入预算为五百四十余万亿。内分：

（1）税收约三百万亿，计直接税约三十万亿，货物税约一〇二万亿，盐税约六十万亿，国税约八十万亿以上，各税共为二百七八十万亿，连同土地税，营业税合共为三百万亿。

（2）物资变卖收入：一为剩余物资可处理者约值一亿美金折合法币为一百万亿；二为敌伪财产仅余一部分可以处理预算为二万亿；三为美援物资仅列五千万美金，约五十万亿；四为日本赔偿物资约四千二百万美金，除规定售与民营偿款按四期还清外，仅列二百五十万美金。

(3) 国营事业盈余收入,约二十余万亿。

(4) 规费罚款收入列三万亿。

(5) 田赋征借收入约二十万亿。(李次长在同上会议中报告)

3. 普通预算与特别预算之分列数字——本年下半年度国家总预算之内容总额为一千万亿元,其中普通预算约为三百万亿,特别预算约为七百万亿。此项国家总预算,已由行政院咨送立法院讨论。

(二) 政府对于平衡本半年度国家财政收支之政策

1. 行政院对于平衡财政收支之方针——现在我们的预算分为经常与特别二部,经常部门非但要使其收支平衡,还要做到有盈余的可能。至于特别预算,确实的需要很难估计,其中最重要的是军粮,征粮是必要的,曾特别想到收入的增加,第一步当然得先在税收上着想。我们税收制度尚有改良的必要,如财产税、遗产税、所得税等都是国家基本收入,我们的原则是有钱出钱,先举行财产登记,对全国财产必须明了。因此在开源方面我们的目标是:(1)确定目标,简化手续;(2)依照人民能力使有钱者多纳税;(3)采从价制度,依物价来规定税收数量;(4)裁并不必要机构.关于开支方面,实际上恐怕每一个机关都在喊不够,不过希望各机关要着重国策的推行,可省者省。此外短期内还要计划几种根本办法,如(1)币制改革;(2)改进公债制度,重建国民对政府信仰。

下半年租税收入,除于公平负担及配合物价之原则下,切实整顿,按期调查,以期增高税收外,并加速处理国有财产及物资,使此类非租税之收入,不下于租税收入。岁入不足原应以公债抵补,但我国债信近年颇有损失,除积极恢复债信外,一时不得不酌靠发行以资弥补。惟仍当就可能范围内竭力节省岁出,并增进租税与非租税之收入,藉以抑制过多之发行。

2. 部长对于增加收入之训示——王财长对于本年下半年之全国收支总预算收入方面,除拟新辟税源外,并拟以下列方法增加收入:(1)出售国营事业;(2)处理敌伪物资;(3)处理日本赔偿物资;(4)美援。但收支相抵仍有距离。王氏对于一次财产税之举办,已具决心,认此为增辟新税源之唯一方法。唯对执行之技术仍感困难,尚待从详研究云。

又关于增加税收,关盐货物三税税法,应予修正,已送立法院请完成立法程序,至于直接税则较为复杂,如所得之稽征无论简化与查征,皆有利弊,仍在研究中,吾人相信,原已具有规模之税收加以规划改进,当不难增加收入。较为困难者为如何增辟新税源,现立法院主张征收财产税,原则上为良税,但征收技术极堪注意。如何使具合理而有效,则须研究。

3. 总预算内之两大特点——本年下半年度国家总预算已于日前提交立法院,并由翁院长王财长及徐主计长向该院第二次秘密会议分别报告编制经过。据已公布的消息,是项预算案有两大特点:(1)为普通预算可以税收抵付支出并有余额;(2)为特别预算以出售政府握有之物资及其他办法相抵,可以不再增加通货之发行。

三、社会各方面对于政府平衡国家财政收支政策之观感及主张:

1. 将已有情况善于运用彻底改革树立近代财政制度——今后我国财政的道路看来将仍如往昔,一面靠出卖国有财产,一面靠美国帮忙,但大部仍靠通货膨胀。至于财产税之从详研究云云,恐不过永远是研究而已。我们不能奢望王氏将有大成就,如能将已有的情况善于运用,并为财政改革树立一健全的基础,已属不易了。我们的意思是今后财政部应切实为我国树立起近代的财政制度。我国的税制不谓不完备,但实际上却收效甚少,一般商店却以造假帐为能事,而国人的财产也漫无稽考,旧税尚不能收足,再增新税,亦只是空谈而已。因此我们希望今后的财政部对于工商营业的记载与国人财产的调查做一番彻底的工作,以为一切改革的基础。

2. 要以量出为入之精神来决定预算——前天翁院长向国民党

籍立法委员报告施政方针，在预算方面提到了希望收支平衡。在政策上说这是对的，我们所担心的是宽大收入紧打支出的预算实施起来决难做到平衡，从三十四年起每年的岁出预算都是以上年度原预算及其追加部分伸算合计之数为准。但每年的决算都无可例外的超出了预算几倍以上。事实证明了人为的压低预算并不是国家之福。际此戡乱与行宪齐头并进之秋，我们要特地指出：一国预算的尊严。我们希望新行政院要以量出为入的精神来决定预算，很诚实的提交立法院审议，以预防未来的困难，树立预算制度的信用。

3. 要配合戡乱实事求是为大多数人着想——就目前而言，戡乱与建国并重。但是戡乱没有完成，建国何从谈起，与其分散力量，何如集中戡乱。故一切应配合戡乱，以期缩短完成剿匪的时日，集中力量，务求第一事业之彻底完成，不受数字的限制，以收实事求是的功效。要为大多数民众的利益着想，不要只为少数人谋享受，要有整个计划，不要有矛盾的□□。新政策的成败，端在总预算是否合理，我们将以这一预算来衡量新政府的得失。

4. 预算不要离事实太远及完全无法执行——明知预算难编或难于编的切近事实。但我们总应该尽极大的努力认真的态度去编，要使这个预算不要离事实太远，不要不能完全无法执行。换句话说，不要让预算成为具文，成为点缀的数字。收入果真不能增多，不妨就少列些，支出的无法减少，就大胆的忠实的列出来，收支不敷之数，倘若无其他途径可以另寻弥补的良策，就老老实实的说，举债增税已告无望，惟不外增加发行，这才是真实的预算。发行之数既有估计，则预算的执行就不致于像今日的成为空论了。

5. 整顿税收，征财产税，出售美援物资不应采低价抛售政策——预算之大忌要在胪列实支，多为平衡，实多赤字。为使本年下半年度预算真正能做到收支平衡。下列三点请政府注意。(1)切实整顿税收，过去税收不振，人民负担尚未及战前水准，当前税收较战前增加甚巨，但其增加倍数仅及物价指数之四分之一。由此看来，税收方面，尚大有可为。要增加倍数至少可与物价指数不相上下，并要肃清贪污，减少侵蚀，使涓滴归公。(2)财产税必须力求实现。其技术问题固不应忽视，但更应有决心，有决心便能克服一切困难。在现有条件之下，百分之百的公平合理自不可能，但试问那些豪门资本的累积又是否有半分公平合理的成分呢？(3)出售美援物资绝对不应采取低价抛售政策，过去此法只便宜富商豪门，今后要收回通货弥补预算，即应不折不扣的照市价出售。如此政府可得实益，人民最多也只损失一点虚无飘渺的恩惠。

6. 整理直接税，注意国营事业的效率，不再新增骈枝机构——根据立法院通过的审查注意事项，略抒所见，藉供参考。(1)以税收来平衡预算是最稳健的办法，也是理财的原则。立法院主张以整理税收节省开支为弥补赤字的原则，我们完全同意。不过我们的租税系统现在还着重于消费税，消费税中又以关盐货物三税为主，这些税多转嫁到弱者身上。故应整理直接税，如所得税成绩不良，遗产税徒有其名，更应整顿；(2)今日我们处境虽然特殊，财政方面有赖于国营事业收入以资挹注的地方很多。但不能一味主张国营事业盈利多多益善，因为有些事业会牺牲了多少有关国家整个利益的民营事业，或便利少数特权阶级。与其注意国营事业的盈亏，倒不如注意它的效率；(3)裁并机关几乎成为多年来一种口号，而结果原骈枝未裁，而新骈枝又不断出现，成立新机关易，撤销则难，一撤销便牵涉到许多人事问题，这是中国特殊现象。故现在能办到不增添机构，不扩大机构，已算难能了。我们希望立法院今后对于一个机构的成立，切莫予以通过，如必须成立，亦必先裁撤或归并一二个机构，腾出一笔经费来作新机构的开支。

乙、平衡国家财政收支之一关于下半年度国家预算之审查(1948年8月)

平衡国家财政收支

下半年度国家总预算之审查

一、审查本年下半年度总预算案之经过

依照中华民国宪法第五十九条规定,行政院与会计年度开始三个月前,应将下年度预算案提出于立法院,及第六十三条规定,立法院有议决法律案、预算案、戒严案、大赦案、宣战案、媾和案、条约案及国家其他重要事项之权。行政院乃将三十七年下半年度之中央政府岁出总预算案(亦可称之为普通预算案)及特别预算案,于七月二日送达立法院,经过分组审查与预算委员会以及各委员会联席会议之综合审查,大小会议在三十次以上,最后经过三天之院会讨论,始于二十三日全部通过,完成法案,前后历时二十一日。此实为行宪后首届之立法院第一会期之最大成就。兹将审查经过略叙如下:

七月二日上午举行第二次全院秘密会议,听取政府对总预算案之报告,申明总预算案有两大特点,一为普通预算,可以税收抵付支出,并有余额;二为特别预算,以出售政府握有之物资及其他办法相抵,可以不再增加通货之发行。下午继续开会,决定由预算委员会召集全院各委员会联席会议,决定审查办法。

三日预算委员会第二次全体会议,对总预算案审查注意事项要点决定如下:(一)注意预算平衡,如收支不敷,应以整理税收节省开支为弥补原则。(二)注意各项重要税收之整理。(三)注意国营事业盈余收入之增加。(四)凡骈枝机构未经立法程序,上半年度亦无预算之机构,其预算应予剔除。(五)凡机构过于庞大复计者,其经费应尽量裁减。(六)整理国营事业机构,裁减冗员,节省开支。

五日举行各委员会联席会议,通过预算审查程序。

九日起举行分组审查会,计分七组,同时进行。

十三日分组审查完毕。

十四、十五两日预算委员会全体会议,作综合审查,讨论各组审查意见,并作初步通过。

十八、十九两日举行各委员会联席会议，作最后审查。

二十一、二十二、二十三，三日连续举行全院秘密会议三次，终将全案完成立法程序。预算案内容除照联席会议审查意见通过外，其由全院会议决定部分，兹扼要列举如下：

（一）全国经济委员会决定撤销，善后事业委员会及美援运用委员会仍准分设。

（二）戡乱建国动员委员会组织无法律根据，未便审议，应将原预算退回行政院。

（三）财政主管预算剔除东北方面三个税管局（因未设置），内务机构应由财政部简化调整，增加税收扩充事业费一万四千亿应予剔除，开征财产税筹备费一千亿予以保留，俟财产税法通过实施，再行核准动用（关于盐税本部所拟盐税税率条例，立法院在审查会时，曾决议保留；至二十日举行第三次秘密院会时仍照审查意见通过保留）。

（四）工商部所属之燃管会及燃料管理办法予以取消，在过渡期间燃管业务由该部会同资源委员会及煤业工会办理。花管会及工商辅导处均予取消。

（五）教育预算凡由普通预算移列特别预算各科目后，其不足百分之十五之经费，应由第二预备金或总预算内其他科目核减之经费项下补足，并以百分之三十分配于基本教育补助费，百分之三十分配于公私立专科以上学校之教学设备费，百分之三十补助绥靖区教育经费，百分之十拨充革命功勋遗族及抗战戡乱功勋遗族教育费。

（六）交通部门预算。上海港务整理委员会应即结束。铁路及公路工程管理费以不超过工程费百分之十为原则，国营事业组织应予减缩，人员待遇应依照政府规定办法办理。

（七）中粮公司应予裁撤，并清查帐目，原有工厂及加工业务，由粮食部妥为接收。

此次修正通过之总预算案中，支出部分削减，而收入部分增列。此种增加之数额，并非由于税率之提高(如盐税不增加)，而大多数系增加原列各国营事业及各项税收之收入数字。至于各机关之骈枝机关与冗员尽力裁减，与军事无关之事业或工程经费可以缓办者，均由立法院予以剔除，以符节制之旨。

二十七日总预算案全部整理竣事，于二十八日咨送行政院，再送总统府正式公布。

二、各方对本年下半年度总预算案之意见：

(一) 对审查总预算案之批评

1. 正面的

(1) 立法院审查预算是相当采取了节流主义的，像中粮公司、花纱布管理委员会这一类的机关或弊多利少，或劳而无功，社会舆论早主裁撤。但政府因种种顾虑，终于因循下去，甚或越裁越大。立法院这次毅然把它削掉，颇予人以快刀斩乱麻之感。

(2) 审查预算的第二个特色，乃是采取了以增加岁入来减少赤字的手段。今年下半年的岁入，是以赋税、国营事业盈利和出售物资所得为主体的。在总预算的审查过程中，立法院在这三方面都大刀阔斧加以整顿，而且在半路里还杀出了一个商股退出国家银行的提案。这个提案还在审查之中，结果如何尚难预卜，但已可窥见立法委员们的朝气了。

(3) 这次立法院为了顾虑戡乱的需要，却不得不在总预算之外，开了一条方便之门。那便是预算施行条例的制定，预算施行条例的内容如何，我们不得而知。据说是授权政府调整税率及国营事业之价格，并予必要时以紧急命令拨款，这当然是必不可少的措施。照宪法的规定，立法院的第二会期将在九月举行。从现在算起还有一个月的时间，若每一次因物价波动发生的税率或价格调整，都要经过立法程序，则立法院势须频频召集临时会，这当然是极不经济，也无此必要的。

(4) 教育科学文化的经费不得少于中央预算总额百分之十五，是宪法硬性规定的。这次预算已经做到教育部主管经费占普通预算百分之十五，为我国预算史开一新纪元。

2. 反面的

(1) 预算分为普通、特别两部分，除了便于纸面上容易辨识岁出用途的分配外，在现状下不能发生约束支出的作用。所谓普通预算可以用税收抵支，且有盈余；特别预算可以出售各种物资与其他办法相抵云云。除非将来在执行预算时，有极严格的刚〔硬〕性规定，使普通与特别两部分收入，绝对不许互相挪移，根本就无意义可言。其次现在的税收远落在物价之后，而支出必追随物价而增加。以现在物价上涨的速率来看，普通支出即使将物价因素估计在内，能否尽靠现制下的税收来相抵，不能无疑。再次，特别预算显然都是军费，其用途和数额几乎不能预定，而需要迫切，悉视军事进展的趋势为断。但另一方面出售财产和物资，甚至美援军需物资处理和运输，都需相当时间，以这种收入来应付军费，其艰困情形是不难想见的。结果在军事至上的原则下，普通和特别势必浑然一体，同时还得仰赖发行才能应急。所以无论是说下半年可不再增加通货发行，或可以不再增发纸币都是太乐观了。

(2) 凭藉出售资产与物资来吸收游资和弥补剧亏，其关键在我们必须有一个把握，在资产和物资售完之前，确能使财政亏空渐趋减少，而最后收支能达到均衡，才能发生紧缩通货，稳定经济的效力。现在以此项售价收入充作日趋庞大的战费，虽可弥补一时的亏空，一旦资金售完，战事未止，亏欠如故，未来的经济混乱，将益发不可收拾。即就现状论，出售国营资产是否能有人愿意承购，也值得考虑。假设经常出售资产物资所得的收入，不能超过同期增发的通货数量，则虽稍可减轻一时的通货膨胀，却不能发生控制稳定的效力。至于说以之充实发行准备，那最好规定售价，以黄金或外汇支付，以所得之黄金外汇充作发行准备，并严格规定通货发行量与准备量间维持一定的比例，才能收到控制发行的效果，然而这样做对于目前吸收游资弥补岁亏不能发生直接作用。

(3) 美援物资也是政府时常仰望的。现在双边协定已经签订，物资将源源输来了。这些物资在总预算上占怎样一种地位，我们愿意知道物资总值四亿美元，其中一亿二千五百万为军事援助。兹不论经济援助，共二亿七千五百万元，其中六千万元是指定为工矿铁路电力建设之用，另有十分之一为农村与建设之用，再余不及二亿元之物资售价收入，须在中央银行另立特种帐户予以冻结，如须提用，应得两国政府同意。这似乎都成了预算以外之特种收支，其运用的成效能否帮助政府弥补岁亏，就很难说了。

(二) 对执行总预算案之建议

1. 节省政府开支。节流方面，应该切实做一番功夫。政府的军政各费到底是怎样用的，为什么每月从中央汇出各地的公款，会不久流回上海市场来掀风作浪，立法院应为此事组织一个调查团分赴各地作一番实际的调查。其次裁员减政，改善公教人员待遇，仍为适宜的主张。例如新成立的戡乱建国委员会员额不多，待遇优厚，无所事事，全力敷衍，伤财多事。立法院如果是代表人民的，对类此组织如须动支公帑，应予制止。

2. 切实整顿税收。税收必须切实整顿，健全的主张，政府应竭尽所能，善用经常税制，争取税收。但多年积因，使得全部税制的分配，论负担，贫苦人民重于富裕阶级；论地域，农村重于都市，战区重于后方；论职业，农重于工，工重于商；论缴纳的方法，征实和力役兵役重于以法币缴纳的。面对这种现实，再加上通货膨胀的祸患，又大部分落在穷苦大众，谁说今后的租税政策不应该将重点转移到富裕者身上去。总之解决目前财政困难，应该在税收多想办法，而负担重心必须置于富有者身上去。

3. 稳定物价改革币制。两次预算经过审查之后，虽然收支可以大略相抵，不过在目前法币不断贬值，物价不断上涨的时候，政府的支出免不了继续增加。即以文武公教人员的生活费来说，每月必须随着生活费指数加以调整，将来的实际支出，绝不能以目前的预算数目为范围。其他如各机关的公费、作战经费也不能不受物价的影响。依照以往物价增涨情形和预算执行的经验，实际支出往往较预算的数字大两倍或三倍。因此脱离了物价问题或币制问题来谈收支平衡，是等于缘木求鱼。所以我们一方面希望政府能够切实执行预算，同时更希望政府对于物价问题和币制问题能够有切实有效的改革方案，早日付之实行，否则这个预算草案完全是假的，毫无意义。

4. 救济经费应另辟财源。在总预算中，救济费应列于普通预算范围之内，据透露的消息，本年下半年度普通预算的整个数字约在三百五十万亿左右。前所述一个月前的救济经费就需要四百五十万亿，倘若要从普通预算方面开支，真是不可想象之事。普通预算既没有列支，难免要影响到特别预算，然而这是庞大的数字，亦非特别预算所能负担，且特别预算都是指定用途，关系重大，尚须随时做到，莫可测知的不足救济费要向这方面腾挪，更是谈不到的了。所以这笔天文数字的救济费，就应该马上订出办法来筹措，使其对于普通预算和特别预算尽可能的不发生影响。这就是说救济费的来源，应该独立于国家正常收入之外。

5. 严格审核军务费用。此次总预算案，据说普通预算与特别预算之对比为三与五之比例，而特别预算百分之八十为军务费用，全国人民既无人反对戡乱，自亦不能反对特别预算，可是特别预算与普通预算中，军事费用的撙节与核实却为人民一致强烈的期望……。军务费用，事关戡乱，说起来了多是性质秘密。但是特别预算既然占全部预算巨大的比例，其中各项目应该在行政上要特别核实，我们不相信今天的军务费用是不能再加严格审核。道路传言某报待式机关一项费用，超出行政院以外之四院经费的总和，其他后勤方面的费用机关的冗什，请立法委员拿出良心勇气来替人民减轻负担，替国家行政树立新的风气。

丙、平衡国家财政收支之二国家总预算内容及其反响（1948年8月）

平衡国家财政收支——国家总预算内容及其反响

一、总预算内容概述

八月十二日，总统颁布中华民国三十七年下半年度中央政府总预算及中华民国三十七年下半年度中央政府总预算施行条例。

总预算施行条例共十二条。兹扼要述之于下：

（一）总预算之施行除预算法、公库法已有规定者外，并依本条例之规定。

（二）总预算公布后，各收支机关均应依法编送岁入或岁出分配预算，切实执行。

（三）赋税规费或其他有强制性之收入，其征收率之变更，除税法或其他有关法律已有规定者外，均应经立法程序。

（四）国有物资之出售，其价格应照出售时市价折算。

（五）国营公用事业及交通事业之收费，除法律别有规定外，得参照成本酌予增加。但所加成数应低于一般物价指数，必要时得由国库酌予贴补。

（六）从严厘定国有营业盈余分配科目。各营业机关之盈余，除依照原定分配科目提拨外，应扫数限期解库，国有事业收入亦应依期报解。

（七）总预算内所列事业费不须领用时，应由主管机关提请追减预算，不得移作经临费开支。

（八）生活补助费及粮食价格等应行增拨之款，由财政部按期垫付，于年终汇办追加预算。

（九）总预算所列各类经费，如有不敷，得依法动用第二预备金，或办理追加预算，咨请立法院追认。

（十）特别预算之执行，通用本条例之规定。

关于岁入岁出之项目，兹分列于下：

岁入部门：(一)所得税；(二)遗产税；(三)印花税；(四)特种营业税；(五)关税；(六)货物税；(七)盐税；(八)矿税；(九)营业税；(十)土地税；(十一)罚款及赔偿收入；(十二)规费收入；(十三)国有财产孳息收入；(十四)国有财产及物资售价收入；(十五)国有营业盈余收入；(十六)国有事业收入；(十七)捐款及特捐收入；(十八)其他收入。

岁出部门：(一)国民大会主管；(二)总统府主管；(三)行政院主管；(四)立法院主管；(五)司法院主管；(六)考试院主管；(七)监察院主管；(八)内政部主管；(九)外交部主管；(十)国防部主管；(十一)财政部主管；(十二)教育部主管；(十三)司法行政部主管；(十四)农林部主管；(十五)工商部主管；(十六)交通部主管；(十七)社会部主管；(十八)水利部主管；(十九)地政部主管；(二十)卫生部主管；(二十一)粮食部主管；(二十二)资源委员会主管；(二十三)蒙藏委员会主管；(二十四)侨务委员会主管；(二十五)主计部主管；(二十六)审计部主管；(二十七)债务支出；(二十八)公务员退休及抚恤支出；(二十九)省市补助费；(三十)第二预备金。

以上岁入岁出总数计均为三百二十三万六千二百十五亿〇〇九十八万六千元，岁入部分计各项收入为二百八十五万余亿元，约占总岁入百分之八十八，其余各项收入约占总岁入百分之十二；岁出部分计国防部主管列一百三十万余亿元，约占总岁出百分之四十，其余各项普通行政费共占百分之六十。

二、各界对总预算公布后之批评

总预算公布后，各方对此多有所批评。兹择要胪举如下：

(一)总预算之岁入岁出支配比例，未臻合理。第一在收入方面，关税为一百万〇〇九千一百四十三亿元，货物税为一百十二亿七千亿元，占岁入的绝大部分，可见岁入还是以间接税为大宗，所得税、遗产税均占小部分。国营事业的盈余，将经常与临时合计也不过三十七万余亿元，国营事业的成绩和对国家财政的贡献，可以概见。第二在支出方面，国防部主管项下为一百三十万〇三千二百十一亿三千一百二十万元，几占全部岁出的一半。这当然是军事费用，在战时状态下的财政当然无可避免的。查总预算内说明岁出全部中，临时费为一百七十三万八千〇五十二亿二千七百八十七万二千元，这都是与军事有关的。再把事业费等除外，实际经常费预算不过六十一万五千六百五十亿元而已。临时支出概如上述为一百七十三万八千余亿元，而岁入部门的临时收入，仅为二十万七千八百九十亿元，可知临时项下的收支，仍不能自行相抵，而靠经常岁入来弥补临时费用的，这和我们对于预算的期望完全相反。

（二）总预算不能做到收支平衡。总预算分成普通预算和特别预算，现在我们所看到的是普通预算，至于特别预算那是不公布的，而且普通预算岁出是三百二十多万亿，特别预算岁出，据说是五百九十多万亿，比普通预算要大得多。预算的全貌无法窥见，仅仅在普通预算上推敲，意义也就大减。即就普通预算而论，据说可用税收抵付，并有余额。但事实恐不易如此乐观。照已往物价上涨和预算施行的经验，实际支出往往数倍于预算的数字，目前物价上涨的速率更高，支出的数字也更大。但是收入方面除了从价征收的一部分赋税外，并不能随着物价而增加，其非按日缴纳的更要遭受法币贬值的损失。所以尽管现在表面上做到收支平衡，然而支出日增，而收入不能比例的加多，结果必然不能平衡。

（三）总预算仍近于浪费，不能注意到建设。普通预算中，国防部占一百三十万多亿，超过总数的三分之一，这是军事第一的表现。特别预算花在军事上，这笔钱大概是国防部本身的开支，当立法院审查总预算时，对于国防部预算曾有辩论，认为除提高士兵待遇的用款不能节省外，其他应尽可能节省。本年二月一日立法院通过上半年度国家总预算时，曾向政府提出意见，其中一次是国防部之组织庞大复什，应依照本院上年度建议，再予调整简化，以节糜费，而增效能。现在国防部的组织法尚未完成立法程序，经费也就大可节省一点；其次财政部占总预算中一十五万九千多亿，我们实在不明白何以要花这多的钱，是否一大半养了税衙门和税官呢？中国的税政向来是关卡林立，法规如毛，人民所纳的税极多。但是透过这批税官后，国家实际所收打了大折扣。再看教育预算是四十九万多亿，在三百二十三万多亿中达到了百分之十五，好像符合宪法的规定。然而这种说法是虚伪的，因为全部预算是三百二十三万多亿，再加上特别预算的五百多万亿，那末算起来这四十九万多亿，不过百分之七八而已。

（四）政府未能切实执行总预算。立法机关所通过的第一部总预算，政府就应切实执行，而万不可撇开预算，随意花钱。眼前有两件事令人不解。工商部所辖燃料管委会和花纱布管委会，明明立法院在审查预算时已经取消之。现在行政院却在讨论代替其职务的新机构花纱布管委会换成之花纱布协导会，这不是在变戏法吗？还有戡建委员会的预算，立法院不予审议，自然就不能设立。但据报载上月份的薪金已经发下了，预算中不见名字的机构居然在发薪，这是越出宪政常轨的事。如果所传不确，政府你应公开声明，以正视听，否则怎样交代。政府常说人民不守法，现在这部总预算是管政府用钱的，数字分明，天下共见，今后且看政府自身守法不守法。

〔国民政府财政部档案〕

39. 财政部长王云五在立法院第二会期第一次秘密会议上关于预算平衡问题的报告

（1948年9月10日）

王部长云五

关于财政经济紧急处分令及其重要方案，翁院长已经报告。至于收回黄金白银外币和旧法币，以及发行准备实在情形，留待俞总裁报告。本席仅就与币制改革有关之平衡预算问题及计划，作一说明。金圆券之发行在稳定币值，稳定币值最紧要是预算平衡，或最近限度能接近平衡，其次才是稳定物价。物价能否稳定，由于种种因素所造成，其与预算之平衡关系至为密切。当改革币制之前，曾深深考虑此一问题，要求币制改革能有效实施，一定要求得预算平衡与物价稳定，三者兼备，不可或少。同时，不改革币制，预算也无法接近平衡。贵院上一会期费很大心力通过三十七年下半年度国家预算，包括普通及特别预算，两个部门合共不过九百万亿法币。但七八两月执行结果，除了征粮部分之外，已经开支二亿六千二百余万金圆，按三百比一折合法币，已达八百万亿，加上军粮部分，实不止此数。换言之，经贵院慎重审议的预算，政府严格执行，结果半年的预算仅敷七八两月的支出。找其原因即由于币值不稳定，许多开支不能不按现实情形调整。如按预算执行条款的规定，公教人员待遇之类，均按生活指数调整，粮食之收购也须按市价付款，这两项支出增加很大。至于收入方面，因为币值的低落，收入甚少，比如直接税是良好税源，但所收入的都是几个月前的税款，像营利事业所得税，去年的所得税收入，经过一年半载之后币值低落，国库损失极大，如币值稳定，自然不会有这些问题。讲到间接税，货物税是较好的税源。过去办法是根据三个月前价格收税，上一会期政府虽曾提出修订，改为按一个月前价格，经贵院通过。但根据上月份物价，事实上因为须待各地报告，经过统计等工作，已等于一个半月以前的物价。在这物价高涨情形下，由于币值的低落，虽然税收表面增加，实际是大减，距原来理想相差很远。开支方面，又因须根据生活指数调整，实际增加支出为不可避免之事。所以，半年的预算，执行起来仅敷两个多月开支。支出方面每况愈下，后来简直是几何级数的增加，如果不换一种可靠的币值，恢复货币的信仰，九月份的开支不知要到如何程度，回想起来万分可怕。

改革币制有其种种原因，平衡预算是特别重要的一个原因，要求币制改革成功，收支是否平衡首先不能不特别重视。所以现在将政府改革币制后的平衡收支计划与措施，简单报告一下。

我们知道，过去的预算无论如何编，都不大靠得住，现在币值已经稳定，预算可有一确实标准。当然，币制虽已改革，币值较为稳定，但求其完全平衡，在此戡乱时期，实在不可能，且在战前也有差额，要用发行公债等方法弥补，以求收支平衡。但是，即收支不能平衡，支出差额也不应超过三成。因此，对平衡预算的计划，原则上是作严格的支出预算与最大可能参加的收入预算，使得预算虽然不能收支相抵，但赤字也不能超过预算的三成以上。就目前支出来说，关于公教人员的待遇，按现在情形，本席同样认为公教人员待遇不足，但是在预算方面，要维持支出收入不超过三成之赤字的原则，又不得不如此。现在公教人员待遇、政府的支出、半年之内士兵薪饷须二万七千多万金圆券，文武公教人员须二万五千多万，两项共须支出五万二千多万金圆。其中七月份薪饷仍按旧标准发给，较新标准要少四成，否则当不止此数。公教人员待遇所以如此微薄，主要原因是同人太多。无论文武职员均较战前增加三倍，士兵约有四百万人，文武职员一百一十多万。计中央文职人员三十三万余，地方十一万余人，武职人员六十余万。此外，尚有国营事业机关人员，其中虽一部分可以自给自足，但一部分仍须政府补贴。比如交通事业三十余万员工，补贴数字相当之大，加上国营事业人员，养人已达百五六十万人之多。如果每人增加十元，每月即须增加一千六百万金圆，一年要增加近二亿金圆的预算。现在公教人员的待遇较七月份虽已增加，仍感不足，但在财政立场，为避免超过百分之三十的赤字预算，又不能不紧缩。此外，关于军事方面，如军粮费，粮价高涨，购粮须按市价，支出亦甚大，所以放发新币之后，不得不设法增加税收，以弥补赤字。支出方面也得按现在实际情形改编预算。这一预算，现正在改编中，不久即可送达贵院审改。

说到收入方面，主要收入为关、盐、直、货四种税收。这些税收，如照上一会期贵院通过的数字，按新币折成金圆券，仅有一万三千一百五十万金圆，全部税收只够养人费的四分之一。因为这种关系，税收不能不调整和增加。不调整增加，就没有法子平衡预算，预算不平衡，财政就不能维持，故惟有增加税收，才可以使收支平衡。因之，不能不有整理财政补充办法。整理财政补充办法，其中有几种，当然因为改成金圆后，和以前规定税率有所不同。今后税率已可改按物价计算，譬如，货物税自改革币制后，税收比较好，因为以前货物仍按照三月前物价征收，故收到之税实际上已打了折扣。虽然后来改用一月前物价标准，实际也是在一个半月前。自币制改革后，物价冻结于八月十九日价格，税收亦依此为标准，税源稳定。以卷烟税论，百分之二十的卷烟税，以前因为不是根据当前价格，故实得不过百分之二三十。为了平衡预算，增加税收势所必然，至于实行日期，我们曾详加考虑。实行后，一面冻结物价，一面依法令规定，切实征收。故现在对征收很有把握。不过问题所在不在税率的高低，而在税源多少。因为按照上一次贵院通过之税则，虽比较以前的税率有所增加，但如果进口减少，税源还是要减少。政府为了节省外汇，今后，政府供给的外汇拟减少四分之一，这样一来，虽然税率增加，但也无异减少了四分之一的货物进口税，故还是等于没有增加。因之，政府将尽量鼓励人民将自备外汇存于国家银行，如有正当需要经核准后，可以提用。至于禁止进口之货物，还是继续禁止。过去，政府因为外汇有限，不能尽量供给，今后如有自备外汇，可以允准必需品进口，以补政府每季减少四分之一进口之不足，并藉以增加进口税。在实施新税则以前，过去本有百分之四十至五十的附加税，实施新税则后，税收税率虽有增加，但以之应付当前庞大的支出，仍不能使支出平衡，故关税方面，还是恢复附加税百分之四十，使关税收入可以增加。

此外直接税收，大家都承认直接税收是良税，主张不要加重直接税收，不过我们感觉，直接税之改进，非一朝一夕能够成功，政府收入仍不能不靠间接税维持。同时，对营利事业所得税也力求改进。营利事业所得税，过去因为年终结账关系，往往拖至一年半载以后，始能收清，我们有鉴于欧美各国对营利事业所得税一年分两次征收，今后也要改收两次，俾可提前征收，增加税收。税收大致采用两种方法，一是由纳税者申报后查征，一是估定估价标准，使纳税者早点纳税，就不必申报和调查。今后征税将不像以前，只是比照去年或前年成例加成抽收，不准增税。直接货物税局合并后这种情况自将改善。过去收税要查账簿，困难很多，工商业账簿不完全，同时有假帐，流弊很多，现在直货机构合并，不仅人事减少，经费节省，同时，直接税可以利用所得税资料和驻厂人员抽税。明了实际营业和营利情形，其有利于直接税和营利事业所得税之征收，使收税少而征税多，可以断言。

盐税是无论贫富人人要负担的税，可是过去每担征四十万法币，等于金圆券一角五分，易言之每斤盐为一厘五毫，故所得等于没有税。南京在战前每斤盐九分，其中盐税占陆分，现在八元多一担，即每斤八分，连成本不过一角多。一角多和以前比较实在没有加高。盐税为人民普遍所负担，政府本不愿意加高，但是，正因为它是人民普遍负担，同时收起来容易的税，于国家收入也不小，因之，在财源上说，盐税在这个时候是不能避免的。虽然理论上对于平民负担有关的税要愈轻愈好，可是我们想一想，每个人每月最多吃一斤盐(实际上在十二两以下)，一月只花一角多不到，实在不算重。固然我们不能忘记对于有钱人的纳税，政府发行公债与金银外币之登记管理，目的就在于此，而金银外币的管理登记，主要的目的也就是要作为纳税参考。现在国家的财政政策，在原则上，凡是全国人民能力能够负担，只要不是过分负担，为着国家的收入，不能不增税，这个原因是在于国家有庞大开支，用人之费又这样大，如果税收方面对主要税收不想办法调整，势必增加发行，币值不能维持，结果物价高涨，人民还是要受痛苦。在这种情况之下，为维持币值，调整税率原是不得已之举。

今天承贵院邀约出席报告，除刚才所说外，各位委员如对财政金融政策执行情形有所质询，谨当答复。

〔国民政府行政院档案〕

40. 主计部检送立法委员就财政经济紧急处分令有关预算执行等问题的答复函及附件

(1948 年 9 月 29 日)

主计部公函　发文有秘字第二四九号
　　　　　　中华民国三十七年九月二十九日

案准贵处本年九月二十四日(三十七)八审字第四二四一七号函送立法委员对于财政经济紧急处分令有关主计部分清单，嘱查照缮具答复送院汇办等由，自应照办。兹经分别拟具答复，并缮具同式各二份(共十份)，复请查照转陈核定汇办为荷。此致

行政院秘书处

附答复同式各二份计十份

主计长　　徐堪

一、孟委员云桥

原意见(七)关于预算之执行，立法院通过之预算案，对政府即应发生拘束力，若行政院认为窒碍难行，可依法于十日内，呈请总统交立法院复议，行政院未如此作。预算刚通过不到两月，又要再提新预算案。换句话说，即取消刚通过的预算，开世界各民主国家未有之奇闻。

答复：贵院通过之本年下半年度中央政府总预算及特别预算。本院曾经院会决议，完全接受，并经总统依法公布，照案执行。惟自

六月份起物价剧烈变动，所有文武公教人员及士兵警役薪饷等项，应按照生活费指数及物价调整者，经依照总预算施行条例第九条之规定，予以增扩。各机关之经常费，原依上半年度预算及追加案伸算核列。七月份即大感不敷，为维持公务计，不得不量为追加。此外，为应付军事、政治、经济上临时开支为数亦巨，此次颁布财政经济紧急处分令，在整理财政及加强经济管制办法内规定，民国三十七年下半年度国家岁入岁出总预算，应于金圆券发行后，依照本紧急处分令，按金圆改编。其因实际情形必须变通办理者，并应由行政院咨请立法院修正。因拟将预算改编，并将应行追加部分一并列入，近已改编完竣，送请立法院审议。行政院对于立法院通过之预算绝对尊重，并予切实执行。惟在此动员戡乱时期，各项意外之支出，事实上无可避免。此次改编预算，一方面将原通过之预算照案列入；一方面将依照总预算施行条例第九条增拨之款及第十条应行追加之款，另栏编列，送请审议，系属汇案办理追加，其原通过之预算，仍照案执行，并未取消。

二、王委员世宪〔略〕

三、罗委员贡华

原质询：（一）要实行有效，首先必须能把握预算，使财政收支能得到比较接近的平衡。现军事费占财政支出最大部分，政府对此项支出是否确有把握严格的控制预算，万一军事费支出非增加不可时，究竟政府还是严格控制预算，量入为出？抑或迁就军事增加发行？如其属于后者，则增加预算是否假定有一定的限度。

答复：贵委员所质询各节关系甚为重大，政府亦力求把握预算，使财政收支能得到比较接近的平衡。惟军事费占财政支出最大部分，如采量入为出政策，恐将影响戡乱军事，难于办到。本院现定方针，在尽量使军事费支出核实节省，使财政收支差额勿过于庞大，能运用美援暨发行债券等筹谋抵补。至于新币之发行，当严格遵守限额及其准备制度之规定。

四、杨委员保东〔略〕

五、钱委员云阶

原意见:(三)节约政府支出,根据王部长的报告,现时文武公职人员比较战前增加三倍,政府设置官员必须根据公务的繁简而定人数的多少。试问,战后的事业是否三倍于战前,应请政府答复。在此艰难时期,如非急切需要的事业应当缓办;如无事业能做的机构,应当裁并;如系闲散的官员应当裁减;如非必需要的开支应当节省。不此之图,徒以弥补不必之需,开增税源,人民实不堪其重负,节流与开源并重,应请注意者三。

答复:政府于抗战时期及战后增设机关及原有机关扩大组织者甚多。故文武公职人员人数较战前增加甚多。此等新设及扩大之机关,有由于适应军事上之需要者,如兵役、兵工及军需补给、医疗等机关;有由于执行某种政策或法令者,如管理物资物价机关及各地特种刑事法庭等;有由于行宪后依法设置或扩大者,如国民大会之设置及立法委员监察委员人数之增加等;有由于原归党办之事务改归政府接办者,如社会部及新闻局等;有由于业务发展者,如地政卫生之扩充成部等。因此种种原因,政府组织及用人经费逐渐庞大。行政院负执行预算及筹划财政之责,对于紧缩机构节约支出,深具同感。钱委员所提(1)非急需的事业应当缓办;(2)无事业做的机构应当裁并;(3)闲散的官员应当裁减三项,均属节流之主要原则,本院筹划下年度预算正本此原则,切实检讨。

〔国民政府行政院档案〕

41. 国民政府改编1948年下半年度国家总预算暨特别预算案说明书

(1948年9月)

此次改编预算为求比较完整切实起见,经先规定各项要点如左：

一、为求三十七年下半年度预算决算比较整齐起见，将下半年六个月之收支一律按金圆券整编。

二、岁入预算由财政部依照整理财政及加强管制经济办法有关各条之规定，重行核拟收数，按金圆券核列。

三、岁出预算内之经常临时事业各费，按原预算及追加预算折算金圆券核列，其经行政院会议（截至九月十五日第十六次会议止）核定追加及垫拨各费，未经完成立法程序者，一并照案补列。

四、总预算及特别预算岁入岁出各种科目，原列法币数折合金圆后，收额过微或了日过于繁杂者，分别删并。

五、各机关办公费用折合金圆后，大抵为数甚小难于支应，自九月份起照下列标准，分别调整。

1. 总统府及中央各院部会办公费用改以职员人数为计算标准，每人每月以十元为限，不及此标准者，照数核增，超过此标准者，照数核减。

2. 中央各院部会所属机关办公费用，自九月份起普加七成，由各该主管机关统筹调整。

3. 国防部及所属机关部队办公费用，亦自九月份起照总预算所列办公费用总额加七成，由国防部统筹分配。

4. 办公费用之以外币、台币计列者，不予加减。

六、生活补助费科目取消，另列薪饷科目，依照财政及加强管制经济办法第十九条及第二十条之规定，重行核实计列（七月份按实发生活补助费数折列），八月份起，各级主管人员应支公费，按新定支给标准核计，另列科目，其各机关经常费预算内原列之俸给费及特别办公费，并作办公费用支配。

七、岁入岁出预算各科目，有以外币、台币折合国币核列者，按新定外币、台币与金圆券之比率核计改列。

八、债务费支出预算，由财政部依照金圆券发行办法有关债券各条之规定，重行核计编列。

关于文武公教人员、兵警工役薪饷公费等支给办法，复作下列各项补充规定。

一、八月份起文武公教人员兵警工役薪饷，一律照整理财政及加强管制经济办法第十九条及二十条之规定，以金圆券支给，各级主管人员原支特别办公费改称公费，并调整其数额如附表。

二、京沪区以外各区待遇，依整理财政及加强管制经济办法第二十条之规定，核定增减成数如附表。

三、武职官佐依文武待遇一致原则，照案按京沪区标准计算，士兵饷项按战前饷章，照案扣除主副食费六元后，依京沪区支给金圆券。上士十四元，中士十元，下士八元，上等兵六元，一等兵四元五角，二等兵四元。特区加给及特勤加给，仍照案计算折发。

四、特别市警长月支金圆券三十六元，警士三十二元。其他地区警长二十八元，警士十四元，看守庭丁一律支金圆券二十四元。司法警长警士比照普通地区警长警士办法。

五、机关技工平均按金圆券月支三十元、公役十五元发给，由各机关按照饷项等级自行统筹。

六、士兵副食费照案照原基数月支四元，马秣费国马月支十二元，洋马月支十八元，公费生副食费照案月支四元二角支给金圆券。

七、收容人及受救济人副食费月支金圆券三元。

八、前方士兵作战加给每人每月改发金圆券一元。

九、教授学术研究费分为二十元、十五元、十元、五元四级。司法官补助俸照学术研究费例，另定支给标准。各医院卫生人员已照国营事业机关人员待遇加三成者，不再加给卫生技术津贴。

十、囚犯副食费定为月支金圆券一元五角。

复查三十七年下半年度预算，原经立法院通过，依法公布执行将及两月，中途改编，其中军事政治经济上临时发生事故所需之经费，为原预算所未列，或为机关改组、业务扩充，物价高涨等原因，原列预算不足应付，必须追加之经费，以及因调整待遇，变更汇率等自然增加之支出，为数甚巨，为求性质分明，便于审议起见，将改编预算表分为三栏，所有原通过之法定预算数，仍照原案法币数列入，其改编预算所列金圆数与原预算所列法币折合金圆数的差额，列入追数栏内，以便分别范围补行审议。兹经依据上述各项规定，将三十七年下半年度岁入岁出总预算暨特别预算案，改编完成，并就各科目核列情形撮要说明于次。

甲、总预算

一、岁入。改编岁入预算共列各项收入五亿六千九百〇九万五千余元，较原预算所列法币折合金圆数一亿〇七百八十七万三千余元，增加四亿六千一百二十二万二千余元，约当原预算之四点三倍，其中所增最多者，直接税、货物税、关税、盐税等项，其次为罚款、规费等项收入。至田赋征实及国营事业盈余等，则仍照原案折列。兹将各项收入核列情形撮要说明如左：

1. 直接税货物税盐税矿税等项收入，本年七八两月份收数，照原预算分配数截算，九至十二月份收数，依整理财政补充办法规定征课标准，重新估算，总计半年度所得税、遗产税、印花税、特别营业税、货物税、烟酒税、盐税、矿税等八项，共列四亿二千三百九十九万六千余元，约当原预算之七倍，所增最多。

2. 关税收入依美援进口物资、贸易进口物资、自备外汇进口物资等数值，酌为估计，共列一亿〇〇七万七千余元，约当原预算之二倍，所增亦多。

3. 田赋征实原预算于五月间核编，作价甚低，原应酌加调整，惟征实及征借所得粮食，悉充军粮及还粮食库券本息之用，收支之数既大略相抵，作价亦复相等，为免预算收支两方数字徒然扩大起见，仍然照原案折列，未预提高。

4. 罚款、规费、财产孳息等收入，自改定征课标准，收取金圆后，所增甚多，此次改编预算，将罚款、规费、财产孳息等三项收入，重新核计，共列二千六百九十三万三千余元，约当原预算之七点七倍。

5. 国营事业自实行财政经济紧急处分令后，所有出品售价及交通邮电等取费，均暂仍其旧，而员工待遇，已自八月份起随月调整，营业盈余，一时难有增益，故照原案折列，未予增减。

二、岁出。改编岁出预算，共列各项支出五亿六千九百〇九万五千余元，与岁入预算平衡，较原预算所列法币折合金圆数，亦增四亿六千一百二十二万二千余元，其主要原因为薪饷公费、主食、副食、马秣等费之依时调整、对外汇率之改订，而支出数字骤然增大，此外为维持各机关经常公务，与应付军事政治经济上临时发生事故所需增加之办公费用暨紧急支款，为数亦属非少，兹将各项支出核列情形撮要说明如左：

1. 办公费用。全国各级军政机关办公费用，在原预算所列经费内，仅有法币一十一万八千三百四十余亿，折合金圆不过三百九十四万四千余元，为数极少。年度开始之初，即感不足，经照原案普加三倍，勉为应付。币制改革以后，以金圆折算，各机关办公经费更见短绌，用再规定标准普遍增加，而预算外复有若干机关依法改组或设置，其经费必然增加或补列者，此次改编预算，所列办公经费达二千六百八十四万余元，较原预算约增五点八倍，比率拟属甚大。而若干分支机关，以原订基数过小，调整增加以后，仍有难于应付之势，当再分别考查情形，另谋补救。

2. 薪饷公费。公教员工军警等待遇，原以生活补助费为主，原预算编列时，按六月份支给标准计列，仅法币八十一万九千八百五十五亿余元，折合金圆仅二千七百三十二万八千余元，迨至七月份改用当月指数调整待遇，支出骤增二倍以上，八月份起改定金圆支给标准，又较七月份增加一倍以上。此次改编预算，为求落实起见，由各机关造具清册，分别机关所在地区及其员工军警人数，应支薪饷数额，详加核计，在各主管部门经常费内另列薪饷科目，总计预算所列此项支出共达二亿五千九百九十二万六千余元，较原预算约增八点五倍，其国防部所管大部分官佐薪饷，列在特别预算者，尚不在内。至于公费一项，原为各级主管人员所支之特别办公费，在各机关经常费内列支，自八月份起调整数额改支金圆后，为数骤增，各机关经常费内无法容纳，因亦独列科目。此次改编预算，亦经造册，详细核列，总计本年八月至十二月公费支出，共列三百一十七万七千余元，其七月份所支特别办公费，仍照例在经常费内支报。

3. 主副食费及马秣费。武职官佐士兵主食由粮食部筹拨现品，其价运包装各费列为粮食费支出。国立学校公费生社会救济机关收容人以及监所囚犯所需粮食，系参酌市价拨款购办，所有副食马秣等费，则随同生活补助费，依时调整，均各列入各主管部门临时费之内。此次改编预算，将公费生等主食参照市价，七八两月按米每市斗一元计算，九至十二月份照每市斗二元计算，副食马秣依新金圆支给标准核计，支出数额骤然增大。此外，裁并机关结束，遣散人员所费亦多，现编预算所列临时费达一亿四千四百〇三万九千余元，较原预算所列法币折合金圆数五千七百九十三万五千余元，约增一点五倍，其主因在此。

4. 改订对外汇章及调整债务。原预算所列外币部分费用，悉依当时基准价格核计，币制改革后，所订对外汇率较基准价格约增二十五倍，预算所列外币支出部分，依新汇率折算，列数增加四千七百余万元。至债务支出，内债部分，依照整理办法分别增加若干倍后，折算金圆。外债部分，依新汇率折算，债务一项支出骤增九千三百八十九万余元，此类增加之数实为依法换算之结果。

乙、特别预算

一、岁入。改编预算共列各项收入十亿〇二千二百五十四万八千余亿元，较原预算法币折合金圆数一亿九千八百七十四万七千余元，增加八亿二千三百八十万余元，其中收支不敷之数，暂列赊借收入另筹抵补者，计二亿三千〇三十二万余元，核与总预算暨特别预算支出总额十五亿九千一百六十四万四千余元之数综合比较，约为百分之二〇点七。兹将各项收入核列情形略述如左：

1. 关税进口附加及货物税中之棉纱税。原预算所列关税系货物进口税之一部，棉纱税为货物税中之一种，立法院审议通过预算后暨整理结果，总预算收支略有余额，因而以其半数移列特别预算之内，此次改编预算，货物进口正税全部列入总预算之内，仅将进口附加税部分列入特别预算，故列数较原预算减少一千四百二十五万二千余元。至棉纱税则仍以半数列入特别预算，并增加一千三百六十六万余元。

2. 财产及物资售价。此项收入除原预算所列美军剩余物资、租借物资、接收敌伪财产物资、日本赔偿物资等三项外，加列国营事业股票一项，原列资产均经重行估计，并变更外币折率，四项收入共列四亿八千六百〇四万六千余元，除国营事业股票售价收入一亿五千万元系新增者外，余较原预算列数仍增一亿三千四百三十余万元，约增二倍。

3. 征借粮食。作价未予提高，经于上文甲款一项三目内加以说明，兹以粮食部依照各省征粮定案核计，征借稻谷数略有减少，故预算列数减少十万四千余元。

4. 债款收入。原预算内列有债券一项，其余收支不足之数，列为赊借收入。此次改编预算，暂照旧办理。债券一项改列一亿五千万元，其发行办法另行拟订，赊借收入共列三亿三千零三十二万余元，其抵补办法当另行筹划。

二、岁出。改编预算共列各项支出十亿〇二千二百五十四万八千万余元，较原预算法币折合金圆一亿九千八百七十四万七千余元，约增加四点一倍，其最大部分由于军事经济上之关系，国防、粮食、交通及省市补助等支出，为数激增。其次为改变对外汇率，各部门主管事业所需外币部分折合金圆数额之自然增加。至其他部分或仍维持原案，或略予增加，为数有限。兹将各项支出核列情形略述如左：

1. 国防部主管支出共列六亿九千三百十一万一千余元，较原预算增加五亿八千〇二十八万余元，约为五点一倍，其最大原因为调整待遇，计薪饷一项增加二亿四千〇七十五万余元，副秣费一项增加九千七百九十五万余元，特勤加给一项增加九千七百八十六万余元，凡此三者均属人员待遇，约当增加总额百分之七十五，其余所增百分之二十五，则为运输服装兵工等费，其运输费中增加之最大部分又为油料价运各费美金二千万元照汇率折算之所致。

2. 交通部主管支出共列七千三百五十三万七千余元，较原预算计增四千八百四十七万七千余元，其中外币折算所生之差额，实过半数，其属于七八两月份交通事业贴补者，占二千一百五十余万元。其在预算以外追加之事业费，则仅华中整修公路一款而已。

3. 粮食部主管支出共列一亿二千一百十七万九千余元，较原预算增加九千八百万元，系绥靖区抢购军粮价款及太原空运军粮运费。为适应军事需要，经先予以核定。

4. 省市补助支出，原预算所列法币数折合金圆仅二千三百四十万四千余元。其补助项目中，以文武员工警役薪饷、各项人员副食费及增编保安团队经费为大宗。兹经依迭次检整待遇标准详加核计，将属于教职员工之薪饷补助及公费生之副食补助，分别移列总预算，并将绥靖区各项补助以及保安团队经费，分别核增，总计列省市补助费一亿一千三百八十一万三千余元，如将移列总预算之一千九百四十五万七千余元加入计算，较原预算约增四点六倍。

综合此次改编总预算及特别预算，岁入岁出总额各为十五亿九千一百六十四万四千余元，而特别岁入中所列债券收入一亿五千万元，赊借收入三亿三千〇三十二万余元，两共四亿八千〇三十二万余元，均为收支不敷，另筹弥补之款，为数仍属甚巨。至各科目核列情形及计算根据，在预算表内酌为注明，并加编各种附表，以供参考。

〔国民政府主计部档案〕

42. 国民政府改编 1948 年下半年度国家总预算岁入岁出提要表

(1948 年 9 月)

(1) 岁入

改编三十七年下半年度中央政府总预算岁入提要(单位:元)

科目	原预算折合金圆数	追加数	改编预算核列数	备考
1. 所得税	6566667	54633433	61200100	
2. 遗产税	333333	2127547	2460880	
3. 印花税	3666667	47403453	51070120	
4. 特种营业税	1500000	5986640	7486640	
5. 关税	33638118	66439338	100077446	
6. 货物税	34733333	132382203	167115536	
7. 国产烟酒类税	2833333	28719395	31552728	
8. 盐税	2700000	89200000	100900000	
9. 矿税	766678	1443847	2210525	
10. 营业税	1666667	333	1667000	
11. 土地税	4055848	3576	4059424	
12. 罚款及赔偿收入	1110167	11865334	12975501	

续上表

科　　目	原预算折合金圆数	追加数	改编预算核列数	备考
13. 规费收入	1900250	2515860	4416110	
14. 国有财产利息收入	75196	9466570	9541766	
15. 国有财产及物资售价收入	33832		33832	
16. 国有营业盈余收入	12258613	33083	12291696	
17. 国有事业收入	611	104	715	
18. 捐献及赠与收入	16667		16667	
19. 其他收入	17854	1407	19261	
合　　计	107873834	461222113	569095947	

(2) 岁出

改编三十七年下半年度中央政府总预算岁出提要(甲)(单位:元)

科　　目	原预算折合金圆数	追加数	改编预算核列数	备考
1. 国民大会主管	4735	68156	72891	
2. 总统府主管	241733	2047974	2289707	
3. 行政院主管	709874	6613266	7323140	
4. 立法院主管	658261	1462928	2121189	
5. 司法院主管	69954	504332	574286	
6. 考试院主管	20077	986562	1106639	
7. 监察院主管	3722	1116203	1229925	
8. 内政部主管	1055432	6108930	7164262	
9. 外交部主管	1101218	25928865	27029983	
10. 国防部主管	43440377	129650705	173091122	

续上表

科　目	原预算折合金圆数	追加数	改编预算核列数	备考
11. 财政部主管	5306038	5157919	56885228	
12. 教育部主管	16595360	29503817	26099177	
13. 司法行政部主管	3302853	28752272	31055125	
14. 农林部主管	1231796	2983005	4214801	
15. 工商部主管	261512	1922773	2184285	
16. 交通部主管	1779439	11058728	12838167	
17. 社会部主管	917181	2701597	3618778	
18. 水利部主管	1161601	3146698	4308299	
19. 地政部主管	511001	2508662	3019663	
20. 卫生部主管	589211	3421428	4010639	
21. 粮食部主管	11783263	20678992	32462258	
22. 资源委员会主管	37276	327726	265002	
23. 蒙藏委员会主管	84286	830533	914819	
24. 侨务委员会主管	88378	841293	929671	
25. 主计部主管	34147	169655	203802	
26. 审计部主管	137734	1320066	1457800	
27. 债务支出	12407281	93890822	106298103	
28. 公务员退休及抚恤支出	57011		57011	
29. 省市补助费	1169907	19457489	20627396	
30. 第二预备金	2943076	1599603	4542677	
合　计	107873834	461222113	569095947	

〔国民政府主计处档案〕

43. 财政部会计处检送1949年度国民党中央政府总预算编审办法函

（1948年10月15日）

查三十八年度中央政府总预算编审办法，业经院会通过，依照本办法第二条及第五条之规定，本部主管岁出岁入二级概算暨岁入总概算，须分别于本月三十一日及十一月十日以前送达主计部核编。兹奉次座手谕，订于本月十六日（星期六）午后二时半在本部会议室开会，商讨有关事项。除分函外，相应抄同编审办法一份，函请查照携带资料准时出席参加为荷。此致

孙司长静工

附送三十八年度中央政府总预算编审办法一份

会计处启

中华民国三十七年七月十五日

三十八年度中央政府总预算编审办法

一、三十八年度中央政府预算，仍依预算法第十五条及第六十条之规定，分编总预算及特别预算。

二、各第一级及第二级主管机关依据三十八年度施政方针拟定施政计划纲要，拟编其所主管之岁出概算，连同计划各三份，于本年十月三十一日以前送达主计部，同时以岁入概算三份送财政部。

三、各第二级主管机关所属国营事业，应分别编造营业概算，连同营业计划纲要各三份，于本年十月三十一日以前送达主计部，并将所估各营业全年度可解官息红利数目分别编列岁入概算三份，同时送达财政部。

四、前项营业概算之编造，应以国营金融交通公用贸易工矿事业为限，其他机关如试验所、研究所、实验院、实验场、检验局、救济院、卫生院、医院及盐所、工场等，应按普通机关例，将其岁入岁出分别编列预算。

五、财政部应将各机关所送岁入概算连同本部主管岁入概算编成岁入总概算，于本年十一月五日以前送达主计部。

六、主计部收到前项岁入岁出概算，应分别审核编成总预算案及特别预算案，签注意见，连同计划，送经预算审查委员会审查后，于十一月二十日以前呈送行政院提经院会议决通过，连同施政方针及施政计划纲要，于十一月三十日以前咨送立法院审议，各营业预算亦应同时附送。

七、各机关经常费，除依据施政方针应行紧缩或扩充者外，以三十七年下半年度原预算及其追加部分伸算合计之数为准，其薪饷及公费，应依照三十七年下半年度核定人数及规定标准分别核计。

前项机关经常费包括薪饷公费及各项办公费用在内，其薪饷公费仍编具附表各三份送核。

八、各机关临时费应斟酌实际需要核列，属于机关经费性质者，比照经常费之标准核列，其原有科目过于繁复或数目过少者，由各主管机关分别性质，酌予归纳调整，核实编列，凡无继续性及非急切需要之支出，均不得列入预算。

九、各机关事业费应配合核定计划编列，凡非短期内所能收效之事业，应从缓举办，其可归地方办理之事务，应移交地方政府核办。

十、第一预备金概按经常费总额百分之五核列。

十一、各机关岁出概算内需要外汇部分，应详细注明，并按金圆券法定比率计算编列，又台币新币亦按法定比率计列。

十二、省市补助费在财政收支系统未改订以前，除因特殊事故得由中央酌予补助外，暂照三十七年下半年度总预算内所列补助数额之有继续性者伸算编列。

〔国民政府财政部档案〕

44. 国防部就财政经济紧急处分令对孟云桥关于军费浩大书面意见之答复

（1948年10月）

孟委员云桥问①

原意见，军事紧缩开支方案——国防部多负责。

答复：查贵委员嘱即拟定军事紧缩开支方案，为谋达到国家总预算收支平衡起见，确为当务之急。举凡一切不必要、不急需之支出，自应力求节省。兹就三十七年下半年度军费预算编定原则分述于次。

三十七年下半年度总预算内之国防部军费预算，根据中央行政方针暨编审军费补充预算办法，原则上系以作战与生活所需经费为第一。经常行政业务军费为次之。建设性事业费又次之。全军总兵额以五百万人为准（各兵种配合人数在内），各种业务经费均以适应作战需要者为主。

海军以维持现有舰艇四七八艘之活动为主，并酌行重要港塞之设施。

空军以完成其 $8\frac{1}{3}$ 大队下半年充实计划，并保持其作战上之活动。

根据上述情形，针对目前事实，三十七年下半年度之军费预算迭经核减为金圆券七亿六千七百一十七万九千八百〇三元，已属无可再减。现在成立国防经费筹划监理委员会，严密审核监督军费用途。此后倘非因军事上迫切需要万不可免之开支，自应竭力紧缩，并力求避免追加预算。至于三十八年度军费预算将注重充实战斗力量，调整机构。其他关于建设性之事业，似当分别缓急，斟酌办理。总之，在戡乱第一之目标下，自应对撙节财力与增强武力兼筹

---

① 孟云桥为立法委员。

并顾，以期两无偏废，而竟事功。

〔国民政府行政院档案〕

45. 国民政府1948年上半年度国家总预算岁入岁出总表

(1948年)

(1) 岁入

中华民国三十七年上半年度中央政府总预算岁入总表　单位千元

科　　目	经常收入	临时收入	合　　计
1. 所得税	五,〇二〇,〇〇〇,〇〇〇		五,〇二〇,〇〇〇,〇〇〇
2. 遗产税	三〇,〇〇〇,〇〇〇		三〇,〇〇〇,〇〇〇
3. 印花税	七五〇,〇〇〇,〇〇〇		七五〇,〇〇〇,〇〇〇
4. 特种营业税	六〇〇,〇〇〇,〇〇〇		六〇〇,〇〇〇,〇〇〇
5. 关税	四,四〇〇,〇〇〇,〇〇〇		四,四〇〇,〇〇〇,〇〇〇
6. 货物税	九,七八八,〇〇〇,〇〇〇		九,七八八,〇〇〇,〇〇〇
7. 盐税	四,〇〇〇,〇〇〇,〇〇〇		四,〇〇〇,〇〇〇,〇〇〇
8. 矿税	二一二,〇〇〇,〇〇〇		二一二,〇〇〇,〇〇〇
9. 罚款及赔偿收入	一六六,一二五,〇〇〇		一六六,一二五,〇〇〇
10. 规费收入	四六五,〇六四,八〇〇	三〇六,二三〇,〇〇〇	七七一,二九四,八四〇
11. 国有财产利息收入	一五,八七七,八四〇	一〇〇,〇二〇	一五,九七七,八六〇
12. 国有财产及物资售价收入	一五,八〇〇,一四〇	一一〇,九二一,七八〇	一二六,七二一,九二〇
13. 国有营业盈余收入	四〇〇,〇〇〇,〇〇〇		四〇〇,〇〇〇,〇〇〇
14. 国有事业收入	五八八,〇三〇		五八八,〇三〇
15. 捐献及赠与收入		二,五〇〇,〇〇〇	二,五〇〇,〇〇〇
16. 其他收入	三,八六一,二四〇	三二八,〇五〇,〇〇〇	三三一,九一一,二四〇
总　　计	二五,八六七,三一七,〇五〇	七四七,八〇一,八四〇	二六,六一五,一一八,八九〇

(2) 岁出

中华民国三十七年上半年度中央政府总预算岁出总表　单位千元

科　　目	经常费	临时费	生活补助费	合　计
1. 政权行使支出	6066380	20000000	27714840	53781220
2. 国民政府主管	21923440	15592620	80663330	118179390
3. 行政院主管	10982270	6907530	46760460	64650760
4. 内政部主管	9183250	15994560	312927800	338105610
5. 外交部主管	62032560	27842500	17837360	107712420
6. 国防部主管	384325460	4406730900	626311200	11054168360
7. 财政部主管	134306360	112392140	2255536360	2502234860
8. 经济部主管	6309770	2206300	75011900	83527970
9. 教育部主管	13165220	1741218320	1026791340	2899174880
10. 交通部主管	65279850	6419800	265413600	337113250
11. 农林部主管	1278290	292500	128994360	130665150
12. 社会部主管	6233820	20129850	87731290	114094960
13. 粮食部主管	22908090	1799158000	299678290	2121753880
14. 司法行政部主管	30932180	143363620	1197975580	1372271380
15. 水利部主管	1670670	305330	164786910	166762900
16. 卫生部主管	6573020	5872200	102855520	115300740
17. 地政部主管	692620	1487000	124054480	126234200
18. 蒙藏委员会主管	1678160	1408300	21818040	24904500
19. 侨务委员会主管	1073420	7074800	11063320	19211540
20. 资源委员会主管	1222790	150000	21415480	22788270
21. 立法院主管	4769340	426200	14228810	19434350
22. 司法院主管	3997130	735300	21367440	26093870
23. 考试院主管	5792580	6763350	36901550	49457480
24. 监察院主管	6821870	1601180	2456030	32983350
25. 审计部主管	7841560	742150	70107290	78691000
26. 债务支出	3922173870			3922173870

续上表

科　　目	经常费	临时费	生活补助费	合　计
27. 公务人员退休及抚恤支出	22740500			22740500
28. 补助支出	1195890			1195890
29. 第二预备金	689712940			689712940
总　　计	5570883300	8344924440	12699321150	26615118890

〔国民政府主计处档案〕

46. 国民政府1948年上半年度国家总预算特别岁入岁出总表

（1948年）

（1）岁入

中华民国三十七年上半年度中央政府总预算特别岁入总表　单位千元

科　　目	预算数	备　考
1. 所得税	1000000000	
2. 过分利得税	1600000000	
3. 关税	2197500000	
4. 营业税	430000000	
5. 土地税	1270000000	
6. 国有财产及物资售价收入	16500000000	
7. 国有营业盈余收入	4548278080	
8. 国有事业收入	2120000000	
9. 民国三十六年美金库券及公债收入	2060000000	
10. 债款收入	37935703440	
总　　计	69661481520	

（2）岁出

中华民国三十七年上半年度中央政府总预算特别岁出总表　单位千元

科　　　目	预　算	备　考
1. 国防部主管	22267207050	
2. 交通部主管	4059788710	
3. 农林部主管	18976890	
4. 粮食部主管	3886565120	
5. 水利部主管	279920900	
6. 卫生部主管	5960000	
7. 资源委员会主管	620636250	
8. 省市补助费	2922426600	
9. 复员及救济费	2500000000	
10. 贴补准备金	1000000000	
11. 调整生活补助费副秣费准备金	32000000000	
总　　计	69661481520	

〔国民政府主计处档案〕

47. 国民参政会审议 1948 年上半年度中央政府总预算草案报告内建议应行改革事项（节略）

（1948 年）

国民参政会驻会委员会审议三十七年上半年度中央政府岁入岁出总预算草案报告内建议应行改革事项

一、从速改革币制，防止物价飞涨

预算庞大与物价相关甚密，倘物价今后仍飞涨不止，则此时认为庞大之预算，尚不知更须庞大至如何程度。故制止物价飞涨，为使预算安定之必要条件，制止物价上涨，自应由多方面努力，而减少通货，稳定币值，则尤为急要。今日欲言减少通货，殊非容易，则惟有改革币制，以求币值之稍趋稳定。故本会甚盼政府立即采取有效之准备与步骤，迅速促其实现，以解救目前通货膨胀、物价上涨相互刺激之循环险象，而期民生之稍得安定也。

二、彻底改革内政，扩增财政基础

预算既如是庞大，而亏短数额又占总预算百分之三十九，则决非仅恃节约、铲除私饱与浪费所能挹注，必有赖于举借内外债，而特别预算草案岁入科目中已明列债款一项显示，将以债款弥补赤字。我国人民同具爱国热忱，世界友邦亦有愿以经济力量协助中国复兴者。惟多藉口我行政效率低落，与官僚腐败，迟疑不前。本会以为，我国处此严重局面，欲求国人信任政府发行之债券及友邦贷款早日成功，必须彻底改革内政，深盼政府以国内外反对政府，批评政府之言论为鉴，真心收揽人才，真心实行民主，真心铲除政治上一切积弊，则人民必踊跃购销债券，而友邦贷款，亦可不求而自来矣。

此外，尚有一事不得不提请政府注意者，本年已开始行宪，而宪法一百六十四条明定教育科学文化之经费，在中央不得少于其总预算百分之十五……本预算单就普通部分尚不及此数，若合特别部分计之，则相差更远矣。

最后，本会年来屡言，在财富日益不均之现况下，力主平均负担，课暴富者以特捐。今预算之岁收已届罗掘绝境，政府应立下决心，厉行过分利得税，或以政治力量征借国人富有者之财产及其存放外国之款项，庶得挹注，以平赤字，而渡空前之难关。

〔国民政府财政部档案〕

48. 国民政府1948年下半年度国家总预算岁入岁出提要

（1948年）

（1）岁入

中华民国三十七年下半年度中央政府总预算岁入提要　　（单位千元）

科　目	经常收入	临时收入	合　计
1.所得税	一九,七〇〇,〇〇〇,〇〇〇		一九,七〇〇,〇〇〇,〇〇〇
2.遗产税	一,〇〇〇,〇〇〇,〇〇〇		一,〇〇〇,〇〇〇,〇〇〇
3.印花税	一一,〇〇〇,〇〇〇,〇〇〇		一一,〇〇〇,〇〇〇,〇〇〇
4.特种营业税	四,五〇〇,〇〇〇,〇〇〇		四,五〇〇,〇〇〇,〇〇〇
5.关税	一〇〇,九一四,三五三,四六〇		一〇〇,九一四,三五三,四六〇
6.货物税	一一二,七〇〇,〇〇〇,〇〇〇		一一二,七〇〇,〇〇〇,〇〇〇
7.盐税	八,一〇〇,〇〇〇,〇〇〇		八,一〇〇,〇〇〇,〇〇〇
8.矿税	二,三〇〇,〇三六,〇〇〇		二,三〇〇,〇三六,〇〇〇
9.营业税	五,〇〇〇,〇〇〇,〇〇〇		五,〇〇〇,〇〇〇,〇〇〇

续上表

科　　目	经常收入	临时收入	合计
10. 土地税	一二,一六七,五四五,○○○		一二,一六七,五四五,○○○
11. 罚款及赔偿收入	三,三三○,五○○,○○○		三,三三○,五○○,○○○
12. 规费收入	五,一二七,七九六,五四○	五七二,九五四,五○○	五,七○○,七五一,○四○
13. 国有财产孳息收入	二二五,二八九,一六六	三○○,○○○	二二五,五八九,二六六
14. 国有财产及物资售价收入	一○,七○一,四○○	九○,七九一,○○○	一○一,四九二,四○○
15. 国有营业盈余收入	一六,七○○,八三八,四六○	二○,○七五,○○○,○○○	三六,七七五,八三八,四六○
16. 国有事业收入	一,八二四,○九○		一,八三四,○九○
17. 捐献及赠奖收入		五○,○○○,○○○	五○,○○○,○○○
18. 其他收入	五三,五六一,二七○		五三,五六一,二七○
合　　计	三○二,八三二,四五五,四八六	二○,七八九,○四五,五○○	三二三,六二一,五○○,九八六

（2）岁出

中华民国三十七年下半年度中央政府总预算岁出提要　（单位千元）

科目	经常费	临时费	事业费	生活补助费	合计
1.国民大会主管	三,一六九,九二〇			一一,〇三五,〇八〇	一四,二〇五,〇〇〇
2.总统府主管	五六,六四九,二三〇	三二三,四六八,八九〇		三四五,〇八二,二六〇	七二五,二〇〇,二八〇
3.行政院主管	一六〇,〇三〇,一四〇	一,七四七,九五八,三〇〇		二二一,六三三,六四〇	二,一二九,六二三,〇八〇
4.立法院主管	二四九,三六八,五一〇	一,四〇五,四六〇,〇〇〇		三一九,九五四,三二〇	一,九七四,七八二,八三〇
5.司法院主管	二二,九八三,一九〇	四五,一一九,一〇〇		一四一,七五九,六〇〇	二〇九,八六一,八九〇
6.考试院主管	二七,〇八七,一九七	一〇三,二七四,五五六		二二九,八六九,〇三六	三六〇,二三〇,七八九
7.监察院主管	三〇,六九八,四二〇	六,七九一,五〇〇		一八二,六七四,七〇〇	二二一,一六四,六二〇
8.内政部主管	二〇,四七二,九七〇	九九三,七四二,三八〇		二,〇六二,〇七九,九四〇	三,一六六,二九五,二九〇
9.外交部主管	二,二〇五,六一七,四二〇	九九七,六五五,五六〇		一〇〇,六八一,五〇〇	三,三〇五,九五四,四八〇
10.国防部主管	三,一五〇,〇〇〇,〇〇〇	九二,九一五,〇一八,五〇〇		三四,二五六,一一二,七〇〇	一三〇,三二一,一三一,二〇〇
11.财政部主管	九六三,七八一,五三三	一,六四七,三二四,九七四		一三,三〇七,〇〇八,四六四	一五,九一八,一一四,九七一
12.教育部主管	二,七七二,六五一,七五〇	四〇,〇三七,四五七,六〇〇		六,九七五,九七〇,八〇〇	四九,七八六,〇八〇,一五〇
13.司法行政部主管	一六九,八七一,一一〇	二,二五三,三〇八,三七〇		七,四八五,三七九,三二〇	九,九〇八,五五八,八〇〇
14.农林部主管	五,七五二,三二〇	七,三六六,八三〇	二,九四六,六七五,〇〇〇	七三五,五九五,四四〇	三,六九五,三八九,五九〇
15.工商部主管	四四,三一〇,六八〇	一四三,四七一,三三〇	一八五,〇八六,〇〇〇	四二,六六七,九八〇	七八四,五三五,九九〇
16.交通部主管	一,四七六,八九二,五五〇	六九二,四〇二,一九四		三,一六九,〇二三,一二〇	五,三三八,三一七,八六四
17.社会部主管	三〇,五一五,〇七〇	一,七六六,四四八,六八〇	一六,〇〇〇,〇〇〇	九三八,五八〇,三六〇	二,七五一,五五四,一一〇

续上表

科　　目	经　常　费	临　时　费	事　业　费	生活补助费	合　　计
18. 水利部主管	七，六六八，四六〇	八，八三六，一三〇	二，三九一，〇〇〇，〇〇〇	一，〇七七，二九七，〇六〇	三，四八四，八〇一，六五〇
19. 地政部主管	三，一一六，八〇〇	五六六，一九五，〇〇〇	一，〇〇〇，〇〇〇	九六二，六九〇，四〇〇	一，五三三，〇〇二，二〇〇
20. 卫生部主管	三一，三四三，七四〇	三四五，五六六，四〇〇	七二五，〇二二，二七四	六六五，七〇九，八四〇	一，七六七，六三二，二五四
21. 粮食部主管	二〇七，六〇〇，九九三	二七，四二九，八二四，四一一		七七三，三六四，二四〇	三五，三四九，七八九，六四四
22. 资源委员会主管	七，九六一，九一〇	一，五〇〇，〇〇〇		一〇二，三六六，九〇〇	一一一，八二八，八一〇
23. 蒙藏委员会主管	三一，四七六，三八〇	九四，七八一，九五〇		一二六，五□九，九二〇	二五二，八五七，二五〇
24. 侨务委员会主管	六，一九五，三二〇	二二〇，四七五，五一七		三八，四六三，六六〇	二六五，一三四，四九七
25. 主计部主管	三，五〇五，五〇〇	三七，九四七，二〇〇		五一，九八七，六〇〇	一〇二，四四〇，三〇〇
26. 审计部主管	四六，三七二，九五〇	一二一，八四二，五〇〇		一，二五二，九八六，九六〇	四一三，二〇二，四一〇
27. 债务支出	三七，二二一，八四三，九〇〇				三七，二二一，八四三，九〇〇
28. 公务人员退休及抚恤支出	一七一，〇三二，二四〇				一七一，〇三二，二四〇
29. 省市补助费	三，五〇九，七二〇，三八〇				三，五〇九，七二〇，三八〇
30. 第二预备金	八，八二九，二二五，四一七				八，八二九，二二五，四一七
合　　计	六一，五六五，九一六，〇〇〇	一七三，八〇五，二二七，八七二	六，二六四，七八三，二七四	八一，九八五，五七三，八四〇	三二三，六二一，五〇〇，九八六

〔国民政府主计部档案〕

49. 财政部改编1948年下半年度中央政府岁入总概算总说明

（1948年）

改编民国三十七年下半年度中央政府岁入总概算总说明

三十七年下半年度中央政府岁入总概算之改编，系照财政经济紧急处分令整理财政及加强管制经济办法第七条之规定，由部分别函请各主管机关重行核拟收数，改按金圆券编列主管岁入概算，送部汇办。本部就其原送改编概算所列数额汇编，其尚未改编概算送部者，即由部暂照原核定法币预算数，以规定比率折合金圆编列，计普通岁入列金圆六〇三，一八九，七三〇，四三六元，特别岁入列金圆八〇，〇〇八，四三三，九〇〇元，总计金圆一四〇，三二七，四〇六，九四三元，较原核定预算数法币九百一十余万亿元，折合金圆数额计约增金圆一十一亿〇三百余万元，原核定赊借收入法币二〇，四八八，四〇四，四四五，〇〇〇元，系属平衡预算之数额，未列在内。兹将其内容说明如次。

（一）所得税因改革币制后物价稳定，工商业发达，盈余增多，在种种有利条件下，所得税税收可能增加，其改编概算数共列金圆六一，二〇〇，一〇〇元，较原核定法币预算折列金圆数额增列金圆五千四百六十余万元。

（二）遗产税提高起征点后税源合理，及加强控制减少偷漏，可望增收，其改编概算数共列金圆二，四六〇，八八〇元，较原核定法币预算折合金圆数额增列金圆二百一十余万元。

（三）印花税以定额税率提高，税源广泛，增收之希望较大，其改编概算数共列金圆五一，〇七〇，一二〇元，较原核定法币预算折列金圆数额增列金圆四千七百四十余万元。

（四）特种营业税以今后币值稳定，汇价合理，进出口银行信托交通等业发达，税收可增，其改编概算数共列金圆七，四八六，六四〇元，较原核定法币预算折列金圆数额增列金圆五百九十余万元。

（五）关税自发行金圆券后，经估计美援贸易自备外汇三类进口物资之应税货值及进口附加税征税情形，核列金圆一二〇，五九九，七九八元，较原核定法币预算折列金圆数额增列金圆五千一百一十余万元。

（六）货物税及国产烟酒类税依照整理财政补充办法规定，按金圆税率征收，其改编概算数共列金圆二二二，三三四，八六四元，较原核定法币预算折列金圆数额增列一亿七千四百七十余万元。

（七）盐税自九月份起调整税率，收入增加，其改编概算数共列金圆一〇〇，九〇〇，〇〇〇元，较原核定法币预算折列金圆数额增列金圆九千八百二十万元。

（八）矿税包括矿产税及矿区税，其改编概算数共列金圆二，二一〇，五二五元，较原核定法币预算折列金圆数额增列金圆一百四十余万元。

（九）营业税税率未变更，数额难再加大，其改编概算数共列金圆一，六六七，〇〇〇元，照原定法币预算数折合金圆编列。

（十）土地税改编概算共列金圆三八，二五一，九五九元，其中除地价税及土地增值税因今后物价将趋稳定，难有增益，照原核定法币预算折合金圆编列外，田赋原系按中央应得部分半数谷三，一二〇，七四七石、麦五二六，三二六石，以谷每石法币三百万元、麦每石四百万元核列，改编概算改按谷每石金圆十元、麦每石十三元三角四分编列，共列金圆三八，二二八，六五九元，较原核定法币预算折列金圆数额增列金圆三千四百余万元。

（十一）罚款及赔偿收入依照整理财政补充办法第四条关于改定罚金罚锾标准之规定，除原适用罚金罚锾提高标准条例之规定者，一律依原定金额折合金圆处罚外，其不适用提高标准者，一律以其所定金额，依照规定折合比率，折合金圆处罚，其改编概算数共列金圆一三，八七六，一六六.六七元，较原核定法币预算折列金圆数额核列金圆一千一百七十余万元。其中内政部及司法行政部主管该项收入均系依照原定金额改以金圆处罚，其余因标准未及改订，系暂照原核定预算依照规定比率折合金圆，或酌增倍数。

（十二）规费收入依照整理财政补充办法第五条关于改定规费征收标准之规定，各项规费征收标准一律由主管机关参照战前标准改订，报经主管院核定后征收金圆，在新标准未拟订核定以前，大多暂照原核定数依照规定比率折列金圆或酌增倍数，其改编概算数共列金圆四，四一六，一一〇元，较原核定法币预算折列金圆数额增列金圆二百五十余万元。

（十三）国有财产孳息收入，本部主管岁入部分其资本官息在战时投资者，按原定资本官息利率核计金圆，在战后投资者，按原定资本官息数字照规定比率折列金圆，其他均照原核定数照规定比率折列金圆改编概算，共列该项收入金圆九，五四一，七六二.一八元，较原核定法币预算折列金圆数额增列金圆九百四十余万元。

（十四）国有财产及物资售价收入共列金圆二三，八三一.一三元，国有营业盈余收入共列金圆一二，二九二，二八二.九八元，捐献及赠与收入共列金圆六，六六六.六七元，均系照核定法币预算依照规定比率折列金圆编列。

（十五）国有事业收入共列金圆七一五.三一元，其他收入共列金圆一九，二六一.二六元，均较原核定法币预算折列金圆，数额略增。

（十六）美军剩余物资及租借物资售价收入共列金圆三〇六，四四六，四〇〇元，原列可能处理剩余物资九千五百万美元，系照美军移交时原值计列。惟因剩余物资新旧价格标准及使用程度不同，较之新出厂物资价格相差颇巨，而美方则均照出厂价格计算，故剩余物资实际价格至多仅能以百分之七十计算，列为六，六五〇万美元，连原列租借法案存印物资五百万美元及收回美拨专款五百万美元，共七千六百五十万美元，再加核列出售废铁四百吨价款法币九十二亿元，接收运费法币一千三百亿元，均照原案列入，分别依照规定比率折列金圆，较原核定法币预算折列金圆数额增列二亿一千八百五十万元。

（十七）接收敌伪财产及物资售价收入共列金圆一〇，〇〇〇，〇〇〇元，照原核定案除移转中央银行充实发行准备外，可以缴库之数，计法币三十万亿元，依照规定比率折合金圆改编。

（十八）日本赔偿物资售价收入共列金圆二〇，〇〇〇，〇〇〇元，照原核定案折迁八百吨，本年下半年度应收配售物资价款五百万美元列入，较原核定法币预算折列金圆数额增列一千五百八十余万元。

（十九）征借粮食收入，系按三十七年度应得半数谷一〇，二五八，八〇四石、麦一，二九三，八二四石，按谷每石金圆十元、麦每石金圆十三元三角四分改列，共列金圆一一九，八四八，九八七元，较原核定法币预算折列金圆数额增列金圆一亿〇七百七十余万元。

（二十）债券收入系发行金圆公债四亿元，预计下半年度可能募销数，共列金圆一五〇，〇〇〇，〇〇〇元，较原核定法币预算折列金圆数额增列金圆一亿一千六百六十余万元。

（二十一）改编预算增列国营事业股票售价收入一项，预计出售中纺公司、招商局、台湾糖业公司、台湾纸业公司、天津纸浆公司等一部分股票，本年下半年度可能收入价款估列金圆一亿五千万元。

〔国民政府行政院档案〕

50. 国民政府1948年下半年度国家总预算案说明书

（1948年）

中华民国三十七年下半年度中央政府总预算案说明书

查三十七年下半年度中央政府总预算之拟编，以政府改组历时较久，迟至六月初旬始行着手办理，其自各机关初步拟编概算，层转审核，以迄行政院会议通过整理编成总预算案，为时不过半月，期限至为迫切，故在编审程序方面，不克完全依照预算法之规定，在内容方面亦不免有简略疏漏之处，当由各主管部会另行准备参考资料，以备于审议时补充说明，至各第二级机关随同主管概算编送之施政计划或事业计划，亦以时限过促不及编印，先将原件附送一份，由各主管机关于审议预算时再行印送筹划。拟编三十七年下半年度预算时，曾参酌往年成例订定预算编审办法二十二条，对于经常临时事业各费均经酌定核列标准以资范围，但经临各费或因机关组织扩大，事务增繁，或因原定基数过低难于支应，仍有不能不酌予增加者，对于若干军事政治经济上之设施，复不能不足积极性之策划，以求局势之好转。预算核编结果，岁出总额异常庞大，其中大部分为动员戡乱时期特别之支出，因依预算法第六十条之规定，将合于该条所列各款性质者，另编特别岁出预算，并将各项物资售价征借实物等非平时常有之收入，列为特别预算之财源。其普通总预算之支出，完全以赋税规费等普通收入抵充，使其适相平衡。

此次拟编预算，对于岁入方面已尽量计划增加，岁出方面尽量设法减少，然其总额及收支不敷之差额仍属空前庞大，加以戡乱行宪同时并进，新兴设施不一而足，一般物价又难期稳定，种种意外开支为数自必甚巨，即以文武员工兵警生活补助费，军警副秣费，学生膳食费一类而言，将来依照规定办法逐月调整，所需增支之款为数极巨，此外在年度进行中，军事政治经济上临时发生之紧急用款，亦不必在少数，原拟参照上半年度成案酌列准备金科目。但此类准备金列数过少，无济于事，如依目前趋势估计应需之数充分核列，则预算总额及收支不敷之数愈见庞大，不但引起中外人士之震惊，且足刺激市场发生更剧烈之波动，前方军事，后方治安，在在可虑，审度再三，此类准备金暂不计列，俟事实上必须支拨时，拟依预算施行条例规定办理，以资因应。

总预算岁入岁出各科目拟列情形，经在岁入岁出各表备考栏内，酌加签注，兹再综合各类内容，撮举要点说明于次。

甲、关于岁入者

一、赋税收入

赋税收入计有所得税、遗产税、印花税、特种营业税、关税、货物税、盐税、矿税、营业税、土地税等十款，共列三百万一千八百七十五亿余元，较上半年度原预算及追加预算四十二万九千二百二十六亿余元之总数，约增八倍，系依据财政部原编概算衡量当前物价及预拟在年度进行中随时调整税率，参酌审订，其各项税收之增加比率及其计算之依据，经在岁入预算表备考栏内酌为注明。

二、赋税外收入

赋税外之收入依历年预算科目之规定，计有罚款及赔偿收入、规费收入、国有财产孳息收入、国有财产及物资售价收入、国有营业盈余收入、国有事业收入、捐献及赠与收入、其他收入等八款，共列二十六万五千九百八十二亿余元，较上半年度预算酌增数倍至十余倍不等，其中国有营业盈余一款原应依据各个营业预算，考核营业收支实况，以其纯益中应行解库部分编列总预算。惟营业预算内容比较复杂，必预经由主管机关详加考订，方能定案。历年以来均未能与总预算同时送核。此次编订总预算时限迫促，上项营业盈余亦系酌量估列。至物资售价中，如美国剩余物资，租借物资，赔偿物资，敌伪资产等售价收入及征借实物收入具有特殊性质非平时常有者，拟作为特别预算之财源，不计入普通岁入预算之内。

乙、关于岁出者

一、国民大会主管支出

国民大会主管支出，仅列国民大会秘书处一单位，该处为常设之机关，且须兼办大会议决设置之国民经济研究委员会及宪政督导委员会事务，酌列员额七十人，经常费及生活补助费共为一百四十二亿余元。

二、总统府主管支出

总统府主管支出，包括本府及国父陵园管理委员会、国史馆等五单位，共列经临费及生活补助费八千二百零七亿余元，经常费均照编审办法规定标准计列；临时费系各按需要酌核编列。其中国父陵园管理委员会，因须修理藏经楼及道路工程，所列临时费较大，计为二千三百余亿元。

三、行政院主管支出

行政院主管支出包括本院及直属机关暨临时设置之委员会等共八个单位，共列经临生补各费二万一千七百九十七亿余元，其经常费及临时费中属于机关性质者，均照一般标准计列；临时费之属于普通性质者，如租赁视察等费，亦照一般标准计列，属于事业性质者，如故宫博物院之文物整理流传费、首都民生日用必需品配售委员会之印制费、新闻局之宣传费，均视其需要情形，酌予核列。又黄汛区复兴局本下半年度依照复兴计划从事水利、农业、交通、工业四项业务经费一万零九十七亿余元，须归国库负担，不能再由美国救济物资项下支拨。赔偿委员会接运日本赔偿物资运费等用款五千九百七十六亿余元，以各该机关列在行政院直属系统之内，所需各费归入行政院主管，故所列预算总额骤然增大。

四、立法院主管支出

立法院现行新组织员额职权同时扩大，经常费照原编概算列为二千四百九十三亿六千八百五十一万，并按一般通例，代列院长机要费宿舍租赁费两项临时费五十四亿六千万元，连同生活补助费共列立法院主管支出为六千零一十六亿余元。至立法委员公费等项待遇，以事无前例，业由行政院咨请立法院制定法案，以便照办，该项经费拟俟法案制定，照数核计补列。

五、司法院主管支出

司法院主管支出包括本院及最高法院等六单位，共列经临费及生活补助费为二千零九十八亿余元，司法院现行新组织法增设大法官十七人，职责较重，所需俸给办公等费自必较昔为多。故将经常费较一般标准酌增二成核列，又公务员惩戒委员会亦因组织扩大，事务增繁，经常费酌增五成核列。

六、考试院主管支出

考试院主管支出包括本院及所属考铨机构十三单位，共列经临费及生活补助费三千六百零二亿余元，其间仅考试院经常费因新编制员额增加，酌予比例增列，其余均依编审办法规定标准核列。

七、监察院主管支出

监察院主管支出包括本院及各监察使署等十五单位，共列经临费及生活补助费二千二百一十一亿余元，现在监察院各委员会及监察委员行署组织法均未成立，监察委员支给公费标准亦未确定，现列经临费系参照上半年预算，依编审办法规定标准代为编列，其依新组织增加之监察委员所需之生活补助费，并为照数列入，俾资支应，仍俟各委员会及行署组织暨委员公费支给标准确定，再行分别调整增补。

八、内政部主管支出

内政部主管支出共列二万六千七百七十九亿余元，其各单位中首都警察厅及第一、二两警察总队为加强首都近郊防务，第一警察总队依核定组织特予增编两大队，并照原有各队核列经费。临时费内所有警察总队清剿费及首都警察厅各项通信交通消防武器等器材设备费，均予宽列经费，以资因应。此外，为配合实施宪政，分期促成各级地方自治，加强实施户籍登记，并初步筹备将来举办全国户口普查，以及健全警政组织等要政，均参酌计划，分别缓急，量予核列经费，其非急切需要事业，概从缓办。

九、外交部主管支出

外交部主管支出共列三万三千零四十九亿余元，其中国币部分，各单位除粤桂特派员及云南特派员公署两单位因业务有增有减，经费酌为互移外，其余八单位按规定标准计列，国外部分新增使领馆经已呈准者，计有驻宏〔洪〕都拉斯及驻萨尔瓦多二公使馆、驻桑的亚哥、驻格拉斯哥及驻罗伦索马责斯三领事馆五所，其公费与官俸出勤费均依规定等级计列，驻日代表团经费酌为核减，其余各使领馆驻外办事处等经费均照成案分别编列。临时费内印刷油运等费、国际电报费、一九四八年联合国应摊经费三单位，酌照实需情形计列；宣传及情报费、招待外宾用费、处理外交事务专款及特别费四单位，均照一般标准计列，其另款一项经参酌已往支用情形，将美金列数核减一半，以节省外汇之支出。至各单位内所需外汇部分概照现时基准价格折算计列。

十、国防部主管支出

国防部主管支出共列一百三十万三千二百十一亿余元，系参酌战前情形以支出之一部分作为经常军备费用列入普通预算，此次拟编军费预算以改善士兵生活及充实装备为重心，将士兵薪饷依战前规定支给数额，扣除主副食费六元外，一律按文武职公务人员生活补助费南京区支给标准核算发给，同时将副食费基数由三元提高为四元，马乾费照战前国马十二元、洋马十八元标准，均按南京区生活费指数核算发给，随同公教人员生活费逐月调整，其在生活费指数特高之地区，及海空军高一级二级之支薪暨担任特种勤务者，依例另行加给。此外，经常临时及戡乱作战必需之各项费用亦各切实估计核列。戡乱时期动员官兵达五百万人，显非平时所应保持之兵额，因将一部分机关部队经费及戡乱所需之各项临时费归入特别预算，其在美援项下所分配之款，大多为改良装备补充械弹器材等所需，各有指定用途，当专案办理。未列本期预算之内。

十一、财政部主管支出

财政部主管各项支出共列一十八万五千八百三十亿余元，内经常费九千六百四十八亿余元,临时费三万二千八百九十五亿余元,生活补助费十四万三千二百八十六亿余元,其中新增两广两淮盐警部队经临费系为加强该两区护场及缉私之必要费用,又增加税收扩充业务费及国库事务费,亦因税收及国库出纳数字加大,手续增繁之故,各有增列。此外,各项经临费大都照编审原则核列。关于开征财产税一事,各方期望甚殷,事属创举,必须事前充分准备,因于财务费支出内特别开征财产税筹备经费一目,俾即着手准备付诸实施。

十二、教育部主管支出

教育部主管支出包括教育文化及科学研究等费在内,依宪法第一百六十四条之规定,不得少于国家预算总额百分之十五。惟在动员戡乱时期军事政治经济上之非常支出特别巨大,宪法上此项规定似系就平时状态而言,因以普通总预算岁出总额为准,估计概数,由教育部斟酌支配,共列经临生补各费五十万一千一百七十二亿余元。其中行政机关经费仍照一般标准伸算核列,其增加部分完全用于教育事业方面,对于各教育文化机关学校之建筑设备及扩充改良费,省私立专科以上学校补助费,地方基本教育补助费等目,增列尤巨,并将一部分临时费及扩充改良费等另列附表,先行分配,以便各机关学校于预算成立后,即可据以筹划实施,争取时机。

十三、司法行政部主管支出

司法行政部主管支出共列十万四千二百四十一亿余元,其重要之点:(一)为充实一二两审司法机关之组织以应业务上之需要。(二)为继续实施普设法院计划,于安全省区增设法院三十所。(三)为对于修建地方法院之已兴工者继续完成,未兴工者择要进行。(四)为修建监所房屋及改良其设备与择地增设外役监及扩充监所,使监犯可从事若干有用之工作,并酌增囚人主副食费及囚人用费。(五)为扩充视察督导工作与调训司法官监狱官及其他司法佐理人员，俾各种新颁监所法规得以有效实施。此外，对于各省市高等特种刑事法庭之设置，则仍维持上半年度已成立之二十四庭，不另添设。至调查局为该部新增之机构，其组织法已送立法院审议。他如公证制度之推行，则仍暂由法院推事书记官兼办。又刑事补偿制度，亦拟俟刑事补偿法制定公布后，始予实施。故均未另列经费。

十四、农林部主管支出

农林部主管支出共列三万七千二百五十三亿余元。除经常费照原有机构及一般标准核列，临时费增列参加国际农业会议经费一目外，农林建设事业依照施政方针以复兴农村增进生产为目标，其重点为充实各农业研究实验场所，加强农业推广工作，厉行农林渔牧增产运动，奖励民营农林企业等项，农业林业渔业畜牧各实验所经费，均较上半年度增列十倍至二十倍以上，农场经营改进费，荒地调节费及棉茶茧丝等改进费增列亦多，并于农事建设费项下增列土壤调查费一目，林业建设费项下增列增进油桐生产费、黄汎区凤台保土防沙林场经费二目，渔业建设费项下增列渔洋水产繁殖经费、奖励各省举办淡水鱼产事业费二目，畜牧建设费项下增列农业普查费、农业运销检验改进费二目，垦殖建设费项下增列辅导各省办理垦殖事业经费一目，农作物推广建设费项下增列农业推广调查研究费一目。上项新增各目，均宽列事业经费，由第三级主管机关主持办理，不另设机构，俾集中财力举办事业，而免增加机关经常费。其因地方不靖事业无法进展者，如长春林场，则仅列维持费。关于营业基金，均系投资性质，原有部分视其需要酌予计列，并增列合办陕西、广西、浙江三骨粉厂，天然林利用开发资金、渔业银团资金、汉口鱼市场合组中国土地开发公司资金。又为紧急运用联总物资，并酌列所需运用经费，以资配合。

十五、工业部主管支出

工业部主管支出共列九千五百九十一亿余元，其中经常费计二十七单位，新增机关有二，一为台北工业试验所，以台湾原有敌人已设有相当规模之工业试验机构。一为台北商品检验局，系该省出口商品设之检验机构所改组，余皆为旧有单位，照规定标准计列。各项临时费，如工商团体督导及会议费、国际贸易调查研究费、法规公报印刷费等，均视其需要酌列，其余上半年度原有单位有继续性质者，照一般标准计列，工商及经济研究团体补助费均照成案编列，事业费内之新增项目，如工矿电商管制业务及合办事业视察费，工业技术指导事业费，合办事业投资，上海、汉口两工商辅导处材料库营运资金等，依其事业计划酌为编列。至于配售公教人员布煤油之差价，则属非常之支出，归入特别预算内计列。

十六、交通部主管支出

交通部主管支出共列五万三千三百八十三亿余元，经常临时各费系依照编审办法核列，其在戡乱时期绥靖区内铁路、公路、电信、港务、航空之抢修恢复，西南、西北、华中、华南铁路、公路、电信、航空、港务之充实扩展，均为配合当前军事经济上之特殊需要与紧急重大工程之所需各费，归入特别预算。

十七、社会部主管支出

社会部主管支出共列二万七千五百十五亿余元，经常费部分照编审办法规定标准核列，临时费部分增列受救济人膳食费准备金，以为调整膳食费之需，并以各社会服务处设备尚待充实，特酌增事业费。至难民救济费、配合联合国国际儿童急救金、办理儿童急救经费等，事属重大灾变所需，归入特别预算。

十八、水利部主管支出

水利部主管支出在普通预算内共列三万四千八百四十八亿余元，以事业费为巨，其计划除继续办理勘测试验等基本工作外，着重于西北及东南各省农田水利之开发。经常费部分计十一单位，均系原有机关，临时费部分仅增列图书购置费一目，事业费部分关于农田水利之各项工程，如甘肃河西水利工程，淮域滨区水利工程，绥远灌溉工程，洛惠区管理养护，或准备工作尚未完成，仍须继续办理，或全部工程业已完成必须养护，均按照目前物价指数宽列经费，并以黄汎区堵口工程业已完成，农田亟待整理。下半年度增办黄汎区水道整理工程，亦列相当数额，另列农田水利基金、农田水利工程贷款垫头，并续列农贷工程监理费，以资配合。关于勘测试验工作，均系赓续办理。除宽列事业费外，其中各测量队之经费含有机关性质，悉依规定计列。又水利部接收善后救济器材甚多，储运保管等费仍照上半年度科目核列，并增列水工机械修理费，以利配修。至江河治本、江河修防、整理航道等，另列经费三万四千亿元，以其均为重大工程，列入特别预算之内。

十九、地政部主管支出

地政部主管支出共列一万五千三百五十五亿余元。其重要项目为地籍整理，包括土地测量、土地登记、土地重划及规定地价等项目。地籍整理工作以土地测量最为繁重，本期预算对于土地测量依据核定各省市县地籍整理经费筹集办法开征测绘费，所有各省市土地测量经费，即照测绘费收数核列。至土地登记及规定地价、重估地价、编造总归户册、扶植自耕农等，均为配合土地政策之工作，经予分别核列经费，由地政部斟酌地方治安情形分期完成。至实施土地改革，以计划尚未确定，此为经济上之重大措施，须长期继续推行，因在特别预算内，按中央土地税收入百分之十核列基金，俟计划核定实施时动支。

二十、卫生部主管支出

卫生部主管支出共列一万七千六百七十六亿余元，其中所列各科目凡属行政经费性质者，照一般标准核列。关于发展卫生业务扩充医疗机构，则特予宽列经费，其重要项目为增设医疗防疫大队两大队，察蒙卫生所一所，中央防疫实验处广州分处一所，天津中央医院附设护士学校一所，并于南京中央医院扩充病房以适应需要。又各中央医院之事业费，中央卫生实验院及各分院事业费，与边疆卫生院所事业费等，亦增列甚多。在中医方面，对于中医委员会经费、统一中国丸散膏丹编印费及首都中医院补助费等，均予分别增列，以期并行发展。此外，关于配合世界卫生组织工作所需经费与运用美国救济物资，完成地方医院之修建设备费，原有各医疗机构之事业费，以及防疫防痨等经费，均配合计划从宽核列。

二十一、粮食部主管支出

粮食部主管各项支出共列三十五万六千一百九十四亿余元，关于中央补助各省市田粮机关经费及生补费一项，后方十省以减免半赋满期，本年下半年恢复全额征收，请增员工四千六百六十六人，因值紧缩时期，未予核准。惟上半年各省田粮储运机关生补费系照核定员额七折拨发，由粮食部统筹分配，致各省田粮储运机关员工待遇参差不一，影响工作，下半年按中央通案照上半年核定员额八五折编列。至其他各项经临费大都照编审原则核列，其中军粮购价因须乘谷麦登场之时提前购办，在本年下半年内核列成数较多，其一部分军粮价款及全部运输包装等费，列入特别预算。

二十二、资源委员会主管支出

资源委员会主管支出共列一千一百十八亿余元，该会主要工作为国营工矿事业之筹划兴办与督导，其大宗支出属于投资性质，已归入特别预算。普通预算所列者，仅属该会之行政与管理费用，故单位既少，列数亦微。

二十三、蒙藏委员会主管支出

蒙藏委员会主管支出共列二千五百二十八亿余元，其工作重点在健全现有机构，促进蒙古各盟旗地方自治，协助收复区各盟旗复员及督导盟旗动员戡乱与增进藏民情感诸端，故经常费内所列预算除蒙藏委员会本会及驻藏办事处经费照一般标准计列外，余如蒙古各盟旗地方自治政务委员会及各地办事处等十九单位较一般机关稍予增多。至各项临时费大半依照规定办法及原编计划分别计列，惟守护成吉思汗灵榇经费及电台材料费、康藏寺庙培修补助费等，酌按实际需要增列。

二十四、侨务委员会主管支出

侨务委员会主管支出共列二千六百五十一亿余元多，侨务处经费以前基数较小，胜利以后海外交通恢复，侨务事业已可逐渐展开，因较一般机关经费伸算核列标准酌为增加，并增设台湾香港两侨务处，其经费均比照上海侨务处核列。临时费内事业机关经费均酌予增列，侨民文化及教育两项，除原有单位依照需要增列经费外，文化部分增列侨报暨民众学校津贴及宣传刊物编印费三目。教育部分增列海外侨民师范学校开办费，侨报临时补助费及侨教教材征集费三目，并另增侨务管理费、侨民经济事业费、侨务事务费三项，包括登记辅导补助及视察印刷等费。

二十五、主计部主管支出

主计部主管支出共列经临费及生活补助费一千零二十四亿余元，其中经常费系按新组织法计列；临时费因本年总预算决算分两期编制，编审工作及印制费用特别加多，又因改隶以后原住总统府一部分宿舍应行迁让，故印刷租赁修缮等费，均酌予增列。

二十六、审计部主管支出

审计部主管支出包括本部及所属审计机构三十单位，共列经临费及生活补助费四千一百三十二亿余元，均系依照编审办法规定标准编列，审计部原请增列第四厅经常费，因其修订之组织法尚未完成立法程序，未予列入。

二十七、债务支出

债务支出一款共列三十七万二千二百一十八亿余元，所列偿还债务本息基金均系照案计列。惟易货偿债部分虽应还债款以美金计算，实则以国内收购农矿产品运交抵付，国库所应付出者，仍为法币，只以农矿农品购运成本难于预计。故暂以应还美金数额一比国币一百万元计列，又借垫款利息一项系依周息二厘约略估计之数。

二十八、公务人员退休及抚恤支出

公务人员退休及抚恤支出共列一千七百一十亿余元，其中久任公教人员奖金一项特予宽列。期对久任人员有所激励，其余均系参酌上半年预算衡量实际需要编列。

二十九、省市补助费支出

省市补助费支出共列三万五千零九十七亿余元，以省县自治通则尚未颁行，国税与省县税之划分尚未定案，省市地方一部分经费仍须中央补助，因将一般政务业务补助费及县市建设补助费照上半年例核列，其省级文武员工警役生活补助费，各项人员副食费、马秣费、绥靖区收复县份免赋补助费、绥靖区收复县份复员补助及救济费、未收复县份县经费补助费，及增编保安团队经费，或系国家经济上之重大变故，或系重大灾变，或以戡乱关系各从宽估列归入特别预算。

三十、第二预备金

第二预备金依预算法第三十一条之规定，原应视财政情形酌为核列。兹即以总预算岁入总额与各类岁出总额相抵剩余之九万七千三百九十亿余元，尽数列为第二预备金。

以上岁出计三十款，共列三百二十六万七千八百五十八亿余元，与岁入预算列数适相平衡，至各科目拟列情形择要于预算表备考栏内酌加注明，不再多赘。

〔国民政府主计部档案〕

51. 国民政府主计部1948年下半年度第一次追加预算说明书

(1948年)

三十七年下半年度中央政府第一次追加预算案说明书

三十七年下半年度中央政府总预算暨特别预算经立法院通过

依法公布后执行，乃因物价剧烈高涨，各类经费均甚感不敷。除依总预算施行条例第九条规定，员工生活补助费食米代金及主副食费依时调整增拨外，曾由行政院会议决定，将各机关之办公经费自七月份普加三倍，并有若干专案经核准动支第二预备金。至特别预算中，因原预算不敷应用，而需要急迫，经院令垫拨者，亦有多起。迨至本年八月十九日颁布财政经济紧急处分令改革币制后，各项收支改按金圆券计算，公教人员待遇亦经改订，而法币折算金圆以后，各项办公经费为数过少，不能不酌予增加，其原支外币部分自汇率改订后，差额尤巨，不能不予增列。爰就上述各种需要，提出本年下半年度第一次追加预算案。兹将此次办理追加预算之各项要点略述如左。

一、岁入追加预算，由财政部依照财政经济紧急处分令所颁整理财政及加强管制经济办法有关各条之规定，核拟增加收数，按金圆券计列。

二、岁出追加预算，由主计部审编，凡经行政院会议（截至九月十五日第十六次会议止）核定通案追加紧急垫拨之各项经费尚未完成立法程序者，均照案列入。

三、各机关办公费用自七月份起，照原预算普加三倍。折合金圆后，除最少数机关外，其余均为甚小，难于支应，而各机关间标准亦不一致，有欠公允之处，因自九月份起，照下列标准分别调整。

1. 总统府及中央各院部会办公费用改以职员人数为计算标准，每人每月以十元为限，原及此标准者照数核增，超过此标准者，照数核减。

2. 中央各院部会所属机关办公费用自九月份起普加七成，由各该主管机关统筹调整。

3. 国防部及所属机关部队办公费用，亦自九月份起照加七成，由国防部统筹分配。

4. 办公费用之以外币台币计列者，仅按新汇率补列差额。

四、生活补助费科目自八月份起取消，另列薪饷科目，将八至十二月份薪饷照新标准核计。除以原有生活补助费预算余额（指原预算生补费除去七月份应领数之余额）移抵外，按实际不敷数追加。

五、各级主管人员应支公费自八月份起另列新科目，按新定支给标准核计追加。

六、预算科目中之用外币台币计列者，均按新定外币台币与金圆券之比率核计追加。

七、债务费支出预算，由财政部依照金圆券发行办法、法币公债处理办法及外币债券处理办法之各规定重行核计，分别追加或追减。

八、关于文武公教人员兵警工役薪饷及各级主管人员公费之支给办法，均经分别修订，另详附件。

兹将此次提出本年下半年度第一次追加总预算暨特别预算案之内容提要说明于次。

甲、总预算

一、岁入　岁入追加预算共列各项收入追加数四亿六千一百七十五万二千余元，抵除追减六十六万七千余元，实增四亿六千一百零八万五千余元，较原预算所列法币折合金圆数一亿零七百八十七万三千余元，约增四点三倍，其中所增最多者为直接税、货物税、关税、盐税、国产烟酒类税等项，其次为罚款规费等项收入。至田赋征实及国营事业盈余等，则并未增加。兹将各项收入增列情形，撮要说明如左。

1. 直接税、货物税、国产烟酒类税、盐税、矿税等项收入本年七、八两月份收数照原预算分配数截算，九至十二月份收数依整理财政补充办法规定征课标准，重行估算，总计半年度所得税、遗产税、印花税、特种营业税、货物税、烟酒税、盐税、矿税等八项共追加三亿七千一百五十六万三千余元，约当原预算之七倍。

2. 关税收入依美援进口物资、贸易进口物资、自备外汇进口物资等数值，酌为估计，追加六千六百四十三万九千余元，约当原预算之二倍。

3. 田赋征实原预算于五月间核编，作价甚低，原应酌加调整。惟征实及征借所得粮食悉充军粮及扣还粮食库券本息之用，收支数额既大略相抵，作价亦复相等，为免预算收支两方数字徒然扩大起见，未予追加。

4. 罚款规费财产孳息等收入自改定征课标准收取金圆后，所增甚多，此次编列追加预算，将罚款规费财产孳息等三项收入重新核计，共追加二千三百七十四万八千余元，约当原预算之七点七倍。

5. 国营事业自实施财政经济紧急处分令后，所有出品售价及交通邮电等取费，均暂仍其旧，而员工待遇已自八月份起，随同调整，营业盈余，一时难有增盈，故未予追加。

二、岁出　追加岁出预算共列各项支出四亿六千一百零八万五千余元，与岁入追加预算平衡，岁出增加之主要原因，为各机关经常办公费用之普遍增加，文武公教人员兵警工役之薪饷公费主食副食马秣等费之依时调整，与对外汇率之改订及内外债之分别整理。兹将各项支出增列情形，撮要说明如左。

1. 办公费用　全国各级军政机关办公费用，在原预算所列经常费内，仅有法币一十一万八千三百四十余亿，折合金圆不过三百九十四万四千余元，为数极少。年度开始之初，即感不足，经照原案普加三倍，勉为应付。币制改革以后，以金圆折算，各机关办公经费更见短绌，用再规定标准，普遍增加，而原预算以外，复有若干机关依法改组或设置，其经费必须增加或补列者，此次追加预算所列办公费用达二千三百七十四万余元，较原预算约增六倍。

2. 薪饷公费　公教员工军警等待遇，原以生活补助费为主，原预算编订时按三月份支给标准计列，仅法币八十一万九千八百五十五亿余元，折合金圆仅二千七百三十二万八千余元。迨至七月份改用当月指数调整待遇，支出骤增二倍以上。八月份起定金圆券支给标准，又较七月份增加一倍以上。此追加预算为求核实起见，由各机关造具清册，分别机关所在地区及其员工军警人数，应支薪饷数额，详加核计，在各主管部门经常费内，另列薪饷科目。总计追加预算所列此项支出共达二亿三千零六十八万六千余元，较原预算约增八点四倍。其国防部所管大部分官佐士兵薪饷列在特别预算者，尚不在内。至于公费一项，原为各级主管人员所支之特别办公费，在各机关经常费内列支。自八月份起调整数额改支金圆后，为数骤增，各机关经常费内无法匀支，因亦独列科目，总计本年八月至十二月追加公费支出共列三百一十一万一千余元，其七月份所支特别办公费，仍照例在经常费内支报。

3. 主副食费及马秣费　武职官佐士兵主食由粮食部筹拨现品，其价运包装各费列为粮食费支出。国立学校公费生社会救济机关收容人以及监所囚犯所需食粮，系参酌市价拨款购办，所有副食马秣等费则随同生活补助费，依时调整，均各列入各主管部门临时费之内。此次追加预算，将公费生等主食参照市价七、八两月份按米每市斗一元计算，九至十二月份照每市斗二元计算，副食马秣，依新定金圆支给标准核计，支出数额骤然增大。此外裁并机关结束，遣散人员所费亦多，现编追加预算所列临时费达八千六百二十七万九千余元，较原预算所列法币折合金圆数五千七百九十三万五千余元，约增一点五倍，其主因在此。

4. 改订对外汇率及整理债务　币制改革后，所订金圆券对外汇率，较原法币预算之基准价格约增二十五倍。因此对外币支出部分依新汇率折算，须增列追加数四千七百余万元。至债务支出内债部分，依照整理办法分别增加若干倍后，折算金圆，并有原用外币发行之内债及库券数种，因另定整理办法酌予分别追减。又外债部分，亦依新汇率追加汇价差额，故债务支出骤增九千三百八十九万余元。

乙、特别预算

一、岁入　特别预算,共列各项收入追加数八亿三千八百五十万零三千余元,抵除追减数一千四百三十六万五千余元,实增八亿三千四百一十三万八千余元,较原列法币数折合金圆一亿九千八百七十四万七千余元,约增四倍。兹将各项收入增列情形略述如左。

1. 关税进口附加及货物税中之棉纱税　原预算所列关税系货物进口税之一部,棉纱税为货物税中之一种,立法院审议通过预算后,整理结果,总预算收入略有余额,因以其半数移列特别预算之内。此次追加预算,货物进口正税全部列入总预算之内,仅将进口附加税部分列入特别预算。故原预算追减货物进口税一千四百二十五万二千余元。至棉纱税则仍以半数列入特别预算,并追加一千三百六十六万六千余元。

2. 财产及物资售价　此项收入,除原预算所列美军剩余物资、租借物资及日本赔偿物资等项外,加列国营事业股票一项,原列资产均经重行估计,并变更外币折率,四项收入共追加三亿八千四百三十三万三千余元。其中新增国营事业股票售价一项收入,计划一亿五千万元。

3. 征借粮食　作价未予提高,经于上文甲款一项三目内加以说明。兹以粮食部依照各省征粮定案核计,征借稻谷数略有减少。故就原预算列数追减十一万二千余元。

4. 债款收入　原预算内列有债券收入一项,其余收支不足之数列为赊借收入。此次追加预算仍比照办理。关于债券收入,拟发行金圆公债四亿元,按预计本年下半年度销募数,除原预算所列法币数折合金圆外,追加一亿一千六百六十六万六千余金圆,赊借收入列三亿二千三百八十三万七千余元,其抵补办法当另行筹划。

二、岁出　追加预算共列各项支出八亿二千四百一十三万八千余元,较原预算法币折合金圆一亿九千八百七十四万七千余元约增四倍。其最大部分,由于军事经济上之关系,国防粮食交通及省市补助等支出为数激增,其次为改变对外汇率,各部门主管事业所需外币部分折合金圆数额之自然增加。至其他部分，则为数有限。兹将各项支出核列情形略述如左。

1. 国防部主管支出　追加五亿八千零二十八万余元。其最大原因为调整待遇，计薪饷一项，增加二亿四千零七十五万余元，副秣费一项，增加九千七百九十五万余元，特勤加给一项，增加九千七百八十六万余元。凡此三者均属人员待遇，约当增加总额百分之七十五，其余所增百分之二十五则为运输、服装、兵工等费，其运输费中增加之最大部分，又为油料价运各费美金二千万元照新汇率折算之所致。

2. 交通部主管支出　追加四千八百四十万七千余元。其中外币折算所生之差额实过半数，其属于七、八两月份交通事业贴补者，占二千一百五十余万元，其在预算以外追加之事业费，仅华中整修公路一款而已。

3. 粮食部主管支出　追加九千八百万元，系绥靖区抢购军粮价款及太原空运军粮运费，为适应军事需要，经先予以核定。

4. 省市补助支出原预算所列法币数折合金圆仅二千三百四十万四千余元，其补助项目中以文武员工警役薪饷各项、人员副食费及增编保安团队经费为大宗。兹经依照迭次调整待遇标准详加核计，将属于教职员工之薪饷补助及公费生之副食补助分别移列总预算，并将绥靖区各项补助及保安团队经费分别核增，共计追加省市补助费九千零四十万八千余元。

综合此次总预算及特别预算，追加岁入岁出总额各为一十二亿八千五百二十二万三千余元，特别岁入中所列债券收入一亿一千六百六十六万余元，赊借收入三亿二千三百八十三万余元，两共四亿四千零五十万余元，均为收支不敷另筹弥补之款。至各科目核列情形及计算根据，在预算表内酌为注明。

〔国民政府主计部档案〕

52. 童季龄① 所拟平衡国库收支与利用美援问题稿

（1948 年　月　日）

八年抗战以后，继之动员戡乱，国家财政无法达到收支平衡。三十七年度上半年预算国币九十六万亿元中，除二十六万亿元之普通预算，收支大体可以相抵外，其余七十万亿元之特别预算，则约有三十八万亿元全靠发行弥补。此项半年预算在本年初编列之时，美金黑市价格约为国币十万元，设照此折成美金估列，则今后每月分配数约为一亿六千万美元，其中百分之二十七属于普通预算，百分之七十三属于特别预算。特别预算之项目，大都为适应戡乱工作之需要，其数约为每月一亿一千六百万美元。

特别预算中，有小部分支出可以税收、债收及物资变价支付，其比例约为百分之三十五。其余百分之六十五，即每月约有七千五百万美元，则在目前状况之下全赖发行弥补。倘使政府停止发行而以库存、外汇头寸（黄金、白银及外汇）二亿九千万美元分月变换填补，不出四个月即告罄尽（出口外汇及海外侨汇须以国币换购，又必超出预算），缘是有主张用美援物资以填补此项赤字者。

甲、利用美援填补赤字的利弊

查美援物资，原定部分作为借款，部分作为助款。即令借款部分数额甚少，利息甚低、且短期内不须开始还本，其目前可与借款无殊，而美援总额（合经济及军事两部分）不过四亿六千三百万美元，平均每月不过三千七百余万美元，即将其全部所值之特别存帐移抵收支差额，亦尚不及半数，揆以目前通货偏在情形，自绝难收稳定币值之效，盖物价波动虽缘通货膨胀，而生产不足，尤为重大

① 童季龄为经济问题专家，曾代表国民政府出席国际贸易及就业会议筹备委员会。

原因。即使通货紧缩，而物资供应不敷，则物价势将继续上涨，且即使有一短期的稳定，而一旦美援用罄，物价必将奔腾直上至于不可收拾，足以造成财政及经济的更大危机。

此次美援物资所换取的法币，依照美方原提案，应以列入特别存帐，其用途须经双方同意。在我自有两种选择：（一）全以弥补赤字，暂时减少通货发行，其结果必然生产萎缩，物资缺乏，最后不特一般物价无法控制，即生活必需之品恐亦将依赖外援。（二）以是项存帐之全部或大部分积极从事增产，此项货币虽仍在流通，假使控制得法，不为投机者操纵、利用，则转瞬即可变成大量物资抛售于内外市场，如：(1)粮食、棉花增产后，可以补充军粮民食，节省外汇开支；(2)外销物资增产后，可以充裕外汇头寸，稳定物价汇率；(3)就交通水利及农、工、矿、电等事业中择其急切需要者予以维持发展，又足以促进商货流通，增加物资供应。倘能同时严格执行管制政策，取缔囤积，节约消费，则币值、物价自渐趋稳定，而政府开支自然收缩，财政赤字自然减少，依赖外援之程度降低，获得外援之希望反可加强。此系从经济方面解决财政问题，较之第一种办法，自属妥善而有效。

尤有进者，我国特别预算中每月七千五百余万美元之差额，既属于军事用途，原为戡乱而起，似可详述正当理由及需要情形，向美方补提军事援助要求。此次美援总额中已经指拨一亿二千五百万美元作为今后一年之需，即平均每月一千万美元，可予照数打除，是每月差额仍有六千五百万美元或全年七亿八千万美元，乃我国一年内戡乱工作之直接或间接需要，应由国防、交通、财政、外交等部会拟详细项目，由政府提请美方援助，即以弥补特别预算之差额，庶一方面通货因而减少发行，一方面生产仍得源源增加，物值、币值乃可同趋稳定。

乙、财政方面开源节流的方法

美援不宜填补赤字，既已为上所述，唯财务、行政之本身，则应采取适当措施，同时开源节流，配合增产物资的政策，以期逐渐接近平衡，重奠稳固基础。兹试撮陈要点如次。

壹、节流方面

一、戡乱期间，军事费用固无法节省，但部队薪饷数目庞大，实为国家最大支出。倘使核实发放，不难节省百分之二十五以上之开支。

二、军事及行政机关骈枝甚多，事权不一，效能低弱，宜趁行宪期间大肆裁并，以省支出。

三、国营事业机关人数甚大，待遇特优，应酌量裁员并力除浪费，尤其交通事业，应力求减少支出，减低成本，以免时常调整价格，从而刺激物价。

四、县级原得营业税之五成一并归省，而准各县就本县特产（非中央课税货品）征收特别税课，并举办自治产捐，使省县财政能自给自足，不再由国库补助（边远及贫瘠省份例外）。

贰、开源方面

一、增加税收——戡乱期间税收第一求适应物价，第二须征纳均便，务须简化手续，不涉苛扰，暂勿拘于财政学上之一般理论。

（一）调整税率

（1）关税税则应速修订

我国六百七十余种进口货中，除列入多边协定者（一百八十种）外，尚有四百余种可以自由加税，倘使调整得宜，收入不难倍增（本半年预算及加追共十万六千亿元）。

（2）盐税税率原来太低，现在每市担仅征四十五万元（战前平均每担六元，现行税率仅为战前之七万五千倍，如与物价相比，则增加无多，尚尽可提高税率）。每斤销盐额约为三千八百万担，但以人口平均，每人每斤销量甚少，增税无碍于平民生活，而与国家收入，则补益甚大（本半年预算连追加共六万三千亿元）。故宜参酌物价水准，逐渐提高。

(3) 货物税(本半年预算连追加共十四万一千亿元)中之烟酒两项属于奢侈品性质,加重税率,不嫌其苛,尚可提高至百分之一百二十或一百五十,必要时更可实行专卖。

(二) 改进征收方法

(1) 所得税、遗产税应轻税、重罚,使易普遍征收,减少逃漏(直接税本半年预算连追加共九万亿元)。

(2) 所得税中之营利事业所得税,在目前变态经济时期,应暂简化所得额之计算,并暂时放弃繁复之累进税率而分别营业性质,硬性规定所得额与营业额之百分比,酌订简单比例税率征收之。使易征纳而少逃漏。

(3) 对人征课之综合所得税,仍采超额累进税率,使符负担能力之旨。

(4) 凡属从价征税之物品,应切实配合批价,核定税价、税额,勿得稍有距离(如外汇汇率可以开放,则进口关税可按自由汇率估税,关税收入必可大增)。

(三) 加速税款纳库时间

(1) 营利事业所得税应改采随得随缴制(现行系上年所得,今年课税在此币值日落时期,亟应改革),按月查定缴库。

(2) 货物税的现行记帐办法应予取消。

(四) 举办新税

(1) 筹办财产税,先举办财产登记。

(2) 救济特捐应改为戡乱特捐,就自然人、法人之富力在若干价值以上者,用累进摊派方式强行征收之。

(筹办财产税及暂办戡乱特捐除为财政目的外,尚具政治目的,以示新政府有使有钱人出钱及钱多多出之决心)。

丙、外汇政策的配合运用

利用美援案的特别存帐,以促进生产,增加供应。对内既可逐渐稳定物价,对外则可协助推广输出。唯假使现行外汇政策不予变更，出口货物须照牌价结汇，国外侨汇亦照牌价购入，而牌价又常在黑市半数以下，其结果：(1)侨民汇款大部分逃避政府银行，转为黑市汇兑的途径。(2)出口商人迫而绕越走私匿报或竟辗转囤积，待价内销，致使每年约近一亿美元(战前)之侨汇结于政府手中者仅有二千七百余万元(三十六年)，实值三亿五千余万美元的出口货物(包括走私匿价及囤积内销等项之估计)。结于政府手中者约仅二亿四千万美元之外汇。同时，政府业务机关虽负有促进外销的责任，而因分支机构不定，不足散布全国，复因营运资金短绌，无力大量购销，且每每偏重本身盈亏，忽视国家政策，坐令土货长期滞积，不予及时采运，致使货价低落，生产萎枯，产户、商贩纷纷转业，近年重要外销物资，其输出额平均降低为战前之百分之四十六以下，其主因即在于此。

今后为适合美援增产之目标，窃意现行管汇办法应予根本修正管制。管制贸易，解放汇率，改采进出口外汇连锁制度，同时利用美援所省外汇，充实外汇平准基金，负责购售外汇，以调节汇市。兹举其要点如左。

(一) 取消汇率挂牌办法。一切公私用途所需外汇，悉照自由汇市交易。

(二) 改采出口半数结汇办法。输出货物每批价格在美金五十元以上者，其所得外汇货款应以五成按照自由汇价结售于政府银行。

(三) 商人结售外汇后所余半额外汇应依照规定手续，以本人名义存于政府银行，作为登记外汇。

(四) 登记外汇得按规定手续并凭必需证件支取上项存款，以支付准许进口货物之货款及相关费用。

(五) 登记外汇得由存款人依照政府规定办法，随时按市价转售。于登记期满三个月尚未支用或转售者，得由政府按市价强制收购。

（六）承购登记外汇之进口商家支用所购存款时，应照规定办法缴验各种证件，如于承购满期一个月尚不支用，得由政府照市价强制收购。

（七）政府银行对商人所需进口外汇不负供给责任。但政府所设外汇平准基金，得依规定办法，按市价随时分别购售进出口外汇，以期调剂市场。

（八）非登记之自备外汇，政府应许其购货进口，但以购运稻米、小麦、棉花、肥料、矿质油料及其他指定之必需品为限。

（九）旅外华侨得以外汇存入政府银行或其指定银行，作为登记外汇，适用本办法各项有关规定。

（十）华侨以非登记外汇购办进口货物，悉依本办法第八项之规定办理。

（十一）进口货物应分三类施行管制：(1)免证进口货物，以非登记外汇购运之进口货物为限。(2)领证进口货物，依国内实际供需情况分别货品性质及用途，厘订详细品目表，以限额及特许等方式给证进口。(3)禁止进口货物，凡非生产事业或日常生活所必需之舶来货物，由政府厘订详细品目，绝对禁止进口。

（十二）商民无力经营之大宗出口货物，得由政府指定业务机关负责运销或采用联营配利办法，与商民联合办理。

〔国民政府财政部档案〕

53. 国民政府主计部所拟 1949 年度国家总预算案说明书

（1948 年）

中华民国三十八年度中央政府总预算案说明书

三十八年度中央政府预算，仍依预算法第十五条及第六十条之规定，分编为总预算及特别预算。当筹划拟编时，经参酌往年成例，订定编审办法十二条，对于经常临时事业各费经酌定核列标准，以资范围。嗣因物价波动，为顾及实际需要起见，将核列标准酌量放宽，其中如办公费用、薪饷公费、副秣等，均照十一月份最后调整案核计编列，临时费及事业费斟酌需要估列。在沦陷地区之机关经费，以不列为原则，其有迁移之必要者，则酌列维持费。审编结果，除属于特别预算者外，普通总预算岁出总数包括第二预备金在内，共为七十亿九千九百一十八万六千三百二十七元。岁入方面，就其经常性之赋税等收入列为总预算之财源，收支适足相抵。至各科目拟列情形，除于岁入岁出各表备考栏内酌加注释外，特再综合各类内容，摘要说明如次：

甲、关于岁入者

1. 赋税收入

赋税收入分所得税、遗产税、印花税、特种营业税、关税、货物税、盐税、矿税、营业税等九款，共列六十九亿八千八百八十四万六千一百九十八元，较上年下半年度原预算及追加预算五亿二千五百七十四万零六百三十四元伸算全年之数，约增六倍。其中关税一项，以外汇及贸易管理办法改进以后，进口货品当可大量增加，正附税收入按现行汇率估计，共列二十五亿二千五百一十七万六千元，较上年下半年度原预算及追加预算伸算全年之数，约增十倍。除以附加税全部及正税之一部列作特别预算财源外，在总预算内核列十三亿一千零四十万元。货物税一项，采以从价征税，按月调整，收数将大有增益。现编预算共列五十三亿三千一百一十六万五千元，较上年下半年度原预算及追加预算伸算全年之数，约增十三倍。除以卷烟税之一部列作特别预算财源外，在总预算内核列四十亿零五千一百七十七万三千二百五十元。盐税收入略可增加，并使各区间食盐产销易于调节配合，各地食盐售价亦较易平衡。此外，如所得税、遗产税、印花税、矿税、营业税等，则体察税源荣枯情形，分别酌增。

2. 赋税外收入

赋税外收入分罚款及赔偿收入、规费收入、国有财产孳息收入、国有财产及物资售价收入、营业盈余收入、国有事业收入、其他收入等七款，共列二亿一千零三十四万零一百二十九元，较上年下半年度原预算及追加预算三千二百零一万五千六百九十一元伸算全年之数增加二倍余。其中所列财产物资售价收入，仅为若干农林试验机关经常所有产品变价之所得，故为数甚小。至大宗财产物资出售所得价款，如美军剩余物资、日本赔偿物资、租借物资、接收敌伪财产物资，以及国营事业股票等，则均列入特别预算，国有营业盈余收入系就各营业机关概算审核结果，以其纯益中应行解库部分编列，其中以财政部主管之各行局、工商部主管之中纺公司、资源委员会主管之各矿厂列数较多，交通部主管之路电邮航主要交通事业，则大多亏损，未列盈余。至各国营事业预算收支及盈亏情形，另详附属单位预算及审查意见书。此外，各项规费收入及财产孳息收入，则较上年下半年度原预算及追加预算伸算全年之数，均有增列。

乙、关于岁出者

1. 普通政务经费

本预算案所列国民大会、总统府、行政、立法、司法、考试、监察等五院，内政、外交、财政、司法、农林、工商、交通、社会、水利、地政、卫生、粮食、主计、审计等十四部，资源、蒙藏、侨务等三委员会共二十四单位主管之支出计二十二亿二千二百二十一万四千四百三十一元，其中除内政部主管内包括警务经费；财政部、粮食部主管内大部分为征收经费；农林部、工商部、水利部、卫生部主管内包括一部分事业经费外，均为一般政务机关之经临经费，而上述各部主管之警务费、征收费及事业费内之最大部分，亦为机关之人事费用与办公费用，并均依照规定标准，分别核计编列。其交通工矿事业之投资、建设、水利、社会等重大设施之用款，则均列入特别预算之内。至预算所列经临各费，较上年下半年度为数激增者，系为迭次调整公务人员待遇，变更对外汇率及改革币制后物价一度激涨之所致。

2. 国防经费

国防方面依三十八年度施政方针之所定，应注重于国军之调整充实，尤应特别注意于战斗部队之加强及非战斗部队机关与兵员之紧缩归并，以增加作战力量，最近东北等地撤守，实际上兵员数量业已减少，而积极补充亦非短时期所能完成，惟有先行集中财力，加强素质，以期达到增加作战力量之要求。现编预算对于官佐士兵薪饷副秣及特勤加给等属于人事经费性质者，照三十七年下半年度员兵额数及十一月份最后调整待遇之支给标准核计应支之数，暂约按八成核列，共八十四亿元，其他各项经费就各科目酌为核列，共三十七亿二千万元，两共一百二十一亿二千万元，约当普通总预算暨特别预算岁出总额百分之五十三，并将其支出总数约四分之一，计二十九亿八千四百万元编列普通总预算，其余约四分之三，计九十一亿三千六百万元编列特别预算。值此戡乱期间，一切军事上之配备设施、部队增编补充与人力物力之消耗，事前殊难为精密详尽之估计，自可于年度进行中，随时体察情形，斟酌损益，以适应事实之需要。

3. 教育经费

教育部主管支出，除青年复学就业辅导经费、临时中学经费及应变救济等费，依照上年下半年度预算成例列入特别预算外，其经常临时各费列入总预算案，共五亿八千九百二十万零八千五百九十元，经常费中之办公费一项，教育部本部及所属各文化机关概照一般公务机关成例核计。各级学校照教育部所定标准核计，即专科以上学校按点及学生人数计算，中等以下学校按班计算。薪饷一项照现行支给标准分别核列，并新增张北农业专科学校、西方语文专科学校等单位经费，亦予照列临时费内。关于外汇部分，参照上年下半年度预算所列外币数目伸算折列。此外，列数以国立各级学校学生膳费及公费为较巨，计共九千二百四十四万八千八百元，其余高等教育、中等教育、社会教育、边疆教育、侨民教育等，均各列为相当数额之临时费，其教育文化事业特别准备金酌列一千六百万元，较上年下半年度预算所增颇多。总计本年度预算所列教育文化经费普通总预算内，教育部主管支出五亿八千九百二十万八千五百九十元，省市教育补助支出二亿八千四百一十五万三千元，特别预算内教育部主管支出二千零七十万二千二百零二元，总共一亿八千零三十八万三千六百一十四元，已达普通总预算岁出总额百分之十五。

4. 其他各项经费

总预算案所列经费计分三十款，其中除一至二十六款为属于府院部会主管之经临事业各费外，计尚有债务支出、公务人员退休抚恤支出、省市补助支出及第二预备金等四款。三十八年应偿债务，外债部分以汇率调整关系，支出数字激增；内债部分，悉依照案应还之数核计，共列八亿二千一百零八万八千二百六十七元，公务人员退休抚恤支出，包括文职人员之各项恤金、退休金、损失补偿等在内，斟酌过去支付情形及俸薪标准核列八百四十五万元，实际支付时，仍应依照各该有关法令办理。省市补助费支出，以中央与地方财政收支系统未及依照施政方针重新修订，立付实施。故暂照上年下半年度核定成案办理，并各依照调整标准伸算核计共需十七亿五千二百一十八万九千元。除具有特殊性质之十四亿四千五百三十八万三千元列特别预算外，其余三亿零八百八十万六千元列在总预算案之内。至第二预备金，原应视财政情形酌为核列。兹即以总预算岁入总额与各类岁出总额相抵，剩余之二亿六千七百四十一万九千零三十九元，尽数列为第二预备金。又技工公役待遇，最近复经核定调整，不及增列，拟即在第二预备金项下动支。

〔国民政府主计处档案〕

54. 国民政府主计部1949年度中央政府特别预算案说明书

（1948年）

中华民国三十八年度中央政府特别预算案说明书

三十八年度中央政府预算仍沿上年度成例，分为总预算及特别预算两部分编制，所有合于预算法第六十条规定各款之费用，统编为特别预算之岁出，并划分一部拨国税收入及非经常性之变售资产、征借实物、发行债券等收入之全部，列为特别预算之财源，其不足之数，暂列为赊借收入，将来另筹抵补。兹将所列岁入岁出各款情形，撮要说明于次。

甲、关于岁入者

特别岁入计分六款，共列一百四十九亿五千九百六十二万三千五百五十九元，其中关税一项系进口附加税及美援物资应征之进口税，计列十二亿一千四百七十七万六千元，货物税收入十二亿七千九百三十九万一千七百五十元，系卷烟税之半数。土地税收入五亿七千三百五十二万九千二百四十元，征借粮食收入十六亿二千七百四十二万六千四百八十元，此项征实征借所得实物充军粮之用，收支两方同列特别预算，以资充抵。国有财产及物资售价收入共列三十七亿零二百十五万元，其中美军剩余物资及租借物资，系按余存及可能接收者，约值美金三千七百五十万元之数折算编列，日本赔偿物资系就可能拆迁机械器材数量价值估计，并包括应行归还之黄金白银及铜镍币在内，接收敌伪资产及国营事业股票，系就拨充金圆券发行准备以外之部分可能出售者估计，债券收入系属三十六年美金公债未经募销部分，期于本年度内继续劝募。此外，收支不敷之数计五十六亿六千二百三十五万零八十九元，约当总预算及特别预算岁出总额百分之二十五，列为赊借收入。

乙、关于岁出者

特别岁出计分九款，共列一百四十九亿五千九百六十二万三千五百五十九元，行政院主管部分之五千三百二十五万元，系运回日本赔偿物资十二万吨之海运装卸进仓等费用，其中四分之一出售民营部分可并入售价内收回者，已列岁入预算之内。国防部主管部分共列九十一亿三千六百万元，约为全部军费四分之三，其核列情形已于总预算国防经费项内酌加说明。教育部主管部分共列二亿零七百零二万二千零二十四元，均属流亡学生及失学青年收容救济复学就业之所费。交通部主管部分共列五亿九千六百一十七万九千三百六十九元，其中五亿三千二百四十五万元为配合军事抢修整理铁路、扩充邮电设备、加强航运及输入国外材料、增建工程等费用。社会部主管部分共列一千九百零八万一千二百四十六元，均为临时救济之支出。水利部主管部分共列三千六百十九万五千一百四十四元，系以江河修防、整理航道为主。粮食部主管部分共列三十亿零四千九百六十二万八千六百零四元，其中以军粮价款为大宗，计占二十六亿二千九百一十三万一千二百六十四元，运输包装修仓等费亦占三亿七千八百四十五万八千一百四十元。资源委员会主管部分共列四亿一千五百八十八万四千一百七十二元，大部分为电力、煤业、石油、金属、矿业、钢铁、机械、电工、化工等矿厂之投资，省市补助费共列十四亿四千五百三十八万三千元，系照上年定案，按规定标准伸算核列。

〔国民政府主计部档案〕

55. 国民政府 1949 年度国家总预算岁入岁出提要

(1948 年)

(1) 岁入

中华民国三十八年度中央政府总预算岁入提要(单位:元)

科目	经常收入	临时收入	合计
1. 所得税	480800000		480800000
2. 遗产税	2600000		2600000
3. 印花税	294600000		294600000
4. 特种营业税	20800000		20800000
5. 关税	1310400000		1310400000
6. 货物税	4051773250		4051773250
7. 盐税	780000000		780000000
8. 矿税	22672948		22672948
9. 营业税	16200000		16200000
10. 罚款及赔偿收入	25956002		25956002
11. 规费收入	46206684		46206684
12. 国有财产利息收入	62077119	500	62077619
13. 国有财产及物资售价收入	20373	573240	683613
14. 国有营业盈余收入	67013720		67013720
15. 国有事业收入	288240		288240
16. 其他收入	500601		500601
合计	7190998937	8187390	7199186317

(2) 岁出

中华民国三十八年度中央政府总预算岁出提要(单位:元)

科目	经常费	临时费	事业费	其他	合计
1. 国民大会主管	623748	119000			742748
2. 总统府主管	16730322	1357050			18087372

续上表

科　　目	经常费	临时费	事业费	其　他	合　计
3. 行政院主管	24126498	1947616			26074114
4. 立法院主管	17691810	1194800			18886601
5. 司法院主管	7754550	202800			7957350
6. 考试院主管	13975026	190600			14165626
7. 监察院主管	9876282	900000			10776282
8. 内政部主管	98894460	18614450			117508910
9. 外交部主管	172906989	20476220			193383209
10. 国防部主管	1180500000	1803500000			2984000000
11. 财政部主管	569500177	71852660			641352837
12. 教育部主管	379426538	209782052			589208590
13. 司法行政部主管	338802235	62895700			401697935
14. 农林部主管	3933402	251000	48473976		52658378
15. 工商部主管	15968848	486280	8785048		25240176
16. 交通部主管	76715418	5835820			82551238
17. 社会部主管	44175776	2055400			55231176
18. 水利部主管	7827936	2099744	24914732		34842412
19. 地政部主管	30468259	2107000			32575259
20. 卫生部主管	36028540	1307000	10146800		47482340
21. 粮食部主管	387538092	3820000			391358092
22. 资源委员会主管	4124940				4124940
23. 蒙藏委员会主管	8293946	3127421			11421367
24. 侨务委员会主管	2303072	7161258			9464330
25. 主计部主管	2948220	390670			3338890
26. 审计部主管	21005140	287700			21292840
27. 债务支出				821088267	821088267

续上表

科　　目	经常费	临时费	事业费	其　他	合　计
28. 公务人员退休及抚恤补助费				8450000	8450000
29. 省市补助费				30680600	30680600
30. 第二预备金				267419039	267419039
合　　计	3472140224	21130962241	92320556	1403763306	7199186327

〔国民政府主计部档案〕

56. 立法院秘书处检送委员王广庆等提议减少军额紧缩开支案函

(1949 年 3 月 19 日)

敬启者:关于本院委员王广庆等提议,拟请政府速定整军计划,减少军额,紧缩开支,核实发饷,并将非战斗人员裁减,节省国帑案,经于本年三月十八日本院第三会期第六次会议议决,交国防委员会、财政金融委员会及预算委员会各推委员五人会同审查,以国防委员会委员为召集人,其余委员得自由参加,并请于一星期内提出院会报告纪录在卷。除分函外,相应检附原案函请查照办理为荷。此致

财政金融委员会

附原案一份

立法院秘书处　启

三十八年三月十九日

本院王广庆等提议,拟请政府速定整军计划,减少军额,紧缩开支,核实发饷,并将非战斗人员尽量裁减,节省国帑案理由。

八年抗战,继之以三年内争,国家开支日以浩繁,通货膨胀,刺激物价,物价愈高,政费愈增,司农仰屋,民不聊生。尤以军费开支最为惊人。查现有国军,据称尚有官兵四百二十万人,除台湾十五

万人薪饷另计外，其开支情形，按本年三月份计算，数目如下：

一、薪饷：银元一千九百二十七万二千四百七十六元，按三月初银元市价金圆券三千三百元计，折合金圆券六百三十五亿九千九百一十七万零八百元。

二、副秣费：银元五百万元，折合金圆券一百六十五亿元。

三、公杂费：银元二百七十八万一千元，折合金圆券九十一亿七千七百三十万元。

四、事业费：约合金圆券九十五亿元。

五、其他紧急用项：约合金圆券六十一亿元。

按此数目推算，每年官兵薪饷，即需一万二千五百八十五亿一千七百六十四万九千六百元，将来物价不断踊腾，其数目更不知增加若干倍。此外尚有服装、军火、飞机、油料、军粮诸大宗用项，每人闻将近两千元，每年又须二万亿元左右，物价再涨，其激增情形，亦可类推。值此民力凋敝，税源枯竭，国库收入锐减之际，如不确定整军计划，从事缩减，则币藏日以空虚，势必经济破产。况官兵人数太多，待遇提高不易，生活不安，纪律荡然，军誉日坠，徒耗国帑。现在本院主张简化机构，厉行紧缩政策，对于国库此项最大开支，首宜提议缩减，且查军事机构组织庞大，是掌握物资者，恣为侵牟，非战斗人员，又将军费耗去大部。前方将士，不得一饱，军心涣散、士气不振，人民以血汗养兵，兵多反以病民，官多又以病民，咨嗟怨恨，战斗力失，整军之计，岂容稍缓。

办法：请行政院迅速召集整军会议，制定整编计划，裁减军额，核实发饷，务使官兵收入足资维持生活。官兵员额暂以二百五十万人为限，其他非战斗人员及不必要一切浮滥开支，亦宜尽量缩减；庶几精兵可期，而国帑亦可省矣。是否有当，敬请公决。

提案人：王广庆、陈顾远等三十八人

〔国民政府立法院档案〕

57. 财政部平衡收支二年计划草案

(1949年8月1日)

一、实施原则

甲、计划提要

(一) 从速确定国家岁入岁出预算,并须严格执行。第一个六个月内,每月军政支出以四千五百万元为度(自三十八年七月起至十二月止)。第二个六个月增加为每月五千万元,第二年开始增加为每月六千万元。

(二) 今后之财政重点在整理税收,改善税制,举办新税,使收入增加,同时并积极劝募公债,发动捐献,以济不足。

(三) 政府军政各费之支出,应力谋严实紧缩,凡与作战无关或非迫切需要之政费或事业费,一律停支。有因紧急需要须特别增加支出时,应先筹定财源,始得付支。

(四) 关税,每月以二百五十万元为目标,于本年年底必须收足三千万元。

(五) 盐税每月以五百万元为目标,于本年年底必须收足三千万元。

(六) 直接税与货物税,每月以八百五十万元为目标,于本年年底必须收足五千一百万元。

(七) 田赋征实,中央应得征实、征借粮,以之供应军糈,可列抵军费支出之一部,每月平均约为四百万元。

(八) 筹募第一期爱国公债,以三亿元为目标,并鼓励人民将所购债票全部或一部捐献,为维持债信并避免加重现时国库负担计,今后两年内之债务,内债方面决以借债还债为原则,外债方面则根据实际情形分别办理。

(九) 整理国有营业收入、国有事业收入,并陆续交售财产、物资,每月收入以二百五十万元为目标。

（十）运用库存金银准备，弥补财政收支之不足，每月平均以一千三百万元为度。

（十一）向美国接洽，于经援余额九千余万美元内提拨四千万元，在美购取白银，并代铸银元，其余五千余万元，请以物资援助，俾作经济建设事业之用。

（十二）除上述各项外，并须注重便利华侨汇款，鼓励出口贸易，领导金融业从事投资于生产事业，奖进生产，复兴农工商业。

（十三）以每月税收二千万元，其他收入二百五十万元，及金银准备金一千三百万元计算，今后两年内收支相抵不敷之数约为四亿三千万元。为平衡预算计，除将计划中之三亿元公债筹募足数外，同时在第二个半年度内，将税收增加百分之二十，政费减少百分之二十。第二个年度内再按已增之税收数提高百分之二十，政费减少百分之二十。依此办法，两年之内，税收约可增加一亿三千万元，连同三亿元之公债收入，足可抵补预算差额。

（十四）以上（四）、（五）、（六）、（七）、（八）、（九）各项开列者，均为计划数，如情势稳定，当可遵循计划，努力推行。唯目前情形，无论增税、募债，发动捐献，可顾虑者尚多。着手之初，尤难望如额达成。因之（十）项所定运用库存金银准备数字，在初期绝难如规定之数字拘泥不变，必须截长补短，灵活运用，始克因应。

乙、附带声明

（一）军事如有变化，财政收支必随之而变化。如收入因税源之萎缩而减少，则支出必须随时予以紧缩。务期今后两年内之收支能保持相当之平衡。

（二）政府为决心制止通货膨胀，故采用重税政策，并筹募公债，此种政策必须由朝野上下，一致协力推进，俾底于成。

（三）为解决地方财政困难，中央决授权各省，各就其实际需要筹措经费，但对于中央税收不得侵占或截留，同时必须顾及人民之纳税能力，以免过度加重其负担，致增加其离心力。

二、收入

甲、租税

（一）关税。关税收入估计每月为一百三十万元，如时局稍趋稳定，并加强缉私，当可增至二百万元，此系根据现行税率估列。为增加税收计，自应将税率予以调整。唯我国关税税率，系分协定税率与国定税率两种。协定税率因受国际条约之拘束，不能随时更改，国家税率又以保护政策之关系，不能达成增加税收之目的。目前关税之唯一办法，只有就国内必须物品酌量开放入口。我国工业区域因战区之扩展，现大半沦陷，日用物资之供给至感缺乏。为增加税收并增加物资供应计，现正筹议开放纱布及卷烟之进口，并同时修订税率。此项计划如获实施，今后第一个半年度内，关税税收每月当可增至二百五十万元，以后继续调整。预计第二个半年度内拟增至三百万元，第二个年度内拟增至三百六十万元。

（二）盐税。本年盐税收入原定为每月增至五百万元，兹拟：1. 改从价计征为从厘计征，使税率稳定，销盐正常。2. 将税率酌予提高，暂定海盐每担纳税八元，井盐每担纳税五元六角，井池盐行销陕、黔两区者，每担纳税四元。3. 加强缉私部署，简化私案处理。4. 随时调整机构与人事。依据上述四种办法，今后收入，第一个半年度内，计每月可达五百万元，以后继续调整，第二个半年度内拟增至六百万元。第二年度内拟增至七百二十万元。

（三）直接税与货物税。直货两税为政府之主要税收，本年预算，原定为每月收入八百五十万元，现拟配合今后财政需要，继续予以调整革新，期以达到增加税收之目的。直接税方面，拟恢复第一类营利事业所得税之金额累进税率，实行加征滞纳金制度。整顿综合所得税，加强稽征印花税，并筹备恢复过分利得税之征收。货物税方面，拟继续调整税制，采用分级征税制，从价定级，机动的调整税率，并加强稽征，预计此项计划实施以后，第一个半年度内，直货两税税收，每月可达八百五十万元，继续予以调整，第二个半年度拟增至一千零二十万元。第二个年度内拟增至一千二百二十四万元。

（四）田赋。田赋征实、征借与战时财政关系至为密切。虽年来弊窦丛生，耗费极大，唯以军需关系，不得不继续办理，加以整顿，查本年度所需谷麦，约计二千五百万市担，除边远省份以交通不便，拟尽量回征银元外，其他各地仍以征实为主，预计今后中央应得征实、征借部分，可列抵军费支出之收入，在第一个半年度内每月平均可达四百万元，以后继续调整，在第二个半年度内拟增至四百八十万元，第二个年度内拟增至五百七十六万元。

乙、公债

十余年来通货膨胀之结果，致政府威信丧失，公债政策无法运用，债款收入无形消灭。唯目前财政情形极感困难，政府为平衡预算，稳定经济计，爰决定恢复公债政策之运用。发行民国三十八年爱国公债三亿元，在行政院之下设立筹募机构，负责办理筹募事务。本有钱出钱，钱多多出之旨，向一般殷商、富户作有效之筹募，并规定自本年八月一日起至八月底止为筹备时期，自九月一日起至三十九年一月底止为正式筹销时期。自二月一日起至四月底止为结束时期。据初步估计，本年九月至十二月，三个月中约可募集一亿五千万元，三十九年一月以后再筹集其余半数。由此项债款之募集，虽尚无十分把握，然为完成今后之收支计划计，吾人必须尽最大之努力，认真劝募，俾三亿元之债款收入，能于两年内全部筹足，财政收支获得平衡。

丙、其他收入

除前列租税收入及公债收入外，国家其他收入种类繁多，而其他收入之较有希望及应加以整顿者，约有下列各项。

（一）国有财产及物资售价收入。敌伪财产及美军剩余物资为国有财产及物资之大宗，应积极加紧处理。其有难于保管者，尤应提前变价解缴国库。凡无支出预算之机关，尤应严禁擅自提用物资，致妨收入。

（二）规费收入。各项规费在平时，原可抵充行政费用之一部分。现在币值稳定，极应恢复战前标准，分别征收。如司法规费（状纸及证费），应以收入足敷司法支出为目标；教育规费（中等以上学校征收学费）；卫生治疗规费（医院诊费）；交通规费（航政收费），亦应以收入足抵支出半数为目标。至出口贸易，现无税课负担。而对于海关设备，则多所受益，亦应酌增规费，藉增收入。此项规费收入，并应于预算确定以后，即收入额坐抵预算内之经费，以加重收入机关之责任。

（三）国有营业盈余收入。国营事业虽多数现难自足，无盈余可言，但尚有若干营业经整理后可有盈余者，极应督促整理，以盈余解缴国库，严禁自行移用。

（四）惩罚及赔款收入。司法罚金及行政机关之罚锾，均应在法定罚则内量情裁处，严格执行，凡短期自由刑与罚金并列之法条，尤应尽量重科罚金，以期减少囚粮支出，兼裕国库收入。

（五）其他各项收入。凡属国库收入主管机关，均应设法整理，增加收入，并迅速纳入国库。以上各项估计在第一个半年度内，每月平均收入约二百五十万元，为配合第二个半年度以后之需要计，此项收入本应酌予增加。惟以1.国有财产一经处理，即行减少。2.其他收入因整顿需时，短期内似无法再行增加，故今后两年度内，此项收入暂以每月二百五十万元为度。

三、支出

今后两年内，政府支出数字定为：（一）第一个六月（三十八年七月至十二月），每月四千五百万元。（二）第二个六个月，每月五千万元。（三）自第二年度起，每月增为六千万元。依此数字确立预算，绝对严格执行。

甲、军费。军费总数三十八年七月份支出为三千万元，自八月份起，每月减至二千八百万元。在此二千八百万元之支出中，主食费一项仅列五百万元，实际支出超出甚多。因现有军队人数在预算上约在四百万左右，即按三百万人估计，每月军粮供给亦需一千零八十万元，超出预算五百零八十万元。六个月计超出三千四百八十万元。值此国家财政万分困难之际，此项超出之数，实感无法弥补。就五百万元之限额，仅能供给百余万人之军食。为严格执行今后预算，藉谋收支平衡，可否将军队人数自三十八年十月起核实至二百万人，为此，则每月支出军粮费六百二十万元，较原列三百万元之数，虽仍超出一百二十万元，拟由调度配拨及增加收入，别谋抵补，不另增支出预算。至三十八年七、八、九三个月(即裁减兵额以前)超支之数，自应依照实际配拨数额，另案处理复查。现时军粮配给已由前此之二十五两增至二十八两，根据一般估计，士兵主食每日二十五两已足。今后为能将军粮配给恢复前此二十五两之数量，则节省所得，每月可多供给三十万人之粮食，即军队人数可增至二百三十万人。此点似可考虑。

乙、政费。政费预算在三十八年七月至十二月之半年度内，暂以每月一千二百万元为度，此后一年半内预算虽有增加，然实际支出仍拟减少百分之二十。凡与戡乱无关之一切事业费，应继续削减。非必要之机关，必须继续裁并，保留机关之员额，亦应再度予以紧缩，务使政府内无一骈枝机关，机关内无一冗员。此项节省之经费约计五千四百三十六万元，预算上仍予保留，作为今后两年内抵补其他部门支出之用。

丙、债务费。为维持政府债信并同时避免增加国库负担计，今后两年内之债务费支出应尽量予以减少，内债方面以借债还债为原则，查粮食券本息以新债抵付，业有明令规定，除陷区部分另行清理外，其余应清偿部分，两年内暂估列为三千万元。三十六年美金公债以及三十八年黄金公债以京沪沦陷，债权人多在京沪一带，为免资敌，并维持债信起见，拟另定办法清理。三十八年整理美金公债尚未发行，即仍照案办理，在最初一二年内偿付数额尚非过巨。上列各项，拟就募集公债中之捐献部分，作为财源，以备偿付，至外债部分，则拟根据实情分别办理：(一)战时停付各债，暂不恢复偿还。(二)中苏易货借款因目前矿区沦陷，运输困难，拟与苏方交涉，暂时停止偿付。(三)战时及战后对美、英、加购料借款，因带有援助性质，拟先偿付一部分，估计每年本息原需二千二百万美元，拟另行设法偿付(或就其中物资部分变卖)，以维债信。(四)美国战后租借物资，拟根据有关合约，妥商清算，以不偿付现款为原则。

丁、预备金。本年支出计划内原列有紧急预备金，每月约为五百万元，同时军政两费预算中，亦列有临时预备金每月三百万元，为应付临时与紧急之意外支出计，此项预算固应予以列入，惟综计三项预备金之数目几占总支出百分之二十，较历年预算核列者超出甚多。值此财政困难时期，为减轻国库负担计，亟应本宽筹窄用之旨，将此项经费之支出，统经行政院严格审核，方准动支。凡属经常性质之支出，不得动用临时预备金，非紧急支出，不得动用紧急预备金，严格规定借资限制。

四、收支平衡估计

甲、收入之部

(一) 第一个半年度收入为：(1)租税一亿二千万元；(2)其他收入一千五百万元；(3)提用金银准备七千八百万元；(4)公债一亿五千万元。以上四项共计三亿六千三百万元。

(二) 第二个半年度收入为：(1)租税一亿四千四百万元；(2)其他收入一千五百万元；(3)提用金银准备七千八百万元；(4)公债一亿五千万元。以上四项共计三亿八千七百万元。

(三) 第二个年度收入为：(1)租税三亿四千五百六十万元；(2)其他收入三千万元；(3)提用金银准备一亿五千六百万元。以上三项共计五亿三千一百六十万元，两年收入总计十二亿八千一百六十万元。

乙、支出之部

按目前计划估计，今后第一个半年度内支出每月为四千五百万元，半年共计二亿七千万元。第二个半年度内支出每月增为五千万元，半年共计三亿元。第二个年度内，每月增为六千万元，全年共计七亿二千万元，两年度支出总计十二亿九千万元，收支相抵不敷之数为八百四十万元，外加第一个半年度内，军粮超支数一千二百万元，以及未列入计划之债务支出，约为三千万元，不敷之数共计五千零四十万元。

丙、抵补方法

此项不敷之数，拟由政费节余部分抵补之。根据前述支出计划，自第二个半年度起，每月收费应减少百分之二十，依现时政费在总支出中所占比例，估计在第二个半年度内，政费支出应为每月一千三百三十万元，减少百分之二十，月可节省二百六十万元，半年可节省一千五百九十六万元。第二个年度内政费支出应为每月一千六百万元，月减百分之二十，可节省 三百二十万元，全年可节省三千八百四十万元，两年内计可节省五千四百三十六万元，尚可勉敷抵补上述不敷之数。

五、运用美援

今后国家支出，业经极度紧缩。除与作战有关之必要支出外，其他一切支出均已暂时停止，故本年度之预算中关于建设或经济性之支出均未编入，此为战时财政因时制宜之措施，吾人自应严格执行。惟经济建设与国用民生息息相关，为繁荣经济充实税源计，似应另筹资金，促进建设，从而增厚作战力量。此项资金之来源，除由政府继续请求美国予以新的经济援助外，对于现存九千余万之美援余款，似可设法取得，予以有效利用，现拟根据下列办法与美方交涉。

甲、前此我国售予美国之白银为数至巨，拟请准由九千万美援余款中提出四千万美元，按前此我国售予美国之白银价格(每盎司合美金四角五分)，在美购进白银，就地铸成银元，运回国内，作为在后方各省采购出口物资，促进出口贸易之用。

乙、其余之五千万元作为后方经济建设之用。

丙、上述两款之动支，均拟订立特别帐户，与财政收支绝对分开，决不用以抵补收支差额。

六、继续调整收支

继续调整收支，争取预算平衡，为今后两年内财政之最高原则。

中央方面应根据收支计划，确立预算，依据预算控制收支，列入预算之收入，在一预算年度(或半年度)内切实考核，不得短少。列入预算之支出，依据前述之原则。军费则力求核实，即以其节余之款，提高士兵待遇，并随时增加军费总额，以谋逐步用于提高、充实战斗力量。政费及其他支出仍力求紧缩，依此原则，以不断调整预算，务期两年以后，国家财政能达到真正平衡，不再依赖金银准备之贴补。

地方方面，国、地税源已经一再划分，今后仍拟划分税源为原则，中央不予补助，同时责成地方筹款自给，绝对授以权力，任其自筹，中央不加限制，惟必须顾及民力负担，并确立预算以资控制。又地方对于中央所保留之各税，不得加以干涉及扣留税款、附加税率等事。

七、结论

依照上项计划，在今后两年内，中央之财政收支，虽不能绝对平衡，但亏短之数有定。一部分以定额之国库金银贴补，一部分以筹募之公债抵充，决不至漫无限制，以致有赖于发行弥补，惟此项计划，欲求能圆满达成，不生窒碍，则收入方面应以战区能维持现状为前提。战区如继续扩大，则收入计划即无法完成，物价会告上涨，则支出计划亦无法保持，此两点本已见于篇首之声明。兹就稳定物价而论，有关物价之因素甚多，金融方面因素最为重要，欲求物价能获有效之稳定，银行兑换券必须维持十足兑现，同时银行兑换券及银元之发行必须切实紧缩，停止膨胀。

按过去发行膨胀之原因：有由于国库收支之不能平衡者，有由于国库以外之原因者。今后国库收支依照计划执行，当不至再趋膨胀，但国库收支既仍有差额存在，按月须动用一部分库存金银，则市场之硬币筹码逐月增加，仍不免对于物价有相当之影响。虽现时市场筹码不足，短期内不至有何货币贬值之现象，但为求币信之改革，固究不能不预为防止，是则有赖于租税政策与公债政策之切实执行。如能达到全都支出可由租税收入与公债收入支应，无须动用库存金银甚或吸收一部分民间剩余金银于国库，紧缩民间之购买力，则币值自可稳定，物价亦同时稳定。

至于过去发行膨胀，由于国库以外之原因者分为两端：一为国家行局之无限放款；一为国营事业之过分浪费，为针对前一因素，则今后国家行局之放款，必须尽本身之资力为之，为发展工矿，扶植生产，国家行局当努力于吸收存款，以民间之游资为正当之运用。今后，中央银行当停止一切直接贷放或收购成品等业务。除所受银钱业存款准备金及银钱业存款依法运用外，当不能再以任何资金贷放于国家行局，致增发行。至针对后一因素，则一切国营事业必须切实整顿，严格管理。语其要者，约有下列数端。

甲、国营事业必须在业务上自求发展，纵不能有多数盈余解缴国库，至少亦须做到自给自足，国库不再予以贴补。

乙、国营事业机构太多，凡无存在之必要，或无单独存在之必要者，必须予以裁并。

丙、国营事业机构庞大，用人过多，漫无标准，应即分别确立组织，规定员额，严予裁减。

丁、国营事业人员待遇优厚，应即划一规定，与公教人员待遇一律。

戊、国营事业开支浩繁，漫无限制，应即确立预算，严格遵守，不得任意开支。以上所举，皆系于本计划有密切关联而为本计划之成败所系。财政部执掌度支，对于主管事项，自当戮力以赴，克观厥成。顾事多牵涉其他机关，主管实有望于政行各部门之通力合作，共赴事功。

〔国民政府财政部档案〕

58. 行政院美援运用委员会关于美援收支不列入总预算函

（1949年8月24日）

行政院美援运用委员会公函　会穗三十八字第七七一号
中华民国三十八年八月二十四日

接准贵部财穗会四字第2674号公函，以三十八年下半年度总概算准主计处函，亟待审编，嘱按银元本位编列岁入概算送请汇办等由。准此。查美援收入，因受美国援华法案及中美双边协定之限制，系在国家总预算以外之特种收支，上年度并未列入总预算。本年度拟请援案，免予编列，准函前由，相应复请查照为荷。此致

财政部

秘书长　沈熙瑞

〔国民政府财政部档案〕

59. 国民政府1949年下半年度总预算岁入岁出提要

（1949年）

（1）岁入

中华民国三十八年下半年度中央政府总预算岁入提要　单位：元

科目	经常收入	临时收入	合计
1. 所得税	二，六四〇，〇〇〇		二，六四〇，〇〇〇
2. 遗产税	一六〇，〇〇〇		一六〇，〇〇〇
3. 印花税	二，六〇〇，〇〇〇		二，六〇〇，〇〇〇

续上表

科目	经常收入	临时收入	合计
4. 关税	一三,〇五〇,〇〇〇		一三,〇五〇,〇〇〇
5. 货物税	二三,六六三,〇〇〇		二三,六六三,〇〇〇
6. 盐税	一六,〇〇〇,〇〇〇		一六,〇〇〇,〇〇〇
7. 矿税	九四二,〇〇〇		九四二,〇〇〇
8. 土地税	五,一〇〇,〇〇〇		五,一〇〇,〇〇〇
9. 罚款及赔偿收入	一,七九五,〇〇〇		一,七九五,〇〇〇
10. 规费收入	一,〇〇二,〇〇〇		一,〇〇二,〇〇〇
11. 国有财产及物资售价收入		七,一二三,〇〇〇	七,一二三,〇〇〇
12. 征借粮食实物收入		八,四〇〇,〇〇〇	八,四〇〇,〇〇〇
13. 其他收入	五〇,〇〇〇		五〇,〇〇〇
14. 动用库存金银外汇		一一二,〇〇〇,〇〇〇	一一二,〇〇〇,〇〇〇
15. 待弥补之差额		七五,四七五,〇〇〇	七五,四七五,〇〇〇
合计	六七,〇〇二,〇〇〇	二〇二,九九八,〇〇〇	二七〇,〇〇〇,〇〇〇

(2) 岁出

中华民国三十八年下半年度中央政府总预算岁出提要　单位:元

科目	经常费	临时费	合计
1. 国民大会主管	六,四三二	七五四,七四八	七六一,一八〇
2. 总统府主管	二七三,三五四	六三四,七四五	九〇八,〇九九
3. 行政院主管	九八,九五二	二,七一九,三八二	二,八一八,三三四
4. 立法院主管	三三五,一二四	四五六,八九八	七九二,〇二二
5. 司法院主管	九〇,五八八	九二,六四〇	一八三,二二八
6. 考试院主管	一七三,四四二	一〇七,三五九	一,八八〇,八〇一
7. 监察院主管	三三五,三一四	一四五,〇五二	四八〇,三六六
8. 内政部主管	二,六〇一,一八六	一,七六四,〇八一	四,三六五,二六七
9. 外交部主管	三,八五九,四九六	三,一四九,〇〇〇	七,〇〇八,四九六
10. 国防部主管	一四八,五〇〇,〇〇〇	三四,三四四,六七一	一八二,八四四,六七一
11. 财政部主管	一二,八四四,五五二	六,六二七,六一六	一九,四七二,一六八

续上表

科　　目	经　常　费	临　时　费	合　　计
12. 教育部主管	五,四〇七,六一一	三,三一七,三九九	八,七二五,〇一〇
13. 司法行政部主管	七,六〇三,一二〇	九三七,一五二	八,五四〇,二七二
14. 经济部主管	九三三,三六四	七五〇,七九八	一,六八四,一六二
15. 交通部主管	二,五七〇,九〇四	七,五二六,三〇八	一〇,〇九七,二一二
16. 蒙藏委员会主管	一三〇,一二二	一九二,八二八	三二二,九五〇
17. 侨务委员会主管	三七,二七二	二〇,五三二	五七,八〇四
18. 债务费		五,〇〇〇,〇〇〇	五,〇〇〇,〇〇〇
19. 省市补助费		七,三一〇,九一三	七,三一〇,九一三
20. 预备费		八,三四七,〇四五	八,三四七,〇四五
合　　计	一八五,八〇〇,八三三	八四,一九九,一六七	二七〇,〇〇〇,〇〇〇

〔国民政府主计部档案〕

60. 财政部1949年度中央政府岁入总概算总说明

(1949年　月　日)

三十八年度中央政府岁入总概算总说明

三十八年度中央政府岁入总概算,财政部系依据三十八年度中央政府总预算编审办法之规定,函请中央各机关将三十八年度主管岁入编列概算送部汇编。除国防部主管岁入概算尚未编送到京,其各项收入暂不计列,应俟该项概算送到随后再请补列外,其余各院部会主管岁入均依原送概算数编列,计普通岁入概算经常门列二,三三八,一六七,四〇七元,临时门列八,二五三,三九〇元,特别岁入概算列一,五一七,四〇四,一〇〇元,总共三,八六三,八二四,八九七元。兹将拟编情形说明如次。

(甲) 赋税收入

(一) 直接税包括所得税、遗产税、印花税、特种营业税等,共列三二一,〇〇〇,〇〇〇元,比照三十七年上下半年度预算数约增二倍弱。

（二）关税包括货物进口税、船舶吨税及戡乱时期进口附加税等，共列六三八，九二〇，〇〇〇元。其中货物进口税系按估计三十八年度进口物资应税货值可能征起之进口税，从宽估列。船舶吨税系按三十七年九月份实收数以全年伸算估列，并为配合戡乱时期需要起见，仍按正税征收四成附加税。

（三）货物税包括卷烟税、熏烟叶税、洋啤酒税、火柴税、糖类税、棉纱税、毛纱毛线税、水泥税、饮料品税、锡箔及迷信用纸税、化妆品税暨土烟税、土酒税等，共列九七〇，八四〇，〇〇〇元。三十八年度全国各种课税货品生产状况，倘能维持三十七年上半年度之情形，则货物税当有大量增收可能。惟目前战区扩大，东北、冀、察、热、豫、鲁、陕、晋、绥各地均烽火遍地，无法推行业务，各该地区之卷烟、棉纱、熏烟叶等税源摧残殆尽，即冀、察、热、天津、青岛等区，迭据报告，佥以辖区工厂因受战局影响，纷纷歇业或倒闭或停工，其未停业者，均产量锐减。至各项农产货物，如熏烟叶、土烟等，或因遭受战祸，户口逃亡，产量减少，或因战区犬牙交错，沦陷区货物外运困难，税收亦大不如昔。依照现行税额，原不能征达此项预算数。惟目前物价已不复冻结，三十八年度税额如有调整，当较现行者为高，故酌予宽列。

（四）盐税包括食盐税及其他盐类税等，共列二六〇，〇〇〇，〇〇〇元，其税率照人民负担能力，并参照战前税率，于必要时，酌予调整。

（五）矿税包括矿产税与矿区税，共列一四，二九〇，九四八元。其中矿区税，仍按三十七年度调整以后之预算数编列，矿产税之拟列情形与货物税同。

（六）营业税列一六，二〇〇，〇〇〇元，该项收入三十八年度将加强课征，故较三十七年度预算数增列颇多。

（七）土地税包括田赋地价税、土地增值税等共列九五，八六七,一一四元,田赋系照规定配额中央应得部分计列,其折合价格暂按三十七年八月十九日各省平均粮价计算。地价税及土地增值税,因各省市重估地价及继续整理地籍,税源增加,均较三十七年度增列。

(乙)赋税外收入

(一)罚款及赔偿收入共列二五,九五六,〇〇二元,以司法罚款及赔偿居多。三十八年度该项收入大抵系依照三十七年下半年度预算数伸算全年计列。惟查三十六年拟编三十七年上半年度预算时,关于罚金罚锾一项,当时系以罚金罚锾提高标准条例可修正至提高五万倍编列(当时条例规定为一千倍,财政部呈院修正案为五万倍),现在罚金罚锾大部依原金额改按金圆处罚,三十八年度罚金罚锾预算似可比照三十七年上半年度预算折合金圆,由五万倍升算至三百万倍。司法行政部主管之该项收入,虽在三十七年下半年度追加颇多,但照上述标准推算,似仍可再予提高。

(二)规费收入共列二一,八二〇,三三四元,其中以外交部及地政部主管之收入居多。惟查拟编三十七年上半年度预算时,该项收入系按战前标准提高至一万倍,计划三十八年度该项收入预算数似可比较三十七年度上半年度预算数折合金圆,由一万倍升算至三百万倍。司法行政部主管之诉状纸费,工商部主管之各项执照费、注册费、证书费、登记费等,自币制改革后,大都以原金额改以金圆征收,而三十八年度各该机关原送概算,其规费收入系依照三十七年下半年度预算数伸算全年编列,数额过微,似可核计实际收入情形,切实增列。

(三)国有财产孳息收入共列五七,二一四,五四一元,其中大部分系属资本官息。自币制改革后,因各营业机关调整,资本问题尚未解决,仍照原资本数额及利率计算,俟调整资本后,可以增列。

(四)国有财产及物资售价收入,普通岁入部分七一六,九四七元,系国有土地收入及产品售价等收入,为数无多。其列于特别岁入部分者，计美军剩余物资可供三十八年处理者，约美金三千二百五十万元，租借物资尚可处理者，约美金五百万元，两共美金三千七百五十万元，折列金圆一五〇，〇〇〇，〇〇〇元，敌伪财产及物资估计二〇〇，〇〇〇，〇〇〇元，赔偿物资计二四七，四三〇，〇〇〇元，均照各主管机关原送概算数核列。国营事业股票售价收入四一四，〇〇〇，〇〇〇元，系按各机关出售股票数额，除已列三十七年下半年度预算外，三十八年度可列之数计列。

（五）国有营业盈余收入列三一，五〇一，四〇四元，财政部主管各银行部分系按三十七年下半年度原预算数伸足全年度后，再行加倍计列。惟其他各院部会部分或未增列或增列甚少，依照财政经济紧急处分令之规定，各营业机关应撙节开支，切实提增盈余，其总额希能达到一亿元以上，以裕库收。

（六）征借粮食收入列二一七，二五四，一〇〇元，系全部簿帐与岁出部分军粮价款配合。

以上连同国有事业收入、其他收入、债券收入等，共列三十八年度岁入总额三十八亿余万元，仍按其性质分别普通、特别两概算编列。

〔国民政府行政院档案〕

61. 国民政府主计部编送1949年下半年度国家总预算草案的签呈

（1949年）

主计处签呈

三十八年下半年中央政府总预算草案拟编完竣谨陈概况并将应行请示事项并请核示由

案查民国三十八年度中央政府总预算案原经本处于上年十一月间拟编完成，提请院会核定，期于立法院开会期间，咨送审议，完成法案，适值内阁改组，所有政府施政方针及财政金融政策，均须重行考订，原编预算草案未予审议，于以局势转变，政府南迁，历久始获安定，而通货恶性膨胀，币值一日数变，金融紊乱，几无通行货币可供受授。财政收支无法计算，预算法案亦难成立。迨至本年七月实施改革币制，采用银元本位，币信既立，币值亦稳，国库收支亦经通盘检讨，规定范围，以为财政金融从兹可复常轨。因即筹划拟编三十八年(七至十二月份)下半年度总预算案，酌定简单体例，分行各主管机关编送概算，以凭审核汇编。其三十八年度(一至六月份)上半年度一切收入及支款拟俟是期国库收支结束后，按其实际情形另案清理结报，免多牵混，乃以财政金融改革伊始，关于税制之整理，中央与地方收支之调整，公务人员待遇及办公费等支给标准之修订颇费时日，各级机关应编概算急切，无从着手。嗣以湘赣战事紧张，华南感受威胁，政府各机关实施分地办公，继续裁并紧缩疏散，秩序一时未能安定。其一切计划设施，又须体察当前环境，有所改变。故主管范围较为广泛，关系较为复杂之各部门概算迭经催促，近始陆续送到，当即详加审核，积极赶办，并请各机关派员会商，斟酌损益，分别核拟编列，其所采方针略述于左。

一、支出方面鉴于当前情势，开源极为不易，不能不侧重节流。军政各费支出恪遵每月四千五百万元规定，即六个月支出总额以二亿七千万元为限，从严核列，勿任其有所超越。对于各科目之分配，遵照第七十三次院会指示，首先注意于军事方面之需要，普通政务业务各费厉行紧缩，并于总额之内提出一部分列为预备费，以备军政各方遇有特别要需时专案核拨，藉资应付。

二、收入方面以实施银元本位，银元券采取无限制兑现以后，在纸币发行上已无假借挹注可能，而军政各费迭经裁减紧缩，殊少伸缩余地，预算所列收入必须切实可靠，以免虚列，收数不能抵用，临时周章，难于筹措。

三、我国财政预算历系收不敷支，戡乱时期支出浩繁，收入短绌，亏短之数自必甚大。除将过去已经动用及今后可供运用之金银外汇物资等尽量搜罗折算列抵外，其余不足之数如何筹划抵补，尚待从长计议，拟俟院会决定，再行补列，俾切实际。

四、此次预算系在年度进行中办理，而机关之存废、工作之进止，往往随战局为转移，变动极大，所有七、八、九月份收支大多已成定案，只能照案核列，十至十二月份收支酌情核列，其在预算编定以后续有变动者，当由主管机关考查实情，随时处理预算书表方式及所列科目，为节省人力物力起见，力从简易，所有未经确定用途之统筹科目，尽量删除，各部门依法应列之第一预备金，亦不计列，将来如有需要，当由总预备费内统筹挹注。至于宪法规定教育文化费应占成分，战时预算为事实所限，难于顾及。

兹本上述方针，依据各机关原送概算，分别缓急先后，斟酌拟订，综合编成三十八年下半年度中央政府总预算草案，谨将收支概况撮要说明，并将应行请示决定事项分陈于左。

甲、岁入概况

一、赋税收入

赋税收入分所得税、遗产税、印花税、关税、货物税、盐税、矿税、土地税等八款，统列经常门，共为六千四百一十五万五千元。其中属于直接税者，计为五百四十万元，以所得税及印花税为较巨，各占百分之四十八强，遗产税以税源较微，占百分之三，货物税一项采从量征税，共列二千三百六十六万三千元，以卷烟税为最巨，列一千一百四十万元，占百分之四十八，糖税次之，列七百二十万元，占百分之三十强，棉纱税列三百万元，约占百分之十三，其余共列二百零六万三千元，占百分之九。关税一项，以外汇及贸易管理办法改进以后，进口货品原可增加，惟以现有关卡偏于一隅，购买力亦弱，按现行税率估列一千三百零五万元。盐税一项，本年七月以前系从价征税，收入有限，自八月份起改照新规定从量计征办法，并依行销海盐、井盐、池盐、渔盐担数，分别实施等差税率，估列一千六百万元。土地税一项，以目前可能开征省区无多，收成丰歉不一，估计三十八年度中央实际可能征获之数量约为稻谷三百四十万市石，依向例以半数列入，本半年度估列五百一十万元，此外矿税一项，则视税源情形酌为估列。

二、赋税外收入

赋税外收入列经常门者，计有罚款及赔偿收入、规费收入、其他收入等三款，共为二百八十四万七千元；列临时门者，计有国有财产及物资售价收入、征借粮食、实物收入二款，共为一千五百五十二万三千元。其中物资售价收入，系属物资供应局、世界贸易公司及驻加拿大物资供应处等三机关所缴美金四百二十九万元折列七百一十二万三千元。征借粮食实物收入，系估计本年度可能征借粮食稻谷五百六十万市石，以半数列入本下半年度岁入，作价八百四十万元。其余规费收入及其他收入、罚款及赔偿收入，则依各主管机关所报可收数额酌为计列。至历年所列国有营业盈余及政府投资官息等收入，以国家行局库及公司厂矿撤退，损失尚未清查完竣，其业务范围偏于一隅，维持已属不易，自难望其有盈余解库。此外日本赔偿及归还物资，核其价值虽及一千八百余万元，然大部分为工厂设备，一时无法变现，其一部分物资可就地变卖者，已指定列抵运费及救济留日学生等用途，本年度内难望有余款可以解库，故均未予计列。

三、金银外汇

本年六月底中央银行刘前任移交案内所存国内外金银外币外汇核计可能动用者，约为黄金九十万市两，约合七千二百万元，白银及银币约合三千万元，各外汇及外币现钞约合四千万元，总共约一亿四千二百万元。除抵付上半年度应付未付各项开支约三千万元外，其余一亿一千二百万元可充本下半年度抵补预算不敷之财源，且在过去三个月内大部分已陆续动用，因即以动用库存金银外汇科目照数列入临时预算。

上述第一项赋税收入共列六千四百十五万五千元，第二项赋税外收入共列一千八百三十七万元，第三项金银外汇共列一亿一千二百万元，总计一亿九千四百五十二万五千元，为本年下半年度比较可靠之收入，业经分别编列预算总分各表，并将拟列情形于各该科目之下酌为注明，其与本下半年度岁出总额二亿七千万元相较，计尚不敷七千五百四十七万五千元，究应以何抵补，未奉决定，因暂称为待弥补之差额，拟俟抵补办法核定后，再行修正，俾符体例。

乙、岁出概况

一、岁出总额之支配

本下半年度军政各费支出以当前情形，开源不易，不得不力事节流，恪遵每月四千五百万元规定，六个月支出总额以二亿七千万元为限。其中国防支出，初定每月三千万元，八月份起改为每月二千八百万元。政费支出，每月以一千万元为度。军事时期各种临时紧急用款特多，所有余额作为总预备金，随时斟酌需要，逐案核准动支。此次拟编预算以七、八、九月份已成过去，各项额定经临费用仍本上述分配原则核计，其已经核准动支之各项特别用款及超出定额之拨款，均予分别性质，列入各主管部门之内，俾清款目，而便考核。

二、政务经费

本预算案所列属于政费性质者，计分国民大会、总统府、行政、立法、司法、考试、监察等五院，内政、外交、财政、教育、司法、经济、交通等七部，蒙藏、侨务两会，共十六单位，其主管支出列经常费三千七百三十万零八百三十三元。其中薪饷三千一百二十六万八千七百四十七元，每月平均约五百二十一万一千余元。办公费六百零三万二千零八十六元，每月平均约一百万零五千余元，两共每月约六百二十一万六千余元。所有内政部主管之警察总队、外交部主管之驻外使领馆、财政部主管之征收机关税警团队、交通部主管之交警总队等薪饷办公费，均已包括在内。至文职机关职员、技工、警丁、公役人数（驻外使领馆人员及交警总队官兵除外）七月间各机关查报者，计职员十四万一千六百余人，技工警丁六万五千三百余人，公役五万三千二百余人，兹经与各主管机关详加检讨，切实紧缩，已减至职员九万五千五百余人，技工警丁四万九千六百余人，公役三万四千五百余人，约减少百分之三十一。上述十六单位主管之临时费，共列二千九百十九万六千五百三十八元。其中特别性质之支出，计为交通事业及贴补费七百二十万元，各机关疏运资遣等费约四百万元，联合国会费一百七十三万元，救灾赈款一百万元，国大代表生活补助费七十五万元，其余各项临时费仅一千四百五十一万余元，每月平均不过二百四十二万元之谱，所有警队服装、国税征收、粮食储运、教育救济事业、学生、囚人主副食费等均已包括在内。盖因此次拟编预算，关于政费支出原有限度，复以各项内外债务或有一部分必须支付，各省市地方财政支绌，不能不酌为补助，用即多方腾挪，量为核列，一般政费支出不得不厉行紧缩，从严拟列，将来实际必需之款或为预算所未列，或列数过少不敷支应，当随时体察情形，专案核准动支预备金，以资挹注。

三、国防经费

国防支出原定七月份三千万元，八月份起每月二千八百万元，本下半年度六个月经费总额应为一亿七千万元，包括一切军事费用在内。其中薪饷副秣主食服装及事务费等，按照各月定额分配数目，计一亿四千八百五十万元，列为经常预算，其按月定额分配之业务费，计共二千一百五十万元，列为临时预算。惟此军事时期，各项特别紧急用款需要甚巨，军粮实际支用之数超过亦多，过去三个月间经已核拨者，计有一千二百八十余万元，一并照案列入临时预算。故现编国防支出，经临合计共为一亿八千二百八十四万四千六百七十一元，约占本年下半年度预算支出总额百分之六十八。

四、其他各项经费

1. 债务费　本下半年度到期应付内债本息约需八百万元，外债本息包括易货偿债，约需二千四百万元。三十二年及三十三年征借粮食应还本息约谷麦一千万市石，每石以三元计，约为三千万元，为数似属过巨，实非当前财力所能应付。兹以三十六年美金公债等内债持票人多在陷区，一时难于兑领，所有外债当可循外交途径洽商展缓。至于征借粮食应还本息因战事关系，各省情形已有变迁，大多可以从缓，且径于三十八年度征粮案内规定，以爱国公债偿付。故拟酌列五百万元，以备必要时支付之用。

2. 省市补助费　本下半年度开始之际，原拟划拨一部分国税归地方征收，各省市政费中央不再补助。嗣以划拨四税交接时间先后不一，对于各省市七月经费仍照旧案拨补，连同战区各省市结束遣散宣抚参战等临时补助费，经先后核准支拨者，计共一百七十九万六千余元。各省市增编保安团队经费原经规定由中央负担，仍须继续拨发者计四百零一万四千余元。此外，自八月份起停止补助以后，各省市以地方财政困难，文电呼吁要求补助者纷至叠来，而调整地方财政收支办法乙项第九款，对于贫瘠及遭受战祸或灾害之省区亦有酌予补助之规定，因拟另列一百五十万元，俾便应付。

3. 预备费　本下半年度预算支出总额以二亿七千万元为限。除政务经费共列六千六百四十九万七千三百七十一元，国防经费共列一亿八千二百八十四万四千六百七十一元，债务费共列五百万元，省市补助费共列七百三十一万零九百十三元，已于上列各节分别说明外，其余额仅为八百三十四万七千零四十五元，尽数列为预备费，以备军政特别需要，临时核准支拨之用。

丙、请示事项

一、公费及待遇事项　本年七月间订定公务人员薪饷折支银元标准案时，为顾及国家财政困难及文武待遇比较接近起见，极力从低规定，并将各级主管人员原支公费及各学校讲师等原支学术研究补助费一律停支。近来立法院以立监委员岁费公费之支给另有条例规定，认为仍应照支公费，并有在借支款内扣算之表示，而各级主管人员及教授讲师等停支公费补助费以后，其实际所得反较七月以前为少。此外中下级公教人员每月所得大多在三十元左右，生活异常困苦，中央各机关实施分地办公以后，若干重要人员由穗办公，而其眷属强令先行迁渝，两地开销更属无法支持，迭据各机关人员呼吁救济，情词至为迫切，所有立监委员及各级主管人员公费教授讲师等补助费应否恢复支给，一般公教人员待遇应否酌量调整增加，留穗办公人员应否设法特予补助之处，谨请核示。

二、收支亏短之弥补事项　本下半年度预算收支不敷之数达七千五百四十七万五千元，尚待筹划抵补，业于岁入概况内叙明，政府前定发行三十八年爱国公债原为弥补财政。但该公债之劝募办法近始议定，各地劝募机构尚未成立，各方反应亦欠热烈，年内究能募得若干，能否及时收得现款抵充军政各费之用，殊无把握。此外财政部曾经计划请求提拨黄金六十万两，亦未定案。至于加强地方权责划出大部分收支责成地方负责办理一案，亦待从详计议，充分准备，何时实施，尚难确定。现编预算收支不敷之数，必须筹定抵补办法，使其收支适合方便，咨送立法院审议，究宜采取何种办法筹划抵补，谨请核示。

三、大宗特别支出之筹划事项　此次所编预算，限于财力，无论军费政费均极紧缩，所堪统筹挹注之预备费仅八百二十余万元，为数亦属甚少，而军事方面大宗特别支出，如海陆空军油弹消耗、装备补充、工程修建等动辄数百万元或逾千万，过去每因款项无着未能办理，今后亦非预算所列预备费所能应付，可否由主管机关预拟计划，洽商利用美援或另行筹定的款，以便购办免误时机之处，谨请核示。

抑有陈者(一)总预算案例须编具说明书，本文甲乙丙三项即为收支概况说明之资料，只以抵补办法等尚未决定，各部分预算列数亦或有所变动，拟俟预算草案经院会通过请示事项核定后，再行整理收支各表及文字，依式编成总预算案，以备咨送立法院审议。（二）预算案咨送立法院审议时，例须附送各部门施政计划。此次各机关编送概算未经附送计划，拟请各机关于立法院审查预算时，分别进行补送参考。（三）现届十月初旬，距新年度开始不足三月，所有三十九年度预算即须着手拟办，拟请从速制定三十九年度施政方针，以便各机关据以拟编施政计划及其主管概算，汇核编成总预算案咨送审议。

以上所拟是否有当，理合附具三十八年下半年度中央政府总预算草案签请核示只遵。谨呈

院长、副院长

附呈三十八年下半年度中央政府总预算草案□份〔略〕

主计长　庞松舟

〔国民政府主计处档案〕

二、地方财政概况

1. 国民党六届二中全会对于地方行政报告之决议案及附件

（1946 年 3 月 17 日）

对于地方行政报告之决议案

我国经八年之抗战，地方备受破坏，人民疾苦达于极点。大会听取地方行政报告后，于其所陈述各项工作之缺憾与地方困难之情形，深感危机四伏，险象环生，实有不容忽视者。考其症结不外数端：第一，由于人事制度之不健全，行政效能不足，对于地方自治工作未能切实推进；第二，由于各级党政工作未能密切配合，党政力量未能集中发挥；第三，由于抗战时期遭受军事影响，大多数省市地方限于环境，政令未能贯彻；第四，由于省政府之组织与权责尚欠周密分明，不免窒碍丛生；第五，由于财政收支系统之变更，地方无充分之财源，各种事业自难推进；第六，由于地方民意机关未能健全发展，民力无由伸长与监察司法制度未获充分发挥其权能，尤属重要原因。今者抗战虽告结束，而疮痍未复，民困待苏，盱衡现势，非亟谋更张，难期补救。当前地方行政之迫切需要，莫如刷新政治，切实复员与绥靖地方，根绝匪患，必先谋民生之安定，然后地方自治与文化、经济建设诸端，乃能顺利推行也。针对以上需要，大会认为，目前改革之道，必须加强地方权责，调整其组织，充裕其财力，健全其人事，庶能权力集中，运用敏活，以适应当前非常之局势。爰决议如次：

甲、关于省之权责及机构调整者

（一）省政府之法律地位与其权责，应交国民政府依据建国大纲之原则与环境之需要，明确规定，并将省政府组织法修正颁行。

（二）现行省机构之调整

1. 省政府设民政、财政、教育、建设四厅，秘书、警保、会计等处。

2. 社会、卫生、地政、统计等业务，视各省财力丰啬及业务繁简设处局，或于各有关之厅处设局科办理之。

3. 合作行政，除合作事业应特别加强，各省得设置直属省政府之合作事业管理处外，得并入社会处，其未设社会处之省份，由建设厅办理之。

4. 保安司令部及保安处、防空处业务归并于警保处办理，不另设机构。

5. 省地方行政干部训练团改属省政府，并改称省训练团。

乙、关于县之权责及机构调整者

（一）遵照第六次全国代表大会决议，根据新县制实施以来之经验，迅将县各级组织纲要改订为县自治法，其原则如左。

1. 推行四权之行使，

2. 组织应力求合理简化，

3. 遵照建国大纲确立县之财政。

（二）目前县（市）组织得作如左之调整。

1. 县政府设民政、财政、建设、警保等科，秘书、会计两室及教育局（科）。

2. 社会地政得视地方财力，业务繁简设科局，或归并于有关之科局办理。

3. 警察得设局或所。

4. 乡（镇）、保机构，暂照县各级组织纲要实行，应由主管院部迅速完成立法程序。

丙、关于充实地方财力者

（一）迅速改变财政收支系统：

1. 财政收支系统改为中央、省（市）、县（市）三级制。

2. 土地税收入，划归省者占百分之二十，划归县（市）者百分之五十，划归院辖市占百分之六十。

3. 营业税全部划规地方，省县各占百分之五十，其余县（市）收入之税目见附件一，院辖市收入之税目见附件二，院辖市拨给中央者不得少于百分之三十。

4. 以上税收划分后，各省（市）经费不敷之数，由中央拨补之。

（二）在财政收支系统改变未实行前，各省（市）三十五年度预算，应请主管院部照各省（市）实际需要，迅予分别作合理之调整。

（三）三十五年度各省之县市预算不敷数目，应迅速调整增拨。

（四）为促进地方之发展，关于地方农田、水利、交通、教育、卫生、救济事业之举办，经地方民意机关之决议，得因地制宜，酌量自筹经费。

丁、关于健全地方人事者

（一）调整省（市）、县（市）公教人员及团警生活待遇，由各省（市）、县（市）党政机关及中央指派之代表，根据当地生活指数，按期调整，呈请中央核定。

（二）厉行考核制度。

（三）提高地方从政人员及乡镇保甲人员之水准，务使能奉行三民主义，执行国家政策。

（四）选拔党内优秀干部参加地方各级政府工作，以充实基层政治。

（五）人事、会计、审计手续上应力求简化。

（戊）关于省县本年度急要工作者

（一）刷新政治，根绝贪污。

（二）加强善后救济，抚辑流亡。

（三）绥靖地方，安定民生。

（四）安置荣誉军人，优待抗属。

（五）简化农贷手续，增加农业生产。

（六）促成地方自治，奠定宪政基础。

以上仅当前地方行政重要事项提供具体办法，如可见诸实施，则其他本报告所述困难各点，自可因以解除。至于奉交合并审查各提案，均已将重要原则分别纳入，不再另作决议。

附件一

县（市）收入税目

（一）土地税（不得少于总收入百分之五十）。

（二）契税。

（三）遗产税（由中央分给百分之三十）。

（四）营业税（由省分给百分之五十）。

（五）房捐。

（六）屠宰税。

（七）营业牌照税。

（八）使用牌照税。

（九）筵席及娱乐税。

（十）县（局）市营工业受益费（即特赋）。

（十一）罚款及赔偿收入。

（十二）信托管理收入。

（十三）县（局）市有财产孳息收入 。

（十四）县（局）市有财产。

（十五）县（局）市有营业盈余收入。

（十六）县（局）市有事业收入。

（十七）造产收入。

（十八）补助收入。

（十九）特别税课收入（如牲畜、牧地捐税等其征收应经民意机关通过，并经省政府核准报中央备案方得为之）。

（二十）收回资本收入。

（二十一）捐献及赠与收入。

（二十二）赊借收入。

（二十三）其他收入。

备考：上表所列税目，系根据宋委员子文等第五十五号提案，请修改现行财政收支系统，以期中央地方平衡发展案拟定编列。

附件二

院辖市收入税目

（一）土地税（总收入百分之八十）。

（二）契税。

（三）营业税（拨给中央者不得少于百分之三十）。

（四）遗产税（由中央分给百分之十五）。

（五）房捐。

（六）屠宰捐。

（七）营业牌照捐。

（八）使用牌照捐。

（九）筵席及娱乐捐。

（十）营业工程受益费（即特赋）。

（十一）罚款及赔偿收入。

（十二）规费收入。

（十三）信托管理收入。

（十四）市有财产孳息收入。

（十五）市有财产售价收入。

（十六）市有营业盈余收入。

（十七）市有事业收入。

（十八）造产收入。

（十九）中央补助收入。

（二十）收回资本收入。

（二十一）捐献赠与收入。

（二十二）赊借收入。

（二十三）其他收入。

备考：上表所列税目，系根据宋委员子文等第五十五号提案，请修改现行财政收支系统，以期中央地方平衡发展案拟定编列。

〔国民政府财政部档案〕

2. 绥靖区政务委员会关于华北财政金融动态概况报告

（1946年7—8月）

一、华北财政金融动态概况① 三十五年七月上旬

金融方面，天津为华北商业中心，金融动向影响华北极大。中央银行方面对于津市金融市场情形深为注意。本月初旬，曾拟定整理办法两项：（一）对出口商予以低利贷款，以扶植本国工商业。（二）扩大办理贴现范围，举办重贴现，以使金融市场趋于灵活，挽救出口贸易之危机。第一项规定者，津市中央银行信托局正在积极筹备，中国银行亦开始试办，预料成绩当有可观。第二项之再贴现，中行方面亦已开办，惟条件严格。三行两局对此事之处理，均极审慎，并为顾全华北全面金融计，非至头寸极短绌时，决定不向中行方面申请。

中央银行于本月初旬起，已对平津各地行庄，按照规定实施检查，如业务有违犯银行法规者，即予依法惩处。天津中行并成立金融检查科，以办理津区商业银行号之检查事务。又中行方面规定，天津、北平两地存款利率，津市千元日息四元五角，平市为三元五角，并实行存款提成，定期存款提一成五，活期存款提二成。惟月来银根甚紧，各商周转多见灵活，故拆息日高。一般国家银行周息多在四分半左右，商业银行则为七分至十二分，而暗拆息刻有高至十

① 此件原无行文单位。据判断系绥靖区政务委员会所作。

八分者。

本旬平津金价一致平疲，旬末已进入二百万元，关内在物价腾踊中，此种现象诚尚少见。北平市当局于本年二月二十日曾以金价日昂，刺激物价，乃颁令禁止作黄金交易（经中央银行指定之银行除外），并严禁黄金出境。施行以来，物价涨风并未因而遏止，收效不宏。遂于本月四日再度恢复黄金交易。然而，市场上并未因此酿成轩然巨波，反生平疲现象。可见金价并非绝对之刺激物价，不过互生相互之影响作用。至于金价跌落之原因，主要者自系受沪市行情之影响。盖平津金价向以沪价马首是瞻，惟近日传言东北禁止黄金收售，对于跌风之促成，亦不无影响也。

出进口贸易方面虽已日趋活跃，实际各行商均谓深感不便之处甚多。出口商对于垫款押汇检验诸问题，甚觉艰难，而进口商则对于天津中央银行无权买卖外汇，进口货开 L/C 需要押款，海关对货品之估价与实际商情不合，以及运脚费之重、驳船费之高、窃盗之盛、堆栈之少等情，均有所批评。盖进口洋商多系战前即经营此业者，对于进口情形非常熟悉，以战后非常时期之一切与战前相较，不能满意之处，自甚多也。

近日北方之舆论界对于我国对外贸易问题讨论，亦甚热烈，一般多认为目前外汇汇率甚少机动性。衡诸目前物价指数法币二〇二〇元折合美金一元，使进口利润丰富，出口则甚至亏折，因而形成大量之入超数字，将使国内幼稚工业濒于崩溃之境。惟据一般金融界人士之观测，咸以为如果提高外汇，对于出口之增加，亦仅收一时刺激之效，不旋踵间，物价必将立随外汇之提高而腾涨，故决非良策。两项意见固俱有见仁见智之处，而实则目前国内交通断阻，运输困难，农村秩序未复，生产不能增加，物价腾踊。凡此种种不利情形，影响所及，于出口贸易者甚大，而致无法争取广大之国外市场。故症结所在，尚在国内之和平与否也。

物价之涨落，向以金价为指标。惟本旬金价日趋疲靡，而多数物价尤以食粮油类等民需品反日呈坚挺，发生逾乎寻常之脱节现象。稻米、麦粉、油类平均每百斤价格较上旬涨约百分之二十左右（稻米每百斤八万元，较旬日前涨约二万元，三鼎麦粉每袋三万四千元，涨约八千元，花生油每百斤八万元，涨约二万元）。旬日间物价腾踊如此剧烈，相当可观。究其主要原因，不外仍为握有游资者利用机会大量收购所致。盖以食粮油类民食所需，外货既难期涌入，四乡因共军大量搜〔收〕购征集，层层封锁，亦难大批运到。于是见机可乘，群趋收购，期图厚利，遂致价格翻飞，影响民生非浅。所幸本旬九、十两日行情已见平稳，乡粮因高价吸收，来源日增，兼以本旬华北各地雨量充沛，秋收可望，乡民存粮抛售心理日盛。故如无特殊原因之刺激，粮价可望再趋疲弱。

二、华北财政金融动态概况（七月中旬）

北平库支短绌，于本旬十二日起，开征冷饮税，税率百分之二十，与筵席税税率同等。又津市财政局办理地契税，按卖价征百分之六，另附加税，按税款征百分之二十五，共等于卖价百分之七点五。

外贸倾销所与本国幼稚工业之打击，进入本旬，益呈显著。津市两大烟草公司之一之颐中烟草公司，因有产无销，生产过剩，已于本旬十四日宣布停工，手工卷烟亦有四十余家呈请停业。按美烟品质本优于国产烟，今日中国工价约与美国相等，而美国卷烟进口征税百分之一百二十，本国卷烟出厂税即达百分之百。此外，尚须负担烟叶进口税百分之四十。故负担反较外烟为重，似应急谋补救，否则影响税收，诚非浅显。其他各项工业产品，莫不感受威胁。如津市钢铁厂出品钢丝绳成本为每吨三百万元，而运津美货每吨价不足二百万元；永利出品纯碱每袋八十公斤价五万元，进口美货每袋九十余公斤，报税价格仅二万七千元，均感推销困难。

海关方面以奢侈品及纸烟等偷运走私甚多，应加强缉私力量，以杜私漏。惟事变前各种缉私船只多已损毁。现正积极补充中。又已往外货进口天津海关，向按黑市价格作从价税之标准。现已改按厂家货单价格征税。此为本旬天津国外贸易方面之一大改良。

津市中国银行自本月上旬开始办理出口低利贷款以来，用意虽属至善，而成效并不显著。以目前情形观之，实不足以挽回出口贸易险恶之趋势。盖各地治安未复，交通断阻，再加以共军种种阻挠，出口商人殊无法由内地采购其出口货物，故贷出之低利贷款总额与理想相去甚远。

本旬平津市场情况平稳呆滞，旬末均趋跌落，惶恐万状之民情因此而得一喘息机会。平津两地黄金最高价与最低价每两差额仅五千余元，波动甚小(平市金价本旬最高为二十万五千元)，各业交易亦均冷淡。究其原因，不外市场利息较投机利益为高。故非但投机者不敢借用外债，即拥有游资者，亦有抛货转向谋利之势，且各业内行商人以行情虚软，意外暴利亦不易得，社会上普遍购买力低弱，门市难期畅利，故均采零星抵补之稳健政策。因此各货批发销量锐减，囤风已戢，物资已脱离投机市场，此为目前对于国家经济、人民生活唯一之良好现象。

食粮涨风进入本旬，已由平稳而趋跌落。本旬中津沧段交通恢复后，津市粮价首趋平疲，平市粮价继之跌落，日益不振，尤以小麦为甚。以平市粮价为例，本旬稻米每百斤平均价格八万元，小麦三万六千元，小米二万九千元，玉米面二万元，香油十五万八千元，花生油八万元，均较上旬稍现跌落。如国内形势稍形好转，仍有普遍下跌之望。盖今年华北雨量调匀，秋收望丰，商民存粮均急于求售也。

三、华北财政金融动态概况(七月下旬)

华北有价证券交易所于本年四月二十一日奉令停拍，依照收复区商营金融机关清理后，业已清理竣事。最近酝酿复业成熟，不久当可开业。按证券交易之公开交易，为发展工商企业，促进经济建设之一大动力，使游资导入正轨，抑制泛滥无已之投机风潮，对于物价之平稳，民生之安定，间接影响甚大。

国际贸易方面，本旬津市出口贸易危机紧迫情形，已反映于各业。中国银行举办低利贷款，申请者虽已日见增多，然亦未足以挽回颓势。如蛋业向占华北市场主要地位，胜利后国际贸易恢复以来，贸易额虽因物价之高涨日有增加，而实际输出量则日见减少。次如猪鬃，因国内交通迄未复原，数月前出口商自内地采购猪鬃，多以邮件寄津，最近则以邮费过重，内地售价迭升，国外市场又无起色，本国捐税过重，悉感成本过高，难获利润，故亦呈困难状态，进口贸易亦较前渐趋萧条。其主要原因不外下列数点：(一) 各货堆积，内地市场未复，供多需少，价格猛跌，往往蚀本。(二) 订货运到迟缓，由于利息之加重，成本增高，多数进口货物获利甚小。(三) 定货到埠时，须一次付出关税、驳运费等，有时因寸头关系，不得不将来货抛售一部，故价格必趋跌落。

本旬金价日趋跌落，津市最高金价为二〇三，〇〇〇元，最低为一九三，五〇〇元，差额为九，五〇〇元。平市最高金价为一九九，五〇〇元，最低为一八六，〇〇〇元，差额为一三，五〇〇元，波动较上旬为大。食粮价格亦日渐低降。以低降之百分数相比较，则稻米、小麦较一般粗粮跌落为甚。此盖由于一般粗粮已成为华北主要民食，需求量较稻麦为大。稻米每百斤平均价格七〇，七〇〇元，较上旬约跌九千元，小麦每百斤平均价格三〇，五〇〇元，约跌五千元，小米每百斤平均价格二七，五〇〇元，约跌二千元，玉米面每百斤平均价格一九，五〇〇元，约跌五〇〇元，油类价格已稍显疲弱，惟跌落甚微。

本旬百货趋跌，对一般消费者而言，固已加惠非浅，惟一般工商业所受之打击则颇为严重。按目前华北商业经济之脆弱性，较战前尤甚。战前各商号结算分红多为一年一结，或三年一结，货物底价折算至低，公积盈余俱无虚泛。今则一般商人皆存五日京兆之心，半年一结算，一年一改字号，演成赌博杀庄方式，多呈外强中干。故在此两个月内遭遇跌风，遂即感无力抵抗。复以货物去途阻滞，不能迎合货物交换流通之贸易原则，无法从中回折收复贵买贱卖之损失，故日形不振，未来之演变实堪注意也。

四、华北财政金融动态概况（八月上旬）

中国农民银行为促进我国出口贸易，近派农业金融设计委员会委员随同中美农业合作团北来，详细调查华北出口贸易，并考查华北农业生产情形。对于华北主要输出品，如猪鬃、山货、草帽辫及羊毛等之出产与运销情形尤深在意。根据此次调查结果以为，扶植出口商之准□。按华北方面出口农业因交通外汇等困难，迄未能尽量发展。转瞬新秋出口季节已届，如山货、地毯、蛋品照例应于八、九月间开始活跃。本年时局不靖，交通困阻，前途甚少乐观。如果中国银行在外汇上所予出口商之便利及出口低利贷款，农民银行在采运方面给予之协助能配合运用，则对于促进出口贸易事业之工作上，可以获得相当成果。

津市近数月来歇业商号日增，间接损伤津市经济基础，而大部分之工厂亦因外货倾销，产品停滞，工资复日见增高，均感赔累甚巨，难以继续营业，本旬津市工厂复有小型造纸厂五家停工。据一般从事实业之人士表示，当此工业危机时代，官营者以资本雄厚，虽亏累，亦尚可维持，惟一般民营工厂资本薄弱，一经赔损，即须停工。故如何扶植民营工业渡此危险，亦当严重问题之一。

华北最大制烟厂颐中烟草公司，前因销路停滞，一度停工。近得各方协助，及原料大批运到，已于本月二日正式复工。

本旬物价平滞，食粮因供求相济，较上旬无大涨落，七月份北平市批发物价总指数（算术平均以民国二十五年全年平均等于一〇〇），上旬为六三六，〇二七，中旬为六二五，四二四，本旬为六〇二，七八九，平均为六二一，四一三，虽较六月份平均总指数五六八,五〇三仍显增高,然其上升率已逐渐减低,显示一般物价已有渐呈平稳,逐渐趋低之良好现象。初旬二、三日间,平津金价受上海金市影响,日呈疲弱,后又受公营事业增价消息之刺激,转趋坚俏。此种疲弱现象发生之原因,虽因由于大量墨西哥黄金流入香港黑市所引起之反应。但基本原因向在法币发行数量停止增加,现钞减少,金融紧缩,购买力低弱,致市况呈现呆滞。本旬北平最高金价为二〇二,八〇〇元,最低为一八二,四〇〇元,高低差额为二〇,四〇〇元。天津最高金价为二〇二,〇〇〇元,最低为一八六,〇〇〇元,高低差额一六,〇〇〇元。

五、华北财政金融动态概况报告(八月中旬)

胜利以后,津市新设立之商业银行甚多,如亚西实业银行、川康平民银行、长江实业银行及筹备开业中之巴川银行等。各行总行原多设于重庆,最近已陆续迁沪。前因公债跌价影响,上海金融市场一度显呈紊乱,商业银行多遭巨额赔累,周转顿欠灵活,纷由津行抽调巨款,以应急需,致津市各行以库底空虚,业务之推进颇受影响,于危险时代甚至有被轧倒闭之虞。今虽已见平稳,而各行实业之薄弱,亦可想见。各银号本年度上半年营业颇有盈余。惟自入七月以来,因市面各货行情之沉闷,生活费用之高,兼以各业多因交通阻塞,营业不易发展,心存观望,致影响所及,使各号业务之推进甚感困难,营业日见间散。

本旬旬末政府公布调整汇率,致使金融物价发生划时间之波动。旬初一般物价皆呈平稳状态,并无显著之涨落。迨十八日晚间,政府突然宣布改变外汇汇率,人心因之激动,十九日新汇率宣布为三,三五〇元后,金融物价大受震荡,各货价格一致上扬,平市本旬平均金价为二一六,二七五元,较上旬涨百分之九点四,大米每百斤八二,八〇〇元,较上旬涨百分之一一点八,面粉每袋二九,三〇〇元,涨约百分之四点二,小米每百斤二六,三五〇元,涨约百分之六点七，小麦每百斤三六，一〇〇元，涨约百分之三点七，二十支棉纱每包一，三三三，〇〇〇元，涨约百分之六点七。十八日至十九日一〔二〕日间，黄金价格涨约百分之二二点二，米面价格涨约百分之五，气势甚昂。

〔国民政府财政部档案〕

3. 国民政府主计处抄送审计工作检讨会议所提各县地方预算外摊派应绝对禁止案函

（1946年9月4日）

国民政府主计处公函 处岁字第一三七一号
中华民国三十五年九月四日

查本处前遵照主席手令，会同审计部召开审计工作会议检讨会议，所有提案及决议案，经函准文官处函复，以该案业经呈奉主席批：呈件均悉。嘱查照等由。兹查前项会议第66号提案，审计部所提各县地方预算外之摊派，应绝对禁止，以减轻人民负担案，经决议照审查意见修正，如照案通过，请政府重申前令，禁止于各县预算外之捐征派募等语纪录在案。查各县财政收入，凡合于法定或经呈奉核准者，均经于预算内明列项目，其在预算外之捐征派募等收入，自属苛杂，加重人民负担，似应严令禁止，以免扰民。相应抄同提案提请查照转饬遵照办理为荷。此致

行政院

附提案一份

主计长　陈其采

提案

案由：各县预算外之摊派应绝对禁止以减轻人民负担提案

办法：呈请国民政府严令禁止各县地方预算外之摊派

说明：据本部各省审计处抽查县财务报告，各县近年虽已成立总预算，但不入预算之收支，为数极巨，且相沿已久，视为当然。各县摊派名称虽不尽同，而任意索诸人民则一，或由县府统筹，或由乡镇保甲自派，或由驻军强迫征集，其数值恒超过总预算原额若干倍，人民痛苦盖可想见，预算制度亦同虚设，若无法令严予制止，则自治财政难收澄清健全之效。

〔国民政府行政院档案〕

4. 财政部就陕西财政赤字问题答参政员李芝亭在国民参政会四届二次大会上询问案

(1946年　月　日)

李参政员芝亭询问

自田赋税改归中央征收实物后，陕西地方经费顿告无着。查陕西每年地方岁出约计为一百零六亿元，而中央拨归地方之赋额及地方正杂各项收入，仅二十四亿元，相差约八十二亿元，如此巨大差额，全赖摊派，遂致弊端百出，民不堪扰。当此中央三令五申依限完成地方自治，而地方财政如此混乱，自治何能实现。闻陕西省府亦曾一直电请设法调整，未审贵部作何考虑，请俞部长书面答复。

答复

查三十五年度陕西省各县市预算，迄今尚未送部，究竟收支各列若干，无从查核，惟查本年中央分配陕西省国税数约二十亿余元，加上陕省带征三成县级公粮五十一万二千石（系依陕西省本年应征田赋一百七十一万石计算），每石以一万元计，约有五十余亿元，两项共达七十亿元左右，如陕省对于各项法定自治税课积极整顿，一方面于支出方面，力求紧缩，则自治预算似可求得平衡。

复查战时县市预算编审办法第十三条规定，各县市总预算之收支不能平衡时，应由省政府调整之，是省政府对于该省县市预算平衡问题，首应自行设法调整．如将来仍有不敷，应俟其自治预算送部后，再行由部呈院酌核补助款额。

〔国民政府财政部档案〕

5. 财政部地方财政司奉令拟具实施改订财政收支系统办法后之检讨及其改进方案等文件呈

（1947年2月24日）

敬签呈者：前奉钧长上年十二月二十一日手令开：三十五年度即将终了，各同人昕夕勤勉，嘉慰至深。当前财政金融事繁任重。复员以来，业务措施尚多未逮。丁兹岁序更始，检讨过去，策划将来，本部长懔于职责之艰巨，尚有期于各同人之盂加奋策。兹提出以下问题，盼即悉心研讨，妥拟切实可行之具体方案，于文到二星期内送由本部长亲收，以便择善实施。内容应尽量列举事实，或提出数字，不得稍涉空泛，致同具文为要。等因，奉此，自应遵办。兹谨拟具实施改订财政收支系统法后之检订〔讨〕及改进方案，理合签报鉴核。又本方案内应行改进事项，须呈院核示后实施者，亦经拟具呈院文稿一并签请鉴赐核判。谨呈

部长、次长

附呈实施改订财政收支系统办法后之检讨及改进方案及呈院文稿各一件

职孙静工谨呈印

二月二十四日

呈行政院稿

呈 财地字第1863号

窃自去岁七月一日国民政府公布实施修正财政收支系统法后，迄今行已半年。地方财政虽于极度困难之中勉力渡过，而三十

六年度地方收支不敷，预计情形更为严重，亟应检讨过去，拟具改进方案，呈准施行。

查三十五年下半年度改制后，各省市收入经行政院核定总额为一千零十八亿四千五百余万元。支出总额为二千五百九十五亿五千六百余万元，其中员工生活补助费占百分之八十以上，收支不敷之数达一千五百七十八亿六千八百余万元（十二月份各省市生活费调整增加之数尚不在内），全由中央补助，占各省市收入之一倍半以上。三十六年度各省市预算尚未报部，无从统计，惟根据去年十二月份公教人员生活费调整及现时物价估计，最低约当三十五年度之一倍半，即年需约一万三千八百亿元，而其收入即使亦照三十五年度之一倍半计，仍不过五千亿元左右，依照院颁三十六年度预算编制要点规定，中央补助款最高不得超过三十五年下半年度之一倍，即为三千一百五十余亿元，是各省市最低限度之支出，尚不敷五千六百五十余亿元，若不亟谋补救，则本年度省级财政前途必致更形艰困。至县级财政，自改制后，合法税源增多，预算增加亦巨，其整理改进，亦属刻不容缓。兹谨拟具改革方案于后。

甲、省财政之改进

一、开源

（1）修改财政收支系统法。中央所得田赋三成拨省，省所得带征公粮一成五归县。

查田赋在战前原为地方税，其正税归省，附税归县，省得田赋约占百分之五十以上。改制后降为百分之二十，影响省收支之平衡极巨。中央所得三成，因负担经收及储运费之支出甚巨，转不若直接采购军粮为得计。故拟将此田赋三成仍划为省收入，省共得五成后，即以随赋带征三成公粮中之一成五归还县市。复查省级此项收入，依法应以三分之一作为县市补助款，于归还县市后，其实际损失，仅为一成。至调剂县市盈虚，依县市财政调剂盈虚办法之规定，另有经费来源，省级所得公粮拨还县市后，当不受其影响。

（2）营业税全部归省，除省辖市外，免以五成给县。

查营业税原属省税，而依改订财政收支系统法之规定，则为共分税源。值兹省级财政支绌，似不应再行分县。故拟自三十六年度起，除省辖市因缺少田赋收入，对营业税仍应分得五成外，所有县（局）概不再分得营业税，以裕省级财源。本年营业税之增加，希望最大，估计全国年可征达三千八百亿余元（其中八百亿归中央，三百亿归省辖市），免以五成分县，则省级可多收一千二百亿余元，足资弥补省市收支不敷之大部。至县级则以省带征公粮一成五之划入，亦勉可抵补其所失。

二、节流

（1）各省市政府员工，依三十五年度中央核定名额，普减三成。

查各省市支出庞大，主因为员工过多，总计三十五年度江苏等二十九省市员工总数为五十八万人以上，较战前增加奚止倍蓰。应由各省市政府根据地方财力及最低需要，普减三成，则年可节省三千三百余亿元，有裨于收支平衡极巨。

（2）裁并机构

查省级事业，战前大都隶属于民、财、教、建四厅，战后增加机构甚多，如省社会处、地政局等，皆自民政厅划出，而为独立行政单位，实则地方财政支绌，事业费尚或无着，如其增设行政管理单位，转不若概予紧缩裁撤，即以其预算所列经费，酌量移作充实各项事业之用。

（3）加强省营事业之监督，核实其盈余归入省库。

查省营事业之年终盈余，每多为该事业机关支配尽净，殊少解入省库，应由中央令饬各省市严密监督稽核其盈余，务使作为扩充事业基金，或纳入省库。

（4）省级事业择其宜于移归中央或县市者，分别移归中央或县市，以轻省级负担。

查省级事业中，如教育方面之省县立中学可改移一县或数县负担其经费，国立中学复员后移省者，可仍请教育部给予经费，举此类推，现时由省负担之事业，可以移县或中央者，尚属不少。

三、三十六年度省市收支之平衡

依上方案，则三十六年度各省市收支不敷，可减至四千二百八十七亿元，应由中央补助，以资平衡（附表一略）。查三十六年国家预算列有省市不敷补助支出专目为五千亿元，除上项补助外，尚余七百二十亿元，以之抵补中央田赋三成划省之失，或为地方公教人员生活费调整与地方事业发展之准备金，亦尚合理。

四、加强监督省级财政，依省民政厅由内政部提供人选之办法，以控制各省财政厅。

田赋三成及营业税五成全部划为省收入后，为切实整理省级财政，使达收支平衡之目的，中央对于省级财政，亟应加强监督，依财政收支系统法之规定，省财政在自治未完成前，受中央直接监督，完成后受中央间接监督。中央为实施此项监督，除依已有办法严密执行外，对于省财政厅厅长，似应由主管部妥为遴选，依法任用。

乙、县市自治财政之改进

一、开源

（一）对于边贫县市，另行规定合法税源。

查现行各种自治税捐，对于经济落后、交通不发达之边贫县市，收入实极微少，亟应另行规定合法税源。如西北之牲畜等，应定为该区域之法定税源，而其他收入过少之税课，准即停征，俾切实际。

（二）特别税课，应视税源优劣为选择标准。

查现时地方特产，大都已由中央课税，致因地制宜之税有名无实，无法开征。今后应视各地经济情况及其税源优劣，就过去之所谓苛杂中，除以货物为征课对象者外，择其行之已久，收入可靠，而人民习于缴纳者，依法举办特别税课，俾地方自治经费，足资因应。

然后对于摊派，方可收切实禁绝之效。

（三）修正地方自治税捐之税率及征收方法。

1. 房捐：应制定法案，严查房租底册，评定房租标准价格，推行官租折制，藉减偷漏。

2. 屠宰税：酌提税率，彻底废除包征，切实实行从价征收，藉裕收入。

3. 筵席税：提高起税点，在起税点上之筵席，一律从价征收百分之十五，以杜馆商化整为零，逃避累进税之流弊。

4. 娱乐税：恢复原定税率，对含有教育意义之娱乐，得由地方政府酌予减低。

5. 土地税：凡未开征者，应即厘定地价，从速开征地价税及增值税；已开征者，依规定按市值重估地价，开办土地增值税，并提高土地税之罚锾为按月加征所欠数额百分之二十，以利推行。

6. 契税：酌增税率，使有力置产者，负担稍高。

（四）开辟财源以裕县库。

1. 遗产税，拨县成数增为百分之五十。查遗产税之征收，须由地方协助，方免偷漏。为补助县市及鼓励地方加紧协助征收计，拟将原分配百分之三十之遗产税提高至百分之五十，使中央地方均获利益。

2. 由中央委托县市代征土酒土烟税，并以总收入百分之五十拨补县市。

3. 设置保田。各县市应每保至少设置保田三十亩，指定为乡镇保甲经费之重要收入，其来源，①无主土地；②地方庙产及祭祖田地；③向保内富户征收，其办法容依原则核定后，再行拟订。

（五）调整田赋赋率赋则及赋籍。其赋籍行政及经费，应收回本部掌管。

查田赋征收，因年久地籍紊乱，遂使赋额失实，赋率失平，致现实征收，不能按图索骥，就地问粮，人民纳赋，无异摊派。改制后，田赋为地方重要收入，田赋脱离赋籍之弊，亟应纠正，不仅均负平赋，而挤查黑地，尤为增加收入之要着。其整理实已刻不容缓，所有赋籍行政，前由本部划归粮食部接管者，似可仍予收回，以便针对田赋作赋率赋额及地籍之整理，而收增裕地方财源之效。

二、节流

（一）严密管理县市支出，并紧缩机构。

查地方财政，应量入为出。现时县市财政漫无轨道，支出无度，尤以机构重叠，为预算之大累。如河南省，一等县机构达三十余单位，人员有多至八千以上者，较战前增加甚多，亟应由各省政府严订调整办法，检讨现有组织，切实裁减单位及人员，以其节余经费，为充实自治事业之用。

（二）归并保甲。

查现行保甲以十为进，致各县市保甲数目甚巨，而乡镇之设置亦多。为撙节地方经费计，拟归并保甲，扩大乡镇，并以十甲至十五甲为一保，二十至三十保为一乡镇，如此可节省保甲及乡镇经费至少在一倍以上。

（三）并保设置保国民学校。

查各县自治经费，以保国民学校支出为一大宗。原规定一保一校之原则，似应予以变更，即并二保或数保设国民学校一所，如此可节省保教经费至一倍以上，裨益地方支出实多。

丙、乡镇财政之改进

一、严格执行乡镇经费应占县预算百分之五十以上之规定

查乡镇为自治基层，如无确定经费，不足以维持自治。现行财政收支系统法，虽规定乡镇经费应占县预算百分之五十至七十，但实际依照编列者极少，故应严格执行。

二、乡镇国民教育经费应予宽筹

在目前乡镇之最大支出，应为国民教育经费。但如专由县预算统筹，则恐不胜其负荷，故拟具办法如下：

（一）经乡镇民大会之决议，县参议会之通过及省府之核准，举办学谷捐，每年一次派定，分期缴付。

（二）指定乡镇公有产款收益及乡镇造产收益百分之五十为乡镇教育经费。

（三）以上两项收入，应作专款处理，不准挪用。

三、禁绝摊派，积极发动并改进乡镇造产，使其本身增裕收入，除前项中之学谷捐外，所有一切摊派，前已由部拟订禁止办法五项呈院通饬遵行在案，应由各省政府督饬切实遵行，以期禁绝。

以上所拟省县乡镇财政改进方案，如蒙核准，拟即由部分别拟具有关法令章则，呈准施行。理合附具改进方案三十六年省市收支平衡表暨改制后地方财政之检讨与改进方案各一份，呈请鉴核示遵。谨呈

行政院

附改进方案三十六年省市收支平衡表一纸（略）、改制后地方财政之检讨与改进方案一份

财政部部长　俞〇〇

实施改订财政收支系统办法后之检讨及其改进

一、前　　言

溯自上年二中全会决议迅速改变财政收支系统以适应建国需要后，中央乃根据是项决议原则，实行修改财政收支系统法，并由财粮两部会同于上年六月间召集实施改订财政收支系统会议，商讨实施办法，于七月一日由国民政府公布实施修正财政收支系统法，迄今行之半年，值此年度结束，新岁伊始，其利弊得失，应有一全盘检讨，不唯制度政策之瑕瑜，须周详审察，即业务推行之困难，亦须慎密检讨，以为今后改进之方针。爰本斯旨，分陈管见如次：

二、制度方面检讨

查修订财政收支系统法实施后，地方财政制度方面，互有得

失。先举其优点：

(1) 新制划全国财政为中央、省(市)县(市)(局)三级。中央与地方系统分明，财政上已具均权之势，于实施宪政，推行地方自治，裨益实多。

(2) 省财政恢复独立，使其脱离国家范畴，以配合与推动省级自治事业之发展。

(3) 县财政较前充裕，除原有五项自治税课外，复分得土地税(包括田赋)五成，遗产税三成及契税全部，并得依法开征因地制宜之特别税课，以弥补地方预算之不足，自治经费已勉强因应。

至其缺点，则在于：

(1) 税源划分未臻公允。如省税划分过少。土地税，定为中央、省、县三级共分之税源，致贻中央侵蚀地方财源之机，且中央三成，除去征收费用，所得远不及补助省县地方款之总和(见附表二)〔略〕，如明文规定土地税为地方税(省县各半)，不仅可符建国大纲之规定，且免地方资为请求中央补助之藉口。

(2) 营业税划分，名实不符。既明定为省税，复又规定以半数归县，于实质言，类似省县共分税收。

(3) 省收入殊属贫乏。省级主要收入仅田赋二成，营业税五成，以之支持全省事业，而欲望其自给自足，实不可能。

故依现制检讨省县两级地方财政，概言括之，则省财政之未易改善，实因收入无多，为先天不足，乃制度之失，而非人谋之不臧。至县财政之未易改善，非因收入未丰，实后天失调，乃人谋之不臧，而非制度之失。

三、各省市收支检讨

查三十五年下半年度改制后，各省市收入，经行政院核定总额为一千零十八亿四千五百余万元。其中省得土地税二成，为九百十二亿九千余万元，(包括代征公粮在内)占总收入百分之八十八强，营业税五成，为九十六亿二千余万元，占总收入百分之十一，其他各项，如省财产孳息规费等，为九亿二千余万元，仅占总收入百分之一强（见附表三）〔略〕。故省市收入，实可谓土地税与营业税二者，其他收入实不足恃，至各省市三十五年下半年度支出总额为二百七十一亿九千余万元，约占支出总额百分之十强，临时费为二千三百二十三亿六千余万元，约占支出总额百分之九十，此项临时费大多属于员工生活补助费之追加，换言之，用人经费占支出总额百分之八十以上。（见附表四）〔略〕，省市经费，仅足维持机关人员，事业如何，已可想见。至于三十五年下半年度各省市收支不敷一千五百七十八亿六千八百余万元（十二月份各省市生活调整尚不在内），则全数由中央补助（见附表五）〔略〕，此项补助数额，几占各省市收入一倍半以上。

三十六年度各省市预算尚未准报部，无从统计。根据三十五年十二月份公务员生活补助费之调整及今后物价趋势，各省市支出之增加，最低约达三十五年度支出之一倍半，即年需约一万三千八百亿元以上（三十五年下半年度各省市支出总额为二千五百九十五亿五千六百余万元，加上十二月份追加生活调整补助数一百六十四亿四千三百余万元，共约二千七百六十亿，全年伸算应为五千五百二十亿元，三十六年度支出增加最低以三十五年度一倍半计，应为一万三千八百亿元），而其收入，依三十五年下半年度一倍计算，仅为二千余亿元，即使将省收入加以整理，使亦增加一倍半，不过五千亿元，不敷约在八千八百亿元，依照行政院颁发各省市三十六年度预算编制要点之规定，中央三十六年度补助款最高不得超过三十五年下半年度之一倍，即由中央补助三千一百五十余亿元，则各省市最低限度之支出，尚不敷五千六百五十亿元。故三十六年度省市收支之平衡，实为一严重问题。若不亟谋有效之补救，则省级财政前途，确属不堪设想。

四、改进省级财政意见

省市财政，除院辖市外，以其本身具有县级收入，或可勉资因

应外,省级财政,欲其自给自足,困难实多。兹就开源节流两方面分述改进办法如次:

甲、省财政之开源

(一)修改财政收支系统法,将中央所得田赋三成拨为省收入,并以省级带征公粮一成五划县,以明系统。

查田赋在战前原为地方税。正税归省,附加归县,正附税之比例,约各占半数,或有正税多于附加者,且为战前各省收入之最大部分。自三十一年收归中央接管后,省级支出统由中央负担,自无收支不敷之虑。此次改制,省财政独立,其田赋收入,由战前百分之五十以上者,减为百分之二十,余三十为中央所得,影响省收支之平衡,自属重大,自中央财政政策言,一方面予省市以收支不敷补助,一方面取田赋三成划为中央所得,一予一取,不无矛盾。或为中央分田赋三成,裨益国库军糈,实则中央负担经征经费及储运各费之支出,较三成田赋收入为巨。征得稻谷一石,其经征及储运费约需二万元左右,而市场谷价最高不过如此。转不如以此项巨额支出采购军粮为得计,且在地方以为中央既取田赋三成,则地方不敷,自应请求中央补助,中央所得三成田赋,以三十五年下半年计为六百九十一亿余元,而中央拨给各省市补助款计达一千五百七十八亿余元,差额为八百八十七亿余元,如以全年计算差额将达一千七百七十四亿余元,经征储运各费,尚未计入。故自三十六年度起,似应将田赋三成仍划为省收入。在中央既无所失(且可减少经征储运费等之支出),在省级多一财源,年可增加一千三百八十余亿元(见附表二)〔略〕,可弥补本年各省市不敷数百分之二十以上。中央既以三成田赋拨省,则省级田赋已获有五成,而随赋带征之三成公粮,依法规定应以一成五归省者,仍还归县市,以维县市地方公教人员调整待遇之需,且依财政收支系统法规定,省应以土地税收入之一部分,为调整县市财政盈虚之用,前经由院规定以一成五之零点五划为补助县市之款,今以之全部还县,则省所划出者亦只一成。至于调剂县市盈虚，本部前经拟订县市财政由省调剂盈虚办法呈院令实施，已规定调剂经费来源，省级公粮拨县后，当不受其影响。

（二）营业税除省辖市仍以五成分给外，其余全部归省，并由省整理，以裕收入。

查营业税为省税，但依法应以百分之五十分给县市。此项措施似有改善之必要。盖现阶段之省财政已自顾不暇，遑有余力拨助地方，且战前营业税收入，类多属省，并不分县，县市所有者不过附加而已。今规定以半数分县，影响省级收入殊大。故拟自三十六年度起，营业税除省辖市应由省分给百分之五十，以维持其自治经费外（省辖市田赋收入至少，而以营业税为大宗，如不分成，将影响自治经费），其余则全部归省，暂免划分五成于各县，以裕省级收入。迨省级收入渐入于平衡之途，再予提成拨县，藉省县事业得有平衡之发展。再营业税既经中央交还地方，应即由县切实整理，调整征收机构与人事，务期涓滴归公。以三十六年度物价趋势估计，营业税一项之增加，其希望最大，约可达上年五倍至十倍，全国各省市总额可望达三千八百亿万元（其中应以八百亿划中央，估计三百亿元划省辖市）（见附表六）〔略〕，如不以五成分县，则省级可多收入约一千二百亿元，足资弥补省市不敷支出之大部。至于县级营业税划省后，以有省级带征一成五公粮划县，自亦足以弥补其损失而有余。

（三）契税附加属于县市者，改为省附加收入。

契税自全部划归县市后，其原有百分之二十五之附加，如仍归县市，已难符名实。为充裕省级财政计，自应改为省附加，已由部呈院核准，自三十六年度起，此项契税附加列入省预算。估计本项收入约可达五十亿余元（见附表六）〔略〕，足以弥补省之不敷之一部。

乙、省财政之节流

（一）裁减省级冗员。查各省市支出庞大，推其原因，不外现有省级人员之扩张，漫无限制，总计三十五年度江苏等二十九省市核定文武职员及兵警丁役总人数在五十八万人以上（附表八）〔略〕，较战前机构人员之增加，奚止倍蓰。为求省市收支达于平衡计，自三十六年度起，应由省市斟酌地方财力及最低需要，从事紧缩，以三十五年度中央核定各省市文武职员，普减三成。

复查三十五年度各省市支出总额为三千四百二十四亿余万元（见附表九）〔略〕，用人经费即占二千七百七十三亿余万元（见附表十）〔略〕，占岁出总额百分之八十一以上，三十六年度省市支出估计约为一万三千八百余亿元，则用人经费将占一万一千亿元以上，如依照上列原则普遍裁减三成，则可节省经费约三千三百亿余元，裨益省市预算之平衡者至巨。

（二）裁撤骈枝机关，以其经费充实地方建设。查省级事业于战前大多隶于民、财、教、建四厅，战后则以中央部门增多，而每一部门皆于省普设机构，办理专门事业。例如社会救济、卫生行政、土地行政等业务，战前原属于民政厅主管。自中央成立社会部，则有省社会处，中央有卫生署，则有省卫生处，中央有地政署，则有省地政局，实皆自民政厅划出，且皆司行政监督，而业务则由县或另设直属机关办理。近以中央宣传部成立后，各省复有成立新闻处之明令，因中央部会系统之各别，省亦有各种平行机关之设置，支出庞大，对省府财力，不稍顾及。故自三十六年度起，省市机关应尽量缩小，并裁汰骈枝机构，以其节余经费，充实事业之用，以实际建设地方，似可由行政院明订办法，通令各省市对于行政机构详加检讨，何者宜紧缩，何者可缓设，何者可裁撤，即以原预算所列经费之一部分，流抵省级事业之需，一矫以往机关林立，百事不举之弊。

（三）省营事业机关应加强监督，并核实缴销盈余。查省营事业颇多办理欠佳，省库赔累甚多。即以省银行省企业公司论，年终盈余甚多，每为该事业机关支配尽净，殊少解入省库。自三十六年度起，应由中央令饬各省市对于省营事业切实监督，如有办理欠妥者，应由省斟酌情形紧缩，或调整人事，或改由民营，并缜密稽查自营事业之盈余，作为扩充事业资金或纳入省库，以裕收入。

（四）省级事业择其宜于移拨者，移归县市或划归中央，以减少省级支出。省级事业有雷同于县市者，应移归县市，由县市负担其经费，有性质可隶于中央者，应呈请划入中央，由国库负担。例如教育支出，县市立或省立中学，即可饬县或数县负担其经费，国立中学经复员后由中央移省者，仍可呈请教育部给予经费。举此类推，省级事业可移县或中央者，当属不少，其支出之节省，亦必甚巨。

丙、严密监督省地方财政，各省财政厅长应由部提供人选

省级财政之开源节流，既如上述，中央为健全地方财政计，对于地方财政之人事制度，自应严密监督，否则田赋三成既由中央划归省市，营业税亦全部归省，其收入沛裕难免支出无度，而地方财政终难期入于正轨，且依财政收支系统法之规定，省财政在自治未完成前，受中央直接监督，自治完成后，受中央间接监督，故中央为统筹全国度支并控制各省财政，使趋于平衡发展计，自应援照各省民政厅长由内政部提供人选之办法，对于各省财政厅长应由部提供人选，制订任用办法，依法任用。

丁、三十六年省市收支之平衡

依据上述省市财政开源节流方法，如能逐一办到，则三十六年度各省市收支之平衡当如左表。

（一）收入方面（依照上述开源办法后之收入）：

（1）土地税（包括田赋），除去一成五之省级公粮计算，省得五成为三千七百九十亿元（此数系按三十五年下半年度各省市所列土地税包括田赋二成预算约四百六十亿元计列），如增为五成，应为一千一百十五亿元，全年应为二千二百三十亿元。三十六年度土地税配额照旧，但谷价估计平均较上年度增加百分之七十，则三十六年度土地税五成收入应为三千七百九十亿元。

（2）营业税为二千七百亿元（估计三十六年度收入三千八百

亿元，除中央八百亿元及分给省辖市三百亿元外，净余二千七百亿元）。

（3）契税附加归省为五十亿元。

（4）其他省有财产孳息规费及省银行省营事业等收入估计一百亿元（依三十五年下半年省市所列其他收入总额九十二万一千一百五十六元，全年应为一百八十四万二千三百十二元之估计约如上数）。

共计收入六千六百四十亿元。

（二）支出方面：

（1）三十六年度各省市全年支出估计为一万三千八百亿元。（三十五年下半年度各省市支出总额为二千五百九十五亿五千六百万元，加上十二月份生活调整补助数一百六十四亿四千三百万元，共约二千七百六十亿元，全年伸算应为五千五百二十亿元。三十六年度支出增加最低以三十五年度一倍半计，应为一万三千八百亿元。）

（2）生活调整准备金一千亿元（三十六年度支出估计为一万三千八百亿元，其中以百分之七十五为用人经费，约占一万亿元，以十分之一为生活再调整之准备金，估计如上数）。

（3）依照上述节流办法可节省之支出为三千八百亿元计：

（a）省级机构普裁三成人员，估计可省三千三百亿元。

（b）裁撤骈枝机关，估计平均每省市十亿元，二十九省市共为二百九十亿元。

（c）省营事业省库减垫资金及严密监督省营事业之盈余入公，估计平均每省市五亿元，二十九省市共为一百四十五亿元。

（d）省级事业移拨县市或中央者，估计平均每省市五亿元，二十九省市共为一百四十五亿元。

（4）除上项节流外，净支出为一万零九百二十亿元。

以上收支两抵，计不敷四千二百八十亿元，如数应由中央补助，以资平衡。复查三十六年度国家预算列有省市不敷补助支出专目为五千亿元，除上项补助款四千二百八十亿元外，尚余七百二十亿元，足以抵补中央将三成田赋划省后之半数，或为顾全地方事业发展，以之作为地方新兴事业补助款，似亦足资因应，且示中央扶植地方之本旨。如依照本方案实施，则本年度国库负担不致增加，而省市财政亦得平稳渡过。惟此项平衡，仍为一时权宜办法。至彻底改进省财政，则有待于以后时局之大定及物价之转于平稳而后可。

五、县市自治财政检讨

查自治财政，在未改制前，向甚紊乱。一以法定收入短少，不足以应地方支出，一以抗战期中，军队过境，军差旁午，致地方摊派，无法避免，于是预算外之收支，成为县市财政之最大病瘤。改制以后，县市合法税源，业已大量增加，县市财政在制度方面，已立有基础。兹分别加以检讨，附具改进意见如次：

甲、自治预算检讨。查三十一年各省市县市地方岁出入预算总额为十六亿八千七百余万元，三十二年为三十四亿七千八百余万元，约较上年增加一倍有余，三十三年度为一百亿零五千八百余亿元，约较三十二年增加二倍左右，三十四年为二百九十三亿四千三百余万元，较三十三年增加又将二倍。三十五年下半年以财政改制，尚有若干省市自治预算迄未整编报部，即就已送到江苏等十六省市自治预算统计，其岁出入总额已达一千七百五十一亿八千九百余万元，较上年未改改〔制〕前之收支二百九十三亿余万元者增加达一千五百亿元以上，亦即较未改制前增加五倍左右（见附表七）〔略〕。故就预算言，由于县市预算日趋庞大，县财政整理亦更迫切。

乙、自治税制检讨。自治经费既日见增加，而自治税收能否适应，自应予以检讨。兹分述于次：

（1）税法应予改善。自治税课规定为房捐、屠宰、营业牌照、使用牌照、筵席及娱乐税、契税等项。我国幅员广大，地方情形至为悬殊，经济落后或边远地区，其税源萎缩，纵有税目，实无税收，今一律以之为普遍税源，实属无补实际。

(2) 税率应予变更。改制后，新订各项自治税课之税率，依现法规定，大都减低，一方面地方财政需要迫切，一方面税率普遍减低，不无矛盾。契税虽已由中央划归地方，但税率已自卖赠占有百分之十五、典百分之十，减为卖赠占百分之六、典百分之四，约减低三分之一与二分之一。房捐税率，营业房屋出租者原为租金百分之二十，现制减低为百分之十，住家房屋原为百分之十，现制减低为百分之五，是项房捐，几各减低一半。营业牌照税，原为按资本额征收千分之五者，现制改为千分之三，减低五分之二。筵席税原为从价征收百分之二十，现制改为在起税点以上，不满五倍者，征百分之十；在五倍以上者，始征百分之二十。娱乐税原为从价征收百分之五十，现制改为百分之二十五，则又减低一半。以上各税之减低，均达一半，亦即税收短少一倍，与充裕县市税收之旨，大相径庭。故现行税率，似应重加检讨。

(3) 征收方面应予改进。现行各项税课之征收，于方法及技术上，尤多待改进之处。例如房捐，乃依房租比例而征收，今地方政府对于房租，每多未能评定市价，于是房捐收入大受影响。从价征收之屠宰税，每多包征或按头计征，且多沿袭旧制，征收殊少改进。土地税因原定地价恒在十年以前，故收数甚微，契税征收悉多听凭业主自报，无法稽查，收入未旺。此外田赋在抗战时期，由中央接管征实，原属一时权宜，现抗战结束已久，似已无此需要。

丙、自治机构检讨。物价高涨，支出日见庞大，乃为目前县市财政之最大压力。虽竭尽整理税捐之能事，终难期与物价成正比之上升，开源既有限制，不得不注重节流，尤以近年来县市机构林立，一等县之机构名称多达三十余单位，而派驻之中央与省级机构尚多不在内，其人员达八千人左右(如河南省见附表十一)〔略〕，较之战前，奚止倍蓰，似应重加检讨，分别整并，以符撙节之旨。

丁、县级自治财政改进办法

1. 建立合理地方税制

(1) 各省自治税捐对于院辖市与普通县市,固能适应。但在经济落后,交通不发达之边贫县市,收入实属无多。故现规定税课外,应另行规定合法税源,如西北各县之牲畜税、多山县(局)之竹木税、江浙之锡箔税(按竹木税与锡箔税现均为中央税),应定为各该区域之法定地方税源,而使用牌照税、筵席娱乐税等,可准予停止征收,以免税目繁多,徒增机关支出,予人民以不良感想。

(2) 特别税课应视其税源优劣为选择标准,不当以特殊性税源为限。查现时地方特产大都已由中央课税,致因地制宜之税,有名无实,无法开征。今后应视各地经济情况及其税源优劣,就过去之所谓苛杂中,择其行之已久,收入可靠,而人民习于缴纳者,依法准备特别税课,俾地方自治经费足资因应,然后对于摊派,方可收切实禁绝之效。

2. 改正税率与征收方法

(1) 房捐。关于房捐税率,似仍照现行税率修改现有房捐条例,并制定法案,严查房租底册,评定房租标准价格,推行官租折制,从价征收,以减偷漏。如此,则较现有税收估计可增加数倍。

(2) 屠宰税。现行税率规定从价征收百分之五,多数省份均嫌过低,拟增高税率为百分之十,一律从价征收,并彻底废除包征制。果如是,则此项县市最普遍之税源,应可增加税收一倍以上。

(3) 筵席税。筵席税拟仍恢复原有从价百分之二十征收,惟对于免税点,应酌予提高。

(4) 娱乐税。拟恢复旧税率,惟对于宣扬文化教育意义之娱乐,予以减低税率征收,并拟由统一经征机关印发娱乐入场券,以免逃税。

(5) 土地税。为合乎民生主义之优良税制,凡未开征者,应即厘定地籍,估定地价,从速开征地价税及土地增值税,其已开征者,应依照规定,按市值重估地价,并积极开办土地增值税。如此,不惟增裕地方财政，且可达成平均地权之旨。

(6) 契税。应酌增税率，并制定通案实施整理。此项税收，大多为置产者负担，非富有不能置产，税率提高，并不苛扰。

(7) 营业税。现制规定为省县平分之税课，似应划入省级收入，以弥省级财政之不足，无论其属省分县，抑为省所独有，均应予以整理，倘能控制商业帐簿，缩短查征期限，制止包征拦征及摊派诸弊，则营业税前途，当属可观。

3. 开辟财源以裕县库

(1) 遗产税拨县成数增为百分之五十。查遗产税之征收，须由地方协助，为补助县市及鼓励地方加紧协助征收计，拟将原分配百分之三十之遗产税，提高至百分之五十，使中央地方均获利益。

(2) 由中央委托县市代征土酒土烟税，并以总收入百分之五十拨补县市。

(3) 设置保田。各县市应每保至少设置保田三十亩，指定为乡镇保甲经费之重要收入，其来源①无主公地，②地方庙产及祭祖田地，③向保内富户征收，其办法容俟原则核定，再行拟订。

4. 调整田赋赋率及赋额

查田赋征收，由来已久，以地籍之紊乱，遂使赋额失实，赋率失平，致现实征收，不能按图索骥，就地问粮，人民纳赋，无异摊派。改制后，田赋已为地方重要收入，凡此田赋脱离赋籍之弊，亟应纠正，不仅为人民均负平赋，而挤查黑地，尤为增裕收入之要着，故田赋整理，已刻不容缓，前以中央征实，田赋整理工作划归粮食部执掌。抗战胜利后，征实似无长久继续之必要。故赋籍行政及经费，亟应由粮食部交由本部接管，以便针对田赋作赋率赋额及地籍之整理，而收地方财政增裕收入之速效。

(二) 节流

1. 严密管理县市支出并紧缩机构

地方财政厅量入为出，不仅应积极整理税收，其支出之管理，尤应严密，今日县财政之漫无轨道，实因支出无度，尤以重叠机构为县预算之大累。如上述一等县机构达三十余单位，人员至八千，为平衡收支计，似应由各省政府严订管理县市支出办法，检讨现有组织，切实裁减人员，并以裁员节余经费，转为推进自治事业之用，藉以加强地方自治，完成地方建设。

2. 归并保甲

查现行保甲以十为进，致各县市保甲数目甚巨，而乡镇之设置亦多，为撙节地方经费计，拟归并保甲，扩大乡镇，并以十甲至十五甲为一保，二十至三十保为一乡镇，如此可节省保甲及乡镇经费至少在一倍以上。

3. 并保设置保国民学校

查各县自治经费，以保国民学校支出为一大宗，原规定一保一校之原则，似应予以变更，即并二保或数保设国民小学一所，如此可节省保教经费至一倍以上，裨益地方支出实多。

六、乡镇财政之检讨与改进

查乡镇为自治单位，于自治财政，原应成一独立系统，惟以现时乡镇贫富不均，富者足以自给，而贫者则缺乏税源，倘予独立，则现机构之维持，亦生问题。故新制规定，乡镇财政仍附于县市，而为一单位预算，其收支仍由县统筹，于现时国民经济未臻普遍发展之时，自属允当之举。兹就此过渡时期，乡镇财政予以检讨，并拟具改进办法如次：

1. 乡镇经费经予确定　乡镇为推动自治之基层，如无确定经费，不足以言自治。故现行财政收支系统法规定，乡镇经费应占县预算百分之五十至七十。但目前县预算依此规定编列乡镇经费者，实不多觏。为确定乡镇经费计，除应积极发动并改进乡镇造产，使乡镇本身增裕收入外，对于县预算应占百分之五十以上之乡镇经费，嗣后应严予审查。

2. 乡镇国民教育经费应予宽筹　教育为立国之本，尤以推行自治之主要条件。故目前乡镇最大支出，似应为国民教育经费，自应予以宽筹。但此项经费，如专由县预算统筹，恐不胜其负荷。兹拟开源办法如次：

(1) 经乡镇民代表大会之决议，县参议会之通过及省政府之核准，举办学谷捐，每年一次派定，分期缴付。

(2) 指定乡镇公有产款收入百分之五十为乡镇国民小学经费。

(3) 指定乡镇造产收益百分之五十为乡教育经费。

(4) 以上各项收入，应作专款处理，不准挪用。

3. 摊派应严予禁止　地方除特许宽筹之教育经费外，其余摊派应一律严禁，以舒民困，前经由部拟订下列办法呈院通饬在案。兹附陈其要点如次：

(1) 拟再请院通行中央各部会署及各省市，凡中央及省委托县市办理之事项所需经费，应由委托机关指拨专款，核实发给。

(2) 在预算核定后，如须举办地方新兴事业，应先依法办理追加预算呈奉核准后，方准举行。

(3) 凡非法定征收机关不得径向人民征收任何款物，即属法定机关，亦不得向人民征收非法税捐或摊派款项，违者依刑法第二百二十九条论处。

(4) 各县市长对于所属各级行政机构之非法摊派，如有纵容包庇或监督不严，经人民呈控查实者，应负连带责任。

(5) 各县政府及乡镇保甲人员，如有擅向地方摊派，准由人民列举事实证据，径向省政府或中央呈控，经查实后，严予惩处(另附正在查禁中之地方苛捐杂税一览表见附表十二)〔略〕。

七、结论

总上各节以观，无论属省属县属乡镇，其财政之不能纳于正轨，要为无合理之收支，因亦无平衡之预算，倘收支沛裕，支出再求紧缩，则地方事业，可望猛晋。现制下之地方财政，县级收支尚可勉力因应，而省级则相去太远，允宜依照前述方案，开源节流，以求困难之解决。至于乡镇财政，现阶段当使获有确实可靠收入，并去其摊派赘瘤，则庶政推行，便利可预卜也。

以上所议省县乡镇各项改进办法，如蒙核准，则将分别由部制订有关方案及法令章则；呈院核定实施，并拟于本月内由部召集重要省市财政厅长举行谈话会商讨，俾对本方案各项改革，从详研拟实施，当否？并乞核示。

〔国民政府财政部档案〕

6. 财政部秘书处检送绥靖区政务督察团第二组政务概况关于财政金融报告函

（1947 年 5 月 7 日）

奉交行政院绥靖区政务委员会秘书处绥秘机（三十六）字第二四九三号函，为检送绥靖区政务督察团第二组报告提要一份，请查照等由，附件下处。除分函外，相应摘抄原报告各地政务概况关于财政金融者三项及建议事项丑财政金融方面四项有关部分，函请参考为荷。此致

钱币司

附抄件

秘书处启印

五月七日

一、〔略〕

二、关于财政金融者

（一）财政　财政困难，为五省普遍之现象。负担太重，为人民一致之呼声，而苛捐杂税，则均已完全取消，各县经费之筹措，仅冀省尚不免于摊派。兹将各省财政扼要举例言之。

(1) 冀省辖县较多，匪患犹深，省会最近方免围扰。各县多未能及时编定预算，开支遂少标准。如冀东之昌黎，上年经费不足，以摊派弥补，其数额占全年收入国币三亿元中百分之六十五，既不为合理之统筹与收支分配，又未完全经民意机关之核议，人民因而啧有烦言。其次如良乡、涿县，虽同样以摊派方式筹措经费，但能于事先提经地方人士会议决定，统筹支配，人民虽感负担之重，尚少訾议。

(2) 热省各县尚能依照规定，编制预算，撙节开支。如承德县能体谅民团〔困〕，厉行节约，以抵岁入之不足。滦平贫瘠之县，以节省开支，而能获平衡收支之效。

(3) 察省各县，均由省政府分别代编预算，使开支有相当标准。如宣化县财政虽穷，而不乱。

(4) 晋省以所视察之大同、阳高两县言之，上年收支不敷，亦以摊派筹补。本年奉令不准摊派，则多赖上级机关之补助。惟晋省政情特殊，财政自难例外。据查中央发给该省转发之收复县份复员补助费等，该两县尚未领到，经费极感困难。

(5) 绥省财政当局负责有为，法令亦甚熟悉，各县财政颇具条理。省政府对于各县不足之经费，过去曾以省款为之弥补，有时且为中央垫发各县补助款项，以应急需。

(二) 金融　所述各地之金融情形，约如下述。

(1) 河北之昌黎、滦阳、涿县、良乡等县，匪币均已禁止流通，民间亦未因匪币而发生债权债务上之纠纷，法币之流通亦不感缺乏。

(2) 热河之承德、滦平两县，匪币已禁止使用，民间债权债务纠纷，均遵规定处理。该省系使用东北流通券区域，法币尚少需要。

(3) 察省匪币已禁用，但经向民间实际调查，暗中匪币仍能使用。据称，奸匪常携带潜入河北省尚未收复之匪区，购买布匹等货物，偷运察境销售，套取法币，扰乱金融。

(4) 晋北之阳高大同，匪币已禁止流通。惟旧日银币，人民仍在自由使用，每元约合法币四千七、八百元，最高时六千元左右。

(5) 绥远收复后，即禁止匪币。惟因平津存放利率较高，法币多向外流，致感缺乏，间有以货易货情事。

(三) 小本贷款　本组所到之地，均有中国农民银行办理小本贷款。根据贷放统计数字，各县贷款对象百分之八十以上为贫农。即以丰镇县而论，贷款未举办前，该县小本摊贩只一百人。自小本贷款举办后，未及一月，即增至四百余人。复遍询各地当局及士绅人民，亦谓此项贷款效果甚大，对于政府德意，尤为感激。

(1)〔略〕

(2) 财政金融方面

① 绥靖区内县级财政最无办法，亦颇凌乱，省级次之，均殊难得其有系统有科目之收支统计数字，亟应整饬，严格执行预决算制度。

② 无计划之滥派，最为人民痛苦，为驻军负担马干燃料等等之差价(中央定价与市面差价约二三倍)，引起人民之怨言尤多，中央主管机关似应设法改善，以收拾人心。

③ 绥靖区需款迫切，边疆尤甚，中央似应将应发各款特别提前核复。

④ 热河省已划入绥靖区，但该省又因东北行辕为行使流通券区域，仅就经济一方面而论，该省已有无所适从之苦。在人民方面，更不知中央是否系统一之政府。为消除此不合理之现象计，热河既请改为行使法币区域，似可照准。同时将该省改隶北平行辕管辖范围，似较合理。

〔国民政府财政部档案〕

7. 行政院抄发改进地方财政方案审查修正本训令

(1947年6月2日)

行政院训令　发文第208号
中华民国三十六年六月二日

令财政部

查该部前呈拟改进地方财政方案一案，经交付审查后，提出三十六年五月二十七日本院第五次会议，决议交内政、财政、经济、教育、粮食、社会、农村、卫生、地政各部部长暨主计长会同切实审议，由财政部长召集，地点在本院会议厅（审议时参考宪法）。除分行外，合行抄发该方案审查修正本，令仰迅即定期开会审议为要。此令

附抄发改进地方财政方案审查修正本一份

院长　张群

改进地方财政方案

甲、省财政之改进

一、开源

（1）修正财政收支系统法中央所得田赋三成拨省，省所得带征公粮一成五归县。

查田赋在战前原为地方税。其正税归省，附税归县，省得田赋约占百分之五十以上，改制后降为百分之二十，影响省收支之平衡极巨。中央所得三成，因负担经征及储运费之支出甚巨，转不若直接采购军粮为得计。故拟将此田赋三成仍划为省收入，省共得五成后，即以随赋带征三成公粮中之一成五，以其半数统筹调剂县市盈虚。

（2）营业税全部归省，除省辖市外，免以五成给县。

查营业税原属省税，而依改订财政收支系统法之规定，则为共分税源。值兹省级财政支绌，似不应再行分县，故拟自三十六年度起，除省辖市因缺少田赋收入，对营业税仍应分得五成外，所有县（局）概不再分得营业税，以裕省级财源。本年营业税之增加，希望最大，估计年可征达三千八百亿余元（其中八百亿归中央，三百亿归省辖市），免以五成分县，则省级可多收一千二百亿余元，足资弥补省市收支不敷之大部。至县级则以省带征公粮一成五之划入，亦勉可抵补其所失。

二、节流

(1) 各省市政府除核定教职员名额外，所有员工依三十五年度中央核定名额，普减三成。

查各省市支出庞大主因为员工过多，总计三十五年度江苏等二十九省市员工总数为五十八万人以上，较战前增加奚止倍蓰，应由各省市政府根据地方财力及最低需要，普减三成，则年可节省三千三百余亿元，有裨于收支平衡极巨。

(2) 裁并机构。

查省级事业，战前大都隶属于民财教建四厅，战后增加机构甚多，皆是民教建厅等划出，而为独立行政单位，实则地方财政支绌，事业费尚感无着，如其增设行政管理单位，转不若概予紧缩裁并，即以其预算所列经费酌量移作充实各项事业之用。

(3) 加强省营事业之监督，其盈余核实缴入省库。

查省营事业之年终盈余，每多为该事业机关支配尽净，殊少解入省库，应由中央另订办法，令饬各省市严密监督稽核其盈余，务使作为扩充事业基金或纳入省库。

(4) 省级事业择其宜于移归中央或县市者，分别移归中央或县市，以轻省级负担。

查省级事业可移一县或数县负担其经费，或可请中央负担者，由各主管部会拟定划分标准，呈院核定施行。

三、三十六年度省市收支之平衡

依上方案，则三十六年度各省市收支不敷，可减至四千二百八十七亿元，应由中央补助，以资平衡(附表)〔略〕。查三十六年国家预算列有省市不敷补助支出专目，为五千亿，除上项补助外，尚余七百二十亿元，以之抵补中央田赋三成划省之失，或为地方公教人员生活费调整与地方事业发展之准备金，亦尚合理。

四、加强监督省级财政，依省民政厅由内政部提出人选之办法，以控制各省财政厅田赋三成及营业税五成全部划为省收入后，为切实整理省级财政，使达收支平衡之目的，中央对于省级财政亟应加强监督，依财政收支系统法之规定，省财政在自治未完成前，受中央直接监督；既完成后，受中央间接监督。中央为实施此项监督，除依已有办法严密执行外，对于省财政厅厅长似应由主管部妥为遴选，依法任用。

乙、县市自治财政之改进

一、开源

（一）对于边贫县市另行规定合法税源

查现行各种自治税捐对于经济落后、交通不发达之边贫县市收入实极微少，亟应另行规定合法税源。如西北之牲畜等，应定为该区域之法定税源，而其他收入过少之税课，准即停征，俾切实际。

（二）特别税课应视其税源优劣为选择标准

查现时地方特产，大都已由中央课税，致因地制宜之税，有名无实，无法开征。今后应视各地经济情况及其税源优劣，就过去之所谓苛杂中，除以货物为征课对象者外，择其行之已久、收入可靠，而人民习于缴纳者，依法举办特别税课，俾地方自治经费，定资因应，然后对于摊派，方可收切实禁绝之效。

（三）修正地方自治税捐之捐率及征收方法

（1）房捐：应制定法案，严查房租底册，评定房租标准价格，推行官租折制，藉减偷漏。

（2）屠宰税：酌提税率，彻底废除包征，切实实行从价征收，藉裕收入。

（3）筵席税：提高起税点，在起税点上之筵席，一律从价征收百分之二十，以杜馆商化整为零，逃避累进税之流弊。

（4）娱乐税：恢复厘定税率，对含有教育意义之娱乐，得由地方政府酌予减低。

（5）土地税：凡未开征者，应即厘定地价，从速开征地价税及土地增值税，已开征者，依法重估地价，并提高土地税滞纳罚锾。

（四）开辟财源以裕县库

（1）遗产税拨县成数增为百分之五十。查遗产税之征收，须由地方协助，方免偷漏，为补助县市及鼓励地方加紧协助征收计，拟将原分配百分之三十之遗产税提高至百分之五十，使中央地方均获利益。

（2）由中央委托县市代征土酒土烟税，并以总收入百分之五十拨助县市。

（五）调整田赋赋率、赋则及赋籍，其赋籍行政及经费，应收回本部掌管。

查田赋征收，因年久地籍紊乱，遂使赋额失实，赋率失平，致现时征收不能按图索骥，就地问粮，人民纳赋，无异摊派。改制后田赋为地方重要收入，田赋脱离赋籍之弊，亟应纠正，不仅均负平赋，而挤查黑地，尤为增加收入之要着，其整理实已刻不容缓。所有赋籍行政前由本部划归粮食部接管者，似可仍予收回，以便针对田赋作赋率、赋额及赋籍之整理，而收增裕地方财源之效。

二、节流

（1）严密管理县市支出，并紧缩机构。

查地方财政应量入为出，现时县财政漫无轨道，支出无度，尤以机构重叠为预算之大累。如河南省一等县机构达三十余单位，人员有多至八千以上者，较战前增加甚多，应授权各省政府严订调整办法，检讨现有组织，切实裁减单位及人员，以其节余经费为充实自治事业之用。

（2）归并保甲

查现实保甲以十为进，致各县市保甲数目甚巨，而乡镇之设置亦多，为撙节地方经费计，拟归并保甲，扩大乡镇，并节省保甲及乡镇经费至少在一倍以上。

（3）中央及省委办事项，应由委办机关负担经费。

丙、乡镇财政之改进

一、严格执行乡镇经费应占县预算百分之五十以上之规定。

查乡镇为自治基层，如无确定经费，不足以推行自治。现行财政收支系统法虽规定乡镇经费应占县总预算百分之五十五至七十，但实际依照编列者极少。故应严格执行。

二、乡镇国民教育经费应预宽筹

在目前乡镇之最大支出，应为国民教育经费。但如专由县预算统筹，则恐不胜其负荷，故拟具办法如下：

(1) 经乡镇民大会之决议，县参议会之通过及省政府之核准，举办学谷捐，每年一次派定，分期缴付。

(2) 指定乡镇公有产款收益及乡镇造产收益百分之五十为乡镇教育经费。

(3) 以上两项收入应作专款处理，不准挪用，并公告数量及用途。

三、设置保田

各保应酌量设置保田，作为保甲经费。其来源(1)拨用公有土地。(2)劝募保内庙产、教产及祭田。(3)征收保内地主逾额土地及逾期不使用之土地，其办法俟原则核定后，再行拟订。

四、禁绝摊派，积极发动并改进乡镇造产，使其本身增裕收入。除前项中之学谷捐外，所有一切摊派，前已由部拟订禁止办法五项，呈院通饬遵行在案，应由各省政府督饬切实遵行，以期禁绝。

〔国民政府财政部档案〕

8. 行政院授权各省自行筹措反共临时费的有关文件

(1947年6月—1948年4月)

(1) 行政院训令 (1947年6月23日)

行政院训令　(三十六)六财字第二四一九一号
中华民国三十六年六月二十三日

令财政部

奉国民政府主席蒋三十六年五月二十九日府交字第一一七四六号代电开:据绥靖区政务督察团白团长建议:绥靖区各省县财政奇绌,自禁止摊派之后,赖中央少数补助,无裨实际。拟请授权各省政府于合理合法之原则下,提经民意机关同意,准其自行筹措,并明定为绥靖临时费等语。查此事颇关重大,且为目前各地之既成事实,并希由院妥速核办为荷。等因。查原建议原则可行,应即由该部会商内政暨国防两部于文到十五日内拟具办法呈核。除分行外,合行令仰遵照。此令。

院长　张群

(2) 行政院训令　(9月19日)

行政院训令　(三十六)六财字第三七七六八号
中华民国三十六年九月十九日发出

令财政部

查绥靖区绥靖临时费筹集办法,业经本院制定公布,应即通饬施行。除分行外,合行抄发该项办法令仰知照,并转饬所属一体知照。此令。

计抄发绥靖区绥靖临时费筹集办法一份

中华民国三十六年九月　日

绥靖区绥靖临时费筹集办法

第一条　绥靖区绥靖临时费之筹集,依本办法之规定办理。前项所称绥靖临时费,应以地方绥靖工作所需各项临时支出为限,其于中央或省县市另有经费者,非确属不敷,不得依本办法筹措之。

第二条　绥靖临时费之筹集,应以人民负担能力为标准,由县市政府妥拟办法，提经民意机关通过，报请省政府核准施行，并分报财政、内政、国防三部备查。

第三条　绥靖临时费由县市捐税征收机关征收，距离征收机关较远之乡镇，得委托乡镇公所代征，并须依法定税捐程序，出给正式收据。

前项正式收据采用三联制，加盖县印，以一联给纳费人，一联报查，一联存征收机关。

第四条　绥靖临时费应由经征机关另立账目，随征随解县市公库专款存储，不得移作他用。

第五条　绥靖临时费应由支款机关依照规定用途，缮具领款书，向县市政府请领，经县市政府送民意机关审定后，再由县市政府签发支付命令支付之。

第六条　非绥靖区匪患严重之各县市，经呈准各该省政府，得适用本办法，并请报请财政、内政、国防三部备查。

第七条　各绥靖区县市于本办法实施后，不得再有其他非法摊派。

第八条　本办法自公布日施行。

(3) 修正绥靖区临时费筹集办法(1948 年 4 月)

绥靖区绥靖临时费筹集办法　三十七年四月行政院修正公布

第一条　绥靖区绥靖临时费之筹集，依本办法之规定办理。

前项所称绥靖临时费，应以地方绥靖工作所需各项临时支出为限，其于中央或省县市另有经费者，非确属不敷，不得依本办法筹措之。

第二条　绥靖临时费之筹集，应以人民负担能力为标准，由县市政府妥拟办法，提经民意机关通过，报请省政府核准施行，并分报财政、内政、国防三部备查。

但绥靖临时费之筹集，不得对应课国税货品加征任何税捐。

第三条　绥靖临时费由县市税捐征收机关征收，距离征收机关较远之乡镇，得委托乡镇公所代征，并须依法定税捐程序出给正式收据。

前项正式收据采用三联制，加盖县印，以一联给纳税人，一联报查，一联存征收机关。

第四条　绥靖临时费应由征收机关另立账目，随征随解县市公库专款存储，不得移作他用。

第五条　绥靖临时费应由支款机关依照规定用途，缮具领款书，向县市政府请领，经县市政府送民意机关审定后，再由县市政府签发支付命令支付之。

第六条　非绥靖区匪患严重之各县市，经呈准各该省政府，得适用本办法，并应报请财政、内政、国防三部备查。

第七条　各绥靖区县市于本办法实施后，不得再有其他非法摊派。

第八条　本办法自公布日施行。

〔国民政府财政部档案〕

9. 张厉生检送改进地方财政方案检讨意见函

（1947年7月1日）

鸿钧先生勋席：贵部改进地方财政方案草案，前经院会两度讨论，并承执事于六月六日约集商讨，原案纲举目张，思精体大，裨益地方实匪浅鲜。惟事关重大，研讨不厌求详。兹特再将本部意见送请荃誉。即祈惠予参考为感。耑此。并颂

勋绥

附意见一份

张厉生拜启印

中华民国三十六年七月

改进地方财政方案研讨意见

甲、省财政之改进

一、开源

（一）拟以中央所得田赋之三成拨省，省所得带征公粮一成五归县。

（二）营业税全部归省，除省辖市外，免以五成给县。

查中央所得田赋三成，因经征储运等费支出甚多，转不若直接采购为得计，诚如原方案所云。至营业税之调查登记稽征缉漏等事项，均须地方政府切实协助，始可收纤细靡遗涓滴归公之效，似仍以责由地方政府负责征收，酌量分成为较妥。此外关于征收机构之组织人事等项，亦应作合理之规划，以期运用灵活，而免滋生流弊。本部除对上列两项大体赞同外，另拟补充意见如次：

1. 关于机构及人事者

（1）省县市税捐应在县市设统一征收机构（税捐征收处或税务局），省税即委托县市办理，并厉行公库制度。

（2）以县市长兼任税捐征收处长（或税务局长），另设副处长（或副局长）一人，由县市长遴选合格人员，呈请省政府核委，并由省政府另委稽核人员。

（3）会计人员由省政府会计处委派。

（4）以省银行分行代理公库，无省银行分行者，由县银行代理公库。

2. 关于田赋者

（1）省级原得公粮一成五划县后，应切实归县使用，省政府不得再以任何名义移作别用。

（2）划归县级田赋实物如中央需要购买时，应以当地交割日之市价给付现款，并照实际需要发给运费。

（3）除法定税额及附加，县各级政府不得借任何理由再以田赋为对象征课捐费，加重人民负担。

3. 关于营业税者

(1) 县营业税应以三成归县，七成归省。

(2) 省辖市营业税，省市各得五成。

二、节流

(一) 各省市政府所有员工，依三十五年度中央核定名额，普减三成。

(二) 裁并机构。

查裁并骈枝机构，汰减冗滥人员，确为节省公帑、增进效能之必要措施。惟裁员与减政二者应通盘规划，配合实施，方可杜削足适履之弊，收综名核实之功。具体言之，即应先将现有机构作合理之调整，再视业务繁简，设必要之人员。原方案二者分列，似有未洽，本此原则，本部补充意见如次：

1. 各省市应行裁并之机构，由中央作硬性规定，以免地方执行困难。

2. 裁并以后保留各机关之员工，再普减三成，并应以行政经费不得超过事业经费百分之三十为原则。

3. 裁并机构普减人员节余之经费，应尽先用作依照中央规定标准，调整省级员工待遇之用。

(三) 加强省营事业之监督，其盈余核实缴入国库。

(四) 省级事业择其宜于移归中央或县市者，分别移归中央或县市，以轻省级负担。

以上二项本部补充意见如次：

1. 凡省营事业在性质上非属必要，或前途无发展希望或与中央政策有所抵触者，应即停办。

2. 省营事业机关应参加民意机关代表实行监察。

3. 不宜公营之事业应改由民营。

4. 省营事业移归中央则可，但不宜移归县市，以省营事业能由一县市经营者,殊不多见,各县市亦殊无此财力也。

乙、县市自治财政之改进

一、开源

(一)对于边贫县市另行规定合法税源。

(二)特别税课应视其税源优劣为选择标准。

以上两项本部原则赞同。惟所谓因地制宜之特别税源(如西北各省之牲畜税),应择其行之已久,收入可靠,而人民已习于缴纳者为限,不得巧立名目,另创新税,并应经民意机关之议决,主管机关之核准。

(三)修正地方自治税捐之捐率及征收方法。

1. 屠宰税:酌提税率,彻底废除包征,切实实行从价征收,藉裕收入。

2. 土地税:凡未开征者,应即以原定地价,从速开征地价税及土地增值税,已开征者,依法重估地价,并提高土地滞纳罚锾。

查屠宰税废除包征,原则上固属正当,但该税税源普遍税收零星,完全由县市政府统一征收,废除包征制度,诚恐有名无实。本部意见除县城及较为繁荣之集市县,似应交由乡镇公所估税代征,或较切合实际。至土地税,以估定地价时流弊最多,应特予注意。

二、节流

(一)严密管理县市支出,并紧缩机构。

本项原则上应比照裁并省级机构之规定办理。关于各级地方行政机构之设置情形,本部业经分电各省市政府于六月底以前查报,以为检讨改进之依据。

(二)归并保甲。

归并保甲,扩大乡镇,原则上自属可行。惟乡镇区域之划分,应顾及历史关系及自然条件。

(三)中央及省委办事项,应由委办机关负担经费。

本项至为重要,且现行法令亦早有规定,应请切实执行。

丙、乡镇财政之改进

一、严格执行乡镇经费应占县预算百分之五十以上之规定。

本项规定自属必要，但为确立乡镇财政基础，推进地方自治事业起见，县及乡镇财政应速作具体之划分，关于乡镇财政之收入支出，本部意见如左。

（一）乡镇收入

1. 屠宰税。

2. 房捐。

3. 营业牌照税。

4. 使用牌照税。

5. 筵席及娱乐税。

以上五种各划拨百分之五十。

6. 监政费。此项收入，大都由乡镇长饱入私囊，应划私为公，列为乡镇收入。

7. 依法经民意机关通过因地制宜之税捐。

（二）乡镇支出

1. 行政支出（乡镇公所及保办公处经费）；

2. 教育及文化支出（乡镇中学国民学校及保国民学校经费）；

3. 保安及警察支出（乡保警察及自卫队经费）；

4. 卫生支出（乡镇卫生所及保卫生员经费）。

再乡镇财产保管委员会应改为乡镇财务委员会，负责保管乡镇财产。至乡镇预算，仍应为县预算之单位，预算不足时，由县政府统筹补助。

二、乡镇国民教育经费应予宽筹。

（一）经乡镇民大会之决议，县参议会之通过及省政府之核准，举办学谷捐，每年一次派定，分期缴付。

（二）指定乡公有款产收益及乡镇造产收益百分之五十为乡镇教育经费。

查学谷捐，事涉苛扰，不宜举办。至乡镇造产，应由各省斟酌情形，自行决定续办或停办。

三、设置保田。

查设置保田，亦弊多利少，似以不办为宜。

四、禁绝摊派。

查非法摊派向系例禁，最近院令已规定五项补充办法通饬遵行。本方案如能核准实施，则地方财政可能日渐充裕，非法摊派当可根绝。

〔国民政府财政部档案〕

10. 蒋介石抄发宁夏省府主席马鸿逵关于苛税扰民建议抽收省县自治经费办法代电

（1947年8月1日）

国民政府代电　府交字第一二七六四号

行政院张院长勋鉴：据宁夏省政府马主席鸿逵七月十九日签呈，建议抽收省县自治经费办法，请采择施行等情前来。兹将原件随文抄发，即希切实核办为盼。中正。未东。府交。

附抄发呈一件

中华民国三十六年八月一日

抄件

一、奸党祸国有增无已

钧座洞烛其奸，毅然主张总动员戡乱救国。自明令公布以来，全国上下群情沸腾，一致拥护。宁夏虽地处边陲，灭此朝食，不敢后人，此乃我钧座早在洞鉴之中。现下剿匪政治与军事互相配合，方收无穷之效。虽军事进展，政治不能配合，影响甚大。目前政治上最大问题，莫过于县政经费繁扰，实为人民最痛苦迫切者，并为奸党借此造谣惑众，挑拨离间，极尽宣传之能事。如各省县自治经费之摊派，漫无标准，毫无预算，官吏上下其手，层层剥削。比如专员、县长下乡之招待费，官吏用之一分，民间负担十分，怨声载道，忍痛忍受，失去民心，莫此为甚。职以若不改善剿匪，建国前途一大障碍，拟将县自治经费今后以一省为单位，早为预算，随田赋加收六七成实物，再由地方税收及商户分等抽收自治款三四成。一省由省参议会及地方公正人士组织省财务机构；一县由县参议会及地方公正人士组织县财务机构，由财政厅随同田赋征收实物。地方税收，亦经财厅办理，转发省财务机构；商户抽收之款，径交省财务机构。如是办理，较之假手县政府及乡保甲人员者，好处实多，由省府负监督责任，统收统支，地方自治之经费已有合理之收入，人民自能免除许多苛扰。宁夏向来无地方自治经费之摊派，由省级经费均之匀之。去冬以来物价高涨，省级公教人员生活艰难，本年度以上项办法抽收自治经费以来，甚为适当。可否各省仿效，应请钧座派员视察，倘有不适之处，指示改善，若有可行之处，职以三十七年度夏秋田赋开征之时，令各省即行着手办理，极容易，且能从此立有根基，不但减轻人民负担，免除苛扰，公教人员经费有着，而且今后平抑物价，以及稳定金融问题，随之而解决。管见所及，不能不为钧座陈明也。是否有当，伏乞采纳为祷。谨呈

主席蒋

职马鸿逵谨呈

七月十九日

〔国民政府行政院档案〕

11. 行政院公布之整理省市财政办法

（1947年9月20日）

整理省市财政办法　三十六年九月二十日行政院六财字第三八〇一〇号公布

第一章 总 则

第一条 各省及院辖市财政之整理，除法令别有规定外，悉依本办法规定办理。

第二条 省市财政之整理，除因情形特殊或事实困难，呈准展限或变更整理时期者外，均自三十六年十月一日起实施，至三十七年九月底完成。

第三条 各省市财政之整理，应由各省市政府依据本办法之规定，并参酌各该省市实际情形，拟具实施细则，呈报行政院核备，并分送财政部备察。

第四条 各省市整理财政，由财政厅局主持，会同各有关机关办理，并由各省市政府督饬施行。各省市整理财政之成绩，为各省市财政厅局长考成。

第五条 财政部于各省市整理财政工作进行期间，派遣督导员分别赴各省市实地督导，其督导规则另定之。

第六条 各省市整理财政之结果，应于整理完竣后三个月内，由各省市政府编具整理报告呈送行政院，并分送财政部查核。

第二章 整理税课

第七条 各省市田赋之整理，应由各省市拟具详细整理办法，呈送财政、粮食、地政三部核定后办理。

第八条 各省市已办规定地价或重估地价之地方，应由省市财政机关会同地政机关，将县市城镇名称、税地面积、地价总额规定，或重估地价时间、地价册移送财政机关日期、土地税开征日期、应征地价税总额、实征地价税总额等项，于三个月内调查统计完竣，会呈财政、地政两部备查。

第九条 各省市地价申报已五年届满或一年届满，而地价已较原标准地价有百分之五十以上增减者，应于六个月内依法重新规定地价。

第十条 各省市征收地价税之土地，地价申报以后，其所有权并未移转，而届满十年时或实施工程地区于工程完成后届满五年者，应于四个月内征收土地定期增值税。

第十一条　各省市征收地价税，尚未征收土地改良物税之城镇，应定期完成建筑改良物之估价，并开征土地改良物税。

第十二条　各省市营业税之稽征手续，应依法切实检讨，并在便民除弊裕税之原则下，切实改进。

第十三条　契税最多百分之二十五之附加，应用契税附加名称征收，其已用其他名称征收者，应依照更正。各省市政府如在前项附加以外，有再就契税附带征收者，应即废止，另筹抵补办法。

第三章　清理公有款产

第十四条　各省市（包括省属各机关学校市属各机关学校及各区）之一切公款公产，应依土地法及比照县市清理公有款产规则，彻底清理。

第十五条　各省市公产清理后，应由省市财政机关会同当地地政机关编具清册，呈送行政院及财政部地政部备查。

前项公产清册式样比照县市公产清册式样办理。

第十六条　各省市公产清理后，除供公用者外，应依获得最大收益之方法利用，如有增减、移转及灾害毁损等异动时，并应依法报请核备。

第十七条　各省市公产之放领放租拨用以及其他处分，应依照土地法、公有土地管理办法及公产租佃办法之规定办理。

第十八条　各省市公产由省市财政厅局管理使用收益，其收入应编入省市岁入预算。

第十九条　各级政府机关拨用省市公产，如尚未办理拨用手续者，应于清理期间，由公产管理机关通知使用机关赶速完成手续，并将拨用公产清册层请核备。

第四章　清查公营事业收入

第二十条　各省市公营事业机关应将自三十一年度起至三十

六年开始整理前止历年营业决算报由省政府转报财政部查核。

第二十一条　各年度营业决算案内应行解库之官息红利未经解库者，应全数追缴，其属于三十五年六月底以前者解缴国库，其余解缴省库。

前项应行解缴之官股红利，其已奉准拨充其他用途者，应将奉准机关年月文号呈核。

第二十二条　各省市公营事业应行缴库之官息红利，应于年底开始前估计，列入省市岁入总预算。

第二十三条　各省市公营事业及公用事业，均应厉行会计分立制度，主管机关并得随时派员稽核收支情形。

第五章　清理债权债务

第二十四条　各省市在三十年度以前之应收未收应付未付各款，及其他债权债务等，除已报经中央清理者外，应由各省市自行清理。

第二十五条　各省对于所负之债务及应付未付各款，应于开始清理时公告债权人于三个月内检同证件送请登记查〔备〕案，分期清偿。

第二十六条　各省市对于所有之债权应收未收各款，应于开始清理时公告债权人，限期缴还，逾期不缴者，依法追缴之。

第六章　调整收入

第二十七条　各省市财政收支，应以自谋平衡为原则。如因迫于事实不能平衡时，应依下列原则办理。

1. 停办一切不急要之事务；

2. 裁撤一切不必要之机关或冗员；

3. 请求中央核给补助。

第七章　附　　则

第二十八条　各省市因调整财政而增裕之收入，除应归入特种基金存款者外，应一律归入收入总存款。

因整理财政而生之各项临时支出，得编具预算，在省市第二预备金项下拨付之。

第二十九条　本办法自公布之日施行。

〔国民政府财政部档案〕

12. 财政部拟具1948年度地方财政紧急措施办法呈
（1947年12月28日）

呈　财地二字第4289号

窃自三十六年七月财政收支系统改订后，全国财政分为中央、省（市）、县（市）（局）三级，系统分明，财政制度上已具均权之势，原期自治财政之健全发展，堪以负荷促进宪政，推行自治之使命。乃以税源划分未尽合理，省级法定收入过于短绌，致省级预算平衡，仍由中央负其全责，实与未改制前二级财政时无甚差异，且二级制时，地方收入并归中央，可以整理挹注，而现时省级收入既无从控制，故虽在三级制下，支出仍为二级，增加国库负担，助长地方依赖心理，殊失当年改行新制之本旨。本部有鉴及此，曾于新制实施半载之际，加以检讨，拟具改进地方财政方案，于本年度初呈请钧院核夺，迄未定案。其一部分虽经专案呈由钧院核准实施，而地方收支不敷问题迄甚严重。现届行宪前夕，又值三十六年度行将结束之时，根据本年度收支情形，估计三十七年上半年度各省市收支趋势，其不敷情况愈趋严重，自应详加检讨，妥谋改进。

谨按三十六年度各省市预算原核定为一万零六百余亿元，而历次追加经临生补各费，则为一万五千六百余亿元（上项数额均由中央拨补有案，各省市自行追加之数，尚不在内）。其增加率为百分之一百五十，两共为二万六千二百余亿元。其中由中央补助者达二万一千四百余亿元，计占省市总支出百分之八十二，明年上半年度如省市收支仍照现行办法继续实施，并依奉颁三十七年度中央及各省市总预算编审办法之规定伸算，其不敷数额极巨大，似非国库所能负担。

为解除明年上半年度地方财政困难，以配合戡乱行宪起见，爰拟具三十七年度地方财政紧急措施办法，正拟呈核间，适奉钧院三十六年十二月十五日(三十六)会四字第五二一三二号训令，以明年度各院辖市财政应以自给自足为原则，饬拟具实施办法呈核，等因，自应遵办。兹谨将本部原拟三十七年度地方财政紧急措施办法，分别胪陈。其中对于各院辖市财政自给自足，亦有具体拟议，并请核夺示遵。

甲、省级部分

一、省级财政，除边远贫瘠及绥靖省份外，应力求自给自足，收支方面应按三十六年度核定预算连同追加预算伸算半年计列。但原预算列有中央补助者，应予剔除或核减，并依照左列规定，分别调整收支。

1. 营业税全部列为省收入，除省辖市仍分给百分之五十外，不再分给县局。县局损失之营业税，即以中央委托代收或协征土烟土酒税提成之收入抵补。至营业税税章未经提高者，应依照中央新颁修正之税率提高征收。粮食业营业税及运输业营业税免税期限届满，应即开征，以裕收入。

2. 田赋及公粮折价应按本年十月份市价计算，其溢价部分应另立科目，尽先抵充预算不敷差额，如再有余额，则留备调整生活补助费之需。

3. 省营事业及其他省级收入，应按照物价上涨趋势估计增列。

4. 支出方面，应以三十六年度核定经费为基准，按半年计列。其经三十六年度核定而未动支或无继续性之事业经费，应予剔除。又机构之裁并，人员之紧缩，应切实依照本办法第二、三条之规定办理，俾使收支达于平衡。

二、各省政府除核定教职员名额外，所有员工应依三十六年度中央核定名额普减二成至三成，其机构并应依照省县自治通则，由院规定标准，切实裁并，以恢复战前建制为原则(按三十六年度各省市生补费与经临费之比例为百分之二百五十)。

前项裁并后之机关经费,得酌量移作充实各项事业之用。

三、省级事业之宜于移归中央或县市者,应即分别移归中央或县市,以减轻省级负担。

四、省级扩充保安团队员额,应先由国防部统筹呈院核定,三十六年度原列之保安团队官兵薪饷,仍准列入省预算,其因扩编之经费,如省预算无法担负时,准由省依照绥靖区绥靖临时费筹措办法之规定,分饬各县市筹措,解省济用。

五、各省依照上列各项调整收支后,仍确有不敷时,得由中央酌予补助。

乙、院辖市部分

一、院辖市财政,除情形特殊者外,应绝对自给自足,中央不再补助。

二、院辖市收支依左列规定以达收支之平衡。

1. 营业税全部列为市收入,中央不再提取三成。

2. 土地税全部列为市收入,中央不再提取四成。

3. 遗产税由中央拨补百分之三十(原为百分之十五)。

4. 土烟土酒税由中央委托代征或协征并提成拨补之。

5. 营业税、房捐、屠宰税、营业牌照税、使用牌照税、筵席及娱乐税等,应切实拟具整理办法整理之。各项税率并应依照中央新颁税法征收,并依物价上涨趋势随时调整收入预算,以为调整员工生活补助费之财源。

6. 市营事业及其他收入,应核实估计,列入市预算。

7. 支出方面,应以三十六年度核定经费为基准,按半年数计列。其不急切或未动支之经费,应予剔除。

8. 院辖市事业应择其宜于移归中央者,移归中央办理。

9. 院辖市政府机构人员之裁减,应依照本办法省级部分第二项之规定办理。

丙、县市部分

一、各县市财政除边远贫瘠地区，得呈请由省或中央酌给补助外，其余应依自足自给为原则。其收支不能平衡者，得由省调整之。

二、县市收支得以左列规定编列三十七年上半年度预算，并须达收支之平衡。

1. 遗产税由中央增拨至百分之七十(原为百分之三十)。

2. 土烟土酒税由中央委托代征或协征，并提成拨补县市。

3. 田赋仍以百分之五十分给县市，其折价应按本年十月份核算，其溢价部分应另立科目，尽先抵充预算不敷差额，如再有余额，则留备调整生活补助费之用。

4. 营业税除省辖市外，全部归省，不再列入预算。

5. 房捐等五项自治税课，应切实整理并改进其征收办法，各项税率均应依照中央新颁税法征收，并依物价上涨趋势切实提高征额，列入县市预算。

6. 县市公营事业及造产等收入，应核实估计，列入预算。

7. 田赋应由县市切实稽征，历年欠赋除因匪灾确实无法征收得呈请中央豁免者外，其余应认真催收。

8. 各县市乡镇经费，应依下列办法充裕之。

(1) 设置公田，每保至少三十亩公田之收入指定为乡保经费，以无主土地及依法征收之田地拨充之。

(2) 乡镇教育经费得经民意机关通过举办学谷捐。

(3) 指定乡镇公有款产及造产收益百分之五十为乡镇教育经费。

9. 支出方面，应以三十六年度核定经费为基准，按半年数计列。其经三十六年度核定而未动支或不急切之经费，应予剔除。

10. 县级机构过于庞大者应切实紧缩，并由省政府参照省县自治通则规定标准，通案调整，其单位及人员以战前组织为准，并得以其节余经费为充实自治事业之用。

11. 县市依照上列各项调整收支后，如仍有不敷，应准依照中央规定征收特别税课弥补之。

三、绥靖区县市，除田赋减免等由中央依法减免外，其经费不敷，得依照绥靖区绥靖临时费等措办法之规定筹措之。

依次改进，则三十七年上半年度各省市收入增加甚多，支出亦可大量减小，不敷之数似已无多。惟必须开源节流，双管齐下。在收入方面，务须切实整顿税收，依物价趋势调整收入预算，并将田赋溢价核实追列收入。在支出方面，必须努力撙节，尤以紧缩行政机构、裁减人员各节为平衡地方收支之前提，应请钧院严订标准，督令施行，以期切实做到。

再有陈者，本办法各项收支之估计，系以全国二十九省市通盘核算，因各省市财源丰啬不一，尤以赋额多寡悬殊，在有余省份，中央既不便提拨济用，在不足省份，中央则不得不核实补助，加以戡乱时期，地方经济情况难有重大改善，财政运用诸多限制，故对各省市财政，中央仍须设有专款以供统筹调剂之用。三十七年上半年度国家预算所列省市补助款约三万亿元，仍有必要，自应由中央在该款范围以内，对收支无法平衡之省市分别于三十七年上半年度预算核定之初核实予以总额补助。其各省市生活补助费之调整，应由地方政府自筹抵补，中央不再增拨，以减轻国库负担。

再本办法各项措施，如税源之调整（除田赋暂不变更外）与拟议中之行宪后中央及地方财源划分，尚相符合。机构人员之紧缩与省县自治通则之规定，亦无抵触，实与行宪准备尚能配合，合并陈明。

以上所拟关于省市县各级地方财政紧急措施办法，是否有当，理合检同附表一并备文呈请鉴核。如蒙核定，当由本部另案将有关法令予以修改，呈准实施。谨呈

行政院院长张

附呈本案有关资料表五份〔略〕

财政部部长　俞〇〇

〔国民政府财政部档案〕

13. 财政部地方财政司拟调整 1948 年度省及院辖市财政紧急措施(节略)

(1947 年 12 月)

调整三十七年省及院辖市财政紧急措施

一至五〔略〕

六、三十七年上半年度各省市支出,依三十六年度原预算及追加数伸算,应为二万三千七百零一亿余万元,依照三十六年度追加数增加率,三十七年上半年度支出,最低达五万九千二百五十三亿余万元。如照现行办法继续办理,依三十六年度中央补助款占省市支出百分之八十二比例估计,则中央三十七年上半年最少需补助四万八千五百八十七亿余元。

七、各省市三十七年上半年度收支,如照前项三四五条调整,则收入可能达四万一千五百余亿元(按三十六年全年度各省市收入为三千七百亿),支出可减为四万四千四百四十余亿元,不敷约在二千余亿元,倘再以中央应得三成田赋拨为省有,则三十七年上半年度各省约可增一万七千余亿元,似亦可达自给自足之境。

八、上列各项收支数字,系以全国二十九省市通盘核计,惟各省市财源丰富不一,尤以赋额多寡悬殊。在有余省份,中央既不便提拨济用;不足省份,则中央又不得不核实补助,加以戡乱时期,地方经济情况难有重大改善,财政运用诸多限制。故对各省市财政,中央仍须设有专款,以供统筹调剂之用。三十七年上半年国家预算所列省市补助款约三万亿元,仍有必要,应即由部在该款范围以内,按各省市收支情形,分别核实补助。

〔国民政府财政部档案〕

央、省(市)、县(市)三级。所有各级政府税源之分配,重予调整。如土地税原属中央税收,改制后,划为中央与地方共分税源,且大部划归地方(计省占百分之二十,县占百分之五十,院辖市所得土地税占百分之六十,余百分之四十归中央)。营业税原为中央收入,亦改为省收入,并以总额百分之五十由省划拨县市。院辖市之营业税,市占百分之七十,余百分之三十归中央。契税全部划归县市。其余如房捐、屠宰税、营业牌照税、使用牌照税、筵席及娱乐捐等,仍照旧列为县市收入,以裕自治经费。其特殊税源地方,县市政府并得因地制宜,经县市民意机关之决议,由省政府核准,征收特别税课,地方税源较前充裕甚多。至原属国家财政之关税、盐税、矿税、货物税、所利得税及印花遗产等税,则仍归中央。遗产税复由中央以百分之三十分配县市、百分之五十分配院辖市。新收支系统法施行已将二年,得失互见。本部现已针对现实,依据宪法拟定国地税划分法,一俟完成立法程序,即可实施。

二、补助地方财政

自三十五年下半年度新制实施后,各省市财政虽经独立,但以省级税源之划分过少,致历年预算收支多陷于不敷之境。中央为维持及扶植省级事业计,所有不敷经费,均已予以补助。计三十五年下半年度改制后,江苏等二十九省市核定收入总额为一千零十八亿余元,而支出总额为二千五百九十五亿余元,不敷之数达一千五百七十余亿元,悉数由中央补助。此项补助数额约占各省市收入一半以上,三十六年度各省市核定收入总额为四千八百五十余亿元,支出总额为一万零六百余亿元,相差达五千七百余亿元。更益以历次生活补助费之调整,保安防空士兵副食费之追加及经常费之追加等,约一万七千三百余亿元,亦均由中央拨补。计三十六年度中央补助□□余亿元,亦均由中央拨补。计三十六年度中央补助省市总额达二万三千一百五十余亿元,几占省市收入四倍半以上,三十七年上半年各省市预算正在院部审核中。估计本年上半年度各省市预算不敷总额，将达二万八千亿元左右，所有本年一月份起调整生活补助费，中央并准另案核给，其总额因四月以后调整办法尚未商定，暂时无法估计。但至四月底止，中央预拨各省市补助款已达四万一千余亿元。将来各省市预算核定，再行分别结算。由此可见，中央于国库艰难万状之际，对于地方仍予勉力支持。

关于绥靖区县市，以其久经匪患地方，元气未复。复员后需款孔殷，中央自不能任其就地摊筹，重增人民痛苦。故亦采补助政策，截至三十六年度止，对于绥靖区县市，先后拨发复员及急赈补助达六百三十八亿余元，免赋补助费达四百六十余亿元，绥靖区地方困难赖此勉力渡过。

此外，关于地方自卫武力经费，除原有一百八十团（约合新编制一五二团）由中央与各省市总预算内统筹补助外，本年度复因匪势猖獗，决定增编省保安团队。此项经费经六省剿检会议决定，原系由地方自筹，中央仅负械弹供应之责。惟本部鉴于地方困苦，顿筹巨款，徒增绥靖区人民负担，转不若由中央统筹拨发。故迭商国防部，确定各省增编数目折呈行政院拟具中央负担增编保安团队经费筹措办法奉准实施。计此次决定增编省保安团队四十万又四十九个突击大队。本年上半年度约需各项经临费一万二千亿元，又武器弹药费二万亿元，共计三万二千余亿元，悉由中央负担。

三、行宪后地方财政之筹划

行宪以后，省县地方均为自治体，其财政收支应由地方立法，地方执行。故国地税之划分，一方面应充裕地方财源，使能自给自足；一方面并应由中央与地方财政平衡发展，使地方立法不致与中央抵触。另经本部详慎研讨，参照现行法令及将来事实需要，依宪法第一零七条第七款之规定，审慎订定国税省税县税划分法草案，俾于各省市县依宪法规定实行自治时实施。兹谨将该项内容择要报告如次：

（一）中华民国之税课分国税、省税、县税。院辖市及省辖市之税课，除本院别有规定外，准用省及县之规定。

（二）国税以所得税、遗产税、印花税、关税、货物税、盐税、矿税、特种营业税为主干。惟于紧急需要时，得对国民征收财产税。又遗产税应由中央以其纯收入百分之五十分给县，百分之三十分给直辖市。货物税中之国产烟酒类税（即土烟土酒税），应由中央以其纯收入百分之四十统筹拨补贫瘠县市。

（三）省税以营业税为主干，在省辖市地方应以其纯收入百分之三十分给省级市。此外，由县以属于县税中之土地税或田赋按纯收入百分之五十分给省，省仍应以总收入至少百分之十统筹拨补于贫瘠县份。

（四）县税以土地税（或田赋）、契税、土地改良物税（或房捐）、屠宰税、营业牌照税、使用牌照税、筵席税、娱乐税为主干，并得于预算收支不能平衡时，经县立法机关之立法，征收因地制宜之特别税课，但不得对国税重复课征或附加，其于省或其他县市已征税课者，亦不得重征或附加，以免苛扰。

以上各点原则，已由部拟定国税、省税、县税划分法草案，送呈行政院核示，一俟依法完成程序，即可付诸实施，地方财源因此增裕，地方事业当可蒸蒸日上矣。

〔国民政府财政部档案〕

18. 财政部地方财政司检送1949年度施政纲要地方财政部分函

（1948年10月27日）

司函　地一字第　号

兹开送三十八年度施政纲要（地方财政部分）一份，即请察收汇办。除分函会计处、设计考核委员会外，此致

设计考核委员会、会计处

附送施政纲要一份

三十八年度施政计划纲要地方财政部分　扶植地方财政期达自给自足

地方财政，应以自给自足为原则。惟以往所划地方税源，尚感短绌，而地方各项税课，亦尚未能充分整饬，今后应本扶植地方财政之旨，依据宪法规定，积极规划，督促推动，同时中央对于地方补助，并应确定范围，俾切实际，而利事功。兹将计划细目，分列于后。

（一）督促实施国地税划分法

自三十五年下半年度改订财政收支系统后，因税源过少，仍有赖中央补助。爰经一再检讨，拟具改革方案。嗣因宪政实施，复经详加研讨，依据宪法第一百零七条第七款，另拟国税省税县税划分法草案，对于省县财政均有调整，正由部呈院核示中，一俟核定，即照案督促实施。

（二）整顿地方税收

地方各项税收，中央早定有法规及整理办法公布实施。在省县未实行自治以前，应即督促依法切实推行，并严格廓清积弊，使涓滴归公，而裕地方收入。

（三）厘订中央对地方之补助范围

自三十五年下半年度改订财政收支系统后，各省市因税源过少，多均仰赖中央补助。三十八年度如实施国税省税县税划分法后，各地方财源已有调整增加，中央对地方除依宪法规定，对边贫省份酌予补助外，其他财力充裕省份，似不应再予补助，藉以建立地方财政之自给自足。惟各地方如因戡乱关系，收支不敷，或因特殊建设事项关系国策，而为地方财力所不能及者，自仍以核实补助为宜，又贫瘠县份因收入短绌，依宪法规定，应由省统筹补助。

（四）补助绥靖区经费

此项补助经费，计分：

1. 一次复员补助费。查奉准列入绥靖区者，共五七二县市，其中尚未收复者三零三县市，平均每县补助一次六百金圆，全年计需十二万金圆。

2. 免赋补助费。计已收复县市二六九县，平均每县每月补助五百金圆，计需一百六十一万四千金圆。又未收复县市三零三县，预计三十八年度内可能收复者为二百县，平均每县以六个月计，每县每月补助五百金圆，需六十万金圆，共需二百二十一万四千金圆，再以八成核列，计需一百七十七万一千二百金圆。

3. 未收复县市补助费。计未收复县市三零三县，平均每县每月补助四百金圆，全年计需一百四十五万四千四百金圆。

以上共拟补助数额三百三十四万五千六百金圆。

〔国民政府财政部档案〕

19. 财政部等处理云南省政府接收税局的来往文件

（1949 年 5—6 月）

甲、左治生签呈　（五月）

签呈

窃自政府南迁，缘于军事之转变与经济之恶化，各省或多藉口为适应地方环境及应付非常情况，各谋政治经济之改革及自给自足之计划，遂置中央法令及政府体制于不顾。其在云南方面者，国税、盐税之中央收入，省府曾早怀觊觎之念。时至最近，已由议论进入实践之阶段。本局为维护税制，苦费周旋，凡获有省府对接管本税之一计划、一拟议，均曾随时电函陈报有案。兹以事机所迫，折冲无效。爰就省府接管本税之演变及今后应采之对策，分别缕陈于次：

一、省府接管本税之倡议及策划

据闻早在本年二月初旬，省府即有接管本税之拟议，曾将本局主管各税草成预算，计大锡四千吨，税款六十万元（滇铸半开银币以下均同）；美烟二千万斤，税款一百万元；棉纱四十万支，税款四十万元；糖二千万斤，税款四十万元；卷烟一万箱，税款五十万元；土烟酒税款五万元；直接税税款五十万元，共计税款三百四十五万元，授意省参议会咨送省府办理。经于三月二十五日省府第一零七五次会议以"准云南省参议会咨请派员接收国税管理局盐务管理局，以裕税收，提请公决案"。决议：查来咨建议各节于本省实际情形固属切要，惟毋庸接收，即由本府令饬财政厅暂行代为承办国税。其盐务管理局及国税局等原有人员，仍继续留用，以资熟手。令财政厅遵照办理具报，电呈行政院备案，并咨复查照等语。方期付诸实施，以旋奉行政院令阻止，此议暂寝。然仍孜孜以图之。及四月下旬，国防部萧次长毅肃来昆，卢主席汉又曾面托以接管本税事，转陈行政院，务获通过。嗣后时由财政厅向本局洽抄有关机关人事业务之资料。适本局以鉴于金圆券之贬值，瞬息数变，且滇省政府通令准许半开流通后，昆明以外各县拒绝使用，金圆券早已绝迹。若不速作权宜有效之处置，国库收入影响殊巨，同时又以各国营交通事业之收费，相继改用银元，本局曾郑重考虑，多次商榷，亦以改用银元计税之建议呈部核示并代电省府，请其支持。讵本月十三日省府第一零八二次会议以"准云贵区国税管理局代电，请准将该局主管之直货两税改征滇铸半开银币以裕税收，并据该局局长左治生面报，因收入锐减，开支浩大，无法维持，请予接管等情。究应如何处理？提请公决案，决议：查该局所称金圆券贬值，影响税收各情尚属实在，应准改以滇铸半开银币计征，惟改征以后，原订税率及税额是否适合，应本促进生产事业，减轻人民负担及实行一物一税制三原则，交由财政厅切实核夺再复。至该局局长左治生面报无法维持，请予接管一节，事涉国家财政系统，本府未便办理。惟既系维持困难，长此迁延影响国计，关于滇区税务准即交由财政厅暂时代办整理，一俟切实整理，获有成效时，即应归还建制。在整理以后，所有收入除抵拨本府中央补助费外，剩余之数仍解国库，如有不敷，仍请中央补助。原有机构人员应予裁并、紧缩，以节开支，并由财政厅将昆明稽征局业务先行代办并调派刘世铭为昆明稽征局局长。该昆明稽征局原有人员应切实紧缩，汰弱留强，冗员遣散。至滇区外县各局所应如何整理代办，统由财政厅酌量处理，分电税管局、财政厅遵照，并电财政部查照等语。本局当即就报章披露各情以特急电报请钧部核示在案。本月十五日，本局正式接获省府公文，语气强硬，限将昆明稽征局于本月十六日先行办理移交等由过局，除电复应候部示再行办理外，并指示昆明稽征局负责人仍督饬所属照常工作，在未奉令前，不得擅自处理。又据闻省府于昆明稽征局接收后，即分别接收外县其他各局，并另成立云南国税管理机构。此为省府早在两月以前即处心积虑，以图接收本税之经过。至所称职曾面请接管云云者，无非欲自图文饰，故入人罪而已。

二、本局应采之对策及今后措施

1. 窃以为政府法统不容假借或破坏，本税体制关系国家财政系统，若任其假名破坏，则不独启他省以效尤之机，即将来归还建制也必重费周折。省府所拟接管本税一案，钧部似应不予考虑，并即呈行政院明令制止，以固体制而维法统。

2. 中央应拨省方之补助费，为使省方迅速获得，提用方便起见，凡本税税款收入，似可随时由国库拨交省库，以备其随时支取。

3. 云南区各稽征局局长人选，为求易于配合地方环境，顺利推行其任务起见，似得由省方就本税资深笃行之人员中向本局或钧部推荐任用，藉收人地相宜之效。

4. 万一有必要时，本局即由昆明移设贵阳，本局人员再视事实需要，酌量裁减，以节公帑。

窃以本税体制决不容予紊乱，而地方环境又不能不隐忍迁就，本局为求维护体制，尊重法统，顾全事实，适应环境，于小德出入之

原则下，敷陈数事。是否有当，理合签请鉴核示遵。谨呈

部长刘

次长姜

职左治生　谨呈

乙、财政部代电　（六月二十九日）

财政部电 2731　穗财国人字第八八八一号

中华民国三十八年六月二十九日

云贵区国税管理局局长左治生览：未列年月日签呈悉。兹将该局所拟应采之对策及今后措施各点，分别核示如下：(一)滇省府派员接管昆明国税稽征局一案，业经本部呈请行政院明令制止在案；(二)关于滇省本年度各项补助费，均系按时拨发。所请将税款收入随时由国库拨交省库，以备其随时支取一节，有紊财政收支系统，未便照准；(三)该区各稽征局局长人选，请由省方就本税资深笃行人员中择优推荐一节，准予照办；(四)拟将区局移设贵阳一节，暂毋庸议，应候统筹办理，仰即知照。

财政部印

〔国民政府财政部档案〕

（三）税制与税收

一、关　　务

1. 财政部抄送收复区关务紧急实施办法呈

（1945年9月21日）

案奉钧院本年九月六日平叁字第一八八五二号训令，颁发收复区五项紧急措施办法，饬即遵照等因，遵已依照奉颁办法内关于关务部分之指示，由部规定接收收复区关务紧急实施办法八项，令饬海关总税务司署遵照办理，理合抄同该实施办法一份，备文报请鉴核备案。谨呈

行政院

附呈接收收复区关务紧急实施办法一份

财政部部长　俞鸿钧

接收收复区关务紧急实施办法

一、派员接收收复区关所及关产，并次第设置江海、九龙、粤海、潮海、厦门、江汉、胶海、东海、津海、秦皇岛、大连、安东、延吉、滨江、台南、台北各关所，其办法如次：

（一）派海关副总税务司率同高级官员数人，前往上海接收海关总税务司署上海办事处及江海关，并恢复各该处关之业务（国定税则委员会及税务学校在沪原有公物及档案，并派该副总税务司就近代为接收）。

（二）派税务司四人并配备少数干部人员，先行集中上海，一俟地方情势许可，即行分途前往接收胶海、东海、津海、秦皇岛等

关，并恢复关务。

（三）调派现在汕头、厦门、汉口、广州附近之海关税务司五人，配备少数干员，就近前往接收潮海、厦门、江汉、粤海、九龙等关，并恢复关务。

（四）俟东三省接收后，派税务司四人，配备干部人员前往接收大连、安东、延吉、滨江等关，并恢复关务。

（五）遴派熟悉台湾情形之税务司两人，并配备少数干部人员，先行集中上海或厦门，俟情势许可，即行前往组设台南台北两关执行关务。

（六）各关所有房屋、地基、码头、船艇、灯塔标志等一切关产，分由前往接收关务之税务司及前往接收海务之海务副巡工司秉承财政特派员通知当地军警机关协助，予以接收。

凡已接收一切关产即由海关使用，其暂不使用者应一律封存。如需启封使用时，仍由特派员备查。

（七）沿江原有之关所，由邻近各关派员前往接收，并保管其关产及文卷公物，暂缓恢复工作。

二、设置及接收巡艇并充实缉私力量，其办法如次：

（一）派海务副巡工司随同海关副总税务司，赴沪接收海关总税务司署上海办事处之海务科。

（二）收复区原有海关巡艇及由伪海关添置之巡艇，统应由该海务副巡工司秉承特派员，并通知当地军警机关协助，迅速接收。

（三）为防止海上走私，应划分区域，以大连、上海、厦门、九龙等地为总根据地，先就所接巡艇统筹匀用，分区配备，执行沿海巡缉工作。如不敷用，另行设法补充或租用，或购置，以能在最近期间租到或购到，俾克赶速设置为目标。

（四）划定陆路货运进出路口，以便集中力量查缉私运。

（五）配置关警队于陆路货运出入要口，并组织汽车巡查队，在未设关所各线路梭巡,充实缉私力量,以防偷漏。

三、恢复航行标志及灯塔,其办法如次:

(一) 为恢复长江航行设备,由部向主管燃料机关接洽,请其尽速配发测量轮船急需柴油六十吨,如油料一时配发无望,即赶造木船,以作恢复航行设备之用。

(二) 由沪调派收复区之灯塔供应船,分往长江口外南北沿海岸实地勘察灯塔损坏情形,以凭决定修理及重建程序。

(三) 利用联合国善后救济总署供给我方之器材,先尽最紧要地点装置临时设备。

四、清查并接收敌伪留存税款及其他款项,其办法如次:

(一) 收复区各关在被劫夺时经征之税款,照下列三时期分别清查。

1. 九·一八至七七

2. 七七至一·二八(太平洋发生战争之日)

3. 一·二八至接收日

(二) 清查收复区各关被劫时结余现款。

(三) 接收收复区各关截至接收时止结余款项及有价证券。

(四) 敌伪移存日籍银行之关款与敌伪移用及支配之税款,分别查明确数,以便向日方清算。

(五) 从收复区各关接收之关款应投解国库。

五、清理留存未税商货,补税放行,其办法如次:

(一) 在敌军占据时期,商民运存收复区之洋货,无论其进出口货栈及保税关栈存储或向他埠转运,凡未照国府颁布税则纳税者,应予一律照征进口税放行。

(二) 洋货在收复区商铺门市出售者,不再征税,以免搜查,致涉烦扰。

六、甄别接收关务人员分别去留,其办法如次:

（一）接收收复区各关所需之人员，应尽量从后方各关抽调前往工作。

（二）在太平洋战争发生以前，已由海关总税务司署核派为税务司、副税务司及其他同等地位高级关员，未于三十二年底来归，而仍在沦陷区海关服务者，除确被敌伪监视不得脱险者外，仍依本部核定原案，一律革职，永不录用。

（三）中下级关员确实不结束归并无附逆情事者，仍以本部核定原案，一律照太平洋战事发生前，已由海关总税务司核定之原资录用，但曾充分支关独当一面主管职务者，应从严审核，并经查明确无附逆情节，不得遽予录用。

（四）收复区各关低级人员准予就地雇用，以资补充。

七、准备账册税单

（一）由重庆总税务司署充分准备账册税单，尽量设法运济收复区各关应用。

（二）接收在沪之海关造册处印刷厂，赶速印制簿册关单，分发收复区各关备用。

八、分别撤移内地关所

（一）兰州关、西安关、沙市关、洛阳关、宜昌关、万县关、曲江关、上饶关、长沙关等九关应陆续裁撤。

（二）内地关所裁撤步骤随收复区关所接收情形，配合而定，期于年内逐步完成。

（三）重庆关在国际货运大量转移至海运时，即予紧缩组织。

〔国民政府行政院档案〕

2. 财政部在国父纪念周作关务署业务工作报告

（1946年12月30日）

财政部国父纪念周关务署报告　三十五年十二月三十日

本日为三十五年本部举行国父纪念周之最末一次，亦即本年度工作报告之日，适轮本署出席报告，敬将自本年九月中旬讫于现在之业务工作情形择要报告，并当检讨过去，策励将来，以求在部、次长领导之下，完成工作，达成任务。兹将报告事项分为：一、属于税则方面者四项；二、属于关政方面者六项；三、属于税收方面者一项。依次报告如左。

一、属于税则方面者

（一）实施修正进出口贸易暂行办法

政府近以战后复员所需要之物资已有大量进口，特修正本年三月一日所施行之进出口贸易暂行办法，将输入许可制度推广应用于一切进口物品。凡属国内生产事业所需要之必需物品及原料，以及其他具有正当用途之物资，得予以优先进口，对于各项机械、器材之输入，予以便利。其非必需品之输入，则不予鼓励。上项修正办法，经于本年十一月十七日公布施行，并由输入临时管理委员会执行委员会专司其事。自实施之日起，一切货品之输入，均须呈验输入许可证，海关已遵照实施，其目的在全盘管制进出口贸易，限制洋货进口，藉以撙节外汇，而谋对外贸易之平衡。

（二）国际贸易及就业会议筹备委员会商讨经过情形

国际贸易及就业会议筹备委员会于本年十月十五日在伦敦举行，政府指派金问泗为我国出席该委员会首席代表，张天泽、夏鹏、童季龄、马绍良为代表，杨树人为顾问兼秘书，周德伟、徐士浩为顾问。兹根据外交部抄转代表团来电，摘要报告如次：1. 苏联以无暇研究美方提案，未参加会议；2. 该会议分设五组：(1)

就业及经济活动暨工业发展；(2)商业政策；(3)限制营业举动；(4)商品管理协定；(5)国际贸易组织；并以我国及澳印等国之主张另设联合组，共同讨论发展工业问题，尤注意于工业落后国家之需要。金首席代表被选任第一组主席，根据各代表所发表之意见，工业发达国家主张无条件最惠国待遇，并大致赞同原则上之自由贸易政策。至于原料出口国多注重保留相当保护关税，以扶助幼稚工业。该会议已于十一月二十六日闭幕。另行成立宪章起草委员会，与会各国均得指派代表参加，我国经指派张天泽、马绍良两代表出席。该委员会除起草会议已同意之条款外，其对于尚未同意各点，得依照本会议之提示，另拟方案，以备明年四月在日内瓦举行之第二届筹备会议讨论，届时并同时谈判国际关税问题。关于下届会议我方参加人选及我方对案之准备，现正由外交部与经济部及本部洽办中。

（三）继续研拟国际贸易及就业会议关于税则部分之准备资料

关于国际贸易及就业会议应行准备事项，属于税则部分，前经本部国定税则委员会研拟我国希望美国减低关税之我国输美货物名单，呈奉行政院修正核定，并由院分行外交部作为答复美方之根据。现复经国定税则委员会分就英国、加拿大、澳洲、纽西兰、南非联邦、英属印度、法国、荷兰及和属印度，比利时、鲁生堡、捷克、古巴、巴西、智利、挪威、苏联等国分别研拟。1.希望英坎等国对我国货物减低关税办法。2.希望英坎等国减低关税之我国货物中英文名单。3.我国对英坎等国输出重要货物价值及英坎等国进口税则一览表业已完成，呈由本部转呈行政院鉴核，并请交由有关机关会同审查，以期周妥。

（四）与经济部洽商保护工业之种类方法及其程度，并准备调整关税

本署前奉行政院交下当前财政经济措施之改进方案，其中第

二节第三点内开：目前国内产业之保护应着重汇率之调整，因国内外物价水准距离过大，如欲关税政策奏效，则非将税率增至百分之百以上不可。为保护今后我国工业发展计，应积极准备通盘调整，先由经济主管机关妥拟保护工业之种类方法及其程度，然后由财政机关据以改订税率等语。本部业经遵照上项指示，函商经济部，请就保护工业之种类方法及其程度详细见示，俾为研究，并准备关税调整方案之依据。

二、属于关税方面者

（一）江海关接办上海引水事务

全国引水管理委员会已划出本署工作范围之外，惟上海海港港务及引水管理自胜利后，即由美海军自动办理。嗣美海军交还我国接管，乃奉院长核定，由交通部委托财政部交海关接办，所有接管手续业经完竣。于江海关内设立上海引水办事处，派员负责办理，并经督饬海关总税务司署拟订上海区（外海至上海段）管理引水暂行章程及引水费率表等件，送部候示遵行。

（二）实施纱布输往华南管理办法

前奉行政院本年九月四日代电开：为防止棉纱棉布在华南走私，暂定上海及各商埠购运棉纱棉布至广东、福建各口岸，须向关务署申请获准，领得许可证后，始可出口上海以外商埠，如有申请购运纱布至华南各地者，亦应同样办理。至华南各地厂商对纱布有正当需要者，其配给办法已饬由纺织事业管理委员会拟定呈核，仰遵照。等因。经本署令饬总税务司署遵照在案。旋复奉行政院十月五日令发纱布输往华南暂行管理办法及纱布输往华南申请审核简则。依照规定，此后棉纱棉布运往华南，应向纺织管理委员会请领许可证，持凭报关出口。本案已由本署与纺织管理委员会接洽，公告施行。

（三）限制小麦自沪转口

行政院为限制小麦自沪转口起见，规定自十月下旬令到日起，凡由江海关报运转口之小麦应与面粉一律，须先经粮食部之核准。但善后经济总署运出之小麦不在此限，业经电令每关总税务司遵办。

（四）设立沈阳关

辽宁省内各地经国军次第收复后，沈阳市面秩序及交通均已恢复，进出口贸易日渐增盛。为管理货运，并增裕税收起见，已在沈阳地方设立沈阳关，并在长春锦县两地分设支关，执行稽征业务。查九一八以前，沈阳虽未设关，但现在大连已规定为自由港，而沈阳系位于大连后方，故在该地设关，尚切需要。又查东北各海关因时局关系，未能于本年度内实行恢复者，尚有滨江、延吉、安东、大连四关，连同山东省之东海关共计五关，俟局面开展，地方安定，即行分别推进，恢复各关业务，特并报告。

（五）防止路运客运走私

一年以来，本署对于沿海沿边及空运之缉私工作积极筹划，督饬海关认真执行，虽在物力配备诸感困乏之中，已收到相当效果。最近奉宋院长谕，以广九铁路及国内各干线走私日盛，饬由本部及交通部洽商海关稽征铁路客货运输办法呈候核定施行，经饬据海关总税务司拟具海关稽征铁路客货简则草案呈送到部，已由部于十一月十一日代电交通部查核，俟得同意，即会同呈院核定施行。

（六）防止海军舰船及军人走私

近以华南沿海一带走私猖獗，为加强海关巡缉力量起见，经拟具海关暂行借调海军舰艇指派关员驻舰查缉海军或军用船只及军人私运办法，呈奉行政院公布施行，依该办法之规定，由海军总司令部指派舰艇暂驻广州，归粤海关税务司指挥调遣，并由海关派员驻舰执行查缉。华南各关税务司对于查缉海军或军用船只或军人走私须用舰艇协助时，可立即密电粤海关调派拨借舰艇前往办理，并已由海军总司令部指派美珍舰驻粤协缉，以后华南沿海走私当可逐渐杜绝。

三、属于税收方面者

本年度关税收入除十二月全月份税收数字须俟明年一月上旬方能汇总计算外，兹查自一月至十二月中旬止，实收三二，三五八，二六七，五九八元，实收数占全年预算数征起成数百分之三二点三六，计超收二二，三五七，九六七，五九八元，其中进口税二八一，一三六，二三九，五七六元，占实征总数百分之九〇点二。出口税六，七五三，〇六五，五九八元，占实征总额百分之二点一七。其他关税附加约占实征总额百分之七点五四。

以上为本署数月以来工作大致情形，关务行政万绪千端，此后一切措施谨当秉承部次长训示，努力推进，冀能达成所负任务。尚请各单位长官及诸位同事随时指教协助，俾资整理改进，曷胜企盼。

〔国民政府财政部档案〕

3. 关务署拟送1946年12月份简明工作月报

（1947年1月4日）

财政部关务署三十五年十二月份简明工作月报

一、国际贸易及就业会议筹备委员会商讨经过情形

国际贸易及就业会议筹备委员会于本年十月十五日在伦敦举行，政府指派金问泗为我国出席该委员会首席代表，张天泽、夏鹏、童季龄、马绍良为代表，杨树人为顾问兼秘书，周德伟、徐士浩为顾问。兹根据外交部抄转代表团来电报告会议经过情形，摘录于次：

（一）苏联以无暇研究美方提案，未参加会议。（二）该会议分设五组：（1）就业及经济活动暨工业发展；（2）商业政策；（3）限制营业行为；（4）商品管理协定；（5）国际贸易组织，并接受我国及澳印等

国之建议另设联合组，共同讨论发展工业问题，尤注意于工业落后国家之需要，金首席代表被选充任第一组主席。根据各代表所发表之意见，工业发达国家主张无条件最惠国待遇，并大致赞同原则上之自由贸易政策。至于原料出口国多注重保留相当保护关税，以扶助幼稚工业。在筹备会中，对于关税及贸易问题，经协议由各国自动的实施无条件最惠国条款，减低关税。在关税会议之前，各国不采取新关税税率，至关税会议将依下列四项步骤进行：(1)参加筹备会议各会员国要求他国让步减免关税之品目单，最好在本年底以前提出(注：我国应行准备之品目单已由本部呈行政院鉴核在案)；(2)各国允许对他国货物减免关税之品目单，应在第二次筹备会议时提出；(3)由各有关国家之专家就相互间对某种产品减低关税事项分别作初步之讨论；(4)然后由筹备会议将其结果作一般之讨论，本届筹备会议已于本年十一月二十六日闭幕，另行成立宪章起草委员会，与会各国均得指派代表参加，我国经指派张天泽、马绍良两代表出席起草委员会。除就会议已同意各点拟订条款之外，其未同意各点，得依照该会议之提示，另拟方案，提交明年四月在日内瓦举行之第二届筹备会议讨论。至无条件最惠国待遇条款，本系相互性质，金首席代表为格外郑重起见，经于闭会致辞时，特别概括的声明，对于相互原则之重视，并对无条件解释表示保留态度，以留余地。关于下届筹备会议我方参加人选及宪章对案之研究准备，现正由外交部与经济部及本部洽办中。

二、商订中国海关在香港境内执行职务协定

关于防止香港方面走私问题，本部奉宋院长谕转饬海关总税务司派员与香港政府磋商切实有效之防止办法报核，并经指示以在不妨碍正当中港贸易之下能维持中国之税法，藉以增进两国之友好关系为标的，业据该总税务司呈送中国海关，在香港境内执行职务协定草案，由部于十二月十四日呈请行政院鉴核，俟奉核准，当即转饬遵照签定，早付实施。

三、关税征纳概况如次表

税别	三十五年十二月份				
关税	预算数	税收数			
		征起数	百分数	纳库数	百分数
	七,四四四,四一四,〇〇〇	二〇,〇三八,〇四七,九五五	二六九点一七	一八,六五八,一〇五,四三三	九三点一八

附注:1. 本表预算数以追加数

2. 十二月税收征起数

三十五年一至十二月份				
预算数	税收数			
	征起数	百分数	纳库数	百分数
九六,二七八,〇九三,〇〇〇	三一一,三五八,二六七,五九八	三二三点三九	二八五,一五〇,六六一,〇八四	九一点五八

尚未奉准暂以原预算数计算

预算数系截至十二月中旬止(十二月二十日)

〔国民政府财政部档案〕

4. 财政部关务署 1947 年 1—4 月份关政税则税收工作报告

（1947 年 4 月 21 日）

财政部国父纪念周关务署报告　三十六年四月二十一日

本日本部举行国父纪念周，轮由本署出席报告。本署自去年年底作过工作报告后，将四阅月。兹将本年度开始截至现在之业务工作情形，择其重要者，约各报告如次：

计属于关政方面者五项

属于税则方面者二项

属于税收方面者一项

甲、属于关政方面者

一、恢复稽征机构

三十五年，因地方秩序情形，未克实行恢复之海关，计有烟台之东海关，东北之安东、延吉、大连四关。本年据海关总税务司呈报，安东关已于去年十二月底恢复。最近又已电派卢寿汶为大连关税务司，驰赴指定地点，准备接收。俟旅大问题全部就绪，即可到任恢复关务。又广东之三水地方为管制水陆、货运及缉私起见，已派员筹设支关归粤海关管辖。

二、执行经济紧急措施方案

本年二月二十日奉部令颁经济紧急措施方案，当经电令海关遵办。本署鉴于华南一带走私之风日炽，实以一般奸商不顾政府法令，只知贪图厚利，每多勾结军人武装私运，而海关缉私条例对于查获走私案件，又仅限于行政之处分。其走私人犯，若不严予法办，实不足以示惩儆。为期迅速遏止私风起见，经拟定惩治走私处罚办法，并已由部呈准行政院，转交立法院审议。依照该办法规定，对于走私人犯得按情节轻重，分别处以死刑、无期徒刑或有期徒刑。

三、海关办理无约国商船特许进口事务

无约国商船特许进口制度，前奉院令指定海关办理。经饬据海关总税务司拟具简明办法草案，呈由本部转奉行政院指令核准，业经令饬总税务司遵办。其要点如次：(一)所谓无约国商船，系指悬挂未与我国订立互惠条约国家旗帜之商船而言。(二)此项商船进口，须先获得海关之准许。(三)此项商船进入之港口，以我国政府宣布开放对海外贸易及商运之港口为限。(四)此项商船经特准驶入后，其呈缴船舶证照等手续与有约国商船同。(五)该项船只未经请求准许驶入我国开放港口，海关得声明或不声明理由拒绝。(六)无约国如有不准我国商船驶入该国开放港口者，其商船不准驶入我国开放港口。

四、接管上海区引水事务进展情形

关于上海区引水事务，去年由交通部委托海关接办，早经接管就绪，已拟定上海区(由外海至上海段)管理引水事务暂行章程。即引水费率表、收费表及雇用外籍引水人合同格式，对于厘定引水费率，征收附加费，训练引水人及暂雇外籍引水人等事项，均经分别拟定办法，由部转请行政院核准实行。

五、商定海关在香港境内执行职务协定

查海关总税务司署为防止华南走私起见，曾与香港英政府洽商我国海关在香港境内执行职务协定草案，报由本部呈奉行政院令准该总税务司签署。嗣据总税务司呈，以该项协定草案第四、第六及第八条条文，业经香港政府行政会议予以修改，虽与原草案各有出入，尚与协定主旨无关，似可接受等语，复经由部检同修改条文，呈奉行政院指令准照修正草案签署等因，已转饬该总税务司洽办。

乙、属于税则方面者

一、关于参加国际贸易会议第二届筹备会及国际关税谈判之准备。

外交部以据金大使报告，国际贸易及就业会议将于三十六年四月八日在日内瓦召集第二届筹备会议，同时举行关税谈判。经该部提议，由经济、外交、财政三部各指定专门人员一人共同研拟有关资料，以资准备。奉部座批谕，由本署朱副署长于二月四日在署邀请外交、经济两部代表共作初步商讨。关于草拟贸易宪章对案一节，佥以为美方所拟贸易及就业建议案，已拟具修正意见，由我出席代表在第一次筹备会议中表示我国立场，并已指定张、马两代表参加国际贸易宪章起草委员会，折衷各方意见，草拟新案。目前似未便另拟对案，致涉分歧，转使我代表对外发生困难。至准备关税谈判资料问题，经就朱副署长所拟之方案(即关税谈判时我国可能减税之原则及办法)，抄送经、外两部作初步研究，再行继续商讨，以昭郑重。再经部代表以四月八日会期迫近，关于第二次出席代表之人数及所需经费数目，认为应早日商定，俾便准备。又据外交、经济两部代表声称，金大使出席第一次筹备会议时，颇有专门人员不足之感，本届关税谈判会议涉及技术方面者较多，似宜增派专门人员，以利谈判。查上届出席代表，本部指派童参事季龄、周参事德伟及税则委员会马委员绍良三人参加。至本届会议，本部应如何酌定员额，增派出席人员参加谈判之处，经经济部商同本部拟定出席人员，拟参照上次临时加聘人员情形酌定为：首席代表一人，代表六人，顾问四人(内二人兼任秘书)，合计为十一人，并仍以金大使向泗为首席代表。所有出席代表及顾问应需经费，经编列为美金四万四千余元，国币三百万元，已由经、财两部于三月十七日会同签呈行政院请予核呈国府任命，并拨款济用。三月十九日复邀约在国内之庄代表及钱、赵两顾问在本署举行谈话会，藉使准备，至应行准备之资料，经遵奉部座指示，由本署朱副署长邀同经济部、外交部指派之代表团开会集商两次，对于关税部门，经就原则及办法分别拟议草案。又第一届会议，我国代表团声明保留及应予解决各点，例如：(1)无条件最惠国待遇问题。(2)国民待遇适用内国法令加以限制问题。(3)关税估价问题。(4)参加多边贸易协定问题。(5)数量限制问题。(6)津贴问题。(7)表决权问题。(8)常任理事问题，以及放宽进口管制问题等。经已根据金首席代表报告书，由朱副署长会同参事厅、钱币司、国库署统计处共同研究，列拟意见，均经签奉核示，交由出席人员备作参考资料，并由经济、外交、财政三部会衔报请行政院备案。

三月二十八日，国民政府明令任命金向泗为首席代表，吴南为、张天泽、童季龄，马绍良、庄智焕、陈良衡为代表，周德伟、钱宗起为顾问，范豪、赵里鹏为顾问兼秘书，共计十一人。现外交部接金首席代表来电，拟加派陶寅为代表兼秘书长，已由财、经、外三部会呈行政院请予加派。又童代表来函，拟调用中宣部驻英代表谢志耘为专员或秘书，亦由经济部同意会衔代电金首席代表洽办。除金大使、吴公使及张、陈两代表现均在欧外，童、马两代表及周顾问已于三月由美启程赴日内瓦，庄代表及赵、钱两顾问于四月五日在沪乘机直飞法国，所有经、外、财三部研拟准备之参考资料，悉经代表携带于国外备用。至经费概算奉行政院核定为国币三百万元，美金三万一千七百一十元。其中治装费、旅费已由部拨交经济部转发，办公费、招待费、生活费已汇驻瑞士吴公使收转代表团备用矣。

二、实施出口补助与进口附加费之经过

本年二月六日，政府为扶助出口货品之生产与输出，采纳出口业贴补政策之建议。自二月六日起，对于出口货品结汇时，就其输出价格由政府给予百分之一百之补助费。同时除机器及生产与日用切需品外，加征百分之五十之进口附加费，另立专户存备补助出口之用。乃一般出口商品乘机涨价，遂使补贴政策失其意义。政府乃于四月十六日颁布之经济紧急措施方案中废止出口补助与进口附加之办法。据海关截至四月上旬之统计报告，计征起之进口附加费为二百五十四亿余元。

丙、属于税收方面者

关税收入情形

查本年度海关税收，自一月至四月上旬止约收入二千七百九十余亿元，其中进口税二千三百六十余亿元，占总数百分之八点四有奇，奢侈品附加税四十七亿余元，占总数百分之一点七〇。进口附加费实施未久，奉令停收。其已收之数为二百五十四亿余元，约占总数百分之九有奇，其余税收项目为进口附加税，特种附加税，船舶吨税等，约占总数百分之九有奇。本署除督饬海关继续切实稽征外，对于防止偷漏，加强缉私工作，均遵照政府核定方案，注意执行，以裕国课而遏私风。

以上报告为本署四个月以来工作概况，尚祈各长官随时训示，并请各同事指教、协助，以策进行，不胜感祷。

〔国民政府财政部档案〕

5. 财政部拟抗战胜利后关务概况（节略）

（1947 年）

第一节和第二节〔略〕

第三节　赋税

一、关务

（一）关税政策

抗战胜利后，财政部为切合实际情势，曾将战时海关稽征关税所依据之征税章则分别修正或废止，其后复拟订复员期间内稽征办法八项实施。其要点在取消战时一部分进口货减税办法，但对战时专案规定之免税物品、联总善后救济物品、盟军供应物品及租借法案物资等仍照案免税，同时实行下列之紧急措施：1. 划一进口货完税价格之计算标准，无论国营民营事业一律照海关办法以输入口岸之趸发市价为计算根据。2. 敌伪产业物资照院令规定分别征免捐税。3. 调整物资进出口管制办法，其内容为：(1)废止物资进出封锁线禁运及检查之规定，供〔使〕物资在国内得以自由流通；(2)

取消桐油、猪鬃、羊毛、茶叶、生丝等统购统销办法，俾主要外销物资迅速恢复国外市场；(3)简化管制物资之品目。进口方面对于普通商品全部弛禁，出口方面除矿产品及若干种结汇物品与军火粮食古物钱币等外，概准自由运销。至三十五年二月，国民政府为适应战后经济需要，公布进出口贸易暂行办法，以资因应。结果进口商品以建设器材(如发动机铁道货车客车枕木车辆零件等)、工业原料(如棉花五金锭块化学产品染料皮革橡皮等)居进口货值之大部分，其次则以棉布、药品、油类、纸类为大宗。至奢侈品，如烟酒等之进口，除课以税率百分之五十之奢侈品附加税外，并依照禁令严切取缔。惟出口贸易以内地未臻安定，交通常遭破坏，致物产未能充分流通，政府为谋输出之增加同时减少外货之输入，于八月十七日宣布取消出口税，俾与调整外汇汇率平衡洋货价格之政策，收配合运用之效，同年十一月续将进出口贸易暂行办法修正公布，至是输入许可制度已推广应用于一切进口物品，凡属国内生产事业必需品及原料以及其他具有正当用途之物资，得予以优先进口，对于各项机械器材之输入予以便利，其非必需品及奢侈品之输入，则按其性质分别停止或禁止进口。此项修正办法之目的，在全盘管制进出口贸易，限制洋货进口，藉以撙节外汇，而谋对外贸易之平衡。三十五年度关税超收几达三百亿元，今后关税政策自应配合国家经济建设计划，在国际合作互助之原则下，为适宜之调度。现正规划厘定修改关税立法原则，暨参酌世界贸易就业会议我方所接受之义务，对于关税税则通盘检讨，统筹改订。

(二) 关务行政

抗战胜利后，因战时管制及禁运各法令次第废除，货物税及盐税实行就厂就场加管控制，海关在内地所负货物检查及缉私任务已告解除。除保留重庆、江汉、金陵、三水、江门、梧州外，业将长沙、沙市、洛阳、宜昌、万县、上饶、兰州、西安、曲江九关及重庆所属之成都、贵阳、一品场、青木关、雅安等支关一律裁撤，所有进出口贸易之稽征业务，悉由沿海沿边各关办理。兹列举全国现有海关名如次：

全国海关一览表

1. 总关计二十七关

营口关			
秦皇岛关	辖分关一	支关一	支所一
津海关	辖分关二	支所五	
胶海关	辖支关一	支所三	
重庆关	辖支所二		
江汉关			
金陵关			
江海关	辖分关一	支所四	
浙海关	辖支关一		
瓯海关	辖支关三		
闽海关	辖支关六	支所二	
厦门关	辖支关三	支所一	
台南关	辖支关三	支所一	
台北关	辖支关六		
潮海关	辖支关一	支所二	
粤海关	辖支关一	支所三	
九龙关	辖支关十三		
拱北关	辖支关四		
江门关	辖支关二		
梧州关	辖支关一	支所一	
南宁关	辖支关五	支所三	
雷州关	辖支关八	支所六	
昆明关	辖支关七	支所五	
腾冲关	辖分关一	支关二	支所一

新疆关　　辖分关三　支关五　支所一

沈阳关　　辖支关二

安东关　　辖支关四　支所二

2. 尚未恢复总关计四关

滨江关　　延吉关　　大连关　　东海关辖分关二

至沿海沿江之助航设备战时多遭破坏。复员之始，除由沪调派收复区之灯塔供应船分往长江口外，所有南北沿海岸航行标志灯塔之损坏，均已逐段修整或重建，已告完成者略述如下：

（一）上海至宁波段内之灯塔已修整十一处，恢复发光并重建唐脑山灯塔一处。

（二）青岛沿海之大公岛、连岛两处灯塔三十五年四月恢复发光，并修复浮标四处。

（三）长江航行标志除宜渝段早经修复外，汉口至吴淞段助航标志修复七十余处，并为协助夜航起见，恢复灯杆灯标七十一处，汉口、宜昌段助航设备修复一百一十九处，宜昌、汉口、九江等处均设置水尺。

其余有关轮船航行及水道水量等事项及测量结果，并由海关随时公告及赶制图表，以供航商参考。

此外缉私工作系分陆海空三面执行，其部署约如左述。

（一）关于陆地及沿边者，划分全国陆地国境为四大区（东北区、西北区、西南区、港澳区）。除东北区俟当地情形安定，贸易恢复常态后，再行划定陆路货运进出口路外，其余各区详列如左。

1. 西北区　包括新疆省全境与苏联及印度接壤地带划定进出路口，计有尼堪、伊犁、乌什、二道卡、喀什、叶城、桑株、和阗等地。

2. 西南区　包括云南、广西两省，及广东省西部与缅越接壤地带划定进出路口，计有腾冲、倪家铺、遮岛、猴桥、畹町、思茅、河口、马关、龙津、关前隘、凭祥、岳墟、东兴等地。

3. 港澳区　包括九龙、中山两地与九龙租借地及澳门邻近地带划定进出路口，计有深圳、罗湖、文锦渡、莲塘、坨口、沙头角、关闸等地。

以上各路口均配备关警武装巡缉，其非路口概禁货运通行，并严密检查外来车辆，于驶进路口时执行初验，并加封锁，俟运至设有关所之地点，再行复验。

（二）关于沿海者，以上海、大连、厦门、九龙为总根据地，分区配备巡船舰艇巡缉，并请海军舰艇协缉。

（三）关于空运者，已分别调查缉人员在国际民航机起落站执行查缉，并检查空运邮包。

（四）关于稽查铁路货运者，在广九铁路方面已由海关派员于车上及站内实施检查。

〔国民政府财政部档案〕

6. 国民政府与英国关于中国海关与香港政府间关务协定之换文

（1948年1月12日）

中央关于中国海关与香港政府间关务协定之换文①

（一）中国外交部部长王世杰博士致英国驻华大使施谛文爵士照会

查关于防止香港与中国港口间之走私一事，中国海关与香港政府间商讨之结果，业已成立协定，检同该项协定，照请贵大使查照。

本部长兹谨声述中国政府对于所附该项协定内所载办法，予以核准，并建议：倘英王陛下联合王国政府对其规定亦表赞同，本

① 此换文生效日期为1948年1月20日。

照会及贵大使之复照，即视为构成两国政府间之协定。

本部长顺向贵大使重表崇高之敬意。此致

英王陛下驻中华民国特命全权大使施谛文爵士阁下

王世杰(签字)

中华民国三十七年一月十二日于南京

(二) 英国驻华大使施谛文爵士复中国外交部部长王世杰博士照会

接准贵部长本日照会，以中国政府核准来照所附关于防止香港与中国港口间走私办法之条款，嘱为查照等由。查英王陛下联合王国政府对该项条款，亦予以核准。本大使兹谨检附其全文照复贵部长查照。

关于贵部长来照第二段所提之建议，本大使兹谨增述英王陛下联合王国政府认为照会及本复照即构成两国政府间之协定。

本大使顺向贵部长重表崇高之敬意。此致

中华民国外交部部长王世杰博士阁下

施谛文(简签)

中华民国三十七年一月十二日于南京

附件

一、香港政府(以下简称政府)将向香港参议会提出法案，对拟予运往中国货物之装运，加以限制，其办法如下：

(甲) 船只注册净吨数在二百吨及二百吨以上者，其装运将限于维多利亚以内之任何地点；

(乙) 船只注册净吨数在二百吨以下者，其装运将限于西环民船碇泊所(即依照一八九九年商船法所定规则中S表第一节内所指碇泊所)，或由香港港务长在油麻地避风塘所指定之地区，或大浦港口；

(丙) 除本项上述规定外，港务长有权自由决定准许任何船只在香港领水内其他地点装运，惟遇有给予此项准许之情形时，该港务长应尽速通知中国海关（以下简称海关），海关得在任何此种情形下，对于凡于输入中国国境时应向海关缴纳关税（以下简称中国关税）之任何货物，就其出口商拟在香港纳税或已申请在香港估定税额者，有核对查验其装运之自由。

二、海关得在香港境内自由指定地点，对于行将输往中国之货物，预予征收中国关税或预予估定额税。中国关税应在上述任何地点预予缴纳抑预予估定税额，悉由有关货物之出口商自行抉择，此项办法并应由海关晓谕该有关出口商知悉。海关对于在香港缴纳中国关税之任何货商，应给予完税凭证，并在其本身组织内采取措施，务使有关货物于运至中国境内之目的港口时，得尽先放行。海关依本项之规定，得在由其择定尽可能毗邻第一项（乙）款所指避风塘及碇泊所之场所内，自由设立检查处所，并在各该处所及双方同意之其他处所，自由检查出口商拟在香港缴纳中国关税或已申请估定税额之货物。海关专为查验已在香港缴纳中国关税或估定税额之货物之装运事宜，得在上述避风塘及碇泊所自由派驻检查员，此项检查员，在未得香港总督书面允许之前，不得超过四十人，惟得另雇适当数额之夫役头目，其数额须经香港总督之同意。此外，海关为查验已在香港缴纳中国关税或估定税额货物装入注册净吨数二百吨及二百吨以上船只之装运事宜，可另行派驻适当数额之检查员及夫役头目，其数额须经香港总督之同意。检查员及夫役头目于必要时，得为上述目的自由登临任何船只，但其职务应仅限于核对性质，不得干涉或阻碍货物之装运，其详细之检查，并应于估定税额时，在海关检查处所执行之。所有海关执行查验货物之人员，须具身份证明书，粘附照片，并由当地海关税务司或其代表签字证明。本协定内任何条款，不得解释为准许海关任何关员或雇员，在未征得所有人同意之前，进入任何私人场所。

三、政府将训令港务长尽力协助海关，对于由香港开往中国境内任何港口之船只，拒绝其结关，但经海关与港务长双方所同意之港口表内所列之港口，不在此限。又此项训令仅具酌量施行性质，并得于通常或特定情形之下，在任何时间内予以变更或撤销。如遇有业已在香港结关开往中国港口之船只，经充分证明，其并无充足理由而未开往该港口之情形，则应于该船驶返香港时，重依通常程序，科以处罚。注册净吨数在二百吨以下船只，由香港结关开往中国港口时，除海关另行指定者外，应通知其向香港附近海关卡所之一停靠。为实施本项规定所必需之法案，将由政府向香港参议会及时提出之。

四、政府特此授权海关自由进入及巡弋本协定所附录说明内所述香港领水内各区域（以下简称禁止区域），并在各该区域内，饬令任何船只停泊，以查验其文书；如查有装运货物之任何船只，未在香港一港口内办理结关手续，除准予继续其航程者外，海关应将该项船只交由最近便之香港当局看管。政府将向香港参议会提出为实施本项规定所必需之法案，该项法案，包括禁止不在香港一港口内办理结关手续之任何运货船只驶入一禁止区域之措施。但本项规定不能认为政府负有任何义务，给予海关任何搜查、没收、扣留或科罚之权利，或任何依照国际法政府不能让与或海关不能承受执行之权利。

五、政府对于依照一八九九年商船法内T表领有第四类执照之船只，将视香港需要及该项船只在运费方面对香港之服务情形，临时考虑禁止其为装运货物之目的而使用。

六、政府将考虑何种措施系属切实可行，俾规定由香港经由北面边界输往中国之货物，仅限于沙头角，运塘对面之一地点，广九公路经过边界之地点及罗湖铁路桥以及其他经双方商定之地点出口，并防止或制止输出物品在该边界上其他地点出口。

七、各条款之任何规定，不适用于拟经由空运输往中国之货物；启德飞机场不得驻扎关员，现时驻扎该处之关员应予撤退。

八、海关及香港进出口监理员任何一方，应将此方可能获得，并依此方意见认为在防止及查察麻醉药品及应纳税商品或禁止出口或进口物品之输出或输入（视情形而定）之私运方面，对彼方有所资助之任何消息，供给彼方。

九、关于海关管理广九铁路货运办法，仍依前列，由政府与中华民国交通部另以协定规定之；但依任何该项协定之规定，在香港向海关缴纳关税一节，应仍总由有关商人自行抉择，惟政府仍得依照香港现行有关该铁路之任训法令，规章或其他法律，或依双方议定之办法，对海关予以合法协助。

十、在本协定有效期间，随时派驻香港充任中国海关税务司之人员（以及在香港担任各部门事务之税务司），应为英籍，并应为政府所能接受之人员。

十一、本协定内所称船只字样，应包括民船，驳船及可能用于装运货物之任何种类之船只。

十二、本协定自香港总督决定并通知之日起发生效力，此一日期，不得过于一九四八年一月二十日。本协定自生效之日起一年期内继续有效。本协定于生效一年后仍继续有效，直至缔约一方政府将废止之书面通知递交他方之日起三个月后为止。

说　明

一、急水门区：本区海面，北面以急水门海岸为界，南面则自南头、南西角向正极北二百二十五度伸出，五里处为起点，自边界线至急水门海岸相交处为终点，划一直线为界。上述界线一如附图所示。〔略〕

二、大鹏湾区：本区海面包括沙头角海面，及位于大鹏湾北岸及东岸之海面，其界线自鲁滨逊岛极北角为起点，向正极北零度伸出半里，由此据点向正极北八十六度伸长至距南澳嘴一里，其方位为正极北二百七十度处，转向正极北一百二十六度，至距平湖极东十分之八里，其方位为正极北六十三度处，再由此据点伸向正极北一百八十度，至距大鹏角二点七里，其方位为正极北二百七十度处，然后伸向正极北一百三十五度直至香港领水东面边界线相交处为止。上述界线一如附图所示。

〔国民政府外交部档案〕

7. 财政部税务署检送1947年关税等国税概况函

（1948年3月10日）

准贵处本年三月六日京秘二字第387号笺函敬悉。查本署主管各税在三十七年上半年度国产烟酒税外，尚有其他税目税率增加或减免，其岁入分配预算，容俟奉文确定，自当一并合办签报，相应先行复请查照为荷。此致

秘书处

税务署启

三月十日

国税概要

甲、关税

三十六年税制概况

复员以来，国内外经济情势动荡未定，同时联合国在伦敦、日内瓦、古巴先后举行贸易及就业会议，讨论扩充国际贸易及祛除关税壁垒等有关世界性之贸易宪章。我国既为参加国之一，而在日内瓦会议时，并曾参与关税及贸易总协定之签订。故对洋货征收进口税，仍系沿用战前施行之税则。惟为适应现情起见，计有下列各项之调整。

1. 进口税不适用从量税率，一律从价征收。

2. 汽油、柴油恢复征税，并与煤油同时加征进口税，一律订为

值百抽五十。

3. 取消出口税。

4. 停征救灾附加税(美棉麦借款本息业已偿清)。

三十七年新措施

关税收入为国税大宗收入之一，我国税则向较世界各国关税为低，而出口税又已取消，故欲求关税收入之增加，自必先修改税则。惟以修订税则尚非短期内所能完成，政府为应付财政紧急状态起见，爰决定开征进口税临时附加税，以资挹注。其实施办法如下：

1. 进口应税货品，于现行海关附加税外，另征临时附加税。但棉花、米、麦、面粉、煤及煤焦，原照官价结汇货品及汽油、煤油、柴油增加进口税之货除外。

2. 临时附加税，依照海关附加税成例，按进口税原率征百分之四十五，(两种附加税合为百分之五十)与进口税同时征收。

3. 暂定征收期间为六个月，自三十七年一月一日起至六月三十日止。

又柴油一项在进口税则内，分订为甲、乙两类。甲类柴油大都供航业及工业界燃料之用，经准自三十七年一月一日起，对甲类柴油减按从价百分之十八征收进口税。

税　收

战前之民国二十五年计共实收三二四，六三三，二九一元，战后之三十六年，根据已到报表，计共实收二，一〇五，七六一，二六七，六四六元，三十七年上半年度估计可收六，五〇五，〇〇〇，〇〇〇，〇〇〇元。

乙、盐税

三十六年税收概况

战后于三十六年三月制定盐政条例公布施行，专商引岸一律废除，实行自由运销，并设立常平据点，充分接济民食，税率亦由简化而趋于划一。三十六年八月间调整税率，即采行均一税制，食盐全国各区一律为每市担十万元，土膏盐八万元，渔农盐五千元，工业用盐则予免税。

三十七年新措施

本年税率重行调整，计食盐每市担为二十五万元，土膏盐二十万元，渔农盐十万元，工业用盐仍予免税。嗣后拟以此为基本数，参照生活指数继续适时调整。

税收

战前之民国二十五年计共实收二一七，八一一，〇〇〇元，战后之三十六年，根据已到报表，计共实收一，六五六，一四四，七七八，〇〇〇元，三十七年上半年度估计可收四，〇〇〇，〇〇〇，〇〇〇，〇〇〇元。

丙、货物税

三十六年税制概况

迄至三十六年之货物税课征品目：

1. 货物税部分（原统税）为卷烟、棉纱、火柴、熏烟叶、洋酒及啤酒、水泥、茶叶、糖类、麦粉、皮毛、饮料品、化妆品、锡箔及迷信用纸十三种。

2. 国产烟酒类税部分为土酒、土烟叶、土烟丝。

3. 矿产部分为金属、非金属之矿产品。其税率视物品性质，分别规定，属奢侈或应取缔者，如烟类、酒类、锡箔及迷信用纸、化妆品等税率最高，有达百分之百者；其半奢侈品，如茶、糖、皮毛等为百分之十至百分之二十五；其属民生日用品，如麦粉等则最低，仅百分之二点五，煤、铁等百分之三。惟为适应当前物价波动情形，增裕税收起见，均采从价征收。所有各该货品之完税价格及税额，系每三个月评定一次。如每月有波动，不论增减达四分之一时，即予适当调整其税价税额。至税价之评定，乃以产制场所附近市场每三个月之平均批价为根据，依照法定公式（即批价减去原完税款及其运赴市场之费用），分区评定。其种类、品目多者，并酌采分级评定办法。惟卷烟一项,牌名过多,品质互异,分级较难,尚未实施。至征收手续,以派员驻厂、矿、场所征收为主,其小规模生产者,则酌用每月核定产量征收,所有税款均由商人直接纳库。凡经完纳货物税(包括烟酒税矿产税)之货品,通行全国任何地方,不得对货重征,并对于是项产制商准予免纳营业税。兹将各种应税货品税率列左。

货物税税率

(一)卷烟　　从价征收百分之百
(二)熏烟叶　　从价征收百分之三十
(三)洋酒啤酒　　从价征收百分之百
(四)火柴　　从价征收百分之二十
(五)糖类　　从价征收百分之二十五
(六)棉纱　　从价征收百分之五
(七)麦粉　　从价征收百分之二.五
(八)水泥　　从价征收百分之十五
(九)茶叶　　从价征收百分之十
(十)皮毛　　从价征收百分之十五
(十一)锡箔及迷信用纸　从价征收百分之六十
(十二)饮料品　　从价征收百分之二十
(十三)化妆品　　从价征收百分之四十五

国产烟酒类税税率

(一)烟叶　百分之五十
(二)烟丝　百分之三十
(三)酒类　百分之八十

矿产物税率

(一)铁、煤炭、煤气、石油　从价征收百分之三。
(二)石膏,滑石,明矾,磁土,火粘土,天然碱、铜、锡　从价征收百分之五

（三）其他矿产　从价征收百分之十

三十七年新措施

本年度为适应物价波动，争取税收及简化稽征，有如次之改进。

1. 改定从价办法为每月一次　原定每三个月评定一次及物价波动达四分之一时，予以调整之办法，改为每月评定一次，即以前月之平均批价为核定税价根据，并将物价波动达四分之一时之调整办法取消，俾税价税额益与实际物价切近，符合从价征收之原则。

2. 调整征税品目　将原征之茶叶、锡箔及迷信用纸税收无多物品与半机制之水泥（水灰）、半机制之麦粉及皮类等免予征税。另增香皂、爽身粉、面蜜、雪花膏、花露水等五种化妆品征税品目，并开征汽油货物税，税率定为百分之十。

3. 调整税率　将化妆品原定之一种税率百分之四十五改为两级，（1）上述五项新征税物品及发腊、发油等税率为百分之三十；（2）其余原征税之香粉、胭脂、剃须皂、香水、指甲油、画眉笔、唇膏等七种，改订为百分之六十。

税　收

战前之民国二十五年计共实收一八一，七六一，〇〇〇元，战后之三十六年根据已到报表，计共实收四，一二五，六一二，六八五，八四一元，三十七年上半年度估计可收一〇，〇〇一，〇〇〇，〇〇〇，〇〇〇元。

丁、直接税

一、开办以来税制之演进

我国现行直接税体系，包括所得税、特种过分利得税、遗产税、印花税、特种营业税五种。其中以所得税创办最早，开始实行于民国二十五年，课税范围共分三类。第一类为营利事业所得，税率采全额累进制；第二类为薪给报酬所得，税率采超额累进制；第三类为证券存款所得，税率采比例制。第二类中公务人员薪给报酬所得一项，先于是年十月起开始征税，其余一律自二十六年一月起征。

抗战发生后，经济遭受剧变，物价逐渐上涨，社会财富分配渐趋不平，而国用日繁，亦不得不谋开源之策。爰于二十七年十月公布非常时期过分利得税暂行条例，于二十八年七月起征。其课税范围计分两类。第一类为营利事业过分利得；第二类为财产租赁过分利得。前者规定利得额合资本额超过百分之二十者，后者规定利得额合财产价额超过百分之十五者。除课所得税外，加征本税，税率均采超额累进制。二十九年复公布遗产税暂行条例，于是年七月起实施。至是我国直接税体系粗告完成。同年六月为便于征收计，又将印花税划入直接税体系之内。

二、现行税制概况

直接税体系以所得税为重心，本年物价波动甚烈，计算所得至为困难。现行税法与实际不合，自有彻底改革之必要，已草成修正税法送请完成立法程序中，其改进要点如下：

1. 取销过分利得税，并入营利事业所得税中计算，提高其累进税率，以简化税目。

2. 对于营利事业新旧资本及资产之估价，根据物价指数，按年换算，其列支各项损费并予放宽计算尺度，藉符实际。

3. 营利事业所得税采行估计先缴制度，以上年核定税额比照物价指数及国家预算增加之倍数估计先缴。再依查帐程序核定税额，办理退补，以加速税收纳库时间。

4. 简化薪资利息、财产租赁一时所得、各类所得额之计算，一律改为比例税率，并厉行扣缴制度，以便控制税源。

5. 缩小综合所得税之征课范围，就已征分类所得税之五种为限，以减少手续，易于推行。

6. 各类所得之起征额及税率级距，按年核定公布，以适应当前经济变动情形。

7. 加重处罚，严格执行，并由法院设置专任推检负责，迅速审理违章案件。

遗产税法亦已草成修正案，送请完成立法程序中，以轻税宏奖重罚为原则。其改进要点为提高起征额，并按物价指数每年一月、七月予以调整，减低税率，简化稽征程序，厉行奖惩，防止逃漏，并采行实物抵税。

印花税法亦经草成修正案送请完成立法程序中。其改进要点，系将起征额及定额税率予以提高，此后并按每年一月、七月物价指数予以调整，俾切实际。

税 收

在民国二十六年开征之初，全年所得税共收二〇，一一六，七六二元，迄至三十六年，是年所利得税共收九九〇，四八四，〇〇五，六五七元。遗产税在开征之民国二十九年，仅收一，九〇〇元，迄至三十六年，是年共收三五，二三一，二〇三，〇三一元（内有拨补地方部分未计入）。如以全部直接税计算，民国二十六年共收二六，二九四，五九六元，三十六年共收一，五〇三，八三三，三八九，八九二元，三十七年上半年度估计全部直接税共可收九万亿元，内计所利得税七，六二〇，〇〇〇，〇〇〇，〇〇〇元，遗产税二〇，〇〇〇，〇〇〇，〇〇〇元（中央应得部分），印花税七五〇，〇〇〇，〇〇〇，〇〇〇元，特种营业税六〇〇，〇〇〇，〇〇〇，〇〇〇元。

〔国民政府财政部档案〕

8. 财政部关于如何促进香港与中国对海关缉私及金融管制之合作译文节略

（1948年11月28日）

致蒲立德大使节略译文

陈炳章试拟　十一、二十六

如何促进香港与中国对海关缉私及金融管制之合作

本年五月间所送节略内，曾将(一)华南走私之情形；(二)侨汇及资金逃避香港之情形；(三)法币与美金在香港自由交易对中国经济之影响及(四)中国海关缉私及金融管制方面希望港方协助各问题备述奉达在案。兹将关务及金融方面两问题之现状，及香港方面应如何增进密切合作以谋解决之意见分述如次。

一、中港关务协定

前者华南走私猖獗，为谋遏止起见，曾由外交部与英大使馆于本年一月十二日签订中港关务协定，规定中国海关得在香港有限制范围内执行职务，如设立检查处所、派员驻港办理查验收税或对于输华货品给予估定税额、核对上述输华货品之装载，海关缉私巡船得在大鹏湾及急水门指定海面上自由执行巡弋及查验任务，封闭香港北面边境，除限定地点外，货运一概禁止等事项。该项协定虽经规定发生效力之日，不得迟于本年一月二十日，但因香港参议会未经通过必要法案，直至本月始克实施。少迟延原因，乃由香港政府对于原协定规定我国海关缉私巡船得在急水门区禁止区域执行巡弋之界线未能同意。盖香港政府以为此项界线将使香港境内两点间之航行受我国海关之干涉，虑有不便也。

为促使该项协定早付实施起见，迭经外交部与英大使馆交涉，嗣英方建议另就上述急水门之界线重新商讨，以利实施。经我政府接受派关务署长赴港与香港当局洽商重行勘定新界线。经外交部于十月十八日与英大使馆换文，以新勘定界线代替原定界线，香港参议会随即通过必要法案称为一九四八年防止对华走私法案，十月二十二日由海关税务司与香港政府官员举行会议，决定该协定自十一月一日起实施。

在中国海关方面为实施该协定所需准备事项，皆已如期完成。如加派人员及船只赴九龙工作，建造验货场，改造船身及发布对于关员详加指示之命令等事项，并在香港设立关所两处，以核对二百吨以下船只之装载，已于十一月一日开始办公。

上项协定实施尚未及一月，其遏止走私之功效如何，尚难臆测，此时提供具体意见，未免过早。但欲期该项协定之切实实施与有效增强，自须香港政府就协定之精神与文字，予以全力及诚信之合作。概言之，数月来华南走私，已渐见减少，尤以进口最为显著。其主要原因如次：

甲、珠江三角洲一带各关所采严密管理边境及海上货运种种步骤，效力增加。

乙、国内洋货价格之上涨，已不能追上国币跌价之速度，因此进口洋货之利润不复能如前之厚。

丙、国民经济衰弱，人民购买力减少。

丁、经济情形不稳定，进出口贸易难以经营。

自本年五月至十月，珠江三角洲一带各海关缉获走私案件计八千一百二十件，估值美金一百二十万零三千四百九十四元五角七分（汇率因时炯而异），其详细数字列表附后。（见英文本）

二、中港财务协定

香港一地原在中国经济区域内，其与中国其他各地，尤其上海、广东往还既便，关系亦极密切，中美通货在香港均有黑市，该地银行业务亦乏严密管制，凡此皆使中国实施金融管制遭遇重大困难。

诚然我国资金逃避香港主要原因，固在国内局势之不宁，货币信用之未彰，以及对外贸易差额之不利。惟自我国实施外汇管制以来，香港黑市之存在，实使该地成为投机套汇之中心，要亦为不可抹煞之事实影响所及。我国管制愈严，香港黑市愈炽，上海、广东遂亦追随香港市场而生激荡，驯至我国进口货物走私猖獗，资金外流，侨汇逃避，国币在港价格日低，大部分港钞流通至我国境内（尤其广州）沪粤两地；黄金外汇价格及物价更受刺激暴涨，此种情况之存在影响于中国通货对内对外价值之稳定者极巨，使中国于多年抗战，遭受破坏之余，所为稳定财政金融之努力愈亦增加困难。下表即为自本年八一九改币以还金圆券在港日渐贬值之统计资料。

香港金圆券每周平均汇价比较表

八月二十一日（金圆券每圆折合港币）	一点五〇
八月二十二日——二十七日	〇点四四
八月二十九日——九月三日	〇点三八
九月五日——十日	〇点三九
九月十二日——十七日	〇点三八
九月十九日——廿四日	〇点三九
九月廿六日——十月一日	〇点三九
十月三日——八日	〇点三六
十月十日——十五日	〇点三一
十月十七日——廿二日	〇点三五
十月廿四日——廿九日	〇点四〇
十一月一日——六日	〇点三一
十一月八日——十三日	〇点一六
十一月十五日——二十日	〇点一六

（注）我国政府在八一九改币后，规定官价为港币每元折合金圆券七角五分，九月十一日公告之汇率，则为每元折合金圆券三元七角五分。

经长期之一再磋商，我国政府曾与香港政府于上年八月十五日签订“中港财务协定”，我国当局缔结协定之主要目的，在取得香港政府之密切合作，协助遏止华南进出口货物之走私，保证输港货物结汇所得之港币得以归诸中国政府之手。取缔香港美金及我国通货之黑市交易，使归消灭，并盼香港政府制订银行管理法案，俾使香港之中国通货汇率趋于稳定。另一方面，中国政府鉴于香港为一国际转口港，情形特殊，同意保证继续使我国对外贸易之大部分仍经由香港转运，以顾全香港之正当利益。

上年八月十七日，中国政府修正中央银行管理外汇办法，三日后，英政府适亦宣布英镑停止自由兑换。港方遂藉口此项措施，宣称已签订之“中港财务协定”有重加考虑之必要，拒绝付诸实施。

（一）凡由香港驶华之船只，其载货单须经香港政府加盖钤记。

（二）香港应通过法案对银行业务加以管制。

（三）香港对于中国主要出口货须饬商人呈缴结汇证明书，证明其应结港汇业经转售我国之指定银行，再准放行。

上述第（三）项结汇证明办法，经由香港政府于本年一月五日采取步骤付诸实施。同月香港参议会通过一种银行法，惟因事前未依协定征求中国意见，以致该项法案条款未有充分达到原有目标，至堪遗憾。举其一例言之，该项管制规定，仅适用于规模具备之银行，而对钱庄、民信局、钱兑业以及其他地下行庄等均未包括在内，实则美金及中国通货之黑市交易以此类机构经营者为最多，既未一律予以管制，就协助我国金融管制言，殊感力有未尽，其作用自属有限也。

自从本年一月以还，中国政府对于取缔香港之中国通货黑市不断努力，期获港方迅速有效之合作，但成果甚微。此项措施关系于金融管制之成功至巨，尤以八一九改革币制以后，影响更为重大。爰经中央银行与英国驻华大使馆商谈，于九月三日提出取缔金圆黑市交易，港方应采之步骤数项，撮要言之约如下述：

（一）香港之工商团体及个人仅准与香港之特许银行发生金圆交易。

（二）香港银行向中国各地买卖金圆，以香港之特许银行为限，并须经由中国之指定银行为之。

（三）凡有关买卖金圆之交易，其汇率必须依照中国指定银行之外汇牌价，否则概作黑市论，依法处分。

（四）携带金圆券出入香港，超过规定之每人携带限度者，即予禁止。

九月十四日英国大使馆将我原提意见修正，以通告方式送达中央银行，查其内容，仅能将此类管制限于银行。爰复经中央银行于九月十六日复请通知港方，务将“个人及工商团体”仍予一并包括在通告内，予以管制，嗣准英国大使馆九月二十二日复称：九月十四日之通告，已由香港政府于九月二十日公布矣。

似此情形，港方此项通告内容，实遗有一大漏洞，殊难达我政府原所希冀之目的。盖事实上香港金圆黑市交易以“个人及工商团体”从事者为多，银行从事者较少。当中国政府倾其全力消灭黑市并已获得部分成就之际，希望善邻如香港政府者共予援助，以期竟其全功，应非奢望港方。虽云前项通告在心理上究属不无裨益，但中国政府所迫切需要者，厥为有效之措施，具体之成就，而此项之合作在港方原非能力之所不及。

再者就禁止出入境旅客携带超过规定数量之金圆券一事而言，香港政府固曾于最近颁布禁令，惟此项禁令之收效，尚待港方能严令其海关依照规定切实执行，方足以加强中国方面对此之努力。

结　论

过去经验证明，港方对于协助我国防堵走私，管制金融似乏真意与执诚。一年以来，港方以各种藉口将我国迭经谈判商定之关务及财务协定一再迁延，不予实施，而最后勉强给予之任何协助，此皆显示并无诚意。其所公布之取缔金圆交易办法，尤与中国所需要、所希冀者相去甚远。

或谓香港政府之行政机构规模有限，无法实施，中国所要求之关务及金融管制如予切实实施，则香港政府每年至少须另耗费三百万至五百万美元，惟此数如与美国为协助英国复员所已给与及正给与之巨额援助相较，实属沧海一粟。何况中国政府如一旦被迫将香港摒绝于中国经济区域之外，另将港贸易与金融管制，本此政策，予以调整，则对于香港之本身利益影响为何如耶？其实在双方经济利益来观之，香港之依赖于中国者，实与中国所依赖于香港者，初无轩轾，此当为香港当局所能明了者也。①

〔国民政府财政部档案〕

① 此件经财政部长徐堪于11月30日批准带沪递交与英国驻华大使蒲兰德。

二、货物税及其他赋税

1. 行政院公布之收复区域各省县市整理契税办法

（1945年10月11日）

收复区域各省县市整理契税办法　三十四年十月十一日行政院公布

第一条　凡收复区域各省县市之契税整理，除法律别有规定外，悉依本办法办理。

第二条　各省整理契税期间定为六个月，必要时得呈准财政部延长或缩短，各省施行日期，由财政部斟酌情形，以命令定之。

第三条　各省县市自开始整理之日起，除沦陷以前已经税印并未经敌伪加盖印信者外，无论远年与新成立之契纸，须一律持向该管经办契税机关投验，换领新契。

第四条　原有契据遗失毁损者，应于整理期内提具有关证件，并取具产业四邻及乡镇公所之证明，向该管经办契税机关申请补契。

第五条　凡未税白契及加盖伪印之契据，如在整理期内投验纳税者，免予处罚。逾期不来投验，经查觉或被人举发，除勒令完纳契税，换领官契外，并按契税条例第十三条之规定处罚，违者送司法机关处办。

第六条　投验契纸，除应依法缴纳契税及契纸工本费外，不收取任何手续费。

第七条　各县市经办机关收到人民投验之契纸，经审核无疑义时，应尽速办理契税手续，换发契纸，如有积压或藉端勒索及徇情舞弊情事，经查觉或被人告发，依法惩办。

第八条　遇有疑义或产权纠纷案件，应先移送司法机关处理。

第九条　整理期间所需费用，由财政部在核定各省市当年度整理契税临时费及契纸印制费内核发之。

第十条　本办法施行后，各省市如有特殊情形，得酌拟补充办法，呈请财政部核定之。

第十一条　本办法自公布之日施行。

〔国民政府财政部档案〕

2. 行政院公布之土地陈报改订田赋科则办法

（1945年12月25日）

土地陈报改订田赋科则办法　三十四年十二月二十五日行政院公布

第一条　办理土地陈报各县改订田赋科则，依本办法之规定。

第二条　土地分左列五类，其地目依各县实际所定名称。

一、田

二、地

三、山

四、荡

五、杂

前项土地均应列入等则配赋，但第三款至第五款因自然环境及技术上无法使用毫无收益者，不在此限。

第三条　科则依税率等级核定之，但最多以九则为限。

第四条　前条税率应以每亩土地收益十分之一，并参酌其地价百分之一为分等标准。

前项土地收益，系指全年正产物除去人工及施肥等之纯收益，折价计算而言。

土地收益折价及地价在经济状况未核定前，以民国二十五年时价为准。

第五条　科则核定后，依法办理复查更正致赋额有变更者，由县主管机关呈经省主管机关查实后，造具科则调整表层报核准。

第六条　办理复查更正及调整科则未经核准者，不得更改册籍，仍照调整前原赋额征收。

第七条　改订科则前，各县主管机关应照编查统计结果，先将各类土地收益正产物单价及其地价分别等则，报经省主管机关核定，再按分等标准拟订各则税率。

第八条　改订科则后，新赋税额除有特殊情形外，不得少于办理土地陈报前该县省县正附税总额。

第九条　各县依照改订科则征收新赋后，所有以前省县正附税名目一律取销，不得再有任何附加。

第十条　订定税率以法币为准，税率及赋额计至分位为止，土地面积以市亩为准，计至厘位为止。

第十一条　改订科则表及科则调整表均定为四种，每种各填五份，层报财政部核定之。

前项表式另定之。

第十二条　本办法自公布日施行。

〔国民政府财政部档案〕

3. 财政部关于所属各税收机关报告税收旬报惩奖办法

（1946年1月1日）

财政部所属各税收机关报告税收旬报惩奖办法　三十五年一

月一日施行

第一条　税收旬报考核定为每三个月一次，其考核时期分为五月、八月、十一月及次年二月底。

第二条　税收旬报，系指本说明所颁发税收旬报表及税收电报而言。

第三条　税收旬报迟报、未报及报告有误，系指各征收机关呈部署之电报及表报而言。每旬五日以后发电或呈送表报者，谓迟报；于考核时尚未报到者，谓未报；未照本说明所规定办法办理，如电报表报数字不符、总数细数不合、所报数字不确、年度划分不清、表报字迹模糊、电报方式及表报格式与规定，凡有上列情形之一者，均谓报告有误。

第四条　税收旬报之电报或表报之一有迟报、未报及报告有误情形者，依下列规定惩罚其主管及主办人。

一、迟报

1. 逾期一次至二次者，通知各该局知照，暂不处罚。

2. 逾期三次以上者，以三次迟报作一次未报计算，依未报情形处罚。

二、未报

1. 一次未报者申斥。

2. 二次未报者记过一次。

3. 三次未报者记大过一次。

4. 四次未报者呈部长另行惩处。

三、报告有误

1. 第一次令饬更正。

2. 第二次令饬更正外并申斥。

3. 第三次除令饬更正外并记过。

4. 第四次除令饬更正外，并记大过。

5. 第五次除令饬更正外，并呈部长另行惩处。

第五条　税收旬报从未迟报、未报及报告有误者，以下列规定奖励主管人及主办人。

一、在一期内依限呈送报表，并拍发电报，其报告无错误事项发生者，传令嘉奖。

二、依限呈送且无错误继续两期者，记功一次；继续三期者，记大功一次；继续四期者，呈部长另行奖励。

第六条　本办法自三十五年一月一日起施行。

〔国民政府财政部档案〕

4. 财政部检讨税收及改善税收解库办法会议记录

（1946年3月15日）

检讨税收及改善税收解库办法会议记录

时　间：三十五年三月十五日上午九时

出席者：李次长　杨寿标　张国正　李锐　姜书阁　李建昌　陈如金　汪友明

主　席：李次长

记　录：龙章九

检查事项

一、关于三十四年度税收部分

1. 地价税与契税收数表报数字已超过预算，应由直接税署就收入内容与经收机关及国库主管机关密切联系，随时核对。

2. 田赋收数不足，应与粮食部核对，并洽催转帐。

3. 所得税查征数超过预算，但解库数较预算数相差约十亿元，并赶速督征解库。

4. 营业税库收数超过预算三成。

5. 印花税库收数超过预算二亿元，但直接税署所报库收数较多,应再核对。

6. 利得税库收数较预算相差甚远,应严切催征。

7. 遗产税库收数亦有差额,应设法改进。

以上三至七各项直接税库收总数,已超过预算。

8. 货物税纳库数比较预算超过百分之八,但征收数超过预算数百分之十四,其未纳库部分,应克期查明追缴(货物税中统税征收数不足预算烟酒及矿税超过较多)。

9. 关税征收数据报为四十二亿余元,超过原预算及收复区追加预算百分之二十。但纳库数仅十八亿余元,相差甚远。据报其中大部分须抵解经费及复员费,应从速办理抵解手续,并催缴欠数。此后海关税收缴库办法并应由国库署切实检讨改善。

10. 盐税解库六百八十三亿余元,较预算相差四十四亿余元,系因若干区盐税减免所致。此外,盐专卖盈余未经解库,应查明缴解。

以上三十四年度各税除田赋外,预算数为一千一百二十余亿元,缴库数为一千零七十九亿余万元,相差四十八亿元,其中盐税差额较多,其他各税均已超比。但征收数较缴库数为大,将来收支结束时,倘所有征收数能如数解库,其总数自可超比。再收复区税收除关税外,拟另行查报。

二、关于三十五年度税收部分

1. 契税及地价税征收数较预算相差甚远,纳库数较征收数差额亦多,应切实检讨,催征催解。

2. 直接税预算每月分配约一百亿元,而二月中旬收数尚不过十亿余元,系因多数尚未开始查征之故,应加紧督促办理。

3. 货物税预算每月分配约一百七十亿元,但二月中旬报告征起数尚只二百零二亿元,因时在淡月,而华北业务尚未展开,至纳库数仅八十六亿元,则系因上海、青岛税款纳库及经费开支未照规定手续办理,应切实检讨改善。

4. 关税预算每月分配八十五亿元，但二月中旬报告仅收四十八亿元，相差仍巨，系因进口货尚少之故，至解库数仅十三亿余元（关务署报告已解二十六亿元，两数不符），多数尚未解库，应再加核对，并切实督饬改善。

5. 盐税预算一、二、三、四月每月分配约一百三十亿元，但二月底止收入一百四十五亿元，尚未足比，解库仅八十四亿元，相差更巨。其中有三十亿元系输出日本之盐税，尚未转帐，十亿元系苏北国库未设之故。

以上本年度各税除田赋外，每月平均约分配五百亿元，据二月底报告征收数仅四百零七亿元，解库数仅一百九十余亿元，征收数不及预算之半，解库数又不及征收之半。虽因环境及交通不无关系，但下列各点应切实注意改进。

一、主管单位应严加督导，征收人员应加紧努力。

二、已设征收机关，而主管人员未到，未能积极推进业务者尚多，应克期督催前往，加意整顿。

三、各处办公经费不敷，减少效率，应将未设机构经费统筹配拨已成立各机构，以资调剂。

四、未设库各地方，应由国库署与各主管单位会同检讨，务与税收情形配合，分别增设国库或收税处，并严令各税收机关按照公库法切实执行。

五、税收机关人员待遇应请酌予调整，以期安定生活，努力从公。

六、表报编造月日、科目及标准不无参差，应由国库署于每月初旬约集有关单位切实检讨上月表报内容呈核。

散会：十一时半

〔国民政府财政部档案〕

5. 财政部就税收田赋等问题答参政员许德珩询问案

（1946年3月20日—4月3日）

许参政员德珩口头询问

（一）今天听到俞部长报告，①觉得报告进步了，非常满意。不过从政策方面看，本席有点意见。俞部长告诉我们说，现在实行的财政政策与经济政策配合，谁能说不该配合，我们参政会几年来也都是这样号召。但现在是要不得的，我们的政策是封条政策，是关门政策，试看前后方工厂不是封闭就是停顿。所以我认为，财政政策应该与经济生产政策配合，现在的经济政策是封条政策、关门大吉的政策。

（二）俞部长说，现在战事终止，应该由战时变成平时。是的，这句话很对。但是，战时到平时应当予民更生，使老百姓负担减轻，使人民能够生活。我们看赋税方面，三十五年国家总收支为二万五千亿，正常收入为一万亿，而真正靠得住的收入，只有七千五百亿，这一笔税收前半段都是从老百姓手上拿的。如盐税二千亿，盐是人民必须的食物，现在加这样重税，等于人头税。其次货物税一千三百亿，就是过去的统税。还有矿税六百亿，关税、间接税一共一千三百余亿。土地税一千亿，这都可以说是在老百姓身上取的。此外营业税六百亿、印花税一千三百亿、有钱人的遗产税三十亿、利得税五十亿、所得税四百亿。试看，有钱的人所出的不到五百亿，全部税收都在老百姓身上。这样的税收是由战时到平时的作风吗？我们也不是责备俞部长，当然有许多力量不可克服，我们参政会也只有空喊而已。

（三）现在讲民主政治，要地方自治，三十五年度起，要把田赋

---

① 国民参政会第四届第二次大会。

划归地方，现在都归中央。譬如土地税一共一千亿，中央要二成，划给各省二成，到各县只有六百万，要不摊派，如何做得到？

答复

查三十五年度货物税岁入预算共为二千零四十五亿余万元，内计统税（卷烟税在内）一千三百七十三亿余万元，矿产税二十亿元，惟货物税税率系按课税货品性质分别拟定。如属奢侈品，税率则甚高，现行卷烟、洋酒均为百分之百，土烟土酒均为百分之六十，本有寓禁于征之意；反之，如属日用品，税率则甚低。现行棉纱为百分之三点五，煤、铁为百分之五。故货物税本年预算虽达两千余亿元，其中烟酒两项占三分之二以上，对于一般平民生活影响甚微。至直接税各项税收，其中以土地税、营业税及所得税（包括综合所得税）三种为大宗，土地税征收以新土地税法系高度累进税率，实际上富者负担居多。至营业税系按总收入课征，获利巨者，纳税亦多。所得税则系按能力原则采累进税率，侧重富裕阶级，尤为明显。遗产税因中国家族制度及征课基本条件未备，推行未大著成效，近已力求改进，以裕库收。又本年度将举办财产税及特种过分利得税，亦系采用累进税率，以加重富有者及暴利者之负担。总之，各种直接税之征课，大体上均系本诸有钱出钱的原则，分别办理。又查分配县市田赋在三十四年度以前均按百分之十五拨补。本年度中央为增裕地方财政收入计，分配成数提高为百分之二十五。现本部正在研拟修改财政收支系统法，拟将田赋划拨县市成数增加至百分之五十，省级二十，是则县市田赋所占成数较现行办法增至一倍，连同省级百分之二十，地方所得已占百分之七十。

〔国民政府财政部档案〕

6. 国民政府土地税移交地方接管办法

（1946年6月）

土地税移交地方接管办法

一、本年度财政收支系统改订后，所有土地税之移交，除法令别有规定，悉依本办法之规定办理。

二、各省（市）县（省辖市）（以下仅称所有县市包括在内）田赋粮食管理机关或直接税机关（以下简称中央土地税经征机关）经办之土地税征收业务，应于三十五年七月一日起，移交各该省县地方征税机关接办。

三、各省县中央土地税经征机关应将地价册、地价税册及有关经征土地税之文卷、簿籍等项分别造册，移交各该省县地方征税机关接收。

四、各级中央土地税经征机关，应将历年度土地税岁入预算数、已征起数、欠税额、欠税户、呈准减免额、减免户，分别造具清册，移交各该省县地方征税机关接收。

五、各级中央土地税经征机关，应将原经办土地税人员姓名、年龄、籍贯、学历、经历、现任职务及待遇等项造册，移交各该省县地方征税机关继续任用。

六、地方征税机关征起三十五年度土地税款，应按会计年度平均划分，即一至六月份属于中央主管时期，应以全年度实收数百分之五十归属中央，按收支系统改制前之标准划拨，其余百分之五十归属地方，按新定标准划拨。

七、本年度一至六月份土地税征收经费由各省县市中央土地税经征机关，遵照财政部规定编赍概算，呈请财政部核发。从本年度七月份起，由县市负担。至本年度财政部已拨之编造总归户地价税册经费，应截至六月三十日止，由原领用机关将经费支用实数专案报核，其未动用部分，一律缴库。

八、各县中央土地税经征机关与各该县地方征税机关交接手续办清后，应照本办法各条规定，造具移交清册，会报各该省中央土地税经征机关及地方主管征税机关核备，各省中央土地税经征机关与地方主管征税机关于该省各县移交办竣时，应将各县移交办理情形汇报财政部备查。

〔国民政府财政部档案〕

7. 行政院核准之契税移交地方接管办法

（1946年10月12日）

契税移交地方接管办法　三十五年十月十二日行政院核准

一、本办法依照公务员交代条例，并参照各省办理契税情形订定之。

二、各区直接税局、田赋粮食管理处及各分局、县田粮处，并各县政府办理契税移交，除应依照公务员交代条例外，悉依照本办法办理。

三、各移交机关如有交代不清，得由接收机关拒予接收，并呈请本部核办。

四、各区直接税局及省田赋粮食管理处经办契税业务，应移交各该县政府，或各该省政府所指定之机关。

六、委托县政府代征契税之县份，应由县政府径自交接。

七、应行移交事项如左。

（一）各区直接税局、田赋粮食管理处部分

1. 造具印信清册；

2. 造具经临费实领实支及余存数目清册；

3. 造具档卷及未了案件清册；

4. 造具历年（三十一年度起至移交日止）契税配额及实征数，并分支机构已解未解数目清册；

5. 造具契据印制分发及存余数目清册；

6. 造具各项图表清册；

7. 造具移交人员姓名清册。

（二）各直接税分局县田赋管理处及县政府部分

1. 造具印信清册；

2. 造具经临费实领实支及余存数目清册；

3. 造具档案及未了案件清册；

4. 造具历年(三十一年起至移交日止)契税配额及实征，并已解未解税款数目清册(解款日期及国库名称注明)；

5. 造具挪垫税款数目清册(限经呈请有案者如未经呈准仍以拖欠公款论)；

6. 造具契据领用及余存数目清册；

7. 造具各项图表清册；

8. 造具历年契据存根清册；

9. 造具移交人员姓名清册。

八、各移交机关应将历年岁入岁出预算分别造册移交。

九、各经征契税机关移交时，所有本年度配额，均按会计年度平均划分，即一至六月份属中央主管时期，应以全年度配额分为百分之五十归属中央，其余百分之五十归属地方。其余部分应以移交之日计算，其在移交日以前者，归属中央；其在移交日以后者，归属地方。

十、本年一至六月份契税整理、契纸印制、规费及契税配额实收数，分别造具预算，呈本部核办。

十一、三十三、三十四两年度各省征收契税考成案，不论已否呈送考成表，各税款于本年六月底前尚未能扫解者，一律不予考成给奖。

十二、三十五年度各省征收契税，一律限于本年八月底止报解，考成表一律限于九月底前呈部，逾期不予考成给奖。

十三、各移交机关如有拖欠公款，经接收机关及监盘呈报查实，除限期饬缴外，并照以下各项惩处。

(一) 拖欠公款五万元以上者，记大过一次。

(二) 拖欠公款十万元以上者，记大过两次。

(三) 拖欠公款五十万元以上者，撤职查办。

十四、交接人员如有通同舞弊情事，一经监盘人或上级机关查实，应会同移送司法机关惩处，监盘失查或知而不报者，应受连带处分。

十五、交接时之监盘，应请由交接两方上级机关会商酌派之。

十六、移交期限

(一) 各区直接税局、田赋管理处部分

自奉令日起不得超过四十日。

(二) 各直接税分局、田赋管理处及县政府部分

自奉令日起不得超过三十日。

十七、凡业主在六月底以前持同原契或其他有关证件，向经征机关申请税契，经登记查验者，其应纳税额虽未经缴库，仍属该经征机关上半年度收数，应专案列册移交。

十八、各省县契税业务，一律自本年七月一日起，交地方办理。

十九、本办法施行日期以命令定之①。

〔国民政府财政部档案〕

8. 财政部盐政总局检送 1946 年 12 月份工作月报函

(1946 年 12 月 30 日)

查本局三十五年十一月份简明工作月报前经于三十五年十一

---

① 1946 年 7 月 1 日即开始办理移交工作，10 月底各省市已全部交接清楚。

月三十日以局秘(三十五)字第二二三号函送达在案。兹将十二月份该项月报编就,备函送奉,敬希查核汇编为荷。此致

财政部秘书处

附件

财政部盐政总局启

三十五年十二月三十日

财政部盐政总局三十五年十二月份简明工作月报

一、机构 (1)一年来办理缩编共裁机构六百十七处,人员八千三百三十九人,约达全部人员三分之一,而办事效率反见提高,此为简化手续,扩大授权,分层负责办法实行之效果。

二、业务 (1)关于接收各地敌伪工厂,遵照院定原则,会同经济部、资源委员会商定处理办法呈准实施。(2)核定将淮北济南场七公司合并改组为一整个公司,整顿盐场,集体生产,并暂先成立统一管委会。(3)为维持淮南收复区各场盐民生产,核定举办生产贷款。(4)洽四联总处,请由盐贷案内拨贷沿海各区运输工具贷款二十四亿元,补充运盐工具。(5)盐务机关接收各地敌伪盐业工厂,呈准合并组设中国盐业公司统一经营,定于短期内成立筹备处积极进行。(6)盐政总局拟定征课会计制度,经主计处核定,决于明年度起实行。(7)盐警官佐训练班于十二月六日在海州开班授课。

三、输日盐 (1)奉行政院核定输日盐应免征税费,拟自明年度起实行。(2)明年度输日盐共需一百万吨,经按各区情形暂定台湾三十万吨,鲁区十六万吨,长芦二十万吨,闽区七万五千吨,两广五万吨,相差之数,俟明夏芦鲁两区如属产旺,再行调整。

四、征纳 详附表

税别	三十五年十二月上旬两旬					三十五年一至十二月中旬				
	预算数	税收数				预算数	税收数			
		征起数	占预算百分比	纳库数	占收入百分比		起征数	占预算百分比	纳库数	占收入百分比
盐税	三,〇四一,二〇〇,〇〇〇.〇〇元	二一,六二四,八二八,四〇九.八〇元	166%	一九,九七四,六九八,七八四.九八元	92%	一九三,四七七,四〇〇,〇〇〇.〇〇元	二一四,三三八,三七七,四一一.八二元	111%	一七七,七六五,三二一,一九九.一一元	83%

附注：如将输出盐记帐税二七,七六六,九〇四,九九五.〇〇元并入纳库数内计算,可占收入数百分之九十六

〔国民政府财政部档案〕

9. 行政院公布之征收定期土地增值税办法

（1947年2月14日）

征收定期土地增值税办法　三十六年二月十四日行政院公布

第一条　凡开征土地税区域，除土地所有权移转时，应依法征收土地增值税外，下列两种土地，应依本办法之规定，征收土地增值税。

一、凡土地自第一次依法规定地价之日起，每届满十年，而所有权无移转时者。

二、依土地法第一百四十七条实施工程地区于工程完成后，届满五年者。

第二条　土地增值总数额计算标准，依左列规定。

一、前条第一项之土地，以现在规定地价超过前十年之规定地价，或上次征收土地增值税时之卖价，或估定地价之数额为标准。

二、前条第二项之土地，以现在估定地价超过第一次规定地价，或上次征收土地增值税时之卖价规定地价之数额为标准。

第三条　本办法规定应征收之土地增值税，向土地所有权人征收之。但土地设有典权者，其增值税向典权人征收之，于土地回赎时，由出典人无息偿还。如为不在地主之土地，其增值税得由承租人代付，自征收土地增值税之日起，由应缴纳地租内扣还之，直至扣还完毕为止。

第四条　本办法规定征收之土地增值税税率，其原地价之调整，以及免税额税率及欠税处分、征收程序等，悉依土地法及有关土地税法令规章之规定。

第五条　各县市地政机关应于每年六月底以前，将应开征此项土地增值税之土地通知征税机关。

第六条　征税机关接到地政机关通知后，应于一个月内编造征册，填发征税通知单与纳税义务人，并限于一个月内清缴。

第七条 依本办法征收土地增值税之土地，各县市征税机关应会同地政机关，将土地坐落区段号数、面积、原定地价、现定地价及应征税额列册，呈请各省政府核转财政部地政署备案。

第八条 本办法自公布日施行。

〔国民政府行政院档案〕

10. 财政部地政署关于土地改良物税征收规则

(1947年3月22日)

土地改良物税征收规则 三十六年三月二十二日财政部地政署会同公布

第一条 凡开征土地税各市县，应依本规则之规定，征收土地改良物税。

第二条 土地改良物税全部为地方税。

第三条 土地改良物税由土地税征收机关征收之。

第四条 凡征收土地改良物税之地区，应立即停征房捐，并不得预征及以任何名目附加税款。但因改良地区依法所征收之工程受益费不在此限。

第五条 本规则所称土地改良物，系指附着于土地上之建筑房屋。

第六条 建筑改良物价，应由该管市县地政机关估定之，并应于重新规定地价时，重为估定。

第七条 土地改良物税之征收，不因改良物估定价值发生异议而停征。前项异议决定时，应依决定，分别退补。

第八条 建筑改良物所有权发生移转时，不得征收增值税及其他任何名义之税捐。

第九条　土地改良物税向所有权人征收之，其设有典权者，由典权人缴纳。如属外国人依条约永租之房屋，由永租人缴纳，出租房屋所有权人不在当地时，由承租人代付，在当年应缴房租内扣除。

第十条　建筑改良物照其法定价值，按年依左列规定征税。

（一）营业用房屋，其最高税率不得超过法定价值千分之十。

（二）出租住宅用房屋，其最高税率不得超过法定价值千分之五。

第十一条　土地改良物税之征收，于征收地价税时为之，并得参照地方习惯，按月或按季定期征收之。

第十二条　建筑改良物免税或减税，依左列之规定。

（一）简陋及临时性之建筑改良物，免税或减税。

（二）自住房屋免予征税。

（三）地价不满五百元之地方，其建筑改良物免予征税。

（四）因地方发生灾难，或调剂经济状况，各省市政府得就关系区域内之建筑改良物，于灾难或调剂期中免税或减税。

（五）其他得比照减免地价税之规定办理。

前项自住房屋面积之限制，应照行政院核准该省累进起点地价必需面积之规定办理。

第十三条　土地改良物税不依限完纳者，得照土地法欠税处罚之规定办理。

第十四条　土地改良物税之收据，分收据、报查、存根三联，由市县征税机关制订，编列字号，并于各联骑缝处填列税额数目，加盖印信。收据一联发给纳税人，存根一联存市县征税机关，报查一联由征税机关汇报缴省市财政厅局备查，其式样由各厅局定之。

第十五条　各市县征税机关征起土地改良物税款，应于每旬旬末根据账簿所载，向主管机关电报新累计数，并应按月将征起实数造具清册，连同报查联送交该管机关审查。

第十六条　征收土地改良物税经费，应列入市县作正开支，不得在经征税款内提成扣支。

第十七条　征收土地改良物税细则，应由各财政厅局依照本规则拟订，呈送财政部地政署核定之。

第十八条　本规则自公布之日施行。

〔国民政府财政部档案〕

11. 中央银行总裁张嘉璈陈报与香港当局商讨取缔走私消灭外汇黑市原则经过签呈

（1947年4月2日）

谨陈者，前因华南走私及外汇黑市日形严重，目前总裁及罗顾问杰士等曾于上年十二月间赴港与该地当局商讨如何共同取缔走私及消灭黑市，当时提出讨论者计有下列各点。

一、香港货物运华，我方希望香港能根据我方所发入口证放行。

二、中国货物运港，盼港方能协助检查是否已按照我方之规定结算外汇。

三、盼港方能取缔美汇及国币在港之黑市。

四、加紧管制在港华商银行、钱庄，以免各该行、庄之非法汇兑交易。

查香港处境特殊，黑市、走私有利港地暂时繁荣。对于我方商请各节，并无热忱合作之表示，交涉结果，港方仅在原则上同意后列各点。

一、一九四九年管制国币条例予以恢复。

二、港府同意取缔美汇黑市及管制美金交易。

三、香港所得美汇暂收美金基金户（POOL），该项基金应先尽量供给港地一切美金支出，如有余额时，允予转售中央银行，倘有不敷，应由双方各半分担。

四、港府同意加强管制华商银行、钱庄。

五、港府为避免因实行上述各条而影响该地转口贸易起见，吾方应即修改出口管制办法，以期能推广我方出口贸易，并维持港方现有转口贸易。

六、中国对香港每月须签发美金三百万元之进口证。又港地各银行如根据我方所签发之港币进口证而出售美金时，我方应以美金偿还港方。

上项原则即由港方转呈伦敦政府请示，同时贝前总裁亦即返沪，一切并无具体决定。本年四月间曾派罗顾问杰士再度赴港，作非正式之商谈，前途仍无显著让步。至六月间又派业务局副局长邵曾华、罗顾问杰士会同输入临时管理委员会麦佐衡、输出推广委员会沈熙瑞赴港，正式继续交涉。经多次交换意见后，港方态度渐渐好转，开始体会香港与中国因地域毗连，香港之繁荣不能脱离中国之繁荣。港方果能协助中国管制贸易、金融市场纳入正轨，实际亦即巩固其本身之金融与经济地位。我方代表团曾明白指出：倘港方不能竭诚合作，则中国亦将不顾港方利害，单独加强管制，其结果亦足影响香港之繁荣非浅。经十余日之磋商会议，双方同意下列各项原则。

一、港方同意除我方准许进口之物资，而商人持有输入管理委员会所发之入口证者外，港方一律不准其出口至中国（本条之目的在减少黑市上外汇需要）。

二、中国重要出口货物（其种类尚待双方同意规定），除非商人可以提供证明已在国内指定银行售给港汇者外，港方不准其转口至英美各国。

三、港方所有美汇收入（包括上项中国货物运美所得之美金），全数收入美金基金户。该项基金除尽先供给港方正当美金需要及中国向香港订购美货所需之美金外，如有余款，准可售与我方。惟如有不敷，我方不负分担责任(中国向港购买美货只付港币，不付美金)。

四、为取缔美金及国币黑市起见，对于该地华商银行、钱庄，港方同意加强管制条例。

五、避免因实施上列各项而影响香港转口贸易数量，港方希望我方颁布有效之增进出口贸易办法，当告以现已实行将七种出口货由中信局收购出口。港府业已表示满意。

查此次交涉收获与前次商榷结果不同之处，计有下列各端。

一、港方允予协助检查中国之重要出口货，非在国内结售外汇，不准转口。

二、港方同意除中国政府准许进口物资，而商人持有输管会所发之入口证外，一律不准由香港出口至中国。

三、港方以前要求吾方每月须发美金三百万元之进口证，目下已不坚持。

四、中国向香港订购美货，以前须由我方偿付美金，现在同意由基金户支付。

五、上述基金之动用为：(一)供应港方正当之美金需要；(二)应付香港与中国之转口贸易，又该户余额倘有不敷，其短少之数，我方可以不负责任。

以上各节仅就原则大旨而言，其条例文字，仍待续商确定。香港因地域之关系，与吾国整个金融经济影响甚巨。上述办法果能付诸实施，则取缔走私及黑市不无裨益，其有助于吾国当前症结当非浅鲜，用敢缕陈经过。上项原则① 如荷核准，当由本行与香港政府批订合约，俾资遵守。谨呈

---

① 本案经行政院院长张群亲批“应准备案”。同月12日以院密代电，转知中央银行和财政部。

院长张

张嘉璈谨上

七月二日

〔国民政府行政院档案〕

12. 财政部有关部门召集税课比额检讨会记录

(1947年4月—1949年1月)

(一) 国库署召集第九次税额比额〔课〕检讨汇报记录 (1947年4月8日)

时　间　三十六年四月八日上午九时

地　点　国库署会议室

出席人　张国正　石光钜　吴绍灿　盐政总局

　　　　李端立　马自强　税务署

　　　　汪友明　关务署

　　　　王学善　直接税署

　　　　吴光宣　统计处

主　席　张会计长国正

1. 主席报告

2. 宣读第八次税课比额检讨汇报纪录

3. 业务报告

(1) 直接税署

直接税三十五年度核定全年度预算数为一千七百六十余亿(追加东北税收在内),查征数为二千一百零四亿,惟纳库数仅一千二百余亿。现国库收支期间延长,大致可以足比。本年度一至三月份分配预算数为七百九十一亿五千万,截至四月七日止报到查征数为四百五十七亿余元,合分配预算数百分之五十七,纳库数为三百六十七亿余元,合分配预算数百分之四十七。本税一至三月份尚属淡季，本年一至三月份分配预算数，原将补收上年度税款估计在内，刻以国库三十五年度收支结束期间展限一月，补收上年度税款，仍须列入上年度税款，本年一至三月份分配预算遂未足额。

（2）税务署

货物税上年度原核定全年预算二千零四十余亿元，历次追加追减增为三千五百二十亿余元，实增预算一千五百余亿。截至最近止，报到收入数已达五千一百二十余亿，较原核定预算超收近三千亿，较增比后预算超收亦达一千五百余亿。本年一至三月份分配预算数为一千八百八十四亿余元，报到征起数达二千二百余亿，合分配预算数百分之一一七。

（3）关务署

关税上年度核定全年度预算数二千九百九十八亿余元，截至本年三月止，报到收入数计国币三千二百五十四亿余元，又港币九百万余元，共超收三百三十亿余元。本年税收截至三月中旬止，计国币一千九百八十亿余元，港币四百万余元，流通券五千二百余万元，约达全年预数百分之三十三，纳库国币一千八百四十九亿余元，港币六十七万元，约合实收数百分之九十三，以目前情形估计，本年可以超收。

（4）盐政总局

上年度总预算二千零十亿，截至三月份止，报到征起数达二千零八十亿余元，合预算数百分之一〇四，纳库数为一千九百七十一亿余元，占征起数百分之九十五。本年一至三月份分配预算数一千三百三十七亿余元（税课外收入在内），报到征起数一千零八十一亿余元，合预算数百分之八十一，纳库数为九百四十六亿元，占征起数百分之八十八。

4. 讨论事项

（1）直接税上年度预算一千七百六十亿，查征数虽超过预算，惟实际纳库数仅勉可足比，其后补收者列作三十六年度收入，自无须再办追加。本年度一至三月份因系淡月,尚未足比,拟俟五月以后旺月税收情形如何,再行检讨比额之增减,再拟增列特种营业税二百八十亿元,连同原预算数二百二十亿元,共为五百亿元。又关于新辟税,原拟举办财产税,现在筹划中。其可能估列之岁入数额拟俟办理有端倪时,再行专案办理追加,均另汇案签请核示。

(2) 货物税上年度征收数截至最近止,共达五千一百二十亿余元,较原预算超收近三千亿,较历次追加追减后之预算(包括正在办理追加之东北预算八十九亿),尚超收一千五百亿。查该税上年度进行中已一再办理追加,现在年度已届终了,若再办理追加手续,势非改作现年度收入不可,所属机关会计处理增加手续,影响结算。为表现上年税收之超收及税务人员之努力,上项超收拟不再办理追加。本年度截至四月四日止,征起数为二千二百余亿,较同期分配预算超收百分之十七,至拟增列棉纱税四百五十亿,系税率自本年四月份起,由百分之五增为百分之七后,估计可能增收数额,已另汇案签请核示,其余以四至六月份为霉季,而货物税又以卷烟税为大宗,拟俟霉季过后视税收情形再检讨比额,一次办理追加。

(3) 关税上年度征收数共合国币三千三百一十九亿,较预算超收三百三十亿。现在上年度已经终了,如办理追加,须改作现年度收入,为符合实际,不再办理追加,待将来办理决算时,再予以说明。本年度一至三月份征收数为二千零三十亿,较同期分配数超收七百七十亿。本年度拟增列四千亿元,已另汇案签请核示。

(4) 盐税上年度征收数为二千零八十亿,较预算略有超收。查该税上年度原应征收之输日盐税奉院令豁免,已在征收数内照数冲减,而原预算内分配之输日盐税五百亿,则奉令不办追减。故事实上该税上年度实等于超收五百余亿元。本年度一至三月份征收数为一千零八十一亿余元,与同期分配预算数相较尚未足比。此后须增加产量,增辟销区,以期税源增多,达到全年预算数额。至原拟增列之输日盐税四百六十亿元，因输日盐价昂，盟总已改向英国属地购买，能否继续输出，以及输出数量若干，均尚待与中央信托局洽商后，再行定夺。故现时未能提出增列数字，此项情形亦已另汇案签报。

（二）国库署等第十次税课比额检讨汇报纪录（7月9日）

时　间　三十六年七月九日上午九时

地　点　国库署会议室

出席人　石光钜　吴绍灿　盐务总局

　　　　赵　琦　关务署　吴光宣　统计处

　　　　马自强　李端立　税务署

　　　　王学善　马一勤　直接税署　张国正

主　席　张国正

1. 主席报告

2. 宣读第九次检讨汇报纪录

3. 业务报告

（1）直接税署

直接税本年一至六月份分配预算数为三千七百九十一亿余元。查征数为三千三百九十一亿余元，合预算百分之九十强，纳库数为二千一百六十六亿余元，合查征数百分之六十四弱。纳库数较小之原因，系由各地营业税中央所得部分迄小报解所致。

（2）税务署

货物税一至七月四日止，分配预算数为三千九百六十亿，同期征起数达六千八百八十八亿余元，合分配预算数百分之一百七十四，纳库数为六千六百五十亿余元，占征起数百分之九十七。查上半年度征纳数以报表尚未到达齐全，估计相差约达一旬，是以上半年度实际征起数及纳库数，犹较上列数字为大。

（3）关务署

关税本年一至六月中旬分配预算数为二千六百十四亿元，同期征起数共达五千八百六十六亿余元(内东北流通券三亿三千余万元按一一点五折合,港币一千五百余万元按二千五百折合),合预算百分之二二四点三九,纳库数共为五千三百零六亿余元,占征起数百分之九十强,估计本年底可能征起一万四千亿元以上。

(4) 盐务总局

盐税本年一至六月份分配预算数为二千六百七十五亿余元,同期征起数达三千二百二十三亿余元,合预算百分之一百二十一,纳库数为三千零六十八亿余元,占征起数百分之九十五。查本期盐税超收百分之二十一,系因预销明年配额提前缴纳税款所致。

4. 讨论事项

(1) 各税应否增比

查第九次检讨汇报时,曾经决定直接税增列特种营业税二百八十亿,货物税增列棉纱税四百五十亿,关税增列四千亿,经会计处于经济紧急措施方案内专案签请部长核示,奉批:暂不办理追加。嗣以预测本年度国库收支数自经部长指示,直接税应再增比五千亿,全年度共为一万三千九百亿,货物税再增比一万一千六百亿,全年度共为二万四千五百二十六亿余元,关税再增比四千六百九十六亿,全年度共为一万五千亿,盐税增比二千六百五十亿,全年度共为八千亿。各出席代表佥以本年度税收比额已一再增加,照目前征收情形,年度终了能否足比,尚难预料,本次汇报拟不再行议增比额。至以上两次所增比额,除盐税部分以输日盐税中央信托局未允缴纳,而调整税率案又尚待核示,拟另行专案办理外,其余直、货、关三税两次增加比额,均已由各主管单位分配各区局令饬即照新分配比额加紧征收。惟应否即照上项增比数额办理追加法案一节,决议先报请部、次长核示后,再行遵照办理。

(2) 国地共分各税应如何催解

查财政收支系统改制以后,国地共分各税中,营业税、地价税及土地增值税系由地方机关征收。惟迄今年度已过半,所有共分各税中央部分尚少报解，影响库收甚巨。拟由部令饬各省市财政厅局严饬所属依法报解，并呈请行政院转饬各省市政府通饬所属，嗣后对于共分各税中央部分，应依照规定按旬报解，如有截留滞纳情事，即由本部在各该省市应领中央补助费项下照数扣抵，仍先报请部、次长核示。

（三）国库署等第十一次税课比额检讨汇报纪录（10月8日）

时　间　三十六年十月八日上午九时

地　点　国库署会议室

出席人　王文林　马一勤　直接税署

吴绍灿　盐务总局

汪友明　关务署　吴光宣　统计处

张国正侯梁生代　赵海桂　会计处

李端之〔立〕　石光钜　马自强　税务署

主　席　张会计长国正侯梁生代

1. 主席报告

2. 宣读第十次检讨汇报纪录

3. 业务报告

（1）直接税署

直接税本年一至九月份查征数为九千六百九十六亿余元，合原核定全年度预算数百分之九九点七二，纳库数为六千八百六十四亿余元，占查征数百分之七〇点七九，合全年度预算数百分之七二点六〇。

（2）税务署

货物税本年一至九月份征起数为一万七千一百八十六亿余元，占原核定全年度预算数百分之一三七点七五，纳库数为一万六千六百六十六亿余元，合征起数百分之九六点九八，占全年度预算数百分之一三三点五八。

（3）关务署

关税本年一至九月份征起数为九千九百六十一亿余元，占原核定全年度预算数百分之一五八，纳库数为九千一百二十三亿余元，合征起数百分之九一点五八，合全年度预算数百分之四四。

（4）盐务总局

盐税本年一至九月份收入数为五千七百二十九亿余元，合原核定全年度预算数百分之一〇七，纳库数为五千五百五十六亿余元，占收入数百分之九七，合全年度百分之一〇四。

4. 讨论事项

各税应否增比

（1）直接税

本年度原核定预算数（包括国地共分税之院辖市营业税暨土地税预算在内）为九千七百二十一亿余元，年度进行中预测本年度可能增收数，遵照部、次长迭次指示，决定增比五千四百亿元，签奉批示：暂缓办理追加，业由主管署统筹核配各局暂先执行。嗣于检讨如何平衡本年度预算汇报时建议，如修改税法，本年征收本年税，可征收四千亿元，曾经签报部、次长在案，总计达一万九千一百二十二亿余元。惟该署代表声称，本年度为遵行经济紧急措施方案，各税均已提前查征完竣。修改所、利得税法，各方意见未表赞同。现在年度已过三分之二，如再增加比额，执行颇感困难，等语。经检讨结果，佥以照本税征纳数字及该署报告情形，本年度除已增比之五千四百亿元外，再行增比，确有困难。至上项筹议修改税法后可征收数四千亿元，似尚无实现可能。现在年度瞬届终了，为确定预算数目，似可即照一万五千一百二十二亿余元减除原预算后数字，由部提办追加法案，仍先报请部、次长核夺。

（2）货物税

本年度原核定预算为一万二千四百七十六亿余元，棉纱税税率调整后，可追加四百五十亿元，年中检讨全年可能收入，曾经遵照部长指示增比一万一千六百亿元。签奉批示：暂缓办理追加，业由主管署核配各局暂先执行。嗣于八月份奉饬再行估列增比额，曾经税务署长面陈部、次长，按照当时情形估计可能再行增比五千四百余亿元，合计全年度共达三万亿元。该署代表报称，自共匪窜扰鄂豫皖等省后，熏烟叶税以运输阻滞，顿形减少，其他各税亦受影响，如办理追加法案，拟请将上项二次估计比额予以保留，仅作督饬各省局征收目标，等语。查本税部次长指示目标原为三万亿元，该主管署代表声称，因共匪窜扰，货运物产阻滞，影响税收，亦属实情。兹以年度将届终了，该署主管岁入预算，究应以何项数字提办追加，决议先行签报部、次长核示，再行办理。

(3) 关税

本年度原核定预算为六千三百零四亿余元，年初及年中检讨比额，业经遵照部次长指示，先后增比八千六百九十六亿余元，近以外汇调整及煤、汽油恢复增税，估计可能增收四千亿元，合计共达九千亿元，提办追加法案即以上项数字为原则，本次不再增比。

(4) 盐税

本年度原核定预算为五千三百五十亿元，现以税率调整，估计可能增收九千七百六十五亿余元，已另案提请办理追加，本次不再增比。

(四) 国库署等第十二次税课比额检讨汇报纪录 (1948 年 1 月 14 日)

日　期　三十七年元月十四日上午九时

地　点　国库署会议室

出席人　石光钜　张国正侯梁生代

　　　　吴绍灿　盐务总局　王学善王文林代

　　　　马一勤　直接税署　吴光宣　统计处

　　　　汪友明欧阳维铸代　关务署　李端立

　　　　马自强　税务署　赵海桂　会计处

主　席　石副署长光钜

1. 宣读第十一次汇报纪录

2. 业务报告

(1) 直接税署

三十六年直接税全年度预算数(包括直接税追加数及土地税在内)共为一万五千一百二十二亿余元,截至三十七年元月十日止,根据已到报表统计查定总数已达一万五千一百二十七亿余元,合预算数百分之一〇〇点〇三,纳库总数为一万一千七百二十九亿余元,占查定总数百分之七七点五四。

(2) 税务署

三十六年度货物税总预算数为三万亿元,根据截至本年一月九日收到报表统计,征起数共达四万一千二百五十六亿余元,合预算数百分之一三八,纳库数为四万零二百三十一亿余元,占征起数百分之九八。

(3) 关务署

关税三十六年度总预算为一万九千亿元,截至本年一月十三日止,报到收入数为二万三千余亿元,合预算数百分之一二一点〇五,报到纳库数为二万一千余亿元,占收入数百分之九一。

(4) 盐务总局

盐税全年度预算数为一万五千一百十五亿余元,截至本年元月十三日报到收入数为一万六千五百六十一亿余元,合预算数百分之一一〇,同时纳库数为一万五千五百七十四亿余元,占收入数百分之九四。

3. 讨论事项

(1) 各税应否再增比额案

决议:各税全年度应增比额,业经遵照部次长指示,一次提办追加。现在各税征起数虽较追加后预算数仍有超收,但其数额不巨,益以三十六年度业已终了,各税查征大抵亦均完竣,拟不再增比。

(2) 各税征纳差额甚巨，应如何改进案

决议：各税征纳数字发生差额，重要原因有二：一系因税法规定纳税义务人对查定应纳税额不服时，得呈请复查，在复查期中，已查定税款即仅一部解缴；另一原因系台币及东北流通券迄今以该二地区行使，地方流通券尚未转列库帐。关于前者，应由各主管署分令各局，对已查定税迅行催缴足额。关于后者，应由国库署派员洽商有关行局，将各税收入分别折合转列库帐。

(五) 国库署等一九四八年三月份税课比额检讨汇报纪录(4月8日)

时　间　三十七年四月八日上午九时半

地　点　国库署

出席人　吴绍灿　盐务总局

汪友明　欧阳维铸　关务署

朱又雪　国库署

马自强　李端立　税务署

马一勤　王学善　直接税署

孙映来　统计处　楼祖谟　会计处

主　席　张会计长国正楼祖谟代

甲、检讨事项

1. 直接税署主管

(1) 上半年度总预算数九万亿元，

(2) 本月份进度数为六千七百九十亿元。

本月份查征数(截至四月七日止)为三万五千零八十七亿余元，较同期进度数超过百分之四一六。

(3) 一至三月份累计进度数为一万一千五百三十五亿元。

本期查征累进数为三万六千五百八十九亿余元，较同期进度数超过百分之二一七。

(4) 本月份应报到单位每旬计一四四。

上旬已报到单位一二八，未报到单位一六。

中旬已报到单位一二六，未报到单位一八。

下旬已报到单位三七，未报到单位一〇七。

2. 税务署主管

(1) 上半年度总预算数为十万亿元（追加数四万五千余亿元俟追加案呈院后再行列入）。

(2) 本月份进度数为一万四千亿元。

本月份征起数为二万九千六百三十八亿余元，又（截至四月七日止）较同期进度数超过百分之一百一十。

(3) 一至三月份累计进度数为三万六千亿元。

本期征起累计数为四万八千五百五十四亿余元，较同期进度数超过百分之三五。

(4) 本月份应报到单位每旬计一六三。

上旬已报到单位一四一，未报到单位二二。

中旬已报到单位一一九，未报到单位四四。

下旬已报到单位二一，未报到单位一四二。

3. 关务署主管

(1) 上年度总预算数为六万六千余亿元（追加数四万亿元俟追加数呈院后再行列入）。

(2) 本月份进度数为九千七百二十三亿元。

本月份征起数为一万零五百亿元（截至四月七日止），较进度数超过百分之八。

(3) 一至三月份累计进度数为二万二千六百八十四亿元。

本期征起累进数为二万七千七百九十七亿余元，较同期进度数超过百分之二十。

(4) 本月份应报到单位每旬计二八。

上旬已报到单位二八，未报到单位无。

中旬已报到单位二五，未报到单位三。

下旬已报到单位无，未报到单位二八。

4. 盐务总局主管

(1) 上半年度总预算数为四万亿元（为调整公教人员待遇及加强地方自卫武力增筹税收追加盐税八千亿元附加税一万五千亿元俟追加案呈院后再行列入）。

(2) 本月份进度数为六千七百十二亿元。

本月份实征数为一万零五百六十八亿元（截至四月七日止，外附加收入二千余亿元未计入），较同期进度数超过百分之五八。

(3) 一至三月份累计进度数为二万零一百十四亿元。

本期累进实征数为一万四千七百八十亿元，仅达同期进度数百分之七三。

(4) 本月份每旬应报到单位计二一。

上旬已报到单位二一，未报到单位无。

中旬已报到单位二一，未报到单位无。

下旬已报到单位一七，未报到单位四。

乙、决议事项

查因调整公教人员待遇及补助地方自卫武力经费，筹增税收，经奉核定货物税增比四万五千亿元，关税增比四万亿元，盐税增比八千亿元，另附加税一万五千亿元，应由各主管单位迅将追加预算资料提送会计处汇案办理追加，并补送追加预算进度表，以便检讨。

(六) 国库署等一九四八年四月份税课比额检讨汇报记录 (5月8日)

时　间　五月八日上午九时半

地　点　国库署会议室

出席人　汪友明　关务署　李端立　税务署

　　　　吴绍灿　盐务总局　吴光宣　统计处

　　　　侯梁生　会计处　石光钜　国库署

马一勤　王学善　赵海桂　朱又雪

主　席　张会计长侯梁生代

甲、检讨事项

1. 直接税署主管

(1) 上半年度总预算数九万亿元。

(2) 本月份进度数为二万六千五百亿元，查征数(截至五月六日止)为一万八千九百十六亿余元，约合进度数百分之七十三。

(3) 一至四月份累计进度数为三万七千亿元，同期查征累进数(截至五月六日止)为五万五千五百零五亿余元，较同期进度数超过百分之五十，截至四月止报到纳库数为一万二千三百五十三亿余元，仅合查征数百分之二十二。

(4) 本月份每旬应报到单位为一四四。

上旬已报到单位一二六，未报到单位一八。

中旬已报到单位一〇八，未报到单位三六。

下旬已报到单位七，未报到单位一三七。

2. 税务署主管

(1) 上半年度总预算数原列十万亿元，已追加数四万一千亿元(此数应否包括地方自卫武力经费原定财源土烟土酒增税四千亿元，正另案核洽中)，共计十四万一千亿元。

(2) 本月份进度数为二万五千三百八十五亿余元，约合进度数百分之一四九。

(3) 一至四月份累计进度数为七万六千一百五十二亿元，同期征起数为八万六千四百三十九亿余元，合累计进度数百分之一一三，截至五月四日，纳库累计数为六万五千五百二十二亿余元，占征起数百分之七六(未纳库数内有记帐税款依章在五月份纳库)。

(4) 本月份每旬应报单位计一六三。

上旬已报到单位一二六，未报到单位三七。

中旬已报到单位一一四，未报到单位四九。

下旬已报到单位一四八,未报到单位一五。

3. 关务署主管

(1) 上半年度总预算数原列六万六千余亿元,已追加数四万亿元,共计十万六千亿元。

(2) 本月份进度数一万九千八百八十二亿余元,征起数(截至五月七日止)为二万七千九百八十亿余元,合进度数百分之一四一。

(3) 一至四月份累计进度数为五万二千七百九十九亿余元,同期征起数为六万一千五百六十一亿余元,约合累计进度数百分之一一七,纳库累计数为五万六千二百四十八亿余元,占征起数百分之九十一。

(4) 本月份各旬应报到单位二八。

上旬中旬各区均已报齐。

下旬已到单位二二,未到单位六。

3. 盐务总局主管

(1) 上半年度总预算数原列四万亿元,已追加数二万三千亿元(包括附加税追加预算一万五千亿元),共六万三千亿元。

(2) 本月份进度数一万三千零五十九亿元,征起数(截至四月七日止)为一万六千零三十八亿余元,合进度数百分之一二二。

(3) 一至四月份累计进度数为三万五千八百五十二亿元,同期累计数为三万四千二百四十八亿元,占进度数百分之九十六,另以前年度税款补充数二千六百三十一亿余元,连本年度征起数共三万六千八百七十九亿余元,纳库累计数为三万五千四百二十九亿余元,占征起总数百分之九十六。

乙、讨论事项

1. 各税征起数与纳库数相差甚巨,应如何催解案。

决议:直接税纳库数与查征数悬殊,主要系因本年度所、利得税应纳税额规定先照上年度税款六倍估缴,办法现在上海尚未顺利推行所致，应由主管署迅谋解决，严催解缴。关税部分，据报少数海关有将税款在代库银行擅立专户存储，藉图便利，自行挪垫情事，于法不合。应由关务署查明，严饬纠正，其余货、盐两税并应由各主管署随时督饬解缴足额，以裕库储。

2. 盐税附加税已拨交地方政府者，应如何列收库帐案。

决议：由盐务总局饬各区局就已拨数取具领款书，填具缴款书，送国库署统筹扣抵转帐。

（七）国库署等一九四八年十一月份税课比额检讨汇报记录（12月7日）

时　间　十二月七日上午九时半

地　点　国库署

出席人　莫钟骕吴光宣代　汪友明　欧阳维铸

　　　　关务署　侯梁生　朱又雪　国库署

　　　　王德洙　盐务总局　李端立　侯祖谟王庆余代

主　席　侯邦办梁生

甲、业务报告

1. 直接税

下半年度概算数为一亿二千二百二十余万金圆，十一月份进度数为四千四百四十万余金圆，截至十一月底止，本月份报到查征数一千零三十余万金圆，合进度数百分之二三点七。至十一月累计进度数为七千七百八十万余金圆，同期报到查征总数为二千万余金圆，仅合进度数百分之二六，报到纳库总数共一千五百万余金圆，占征起总数百分之七五。本税稽征单位共一八〇，其旬电报表尚未到达者，计上旬七三单位，中旬一六四单位，下旬全部未到。

2. 货物税

下半年度总概算数为二亿二千四百万余金圆，十一月份进度数为五千七百四十余万金圆，截至月底止，本月份报到征起数共一亿余金圆，较进度数超收百分之七二点七，至十一月份累计进度数为一亿四千六百八十余万金圆，同期报到征起总数为一亿五千万余金圆，合进度数百分之一〇二，即已达到进库标准，报到纳库数共一亿四千六百五十余万金圆，占征起数百分之九六，本税稽征机关共一八〇单位，未报到单位计上旬五十七单位，中旬一四六单位，下旬一七四单位。

3. 关税

下半年度概算数为一亿二千余万金圆，十一月份进度数为二千九百五十余万金圆，截至月底止，本月份报到征起数为二千一百五十一余万金圆，同期征起总数共七千八百五十余万金圆，占进度数百分之八九，报到纳库数为六千五百三十余万金圆，合征起数百分之八二，本税应报到单位共二十八，其旬电报尚未到达者计中旬二单位，下旬九单位，包括江海关在内。

4. 盐税

下半年度概算数为一亿零九十万金圆，十一月份进度数为二千五百万金圆，本月份报到实收数为三千三百五十余万金圆，较进度数超收百分之三四点七。至十一月份累计进度数为七千五百万金圆，同期累计收入数为五千九百六十余万金圆，合进度数百分之七九，报到纳库数共五千七百二十余万金圆，占收入数百分之九五。

乙、讨论事项

查本部主管各税前于十月底检讨时，各税能否达到概算标准，均难乐观，当经议决，由各税主管加紧督征在案。兹根据截至十一月底报到数字检讨，直接税查征数仅达下半年度概算百分之二六，现距年终仅有一月时间，虽国库收支期间延迟结束，恐仍难完成概算标准。查本税之征收重在稽征，各经征机关自年中改组以来，对于本税业务之推动有无尚待改进之处，应由主管署仍遵部次长前批，详加研究，努力稽征，务期于国库收支结束以前，达到概算数额。货物税本月份税额调整，税收较前大增，原定进度已经达到，年终可能超收。关税税收目前尚仅达进度百分之九十，但以外汇价格调整，税收随之增加，年终除可达到概算标准外，仍有超收希望。至盐税部分，目前因控制物资关系，未便畅销，实收数距预定进度较巨。惟冬季为盐斤旺销时期，年度终了时，实收数可接近概算数，如盐税从价征收办法能即时实行，则税收自可激增。

（八）国库署等一九四八年十二月份税课比额检讨汇报记录（1949年1月10日）

时　间　三十八年元月十日

地　点　国库署

出席人　侯梁生　秦元承　汪友明　楼祖谟　朱又雪

甲、宣读十一月份汇报纪录

乙、业务报告

1. 直接税

下半年度预算数为一亿二千二百余万金圆，十二月份进度数为四千四百余万金圆，截至三十八年元月八日止，本月份报到查征数为九千四百余万金圆，约合进度数百分之二一三，即查征数较预定进度超过一倍以上，下半年度查征累计数共达一亿一千四百余万金圆，合总预算数百分之九十三，报到纳库总数共七千八百余万金圆，占预算数百分之六四，本税经征单位共一八〇，其旬电报表尚未寄到者，计上旬一一单位，中旬七六单位，下旬一七七单位。

2. 货物税

下半年度预算数为二亿二千四百余万金圆，十二月份进度数为七千七百余万金圆，截至三十八年元月八日止，本月份报到征起数二亿六千一百余万金圆，合进度数百分之三四四，即十二月份征起数较预定进度数超过二倍以上，同日止下半年度征起总数共四亿一千一百余万金圆，合总预算数百分之一八四，即超收百分之八十以上，报到纳库数共三亿九千六百余万金圆，合总预算数百分之一七八。本税经征单位一八〇，其旬电报表尚未到达者，计上旬六三单位，中下旬各一二单位。

3. 关税

下半年度预算数为一亿二千万余金圆，十二月份进度数为三千二百余万金圆，本月份报到征起数一亿四千一百余万金圆，合进度数百分之四三六，即本月份征起数较进度数超过三倍以上。下半年度累计征起数共二亿二千八百余万金圆，约合预算数百分之一八〇，即征起数已较预算数超收百分之八十左右，报到纳库总数共一亿八千六百余万金圆，较预算数亦超收约百分之五十。本税经征单位共二八，上中两旬仅二单位报表未到，下旬报表未到者，则尚有九单位。

4. 盐税

下半年度预算数为一亿零九十万金圆，十二月份进度数为二千九百万金圆，本月份报到征起数为三千三百余万金圆，合进度数百分之一三三，即较进度标准超收百分之三三。截至年底止，下半年度报到征起总数共九千二百余万金圆，占总预算数百分之九二，报到纳库总数为八千一百余万金圆，合预算数百分之八十强。本税应报单位共十八，各旬报表均已到齐。

丙、检讨事项

直接税查征总数尚未达到预算标准，惟各经征单位报表未到者尚多，如将未列单位查征总数估计在内，大致可以接近预算数额。现在国库收支期间延至本年二月底结束，所有已经查定税款应即加紧催解，务期于国库收支结束前征解足额，仍由主管署迅饬各局切实遵照办理。

1. 货物税征起总数已较预算标准超收百分之八十以上，如果各地报表到齐，其数当可达到预算数一倍左右。各地已征未解款仍有相当数额，应由主管署迅饬各经征单位加紧督饬缴解清结，以裕库收。

2. 关税征起总数较预算标准超收百分之八十左右。惟报到征起数与纳库数相差尚达四千万余金圆，占征起总数约达百分之二十以上，为数甚巨。据主管署报告，大部分为记账税款及港、九两关奉准垫支港币经费。至各关有无擅挪税款情事，应由主管署切实查考，严饬依限扫解。

3. 盐税下半年度因初期销额呆滞，年底又需控制销额，十二月份税收虽已超过预定进度，总计仍未达到预算标准。现在盐税从价征收办法，业经府令公布实行，三十八年度起，盐税当可激增。

〔国民政府财政部档案〕

13. 财政部陈报授权整顿税收案拟定新措施办法呈稿

(1948年1月31日)

财政部呈稿　4627号

案奉钧院卅七年一月十四日(卅七)二机字第三一六号训令：为奉国府令，关于国务会议授权行政院整顿税收，其于调整税率及裁减机构人员，得全权办理一案，饬研拟具体办法呈核，等因。又奉钧院本年一月十六日(卅七)二机字第三一七号令同前因到部。查本部主管各税新措施具体办法，已先经分别拟定专案呈核在案。兹再将办理情形综合胪陈于后。

一、关于货物税方面：查货物税为增裕库收、简化稽征，拟改订评价办法及调整课税品目两项措施。关于评价部分，拟将完税价格之评定期间，改为每月一次。关于调整品目部分，拟将(一)茶叶；(二)皮毛中之皮类及毛制品；(三)麦粉中之半机制麦粉；(四)水泥中之半机制水泥等，稽征困难、收入无多之货品，分别停征。一面将雪花膏、面蜜、花露水、爽身粉、香皂等五项化妆品，恢复征税，并将化妆品税率改订为百分之三十及百分之六十两种。上项办法经于卅六年十二月廿七日以财税评字第四二八八号呈请钧院准先实施。嗣奉本年一月八日(卅七)六财字第一二〇〇号指令，以已呈请国民政府准先实施，等因。复将货物税条例及国产烟酒类税条例有关条文分别修正，并拟请举办汽油货物税及停征锡箔、迷信用纸税，于本年一月十三日以财税三字第四四二六号呈请核转立法院在案。矿产税条例亦正会商经济部照案修正中。现续奉钧院令知，已奉府令准先实施，遵即将货物税课税物品评价规则修正公布，当另案呈请备案。至调整品目部分，亦即由本部通饬实行。

二、关于直接税方面：查所得税为争取税收计，经拟定下列措施，请先付实施。

（一）第一类营利业所得税实行预缴制度。

（二）简化税率，将第二类报酬薪资、第四类财产租赁及第五类一时所得各类税率，一律改为比例制。

（三）取消过分利得税，并入营利事业所得税内计课。

（四）恢复公教人员薪资税之征课。

上项办法经于卅六年十二月廿七日以财直（一）字第六六六一六号呈请钧院准先实施。嗣奉卅七年一月九日（卅七）六财字第一三〇八号指令，略以经交审查修正，提出政务会议，决议照审查意见通过，并转呈国府准先实施，等因。复将所拟修正所得税法草案，于本年一月十三日以财直（一）字第六八五〇五号呈请核转立法院在案。现又将卅七年度各类所得税之起征额及课税级距暨宽减额等级分别拟定，于本年一月廿三日以直（一）字第七〇一八二号及七〇一八三号两呈请准先实行，并核转立法院各在案。至估缴办法亦已拟订卅七年度第一类营利事业所得税稽征办法呈核在案，一俟奉令，即当通饬实施。

三、关于关税方面：查关税为增裕税收起见，拟于现行海关附加税外，另征临时附加税一种，依照海关附加税百分之五成例，按进口税率征收百分之四十五，两种附加税合为百分之五十。除棉花、米麦、面粉、煤、煤焦及油、柴油等货品外，一律征收，暂定征收期间为六个月。此项办法经于卅六年十二月廿四日以财关则字第四二〇三号呈奉钧院，转奉国务会议第十八次会议决议通过，准先实施，遵经饬关遵照办理。

四、关于盐税方面：查盐税税率拟自卅七年一月调整为普通食盐税每担二十五万元，土膏盐、渔农盐每担二十万元，盐场建设费每担五千元，盐工福利费每担二千五百元，经呈奉钧院转奉国务会议第十八次会议决议，准自卅七年一月一日起实施。惟以翌日京市各报均已登载，为防止走私逃税起见，复经特种审查会议决定于卅六年十二月廿八日实施，并将渔农盐税率减为每担十万元。又台湾情形特殊，暂缓调整，遵即急电所属各区遵照实施，并呈奉钧院(卅七)六财字第二三七四号指令，转奉国府卅七年一月十三日处字第二五号训令，准予备案在案。嗣后当视物价变动情形，适时调整盐税税率，以补库收。届时再专案呈候核定实行。

五、关于地方财政方面：查本部前为谋自治财政之改进，以适应事实需要起见，经将营业税及房捐、屠宰税、营业牌照税、使用牌照税、筵席及娱乐税等五种自治税捐税率及课征范围分别调整，层奉国府卅六年十一月十四日、十二月一日先后公布施行。惟上项自治税捐税率提高后，地方财政虽较有改善，而收入不敷问题，仍甚严重，爰再拟具卅七年度地方财政紧急措施办法，于卅六年十二月廿八日以财地二字第四二八九号呈请钧院核示在案，俟奉核定，即当分别实施。

奉令各前因，除调整机构、裁减人员，正在通盘筹划，当另案呈报外，理合先将调整税收部分遵办经过情形汇案呈复，仰祈鉴核备查。谨呈

行政院

财政部长　俞〇〇

〔国民政府财政部档案〕

14. 财政部向国民大会作改进租税政策及措施报告

(1948年4月13日)

租税改进之政策及其措施

租税政策,本部向系以平均负担、平衡财富为两大目标,历年税制均本此鹄的寻求改进。目前,关盐直货四大税系中,尤以直接税为最合能力负担调节贫富之标准,直接税中又以所得税为首要。复员以后,所得税法曾经数度修正,其重要改进如加深对人之综合所得税,对大所得者予以累进之征课,对制造业特予减税以励生产,对于减免税额及课税级距均经调整简化。对于资旧率特予提高,对于营业必需费用之计算特予放宽,以祛所谓“虚盈实税”之现象。一面则厉行扣缴制度以加强税源之控制,提高奖金,加重罚则以增进稽征之效率。依照各国先例探行营利事业所得税估缴办法,并许其少补多退以争取税款纳库之时效。均于增裕库收加强效率之中仍兼顾人民负担之能力与生产事业之鼓励。深信所得税法经此改进,当能满足各方要求,使今后征保推行更臻顺利。此外,如遗产税法、印花税法亦经数度修正,现印花税法业已公布施行,遗产税法正在立法院修正审议,其起征额均按物价指数分期调整,以切实际。收复后之直接税则特予免征一年,以恤民困。

兹就关税而言,战后关税政策,对外不能不注意国际间自由贸易之趋向,亦不能忽视国际合作互助之原则。惟工业化为我国战后经济政策之中心,凡进口货品有妨碍国内产业发展者又不得不借关税政策之运用,以资维护足以,适度之保育措施仍须继续。

至关税税则之修订,本部曾经长期准备,政府亦经颁有进出口税则立法,作为修订根据。将来新税则对于国内未能制造或供应不足之工业农业设备机器仪器工具配件医药器材之进口,将减免进口税。对于国内加工手工业机器工业或装配工业,其成品足以推销国外者,概就其输入之原料或半制品酌予退税。对于国内供应不足之民生必需品将征较轻之进口税或免税。如进口物品与国内应行保护之幼稚工业出品有竞争性者，则课以较重之进口税。奢侈品则采寓禁于征之进口税。至出口货品，凡属应行奖励输出者免征或减征出口税。现正准此原则并参照我国在世界贸易会议所受之任务制订税则，期于最短期间可以完成立法程序付诸实行。在税则修订以前，本年为配合库需，增加财政收入，经暂开征临时附加税，为原进口税率百分之四十三。但对于棉花、米麦、面粉、丝及煤焦暨汽油、柴油、煤油等日用必需品，则不加征。此外，如造船器材及救济物资暨日本赔偿物资归还物资均经专业核定免税进口。

至于进出口之走私，不独影响关税收入，而且妨碍国民经济，故严缉走私曾饬海关列为中心工作。又以华南走私特别猖獗，爰于三十六年六月间订定加强华南缉私方案，对于布置防线、增设关所、调配关员、扩充关警、添置武器舰艇，严密管制货运，实施长程巡缉以及调派炮舰，协助查缉武装走私诸端，均经督促逐步实施，尚著成效。去年一年，全国缉获案件达二万三千余起，货值达三千一百七十余亿元。今年截至二月半止，已缉获二千九百余起，货值达一千余亿元，均以华南为最多。但华南地接港澳，政府合作取缔方期有效，乃先与港方洽商，已于本年一月正式签订中港关务协定，此后我方海关得在香港境内执行职务，裨益缉私当非浅鲜。最近与澳门政府亦经商定协定办法，不日即可签订实施。同时，惩治走私条例亦经立法院通过，由国府公布施行。对于走私人犯，分别情节轻重处以刑罚。深信上述各项措施配合实行后，走私定可逐渐遏止。

再次，就货物税而言，货物税系根据一物一税之原则，就生产厂场一道征收，一税之后通行全国，不再重征。此项税制施行之后，商民称便，税收亦年有增加。复员以来，曾一度按照各种货品之性质与消费者之负担能力增辟若干税源。嗣复将奢侈性质货品，如洋酒、啤酒、土烟、土酒等税率分别提高，矿产品税率特别减低。最近又将货物税条例修正，改进评价方法，使符从价征课之旨。至茶叶、麦粉及税收无多之零星土制品，均予免征货物税，以免苛细而励出口。

最后，就盐税而言，盐为日用必需品，课税面未宜过重。现行食盐税率，每担征四十五万元，如与战前平均税率每担六元相比，固已七万五千倍，但如以目前物价指数与战前物价比例相较，则盐税负担尚非过重。盖之税率原系适用等差制度，分类分地以为规定，现已采均一税制，由减化而趋于化一。

盐政政策夙系本民制民运民销各原则，听由人民自由买卖，政府仅在产销方面加以调节管理，并设常平盐以备荒缺。战后盐务重要措施，如整理场产、修整接收之盐田盐厂、改良盐产、减轻成本及对日输出盐斤换回外汇物资等，均其荦荦大端。对于工业用盐全部免税，对于渔农用盐征轻税，尤为特免盐之主要产区悉在东北、长芦、山东、淮北，现各该地均为共匪扰乱，影响生产，颇勘注意。本部为防万一荒缺起见，已在台湾、福建、浙江、两广等区加紧增产，同时更加强缉私，开放商运，再辅以生产运销贷款，使产能济运，运能济产，以维供应。

四税税收，三十四年度共为一千一百八十三亿元。三十五年度共为一万二千六百七十七亿元。三十六年共为一十万六千三百十七亿元。本年上半年预算四税收入共列四十万亿元，足证租税收入每年均有增加。惜因共匪叛乱及军事影响，估计四税税收之损失截至本年三月上旬止达二万四千余亿元，否则，整顿税收结果当尚不止此。

在税务行政方面，复员以来亦经积极整顿，如：(一)机构之简化、员额之裁减，均实事求是，力谋紧缩。三十五年全国各级税务机构有九百五十余单位，三十六年即调整至七百一十余单位，今年复调整至五百六十余单位。全国税务人员，三十五年有九万三千余人，三十六年即减少至七万五千余人，今年复减少至五万八千余人。(二)税风税纪之整饬,在消极方面,则严惩贪污,奖励检举,凡经查实,无不严办。三十五年中,经撤职及送法办者有一百零六人,三十六年中,亦有一百十三人,其余情节较轻者,均分别予申诫、记过、免职等处分。在积极方面,则从考试入手,甄选人才。自三十五年起,已举办特种考试五次,及格人员均已先后分发任用,并予保障,藉以提高素质,革新人事。现正草拟税务人事管理条例,划一四税之用人制度,制定养老抚恤办法。施行之后,对于税政改进当更有甚大之裨益。

〔国民政府财政部档案〕

15. 苏日荣等撰拟国地税制划分标准问题稿

(1948年7月)

国地税制划分标准问题

一、国地税制划分之史的发展

我国国地税制之划分,随民治思想之发达而长其萌芽,清光绪二十四年筹备立宪,资政院与宪政编查馆合奏筹备立宪之事项中,即有国家税与地方税之条文。宣统年间各省财政清理局亦有划分国地税收之拟议,惟均未见实行。

民国成立,为谋国地财政之均衡发展,划分之议又起。民国二年财政部曾颁布国家税法与地方税法草案,规定所有田赋等重要税源悉归中央,地方所有者仅为零星之杂税,于民国五年间开始施行。十二年公布宪法中,着重地方政权之扩充。故又将归属中央之田赋契税划归地方,实较民二所规定者为进步。

国民政府奠都南京后,遵照国父均权之遗教,颁布国家收入与地方收入划分暂行标准,并经第一次全国财政会议修正通过。此次标准施行后,地方财政已奠其规模。惟此所谓地方财政系以省级为主体,县附于省,是县已失其独立之地位矣。

二十三年第二次全国财政会议时，曾议定划分省县收支原则，二十四年立法院通过之财政收支系统法，即确定财政收支系统分为中央、省(市)县(市)三级，嗣以抗战军兴，未付实施。

三十年第三次全国财政会议根据五届八中全会对自治财政之决议，议定改订财政收支系统实施纲要，由国府公布，自三十一年一月一日开始实施。办法系将全国财政划分为国家财政与自治财政两大系统，省级财政并入国家财政，自治财政则以县市为单位，其税源分配有如下列。

(一) 国家财政方面

1. 土地税(在土地法未施行之区为田赋)及契税(原省部悉归中央原县部暂仍旧)。2. 所得税。3. 遗产税。4. 非常时期过分利得税。5. 营业税。6. 特种营利收益税。7. 特种营业行为税。8. 印花税。9. 关税。10. 盐税。11. 矿税。12. 货物出厂税。13. 货物取缔税。14. 战时消费税。

(二) 自治财政方面

1. 土地改良物税(在土地法未施行前为房捐)。2. 屠宰税。3. 营业牌照税。4. 使用牌照税。5. 行为取缔税。6. 土地税(在土地法未施行之区为田赋及契税)。7. 遗产税(由中央分得百分之二十五)。8. 营业税(由中央分得百分之三十五)。9. 印花税(由中央分得百分之三十)。

抗战胜利后，因财政状况之变更，战时国家财政与自治划分之办法已不通〔适〕用，同时准备行宪，须采取中央与地方均权之制，省级财政不能再包括于国家财政体系中，而应划出成为独立之财政系统。三十五年六月中央召开财粮两部联合会议，讨论财政收支系统法时，便决议恢复三级制，并将二十四年公布之财政收支系统法加以修改，于同年七月一日正式公布修正财政收支系统法施行，以至今日，其税项划分有如下列。

(一) 中央税方面

1. 所得税(包括分类所得税及综合所得税)。2. 遗产税(应以百分之三十给县市局百分之十五给院辖市)。3. 印花税(交易凭证人事凭证许可凭证等证明文件依法所贴用之印花税)。4. 特种营业行为税(银行信托保险交易所及其他法律规定之特种营业行为税)。5. 关税(由海关陆空进出国境之进口税出口税及海港船舶吨税)。6. 货物税(对国内货物及对国外同类进口货物依法征收之税)。7. 盐税。8. 矿产税(矿产税矿区税)。9. 营业税(在院辖市收入中至少占百分之三十)。10. 土地税(在省县局收入中占百分之三十,在院辖市总收入中占百分之四十)。

(二) 省税方面

1. 营业税(占总收入百分之五十)。2. 土地税(占总收入百分之二十,但省应依其土地税之一部分补助贫瘠之县市局)。3. 契税附加。

(三) 院辖市税方面

1. 营业税(占总收入百分之七十)。2. 土地税(占总收入百分之六十)。3. 契税(在土地法未施行之区域为县市局税)。4. 遗产税(由中央分得百分之十五)。5. 土地改良物税(在土地法未施行前为房捐)。6. 屠宰税。7. 营业牌照税(戏院、旅馆、酒楼、茶楼、公园、饭店、球房及其他使用地方公有财产应征之牌照税)。8. 筵席及娱乐捐。

(四) 县市局税方面

1. 营业税(由省分得百分之五十)。2. 土地税(占总收入百分之五十)。3. 契税(在未依土地法与土地登记之区域征收之)。4. 遗产税(由中央分征百分之三十)。5. 土地改良物税(在土地法未施行之区域为房捐)。6. 屠宰税。7. 营业牌照税。8. 使用牌照税。9. 筵席及娱乐捐。

如上所述可知,我国过去对于国地税收之划分,应有变更,在税源上时而归中央,时而归地方;在制度上,时而分两级,时而分三级，而其最大缺点，即为地方财政时感不足，恒须仰赖中央补助，尤以省级财政更为困难。至于主要税源之划裂，更非健全之财政制度所应有。

二、新制实施后之地方财政情形与中央负担

自从修正财政收支系统法于三十五年下半年度公布实施后，各省市财政虽经独立。但以省级税源之划分过少，虽历年预算收支匆陷于不敷之境。故又须中央予以补助，计改制后江苏等二十九省市核定收入总额为一千零十八亿余元，而支出总额为二千五百九十五亿余元，不敷之数达一千五百七十余亿元，悉由中央补助。此项补助数额几占各省市收入一倍半以上，此为三十五年半年度之情形。三十六年度各省市核定收入总额为四千八百五十余亿元，支出总额为一万零六百余亿元，相差达五千七百余亿，更益以历次生活补助费之调整，保安防空士兵副食费之追加及经常费之追加，共约一万七千三百余亿，亦均由中央拨补。计三十六年度中央补助省市总额达二万三千一百五十余亿元，几占各省市收入四倍半以上。三十七年一月份起调整生活补助费，中央并准另案核洽。截至四月后止，中央预拨各省市补助款已达四万一千余亿元。

关于绥靖区县市以其久经匪患，地方元气未复，复员后需款恐殷，中央自不能任其就地摊筹，重增人民痛苦，故亦采补助政策。截至三十六年度止，对于绥靖区县市先后拨发复员及急赈补助费达六百三十八亿余元，免赋补助费达四百六十余亿元。

此外关于地方自卫武力经费，除原有一百八十团由中央于各省市总预算内统筹补助外，本年度复因加紧戡乱，决定增编省保安团队。本年上半年度约需各项经临费一万二千亿元，又武器弹药费二万亿元，共计三万二千余亿元，悉由中央负担。

如上所述，中央对于地方之补助数目不为不多，其中虽因戡乱期间不免增加中央之支出，但省级财政困难，不敷支出，如可〔此〕事实。是则行宪以后，如何充裕地方财源，使自给自足，对国地税制之合理划分，不能不注意及之。

三、行宪后国地税制之划分

行宪以后，省县均为自治体，其财政收支应由地方立法，地方执行。故国地税源之划分，一面应充裕地方财源，期达自给自足；一面应求中央与地方财政均衡发展，使地方立法不致与中央抵触。财政部爰参照现行法令及将来事实需要，依照宪法第一〇七条第七款之规定，拟订一国税省税县税划分草案，俾于各省市县依宪法规定实行自治时实施。兹将草案内容摘要如下：

（一）中华民国之税课分“国税”、“省税”、“县税”，院辖市及省辖市之税课除本法别有规定外，准用省级县之规定。

（二）国税以所得税、遗产税、印花税、关税、货物税、盐税、矿税、特种营业税为主干，惟于紧急需要时，得对国民征收财产税。又遗产税应由中央以其纯收入百分之十五给县，百分之三十给院辖市，货物税之国产烟酒税（即土烟土酒税），应由中央以其纯收入百分之四十统筹拨补贫瘠县市。

（三）省税以营业税为主干，在省辖市地方，应以其纯收入百分之三十给省辖市，此外由县以属于县税中之土地税或田赋按纯收入以百分之五十给省，省仍应以总收入百分之十统筹拨补贫瘠县份。

（四）县税以土地税（或田赋）、契税、土地改良物税（或房捐）、屠宰税、营业牌照税、使用牌照税，筵席税及娱乐税为主干，并得于预算收支不平衡时，经县立法机关之立法，征收因地制宜之特别税课，但不得对国税为重复课征或附加，其于省或其他县市已征课者，亦不得重征或附加，以免涉扰。

以上草案已送呈行政院核示，一俟依法完成程序，即可付诸实施。

四、各方对于国地税制划分之意见

各方对于国地税制划分之意见，兹分为原则、制度及办法三者简述于后。

（一）原则方面

1. 效率原则　即依某种税收性质与管理上效率之大小，作为国地税收划分之标准。例如土地税与营业税原为地方税，无论在历史习惯及征收便利上，均应归地方办理。又如所得税，以所得之地址不易确定，管理亦见困难，故应归国家办理。

2. 适合原则　即依税基之广狭，以决定孰为适合。税基较广，如消费税、遗产税应归中央；税基较狭，如土地税、房屋税应划归地方。

3. 相当原则　即依租税收入之当否，以为划分之标准。如若干地区已有充分之税收，本无须增辟新税。但为使租税负担均平，势不能不照例增辟，藉作挹注他区之用。故此税以划归中央为宜。

（二）制度方面

1. 税源划分制　即从税源上直接划分何者属于中央，何者属于地方。其优点为地方有独立税源，不受中央牵制，可以充分发展地方自治事业；其劣点为缺乏弹性作用，未能适应事实需要。

2. 补助金制　即将租税之征课权集中国家，视地方需要由国家统筹分配补助。其优点为收地方均衡发展之效；其劣点为养成地方依赖中央心理。

3. 附加税制　即将地方税收附加于国家征收之内，由国家提供若干数额给地方。其优点为地方无须另设征收机构，可以简化征收手续；其劣点为地方无独立征课之权，自治事业不易顺利推进。

4. 分税制　即征课之执行归之中央或地方均可，惟须以所得妥为分配。其优点为节省征收费用；其劣点为增加递解分配之麻烦。

（三）办法方面

1. 赞同新划分办法者

(1) 行宪后国地税收系统划分为国税、省税、县税院辖市及省辖市的三级制，此与行宪后政治组织上的均衡制度允称符合。

(2) 土地税之归县，在税源划分之原则上固属相宜，且使县级财政获得可靠的税源，使县级财政之困难得以解决，此实众望所归之措施。

(3) 将营业税全部划归为省税之主干，使省财政不致仰赖中央补助，亦属迎合国人之愿望。

2. 认为新划分法内容尚须修正者

(1) 以县属之土地税或田赋按纯收入提取百分之五十归省，省又须以其总收入至少百分之十统筹拨补贫瘠之县份，似此仍有剜肉补疮之感。如能将省级所分得县级之土地税或田赋全部归县，似可免此弊。但如此一来，省级财政必感不足，则可将中央所有之货物税全部划归省级。货物税为目前税收中收入甚旺，省得此税后，财政当大有补助。但货物税归省后，中央可靠之税源减少，财政不免要受影响。此则可以积极开征财产税，只要技术问题解决，预料成绩必有可观，且更寓有节制私人资本与财富分配之政策在内。

3. 国地税划分后关于地方财政应行注意者

(1) 为要促进地方自治事业发展，必须确定省县政府的独立和充裕的货源，宪法上规定国税与省县税之划分权力属于中央。中央政府如对这种权力行使得不合理不得当，很能以使省税县税受到严格剥削，而失却可靠的独立税源，致使地方自治事业因财力不足而无从发达，这是宪政时期中央与地方事权划分问题上值得特别注意的一桩大事。

(2) 我国省县之事业原相差不远，惟因其收入多寡悬殊，致不能均衡发展。宪法第一四七条曾规定，中央为谋省与省间的经济平衡发展，对于贫瘠之省应酌予补助及省为谋县与县间之经济平衡发展，对贫瘠之县应酌予补助，是则行宪后国地税虽已划分，而补助金制度似仍须存在。英国创立补助金制度，被誉为优良之财政制度，地方自治事业每赖以推展。我国行宪后似予继续予地方以补助。

(3) 国地税制划分后，尚须注意地方之节流。现在各级地方政府之机构过于庞大，糜费公帑，应依照省县自治通则之规定，通案调整，切实紧缩，其单位与人员应以战前组织为准，恢复战前建制，其节余经费可移作充实地方自治事业之用。至于省级事业之宜于移归中央或县者，亦应分别转移，以减轻省级负担，俾以增进省级政府施政之力量。

(4) 照以往经验，县税中之屠宰、营业牌照、使用牌照、筵席娱乐税，本质上既近于鸡零狗碎，收数上亦向无起色。至于新增之田赋，亦因赋额核减，使县财政收入获益甚微。故今后县自治财政之树立，除宽列县税项目，并调整税收外，尚须依照宪法第一一〇条第三款之规定，兴办县公营事业，益惟有借助于公营事业的收益，方不致增加人民之负担。

〔国民政府财政部档案〕

16. 财政部盐务总局拟具调整税率提案等文件呈

(1948年8月23日)

兹谨拟具调整盐税率提案一件及全年度盐税收入二亿二千五百万元估计表一份，敬祈钧核。谨呈

部 长
次

附件

盐务总局局长　缪秋杰谨签　印

提案　财政部

兹谨遵照总统颁布财政经济紧急处分令第四项整理财政及加强管制经济办法规定，拟陈盐税税率调整案如次：

查战前盐税率每担平均六元现拟参照减半调整

一、海池盐及台湾盐税率每担金圆券六元。

二、井盐及土膏盐依海池盐税率百分之七十计征每担金圆券四元二角。

三、渔业用盐依照战前税率折征每担金圆券三角。

四、工业用盐及农业用盐免税。

上陈调整盐税率拟请以紧急处分即时核定公布实行，是否有当，敬请裁决。

财政部盐税总局

全年度盐税收入估计表

盐　　别	销额(担)	税率(元)	收入估计(元)
海池盐	31,000,000	6.00	186,000,000.00
台湾盐	600,000	6.00	3,600,000.00
井　盐	7,600,000	4.20	31,920,000.00
土膏盐	600,000	4.20	2,520,000.00
渔　盐	3,000,000	0.30	900,000.00
台湾渔盐	200,000	0.30	60,000.00
合　计	43,000,000		225,000,000.00

附注：台湾盐税以金圆券1：1835台元折合台币征收

〔国民政府财政部档案〕

17. 全国经济委员会关于经济紧急措施方案整顿税收增辟新税实施情形简报

(1948年)

经济紧急措施方案实施情形简报

原方案项目

原方案一、关于平衡预算事项 (2)严格执行征收各种税收,以裕库收,特别注重切实征收直接税,并加辟新税源,其实施办法由财政部迅速拟具,呈准施行。

实施概况

二、整顿税收及增辟新税　查严格征收各种税收,经财政部遵照原则,拟具整理税收实施办法,曾奉前国防最高委员会第二二三次常务会议修正,决议照办。其中:

(一) 盐税方面,实行就场征收全税,先从扬子四岸及川康实行。又输出盐征税,概由中央信托局代收,随时解库。

(二) 货物税方面,配合市价,提高卷烟、棉纱及矿产品等各种完税货品每完税单位之税额,并扩大皮毛征收范围,凡机制及半机制品一律征课,现复缩短评价时期,改善核税办法,俾税收数能与物价实际波动情形相适应。

(三) 关税方面,汽油、柴油及煤油一律恢复征税,计汽油(乙)类柴油、煤油均从价征收百分之五十,(甲)类柴油从价征收百分之八十。

(四) 直接税方面,加紧征收营利事业所得税,规定申报限期,核定税额,先行缴纳,逾限不申报者,由征收机关估计,先缴半数。如有违法商号,由法院从严惩处,并调整薪给报酬所得税征收办法,严密稽征存款利息所得税,加强控制行商一时所得税,修改印花税法,提高比例税率之起征额及定额税率,增订罚锾最低额,每年一、七两月按指数调整一次,修改遗产税法,提高起税点,减低税率，奖励自纳，处分滞纳，增加实物抵税办法，并于每年一、七月按物价指数调整一次。

至开辟新税源一节，初由财政部拟具一次财产税征课方案，呈行政院发交全国经济委员会迭加研讨，改为建国特捐，再由财政部拟具建国特捐条例草案，层转国民政府改为救济特捐。其办法业经国务会议通过公布施行，并由行政院设立救济特捐督导委员会积极进行工作。

一年以来，各项税收经严密征收后，据财政部报告，截至最近止(卅七年四月)，卅六年度各种收入总额为十三万八千九百余亿元，计赋税收入十万零六千五百余亿元，赋税外收入三万二千亿余元，赋税部分较年初预算数增加二倍以上，与最后追加预算总数相比，亦超过百分之四十以上，如与卅五年度收数比较，约增收七倍。

备注

关于整顿税收及增辟新税在经济改革方案丙关于财政者(一)(二)(三)(四)等项实施办法中已有规定。

〔国民政府经济部档案〕

18. 时寿彰建议货物税征收实物或以实物作价缴纳折呈

(1949年3月2日)

窃本年二月二十五日报载财政改革消息，货物税中棉纱、火柴、水泥、卷烟、食糖等集中生产，就厂征税者，照规定税率征收实物，其不便征收实物者，照规定税率以实物计数，并依缴纳日同等货品之出售价格折算金圆缴纳。查实施办法尚未奉明令公布，兹就沪市实际情形加以探讨，其中棉纱、水泥、糖类尚适于征实，至卷烟、火柴及其他税项则似以实物计数作价缴纳或按产量征实作价缴纳为宜。谨分项陈述如次：

甲、拟征收实物者

适于征收实物者计棉纱、水泥、糖类三项。

（一）棉纱：棉纱征实于三十二年一月曾经实行，当时税率为百分之三.五，定为二八五公斤折征一公斤，因税率低微，施行尚无困难，倘依据现行税率百分之十计算每大包（四〇〇磅）从量征实四〇磅计，较前突增两倍，厂商以负担过巨，难免不因此影响生产。为培植税源计，似宜依照现行核税公式，减去运费及本期税额折征（批价与完税价格相差百分之二十），即改定棉纱征实税率为百分之八，每大包征实三十二磅以为缓冲余地，至于征收棉纱实物之储运销业务，可以中央、中信两机构配合办理。

（二）水泥：水泥一项，厂商较少，办理比较简单，拟即改征实物，于每次货物出厂前，先由厂商填具完税申请或经核明应征数量，解缴指定仓库后，再凭仓库收据发给完税照。

（三）糖类：本市非产区所有进口台糖等向由海关代征，此后倘由本局径自办理，拟于商人请领黄报单报运进口时，按规定税率征收实收后，由商人解缴指定仓库，其余凭本局批注之黄报单及完税照（凭仓库收据发给），由海关验放。

乙、拟以实物计数作价缴纳者

适于以实物计数作价缴纳者计卷烟、火柴、毛纱绒线三项。

（一）卷烟：卷烟现行税率为百分之一百二十。从价征税期间，核税所采批价时期与实际征收时期有所距离，厂商尚可勉强筹缴。一旦征实负担骤重，影响所至，大部厂商恐均将无法继续生产，且其种类纷繁，牌名特多，征收实物后，保管处理均属难于解决，详加推究，似以按实物计数作价缴纳为宜。至折价所依价格为求核实，拟责由各烟厂将其所产各牌卷烟每日实际交易价格申报公会汇转本局，再由局按旬平均决定其应行缴纳实物之折价税款，其所报价格是否实在，一面由局派员随时抽查，以杜隐匿。

（二）火柴：火柴为硫化磷制品，在无专库储藏时，保管不易，又依据征实规定，应以当地同等货品之出售价格计算金圆，而火柴牌名不下百种，平均核算亦属不易，为解决前述诸种困难，似亦以采取以实物计征数折价缴纳，并以行销最普通、产额最多之“黎明”火柴为同等货品之出售价格，按旬查报所售价折价缴纳为宜。

（三）毛纱绒线：毛纱支数不定，纺织技术更有精粗之分，鉴定非易，是项货物既非成品征实，处理亦有困难。绒线虽适于征实，但以其开征时期尚短，一切法令尚乏详尽规定，匆然征实，亦易滋流弊，似以仿照卷烟办法办理，较为妥善。

丙、拟按产量征实作价缴纳者

查洋酒、啤酒、饮料品、化妆品等厂或规模甚小，税收无几而管理不易，或产量准确、销数易于查考，为加强控制起见，似以从产量征实作价缴纳为宜。

（一）洋酒：拟以上年各厂每月平均产量及当时机器暨工人数目为依据，并参酌现时生产情形，分别查定各厂本年每月产量，其应征实物分上下半月于十五及月终两次按平均数量，依当时出售价格折算缴纳。

（二）啤酒：以各厂所置计数机为查定产量之依据，于每月十日及二十五日分两次查明登记（生啤酒以上年产量为依据），其缴税办法与洋酒同。

（三）饮料品：饮料品因有季节性关系，除屈臣氏可口可乐以计数机查定产量外，概依上年各月产量及当时机器及工人数目并参酌现时生产情况核定其本年各该月应税产量，其缴税办法与洋酒同。

（四）化妆品：根据上年度各月产量作本年各月查定产量之依据，其缴税办法与洋酒同。

丁、临时补税以实物作价缴纳者

临时补税物品多非本产，数量零星，似以实物作价缴纳为宜。计有矿产品、锡箔、迷信用纸、熏烟叶、皮统四项。

（一）矿产品：本市非产区其补税之货，拟照规定税率以实物计数，随时调查市价折算缴纳。

（二）锡箔、迷信用纸：办法与矿产品同。

（三）熏烟叶：熏烟叶本市非产区，仅有零星补税，其由国外及台湾运沪者向由海关代征，此后征实，倘由本局办理，拟亦照矿产品办法，以实物计数，随时调查市价折算缴纳。

（四）皮统：办法与矿产品同。

以上所拟沪市各项货物课税办法是否有当，敬乞鉴核。谨呈部长徐

职　时寿彰

三十八年三月二日

〔国民政府财政部国库署档案〕

19. 王粹存报告货物税征实沪各业酝酿反对等情况电

（1949年3月4日）

财政部国税署来电纸

署长张钧鉴：（一）货物税征实物一案，沪有关各业正酝酿反对；（二）照新经济方案，本期营利盈利所得税将采摊缴，其办法已否拟定，沪局亟盼电示；（三）岁入预算已否核定，沪直接税局亟盼电示；（四）刘肯堂兄已返沪报到，足资联系，职是否即来穗，乞电示。沪存叩（3.4）印。

〔国民政府财政部国税署档案〕

20. 中华民国全国工业总会理事长刘鸿生反对货物税改征实物代电

(1949年3月5日)

中华民国全国工业总会快邮代电

财政部长徐钧鉴:二月二十五日报载,政府明令公布财政金融改革方案及钧长对于该案之说明,仰见钧长措置国家财政,维持社会经济之苦心。惟在此国家多难,全民谋和之际,政府根据动员戡乱时期临时条款,公布财金改革方案,是否适合姑置不论。至关于货物税改征实物一节,如果付诸实施,势将迫使危机严重之民族工业临于立即崩溃之绝境,此诚社会经济、地方安危所系,固非工业界切胃之痛而已。本会为工业盛衰存亡设想,并为政府利害得失设想,不得不综合各会员呼吁意见,缕列利弊为钧长一陈之。就理论言,租税之形态无不由力役进而为征实,更由征实进而为货币,凡此进化过程,中外古今绝鲜例外。今日之世纪已为货币流通时代,若由货币征税转为实物征税,宁非怪事!况今日流通之金圆券原系政府法定通货,用通货纳税又为法律明定。若中央政府必强迫商人以实物交税,则地方政府之一切税收,何尝不可相率效尤,改征实物,结果所至,必使病商扰民,永无宁日。政府果欲导致轻币重货,以自隳其法定通货,稳定信用,则又何言?否则似应有重予考量之必要。且征实一举在公私会计之处理上,手续繁复,控制、管理必多困难,钧长虽云改征实物,只须以实物计数,于积存若干数量后提取应用或在市场上出售,手续上极为便利。殊不知如此办法,不啻使纳税人于尽其纳税义务之外,又责以代负仓储保管之重任。又自征实至变价过程中,手续既繁,且与市场价格之涨落息息相关,当此物价转瞬即变之际,政府安能确保经手人员必无勾结弊混情事,征诸田赋征实之经验,徒见贪污之风,因而滋长民心涣散,怨言四起。盖政治贵乎便民,不便民而扰民,其无善果,势有必然。本月四日报载孙院长决心取消征粮之谈话，对于过去利弊得失，阐述无遗，前车非遥，足资警惕。此本会所以敢请钧长撤销“货物税改征实物”之议者一也。就事实言，当此本位币值不断贬落之际，征实不啻变相加税。但生产厂商之经济状况与整个社会经济不能脱轴。目前整个社会经济情势之恶劣，不仅表现于通货泛滥与物价狂涨，同时亦可于市场之萧条与工业之衰落见之。就上海一区而论，因市场狭隘，实销清淡，各业工厂虽尚勉强开工，然生产量则已普遍低落，如棉纺、毛纺、卷烟等工厂，实际开工数皆不过十之六七，其他如水泥、火柴、造纸、化工等工厂，其开工比率更低，同时因社会购买力薄弱之故，物价愈涨，工业成品之销路则愈减。所谓货物税可以转嫁之说，其不合实际可谓显而易见。况工厂在一定设备之下，产量愈低，则成本愈高。目前各业工厂，在高利贷、高工资之重压下，成品脱售后，欲求购回原料已不可得，故不日无在亏累之中。观乎国营各企业所存原料日见减少一点可为铁证。征实既不啻为变相之增税，增税又属无可转嫁。事实上即无异使各工厂于艰危垂绝之时，增此重负，灭其生机，不止此也，各工厂因资金短绌，营运困难，不得不接受定货以资周转。货物税系已包括货价之内，厂商售货所得为法定通货，若纳税必须实物，则其所受赔累，势将不堪设想，何况政府征实所得出而抛售，难免扰乱市场价格，影响厂商营业，为害之烈尤必甚于苛征。终其所极，必至全体工厂同归于尽而已，此为工业界切肤之痛。本会所以敢请钧长撤废货物税改征实物之议者二也。尤有进者，政府征实之目的原在增加税收。但目前之工业已如百病缠集之身，正宜斟酌病体，尽力培护，使其渐复元气，日臻健康。若竟不顾一切，投以猛剂，则惟有促其毁灭而已。故在整个工业面临崩溃现状之下，政府宜先尽其所能，力加扶植，俾工厂产量逐步增加，则税源自能日益充裕。否则敲骨吸髓，生产萎缩，虽有征实之名，必难达到征税之实。伏祈钧长体察实情，迅赐撤销货物税征实办法，以维工业，毋任企切待命之至。中华民国全国工业总会理事长刘鸿生叩。寅微。

中华民国三十八年三月五日

〔国民政府财政部国税署档案〕

21. 财政部盐务总局等阻止长沙绥靖公署规定盐税及直货两税改征银元并送交省行省库签呈稿

(1949年5月7日)

签呈 三十八年五月□日
于国税署

近据湖南盐务办事处及国税署派驻湖南税务督察高玉峰先后电报:长沙绥署以币值狂落,各项税收不敷支应军政需要,为亟谋补救,决定自四月二十三日起,食盐及直货两国税,一律改征银元,送缴湘省库核收,征收经费照纳库税款盐税百分之二十,国税百分之三十五,由省府按月拨发,已报院备案实施等情。倘使此端一开,各省效尤,则中央财政,立陷绝境。财政收支系统与宪法税章悉告破坏,自不能准许实行,亟应设法阻止。兹拟就电程颂云主任院稿及电程主任、李厅长部稿检同原案呈请鉴核。如蒙允准,即乞分别核判转呈拍发,以维中央税政。谨呈

部长

附拟院部稿及原案〔略〕

盐务总局长　王〇〇
国税署署长　张〇〇　谨呈

〔国民政府财政部国税署档案〕

22. 财政部国税署评委会开列对税款改征银元意见函

（1949年5月20日）

关于拟请将本税税款改征银元一案，昨经会议决定应由各单位列举事实及理由，送由贵处主办签稿签请部纪录有案。兹开列本会案牍材料及意见，即希查照主办赐会为荷。此致

第一处

甲、关于各局改收银元之事实

1. 青岛货物税局自本年五月七日起货物税额已按银元本位计征。

2. 湖南区局自本年四月二十三起直货两税已按银元本位计征。

上述按银元计征税款之各局均称当地对金圆券已拒绝行用，如不以银元收税，将使无款可收，惟核之国定币制又有未符，以致无法核复。

乙、关于改收银元之意见

1. 金圆券贬值过速，以至朝夕惨跌，从价征税制度现已尽失真义。就目前而论，本税各机关办公经费，事实上已尽照当地行用之银元或外币计值交付，即薪津等项，亦经先后按指数及关元核发。仅税款征收，仍以金圆券为本位，收支相衡，出超已巨，若不将税款改征银元，今后收支，当更入不敷出，是于国库何补。

2. 交通机关以及公营事业均已改收银元，足证中央与地方机关均不以金圆券为征收本位，本税改征银元，似非创例。

3. 公教薪津已按关元牌价折发金圆券，此为政院会议通过，而由本部通令饬遵者。若本税改以银元计算，而仍得以金圆券折收，亦与上述办法事同一律，似亦不能认为自毁其国定币制。

评委会启　五月二十日

〔国民政府财政部国税署档案〕

23. 财政部国税署拟定货物税主要税目税级签呈

(1949年7月29日)

穗国(二)字第一〇四五六号
财政部国税署签呈
中华民国卅八年七月廿九日

查货物税之征收,已往为适应经济情况,系采从价核税制,每五日评价一次。自恢复银元本位后,为培养税源,简化稽征,增加收入并配合财政金融政策,安定物价起见,对于前项评价核税方法,自有重行检讨之必要。经再三研究,一方面为掌握定额税制之优点,同时仍保持税额对物价之机动性,并符合现行税法,似以采行从价分级定额税制为宜。其要点为:由部参照各类课税物品之税价,分别订定分级表,一次评定各项课税货品之税级,按级征收,不再定期调整。惟遇有某项课税物品之税价有重大变动时,再随时调整其税级。谨依此原则,分别呈明货物税五种主要课税品之分级、配级办法及预计税收数如下:

一、卷烟税

查抗战以前卷烟税原为分级征收,经逐年减并,至二十六年,简化为一百元、二百元、四百元、八百元等四级税制。其时经济稳定,民力充实,卷烟品质优良,产销情况均佳,牌名也仅数十种,是以推行顺利。嗣三十五年、三十七年先后又有分级课税之拟议,适因法币与金圆券贬值过速,市场紊乱,议不果行。现今卷烟之重要产区先后沦陷,情形与抗战期间相同,而后方各小型烟厂所出之卷烟,牌名不下二千余种(三十六年统计全国有五千余种牌名),亦即等于有二千余个价格,且品质与售价相差悬殊,若骤行战前四级税制,万难一蹴而就,似宜先采行多级税制,以资过渡。谨审察现时卷烟产销情况及客观环境,拟订卷烟实行分级征收办法要点如下:

(1) 税级暂定为四等，每等又分三级，共为十二级，如附表(一)。一等每级差额为四十八元；二等每级差额为三十六元；三等每级差额为二十四元；四等每级差额为十二元，俟施行有成效后，再行酌量归并，缩减级数。

(2) 各牌卷烟配级办法仍依据货物税条例之规定，先核定各牌税价，再依照税价配定其税级，第一次总评之后，如遇某种卷烟批价有重大变动时，仍随时调整之，俾保持机动性。

(3) 现时低劣卷烟每大箱(即五万支)税额在十元以下者尚不少，如最低税级之税额核定过高，势须淘汰，深恐影响工人生活，执行困难，且易启走私之渐，故第十二级之税额暂定为二十四元，拟俟实施两三月后再予提高，以达逐渐取缔劣烟之目的。

(4) 国外输入卷烟，仍照向例，由海关估价代征货物税，以免分歧。

至本年下半年产量，估计现时政府能控制之区域约为二十万箱，开放洋烟进口以后，国外输入者约四万箱，共计为二十四万箱，后方产制以广州为主要产区，约占三分之一。依照前项配级办法，就目前市场批价，原产各牌平均税额约为五十元，又上海各牌卷烟在穗代卷者，品质较高，洋烟进口品质更佳，综合平均约可达到七十元，拟俟十月卷烟市场转佳时，再行调整一次，以达到平均每箱八十元之数。

至各月税收，七八月份因霉季初过，向例产量较少，且七月税价尚未调整，多在二十元以下，八月份值调整初期，恐将减产，故估列较少，以后逐月增加。十一、十二两个月产量既增复，予调整税额自为最旺月份，估计半年度所列预算一千九百二十万元，尚可达到。各月税收预计如附表(二)。

二、糖类税

我国糖类大都土法制造，各省糖类品质优劣不同，现征税额相差悬殊。兹为简便稽征，划一税额，并兼顾实际情形起见，拟依现时市场批价、评价办法及原税率百分之二十五，拟定各种糖类分级税额如附表(三)，俟提高税率案奉核准后，再行依率调整。至本年下半年度糖类产量如依三十六年度产量估计，约有红糖及糖清二百八十余万担。七、八月份按旧税率百分之二十五计算，平均每担征税二元(上项产量为红糖及糖清数，糖清加工乃成白糖及橘糖，故平均仅能按红糖税额计算，无法提高)。九、十月份按新税率计算，平均每担征税三元。十一、十二月份拟将税额调整一次，每担平均征税四元。各月份共计可征一〇，二〇〇，〇〇〇，〇〇〇，〇〇〇元，总计本下半年度可征糖税一一，二〇〇，〇〇〇元。如战局无大变化，产糖地区不致沦陷，当能达到预算。各月估计税收数如附表(四)。

三、棉纱税

现时后方各地纱价同支者相差，尚不甚远。为求稽征简便，划一税额起见，拟采按支分级办法，依照现时市场批价，遵照评价办法及原订百分之十税率拟定各级税额如附表(五)，俟提高税率案经行政院核准后，再行依率调整。查现时棉纱产量，年均约十五万包，原拟提高税率为百分之二十，每包平均估计征税五十元，故年列预算数七百五十万元。兹棉纱税率奉核减为五百三十三万余元。如战局无重大变化，尚可达到预算，各月税收数估计如附表(六)。

四、水泥税

水泥均系大规模厂制品，厂方厂商较少，价格相差无多，为划一税额，拟按其装置、类别、重量分别定额征收。兹依现时市场批价，按法定评价办法及现行税率百分之十五核定税额如附表(七)。估计下半年度总产量约为三十五万余桶(每桶净重一七〇公斤)，每桶税额一元二角，计可征收税款四二〇，一〇六元。如局势安定，能保持现有产品，当可达成预算，各月税收情形如附表(八)。

五、火柴税

火柴种类简单，售价相差有限，拟分级如附表(九)。现时产量估计每年约十四万箱，每箱平均征税为五元，年约七十万元，尚可达到预算，各月税收情形如附表(九)。

现行货物税中以上列卷烟、棉纱、糖类、水泥、火柴等五项为大宗，预计本年下半年度共征三六，八五四，五九三元，占货物税全部税收百分之九十二，其余矿产、饮料品、洋啤酒、皮统、毛纱、毛线等五项产量既少，税收无多，预计本下半年度共征二，七九一，〇〇〇元，仅占货物税全部税收百分之八。而品目琐杂，多至百余种，欲遽予统一征收，时尚有困难，拟暂照各区所报批价，仍予分区一次评定，税额暂缓分级。综计本下半年度所拟货物税预算数四〇，〇四四，一九三元，尚可达成预算。

再卷烟、食糖两项种类繁多，各省报价难期尽实，为确切掌握税收起见，该两项货品第一次评价配级工作，拟由署派干员分赴重要据点，监同办理，其余地区则严饬各国税局依法核实办理。如有虚报价格，抑低等级情事，一经查出，除由部另行核正外，并对各该主管长官严予惩办，责其赔缴损失之税款，以资惩儆。

以上所拟是否可行，理合检同各税额表等十份签请鉴核示遵，如蒙核定，即可以部令实施，依照货物税条例规定，不必呈院，并此陈明。谨呈

部长徐、次长杨

附表十份〔缺〕

职张〇〇谨呈

〔国民政府财政部国税署档案〕

三、直 接 税

1. 财政部公布之营业税法

(1946年4月16日)

营业税法　三十五年四月十六日国府公布

第一条　凡以营利为目的之事业,均应依本法征收营业税,但农业不在此限。

第二条　应纳营业税之营业者,应于营业开始时间,开具左列事项,申请营业税征收机关调查登记,发给营业税调查证后,方得营业。

一、营业种类。

二、商店名称及所在地。

三、营业人姓名、籍贯及住所。

四、营业资本额。

前项调查证遇申报事项有变更或歇业停业转项时,并应申请注销或换发之。

第三条　营业税以营业总收入额为课征标准,金融业及其他不能以营业总收入额计算之营业,得以营业资本额为课征标准。

第四条　营业税依左列之规定,于同一标准酌定同一税率征收之。

一、以营业总收入额为标准者,征收其百分之一至百分之三。

二、以营业资本额为标准者,征收其百分之二至百分之四。

第五条　左列营业免征营业税。

一、以营业总收入额为课征标准,其营业总收入额月计不满二万五千元者。

二、以营业资本额为课征标准,其营业资本额不满十万元者。

三、已纳出厂税或出产税之工厂或出产人。

四、依法经营业务及经所在地主管机关登记，并呈请征收机关查明属实之合作社及贫民工厂。

第六条　各级政府办理左列营业事业，免征营业税。

一、国防交通及其他公用事业，

二、银行保险及其他金融事业，

三、国家专卖事业及无竞争性质之制造业，

四、专为供应政府及所属机关之事业，

五、有关对外易货偿债之国营贸易事业。

前项各款营业事业，如有兼营竞争性副业者，其兼营部分仍应课营业税。

第七条　官商合办之营业，均应课营业税。

第八条　营业税以每半年度查定一次，平均按月征收为原则。但短期营利事业，得于营业发生时，按次征收之。

第九条　营业税之征收，由纳税营业人依照规定时间，将营业总收入额填报征收机关，经查定后，通知应纳税额，由纳税人径向公库或征收机关缴纳，不得由他人承揽包办。

第十条　营业税不得征收附加税及任何类似附加之捐费。

第十一条　应纳营业税之商号，营业账簿于开始使用前，应送由征收机关登记，并加盖戳记。

第十二条　原有牙税、当税，应予改征特种营业税，其税法另定之。

前项特种营业税法未颁行前，仍暂照原有办法征收之。

第十三条　营业税征收机关对于营业人因所报第二条第一项第一款或第五条第一款之事项发生争执时，得设评议委员会评议之，评议委员会组织规程由财政部定之。

前项评议委员会之组织代表纳税人利益之评议委员，不得少于委员总数三分之一。

第十四条　营业税主管征收机关应将实收税额按月造表，报由财政部查核其实际征收情形，并应由财政部、审计部派员查考或审核之。

第十五条　营业商号有下列情形之一者，除责令补行换领外，并处以五千元以上二万五千元以下之罚锾。

一、不依规定请领营业税调查证者，

二、依法应免营业税之商号，而不请领免税调查证者，

三、变更营业商店名称，或增加资本不呈报换证者，

四、营业税调查证遗失或损坏，不呈报补发者，

五、歇业、停业、转项之营业，不申请注销营业税调查证者，

六、将营业税调查证转卖、让与或贷与他人使用者。

第十六条　营业商号不依规定设置账簿，或不将账簿送请征收机关登记盖戳者，除责令补行办理外，并处以五千元以上二万五千元以下之罚锾。

第十七条　营业商号不于规定期限内填报其营业总收入额或营业资本额者，或违抗主管征收机关检查账簿者，处以二万五千元以上五万元以下之罚锾。主管征收机关并得径行决定其营业总收入额或营业资本额。

第十八条　营业商号意图逃税，而伪造账簿或虚伪填报营业总收入额或营业资本额者，除责令补税外，处以所漏税额一倍至五倍之罚锾，情节重大者，并得处以一年以下有期徒刑或拘役。

第十九条　营业商号对于每期应纳税款延宕不缴者，依左列情形分别处罚。

一、逾限十日以上者，处以所欠税额十分之二之罚锾。

二、逾限二十日以上者，处以所欠税额十分之四之罚锾。

三、逾限三十日以上者，处以所欠税额十分之五之罚锾，并得停止其营业。

第二十条　本法之罚锾由法院以裁定行之。

对于前项裁定，得于五日内，向该管上级法院抗告，对于抗告法院之裁定，不得再行抗告。

法院得酌定期限，命令受罚人缴纳罚锾及滞纳税款，逾限不缴纳者，强制执行。

第二十一条　本法自公布日施行。

〔国民政府财政部档案〕

2. 国民政府公布之遗产税法

（1946年4月16日）

遗产税法　三十五年四月十六日国民政府公布

第一章　总　则

第一条　凡人于死亡时，在中华民国境内遗有财产者及中华民国人民在本国领域内有住所，而在国外有遗产者，均应依本法征遗产税。

第二条　本法所称遗产，为被继承人之动产、不动产及其他一切有财产价值之权利。

第三条　遗产税以遗产继承人及受遗赠人为纳税义务人。

第四条　左列各款免纳遗产税。

一、遗产总额未满一百万元者；

二、陆海空军官佐士兵及公务员战时阵亡，或因战地服务受伤致死者之遗产未超过五百万元者；

三、遗产中有关于文化历史美术之图书物品，经继承人向遗产税稽征机关声明保存登记者。但继承人将此项图书物品转让时，仍须补税。

四、捐助各级政府机关之财产。

五、捐赠学校、医院、图书馆之财产未超过二百万元者。

六、被继承人之著作权及关于学术发明之专利权或自己创作之美术品。

第五条　被继承人死亡时，遗有未成年或正在受教育之子女，每一子女准在遗产总额中减除其遗产总值百分之五之遗产额免纳遗产税。但其每人减除总额不得超过十万元。

第六条　已纳遗产税之遗产，于三年内再有继承开始情事者，其已纳遗产税之遗产价格，免再征税，其在三年以上五年以内者，减半征税。

遗产总额在一千万元以上者，不适用前项之规定。

第七条　遗产中之土地为继承人继承自耕者，其土地部分应负担之遗产税，减半征收。

第八条　被继承人死亡前五年内分析或赠与之财产，应视为遗产之一部分，一律征税。

第九条　继承人对于未经缴纳遗产税之遗产欲为处分或分割时，应先向遗产税稽征机关提供其应纳遗产税之同等金额或确定之担保。

第二章　税　　率

第十条　遗产总额在一百万元以上者，一律征税百分之一，遗产总额超过二百万元者，就其超过额，依左列税率，按级计算加征之。

一、超过二百万元至三百万元者，就其超过额，征收百分之二。

二、超过三百万元至四百万元者，就其超过额，征收百分之三。

三、超过四百万元至六百万元者，就其超过额，征收百分之五。

四、超过六百万元至八百万元者，就其超过额，征收百分之七。

五、超过八百万元至一千万元者，就其超过额，征收百分之九。

六、超过一千万元至一千三百万元者，就其超过额，征收百分之十二。

七、超过一千三百万元至一千六百万元者，就其超过额，征收百分之十五。

八、超过一千六百万元至二千万元者，就其超过额，征收百分之十八。

九、超过二千万元至二千五百万元者，就其超过额，征收百分之二十二。

十、超过二千五百万元至三千万元者，就其超过额，征收百分之二十六。

十一、超过三千万元至三千五百万元者，就其超过额，征收百分之三十。

十二、超过三千五百万元至四千万元者，就其超过额，征收百分之三十五。

十三、超过四千万元至五千万元者，就其超过额，征收百分之四十。

十四、超过五千万元至六千万元者，就其超过额，征收百分之四十五。

十五、超过六千万元至八千万元者，就其超过额，征收百分之五十。

十六、超过八千万元至一亿元者，就其超过额，征收百分之五十五。

十七、超过一亿元以上者，就其超过额，征收百分之六十。

第三章　遗产税之计算

第十一条　遗产税按遗产总额计算征收之。

第十二条　被继承人之遗产不在同一区域者，应合并计算其总额。

第十三条　遗产价值之计算，以继承开始之日为准。

第十四条　计算被继承人遗产总额时，应扣除左列各款。

一、依法应缴纳之税捐及罚金罚锾。

二、被继承人死亡前未偿之债务。

三、丧葬所需之必要费用不得超过一百万元。

四、管理遗产及执行遗嘱之必要费用。

五、农业用具及从事其他各业之工业用具价值未超过十万元者。

六、依法不得采伐或未达采伐年龄之树木。

第十五条　被继承人配偶及子女之持有财产经登记或有确实证明者，不归入被继承人遗产总额内计算征税。

第四章　征 课 程 序

第十六条　被继承人死亡遗有财产，应依本法征收税者，纳税义务人、遗产管理人，或遗嘱执行人，应于继承开始之日起两个月内，将死亡事实及遗产清册向所在地遗产税稽征机关报告之。

第十七条　遗产税稽征机关应于接到报告义务人遗产清册后一个月内，进行调查估计，决定应纳税额，通知纳税义务人于一个月内缴纳。

第十八条　纳税义务人或利害关系人不服前条之决定时，得于接到通知书十五日内，向遗产税稽征机关申请复查。遗产税稽征机关应于接到申请复查书十五日内复查决定之。

第十九条　纳税义务人或利害关系人不服复查决定时，应于接到复查决定书十五日内缴纳税款三分之一后，向遗产税审查委员会申请审查。审查委员会应于接到申请审查书十五日内审查决定之。纳税义务人不依上项规定期限缴纳税款三分之一者，其申请审查权归于消灭。

第二十条　纳税义务人或利害关系人不服审查决定时，依法提起诉愿。

第二十一条　在复查、审查或诉愿程序中，不停止遗产税征收之执行。但应依复查、审查或诉愿最后决定之税额，为退税或补税。

第二十二条　遗产税应一次缴纳。但有正当理由，经遗产税稽征机关核准者，得分期缴纳之。

第二十三条　纳税义务人缴纳税款后，遗产税稽征机关应发给缴纳遗产税之证书。

第五章　罚　　则

第二十四条　违反第十六条之规定，不为死亡事实之报告，或遗产清册之提出者，得科以五万元以下之罚锾，意图减免税额而为伪匿遗产之行为者，除照补税外，并科以所隐税额一倍至三倍之罚锾。

前两项罚锾由法院以裁定宣示之。

对于前项裁定，得于五日内向该管上级法院抗告，对于抗告法院之裁定，不得再行抗告。法院得酌定期限，命受罚人缴纳罚锾及滞纳税款，逾限不缴纳者，强制执行。

第二十五条　逾限定期间不完清税额，或照补税额者，应申请法院扣押其财产。必要时，得由法院标卖其一部，以清偿税额，并自逾限之日起，至纳税之日止，依其应纳税额计算利息缴库。

前项利息依民法第二〇三条规定，以周年利率百分之五计算之。

第六章　附　则

第二十六条　本法施行细则及遗产税审查委员会组织规程，由财政部拟订，呈请行政院核定之。

第二十七条　本法自公布日施行。

〔国民政府财政部档案〕

3. 国民政府公布之证券交易税条例

（1946年9月21日）

证券交易税条例　三十五年九月二十一日国府公布

第一条　凡在交易所买卖有价证券，依本条例征收交易税。

第二条　交易税按买卖约定价格征收之，其税率如左。

一、各种有价证券在万元以下数目，按万元计算。现货交易按万分之五征收，交易期限在七日以内者，按万分之十五征收，逾七日者，按万分之二十征收。

二、政府发行之公债，除现货交易应免征交易税外，凡履行交易期限在七日以内者，按万分之五征收，逾七日者，按万分之十征收。

第三条　在交易所买卖成交时，应向卖方行为当事人依前条规定税率征收交易税，并由原经纪人负责代扣，交由交易所汇缴，经纪人不依规定代扣，或代扣不足额时，交易所应负责代缴。

第四条　交易所应将逐日成交数量价格及应纳税额于次日填清单，报告于主管征收机关，并将税款径解国库。

第五条　各地主管征收机关得随时检查交易所或经纪人之帐册暨其成交数量及价格。

第六条　交易所不依期限报告或怠缴税款者，得科以一万元以下之罚锾，隐匿不报或为虚伪之报告者，除照补税额外，并科以所漏税额十倍以上三十倍以下之罚锾。

第七条　前条罚锾由法院以裁定行之。

对于前项裁定，得于五日内向该管上级法院抗告，但不得再抗告。

交易所因经纪人之违反规则，致受处分时，得转责于经纪人。

第八条　本条例自公布日施行。

〔国民政府财政部档案〕

4. 财政部关于直货税分局长税收考核办法

（1946年12月23日）

财政部直接货物税分局长税收考核办法　三十五年十二月廿三日财政部公布

一、财政部直接货物税分局长（以下简称分局长）除依照公务员考绩条例考绩外，其税收成绩之考核，依本办法办理之。

二、分局长税收成绩，直接税以税收旬报为根据，货物税以税收月报表为根据。

滞送表报者，依照本部滞送书表及滞纳款项处理暂行办法处理。

三、分局长税收成绩之考核，分为季考、年考两种。

季考于每年三、六、九、十二月各月终了时举行。

年考于每年度终了后举行之。

四、季考之给分标准，以纳库数达到预算数者为六十分，每增加一成加五分，最多不得超过一百分，每减少一成减五分，不足一成者，比例计算之。

五、年考以各次季考所得之分数相加，除季考次数为年考分数，依左列规定定其奖惩。

(1) 总分数满一百分者，记大功二次；

(2) 总分数在九十分以上一百分未满者，记大功一次；

(3) 总分数在八十分以上九十分未满者，记功一次；

(4) 总分数在七十分以上八十分未满者，嘉奖；

(5) 总分数在六十分以上七十分未满者，不予奖惩；

(6) 总分数在五十分以上六十分未满者，申诫；

(7) 总分数在四十分以上五十分未满者，记过一次；

(8) 总分数在三十分以上四十分未满者，记大过一次；

(9) 总分数不满三十分者，记大过二次。

分局长于第三季季考以前税收数即已达到全年预算数以上

者，其年考分数得依全年实收数，按照前条规定一次核定，不将各次小考所得分数平均计算。

六、分局长对所定税收比额，得于年度开始陈述意见，其因一时特殊事故，致税款超收或短收者，得酌量增减其年考分数。

七、分局长全年税收超比者，除依前两条给予奖励外，并得酌给奖金，其办法另定之。

八、分局长连续两次年考分数为一百分，全年税收达预算数百分之二百以上者，加给财政奖章。

九、分局长年终考绩，以其年考分数为工作分数。但须依最高分数之规定比例折算之，如有其他特别功过经核定有案者，依法增减之。

十、分局长成绩优异者，除依第五条至第九条规定奖励外，并得酌予升迁(如原任四等分局长得调升三等以上分局长)，其成绩低劣者，应予降调(如原任一等分局长得降调二等以下分局长)或免职。

十一、分局长季考分数达一百分或不及三十分者，得随时酌予升调或降免。

十二、凡已升至一等局之分局长继续任职三年以上，每年年考分数在一百分者，按其任用资历，以区局长或副局长或直辖局长存记。

十三、分局长到职不满两月，得免该次季考，一年中季考不及三次者，得免年考。

十四、分局长税收成绩之考核，以区局为补核机关，署为复核机关。

十五、直辖局局长税收成绩之考核，准用本办法第二条至第十三条之规定。

十六、本办法自公布之日施行。

〔国民政府财政部档案〕

5. 国民政府公布之特种过分利得税法

（1947年1月1日）

特种过分利得税法　三十六年一月一日国民政府公布

第一条　凡在中华民国领域内及中华民国人民在国内有住所，而在国外有左列营利事业，其利得额超过资本额百分之六十者，除依所得税法征收分类所得税外，依本法加征特种过分利得税。

一、买卖业　包括专以贩卖农业产品或工业制造品之行商及住商营业。

二、金融信托业　包括银行、银号、钱庄、信托公司、保险公司、投资公司、地产公司等。

三、代理业　包括代办行、纪居间等。

四、营造业　包括营造厂、建筑公司等。

五、制造业　包括制造及加工改造之工业与加工业。

前项营利事业包括各级政府所办及官商合办之营业。

营利事业之属于教育文化、公益慈善事业，而其利得全部用于本事业者，得免纳特种过分利得税。

第二条　特种过分利得税之税率如左。

一、利得额超过资本额百分之六十至百分之七十者，按其超过额课税百分之十。

二、利得额超过资本额百分之七十至百分之八十者，按其超过额课税百分之十二。

三、利得额超过资本额百分之八十至百分之九十者，按其超过额课税百分之十五。

四、利得额超过资本额百分之九十至百分之一百者，按其超过额课税百分之十八。

五、利得额超过资本额百分之一百至百分之一百二十者，按其超过额课税百分之二十二。

六、利得额超过资本额百分之一百二十至百分之一百四十者，按其超过额课税百分之二十六。

七、利得额超过资本额百分之一百四十至百分之一百七十者，按其超过额课税百分之三十。

八、利得额超过资本额百分之一百七十至百分之二百者，按其超过额课税百分之三十五。

九、利得额超过资本额百分之二百至百分之二百五十者，按其超过额课税百分之四十。

十、利得额超过资本额百分之二百五十至百分之三百者，按其超过额课税百分之四十五。

十一、利得额超过资本额百分之三百至百分之四百者，按其超过额课税百分之五十。

十二、利得额超过资本额百分之四百至百分之五百者，按其超过额课税百分之五十五。

十三、利得额超过资本额百分之五百以上者，按其超过额一律课税百分之六十。

第三条　应征特种过分利得税之营业，其利得额之计算，准用所得税法关于所得额之规定。但已纳或应纳之所得税，于计算过分利得额不予减除。

资本额之计算，依照所得税法之规定，在公司组织，以实在缴足之股金计算；在合伙独资或其他组织，以实际投入之本金计算，不包含信用或劳务之出资。

第四条　利得额、资本额之申报调查及应纳税款之缴纳，准依所得税法关于分类所得税之规定。

第五条　主管征收机关对于利得额之报告，发现有隐匿不报或为虚伪之报告者，得径行调查，并决定其应纳税额，限令缴纳。

第六条　纳税义务人不于限定期间缴清税款时，除改限催缴外，主管征收机关得移请法院强制执行追缴，并科以所欠税额二倍以下之罚锾。

第七条　隐匿不报或虚伪之报告者，除依本法第五条规定，径行决定其纳税额外，主管征收机关得移请法院强制执行追缴，并科以应纳税额二倍以上五倍以下之罚锾，其情节重大者，得并科一年以下有期徒刑或拘役。

第八条　前二条所定罚锾，由法院以裁定为之。

对于前项裁定，得于五日内抗告，但不得再抗告。

第九条　本法施行细则由财政部拟订，呈请行政院核定之。

第十条　本法自公布日施行。

〔国民政府财政部档案〕

6. 上海市商会反对国民政府征收临时财产税代电

(1948年6月12日)

上海市商会快邮代电　代(37)字第232号

南京。总统府秘书长转呈总统钧鉴：报载立法院立法委员刘不同等四十九人提出临时财产税条例草案，意在斥有余以济不足，平衡财富，挹注国用。此正学者所目之救时良策。窃谓征收财产税之议，创于政府移驻陪都，抗战正殷，外援不继、军需万急之时。此时豪门巨子凭藉权势，乘国家累卵之危，为私人殖产之图，因缘时会，左右逢源。创意者之用意乃在藉此可以减少苛杂税收，稍抒国民愤慨，诚不失为对症发药之举。不幸舆论力量等于蜉蝣撼树，为千人所指目者，早已挟其资装逍遥国外。目标消逝，乃不得不稍变前议，由财产税而改为建国特捐，由建国特捐或改为救济特捐，先以劝导，后以募派。其征募之对象为同业公会或同乡会，其征募标准则个人财产凡在五十亿元以上者，征收其十分之一。以同业公会为对象，则所征收者非豪门而为工商业，以五十亿元为起征点，按照战前米价比例仅等于民国二十五年时之六七千元。是征收之对象，非注重于巨富而普遍于小康，这一异名同实，且已变质之财产税，平津、沪汉、蓉穗各处正在实施征收之中。临时财产税既系国家遭遇非常时变，为摊征一次，藉以补宜之计，断无前者办理方在开始，后者又络续而来。较之经常税收中之所得税仅系一年一次者更形重床叠架，似此情形，亦与临时财产税所谓临时之本旨，名实相违。本会敢敬陈于钧座，并藉此以正国人之视听者。今之工商业，或则迁徙后方，对国家抗战不无贡献。八年中历尽播迁流离之苦，或则于沦陷期中备受敌伪劫夺，迄今虽勉强收拾烬余，然因时局之动荡，交通之梗阻，人民购买力之减退，国家管制法令之加严，无日不在挣扎图存，左支右绌之中。就对国家义务而言，除缴纳逐渐加重之货物税、营业税、营业牌照税、营利事业所得税、特种过份利得税以及各地所办之因地制宜税、城防捐、绥靖捐外，其他公益、慈善、冬令救济、劳军、奖学之捐款，责成工商业摊缴者，每年总在数十起之多。语其名目，则随事立名，非专册纪载，殆难尽述。尤以银钱业、纺织业为一般所注目，每有捐款居首列，实则银钱业近年来管制法令密如牛毛，营业掣肘万端，迥非一般人所能想象。又以资金分散，目前二三百家行庄之资力，尚不及战前一家大规模之银行，资力薄弱，远出一般人预计之外。纺织业则工缴均贵，原料奇缺，销路日缩，其困难亦为历年所未有。此等情形，冷暖自知，岂能执途人而共喻。工商业于敲骨吸髓之余，如再欲强制其缴纳重床叠架之财产税，逆料将来惟有以厂房、土地、机械工具实物抵缴，藉偿税负。其结果促使资金再逃避，工商业破产，而生产大部停顿之余，税收必因之减少，失业必因之增多。目前此举虽足以取快于一时，博得一部分人之欢欣赞叹。而后果严重，其得失似未足相偿，促使豪门窃笑于旁，而号称一国中流阶级之工商业自此没落，揆诸全民政治之立场，亦实有未安。一般舆论，每谓征收财产税可以裁抑私人独占资本。其实以年来盐货、茧货、茶货为例，商人收货全赖国家行局借款济用，是私人独占资本早已没落，国家资本逐渐形成，均有事实可证。论者所云近于无的放矢。窃以年来最危险现象莫在于国家与人民意志睽隔，人民訾当局为失政，当局訾人民为无良。而人民之中，意志亦显分畛域，士夫訾工商业为只图自私，工商业訾士夫为“不悉民隐”。似此互相诋谰，不虚心求其病结所在，窃恐蹈昔人所谓生于其心，害于其政之弊，朝端水火，晚明覆辙，实堪隐忧。财产税之事祇其一端，本会以自田间来之立场衡量全局，作此考虑，并非专就工商业地位，为工商业请命，良以目前议征之临时财产税，既失当时议征财产税之本质，又与现正开始征收之救济特捐，异名同实，一税两收。至原提草案中之征课程序，奖励告密，缴税给证，如果实施，必且举国骚然，人人自危，流弊所重，岂堪忍言。总之，无论从任何方面观测本案，均无存立之理，除已另行电呈立法院，请其采纳舆情，予以罢议外，钧座领袖群僚，平章大政，敬体执两用中之心，敢进原田与人之诵，使宪政措施翕合国情，勿成过举。抑本会更有进者，国家财政支绌至此，仅恃发行济急，等于饮鸩止渴，渴未止，而人已先毙。凡在国民孰不自危，是以筹议开源，平衡预算，实为当务之急。目前财富集中不在于工商业而在于特权阶级之少数豪门。

闻立法院立法委员中有组织清查豪门资产委员会之提议，如能决心贯彻，继续昔年国民参政会未竟之志，则探骊得珠，庶几无损国脉，有裨岁收。昔者楚令尹毁家纾难卒兴楚国，乔木世家，追踪先哲，异代同揆，更足以启发观感，永为国民所馨香祷祝，此其一。节制资本平衡财富，此为现代国家避免经济革命之唯一手术，只在行之得当，不必多立名目，以之扰及闾里，徒滋中饱私人资本之积聚。溯其来源，不外于拥有土地以及拥有营利事业、证券、存款、财产租赁，积微成巨，浸至操纵把持。今者土地法已有土地增值税之累进征收，营利事业、证券、存款、财产租赁除征收分类所得税外，并加征综合所得税，且税率系累进征收。凡此均为现行国家以征税制度达其平衡财富目的。我国亦已应有尽有，只以或事属初办，或推行未遍，或钩稽未密，而机关林立，职权分散，风纪陵夷，效能薄弱，人事制度不尽完善，一切工具未能配合。欲矫前弊，必须减少税捐名目，简化稽征制度，认定重点，刷新人事，方能贯彻弥补预算，平衡财富之原定鹄的。论者或谓，现行税制只能朘削平民，未能裁抑豪富，遂欲另设一财产税，以资补救。其实我国现行税法如叠次增重之盐税，正在审议之麦粉税、粮食营业税等确有加重平民负担之感。若谓全部税制均系助长富豪，剥削贫民，而欲另设一财产税藉谋革新，此则纯属狃于一偏，愤激过当之词。如果现时征税缺点未能破除，多一税目即多一弊害，于国库之无裨如故。而厂房、土地、机械工具尽成为征税之目标，非征收其盈余利润，实征收其生产工具，恐经过一次财产税，资金逃避，生产事业停顿，之后各种货物税、分类所得税以及综合所得税必将大量减少，恐国家此后征税目标，只能集中于大多数平民，而平民之负担益重，与论者所虑适得其反。此其二。窃以此案事关国家大计，万一仓猝决定，势将治丝益而移。请复议，藉示平衡。惟钧座得以行使宪法上之大权，事前宣达政见，善为疏导，亦惟钧座有此内外一致之信仰。敬以未雨之计，进杞忧之见，敬乞恕其冒渎，至深感幸。上海市商会叩。巳文。

中华民国三十七年六月十二日

〔国民政府档案〕

7. 彭士煊① 撰关于举办临时财产税问题稿

（1948 年 6－7 月）

举办临时财产税问题

一、临时财产税办理之经过

---

① 彭士煊为财政部税务司官员。

本部前于三十五年三月间根据六届二中全会加强经济复员紧急措施办法之决议，筹办财产税，经拟具财产税征课方式四种，呈奉行政院核定。一种主张先办全国户籍财产总登记，俟办有成效，再行开征财产税。嗣以户籍财产登记一时不易普遍举办，不免缓不济急，复经重行拟定一次财产税征课方案，由全国经济委员会一再商讨，并约集立监两院参政会暨京沪两地市参议会等代表会商结果，将原方案略加修正，改称建国特捐。本部即拟定建国特捐草案三十一条，分黄金、存款、舟、车、货物及不动产等六类为课税客体，而以个人财产总额五十亿元为起征点，课以百分之十五至百分之六十之超额累进率，终以牵涉过广，调查为难，经国务会议核定，改办经济特捐，采自由捐输方式，即今之各省市推行中之救济特捐也。

本年六月八日立法院第八次会议立委刘不同等四十九人提出临时财产税条例草案，主张立即开办临时财产税，当以多数同意，将此案先交财政金融委员会审查，月底前提出报告。该草案共分八章三十条其要点如下：

（一）征课范围　凡中华民国国民在国内外及非中华民国人民在中国国内所有不动产及动产，一律征收财产税。

（二）征课对象　以财产所有人为纳税义务人，个人财产以土地房屋证券存款股票金银外币珠宝舟车货物为计算依据，法人财产以营利事业之财产净值为计算依据。

（三）税率　以财产价额在三百亿元以上者为起征点，采累进制，三百亿至六百亿者就其超过额征收百分之五，超过六百亿者，就其超过额征收百分之六至百分之六十。

（四）办理机构　仍由直接税署代办，另各县成立临时财产税辅导委员会，由当地行政、金融、税收、司法、民意等机关及商会等共同组织之，辅佐税政之推行。

（五）征收程序　仿照申报地价办法，由财产所有人自行申报，但提成奖励密告。纳税义务人依法纳税后，取得纳税凭证，否则财产没收充公。

上项草案于六月二十日立法院财政金融会小组会议审查决定结果如下：(1)征收方式以财产与人物并列入征收对象，既不偏重以物我人，亦不偏重以人我物；(2)以民国二十六年币值三万元为起征点，法人与自然人均采全额累进税制。唯生产事业法人可差别待遇；(3)征课程序由各大都市及各地大富户做起，一面通令自行申报，一面着手调查，并限期举行，以期迅速有效。对隐匿不报者，将另定严惩条例。调查方式在中央由监察院、立法院、司法院各有关机关合组督导委员会；各地方由民意司法机构及大中小学校长、教、职员、新闻记者、同业公会会同调查；(4)在华外国人法人自然人一律征收(待续)。

二、临时财产税舆论分析

自立委刘不同等提出临时财产税案后，引起热烈之辩论。兹综合分析如下：

甲、赞同理由

(一) 从经济方面言：戡乱军事支出浩繁，国家财政竭蹶，不得不乞怜于通货膨胀，而愈增国民经济危机。在此紧急关头，举国目光自然转向外来援助，可是外援并非长局，如无自助之道，决难为继。这时使少数积累甚富，享有豪奢的富裕阶级稍抑享用，贡献一部分余财以济国家财政之穷，真是天公地道的事。

(二) 从政治方面言：社会普遍的穷，少数得天独厚或因利乘便的人们独拥财富，使社会距离愈来愈大，民生主义经济平等理想愈去愈远，不平之气蕴积，转猝终成怨毒，这正予共匪以利用均财富之宣传作煽动青年分化社会的绝妙机会。如果能够累进征收财产税，至少可以缓财富不均的趋势，消极地对抗共匪煽动的一着；积极的却向民生主义的经济民主走前一步。

三、从社会方面言：我们承八年抗战两年内战之余，社会财富的分配早已失衡，所谓朱门酒肉臭，路有冻死骨，已不足以描绘今日社会之畸形。今日人民所怨苦的，除了共匪的残暴，便是有产者挥金如土，荒淫无耻的生活享受。后方人民在恨我们凭什么给少数人榨取，前方将士在想我们凭什么替少数人拼命。这是一股不可抵御的暗流。其所以还没有迸发，为的是大敌当前，不容稍懈的是中华民族传统的弹性作用，不压到透气不得，总还是克己求生。一旦到将士们由怀疑而失望，大多数后方人民无法生活的时候，这暗流便会突破关栏一泻而不可收拾。为今之计，只有课重税均财富，既可慰舆情，复可以励士气。行宪政府果能挺起胸膛来制法，执法行宪，举国抚掌，人心大快。已常闻收拾人心的呼声，要收拾人心，则开征临时财产税，应该是一剂良药。

四、从民生主义经济政策言：民生主义的经济政策是注重保护中产以下大多数人民的利益。要实现这一目标，则政府对于操纵人民生计的独占资本和兼并之家，必须予以有效裁抑，所以裁抑独占资本的方法，是以征收资本税为主，裁抑兼并之家的方法，是以征收财产税为主。

乙、反对理由

一、工商界立委反对意见：(一)立法院为全国最高民意机关，不应替政府巧立税捐名目，以增人民负担。(二)中国资本尚无充分发达之事实，仅有如国父所言只有大贫与小贫之分。抗战以来，大贫已化为小贫，小贫已化为赤贫。值兹行宪之初，如举全国人民财产剥夺泰丰，其结果必至民生益苦，工商倒闭，资金外流，所谓不流血的经济革命必转为流血的政治改革。(三)宪法第十五条规定保障人民产权，该草案实属违宪。(四)今天需要安定，不要纠纷，该案如果实施上有问题，那则是徒引起纠纷。

二、上海棉纺复制业反对意见：目前工商可税之税已无所不税，再就仅存财产课以重叠之税，实属力有难堪。如依临时财产税征收之，恐各个工厂非售厂卸机空其所有，不足以资献纳。如此纳税，势同毁业。

三、上海市商会及工业会反对意见：（一）以法人财产与个人财产同时并课，全国中小规模之工商业均须割出其部分企业资本，以充税项，将见工商崩溃，社会纷扰，影响戡乱建国，实太重大。（二）今之议财产税者，既与宪法第十五条保障人民财产权显生抵触，更与节制资本之意义大相径庭。（三）今一方正谋出售国营事业，吸收游资；一方又欲凭一纸方案征收人民财物，不过工商资产化，有用为无用，徒然扩大剩余物资之数量，使部分士大夫亦获分赏杯羹，制造若干新豪门，促成社会财富之更不平衡而已。

四、上海商报社论指出反对意见：第一，这一临时财产税是不合国家财政的原则，政府要征税就要培养税源，决不能以杀鸡取卵方式，把工商各业一网打尽，使之无可生产。工商各业如果有力量缴纳百分之五至百分之六十的财产税的话，那四联总处对于工商业贷款是多余的；第二，这一临时财产税是不合舆情的，人们对于由贪污而得的豪门资本，已疾首痛心，希望着手清算，予以没收，使得工商业得有喘息的机会。现在目标一再转变，由豪门而转到工商业，无论工商业正在自顾不暇，即其所纳的货物税、营业税、利得税、印花税等等，已尽其纳税的义务，且有不胜负担的呼吁。若是按其生产设备等等，而加以估值纳税，在现在币值日益低落的时候，三百亿元的起征点够得上资格的实是繁有其徒，但这些财产用以将本求利，以维生计。若是抽去一部分，那就是非减少生产即完全停顿。第三，这一临时财产税是违背宪法的，按照宪法规定，人民之财产应予保障。现在不论豪门与工商，一律课以巨大的税率，剥夺财产的泰丰，岂得谓之保障。第四，这一临时财产税与基本的经济政策相矛盾的办法，中外人在国内的财产也要同样课税。这一条能否办得到，姑不具论。但与鼓励外商在华投资这太矛盾了。来自资本主义国家的外人对于财产的保障为投资的先决条件，如果我们的宪法可以用临时二字来变动条文，那人民的权利就没有保障，财产更是不必说了。外资不能吸引和利用也罢了，而富有事业兴和力量的国民因此而兴迁地为良的念头那政府又将如之何呢？我们日用所需，还是靠着小规模民营工业的生产，政府奖励之不暇，岂可横加摧残。第五，这一临时财产税，是不能平均社会财富的。政府要使大多数人民富有，才有税捐可收，若是人人均贫，政府救济还来不及，岂有缴税的能力。政府的责任，在使贫乏减少，生活改善，这就要促进建设，增加生产，临时财产税所得，大概不外乎弥补岁出赤字，建设事业恐怕绝无仅有吧。用临时财产税，使一般有生产能力者沦为贫乏极为容易，要使贫乏者生活改善，那就难了。

五、就事实上论：我们的利得税和所得税已有十多年的历史，假如把这个办好，财富分配也就合理。去年年初至年终物价涨了几十倍，不亏本的商人其利得额至少是在资本额百分之五百以上的，如能彻底照税法征收，其平衡财政稳定物价功效一定比临时财产税大得多，何以不能彻底课征呢？第一，税务人员不够，效率不够；第二，调整不普遍，登记不严密；第三，税务人员待遇太薄，难免不有玩忽职务或渎职贪污。以很有历史的直接税机构，迄今犹无法达成其任务，若再举办财产税，对每一资产须分别核其是否合乎课征标准，而予以课征或免征。不说这批人员无从获得，恐怕把其税务机构人员调来借用也还不够，更不必说是否廉洁有能克赴事功。这就是不能开征财产税铁的事实。

六、就税理上论：当世税制负担最公平而货源最有弹性者，莫如所得税。我国盖亦已有之。此岂有钱出钱者而已，且可使有余财者出更多的钱，言法言理都在财产税之上。今乃漠视不加一顾，而以财产税为时髦之新税，用作政治上投机之工具，殊不知财产税者□□中之朽木早已见弃于名家，曾经试此税者痛苦历历载诸史乘。

七、就技术上论：（一）财产未办登记，无从审核，一经开征，紊乱立起，富有或逃避或贿免，中产及平民，牺牲自在意中。（二）国外财富之征收，在外交上早著困难，外人在国内之财产以□地主义言，势在必争，而外交之顾忌更多至其极，必致大户挂洋商之招牌以逃税，益强化人民纳税义务之不平等。

八、就平均财富论：财富分配之畸形，绝非任何一种临时租税所能完全纠正的。如谓征收临时财产税即可平均社会财富之分配，有识者必知其为过分渲染，不合理论，不切实际。平均财富须于整个经济制度中求之，绝非任何一种租税所能为力。

丙、反对理由之驳斥

一、就立法委员第一个反对理由言：财产税并不是苛捐杂税，其征课对象并不是全体人员，而且起征额须超过三百亿以上者。试问全国人民的财产其超过三百亿以上者有多少呢？其数目绝对是少数，而决不会是多数。那末就开征财产税，是替政府巧立税捐名，以增人民负担，岂不是不通吗？

二、就立法委员第二个反对理由言：中国资本尚无充分发达的事实，社会上只有大贫小贫之分。在战前说来是对的，但在今日殊不合事实。谁都知道自抗战以来，造成了不少豪门巨富，社会财富分配显然已趋不均，豪门官僚资本家操纵国民生计，妇孺皆知，何能仍视为贫富无分。如果不赶快开征财产税，以平均社会财富，那中国就难免蹈欧美资本主义之覆辙，造成贫富之阶段战争，欲求不流血的经济其何可得。

三、就立法委员第三个反对理由言：宪法规定应保障人民财产权，系指保障其不受侵害而言，决不能因为要保障人民的财产，国家便丧失了对人民税课的资格，况且宪法第一、四、五条规定，国家对于私人财富及私营实业认为有妨害国计民生之平衡发展者，应以法律限制之。所以财产税不是违宪而正是行宪。

四、就立法委员第四个反对理由言：今天需要安定，不要纷乱，这是对的。但今天之所以不安，之所以纷乱，其故安在？很明显的，就是在抗战以来社会财富分配失平，贫富趋向两极，生活相去天壤，结果造成人心涣散，行政寡效，叛乱扩大，风潮迭起。国家如此情形，试问：社会如何安定，国家如何不纷乱。今天弭乱安定之道，端在使社会财富分配平均，贫富趋向接近，生活相去不远，则人心团结，行政有效，叛乱缩小，风潮不起，而要办到这样，开征财产税实为一重要方法。

五、就工商业反对理由言：根据经济理论，租税之影响，如使生产改变其既定之方向者，系因该项租税伤害它的利润界，征收于交易行为发生之时，且在继续的推行情形之下，必如此工商业始蒙受摧残，而有改弦易辙之必要。但拟议中之财产税，殊无此种弊端。任何经济活动在正征收财产以前为有利者，在既征财产税以后，仍属有利，每一工商业行为在未纳财产税以前之收入数目与既付以后并无不同，因系以一次为限，并无虑于后此之重来，它不曾破坏交易发生时所有之剩余，自不构成扰乱工商业活动方向之条件。所谓影响生产，当不能指此而言。又按照财产价值，就其一定超过额累进征课，其税款之缴纳，可以股票或其相当之权利代替现金，这等于工商业在某种限度内移转其一部分股票持有权于国家，并未损失其所需要之生产或流通资本，因而也绝不会伤害其原有之企业。

〔国民政府财政部档案〕

8. 财政部财政金融参考资料关于所得税估缴问题稿

（1948年7月）

所得税估缴问题

一、营利事业所得税稽征办法之演进

营利事业所得税之稽征，最初采用查账计税办法。嗣以手续烦锁，商店账册不全，难臻完善。乃于三十三年实施简化稽征办法，即抽查账据比较健全之公司行号，核定各该行业标准纯益率、资本周转率等，会同商会共同评议，以为核税根据，各行业即依此标准比率分配税额。施行以来，成效未著。三十六年订定稽征办法，采用分区分业查账计税及标准计税办法，凡商业集中、商场组织严秘〔密〕、账册比较完备之都市及公司组织之营业，完全采用查账计税，其营业规模较少，会计组织尚欠完备之商店，则仍采用标准计算办法，抽查各该业账册较完全之商店，核定各行业标准纯益率，作为计课之估计根据。惟该项税收系征收各工商业上年之所得，因查账计税手续较多，需时较久，不免缓不济急。为谋应征税款提前缴纳，以供国家开支。爰于本年度决定施行估缴办法。

二、估缴办法

（一）主管征收机关于年度开始后，估定暂缴税款，先令纳税义务人缴纳，俟依照税法查定应纳税额后，再行通知补税，如有溢缴，加息退税。

（二）估缴税额参照三十七年与三十六年度岁入预算及营利事业所利得税预算比较增加之倍数为标准，将三十六年核定各纳税义务人应纳所得税与利得税之总额，暂照六倍缴纳。

（三）凡在三十六年新设立或三十五年终了前设立而尚未缴纳之营利事业，暂按其申请登记之资本额百分之一二点六计算缴纳。

（四）征收机关应于二月十五日起一个月内将纳税义务人估定暂缴税额填发缴款书，送达纳税义务人，限三十日内缴纳之。

（五）征收机关核定应纳税额后，对于应行补税者通知十日内缴纳，如有溢缴而应予退税者，自暂缴税额缴纳之日起至收入退还书送达前一日止，按照中央银行给付银钱行庄存款准备金之利率计算退款利息，一并退还。

三、舆论对于估缴办法反响

自本部决定施行估缴办法以后，舆论纷纷表示反对，综其所持理由分析如下：

（一）不切实际　政府以为物价上涨，商人的盈利亦增加。要知物价上涨，商人的营业额固然增加。但营业额的增加未必是利益的增加，反之生产成本的增加，进货价格的昂贵以及一切开销的上升，利益或因减少，亦未可知。今武断的按六倍征收，未免与事实背驰。

（二）无力负担　现在工商业表面似乎还好，但是世富人贫，外强中干。今年工商业危机一发不可收拾，实应速谋挽救，何况再事增重不合理的负担。

（三）不合公平　营业状况非特因人因地而异，亦因时而有变幻，今使上年之负担轻者续轻，其重者更增重之，甚使上年无盈利而本年又巨获者蒙昔日之余晖，或上年有余羡而本年遭摧折者食囊时之恶果。揆诸情理，更何以言平衡合理。

（四）盈虚实税　现行税法以货币数量为基础，而忽视币值之因素，致造成虚盈实税之局面。顾名思义，衡情度理，于周转能力日就剥削之情势下，账面有盈底子亏损者，尚须负担征税之剥削，实类雪上加霜。

（五）于法无据　自立法通过修正所得税公布施行以后，关于特种过分利得税法，已由政府于同日明令废止，是三十七年度之特种过分利得税政府已表示不再征收。在缴税人自属无庸缴纳，因之六倍预缴部分应于总额中除去利得税计算，此为特种过分利得税废止以后，该项稽征办法随之改变应有之结论。兹该项稽征办法估缴税额，系就三十六年已缴之利得税总额六倍计算，显与政府废止之命令不符，是此项办法于法无据。

（六）违背宪法　所得税法经立法院制定，国民政府公布，完全是国家一种根本法律。该法内对于申报计算调查纳税，均有专条详确之规定。又查宪法第一百七十一条法律与宪法抵触者无效，又同法第一百七十二条命令与宪法或法律抵触者无效。行政院所发布之估缴办法，完全属于命令性质，而发布之命令又完全变更所得税法各条之规定，显系以命令而变更法律，从而违背宪法。

（七）双重负担　六倍估缴如果实现，各业断无如许现状可资挹注，势必仍以重息辗转乞贷，俾得垫付税款，而稽征办法所谓多退少补者，须至查帐请讫按照上年抽查之成例以为比拟，恐一年尚不能竣事，是各业坐赔借款完税之一年利息，实不胜双重负担。

（八）违反税理　所得税在原则上应根据负担能力，所得多的多课，所得少的少课，没有的不课。如今不问上年有无所得，一律先按前一年核定的税额六倍估缴，这便违反了所得税原理。

（九）银钱业更不胜负担　银钱业为融通社会资金之金融机构，不若其他各业之由实物交易，随物之高低而可以估定其盈利之倍数，仅持存放款息金之差额应付一切开支。但以三十六年与三十七年一年间放款利率之比较，只为一角三分五与一角九分五之距离，不独一倍未足，遑论六倍估计。又银钱业既属特种营业，依法在缴纳特种营业税之列，该项特种营业税之征收系以各项收益为标准，其数量亦较一般普通营业税者为巨，今如所得税方面同样予以六倍估缴，殊不胜心余力绌之感。

四、本部对于反对理由之阐释

（一）对于银钱业阐释　银钱业之盈余来自存款息金之差额及汇兑保险信托等业务收入，其差额与收入之多寡，视资金之运用与周转为转移，金融机构虽无物资之出入，不若其他各业之以实物交易，然其差额与收入既以币值计算，均随物价上涨倍加，则无疑义。故存放款利率之距离从不随物价比例上升，其存放款金额以及其盈余额，当与物价之升降有密切关连。至特种营业税以收益额或收入额为征课标准，而所得税则以纯所得为征课对象，所谓纯所得系减除各种税捐开支后之净额而言，征免与否，悉以有无所得为标准，银钱业年来获利素称丰厚，其税负能力当在各业之上。

（二）对于工商业阐释　查三十七年度营利事业所得税之征课按上年度各纳税人应纳所利得税额之六倍计先缴，原系一部分暂缴税额，俟依法核定实际税额后再行补退，虽各业三十六年度营业情形彼此不同，但以过往物价衡量三十六年度各地物价较三十五年度平均增加均在十五倍左右，各业盈余之货币数量自当随同增多。兹为便于缴纳，故仅以六倍从低估计，至营业果无所得或所得不及六倍者，将来核定实际税额时，仍应加息退税。

五、各方面之建议

（一）今后吾国健全财政制度之建立，胥维直接税是赖，而直接税之推行，端在纳税与征税道德之树立，故为将来之财政制度计，应认真修改税法，使之适合实情，以祛除纳税人畏惧之心理，并杜绝征纳两方侥幸希冀之作风。目前不苛即复之局势，适足启纳税人畏避之心，征税诛求之渐，实为异日建立健全财政制度之莫大障碍。

（二）当前财政困难无庸为讳，但本税在整个预算中所占之成分夙不甚多，罗掘既无补时艰，而徒使工商业情绪鼎沸，政治风纪败坏，亦殊非提倡法治恢宏国信之道，权衡利害，实不宜再事苛扰，应待税法改善然后推行，庶岁入商银双方兼顾。

六、推行概况

各地营利事业之估缴工作，正积极推动，进行顺利，尤以华北、天津、太原等地，西北之西安、宝鸡，东南之晋江、龙岩、浮溪，西南之桂林、嘉兴与华中之芜湖、衡阳等地，据报多数商店业已如限缴库，至上海、无锡等地商会所请减低估缴倍数，不再举行查帐各点，本部已严词批驳，并通饬各直接税局对于逾限不缴税款者，均应以〔依〕所得税法第一百五十六条之规定，送请法院严予惩处。

〔国民政府财政部档案〕

9. 财政部拟1948年度全国营业税收预计数及土地税收入预算数额表

（1948年）

三十七年度国家营业税收预计数

市名	三十六年度营业税总预算数(亿)	三十六年度中央应得三成数(亿)	拟增倍数	三十七年度各市营业税总估计数(亿)	三十七年度中央三成数营业税收预计数(亿)
上海	一,〇〇〇	三〇〇	五	五,〇〇〇	一,五〇〇
南京	九六	二九	五	五〇〇	一五〇
北平	八五	二五	五	四四〇	一三〇
天津	三〇〇	九〇	五	一,七〇〇	五一〇
青岛	五〇	一五	五	六〇	九〇
重庆	一〇四	三一	五	五〇〇	一五〇
汉口				一,〇〇〇	三〇〇
广州				一,七〇〇	五一〇
西安				二五〇	七五
沈阳				二九〇	八五
合计				一一,六六〇	三,五〇〇

说明：

查三十六年度国家总预算原列营业税收八〇〇亿元，由上海、南京、天津、北平、青岛、重庆等六市分担，但就现在各市营业税收预算数字核计仅可能征收五〇〇亿元，尚相差约三〇〇亿元。三十七年度营业税因本部拟将营业税率按收入额征收者，由百分之一点五提高为百分之三，加之物价波动与最近增设汉口等四院辖市，其税收可能增加五倍，详如右表。国家收入部分预计为三,五〇〇亿元，较直接税署估计数二,四〇〇亿元多一,一〇〇亿元。

三十七年度国家土地税收预算数

税　　别	三十六年度中央岁入预算数	三十七年度中央岁入预算数
地价税	二一,一四〇,〇〇〇,〇〇〇	三三,〇〇〇,〇〇〇,〇〇〇
土地增值税	八,〇〇〇,〇〇〇,〇〇〇	一二,五〇〇,〇〇〇,〇〇〇
合　　计	二九,一九〇,〇〇〇,〇〇〇	四五,五〇〇,〇〇〇,〇〇〇

说明:(1) 查土地税之征收系以地籍整理后之地价为依据,现各省市地籍尚待大举整理,而历年土地税预算数皆编列过高,今后自应切实估计,以免虚列。现上海、南京、天津、北平、广州、沈阳、青岛、汉口、西安、重庆等院辖市已经地籍整理之税地地价总共约十万元纳征地价税四百亿元。三十七年继续整理之税地及重估地价之结果,可增征地价税二百亿元,合计六百亿元,中央四成计二百四十亿元,至各省县市地籍整理目前仅限于少数重要城镇,其地价较院辖市远低。在征实期间农地地价税又折征实物,故各省县市地价税估计仅及地价税之一半。三十七年度院辖市地价既约计六百亿元,则各省县市地价税约为三百亿元,中央三成计九十亿元,总计院辖市与各省县市三十七年度国家地价税为三百三十亿元。

(2) 土地增值税按以往征收情形估计约为地价税之半数、三十七年度国家土地增值税拟列为一百二十五亿元。

(3) 三十七年度国家土地税(包括地价税及土地增值税)收入拟列四百五十五亿元,与直接税署所拟六百亿元少一百四十五亿元。

〔国民政府财政部档案〕

10. 财政部国税署抄发财政金融改革案关于直接货物两税部分实施办法代电及附件

(1949年5月6日)

代电　穗国字(一)第六五三二号

各 区国税管理/国税稽征 直辖 直接税/货物税 局览:查财政金融改革案关于国税部分实施办法,业经由部拟具直接、货物两税部分实施办法呈奉行政院核准,并通饬遵照各在案。惟部令系由上海寄发，或恐毗邻区域军情紧急，致有遗误，合再由署抄发该项办法，以利实施。除分电外，合行电仰遵照，并转饬所属一体遵照为要。财政部国税署印。附发财政金融改革案直接货物两税部分实施办法一份。

附件

查财政金融改革案，业经立法院于本年四月十六日第十五次会议修正通过。依该甲、八为求税收确实，避免延缴、损失，一切税捐除关税外，均按各地物价指数计算。纳税义务人对于应征税捐，如逾规定完税期限而不缴纳者，应依保值方法加征滞纳罚金。其实施办法，由财政部定之规定，谨拟具财政金融改革案关于直接货物两税部分实施办法草案，就中恢复三十七年八月二十六日总统令颁分类所得税起征额及税率级距表修订综合所得税起征额、宽减额及税率级距表两项有关法制问题。为争取时效起见，拟准先付实施。一面补送立法院完成立法程序，俾不影响全案推行。是否有当，理合同财政金融改革案，关于直接货物两税部分实施办法草案一份备文呈请钧院鉴核俯赐，迅予令示祗遵。谨呈

院长、副院长

附呈财政金融改革案直接货物两税部分实施办法草案一份

财政部长　刘攻芸

财政金融改革案关于直接货物两税部分实施办法

（甲）关于土烟、土酒及熏烟税者

一、土烟酒及熏烟税，应自本年七月一日起划归地方征收，由中央订定征收通则颁行各省，俾资准绳。

二、国外输入之熏烟叶，由海关代征货物税者，于熏烟叶税划归地方后，海关不再代征。但因为系为国内生产起见，应将海关进口税率酌予提高。

（乙）关于特种营业税者

一、特种营业税大多系六个月征收一次，为便利划分起见，规定自本年七月一日起划归地方征收。所有本年六月以前之营业，仍由中央征收税款。

二、证券交易税及交易所税，因交易所由中央直接管理，仍应由中央继续征收，不在划归地方范围。

（丙）关于国税征收机构者

中央在各地之国税征收机关，俟土烟、土酒、熏烟税及特种营业税划归地方后，应作通盘调整、裁并。现距调整时期不过两月，在未调整前，为减少纷争起见，如有行政开支超过其总收入百分之二十者，暂免委托地方税收机关代办。

（丁）关于物价指数之编制者

一、计算各种国税与缴纳滞纳罚金、罚锾所用之物价指数，以批发物价指数为准。由财政部各省国税管理局（院辖市为直辖局）会同当地政府主管统计机构编制之。

二、上项批发物价指数分省（院辖市）编制，同一省（院辖市）区，各种国税适用同一指数。

三、编制物价指数之材料，应就食物、纤维、燃料、金属、建筑材料及其他杂项六类物品中选取能代表普遍性之物品约二十种，指派专人逐日调查。

四、物价指数应以三十七年八月十九日之物价为基数，按周编制一次。将上周自星期日至星期六调查之物价，于本周星期日编就后，至次周之星期一银行开始营业时，由代理国库之银行挂牌公布。

（戊）关于货物税之评价者

一、货物税、矿产税，暂规定按出产地附近市场批价，每五日评定税价、税额一次，并暂时授权各省区国税管理局及直辖市货物税局办理，如遇市场批价波动较剧，增加或减低至百分之二十五时并得随时调整之。但首次评价及每年一、四、七、十各月第一次评价,均由本部国税署派员监同办理。

二、纳税厂商依照规定取有行庄保证,呈准记帐纳税,分期结缴税款者,拟于本年五月一日起一律改为每三日结缴税款一次。由该管国税机关通知厂商于二日内自行如数纳库,逾期按各该省(市)代理国库之银行公布之批发物价指数伸算缴纳,并立即停止记帐,以示限制。

三、货物税条例及矿产税条例所定罚锾金额,一律改按战前标准,依“八一九”规定折算金圆券作为基数,由被裁定人按缴款时各该省(院辖市)代理国库之银行公布之批发物价指数伸算缴纳。

四、国产烟酒类税及熏烟叶税定于本年七月一日起,与特种营业税一并划归地方征收。在未移交前,应与货物税、矿产税同样办理,以归一致。

(已) 关于直接税之计算与缴纳者

(子) 所得税

一、恢复施行三十七年八月二十六日总统令颁整理财政补充办法附表(一)改订分类所得税起征额及税率级距表。

二、第一类营利事业所得税之计算,应将所得额按照上下两半年度终了之日代理国库之银行公布之各该省(院辖市)批发物价指数,折成三十七年八月十九日之金额,根据规定税率计算基本税额。俟纳税义务人至代理国库缴税时,再由征收机关驻库人员根据缴税时之批发物价指数换算实缴金圆券税额缴纳之。

三、营利事业因合并、解散、转帐、歇业而经清算之所得,应将所得额按清算日代理国库之银行公布之批发物价指数,折成三十七年八月十九日之金额,均依规定税率计算基本税额,俟纳税义务人缴税时,再由征收机关驻库人员根据缴税时之物价指数换算实缴金圆券税额缴纳之。

四、第二类甲项业务或技艺报酬所得税之属于春、夏、秋三季估计所得额者,应将所得额按各该季终了之日代理国库之银行公布之各该省(院辖市)批发物价指数,折成三十七年八月十九日金额,其全年所得额应按每年十二月三十一日之批发物价指数,折成三十七年八月十九日之金额,均依照规定税率计算基本税额。俟纳税义务人缴税时,再由征收机关驻库人员根据缴税时之批发物价指数换算实缴金圆券税额缴纳之。

五、第二类乙项定额薪资所得税之计算,应将所得额按照发薪当时各该省(院辖市)中央公务员生活费指数,折成三十七年八月十九日之金额,根据规定税率计算基本税额,纳税义务人在规定期限缴纳者,由征收机关驻库人员根据原指数换算实缴金圆券税额缴纳之。其逾期缴纳者,则按缴纳时代理国库之银行公布之各该区批发物价指数换算实缴金圆券税额缴纳之。

六、第三类利息所得税之计算,在规定期限内缴纳者,应径照所得税法规定比例税率计算税额缴纳,毋须根据物价指数折算,其逾期缴纳者,征收机关驻库人员应将原核定税额根据付息日与缴款时代理国库之银行公布之各该省(院辖市)批发物价指数换算实缴金圆券税额缴纳之。

七、第四类财产租赁所得税之计算,应将所得额按付租日代理国库之银行公布之各该省(院辖市)批发物价指数,折成三十七年八月十九日金额典价或押金所计之利息,按月终代理国库之银行公布之批发物价指数,折成三十七年八月十九日之金额。凡达起征额者,在规定期限内缴纳时,应仍按照原所得额,依规定比例税率折算税额缴纳,毋须根据物价指数折算;其逾期缴税者,征收机关驻库人员应将原核定税额根据付租之日或月终之日与缴纳时代理国库之银行公布之各该区批发物价指数换算实缴金圆券税额缴纳之。

八、第五类一时所得税之计算,应将所得额按每次买卖付款日代理国库之银行公布之各该区批发物价指数,折成三十七年八月十九日之金额,凡达起征额者,在规定期限内缴纳时,仍照原所得额，依规定比例税率核计税额缴纳，毋须根据物价指数折算；其逾期缴税者，征收机关驻库人员应将原核定税额根据物价指数换算实缴金圆券税额缴纳之。

九、按照三十七年八月十九日之金圆券币值补订综合所得税之起征额、宽减额及税率级距表(附表)。

十、综合所得税之计算，应将综合所得税额按照每年十二月三十一日代理国库之银行公布之各该省(院辖市)批发物价指数，折成三十七年八月十九日之金额，根据规定税率折算基本税额。俟纳税义务人缴纳时，再由征收机关驻库人员根据缴税时之批发物价指数换算实缴金圆券税额缴纳之。

(丑) 遗产税

一、继续施行三十七年八月二十六日总统令颁整理财政补充办法附表(二)改订遗产税起征额、宽减额及税率级距表。

二、遗产税之计算，应将遗产税总额按照继承开始日代理国库之银行公布之各该省(院辖市)批发物价指数，折成三十八年八月十九日之金额，根据规定税率计算基本税额。俟纳税义务人缴纳时，再由征收机关驻库人员根据缴纳时之批发物价指数换算实缴金圆券税额缴纳之。

(寅) 印花税

印花税税率，除比例贴花部分仍照现行税率贴用税票外，其属于定额贴花及分级定额贴花部分之税率，由财政部根据全国出售物价总指数，按月调整公布之。

(卯) 特种营业税、证券交易税及交易所税

一、特种营业税之计算，征收机关驻库人员应将原核定税额根据其三个月或六个月结算之日与缴税时代理国库之银行公布之各该省(直辖市)批发物价指数换算实缴金圆券税额缴纳之。

二、证券交易税之计算，在规定期限内缴纳者，应径照证券交

易税条例规定之比例税率计算税额缴纳之,毋须根据物价指数折算;其逾期缴税者,征收机关驻库人员应将原核定税额,根据成交日与缴税时代理国库之银行公布之各该区批发物价指数换算实缴金圆券税额缴纳之。

三、交易所税之计算,在规定期限内交纳者,应径照交易所税条例规定之比例税率计算税额缴纳,毋需根据物价指数折算;其逾期缴税者,征收机关驻库人员应将原核定税额根据每月月终与缴税时代理国库之银行公布之各该区批发物价指数换算实缴金圆券税额缴纳之。

(辰)各项罚锾

所得税法、遗产税法、印花税法、特种营业税法及证券交易税条例、交易所税条例所定各项定额罚锾,依三十七年八月二十六日总统令颁《整理财政补充办法》第四项规定改定之金圆券金额,经司法机关裁定后,并照缴纳时代理国库之银行公布之各该省(院辖市)批发物价指数,由收款机关换算实缴金圆券数额缴纳之。又依成数计算之罚锾,其计算所根据之基数,如需按照物价指数换算者,亦应以同一指数换算缴纳。

修订综合所得税之起征额、宽减额与税率级距表

一、起征额:每年综合所得超过金圆券二千元者。

二、宽减额:(一)扶养亲属之宽减额,每人金圆券一百元。(二)教育宽减额,每人金圆券五十元。

三、税率

(一)所得额超过金圆券二千元至三千元者,就其超过额课税百分之五。

(二)所得额超过金圆券三千元至五千元者,就其超过额课税百分之七。

(三)所得额超过金圆券五千元至七千元者,就其超过额课税百分之十。

（四）所得额超过金圆券七千元至一万元者，就其超过额课税百分之十五。

（五）所得额超过金圆券一万元至一万五千元者，就其超过额课税百分之二十。

（六）所得额超过金圆券一万五千元至二万元者，就其超过额课税百分之三十。

（七）所得额超过金圆券二万元以上者，一律就其超过额课税百分之四十。

〔国民政府财政部国税署档案〕

11. 财政部调整印花税率公告稿

（1949年5月9日）

财政部公告293

兹根据《财政金融改革案国税部分实施办法》〔寅〕项之规定，将三十七年八月二十六日公布整理财政补充办法附改订印花税法第十六条税率表各目起征点定额税率、分级定额税率暨税额零数计算标准，一律调整照四万倍①计算征收。又同法第二十六条罚锾最低数亦改为不满四万元时，按四万元处罚。自三十八年五月十一日起施行！

〔国民政府财政部国税署档案〕

① 国税署原拟将印花税率调整照一万倍计算，5月4日财政部长刘攻芸亲批：一万倍似嫌过低，交署再研究。遂改为照四万倍计算征收。

12. 财政部国税署关于所得税遗产税及洋啤酒火柴等税委托地方政府代征签呈

（1949年7月20日）

签呈　穗国(稽)九九四七

查本署主管之所得税、遗产税及洋啤酒、火柴、皮统、毛纱线、饮料品、锡箔及迷信用纸、矿产等税，前拟委托地方政府代征。

嗣奉谕所得税仍由部自行征收，遵经拟具委托代征办法，惟职详加考虑，以所得税世界各国均系中央税，似仍应自行征收。但其余各税，或税收无多，或稽征简便，似均无委托地方政府代征之必要，其中锡箔及迷信用纸一项，已往浙省曾一再请求由地方征收，亦经委托代征有案。现该省虽已沦陷，而广东、福建、四川此项锡箔及迷信用纸产制尚多，而零星散漫，控制稽征不无困难，地方政府亦希望由其课征。可否将锡箔及迷信用纸税一项，亦比照土烟酒税办法，划归地方接收，或委托代征。其余遗产税及洋啤酒税等七项，仍统由国税机关照旧征收，不再委托之处理，合检同原拟原委托代征办法签请鉴核示遵。谨呈

部长、次长

职张○○谨签

月　日

附委托代征办法草案一份

财政部委托地方政府代征国税办法草案

第一条　财政部为戡乱时期便利稽征，将遗产税、火柴税、水泥税、洋酒啤酒税，化妆品税、皮统税、毛纱、毛线税、饮料品税、锡箔及迷信用纸税、矿产税等，暂行委托地方政府代征，特订定本办法。

第二条　委托地方政府代征各项国税,(以下简称代征各税)悉依据各该税法及有关稽征之规定办理。如有疑义时,应报由财政部以命令指示之。

第三条　代征各税以省财政厅或院辖市财政局为代征之管理机关,县市(普通)政府或地方税务机关为代征之稽征机关。

第四条　各省市代征管理机关承财政部之命令,办理所属有关委托代征各税业务及人事之管理考核及其他临时授权代办事项。

第五条　各省市代征税收预算,于年度开始前,由财政部核定分配之。

第六条　代征机关所征税款,应依公库法规定,由纳税义务人直接缴纳当地国库或代理国库之银行,开立专门存储;无代库地方,各代征机关应送托当地邮局代为经收,按旬扫数缴解就近国库或代库银行,各邮局不能代收,或未设邮局地方,得送托当地商会或同业公会代为经收,按旬扫数缴解就近国库或代库银行,代征机关不得以任何理由自行收纳。

第七条　各省市委托代征费用,按所征税款纳库数百分之十计算,前项所称之纳库税款,如有依法应行退还之税款应予以减除。

第八条　代征机关应按月将代征各税查征数及纳库数(须取具国库证明)于次月十日前,报由该管代征管理机关审核,于次月底前汇送财政部复核。

第九条　代征各税所需之簿册书表,均依财政部规定之格式,由代征管理机关自行制发,前项册表格式如须变更,应呈经财政部核准。

第十条　代征机关应将代征业务之人员造具资历名册,呈报财政部备案,代征人员之工作成绩,财政部应随时派员指导考查。

第十一条　代征机关应按月将代征各税税政推行情形送报财

政部国税署审核。

第十二条　财政部视导人员应与各省市地方政府切取联系，各代征管理机关视导人员应分区指导，代征机关按季将代征情形呈报财政部审核。

第十三条　代征各税之商号商据登记，改向该管代征管理机关申请办理，各代征管理机关应按月依照财政部规定表式呈报财政部审核。

第十四条　代征各税中之货物税税额由各该管代征管理机关依照税法规定评定实施，一面呈报财政部查核。

第十五条　代征各税中之货物税货品运销国外者，由商人检具规定出口凭证，申请原征税机关转呈该管代征管理机关核准退税。

第十六条　代征各税中之货物税所需票照花证、由各代征管理机关依照财政部核定格式，自行印制应用，并将样本分送各省市代征管理机关及呈报财政部备查。在各省市未印制前，由代征机关向各移交国税机关洽借加盖地方机关代征借用戳记应用。

第十七条　国外输入代征货物税货品，由海关照旧代征货物税，由商人持凭海关代征货物税缴纳证向国税机关换发花证。

第十八条　各代征管理机关应将代征各税之纳税货品数量及征收税款，依照财政部规定表式，按月函报国税署登记。

第十九条　违章没入货品，由代征机关呈准该管代征管理机关依法处理。

第二十条　代征机关如有挪用税款，超支代征费用，不依照规定将税款纳入国库或指定国库，或其他挪移滞纳情事，代征管理机关应即严予处分，倘涉有不法贪污行为，并应依法究办。

第二十一条　财政部各级国税稽征机关与各地委托代征机关交接办法，由财政部另订之。

第二十二条　委托代征之国税，财政部认为有收回自办必要时，得随时收回自办。

第二十三条　本办法呈奉行政院核准后，实施日期由财政部以命令定之。

〔国民政府财政部档案〕

13. 财政部关于直货两税收入应缴国库不得径缴省行省库代电稿

（1949年7月29日）

财政部代电稿　1852

湖南区国税管理局览：案查长沙绥靖公署前规定直货两税改征银元，并将税款径缴省行省库，业经本部三十八年六月八日穗财国(二)字第七七九一号电请长沙绥靖公署暨湖南省财政厅设法制止去后，迄未据复。现币制已恢复银元本位制，所有直货两税自应改征银元兑换券。惟国税收入必须全部纳入国库，不得径缴省库，行政院于上月底曾通令全国遵照办理在卷。该辖各局征收直接税、货物税所有税款，自应悉数纳入国库，不得径缴省库，仰即遵照办理具报为要。财政部印

〔国民政府财政部档案〕

14. 国民政府财政部督征各地直接税货物税的有关文件

（1949年9—10月）

1. 财政部令稿　（9月10日）

财政部训令稿　发文穗国稽字〇〇四八号
中华民国三十八年九月十日

令〇〇国税局

查本年下半年度直货两税收入预算及各月应收比额，早经核定颁行，而各级国税机构经此次调整改组以后，人事经费之配备，亦已分别改善。值此戡乱军事加紧进行之际，军政百费，需款恐亟。本部为考察各局税务，追收比额，并督饬切实稽征起见，特别国税署处长赵胤玺、刘大柏、督察室主任何嘘云等三员分赴各局督征。各该局局长务应仰体时艰，认清本身职责，会商稽征确实有效办法，趁此旺征季节，把握时机，加紧稽征，征足比额，完成任务，并力求超比，不得稍有松驰，贻误税收，致干严处。除分令外，合行令仰该局长遵照为要。此令。

部长　徐○

2. 财政部国税署签呈稿　(9月12日)

签呈

查本署主管各税本下半年度岁入预算数庞大，为加强稽征，争取税收，在东南各局经签奉核准，派本署处长及首任督察等分往督征在案。职原拟亲自前往西南各省督饬，兹值钧长赴渝视察，窃以西南区内，国税重点为重庆、成都、昆明、贵阳四处，拟请钧长于蓉抵重庆后，请召见渝、蓉两局局长严训，下上紧稽征，所有各月份分配比额不得短收。现九月份已届中旬，对于本月份比额必须全数征足，如有收不及比，必照考成办法规定撤惩。本署陈副署长琮在渝，亦请面饬，对于西南各局就近设法严加催征，至昆明、贵阳两局肯钧座在渝电饬，对于本月比额务必征足，庶几仰赖德威感召各该局长等可益加奋勉，完成任务。是否可行，理合开具各该局局长名单及九至十二月份各局税收预算分配数签请鉴核施行。谨呈

部长

附单二件、名单、预算分配数〔缺〕

职张○○　谨签

3. 财政部秘书处函　(10月27日)

奉部长交下十月二十六日(渝)第72号手令一件，除分函外，

相应照抄原手令随函奉达，即请查照，克日遵办，并将办理经过情形见复，以便转陈为荷。此致

国税署

抄附手令一件

财政部秘书处启

十月二十七日

照抄部长手令　渝第72号手令

派刁副局长培然代表本人视导南郑、成都、自流井各税务机关。

十月二十六日

〔国民政府财政部国税署档案〕

四、田赋征实征借与筹购军粮

1. 行政院拟发破坏解放区禁止粮食出境政策所采措施训令暨相关文电

(1945年11--12月)

一、行政院致各省市的训令 (11月3日)

电 平叁(二四五三三)

(各省/市) ○主席/○市长 密。据报奸伪近在占领地区严禁粮食出境，各县区村间均布岗哨盘查，对来我区之行人，不准携带食品。现因我区粮食恐慌，贫民逃往奸区者甚多，等情。查食粮封锁为奸伪对付点线之一贯毒辣手段，仰迅采有效措施，切实办理具报为要。行政院。戌江三。印。

二、上海市政府致行政院呈文 (11月20日)

上海市政府呈 市秘机字第七四号 中华民国三十四年十一月二十日

案奉钧院戌江三电，以据报奸伪封锁粮食，在我军力未能控制奸伪区域以前，拟采取下列三种措施，(一)鼓励商人往其他产销区运销粮食;(二)由有关军警加强控制点线，切实保护协助粮食营运;(三)通饬各地军警对于粮食营运概准自由运销，无论军粮民食，毋须证明文件，一律不得扣阻，以畅粮源。兹查关于第一点已由上海市粮政特派员拟有粮商贷款办法呈粮食部核示，并续与本府社会局筹商其他鼓励办法。关于第二、三两点，虽经京沪区卫戍总司令部出示布告，惟近区奸匪仍甚猖獗，勒索扣阻，所报不鲜。拟请钧院通行苏浙皖赣各地军事机关及省市政府严饬所属切实遵照保护粮运。除由本府分别函请京沪区卫戍总司令部淞沪警备总司令部尽先派员分往防区督导严切执行外，奉电前因，理合具文呈复，

仰祈鉴核示遵。谨呈

行政院院长宋

上海市市长　钱大钧

副市长　吴绍澍

三、山西省政府致行政院代电　(11月29日)

山西省政府代电　三十四年十二月　日

重庆。行政院钧鉴:戍江三电奉悉。查奸伪在占领区严禁粮食出境,不准来往行人携带食品,确为该党一贯手段。本省前已针对实情,决定对策如下:(一)在行政人员以外,特别发动解救干部(即解救人民痛苦之意),大县六十人,中县五十人,小县四十人,深入区村努力开展摧毁奸伪地下组织。(二)充实地方武装,由县长统一领导指挥,协同正规部队,实行天天攻击,日日扫荡,逐渐缩小奸伪占领区。(三)责成驻县正规军或省防军区保安团按军事控制区规定,由军事指挥官主动的机动的调集邻县武装,对大股奸区进行扫荡,协助地方开展政权,奉电前因,谨请鉴核。山西省政府(三四)亥文。政民保印。

四、陕西省政府致行政院代电　(十二月三十一日)

陕西省政府快邮代电　民富　字第三一七二号
中华民国三十四年十二月

重庆。行政院院长宋钧鉴:戍江三电奉悉。遵即拟具实施办法三项:(一)接近奸区各县,务须严禁粮食流入奸区,并禁止贫民逃往奸区。(二)奖励粮商分赴邻近县份采购粮食运回本县出售,藉资调剂。(三)如果该县确有粮食恐慌情事,即日据实呈报,以便酌量情形办理平粜。除电令第一二三七各区专署遵照,并毗连奸区各县迅速遵办具报外,谨电肃请鉴核。职祝绍周。亥筱。田民富六管叩。

〔国民政府行政院档案〕

2. 财政部督导专员邓亮关于芜湖繁昌两县摊派军粮调查报告

(1946年3月16日)

案奉钧长三十四年十二月财渝地字第10,000号训令,以准国府文官处政务局府交字第946号函,以奉主席交下密报,称芜湖繁昌两县县政府并非摊派一案,仰速详查具报,等因。奉此。遵经详查,谨将所查实际情形缕呈如左。

(一)芜湖县摊借军米部分,查该县府于三十四年九月奉皖南行署政二征(34)申灰代电,以奉皖省府立田粮二稽(34)未回电,以开征在即,收复县份册籍散失,开征手续办理不及,应商地方先行设法预借军粮,制发借据,以凭抵赋,分配芜湖糙米二万市石。该县遂于上年九月二十九日召集地方公法团士绅开会,议决方村、石硊、万春三区共借米一万市石,按田每亩借稻二十市斤。芜湖市区经管粮食业五帮借米五千市石,江广业一五〇市石、采运业九五〇市石、碾米业六五〇市石、砻坊业八五〇市石,杂粮业二四〇〇市石,城区大业户借米五千市石,共配借军米二万市石。嗣后粮食业五帮实际借出四千六百五十六市石。所发借据,仅载借到军米若干,未书明糙米,城区大业户实借出熟米七百十一市石六斗三升。至方村、石硊、万春三区,尚未借出。该县于十月奉皖南行署转奉皖省府立田粮储四五统二稽酉(真)电,以田赋免征前饬预借军粮,毋庸办理,即由县府于上年十一月八日财粮137号布告停借在案。又查芜湖当收复时兵差浩繁,县长李志成签呈皖南行署张主任批准成立临时供应机构,于上年十月二十三日成立临时兵差供应委员会,委员十三人,主任由县长兼任,设副主任二人,一为商会崔亮工,一为士绅经绍周。旋于十一月二十二日改组为补给分会,十二月十一日又改组为芜湖县地方临时酬应委员会,至本年一月十八日奉令结束。前项摊派借军米其粮商五帮借出之米，系先由县府经收拨付，后由供应会换发借据。至城区各大业户借出之米及另外由商会借款所购之米，均由该供应会收付。谨检附该会经办米粮收付清册暨款项收支概数呈请鉴核。又该县上年十二月八日编制概算会议第三案县级公粮奉令在中央未规定以前员役暂照三市斗，每斗代金一百五十元如何救济案议决：1. 县属各机关团队员役，由县在公田租稻项下先行动用，每人米三市斗。2. 乡保自行筹借，至乡保究竟已向民间借公粮若干，无卷可考，原密报所称向所属县民每户收买食米五十斤，大麦两担另二十斤，询之该县绅民尚不知此情形，未知是否即指乡保自借公粮一事。又稻草一项，上年因军队过境，由乡镇公所向乡间农民征用确系事实，亦未闻每户十担之规定，且市区人民无此负担。

（二）芜湖县摊派费款部分，查该县收复后区乡开办费一项，系就各该区乡筹借，据该县军北乡公所十月二十四日呈报，县府曾借开办费五万元(每保一万元)，他乡情形相同。惟据县府人员告知，嗣由县府拨发经费曾饬令归还，并检出该县府九月三十日财字第668号令文稿交阅。此外，即乡镇准备金一项，于上年十一月三日召集地方会议，决定分甲乙丙丁四级，城区甲级二千四百万元，方村区乙级六百八十万元，万春区丙级五百二十万元，石硊区丁级四百万元，合共四千万元，实际已收三千二百余万元。是项准备金原系依照皖省所颁征用办法，上年十二月曾将是项办法抄呈在案办理。嗣经皖省府通令于三十五年废止，而该县征收乡镇准备金经报省府未准，但业已收用，仅经地方会议通过手续而已。又商会垫购军米，系由商会向各商店借款应用，商会借法币一，八〇一，五六〇元，借物资变价八，五七五元，永丰恒五三，七一五元，借敌伪八四二元，此芜湖摊派摊借情形也。原密报所称另收其他费用每户伪币一万五千元一节，不知系指何项，殊难虑度，乡镇准备金及其他借款均按富户每户多少不等。

（三）繁昌县摊借军粮及副食费部分，查该县奉第三战区先遣军第四路指挥部指挥官张查德三十四年八月三十一日需粮未三十代电，以奉上峰指示，军粮副食在戍区内筹借，于八月三十日召集南陵繁昌党政军会议，决议由各县府组织供应机构，分别地区，按现有人数军粮副食费，于九月一日起统筹供应，接交办法由本部出正式借据，统领转发。兹检送所须军粮副食费数目表一份，希查照办理，暂由第三纵队出正式借据径向贵县府具领，以后换取本部领据等由。附表开载第三纵队人数三八七九，月给军粮一八一，八二八市斤〇二两，每人米四十六市斤十四两，月给副食费一，九三九，五〇〇元，每人五百元。县府于九月十三日召集第一次县务会议议决，主食军粮向大业户借取稻谷九千市石，以备供应三个月之需，由县府给正式借据，将来上峰拨还，即行归借。至副食费以借征国币为原则，三个月计共六百万元，分向各县保富户及商会分借。如各业户无现金应借，准按市价以稻折抵，由县府出据分配城厢、三山、横山、莪桥四镇合摊借一百五十万元，其余各乡合摊借四百五十万元，其分配方法由县府决定，以命令行之。至十一月底，各乡共借米五十五万七千二百九十四市斤四两，又在县府公粮项下挪垫七千五百五十三市斤十二两，共拨借与先遣军第四路第三纵队指挥官李志中军粮五十六万四千八百四十八市斤，经该纵队发还米十一万一千二百市斤，系二五粮秣仓库米据大张尚未领得，仍欠米四十四万三千六百四十八市斤，有欠据纸存县。现由地方交涉，尚未发还。至副食费一项，九至十一月在各乡区共借国币五百三十一万一千三百六十八万，共拨付第三纵队副食费五百二十一万七千二百八十元，除该纵队退还王世有欠条款十六万元，计欠五百零五万七千二百八十元，借据三纸。又内有徐开泰交涉退还未拨二十九万元，计第三纵队实欠四百七十六万七千二百八十元。又在借款中用去借据印刷费两万元，县训所借用二十三万四千零八十八元，各乡欠缴十三万元，王世有欠十六万元，第三纵队兑付盐款尚未缴出，此项借出之副食费，现经地方交涉，亦尚未发还。

（四）繁昌县征收乡镇准备金部分，查该县于上年十月十九日临时县务会议，以县府推进后所需经费，如照规定手续征收乡镇准备金，缓不济急，拟暂以乡镇准备金名义顶借国币三百万元，俟征起后抵还，议决照案通过。当经分配鲁阳等十一乡每乡十万元，浒溪等八乡每乡十一万元，城厢等三乡每乡十二万元，荻港等三乡每乡十四万元，永固乡三乡每乡八万元，共三百万元。经呈奉皖省府指令，以是项准备金应照呈准预算数及规定手续办理，不准预借，该县遂停止未借。旋即拟定乡镇准备金预算一千七百五十万元，征起二百零八万一千七百元，后又奉省令停止，即未征收。

（五）繁昌县在县府未回城以前，伪组织之各区署于上年九月间曾向民间征收伪军主食稻谷，闻系每亩五十斤，全县详数难以查悉。惟伪三山区署区长姚文模于接收后曾造收支清单送县，内载九月十八日至十月十五日向各保收主食稻谷计五百六十一石二十五斤，折合熟米三百五十六石二十八斤，经拨付(伪)军后尚存米五十七石五十四斤二两，据县府人员告知，此项存米已为该乡伪警保队取为主食矣。

以上三项，系繁昌县摊借军粮及费款实际情形。原密报所称向县民每亩征借稻子五十斤，并向各户摊借经费七百至三千元不等一节，未知于以上三项中系指何项而言也。奉令前因。理合将所查实在情形备文呈请鉴核。谨呈

部长俞

附呈芜湖县临时兵差供应委员会、补给分会、地方临时筹应委员会经办米粮收付清单一份。〔缺〕

芜湖县临时兵差供应委员会、补给分会、地方临时筹应委员会收支概数一份。〔缺〕

督导专员　邓亮

中华民国三十五年三月十六日

〔国民政府财政部档案〕

3. 蒋介石亲订各省收复区免赋期间筹购军粮办法

(1946年3月30日)

各省主席并转省参议会、省党部公鉴:自日寇投降,政府首颁免赋明令,收复省区先行停止征粮,政府轸念民生疾苦之至意,当为国人所共识。然而国军前进受降,与接收各区防务,绥靖地方,责任重大,国内交通既仍多阻滞,军糈浩繁,既无赋谷可资供应,其势必须就地筹购。爰经中央订定办法,分省设立军粮筹购委员会,配拨现款,分饬参酌市价协议购办,顾以需量较巨,市场受心理影响,间或不乏人为操纵,致粮价激涨不已,购粮机关虽经一再核增价款,终无法追及市价,争执纷起,阻碍百端,军队既有乏粮之忧,民生经济更受牵动之害。今北方诸省距麦收之期,南方距稻收之期,尚有数月,在此期间,军粮供应,必须打破过去及现有一切困难确实筹办,不容有误,以免动摇社会基础。因由中正亲自召集行政院宋院长,有关各部主官,及在渝各省政府主席,详加商讨,佥认免赋期间,所需军粮,仍只能采取定价收购办法,当经决定办法十四条如次:(一)各收复省区免赋期间所需军粮应定价购办。(二)中央对于各省军粮购价,以各该省内若干市场本年三月十五日之市价平均计算,一次核定,以后不再变更。(三)各省政府对于各地军粮购价,就中央核定总价范围,斟酌各地实际情形,分别一次核定,以后不再变更。(四)各地购粮价款,一次发足,所购之粮,一次收足。(五)收购军粮,以大粮户为主要对象,除保留其本户本年十月底以前自用食粮外,应全部应购,其以余粮隐匿分散逃避应购者,查明后,没收其全部存粮。(六)改组各省军粮筹购委员会,除原有军政、财政、粮食各部及省府与当地最高军事机关代表外，应加入省党部及省参议会代表为委员，并以省府主席及当地最高军事长官依其官阶，分任正副主任委员。（七）购粮各县亦得参照前条规定组织县军粮筹购委员会。（八）各省军粮配额，由中央军粮计核委员会重行考核调整，力求平允，领粮机关，谨守范围，核实补给，其在米麦不易购办，或办不足额时，应搭发杂粮。（九）军粮运费由中央合理规定，照数发给。（十）内地短程运输由地方政府负责，军队协助办理，长途转运由交通及后勤机关负责办理，充分拨派运输工具，尽先承运。（十一）军粮交接手续力求简单迅速公允，严禁留难需索，由各省政府聘请当地党部委员、参议会参议员组织监察委员会严密考查。（十二）各地配购军粮数量价格，以及所发价款，应由筹购委员会随时公布。（十三）各地党部，民意机关，监察机关，对于购办军粮事宜，应切实协助。（十四）本办法自本年三月份起实行，所有三月份以前各省筹购军粮仍照旧案分别清算核结。上项办法均系于军食民生之间折衷至当，双方兼顾，粮食市场既克由此安定，则一切物价波澜，亦必归于平息，务仰各省政府切实遵照办理，按额购足，毋得再生争执，稍存观望，尤盼各省参议会及各省党部体念国军八年苦战，克奏肤功，今后维护治安，职责重大，粮食供应不可或缺，一致协助省政府悉力推行，劝导人民出售余粮，以济急需为要。中正。寅三十。府交。

〔国民政府行政院档案〕

4. 河北省英山县王彦堂陈述征实弊端的呈文

（1946年7月1日）

事由：为征实为决定政策，请以高价照折免累小民由。

（一）窃查征实，弊窦丛生，略举大凡，以概其余。（甲）以前征收机关距送谷之户最远者，七八十 里不等，雇人送谷，遇涌到之时，往往五六天不能过秤收清，或送黑洋，用费浩繁，损失不少，其弊一。（乙）遇有征收员故意留难，以谷不好称说（凡毛谷褐谷叶谷一概不要），原数挑回，空劳往返，其弊二。（丙）无论若何，好谷要一律风扇，耽搁时间，而风去之谷又不许送谷人挑回，晚间将风去之谷掺入仓内换起好谷，暗地出粜，其弊三。（丁）大秤浮收，每十斤至少要压二斤，每百斤要浮收二十斤，并不许老百姓看秤，更有征收处，自办进出秤各一根，进秤大，而出秤真小秤，其弊四。（戊）殆谷收仓后又派大批的夫运往东西各处，或向转搬夫粮，夫费概行不发，其弊五。（己）由甲库搬至乙库往往少秤，要夫子赔或打或押种种磨难，人民不堪，其弊六。

（二）本上述事实，所有以前办理仓库征实人员，无不盈千累万，满载而归，是以恳祈中央政府决定高价照折。愿送谷者送谷，愿折者送钱，由老百姓自行划算。再查本年征实每赋额一元征谷四市斗，征一借一，是否共八市斗，带征公粮三成，是否为一斗二升。至征借代发库券，英山从未发过，合并声明，叩请一一详予批示。谨呈

中央政府行政院院长宋

湖北省英山县金潭乡十保十三甲十二户公民王彦堂

〔国民政府行政院档案〕

5. 国民政府等抢购邻近解放区各地粮食来往代电

（1946年10月4日—19日）

（一）国民政府代电　（10月4日）

代电　府交京字第七二二七号

机密。行政院宋院长勋鉴：据国防部陈参谋总长、粮食部徐部长会呈，拟就徐州、河南、山东等地购储军粮需款三百亿元，请准以紧急命令饬拨等语。查目前军事进展，军粮追送困难，就地采购，似

有必要。兹将原呈抄发，希即核拨购粮款项，以利行军补给为要。中正。酉纸府交京。附抄呈一件

中华民国三十五年十月四日

抄件

查关于匪区粮食管理及军粮储运办法纲要，业经呈奉钧座午贿府交京代电及行政院节京三字第四六二三三号训令，准予照办，等因。当经遵照订定军粮储备委员会组织通则及购拨军粮应行注意事项各一种，会衔分电各有关行辕绥署暨各省政府等密饬遵办在案。现我军正向匪区迅速推进，所有军粮储备工作亟应配合军事积极推进，除收复县份存粮其已被集中者，已饬各储委会派员会同各当地县政府或各法团机关接收妥为保管外，其邻近匪区及匪区散在民间之粮，急应争取时间迅予抢购。兹拟就徐州、河南、山东三地各采购粮食十万大包，河北十五万大包，山西三万大包，绥远二万大包，总共五十万大包。此项购粮系以吸收匪区粮食为主，每包价格应拟略予提高，俾能达到吸收之目的。平均以每大包六万元计算，共需款三百亿元，拟请钧座赐准，以紧急命令饬库拨发，俾便分拨赶办，理合备文签请鉴核，指令只遵。谨呈

主席蒋

职 陈诚 徐堪 呈

（二）行政院代电 （10月19日）

代电 节京嘉丙一六六九六

主席蒋钧鉴：府交京字第七二二七号酉纸代电及附件敬悉。查本案就徐州、河南、山东等地购储军粮，核与粮食部前平津胶济郑州屯粮案（共发价款一百四十四亿元）有一部分地区重复，该项价款三百亿元，似不必全数拨发。除已以紧急命令饬财政部垫发二百亿元，将来在三十五年粮食年度预算抵支并分行外，谨电复请鉴察。职宋子〇叩。酉梗节定丙。印。

〔国民政府行政院档案〕

6. 国民政府江浙区征粮督导团提出改进征粮建议事项代电稿

（1947年4月29日）

代电

南京。粮食部谷部长并转征粮督导会议：本团此次出发江浙两省及京沪两市，业于本月二十六日完成督导工作。惟所经过县份均召集专署县府及民意机关党团法团暨地方士绅等出席座谈会，使其尽量提供改进意见，期于宣导中央征实国策之外，对于除病便民有所收获。兹就各方提供意见中可资采取者，汇为建议事项，电请查照转陈，并于贵部最近召开之粮政检讨会发交讨论，藉利改进为荷。江浙区征粮督导团主任委员朱〇〇印。

附建议事项十六条

建议事项

一、查田赋向所有土地权人征收，系法令所规定。惟一般刁顽业户往往化名立户，隐匿真实姓名，亦有业主化整为零，将住址转移于外县者，亦有较大业户经常寄居省外或大都市者，以致纳粮通知无法送达，田赋之不能征收足额，此为主要原因。以后可于法令内增加一项，以佃农为对象举办指田完粮办法，由佃农代缴赋谷，藉防逃赋。

二、此次所经各县大多田赋册籍紊乱，呈报编查错误过多，如绍兴全县户口调查仅十八万户，而田赋册籍所载则多至五十四万户。又如富阳一县全县户口约四万，而田赋册籍所载多达十三万户，其中虽不无重复与有户无粮有粮无田之处，但影响所及，则为粮户琐碎，征收极感困难，应即由部饬令各县办理总归户，配合地主自行申报查挤及办理推收等办法，以期一户一串，使征收工作得以事半功倍。

三、全县总归户，以后对于良田冲为沙涂，沙涂变为良田，以及山荡田地土壤肥瘠收益丰啬，概予以合理调整或剔除。此外铁路公路飞机场等公家占用地原业主尚未豁免田赋者，必须查明豁免，另定征收标准，使负担公平，减轻人民痛苦。

四、此次所经江浙两省，省县财政均感困难，乡镇因经费无着，机构全陷停顿。查战前二十六年一至六月份，江苏省粮价为每元购稻谷二斗八升六合，今后田赋征实似可以此为提高征率之标准，以期与省县财政配合。又省县赋谷为省县财政之重要来源，过去中央收购省县赋谷，向由中央决定收购数量及价格，令饬办理，往往因数量超过省县所能负担及所定价格，常与当地市价相差过远，致使省县财政亏短，感到莫大困难。为中央军粮与地方财政兼筹并顾起见，嗣后中央收购省县赋谷应与各省洽议，依一般交易方式按市价分期收购，并使缴谷与拨款同时并行，以免款项迟到，致省县财政遭受重大损失。

五、纳粮地点应具全县性，此次所经县份，均系指定粮户赴某仓完粮，随即制串，而事实上常因粮户居住地点较所指定之仓库甚远，深感完粮不便，以致完粮迟缓，可以规定在原用三联串票之外，加一验收联随同通知单一并发给粮户，以便粮户得在较近任何仓库完纳粮谷。完纳之后粮户即凭仓库加盖验收联持赴城区换串处换串，如是人民完粮方便，收纳仓手续简单，县处亦可控制全部帐目，串票亦不致散失。

六、过去征实政令每多中途变更，使及早完纳者吃亏，疲顽之户反得便宜。本年起一切粮政法令既经确定颁布，应贯彻推行，不宜再有变更，致失政府威信，引起人民观望。

七、中央颁布法令不宜过于硬性，俾各地情形特殊者，得因地因时制宜，免限于通案杆格难行。

八、各县政府督催人民纳粮，当传案追缴时，往往被控为妨害自由，致工作人员无法认真执行职务，司法行政不能配合。应请中央就〔会〕商司法机关商定补救办法。

九、各县仓库甚少建立，即有亦因陋就简，不合标准，每县仓容不敷甚巨，人民纳粮因此深感不便，公私又多损耗，而积谷为备荒要政，积谷仓亦应积极建立。惟各县均以建仓费甚少，不能兴建，应请中央宽筹建仓经费，督促省府照积谷建仓办法，加强进行。

十、军粮需要往往急如星火，各县办理集运调拨，因部定运费标准太低，与实际相距甚远，又不能征用民夫，经办人员深感困难，竟至陷于停顿状态。又如嘉兴等县因赶运军粮，不能不照市给价，超过部定运费两倍以上，垫款无法弥补，应请中央提高一般运价，其有抢运军粮，应准其实报实销。

十一、仓耗、运耗、秤耗均在所不免，各县监察机构组织完密，监视甚严，经办人员不能任意浮收，致交拨甚难，赔累甚大，应请中央提高耗率，藉杜弊端，一面请对接收军粮机构接收军粮及粮食部总仓库，亦应组织监察机关严密监察，核实交收，根绝浮冒挑剔。

十二、验收工具原则上应改用磅秤，其无磅秤者，应配发法码，以期划一准备。

十三、各收复县田粮机构开办经费迄无着落，而工作人员底薪不及县级人员待遇，相形见绌，以致工作不易推动，旺征时期招来工作人员，一到淡征时期即被裁撤，影响工作情形及行政效率，应请分别改善。

十四、查各县征收办事处于催征验收记帐等工作规定员额，确不敷分配，应请按实际情形予以增加，不宜过事紧缩。

十五、田赋串票所载名目繁多，人民不易了解，计算亦甚困难，应请规定简化，并于石斗升合勺撮之外，加注斤两钱分，务期便民。

十六、赋谷加工成率应以各地之机械动力及赋稻之品质比较计算，以定成率高低，更须派员实地试验，再规定加工成率，以昭公允。

〔国民政府财政部档案〕

7. 行政院催征田赋催购粮食代电

（1947年10月17日）

（一）致苏皖两省代电

代电 （三十六） 五粮四二三一四

镇江、合肥。省政府王、李主席东成、鹤龄兄勋鉴：共匪到处流窜，戡乱军事正紧，官兵粮食需要迫切，顷奉主席手令，以本年度田赋征实征借及收购采购粮食关系剿匪军粮至为重要，饬严限督催，毋任延误。该省征实三〇三万三九二七石，征借一五一万六九六四石，收购省县粮一二〇万石；三三〇万石，征借一六五万石，收购省县粮八〇万石，务于田赋开征后三个月内分别征购足额，运集交通要点，待命调拨。至本年不敷粮食，已饬中国农民银行在该省采购，并应切实协助，如额购足。兹特派粮食部财务司长汪鹭前来面商进行，务希妥筹办法，遵照主席指示，督饬各专员县长及田粮工作人员加紧赶办，依限如数扫解。各级办理人员如有因循贻误，应即严加惩处，以赴事功，仍盼将办理情形具报为要。弟张〇。筱印。

（二）致赣省代电

代电 （三十六） 五粮四二三一四

南昌。江西省政府王主席方舟兄勋鉴：共匪到处流窜，戡乱军事正紧，官兵粮食需要迫切，顷奉主席手令，以本年度田赋征实征借及采购粮食关系剿匪军粮至为重要，饬严限督催，毋任延误。该省征实二七〇万石，征借一八〇万石，务于田赋开征后三个月内分别征收足额，采购粮一〇〇万石，务须于三个月内分别征购足额，运集交通要点，待命调拨。总之，本年度配由该省征办各种粮食，均为供应军糈，固应加紧赶办，照数依限办到，即粮食部委托银行代购之公教粮，亦应视同军粮，尽量协助，俾早购应。兹特派粮食部参事张清源前来面商进行，务希妥筹办法，遵照主席指示，督饬各专员县长及田粮工作人员切实赶办，依限如数扫解。各级办理人员如有因循贻误，应即严加惩处，以赴事功，仍盼将办理情形具报为要。弟张〇。筱印。

（三）致湘鄂两省代电

代电　（三十六）　五粮四二三一四

长沙、武昌。湖南、湖北省政府王、万主席东原、武樵兄勋鉴：共匪到处流窜，戡乱军事正紧，官兵粮食需要迫切，顷奉主席手令，以本年度田赋征实征借及收购采购粮食关系剿匪军食至为重要，饬严限督催，毋任延误。该省征实四三八万，三〇〇万石，征借二一五，一四〇万石，收购省县粮七〇万石，务于田赋开征后三个月内分别征购足额，运集交通要点，待命调拨。总之，本年度配由该省征办各种粮食，均为供应军糈，固应加紧赶办，照数依限办到，即粮食部委托银行代购之公教粮，亦应视同军粮，尽量协助，俾早购应。兹特派粮食部田赋署长张导民前来面商进行，务希妥筹办法，遵照主席指示，督饬各专员县长及田粮工作人员切实赶办，依限如数扫解。各级办理人员如有因循贻误，应即严加惩处，以赴事功，仍盼将办理情形具报为要。弟张〇。筱印。

〔国民政府行政院档案〕

8. 行政院关于合肥军民合作站苛扰人民应坚决制止训令

（1947年11月25日）

行政院训令

令司法行政部

奉国民政府戌筱侍地字第二三〇五一号代电内开：据战地视

察第五组组长蒋伏生报告节称，合肥县军民合作站业务纷乱，保存不良，代办军用柴草马秣用老秤征之民户，用新秤配发部队，所收价款二亿余元，存放县银行生息，存款大部为该县县政府动用，并未转发民户，等情。除令李主席查明惩办，并除将该站所收价款限文到一星期内转发原缴物品民户外，希通令各省市知照，尔后不准再有此等情事，否则以贪污论罪，等因。除通令各省市政府并分行内政、国防二部外，合行令仰转饬知照。此令。

中华民国三十六年十一月　日

院长　张群

〔国民政府司法行政部档案〕

9. 粮食部关于1946年度军粮办理情形进度表

(1947年)

中心工作项目	预定进度	实施结果	行政院初核意见		备考
			考语	分数	
	三十五年度军粮奉核定分两期筹拨共需米六百三十四万四千三百九十大包麦六百五十五万三千六百大包高粱六十三万三千六百大包	三十五年度军粮在本年十至十二三个月应拨之粮经与军方洽定分由各省共拨米一百九十八万五千七百四十六大包麦二百零四万八千大包高粱一十九万八千大包现正督促各省田粮处切实遵办中			

〔国民政府财政部档案〕

10. 粮食部 1946 年度征实征借工作办理情况报告表

（1947 年）

粮食部三十五年度中心工作办理情形检讨报告表

中心工作项目	预定进度	实施结果	行政院初核意见		备考
			考语	分数	
征实征借	三十四年度后方十一省市征粮配额最后核定为征实谷麦及高粱一千八百零一万四千六百八十八市石征借一千七百二十四万四千五百五十市石征棉三万一千九百市担应以半数列为本年度收入	本年一至六月应征起三十四年度征粮配额之半数计征实谷麦及高粱九百万零零七千三百四十四市石征借谷八百六十二万二千二百七十五市石征棉一万五千九百五十市担截至本年年底止计征起征实谷麦八百二十五万零零九十一市石征借七百四十六万七千二百四十五市石约达应征粮额百分之九十征棉一万三千六百五十三市担约达应征额百分之八十六			
	三十五年度征粮最后核定数为征实谷麦六千八百零一万九千零二十二市石征借一千九百五十八万三千二百六十八市石应以半数列为本年收入	本年七至十二月应征起三十五年度征粮配额之半数计征收实物部分征实一千八百九十四万三千三百九十五市石征借九百七十四万八千六百三十一市石征收法币部分征实一千五百零六万六千一百十五市石征借四万三千零零二市石截至本年年底共计征收实物部分征起征实一千零十二万九千一百七十二市石征借六百七十三万五千二百四十三市石约达应征粮额百分之六十三强征实法币部分征起征实征借八千零八十七市石			

〔国民政府财政部档案〕

11. 粮食部1947年度上半年民食调剂事项实施与检讨报告表

（1947年）

粮食部三十六年度上半年工作进度检讨报告表

粮食部部长俞飞鹏

工作项目	原定进度	工作实施与检讨	考核评判结果	下期应补办及新增工作	备考
都市民食调剂	本年度仍将各省历年征实征借粮食除拨付军公粮及专案粮等外余额悉数拨作调剂民食之用	查历年度征实征借粮食除拨军公粮及各项专案粮等外之存粮本部查酌各省区粮食余缺情形核准拨售调节民食者计福建米二十三万六千四百五十市石谷一十万零一千七百三十三市石四川谷一万市石玉蜀黍一万一千零七十五市石小麦一百六十市石广东谷二十万零零九百六十市石米一千五百三十三市石江西米一千三百三十四市石谷二万一千九百二十一市石贵州米五千七百市石谷三万八千八百市石云南米四万一千七百四十七市石湖北米三百八十六市石谷八千四百四十八市石玉蜀黍六十一市石黄豆三十三市石嗣因其他各省区及若干粮食重要消费都市民食亦待调节而无征存粮食可资拨售乃酌就本部在国内外购到粮食及督由各面粉厂商酌拨面粉出售调节计安徽米一万五千市石江苏谷三万市石面粉二万四千袋上海市米二十九万市石面粉四十万袋南京市米二万五千零三十二市石面粉二十四万袋青岛市面粉八万五千袋天津市面粉五万袋北平市面粉五万袋以上共计拨米六十一万七千一百八十二市石谷三十八万一千八百六十二市石小麦一百六十市石玉蜀黍一万一千一百三十六市石黄豆三十三市石面粉一百零七万五千袋办理以来情形尚属良好各省缺粮地区民食得以无虞粮荒情势赖以减轻尤以各粮食重要消费都市收效更宏京沪等地区机关林立人口密集又非产粮地区幸赖适时拨粮调节粮价得以稳定惟政府掌握粮食有限不能普遍供应仍须着重粮食自由流通合法粮商购运济销以期盈虚互剂产地无谷贱伤农之害销区无民食缺乏之虞		继续办理其无征存粮食地区而必须拨粮调济民食者本部得查酌实际情形酌拨购存粮食售济并督由粮商运销	

〔国民政府财政部档案〕

12. 粮食部1947年度上半年征实征借工作实施与检讨报告表

（1947年）

粮食部三十六年度上半年工作进度检查报告表

粮食部部长俞飞鹏

工作项目	原定进度	工作实施与检讨	考核评判结果	下期应补办及新增工作	备考
三、粮食征集 7. 征实征借	（一）继续催收三十五年度征粮应征数额	三十五年度全国征粮数额核定后苏皖豫等省以被共匪窜扰划为绥靖区浙台两省因负担过重东北九省因大部地区被共军盘据纷请调整减免经按各省实际情形分别予以核减计将征实减为五千零五十四万零六百九十九石征借减为一千八百九十三万一千八百六十九石本年开始后即查核截至上年底各省市征起数量电请各省市政府利用民间习惯在农历年节旺征时期严切加紧催收责成各区专员县长亲自出巡督征并饬县田粮主管机关实行分保完粮集体完粮挨户验串扫粮运动准期全部征送本年一至六月份应征全年度粮额半数计征实二千五百二十七万零三百四十九石五斗，征借为九百四十六万五千九百三十四石五斗，共计三千四百六十三万六千二百八十四石，截至六月底止共征起征实谷麦高粱二千三百八十二万五千七百五十九石，征借谷麦八百四十万零九千八百七十八石共计三千一百五十三万五千六百三十七石约占应征配额百分之九十一	三十五年度征粮收起数已达配额百分之九十一成绩尚佳		

〔国民政府财政部档案〕

13. 粮食部1947年度上半年办理军粮供应检讨报告表

（1947年）

粮食部三十六年度上半年工作进度检讨报告表

粮食部部长俞飞鹏

工作项目	原定进度	工作实施与检讨	考核评判结果	下年应补办及新增工作	备考
二、军粮供应 6. 经常军粮	三十五年度(粮食年度自三十五年十月至三十六年九月底止)经常军粮经与各有关机关商讨分为两期配备第一期(三十五年十月至三十六年三月)按五百万人配粮计需米三百九十七万一千四百九十六大包麦四百万零零六千大包高粱三十九万六千大包第二期(三十六年四月至三十六年九月)按三百万人配粮计需米二百三十八万二千九百大包麦二百四十五万七千六百大包，高粱二十三万七千六百大包全年共计米六百三十五万四千三百九十大包小麦六百五十五万五千五百大包高粱六十三万三千六百大包	本部于年度开始时即经按左列数额就部队分驻地区分别核配计在各省征粮中央可得项下就地配拨米三百五十二万四千三百九十六包麦一百一十八万一千六百大包由邻省调运征粮配拨米一百三十万零二千大包小麦五万大包全年共计可配拨米四百八十二万六千三百九十大包麦一百二十三万一千六百大包约合全部配额百分之四十七其余均系筹购因三十五年度征粮中央仅得征实百分之三十征借数额亦小较历年征实征借全部由中央支配之情形不同且大部分军粮集中于长江以北征粮甚少或不能征粮之地区故上列由征粮项下配拨之数较历年为少此项配额业经呈奉主席蒋核准并督饬照案按时拨交嗣因部队调动频繁原定各地配额与实际需要不能配合经依据调动情形并就原定五百万人范围将三十六年一至三月份各区配额加以调整至本年四月份原定按三百万人配粮似以部队整编未按时实行实际需要不能减少仍按五百万人配拨本年五至九月份军粮原按三百万人配备自不敷用爰经行政院军粮计核大会决议自五月份起至九月份止应照四百万人配拨其各地配拨细数亦经商定分别筹拨较原定预算已增加七百万人一个月之粮需增粮额以大米计约一百七十万大包加以原有粮源本极短绌骤增此巨额支出筹措殊为不易然以事实所需不得不勉为设法多方筹补所幸两月来各地军粮均能如额拨交尚无匮乏之虞	本年军粮配额经调整后较原计划增加七百万人一个月之食粮计米一百七十万大包之多而原有粮源确属短绌经多方筹补均能如额拨交无虞缺乏办理堪称努力		

〔国民政府财政部档案〕

14. 财政部 1947 年度粮政报告关于续办征实征借事项(节略)

(1948 年 2 月 16 日)

一至七〔略〕

八、粮食

(一) 续办征实征借

抗战期间,政府为掌握实物,藉以供应军粮,调剂民食,平稳物价,安定民生起见,于民国三十年起,实施田赋征收实物,配合作战,获致胜利,贡献至伟。胜利以还,因国家经济未复常态,粮食需要仍切,是以田赋继续办理征实,并随赋征借粮食。三十六年春,政府为减轻人民负担起见,经决定本年度田赋暂办征实,停办征借,奈共匪发动全面叛乱,政府为维护统一,保障人民安全计,不得已而实施总动员,从事戡乱,因之军粮需要,益形迫切,而中央在征实项下所得实物,为数有限,难以因应。政府对此问题,几经研讨,乃于第七次国务会议决定续办征借。本院为使本年度征粮工作顺利完成,经于七月间召集各省主席、参议会议长及田粮处处长,举行三十六年度粮食会议,通过三十六年度田赋征实暨征借粮食实施办法,并由粮食部与各省参加会议人员,就各省当时情况及军粮实际需要分别洽商,决定征实征借配额。全国各省市共配征实谷麦高粱四千一百三十六万四千一百五十二石,征借谷麦二千零二十九万二千一百八十九石,合计六千一百六十五万六千三百四十一石。本院经将各省市应征粮额,分别令饬各省主席,各院辖市市长遵照办理,并令饬粮食部分别核定各省开征日期,依期开征。复于九月间各省市陆续开征后,规定分期进度。(自开征之日起以一个月为一期)第一期至少征足配额二成,第二期至少征足配额八成,第三期如额征足。对于催征办法,规定各省新赋开征后,应由省主席指派厅处局长及省府委员出发督征,行政督察专员并应随时出巡,对辖区各县征粮负督催考核之责。各省市田粮机关，尤应运用一切有效方法加紧催征，务须依限如额征足。至各省市及各行政督察区每期征收成绩，由粮食部切实考核，分别优劣，报院实施奖惩。各县征借实物监察委员会，应一律限期依法成立，并加强组织，切实执行职务，以杜弊端。粮食部经根据上项原则，详细规定应行办理事项，电饬各省市田粮机关切实遵办。嗣据粮食部报称，为加强督征，早日达成任务，经将全国划分为十五个督征区，每区由部遴派督征委员一人，前往宣达中央意旨，切实督征。湘鄂赣苏皖等沿江省份，粮产甚丰，配额较巨，各该省征粮关系尤为重要，复由院令派粮食部田赋署署长张导民、财政司司长汪鹭、参事张清源，分别前往，协商进行。全面征实工作展开后，各地粮民多能深明大义，踊跃输纳，各级主管员司及从业人员，亦能体忍时艰，悉力以赴。本院又随时根据各省市征收情形，予以指示，俾能依限如额征足，以裕军粮。据报征收情形，大体尚属良好，截至本年十二月三十一日止，各省市征收成绩，超征者计平宁两省市，足额者山西一省，九成以上者察绥两省，八成以上者粤青两省市，七成以上者甘渝两省市，六成以上者陕青赣津四省市。其余皖苏鄂冀晋热等省及东北各省市，因共匪窜扰，影响征收甚巨，除热河及东北各省市情形特殊外，均能在极恶劣之环境下并配合军事力量抢征，收起相当成数。此外湘粤桂滇闽等省，有因灾欠较重，有因收获季节关系开征较迟，致收数较少，现均发动全力，加紧赶征，总共征起征实谷麦一千四百三十万零七千一百二十三石，征借谷麦八百二十三万五千七百五十一石，合计二千二百五十四万二千八百七十四石，达应征配额（本年度田赋配征总额，原核定为六千一百六十五万六千三百四十一石，嗣因宁鲁热粤青及东北各省配额，均有变更，实配征实谷麦高粱四千三百一十七万一千五百零二石，征借谷麦二千零二十五万四千四百六十石，共计六千三百四十二万五千九百六十二石）百分之三十六，较诸上年度同期征起成数即三十五年度田赋截至三十五年十二月三十一日止，超征者平宁两省市，足者晋青两省，八成以上者甘湘两省，七成以上者绥省，总共征起征实谷麦高粱九百八十七万八千四百四十四石，征借谷麦六百一十四万四千六百二十三石，未分科目谷麦九百七十一万一千六百七十四石，合计二千五百七十二万四千七百四十一石，达应征配额（八千七百五十九万二千三百五十石）百分之二十九。两相比较三十六年度不特成数较高，且征达六成以上之省市亦较多，川浙赣闽黔康陕冀宁绥热京沪津青渝等十六省市，三十六年度征收进度，均较三十五年度为优。其三十六年度征收成绩较差之豫皖苏鄂粤桂等六省及东北各省市，或系匪扰，或系受灾省份。故三十六年度征粮，较之三十五年度征粮，实无逊色。惟田赋系跨年度征收，依照民间习惯，农历年前始为旺征时期。各省市本年度征粮，在本院严厉督催之下均能集中全力，加紧赶征，目前征收成绩，虽尚未达到预期效果，然稍假以时日，自可收达相当成数。附各省市三十五、三十六两年度田赋额征数暨各该年度截至当年十二月底止实收数比较表。〔略〕

（二）调节粮食供需

1. 管制粮食流通

本院对于国内各地粮食，向以自由流通为原则，俾能酌盈济虚，惟间有环境特殊，为临时采取紧急措施并由当地粮政机关呈准粮食部加以限制，本年因情形特殊，限制粮食出境者，如江苏京沪沿线各地及安徽芜湖，前因各帮商人大量购运，刺激粮价上扬，经分电苏皖两省府，对于商人采购粮食外运他省者，暂时予以管制，以杜抬价竞购与操纵。至前经共匪蹂躏或邻近共匪之区，因共匪截留粮食，造成粮荒，本院为因应实际需要，对于各该地粮食准其酌加限制，前者如江苏沭阳、淮阴，后者如热河各地。又贵州原为山岳地区，去年收获尚佳，因商人大量采购外运，刺激粮价，并影响田赋征收，经由粮食部分电湘桂两省府，如需向黔省购粮，可商由粮食部统筹配拨，由黔省指定就近县份接济，并规定凡以汽车船只一次装运食米五市石，或谷十市石以上者运出省境，一律禁止，其用兽力运输，或有肩挑背负者仍准自由流通，湖南本属产粮之区，去年因灾欠收，禁粮出省，经由粮食部电请于秋收后准将余粮外运接济，不得禁阻。以上各项均系临时措施，一俟特殊原因消失，即应恢复自由流通(湖南早于七月间，即行解禁)。本年七月间，粮食部拟具面粉限额转口办法呈经本院核定施行，旨在充裕平津保青浙闽粤南北各省市民食，并兼顾面粉工业之发展。嗣该部为明了长江流域粮食之动态，藉以调节华南北粮食之盈虚，依据动员戡乱，完成宪政实施纲要第六条之规定，拟定粮食流通管理办法，呈由本院核定公布施行，并将面粉限额转口办法予以废止，以免重复。自八月份起，截至年底止，经粮食部核准长江各省市运销南北各省之粮食，计米六十六万八千余市石，麦二十二万一千余市石，面粉四百九十八万九千余袋。

2. 采购国外粮食

战后世界各地普遍发生粮荒，各国为避免竞购起见，乃于一九四六年六月成立国际紧急粮食处理委员会于华盛顿，主持粮食统筹分配事宜。各国在该会每期议定之配额，除指定采购地区外，不能自由采购。我国已加入该会，并当选为中央执行委员会会员国。所有采购国外粮食，亦系统照上述规定办理。我国所得此项配额，一部分拨归联总购运，一部分利用美国救济资金购运，一部分由政府拨款自行购运，尚有一部分小麦，系利用中加信用借款购买，食米部分三十五年下半年我国得洋米配额二十八万吨，指定联总购运二十万吨，政府自购八万吨，据报联总全年购到洋米十八万七千七百零五吨，政府下半年购到越米二万三千四百六十八吨，两共二十一万一千一百七十三吨。三十六年我国得配额三十七万五千八百九十四吨，截至年底止，政府自购洋米十万六千一百零七吨，让与美国及联总代购者，共十七万六千八百三十六吨(联总购运十三万五千三百九十七吨，美国代购四万一千四百三十九吨)。总共已用去洋米配额二十八万二千九百四十三吨。除此厄瓜多尔配额一万吨，因价格较昂，我已声明放弃外，尚有配额八万二千九百五十一吨，将并入三十七年配额，继续购运（附三十五至三十六年洋米进口数量比较表）〔略〕。至小麦部分自三十五年七月至三十六年六月，我国计有小麦配额五十吨，其中三十五年下半年联总购进十四万八千一百四十七吨，商人进口二万八千六百二十六吨，及政府利用中加信用借款购进五万六千二百十五吨，总共用去配额二十三万二千九百八十八吨，三十六年上半年尚有配额二十六万七千零十二吨，政府以外汇短绌，仅在中加信用借款项下，购到加粉配额六万零六百四十八吨，及联总购进四万二千九百七十一吨，共十万三千六百十九吨，下半年小麦配额十五万吨，政府拨款购进相等于小麦二万四千吨之美粉，连同拨归美国政府利用救济资金代购麦面五万吨在内，共购七万四千吨，尚有配额七万六千吨，将于三十七年上半年继续购运（附三十五年下半年至三十六年年底止购进洋麦数量表）〔略〕。总计三十五年政府自购洋米二万三千余吨，动用中加借款购进小麦五万六千余吨；三十六年购到洋米十万余吨，动用中加借款购进小麦六万余吨，另自拨款购进小麦二万四千吨，两年比较，三十六年购进数量较之三十五年购进数量，计洋米增加四倍以上，小麦亦增加约一倍，足证政府在外汇极端拮据期间，已尽最大努力。至于联总与美国政府在此期间，曾划拨大量资金，购运粮食，接济我国，尤堪感念。

〔国民政府行政院档案〕

15. 粮食部陈送1948年度征集粮食办法呈

（1948年5月7日）

粮食部呈行政院　　发文粮田（三十七）字第13473号
　　　　　　　　　中华民国三十七年五月初七日

呈。查三十六年度田赋征收业已结束,三十七年度征收事宜即将开始,北方各省小麦下月即可登场,南方早稻收获亦不再远。编造册串需时约将两月,现各省纷请将本年度征收办法早日核定,以便筹办,而免延误开征。经查戡乱工作正在加紧进行,军粮需要至为迫切,加以配售公粮民食,需粮尤巨。故三十七年度征集粮食范围必须略予扩大,以期掌握粮源,应付艰巨。本年田赋征实除前方各省仍按上年成例办理,后方分年免赋各省一律恢复全额征收外,征借粮食拟一律按征一借一征收,并为充裕地方自卫国家戡乱粮源起见,拟加办戡乱特捐,专以大户为对象,累进征收。本年应还到期粮食库券本息及本年应还到期征借粮食,拟参照此次国大代表提议(提案原文十六册第七九九号),发动人民捐献政府,以作戡乱之用,不再抵缴田赋。兹特依据各省目前情形及粮食实际需要,拟具三十七年度征集粮食办法,是否有当,理合备文呈请鉴核示遵。

谨呈

院长张

附呈三十七年度征集粮食办法一份

各省市三十七年度征实征借戡乱特捐配额及估计中央可得实物数额表一份

三十七年度应还三十一、三十二年度库券本息及三十二年度征借粮食数额表一份。

粮食部部长 俞〇〇

三十七年度征集粮食办法

抗战期间田赋征实征借粮食,均系全部归解中央,故军粮民食得以供应无缺。三十四年抗战胜利,前后方各省分期免赋一年,征实征借数额骤然减少。三十五年改订财政收支系统,将田赋七成归拨地方,中央所得仅有三成,虽继续办理征借,因借额多系按征实额二分之一或三分之一计征,为数亦微。计三十五年度征实征借中央所得稻谷不过一千五百余万石，三十六年度不过二千万石。军粮一项每年即需支出四千余万石，已感不敷甚巨，遑论配售公粮，调剂民食，虽可收购一部分省县级赋粮及采购粮食，以资弥补。但核价付款困难滋多，价格太高，既宜引起通货膨胀，大量采购又足刺激粮价上涨。

反之各省县政府以田赋业已大部划归地方，地方有支配田赋之权，因此多以获得民意机关同意为理由，任意随赋附加或摊派名目多至十数余种，附加超过正税数倍，国库之支出未减，粮民之负担加重，人民诟病，舆论指摘，均以征实为攻击之中心。似此情形，如三十七年度田赋仍墨守过去成规，在政治上固足继续招致怨尤，在财政上亦将得不偿失。

戡乱重于抗战，足兵尤贵足食，政府既需供应军粮，又需配给公粮，调剂民食，粮食需要数量日益增加，粮源控制日渐短少。故本年征粮办法必须酌予变更，以图扩大掌握粮食，应付艰难。当此国家经济动荡时期，土地改革最为迫切，地主大户尤应有力出力，有粮出粮。本年田赋除征实征借外，拟举办戡乱特捐，专以大户为对象，累进征实，以裕地方自卫及中央戡乱粮源，并绝对禁止地方再以田赋为对象额外附加或摊派，以轻小农负担。兹谨拟具本年度征粮实施办法如下：

甲、关于田赋征收者

一、本年度各省市田赋为配合动员戡乱需要，仍一律征收实物。但院辖市及各省少数交通不便地区，得呈准参照开征前三个月平均粮价折征法币，如遇粮价上涨过巨时，得随时调整其折征标准。

前项折征法币地区及折征标准，由粮食部核定之，调整折收标准由各省市拟定报请粮食部核备。

二、后方免赋之川、康、滇、黔、陕、甘、宁、青、新、闽、渝等十一个省市本年免赋期满，一律恢复全额征收。

三、随赋征借粮食，一律按征实额，征一借一。

四、征借粮食一律不发款券，不计利息，自民国四十二年起，分五年平均偿还。

五、本年应还到期粮食库券本息及应还到期征借粮食，由各省市捐献政府作为戡乱军粮，不再抵缴田赋。

六、为充裕地方自卫及中央戡乱军粮，树立累进征收制度，实行有粮出粮，各省市应另以征实赋额八成办理戡乱特捐，累进征实，专以大户为对象，其余二成，小户免捐。根据总归户或户领坵册办理，其累进起点及累进等级，由各省市依照当地实际情形拟订报核。

前项戡乱特捐如有隐匿不缴者，由各该乡镇征实征借监察委员会依照乡镇查挤大户办理，随时检举，报由省县田粮机关办理，查挤大户办法另定之。

七、省县市公粮随赋带征，其数额以征实额三成为限。

八、各省县市田赋务必于开征后三个月内如数征足，逾期尚未完纳者，应切实依照战时田赋征收实物条例第十六条、第十七条、第十八条及第十九条之规定办理，折征法币地区其滞纳罚锾，并应加倍征收。

九、对于上项征实征借及戡乱特捐等粮食，如有顽抗不缴或意图规避者，得依照动员戡乱完成宪政实施纲要第十六条之规定，按妨害国家总动员惩罚暂行条例惩罚之。

十、为鼓励各级征收人员加紧征收，迅速完成征粮工作起见，其征粮成绩优良者，得酌予实物提奖，提奖办法另定之。

乙、关于划拨及收购者

一、田赋征实仍按照现行财政收支系统法之规定，在各省为中央三成，省二成，县市五成，在院辖市为中央四成，市六成。

二、随赋征借粮食全部解归中央。

三、戡乱特捐中央与地方按四六分配，中央得百分之四十，地方得百分之六十，省县各得百分之三十。

四、带征公粮在各省为省市县各半，院辖市全部归市。

五、田赋征收所得实物属于省县地方所得部分，中央得查酌实际需要，予以收购，其收购数量及定价付款办法另定之。

丙、关于机构经费者

一、省田粮处应视征币县份之多寡，由粮食部参照三十六年度编制，紧缩配设。

二、征实县份一律设置田粮处及乡镇办事处与收纳仓库，其设备数目及人员编制，由田粮部另定之，征币县市交由各县市财政科办理，不另设机构。

三、各省田粮处及征实县份之田粮处、乡镇办事处暨收纳仓库所需经常费、生活补助费、田赋单册串票印制费、征收事业费、验收工具费，全部由中央负担。

前项生活补助费应照中央待遇十足发给。

四、院辖市办理田粮业务所需经常费、生活补助费及田赋册串印制费，均由中央与市按收入成数分担。

五、征币县市中央应分担之经费（连同田赋单册串票印制费），由县市政府在征起中央应得田赋数内坐支百分之五，征借及戡乱特捐数内分别坐支百分之一，并列入县预算。

六、征实及征币县份之业户总归户费、田赋推收费、土地陈报复查更正费、整编田赋册籍费、调整田赋科则费，仍由中央及地方分担。

丁、关于督征监察者

一、各省市县政府及田粮机关对于征粮业务应全力推动，旺征时期省县市主管人员应分赴各地督征，务须依限征足，如征收不足七成者，即予撤惩究办。

二、各级征实征借监察委员会应即健全其组织，严密监察，以期杜绝弊端。

各省市三十七年征实征借戡乱特捐配额及估计中央可得实物数额表

省市别	粮类	可配粮额（石）				估计可收成数	估计中央可得实物数	备考
		征实	征借	戡乱特捐	合计			
江苏	谷	二,五〇〇,〇〇〇	二,五〇〇,〇〇〇	二,五〇〇,〇〇〇	七,五〇〇,〇〇〇	57	二,四二二,五〇〇	见说明一
浙江	谷	二,五五〇,〇〇〇	二,五五〇,〇〇〇	二,五五〇,〇〇〇	七,六五〇,〇〇〇	51	二,二一〇,八五〇	见说明二
安徽	谷	二,七〇〇,〇〇〇	二,七〇〇,〇〇〇	二,七〇〇,〇〇〇	八,一〇〇,〇〇〇	30	一,三七七,〇〇〇	见说明三
江西	谷	三,〇〇〇,〇〇〇	三,〇〇〇,〇〇〇	三,〇〇〇,〇〇〇	九,〇〇〇,〇〇〇	75	三,八二五,〇〇〇	见说明四
湖北	谷	一,九〇〇,〇〇〇	一,九〇〇,〇〇〇	一,九〇〇,〇〇〇	五,七〇〇,〇〇〇	30	九六九,〇〇〇	见说明五
湖南	谷	四,八〇〇,〇〇〇	四,八〇〇,〇〇〇	四,八〇〇,〇〇〇	一四,四〇〇,〇〇〇	55	四,四八八,〇〇〇	见说明六
四川	谷	九,〇〇〇,〇〇〇	九,〇〇〇,〇〇〇	九,〇〇〇,〇〇〇	二七,〇〇〇,〇〇〇	70	一〇,七一〇,〇〇〇	见说明七
西康	谷	三〇〇,〇〇〇	三〇〇,〇〇〇	三〇〇,〇〇〇	九〇〇,〇〇〇	36	一八三,六〇〇	见说明八
福建	谷	二,〇〇〇,〇〇〇	一,六〇〇,〇〇〇	二,〇〇〇,〇〇〇	五,六〇〇,〇〇〇	67	二,〇一〇,〇〇〇	见说明九
广东	谷	二,五〇〇,〇〇〇	二,五〇〇,〇〇〇	二,五〇〇,〇〇〇	七,五〇〇,〇〇〇	45	一,九一二,五〇〇	见说明十
广西	谷	二,〇〇〇,〇〇〇	二,〇〇〇,〇〇〇	二,〇〇〇,〇〇〇	六,〇〇〇,〇〇〇	50	一,七〇〇,〇〇〇	见说明十一
云南	谷	一,五〇〇,〇〇〇	一,五〇〇,〇〇〇	一,五〇〇,〇〇〇	四,五〇〇,〇〇〇	69	一,七五九,五〇〇	见说明十二
贵州	谷	一,六〇〇,〇〇〇	一,六〇〇,〇〇〇	一,六〇〇,〇〇〇	四,八〇〇,〇〇〇	80	二,一七六,〇〇〇	见说明十三
台湾	谷	二,一九〇,〇〇〇			二,一九〇,〇〇〇			见说明十四
南京	谷	一〇,〇〇〇	一〇,〇〇〇	一〇,〇〇〇	三〇,〇〇〇			见说明十五
上海	谷	七二,六〇〇	七二,六〇〇	七二,六〇〇	二一七,八〇〇			见说明十六
重庆	谷	二〇,六〇〇	二〇,六〇〇	二〇,六〇〇	六一,八〇〇			见说明十七

续上表

省市别	粮类	可配粮额（石）				估计可收成数	估计中央可得实物数	备考
		征实	征借	戡乱特捐	合计			
广州	谷	一七,六〇〇	一七,六〇〇	一七,六〇〇	五二,八〇〇			见说明十八
小计	谷	三八,六六〇,八〇〇	三六,〇七〇,八〇〇	三六,四七〇,八〇〇	一一一,二〇二,四〇〇		三五,七四三,九五〇	
河北	麦	一〇〇,〇〇〇	一〇〇,〇〇〇	一〇〇,〇〇〇	三〇〇,〇〇〇	17	七九,九〇〇	见说明十九
山东	麦	八〇,〇〇〇	八〇,〇〇〇	八〇,〇〇〇	二四〇,〇〇〇	58	七八,八八〇	见说明二〇
山西	麦	二七〇,〇〇〇	二七〇,〇〇〇	二七〇,〇〇〇	八一〇,〇〇〇	80	三六七,二〇〇	见说明二一
河南	麦	四〇〇,〇〇〇	四〇〇,〇〇〇	四〇〇,〇〇〇	一,二〇〇,〇〇〇	31	二一〇,八〇〇	见说明二二
陕西	麦	一,九〇〇,〇〇〇	一,九〇〇,〇〇〇	一,九〇〇,〇〇〇	五,七〇〇,〇〇〇	61	一,九七〇,〇〇〇	见说明二三
甘肃	麦	六七〇,〇〇〇	六七〇,〇〇〇	六七〇,〇〇〇	二,〇一〇,〇〇〇	69	七八五,九一〇	见说明二四
青海	麦	七〇,〇〇〇	七〇,〇〇〇	七〇,〇〇〇	二一〇,〇〇〇	70	八三,三〇〇	见说明二五
宁夏	麦	三〇〇,〇〇〇	三〇〇,〇〇〇	三〇〇,〇〇〇	九〇〇,〇〇〇	85	四三三,五〇〇	见说明二六
绥远	麦	一二〇,〇〇〇	一二〇,〇〇〇	一二〇,〇〇〇	三六〇,〇〇〇	80	一六三,二〇〇	见说明二七
热河	麦	三二,〇〇〇			三二,〇〇〇			见说明二八
察哈尔	麦	一二〇,〇〇〇	一二〇,〇〇〇	一二〇,〇〇〇	三六〇,〇〇〇	80	一六三,二〇〇	见说明二九
新疆	麦	一,三〇〇,〇〇〇			一,三〇〇,〇〇〇	70	二七三,〇〇〇	见说明三〇
北平	麦	五,八〇〇	五,八〇〇	五,八〇〇	一七,四〇〇			见说明三一
天津	麦	一,〇〇〇	一,〇〇〇	一,〇〇〇	三,〇〇〇			见说明三二
青岛	麦	八,〇四七	八,〇四七	八,〇四七	二四,一四一			见说明三三

续上表

省市别	粮类	可配粮额（石）				估计可收成数	估计中央可得实物数	备考
		征实	征借	戡乱特捐	合计			
小计	麦	五,三七六,八四七	四,〇四四,八四七	四,〇四四,八四七	一三,四五六,五四一		四,二〇九,一九〇	
总计	麦	四四,〇三七,六四七	四〇,一一五,六四七	四〇,五一五,六四七	一二四,六二八,九四一		四〇,三五三,一四〇	

附注：1. 可配粮额系将各省绥靖区及流滥数剔除后可能配征之粮数。

2. 估计可收成数系按三十六年度征收成数减低一成估计。

3. 东北各省情形特殊，俟开征时察酌当地实际情形办理，暂未配征粮额。

4. 估计中央可得实物数除去各省少数折征法币县份折征法币约六百万石外，中央实际可得实物谷三千万石、麦四百万石。

说明

一、苏省征实配额照三十六年度成案应配(303)万石，征借及戡乱特捐按征一借一捐一原则，应与征实同。惟该省一部分城乡地区已改征地价税，连同绥靖区无法征收粮额均应剔除(50)余万石，实际可配粮额仅有(250)万石。本年征实征借及戡乱特捐拟暂照上数配征。

二、浙省征实配额照三十六年度成案应配(315)万石，征借及戡乱特捐按征一借一捐一原则，应与征实同，如依照上年成例剔除流滥二百万石，实际可配粮额仅有(255)万石。本年征实征借及戡乱特捐拟暂照上数配征。

三、皖省征实配额照三十六年度成案应配(330)万石，征借及戡乱特捐按征一借一捐一原则，应与征实同。惟该省绥靖区无法征收粮额约六十余万石，实际可配粮额有(270)万石。本年征实征借及戡乱特捐拟暂照上数配征。

四、赣省三十六年度征实配额原为(270)万石，征借原为(180)万石，本年按赋额计算可配征实(300)万石，征借及戡乱特捐按征一借一捐一原则与征实同。

五、鄂省征实配额照三十六年度成案应配(300)万石，征借及戡乱特捐按征一借一捐一原则，应与征实同。惟该省绥靖区南漳等二十六县无法征收粮额约(110)万石，实际可配粮额仅有(190)万石，本年征实征借及戡乱特捐拟暂照上数配征。

六、湘省三十六年度征实配额原为(438)万石，征收标准每元二斗八升。惟该省粮产较丰，为控制粮源计，本年征收标准提高为每元三斗，征实配额提高为(400)万石，征借及戡乱特捐与征实同。

七、川省三十六年度征实配额为(450)万石，本年免赋期满，应恢复全额征收，征实征借及戡乱特捐各定为(900)万石。

八、康省三十六年度征实配额为(14)万石，本年免赋期满，应恢复全额征收，征实征借及戡乱特捐各定为(30)万石。

九、闽省三十六年度征实配额为(100)万石，征借为(80)万石，本年免赋期满，应恢复全额征收，征实定为(200)万石，征借因该省农基荡果向不办征借定为(160)万石，戡乱特捐与征实同。

十、粤省本年征实配额仍照三十六年度定为(250)万石，征借配额原为(50)万石，本年征借及戡乱特捐按征一借一捐一原则与征实同。

十一、桂省本年征实配额仍照三十六年度定为(200)万石，征借配额原为(50)万石，本年征借及戡乱特捐与征实同。

十二、滇省三十六年度征实配额原为(150)万石，嗣因省方呈以战乱之余，元气未复，经准减半计征，本年征实配额应恢复(150)万石，全额征收，征借及戡乱特捐与征实同。

十三、黔省三十六年度征实配额为(80)万石，本年免赋期满，应恢复全额征收，征实征借及戡乱特捐各定为(160)万石。

十四、台省征实配额仍照三十六年度定为(219)万石，惟该省本年田赋仍按特别预算全归地方，中央应得实物数故未计列，征借及戡乱特捐并予免办。

十五、京市本年田赋仍照三十六年度成案折征法币。

十六、沪市本年田赋仍照三十六年度成案折征法币。

十七、渝市本年田赋仍照三十六年度成案折征法币。

十八、穗市本年田赋仍照三十六年度成案折征法币。

十九、冀省征实配额，照三十六年度成案应配(20)万石，征借按征一借一原则应与征实同。惟该省本年绥靖区扩大，实际可配粮额仅有(10)万石，本年征实征借及戡乱特捐拟各按(10)万石配征。

二十、鲁省三十六年度征实配额原为(12)万石，征借免办。本年该省情况仍未好转，征实配额拟减为(8)万石，征借及戡乱特捐与征实同。

二十一、晋省三十六年度征实配额原为(27)万石，本年仍照上年数额定为(27)万石，征一借一捐一及戡乱特捐均与征实同。

二十二、豫省三十六年度征实配额为(100)万石，征借配额为(80)万石，本年该省绥靖地区扩大，实际可配粮额约为(40)万石，本年征实征借及戡乱特捐拟暂照上数配征。

二十三、陕省三十六年度征实征借各为(120)万石，本年免赋期满，原应各配(240)万石。惟该省本年绥靖地区扩大，实际可征粮额约为(190)万石。本年征实征借及戡乱附加拟暂照上数配征。

二十四、甘省三十六年度征实征借各为(75)万石,如将该省绥靖区庆阳等七县无法征收粮额剔除计算,实际可征粮额约为(67)万石。本年征实征借及戡乱特捐拟暂照上数配征。

二十五、青海省三十六年度征实征借配额各为(3)万(5)千石,本年免赋期满,应恢复全额征收,征实征借及戡乱特捐各定为(7)万石。

二十六、宁省三十六年度征实配额为(15)万石,征借(10)万(5)千石,本年免赋期满,应恢复全额征收,征实征借及戡乱特捐各定为(20)万石。

二十七、绥省征实配额仍照三十六年度定为(12)万石,征借配额原为(4)万石,本年征借及戡乱特捐与征实同。

二十八、热省征实配额仍照三十六年度定为(3)万(2)千石,征借及戡乱特捐免办,并照三十六年度折征法币。

二十九、察省征实配额仍照三十六年度定为(12)万石,征借及戡乱特捐与征实同。

三十、新省征实配额因情形特殊,呈准减半计征,本年应恢复全额征收,定为(130)万石,征借及戡乱特捐免办。

三十一、平市本年田赋仍照三十六年度成案折征法币。

三十二、津市本年田赋仍照三十六年度成案折征法币。

三十三、青市本年田赋仍照三十六年度成案折征法币。

三十七年度应还三十一、三十二年度库券本息及三十二年度征借粮食数额表

省别	种类	31年度库券本息		32年度库券本息		32年度征借		合计		备考
四川	谷		288	3,600,000	000	1,391,594	200	6,047,363	488	应还三十一、三十二两年粮食库券本息系根据财务司资料编列应还三十二年征借粮食系根据三十二年征借实收数五分之一计列
湖南	谷	890,471	992	1,701,000	000	—	—	2,591,471	992	
江西	谷	—	—	1,409,400	000	—	—	1,409,400	000	
浙江	谷	—	—	405,000	000	161,511	600	566,511	600	

续上表

省别	种类	31年度库券本息		32年度库券本息		32年度征借		合计		备考
贵州	谷	—	—	337,500	000	—	—	337,500	000	
云南	谷	—	—	540,000	000	264,883	400	844,883	400	
西康	谷	41,965	367	112,500	000	38,269	200	192,734	567	
广西	谷	209,065	080	540,000	000	242,026	600	991,091	680	
广东	谷	147,000	000	405,000	000	182,916	800	734,916	800	
福建	谷	—	—	455,000	000	265,035	800	715,035	800	
陕西	麦	253,913	100	630,000	000	244,476	600	1,128,389	700	
甘肃	麦	—	—	160,000	000	161,428	600	321,428	600	
绥远	麦	—	—	67,500	000	30,000	000	97,500	000	
安徽	谷	120,750	000	—	—	291,255	800	412,005	800	
总计 谷		2,465,021	727	9,500,400	000	2,837,493	400	14,802,915	127	
总计 麦		253,913	100	857,500	000	435,905	200	1,547,318	300	
总计 合计		2,718,934	827	10,357,900	000	3,273,308	600	16,350,233	427	

〔国民政府财政部档案〕

三、各省市办理征粮事宜，应由各省市政府督饬田粮主管机关依照战时田赋征收实物条例及本办法之规定，拟具实施办法，送经粮食部核转行政院备案。

16. 四行联合办事总处第365次理事会议关于核拨抢购绥靖区粮食价款报告节略

（1948年6月10日）

一、〔略〕

二、中央银行函送绥靖区抢购粮食办法转请核议案，经已商妥，由该行先行垫款办理，以赴事机，报请鉴察备案。

准中央银行业务局函，以该行奉行政院交办国防、粮食两部呈拟绥靖区抢购粮食办法暨请核拨第一二期购粮款三八，七一八亿元一案，请查照核复各等由。原案要点如次：

一、抢购数量及价款

第一期在六月份内，购麦四六六，〇〇〇大包，需款二一，九八八亿元（五月二十一日以前拨款）。

第二期在七月份内，购麦三五〇，〇〇〇大包，需款一六，七三〇亿元（六月二十日以前拨款）。

第三期在八月份内，购麦一九〇，〇〇〇大包，需款九，〇八二亿元（七月二十日以前拨款）。

共计购麦一，〇〇〇，〇〇〇大包，需款四七，八〇〇亿元。

二、抢购办法　由粮食部领款配发，各省府或军粮筹购会负责办理抢购事宜，并将购粮交由补给机关接收拨补列抵军粮配额。

三、行政院核定办法　抢购办法通过。惟本案请购之小麦，系备三十七粮食年度之用。现时不便追加预算，其第一、二两期所需价款三八，七一八亿元，饬由中央银行贷款，不计利息。

四、中央银行业务局意见此项抢购之粮食系作拨补军粮，并非出售，无价款收回，且不计利息，与贷款方式不合，拟以代财部垫款方式办理，似较适合。至所需券料，在目前支付浩繁之时，发行局是否能及时准备，亦颇有问题。当经邀请财、粮两部及中央银行代表审查签具意见：拟准由中央银行垫借一二两期购麦款项三万八千七百一十八亿元，按照国库垫款方式计息，并请由财政部担保在南京订约，并准先行用款，俟政府核定预算后，即行扣还。经陈奉示：本案事机迫切，准先行分电照办等因。理合将本案办理经过报请鉴察。

〔国民政府财政部档案〕

17. 行政院关于立法委员对该院施政方针粮食部分质询案答复稿

（1948年7月）

粮食部分

（一）施政方针内有粮食征借办法。抗战以后，人民困苦不堪，政府除征实外，万不得已时，只能按时价征购，万不能征借。

韩委员中石、毛委员云

答：当兹动员戡乱正临重要阶段，为充裕粮源稳定财政经济，本年度仍有继续办理征借之必要。按本年所需粮食，计军粮需谷二八，四六四，〇〇〇市石，麦一一，六五二，〇〇〇市石，公教民警需谷二三，二〇九，九二四市石，麦八，九二一，六六一市石，合计共需谷五一，六七三，九二四市石，麦二〇，五七三，六六一市石。依照现行财政收支系统法之规定，中央应得田赋征实三成，仅有谷麦七，二六三，四二〇石，两相比较不敷甚巨。至于采购粮食，历年办理结果，最高额从未超过稻谷一千万石、小麦五百万石，如以采购方法补给军粮，不仅增发大量通货，刺激粮价，其贻害之大，远甚于征借，且征借粮食系按土地收益，公平普遍收集，不仅能收稳定经济之效，亦为适应目前军粮迫切需要较为可靠之办法。

（二）翁院长所说东北及华北食粮闻将西北的食粮运到东北及华北去，请问如何运法，有何种交通工具。

翁院长说戡乱兵士四五百万人的粮食充分准备，请问这准备是否均能随军运到前方，否则军兵的扰民岂能避免。

答：东北及华北所需军粮，大部分由江南各省及台湾运济。此项粮食之运输系在上海及基隆以轮船装运，最近东北陆路运输受阻，粮食运达葫芦岛或秦皇岛等地卸载后，均集中锦州空运济用，并未由西北以粮食运济东北华北。

关于军粮之筹补，规定由粮政机关用征收或购买方式向人民取得粮食，拨交补给机关接收，运到部队驻在地，交由部队领用，故部队不应径向民间索粮，此项办法其用意即在避免扰民。

（三）1. 粮赋应谨遵中央规定征收，已往有正式征借外，竟巧立名目购粮，而不按照时价付现或竟假借名目派粮，而不予偿还者，此种额外变名征借，应严予取缔。

2. 土地陈报办理不确实已成普遍现象，有地无粮，或有粮无地，畸轻畸重，等级不确及山地沟田被水冲刷，而粮赋依然照收种种不合理现象，应改正。

3. 政府强迫人民长途运粮，如三十五年中央令陕西第六行政区各县运送征收赋粮至陕西第五行政区边县白河，接济湖北军食民用，三十六年冬令陕西第六行政区各县运赋粮至宝鸡，供军食，途程均在千里以外，每日责民负粮八十市斤，仅发食宿费三千九百元，不分晴雨，限期送到，回程日发二千九百元，此种不合情理之政令，可以说粮政大员毫无地理常识，不知人民痛苦，试问每日三千九百元，够不够喝水，何况是长途运送，以后不应再有此命令。

刘委员楚村　刘委员次枫

答：1. 田赋征实依照战时田赋征收实物条例第二十三条之规定，除征实征借及带征公粮外，此外不得再依土地为对象摊派任何捐税，迭经电令遵照有案。至于各省采购军粮，系由省政府或军粮筹购委员会负责主办，购粮价格系参照市价核定，由粮食部发给。

2. 查土地陈报因多在战时办理，时间短促，人力物力均感缺乏，致其成果未尽精确，业经颁订土地陈报复查更正办法通饬各省遵行，以资纠正。依照该办法第一条规定，业户对于编查陈报或新定科则等发现错误或遗漏时，准予申请复查更正，历经办理有案。兹后仍应督促各省县继续办理，切实改正，以臻详实。至被水冲刷田地，可依照勘报灾欠条例之规定，报请免赋。

3. 查三十五年春间，因武汉等处民食军粮两感缺乏，经与陕省商店将陕南余粮调运十万包济急，原商定接交地点虽为白河一处，嗣以陕省府陈述困难情形，改由陕南各县将粮就近集运沿汉水之西乡三石白河茶镇石泉汉王城紫阳流水店安康洲阳属河口等码头拨交，由武汉行营及后勤总部饬兵站前往接运，经七、八月之久，陕南各县仅共运粮一，七八七包，散存河岸各处，同时武汉行营管区军粮及民食，已由川粮下运接济，毋庸再调陕粮补给，经粮部于三十五年八月二十四日分饬鄂陕两田粮处停止集运交接，将已集存之粮移拨就地军食，本案业已结束。

关于三十六年冬令陕西第六区各县运粮至宝鸡一节，当系指陕西田粮处所报调运存粮十万包而言。查该案军粮原编预算输力为骡马，嗣以关中需粮紧急，骡马缓慢，且不易征雇，仍由陕处委托第七运输处、第七补给区以汽车代运，并以该处自备卡车二十辆协运，本案粮运现已结束，计第七运输处共运二，九〇四吨，折四，三三三包又四十八斤，第七补给区共运三，四四四包又四十九斤，陕处自备汽车共运一一，二〇一包又七十二斤，并未征雇民伕运输。在陕省各县内集运粮食，依时〔照〕当时院颁之军事运输征雇伕马车船给与办法规定,陕省第一级民伕日行三十公里,每人每日工资三,九〇〇元,回城减半,口粮一份大米每人二十五市两,或面粉二十六市两,回程照给,并不仅发食宿费三,九〇〇元,在当时不为过低。又是项集运业务,粮食部并无命令强迫办理,至于上项给与标准,迭经参照物价情形予以调整,近已增加甚多。

(四)兵役粮政弊窦丛生、贪墨横行、十室九空,政府对于此项问题已有具体防范办法否?

胡委员恭先

答:验收员丁人数众多,良莠不齐,难免不有故意留难,乘机舞弊情事。政府为防止弊端计,曾经迭令严禁,违者从严惩处,其具体防止办法除了验收规则中规定粮户对于验收标准有异议者,得申请征借实物监察委员会议定外,尚有:

1. 普设并加强监察委员会组织——严饬各省处普遍组织各级监察委员会,增强其监察力量,使验收员丁不敢有违法渎职之行为。

2. 加强督导力量——粮食部及各省处均经常派有外勤人员巡察各县,执行监察督导调查考核等任务。

3. 奖励告发——奖励检举不法行为,凡有告发,无不彻查究办。

4. 检校验收工具——验收工具须随时验校,以免失准而防弊端。

今后当再严饬各省处切实遵行,其经查实之案件,当即依法严办。

至于兵役问题,请参看国防部分第一案答潘委员衍兴及第十七案答扬委员大乾。

(五)〔略〕

(六)〔略〕

(七)〔略〕

（八）〔略〕

（九）粮食增产为当前之最大要务，我们以农立国的国家，粮食须靠美国接济，不但是我们的耻辱，而且对戡乱有重大关系。施政方针对于粮食增产，只有一些平时的不切急需的规定。在政治上、经济上如何辅助农民，奖进生产，殊无明白的标揭（譬如提高粮价增加农贷等），显为一种疏略。

辛委员崇业

答：关于辅助农民奖进粮食生产，除农林部已订有粮食增产计划积极实施外，四联总处为配合增产计划之进行，前经核定将本年农贷总额增至十五万亿元。其中粮食生产贷款计五万亿元，农田水利贷款一万五千五百亿元，简易农仓建设贷款三千亿元，土地金融贷款八千一百三十亿元，故直接间接与增进粮食生产有关，现正由中国农民银行、中央合作金库分别贷放。至于粮食价格原应与一般物价保持平衡；过高过低均非所宜，过去政府管制粮价对于此点已深切注意，今后自仍当本此原则，一方面使粮食价格不致暴涨，影响人民生计，一方面仍须顾及农民生产利益，藉收增进生产之效。

（十）〔略〕

（十一）长春、沈阳缺乏食粮，一斤米糠要卖三十万，一斤高粱要卖五十万，如果再没有粮食去救济，共产党不打，我们老百姓也要饿死了。

王委员寒生

答：查东北民粮缺乏，政府早经注意办理。上年秋间东北行辕派东北物资调节委员会主任委员杨绰庵南来，由粮食部核定，并协助向湘赣鄂等三省购办大米九万四千余包，向汉沪购面粉五十万袋，运回东北统筹调节民食。迄今据称购妥，请粮部通知海关报运者计米三万余包，面粉四十一万余袋（均系由津及青转运东北），其余大部分食米及一部分面粉均未据请报运。目前关内与关外交通困难，东北长、沈两市食粮全赖空运接济，因吨位有限，故空运数量不大，若能由交通机构加强空运，将未运之粮食提早运济，内地各省市纵系均感粮荒，惟对于东北购运粮食，仍当尽力协助购办。

（十二）粮食问题希望翁院长也要注意，要有切实的办法。现在粮究缺好多，怎样增产，希望翁院长有具体的表示。

余委员极

答：我国粮食缺乏数量据三十六年估计，米谷不足三百零九万二千公吨（六千一百八十四万市石），小麦不足二百九十五万公吨（五千九百万市石）。除厉行消费节约暨以杂粮替代，并向国外购粮补充以期渡过粮荒外，增产方面已由农林部拟订粮食增产计划，于三十七年起实施，期于五年内国内粮食可以自给。至增产方法可分为推广良种，增施肥料，防治病虫，兴修水利，增加面积，改良栽培及改善储运加工等项，现正积极办理中。

（十三）〔略〕

（十四）〔略〕

（十五）翁院长的施政方针认为最重要的本席却认为要不得，这就是征兵征粮。本席主张取消征粮，停止征兵，各位委员已经有很多提到征兵征粮的毛病，征兵征粮就是制造共产党的措施。因为相信三民主义的人，倾向国民党的人受征兵征粮的痛苦，致对于素来的信仰发生了怀疑。因为征粮的毛病太多了，同时以任用的人员不少，致征粮的收入消耗了很多，翁院长也说国家举办一件事情增加国库很大的负担。征粮连带的一个问题就是征购，这更糟糕。因为征购的价格与市价不同，引起老百姓的反感。为征取老百姓一升一斗的米，使他不满意，并用作反对政府的理由，所以主张取消征粮。取消了征粮，用什么方法来补救呢？翁院长的报告希望外援。我们知道外援当中有粮食，我们可以利用外援的粮食来补救军粮，代替征实征购，假定不够，可照市价购买。今天的征购名曰征购，实际是抢劫老百姓的粮食。至于征兵，人民对于国家当然有服兵役的义务，不过现在征兵的毛病实在太大，今天说是征来的兵，无宁说是出钱买的，乡镇长等从中舞弊，今天实际征来的兵恐怕不到百分之十五。所以本席主张取消征粮，停止征兵。

张委员道行

答：美援华贷款购粮资金共八千五百万元（美援总数闻已减少六千三百万元购粮资金或恐比例减少），可供洋米麦四十七万余吨，约合六百一十余万市石，依照美国援外法案之规定，以此项贷款购进之粮食不能拨充军粮。再国外购粮须照国际紧急粮食委员会所规定之配额购买，我国本年洋米麦配额共为七十五万余吨（米四十五万余吨、麦三十万吨）。除已于本年上半年拨归美国政府购买米麦二十五万吨及政府自购米麦九万余吨，作为三至六月份五市配集粮源外，尚余米麦配额四十一万余吨，已照美国援华计划全部利用美贷购粮资金继续购运，作为第二期都市配集粮源，再无配额可购。所议利用外援粮食补救军粮代替征实征购一节，确难办到。至照市价向国内市场购买，因需款过巨，政府无力负担，且易引起粮价激烈波动，影响社会民生。故在戡乱期间筹措军粮，除续办征实征借外，别无途径可循。

查征粮虽有毛病，政府早已注意防范，迭经令饬各省田粮机关严密察查，如有发觉，一律依法从严惩处。各县并有征借粮食监察委员会之组织，参加人员多为地方公正士绅，以便就地从事监督，粮食部并随时派员分赴各地明密查访，期将所有弊端尽量革除。至田粮机构因征收实物，体量广大，交拨纷繁，用人或不免稍多，然历年以来机构尽量紧缩，三十六年度人员仅及三十五年度以前百分之六十强，人员减少甚多，以求达到有一人即有一人工作之旨。关于历年购粮所核定价格，均与当前市价相差无几。惟以发款手续稍繁，辗转需时，通货膨胀无已，粮价上涨甚速，致粮民将价款领到时与实际价格发生轩轾，此实由于经济动荡剧烈时无可避免之情形。今后仍当力谋改善，以期国用充裕，人民无损。至征兵部分，请参看国防部分第一案答复潘委员衍兴及第十七案答杨委员大乾。

〔国民政府行政院档案〕

18. 粮食部陈述征实征借数额巨大各省要求减租请责成各省主席督征签呈

(1948年9月7日)

奉钧座八月三十一日手谕，转奉总统对于本年度田赋征实征借训示，自应遵办。谨查三十六年度田赋因有部分省区免赋，而征借又多按征一借半或征一借三分之一配征，故中央所得征实三成、征借全部粮食仅有一千八百余万石，本年全国军粮以五百万人计，共需谷麦四千余万市石。为把握粮源，应付需要，征实配额除免赋期满省市恢复全额征收外，其余各省均按上年成案办理，计配征实四千六百余万石，惟征实中央仅得三成，数额有限，经呈奉钧院核定征借配额，一律按征一借一原则办理，计配征借四千二百余万石，两共八千九百余万石，较三十六年度约多配三千余万石。如各省均能按上项数额配征，剔除灾免流滥赋额，依照各省历年征收成绩，估计中央可得征实征借实物约为谷麦三千万石，除去折币及不能外调之粮，实际可供调拨配用者约有二千余万石，仅能供应军粮所需半数，且自钧院令发配额后，除北方征麦各有征粮配额，多系商定，大都依照定额开征外，南方征谷各省或以匪区扩大，或以水患受灾，征实部分因地方占有七成，均允勉为照办。征借部分因系中央所得，则多请求核减。本部以本年借粮供应戡乱军食关系重大，经一再复请共体时艰，照案办理，历时两月，各省或仍存观望，或继续请减，迄未照办，同时各省国大代表立监委员及省县参议会代表纷纷来部呼吁，函电文驰，虽经多方解说，再三劝勉，仍难获得预期结果，而各省政府复多以请减数额已为省参议会或省务会议所通过，坚请核减，虽蒙总统赐电各该省政府主席及参议会，勉以大义，照案征复。但电复遵办者仅浙江、福建两省。至广东、江西、湖北均以各该省灾情惨重，原定借额过巨，人民无法负荷为词，赓续请减，而湖南原已电复勉力遵办，然近又力电院部，以征粮标准业经参议会及省务会议通过，只能维持去年成案，请予照准核减。经查各该省局部遭受水灾，本属实情，而民意机关又咸以减轻负担相号召，以致造成问题，悬案难决。当此戡乱紧张需粮万急之际，如准核减，则中央粮源短少，不减则问题无法解决。职再四筹维，为期早日定额开征，以免贻误起见，对于受灾轻重或军粮不能外调省份，曾呈奉总统核准，分别将粤省征借缓借三分之一，赣省缓借四分之一，鄂省缓借五分之一。嗣四川因省参议会坚请核减征借半数，经王主席指派代表王崇德、刘航深、何北衡等来部研商，为缓和民意机关情绪，复经呈奉钧院核准，缓借四分之一。所有上项缓借粮额，并经规定，视将来军粮需要情形再行赓续办理各在案。至于皖湘苏桂滇黔宁等省虽经迭电督催，早日开征，从速清缴。惟皖湘苏桂等省则以遭受水灾匪扰，宁滇黔等省则以调运困难等理由，坚持原议，继续请减。最近复准安徽立监委员及国大代表陈紫枫等十人来函，谓该省征借配额若不准予核减，惟有引颈就戮而已等语，情词激昂。查该省匪患水灾颇重，似应酌减借额，以资抚慰，奉谕前因，赣粤鄂川四省已奉总统及钧座，分别准予缓借一部，是否仍准照案办理，皖湘苏桂滇黔宁七省是否可按各该省受灾及军粮不能外调情形，比照赣粤等省例，酌予缓借一部，均待钧院核定遵行。再各省缓借数目估计共约八百余万石。本年各省配额较去年为大，如能责成各省主席督饬专员县长严厉催收，中央可得粮食数额当较上年为多。除将以上各情签报总统鉴核外，理合检呈三十七年度核配征实征借粮食概况表一份，

敬乞鉴核示遵。谨呈

院长翁

附呈三十七年度各省征实征借概况表一份

抄呈安徽省立监委员陈紫枫等函一件〔缺〕

粮食部部长　阎〇〇

〔国民政府财政部档案〕

19. 行政院抄发长春军粮票发行及使用办法令

（1948年9月22日）

行政院（密）令

令财政部

查本院前为解决长春军粮问题及处理中央银行长春分行所发本票起见，经订定长春短期军粮票发行办法，分令施行在案。兹经重行参酌长春现时实际情形，将上项办法修改为长春军粮票发行及使用办法，报奉总统核准，并提出本年九月二十二日本院第十七次会议决议通过，应即分令施行。除分行外，合行抄发该项办法令仰遵照办理。此令。

附抄发长春军粮票发行及使用办法一份

中华民国三十七年九月

院长　翁文灏

长春军粮票发行及使用办法

第一条　长春军粮票在长春市内代替通货行使。

第二条　长春军粮票之用途如左。

（一）收兑在长春流通之东北流通券及中央银行长春分行所发本票。

（二）就地补偿军粮。

（三）支付长春市内文武职人员及士兵薪饷。

（四）支付长春市内其他军政费用。

第三条　长春军粮票由财政部及粮食部委托中央银行长春分行就地印发。

第四条　长春军粮票以高粱米为本位，其票面额分为一两、半斤、一斤、五斤、十斤、五十斤、一百斤七种。

第五条　长春军粮票第一次发行额定为高粱米三千万斤，将来视需要，由财政部、粮食部会呈行政院核定增发之。

第六条　长春军粮票发行后，中央银行长春分行停发东北流通券，本票所有已发之东北流通券及其本票，以流通券二千万元折合军粮票一斤，限于民国三十七年十一月二十日以前收兑完毕，逾期东北流通券及其本票一律作废。

第七条　长春文武职人员及士兵薪饷，按其应得之数，比照京沪区粮价大米每斤等于金圆券一角二分折发军粮票，其汇至关内之赡家费，仍然照上开折合率兑付金圆券。

第八条　长春其他军政费按其预算数额，比照京沪区粮价大米每斤等于金圆券一角二分折发军粮票。

前条及前项军粮票折合金圆券价，如京沪区粮价有调整时，由财政粮食两部会同拟定，报院核准。

第九条　长春军粮票发行后，长春市公私机关会计之处理，一律以军粮票为单位。

第十条　本办法由行政院核定施行。

〔国民政府财政部档案〕

21. 粮食部检送修正1948年度田赋征实征借实施要点呈

（1948年11月13日）

粮食部呈行政院　发文粮田（三十七）字第33727号
中华民国三十七年十一月十三日

呈。查三十七年度田赋征实征借实施要点，前为配合财政经济紧急措施，经本部于本年九月一日以粮田（三十七）字第二六〇〇六号呈请修正在案。前项要点第三、四、六条内关于折征金圆券及偿还到期粮食库券本息，均系以八一九粮价为标准。现限价政策业已变更，今后粮价势必日趋上涨，如仍照原定标准办理，影响国库与地方财政收入綦巨，均应予以修正，以符实际，而重库收，是否可行，理合检同修正三十七年度田赋征实征借实施要点一份，呈请鉴核迅赐只遵。谨呈

院长翁

附呈修正三十七年度田赋征实征借要点一份

粮食部部长　阎〇〇

修正三十七年度田赋征实征借实施要点

本年度各省市田赋为配合动员戡乱需要，仍一律征收实物。

一、随赋征借粮食，依照战时田赋征收实物条例第八条之规定，一律征一借一，不发款券，不计利息，自民国四十二年起分五年平均偿还。

二、本年应还到期粮食库券本息及应征借粮食，一律折价以金圆券偿还。

四、各省少数交通不便地区，得照上年成例，专案呈准，按征收时当地粮价折征金圆券，如遇粮价上涨时，应调整其折征标准。

五、省县(市)级公粮仍照上年规定,以按征实额三成带征为原则。

六、各省县(市)田赋务于开征后三个月内,如数征足,逾期尚未完纳者,应切实依照战时田赋征收实物条例第十六条、第十七条、第十八条及第十九条之规定办理,折收金圆券地区其滞纳罚锾并应加倍征收。

〔国民政府财政部档案〕

22. 财政部国库署等拟定1941至1948年度民欠赋粮改征银元办法签呈及附件

(1949年8月9日)

财政部田粮国库署签呈　穗粮田字第一五八九号
中华民国三十八年八月九日

查各省三十至三十七年度田赋旧欠,除原征币县份系折币征收暨少数征实地区之三十六年以前各年度部分经专案核准折币征收者外,其余均系征收实物。近据广东、广西、湖南等省先后报称,略以年来灾患频仍,历年欠赋征收实物,粮户普遍观望滞纳,困难日甚,加以匪患猖獗,民鲜盖藏。为适应事实需要,请将历年度欠赋全部改征银元各等情,经查所陈尚属实情。现各省三十八年度新赋即将分别开征,所有历年度欠赋似可一律改征银元,以期迅速清结。兹为统筹办理,谨拟具三十至三十七年度民欠赋粮改征银元办法附签赍呈,是否有当,敬乞鉴核示遵。谨呈

部长、次长

附呈三十至三十七年度民欠赋粮改征银元办法一份

国库署
田粮署　谨签

三十至三十七年度民欠赋粮改征银元办法

一、各省三十至三十七年度民欠赋粮(以下简称各年度欠赋),一律依本办法之规定,改征银元。

前项所称民欠赋粮,包括征实征借公粮积谷暨各项滞纳罚粮。

二、各年度欠赋改征银元,应就原应缴纳实物数量,按核定折征标准征收之。

三、前项折征标准,由各省政府督饬主管田粮机关参酌当地粮价分县核定施行,如遇粮价涨落,得由省以命令随时调整。惟均须转报财政部核备。

四、各年度欠赋改征银币除滞纳罚粮外,得按其实收赋款坐支催征费,其坐支标准征实公粮积谷各为百分之五,征借为百分之一。

五、实施前项坐支催征费后,原定收起三十至三十五五个年度欠赋应予坐支之催征费暨三十六、三十七两年度田赋折币征收部分,应予坐支之经征费及手续费,均不得再坐支。

六、各年度欠赋征起赋款坐支催征费后,应分别依照规定拨解。惟征实部分各县市如在其核定配额以外有超收时,其超收部分应悉数归县市应用。

七、各年度欠赋改征银元赋款,由各征收机关直接收纳。凡距公库在规定里程以内者,应按日将应解国省县各数分填缴款书径解入库,如超过规定里程者,由征收机关按旬分别汇解入库。

征收机关应按旬分别年度造具征纳旬报表(表式如附件),检具缴款书报查联呈县(市)核明入账。

八、县(市)主管田粮机关对于各年度欠赋征纳赋款,应设立专账,于每旬分别年度造具征纳旬报表(表式如附件),检附缴款书报查联呈报省主管田粮机关查核。

九、各省主管田粮机关应按旬,分别年度造具征纳旬报表(表式如附件),呈报财政部查核,并以原表一份送交财政厅备查。

十、县(市)主管田粮机关及征收机关对于征起赋款,绝对不准握存挪用，省主管田粮机关应分区令派得力督导或稽核人员巡回各县明密查察。如查实征收人员有握存不解或营私舞弊情事，立即移送司法机关从严惩办，其县(市)长及田粮机关主管人员并应负连带责任。

十一、各年度欠赋改征银元，仍应由各省规定分期进度，督饬县(市)主管田粮机关切实依照战时田赋征收实物条例之规定，依限追收清结，并按其征收成绩，分别奖惩。

十二、各省各年度欠赋改征银元前征起实物或价款及坐支催征费数，应由省主管田粮机关迅予督饬各县分年结算清楚，造具详表报结省主管田粮机关，并应汇造分县明细表呈报财政部查核。

十三、各省主管田粮机关应依照本办法之规定，参酌各该省实际情形，拟具实施办法施行，并报财政部备查。

十四、院辖市各年度欠赋改征银元比照本办法之规定办理。

十五、本办法自呈奉核准之日施行。

附表〔略〕

〔国民政府财政部档案〕

23. 行政院转发财政部所拟1949年度田赋征实征借限期收齐拨交足额办法代电

(1949年9月22日)

行政院(代电)　三十八穗四字第八二五七号
中华民国三十八年九月二十二日

国防部、财政部呈，为拟具三十八年度田赋征实征借限期收齐拨交足额办法十项，请核示一案，除指复原拟办法应洽商国防部后，会衔分行办理外，特抄发原呈及原附件电仰知照。行政院。申(梗)四粮。

附件

抄原呈

查三十八年粮食年度军粮需要日益迫切，为求补给无缺，并减轻国库负担计，对于本年田赋征实征借，必须采用非常手段，加强催征效率，限期收齐拨交足额，方足以应需要。兹谨拟具三十八年度田赋征实征借限期收齐拨交足额紧急措施办法十项，拟请钧院分电各区军政长官、各绥靖公署、各省市政府及国防部切实遵照办理，以利军粮补给，是否有当，谨代拟电一份，敬祈鉴核，俯赐判发。

电

各 军政长官〇〇长官〇兄省市政府〇〇主席〇兄
绥靖公署〇〇主任〇兄国防部

密。(38)粮食年度军粮需要迫切，为求补给无缺起见，对于本年田赋征实征借，必须采取有效方法，限期收齐拨交足额，以应急需。兹规定(38)年度田赋限期收齐拨交足额紧急措施办法十项分电如次：(一)各省市三十八年度田赋征实征借粮食务须按照中央核定配额十足征齐，不得短少。(二)已开征省份，应加紧催收，务于三个月内征收足额，预借省份应于电到一星期内开征，或先行照核定征实征借配额预借三分之一，并限一个月内借足。(三)各省应征应借粮额应自开征之日起，依照规定征收进度，第一个月征足百分之三十，第二个月连前累计征足百分之七十，第三个月全部征足。(四)各省所需军粮一律按照各该省应交中央征实三成、征借全部核配抵充军粮配额，由补给机关按照上项配额径向各省洽领使用，其交拨限期自开征之日起，依中央核定应交数额，第一月应拨足百分之二十五，第二个月应拨足百分之六十，第三个月应拨足百分之九十，第四个月全部拨足。(五)各省田赋如延未开征，或开征后其征收拨交不及规定进度者，补给机关得呈请当地最高军政长官督促办理，如仍因循敷衍者，应以贻误戎机，分别轻重惩处。(六)接近战区省份应行征拨粮额，得会同驻军携带粮券设法抢征，并缩短期限，两个月内征足，拨交清楚。如办理不力，因循迟误致遭沦陷者，其欠征欠拨之粮应责成主办粮政储运人员赔缴。(七)如因军粮需要迫急或地方豪劣抗缴时,当地政府得商同驻军协助追收,必要时并得按军粮配额划拨相等数目之粮券或军粮票,交由当地驻军自行征收,抵缴军粮配额。(八)收购省县级赋粮,暂以各省省县级所得粮额三分之二为原则,其收纳拨交进度比照征实征借之规定办理。(九)折征银币回购实物之省市,其征收拨交进度应依照本办法之规定办理,不得藉词推诿。(十)各省市政府对于各区专员县长及田粮业务人员办理本年赋粮征收军粮拨交等业务,应列为重要考绩,并另定奖惩办法呈报核定施行。除另案饬知并分行外,以上十项务希仰体国家之艰难,戡乱军事之重要,督饬所属切实遵照办理,并将办理情形随时具报为要。

阎○○印

〔国民政府财政部档案〕

24. 财政部代行政院拟令各省区加紧督征田赋代电

(1949年9月)

代电 (分缮)

○○省政府。
海南特区长官公署。 查三十八年度田赋征实征借关系戡乱粮源极巨,现战事正在积极进行,军粮急待筹补,依照通常手续征收势难达成任务。为加强征收效率,提高省地方政府职权起见,关于该省区田粮机关人事业务,统由该府署监督指挥,所有田赋征收及军粮划拨,亦由省依照中央规定,全权负责办理。兹规定三十八年度田赋督征要点如次:(一)由该府署分别召集各区行政督察专员、各县长举行田粮检讨会议,阐明本年征粮与戡乱军事之重要,指示征收有效办法,解决困难问题,并依照中央规定进度,由各专员县长出具切结,责令在限期内征收足额。(二)田赋已开征省份应加紧催收，其尚未开征者，应提前开征，或预借粮食，以济急需。预借标准按照院令规定征收，预借数额由省查酌实际需要核定，并责成各级田粮机构专员公署及县市政府负责办理。(三)由省田粮/该署处按行政督察区分区组织督征团，由行政督察专员兼任团长，分县督征，县组织县督征队，分乡镇督征，乡镇组织催征组，由乡镇长为催征主任，保长与催征员负责催征。开征后并应指派省府委员/指派高级人员厅处局长田粮处正副处长出发轮回督征。(四)催征办法，凡富绅大户、公教人员、党员民意代表及公学祠庙产，应责令首先缴纳，并实行挨户验串分保扫粮，尤须破除情面，严切催征，勿稍徇纵。(五)征收进度，田赋自开征日起以一个月为一期，限三个月内征收足额。第一期应照征实征借总额征足三成，第二期连前累计征足七成，第三期如数征足，限期届满后一个月内，应将散存乡保或寄仓之存粮集运完毕。折征银币地区并应随时于需粮地区购回等量实物。(六)匪扰地区应由地方政府田粮机关会同当地驻军携带册串及验收工具设法抢征，随征随拨，或移存安全地区，以免资匪。其随征随拨之粮，并应当场取具收据，列抵军粮配额。(七)各县市乡镇每期征收成绩，务须达到规定进度，每期限满后，由该府/署考核一次，如征收不力未达规定征收进度者，该管行政督察专员县市长田粮人员及乡镇长应分别严予惩处。(八)该区三十七年九月份及三十八年军粮配额现正分别核配中，一俟核定，即行通知该省/署及补给机关。嗣后即由补给机关按月径向该省/署在中央应得征实征借项下提领军粮，如有延误，应向该府/署负责。以上八项除分电财政部各军政长官公署及各绥靖公署外，仰即逐项切实遵办，仍将办理情形具报为要。行政院印。

〔国民政府财政部档案〕

25. 国民政府田粮署关于川康滇黔四省1949年度田赋征实征借商谈节略

（1949年）

川康滇黔四省三十八年度田赋征实征借商谈节略

一、照中央所定原则，办理田粮机构直隶财政部，人员由中央核派，经费由中央负担，征实征借标准及征实征借配额按三十七年度成案配征，计

四川：征实900万石　征借450万石　中央应得720万石

西康：征实30万石　征借30万石　中央应得39万石

云南：征实150万石　征借75万石　中央应得120万石

贵州：征实140万石　征借70万石　中央应得112万石

二、由各省自行办理田粮机构人员受省政府监督指挥，经费由地方负担，征实征借之征率配额，由省自行核定，惟应交足中央应得之粮额。

三、如照中央所定原则办理，交通不便地区，可尽量折征银币，由省另于交通便利地区购回等量实物。

四、滇省如不便恢复征实，可全部改为征币（照中央所定征实征借标准征收），另由省购回等量实物交与中央。至该省遭受匪扰地区，并可由省查酌实情专案呈报核准减免田赋。

〔国民政府财政部档案〕

26. 财政部1949年度田赋征实征借筹办节略

（1949年）

三十八年度田赋征实征借筹办节略

一、中央决定继续办理征实征借经过

三十八年度田赋应否继续征实及征借粮食，原以各方主张未

尽一致。嗣经何前院长邀集政府首长及各专家详加研商，权衡利害得失，决定仍应维持现行征收制度，继续办理征实征借。旋由院召集财政金融粮食会议，华中西南两区军政长官及川康滇黔湘桂台等省主席议长财粮主管人员应否出席，几经折中，各有坚持成见，未获协议。嗣经代总统李邀集各出席人员剀切宣导，说明戡乱军糈补给之重要及购粮之困难，始获各省接受，并经会议通过，均有记录在案，闭会之后各省代表将会议记录带回筹办，同时由院正式公布新闻。是本年田赋继续办理征实征借已成定案，举国周知。

二、各省筹办新赋开征情形

财政金融粮食会议闭幕后，多数省份已照中央决定办法筹备。现接报部有案者：(一)甘肃、宁夏、青海三省，因陇东国军出击，需粮迫切，已遵照马代长官步芳指示，按三十七年度成案，通令各县筹备开征，限期征收足额，以资补给。(二)陕西省田粮处郝副处长函报，该省省政府及绥靖公署以军粮需要甚急，已照上年征收标准通饬各县于七月一日开征，并由省处及绥署共同派员督征。(三)湖南省因大军云集，已于上月通令各县预借大户粮食一百五十万石，现复电请拨册串费，以便正式提前开征。(四)川省征粮配额据本署驻川督察陈开国电报，川省参议会开会决定征实九百万石照办，征借定为二百八十万石。现四川省府及田粮处亦均有电报告。(五)广东近据电报，已于七月一日开征，薛主席并电召各县县长，指示征收办法。(六)其余康黔桂浙赣闽等省据电告，亦均正在筹办中。

三、亟待解决事项

本署于财政、金融、粮食会议闭幕后，即依照各省商谈结果，查酌实际情形及三十七年度成案，将各省征实征借标准，征粮配额，开征日期，分别拟定。册串费亦照各省粮住户数及物价指数拟配，由部代办行政院电稿暨承办部稿令饬各省省政府田粮处遵照办理。惟以行政院改组关系，迄尚未奉判发，刻各省以军粮需要既急，而开征日期又近，中央对于征粮办法尚未明令公布，册串费用亦未拨发，各省虽多已着手开征，办理深感困难，纷电请予迅赐核定前来。查陕甘湘鄂赣闽各线剿匪军事均在开展，上年存粮早已配拨无余，需粮补给至为迫切，而征收准备工作例须两三个月时间方可完成，北方各省新麦现亦收获，南方早稻亦将登场，若再迟延不决，或改变办法，恐将贻误开征，影响军食。故来年征粮办法及各省征率配额及册串费用，均须早日核定，以利施行。

〔国民政府财政部档案〕

27. 财政部1949年度田赋征实征借粮食宣传督导催征办法

（1949年）

三十八年度田赋征实征借粮食宣传督导催征办法

甲、宣传部分

（一）宣传方针

1. 阐述本年田赋征实征借粮食与筹措戡乱军糈及充裕地方财政之关系，宣达中央推行征粮国策之办法及必须成功之决心，使纳赋人民深切了解，一致拥护。

2. 宣传匪军清算财产拆散家庭及蹂躏人权等暴行，强调戡乱工作系为保障人民生命财产及家室之安全，使纳粮人民普遍了解，踊跃输将。

（二）宣传方法

1. 文字宣传——（子）发布文告；（丑）印制传单；（寅）商请新闻界编印特刊，并经常在报章上发表有利田赋征收实物之各项文字；（卯）其他。

2. 口头宣传——（子）组织宣传队出发宣传；（丑）各级学校举行征粮宣传周；（寅）互相劝告；（卯）鸣锣传告；（辰）其他。

3. 集体宣传——（子）召集各机关法团首长及士绅开会；（丑）

召集乡镇长及乡镇民代表会议;(寅)召集乡民或保民大会;(卯)其他。

(三) 宣传机关

1. 主办机关:省田赋粮食管理处(以下简称田粮处)、各县(市)政府、县(市)田赋粮食管理处(以下简称县田粮处)、乡镇办事处、区乡镇公所及保甲长。

2. 协办机关:省府新闻处、财政厅、县(市)乡(镇)两级征借实物监察委员会、省县参议会、乡镇民代表会、民众教育馆、公私立中学、各级中心小学及其他有关宣传机关。

乙、督导部分

(一) 经常督导

1. 督征团队之组织:(子)由省田粮处将全省划分为若干督导区,分区组织督导团;(丑)设置行政督察专员公署之省份,每一行政督察区组织区督导团,由行政督察专员兼任团长,分县督导;(寅)县组织县督征队,分县督征;(卯)乡镇组织催征组,乡镇长为催征主任,保长为催征员,负责催征;(辰)各级督征人员应组成督征网,密切联系,分层负责。

2. 督征工作之考核:(子)省级分区督导人员及各级督征团队组之组织任务奖惩,由省田粮处秉承省府分别拟定办法施行,并报请财政部备查;(丑)各县县长应亲往各乡镇督征,均应将督征日期地点及督征实效按旬专案报请省府核转财政部察核。

(二) 特别督导

1. 开征后一个月内,省田粮处应呈由省府指派委员各厅处局长出巡督征。

2. 旺征期间省田粮处正副处长轮流出巡督征。

省府委员各厅处局长及省田粮处正副处长在督征期间,应指示有效催征办法,加紧推动各县征粮工作,就地解决困难问题,并注意征粮弊端之防止及其他应行改革事宜,如查实县市田粮主管人员有催征不力，贻误事机情事，应严予惩处。

（三）辅助督导

1. 省级由省田粮处函请省参议会及其他有关机关协助宣导。

2. 县级由县府商请县参议会及各有关机关法团首长各学校校长及士绅等协助宣导。

丙、征收进度部分

（一）军粮盈绌为戡乱军事胜败所关。本年度田赋征实征借粮食，应自开征日起，限三个月内如额征足，以免贻误军用。征币县份亦应同时征足，并于军粮需要地区购回等量实物，其进展如下：

1. 第一期即第一个月，应照征实征借及征币配征总额征足三成；

2. 第二期即第二个月，应照征实征借及征币配征总额征足七成；

3. 第三期即第三个月，应照征实征借及征币配征总额全数征足；

4. 第四期即第四个月，应将散存乡保或寄仓之存粮集运完成，并将征得银币于军粮需要地区扫数购回实物。

（二）乡镇办事处应依部定分期进度所订成数按配征额征收日期及实际情形，拟订每旬征收进度表，呈送县处备案，并负责按旬如额征足。

（三）县处应汇制分旬征收进度总表，呈送省处备案，并负责督促各办事处按旬如额征足。

（四）省处应汇制分旬征收进度总表，呈送财政部备案，并负责督促各县按旬如额征足。

（五）各上级机关应根据下级机关呈送之征收进度表及实收数旬报表，按旬严切追比。

丁、催征部分

（一）关于一般者

1. 上年度征收成绩最差之县，应先往督征，并加强催征力量。

2. 一县之中应择最疲顽之乡镇特别予以督促，并应先催大户次及小户。

3. 公教人员、参议员、乡镇长及富绅大户等，应于开征后一个月内完纳清楚，以示倡导。

4. 公学祠庙产应令首先完纳。

5. 切实推行分保完粮，其不能推行分保完粮地域，应推行一甲一户运动，即每甲每日必须有一户完粮。

6. 印制催征单(每甲一份分户开列下分二格以便填注完纳期限并印附简单办法)，交由催征人员持往各甲按户催征，先由粮户自注限期，经征收人员同意后，在催征单上盖章或捺指模，如期完纳者，即予注销，逾期即依法传案追缴。

7. 外籍业主应由佃农代完赋粮，凭串抵租。

8. 由县府通饬各级队警机关随时切实协助。

9. 在旺征期间，县府县处各征收办事处应全体动员下乡催征，并须派警常驻办事处，在征收主任之指挥下，协助催征。

10. 开征一个月后县(市)政府、县(市)田粮处应按区乡镇保甲次序排定验串日期，并饬区乡镇长传令保甲长分头鸣锣布告，业户如有欠完田赋者，务于验串期前扫数完纳。

11. 验串期届，办事处应派员会同乡镇保甲长按排定日期，逐户查验粮串，会串交验者，应勒限扫数完清领串补验，至逐户催完清楚为止。

12. 如遭受水旱风虫灾欠，在未奉令核准免赋或土地陈报纠纷在未复查更正以前，仍应照额完纳，不得藉故稽延，收起粮食俟灾免核准或复查更正后，再行流抵下年田赋。

(二)关于公教人员及公学祠庙产者

1. 公教人员滞纳田赋，应通知其服务机关按月扣发薪津，限期完清，俟完清后再行补发。如有违延，即以扣发之薪津代购实物代完，倘属不敷，即予停职传追。

2. 县(市)区乡(镇)各级主管，得定期向属员查验串票。

3. 公学产滞纳田赋，应向佃户提租备抵。如有不敷或已收租者——即由县府查明，将其应领经费或补助费扣发，并限期完清，否则以扣发经费或补助费代购实物清完。如属不敷，应将主管负责人传案严追。

4. 公学产如查有仓存租谷而延不缴纳者，得封仓提抵。

5. 寺庙及宗祠田产应完赋粮，由主持僧道及主管祠产负责人负责完纳，其迟不完纳者，应照处理公学办法办理。

(三) 关于士绅大户者

1. 具有资望之士绅及特殊大户，县(市)长田粮处长得函约到县面订完纳日期，必要时亲往，劝谕完纳。

2. 县府派员送达通知单，并责令带回限期完纳之盖章回执，促使完清。

3. 派员分往坐催。

4. 公布滞纳者姓名，予以名誉上之制裁，并层报上级机关核办。

5. 破除情面，传案追缴。如因执行法令致起纠纷，应予执行者以切实保障。

6. 就其佃户应缴租粮数内提扣，并按实提粮数填串给佃户收执，凭串抵租。如尚有尾欠，仍由地主负责清完。

7. 查仓提取实物抵完。

8. 外籍大户凭串放租出境。

9. 县(市)长处长如有瞻顾徇纵不予催追者，即一并严惩，并应将每旬征起大户户名、粮额，按旬报省备核。

(四) 关于匪扰地区者

1. 匪扰地区应由县长督同县田粮处配合军事进展，随时派员携带册串及验收工具推行按村扫征运动。

2. 接近匪扰地区，应由县长发布紧急命令，交由县田粮处或田粮科督率主管人员持往各乡镇限期清完，乡镇公所奉到县长手令，应严督各保保甲长负责将各粮户应缴赋粮于限期内，按保集中挑至指定之收纳仓缴纳，尤须与军事机关配合，做到随征随拨。

3. 所有征起粮食应立刻就地拨交军粮，存余部分无论情势如何紧急，县(市)政府应发动民夫负责抢运至安全地带存储，不得资匪。

戊、考核奖惩部分

(一) 依照田赋征实及征借粮食工作竞赛规则之规定，自行拟订施行细则，切实举办征粮竞赛。

(二) 各省县市乡镇每期征收成绩，务须达到各该县规定进度，每期限满后，应考核一次。除第三期之考核依照田赋征实暨征借粮食考成办法之规定办理外，其第一、二期如有征收不力，未达规定征收进度者，由该管上级田粮机关酌情议处。至各行政督察专员各期督征成绩，由该管省政府按期考核，均应报财政部备查。

(三) 其他

1. 早完粮户由县(市)政府予以奖励。(子) 公布姓名或登报宣扬。(丑) 须发奖状奖章。

2. 出力士绅由省政府颁给奖状奖章，其成绩特优者，由省政府咨请财政部颁给奖章。

3. 成绩优异之从业人员应予以保障及奖励。

己、征粮监察部分

(一) 县(市)政府应将各县(市)乡(镇)两级征借实物监察委员会切实健全组织，县(市)监察委员会委员应随时分赴征收场所巡视考察，并指挥监督各乡(镇)监察委员会依法认真执行职务，乡(镇)监察委员会委员应轮流亲赴验收地点，指导业户完纳，解决疑问，并监视验收。

(二) 县(市)政府于新赋开征前，将县(市)乡(镇)两级监察委员会委员姓名、资历分别列表，呈省备查，以后并应随时将各该会实际推行情形暨实效报省备核。省应将各县(市)征粮监察办理情形及实效汇案报部。

〔国民政府财政部档案〕

（四）内 外 债

一、内外债概况

1. 财政部公债司送预拟国民大会公债部分询答资料函

（1946 年 11 月 9 日）

司函

准贵处十月三十日京秘甲字第 360 号函，嘱就主管业务，预拟国民大会询问案及其答复文，送处汇办等由。兹就本司主管部分，预拟国民大会询问案及其答复资料，随函送请贵处查核汇办为荷。此致

秘书处

附件

公债司启

预拟国民大会公债部分询问案及答复资料

一、我国战时曾举借外债若干，其用途如何？

答：我政府在此次抗战期中，曾于民国二十七、二十八年，先后与法国订立叙昆、南镇两铁路借款合同，共计六亿一千八百万法郎，英金一十三万镑，为沟通西南国际交通之用。嗣因日敌侵入越南及广西，原合同无法履行，实际动用不过一亿三千九百万法郎，英金一十六万镑。同时，我国以农矿品向苏联换取抗战军需物品，与苏联先后订立易货借款三次，总计美金二亿五千万元，实际苏联交货价值仅一亿七千余万美元。民国二十八年以后，与英国订立易货及信用贷款四次，总计英金五千八百余万镑。又为采购交通器材及工业建设器材，签订平衡外汇基金借款两次，英金一千万镑，以供平衡外汇之用。又为购买建设材料之用，与美国订立易货及信用

借款五次，共计美金六亿二千万元，又平衡基金借款一千万美元。综计抗战期间，对外订借债款，计美金八亿八千余万元，英金六千八百余万镑，法金六亿一千八百万法郎，均照各原合同之规定，予以运用。惟多因战时变故，未能充分利用，故实际负债，当依动用数额为标准。上述情形，以概举借之大略而已。

二、战前外债如何处理？

答：战前外债属于以关盐税为担保者，拟于明年一月一日起恢复偿付，惟偿付日期顺次递延。其在战时停付之本息，不计愆期利息，业经拟订战前外债恢复偿付办法呈送行政院，俟奉核定，即可实施。至交通债务，现正与交通部洽办中。

三、战后我国举借外债若干，其用途如何？

答：本年二月，我国与加拿大订借加币六千万元借款，购买交通工矿建设器材。三月，与美国订借棉贷款美金三千三百万元，此系商贷性质贷款，惟仍由政府接洽经办，并予担保而已。又与美国订定铁道购料借款美金一千六百六十五万元，及租借法案剩余物资贷款美金五亿八千九百万元。此二项系补充国内物资缺乏之需。本年七月以后，又先后向美国订立采煤设备【贷款】、购船贷款、购买发电机贷款等三项，共计债额美金一千二百九十万元，均供建设之需。

四、庚款拟订如何处理？

答：我国庚款除俄、德、义、奥部分早已清结，及日本部分此次战后，应予取消外，其余英、美、法、比、荷、瑞、西、挪、葡等九国，第一次欧战后，多已订约退还，以应收之庚款，办理中国及各国间之文教事业，并分别会同组织管理机关。此次战争期间，英、美、法、瑞、比、荷诸国，均已先后与我国订立平等新约，依照新约规定，自订约生效日起之庚款，应予取消。至平等新约生效日前到期之应付本息，拟先提向各债权国交涉，免予补付。

五、外债尚欠本息若干？

答：我国战前以关盐税为担保之外债，在民国二十八年以前，均系在各该担保税款项下经常拨付。二十八年以后，关盐两税为日敌劫持，乃行停付，仍照后方各关应摊债款比例，以国币摊存央行。截至现在止，所有关盐税担保之各种外债，连同庚款在内，结欠本息计英金六千零五十三万三千余镑，美金四千七百五十三万七千余元，荷金二十二万余佛罗林，法金七万九千余法郎。按照央行现行挂牌汇率，折合国币共计约九千七百六十五亿一千一百四十四万余元。

战时举借各项外债，逐年陆续偿付，截至本年十月底止，尚欠本金计英金九百八十万零九千余镑，美金五亿八千七百零七万余元。按照现行央行挂牌汇率，折合国币约二万零九百九十一亿二千五百二十二万余元。

六、战前战时发行公债共有若干种，发行额各若干？

答：本部经管发行内债，在战前发行之公债，除已完全偿清及换偿者外，现尚在还本付息之公债，计国币债票八种，英、美金债票各一种，共计国币二十亿零七千九百万元，英金一百五十万镑，美金二百万元。战时发行之公债，计国币债票十一种，关金债票一种，英金债票二种与美金债票三种，共计国币一百四十八亿三千万元，关金一亿金单位，英金二千万镑，美金二亿元。

战前及战时综计发行国币债票十九种，关金债票一种，英金债票三种，美金债票四种，其发行额综计国币一百六十九亿零九百万元，关金一亿金单位，英金二千一百五十万镑，美金二亿零二百万元。

七、发行各种内债偿付及尚欠本息若干？

答：战前、战时发行各项内债，截至本年十月底止，已还本金国币八亿八千八百三十九万余元，关金四百七十四万八千金单位，英金二百零八万余镑，美金一千六百零三万余元。已付息金国币二十八亿六千八百四十八万余元，关金二千六百六十九万三千四百七十七金单位，英金四百九十八万余镑，美金三千三百七十四万余元。尚欠本金国币一百六十亿零二千零六十万余元，关金九千五百二十五万二千金单位，英金一千九百四十一万余镑，美金一亿八千五百九十四万余元。尚欠息金国币一百五十一亿八千一百二十五万余元，关金二千九百零三十六万【零】五百二十三金单位，英金一千零五十二万余镑，美金七千二百一十三万余元。

八、现时各债到期本息是否照常偿付？

答：战前、战时发行各项内债到期应付本息，除由关税余款担保之十七年金融长期、二十五年统一、复兴等三种公债，前以关税被敌劫持，基金无着，自二十八年起改按关税担保债务摊存办法办理，仍继续按期举行还本抽签，其中签债票及到期息票，可由持票人持向中央、中国、交通三银行贴现。及二十六年辟浚广东省港河工程美金公债，因指定该项还本付息基金之粤海关附加税为敌劫持，本息暂行停付外，其余各种公债虽在战事期内，国库支用浩繁，政府为维持债信计，仍均按期举行抽签，照常偿付本息，从未愆期。嗣战事结束后，除二十六年辟浚广东省港河工程美金公债，因本息基金之粤海关附加税尚在清理，暂未恢复偿付外，其余各种公债，包括上述关税担保之三种公债，已按照各该债原订条例，于全国各地普遍恢复偿付。并经本部拟具各项内债普遍恢复偿付办法，呈准于本年七月一日施行。

又各债到期本息票，原定以三年为限，逾期不取，即行作废。在抗战期内，各债到期本息票无法依限兑取者，为顾念持票人权益，经部拟订逾期债票补付办法，自本年七月一日起，至十二月三十一日止，予以补付。如再逾期，即行作废。

九、战时公债筹募情形如何？

答：战时筹募之公债，计有七种：

（一）救国公债　民国二十六年九月一日发行，总额五万万元，随即开始筹募，至二十六年十二月底停募，所有各省劝募事宜，即移交中、中、交、农四行办理。嗣因受战事影响，各行应送表报多不齐全，而购债人迫于流徙不定，亦多尚未换领债票。后经逐渐清理，布告后方各省市购债人限期办理换票手续，一面制定各种清单，分发各行填报，以便统筹清理。计募获债款国币二亿二千二百五十万元。

（二）二十九年军需公债　总额十二亿元，于民国二十九年三月一日及九月一日各发行六亿元，随即开始筹募。至三十一年四月三十日结束，募获债债〔债字衍〕款国币一亿二千九百余万元。

（三）二十九年建设金公债　总额为英金一千万镑，美金五千万元，于二十九年五月一日及十一月一日各发行半数，随即开始筹募，至三十一年四月三十日结束，募获债款计英金七十一万九千余镑，美金一千二百八十余万元。

（四）三十一年同盟胜利公债　发行额为十亿元，于三十一年八月开始筹募，三十三年十二月底结束，共募获债款国币六亿八千八百余万元，短募之数并入三十二年同盟胜利公债内继续筹募。

（五）三十一年同盟胜利美金公债　发行额为一亿美元，于三十一年八月开始筹募，三十二年十月十五日停止发售，共募获债票九千九百八十余万美元。在停售期前认购债款尚未缴解，或在停售期后认购而债款已经缴解者，一律改发国币公债债票，或退还债款，现已完全结束。

（六）三十二年同盟胜利公债　发行额为三十亿元，于三十二年九月开始筹募，三十四年九月底结束，共募获债款国币一十三亿二千二百余万元。短募之数，并入三十三年同盟胜利公债内继续筹募。

（七）三十三年同盟胜利公债　发行额为五十亿，于三十四年七月开始筹募，定于本年年底结束。截至本年十月底止，共募获债款一十二亿零一百余万元。此项公债发动筹募之日，正值胜利之时，各地经济突现不景气情形，兼之豫、甘、陕、青、粤、桂、黔等省，或以水旱灾歉，或以民困未苏，纷请减免，或及缓办。经本部一再督促勉募，现仍在加紧督募中。

以上七种公债，筹募总数共为国币三十五亿六千二百余万元，英金七十一万九千余镑，美金一亿一千二百六十余万元。

十、三十四、三十五年政府何以未发行公债？

答：二十六年抗战开始，至民国三十三年，政府为筹措军需及建设费用，历年均发行公债。迨三十四年以后，因战区继续扩大，可资募债之区域缩小，且以物价波动加剧，购债所得利润有限，深恐募销困难，以故三十四、三十五两年未经发行公债。

十一、今后公债发行政策如何？

答：今后为适应财政上之需要，配合政府建设计划，自有发行公债必要。惟在币值未趋稳定以前，应以发行外币公债（如美金、英金）为主，必要时亦可发行一部分国币公债，以资配合。公债推销，仍采筹募办法，以巨商大贾及资产丰厚者为主要对象，藉以吸收大量游资。

十二、收复区公债还本是否仍照票面偿付？

答：自战事结束后，先后在收复区将历发公债本息普遍恢复兑付，自应依照票面偿还。惟统一公债因投机者之造谣操纵，谓将加倍偿还，致黑市价格超过票面甚大，迭经加以纠正，俾免淆乱听闻。

十三、公债是否上市？

答：上海证券交易所现已正式复业，政府公债理应即准上市开拍，俾资流通。只以该交易所复业不久，为稳便计，拟稍宽时日，彻底考察一般产业证券（即股票）上市，对经济金融影响趋势如何，再行酌核办理。

〔国民政府财政部档案〕

2. 财政部公债司 1946 年度业务检讨报告

（1947 年 1 月 4 日）

公债司业务检讨报告　三十六年一月四日本部业务检讨会议

三十六年度业已开始，为检讨过去，策励将来，谨将上年一年来办理业务详加检讨，缮具报告如次。

（一）工作概况

甲、内债

1. 登记被敌伪劫持我国债券：民国三十年以前，我国发行的各种债券，被敌伪劫持者，经拟定登记办法，并奉行政院核准，由部分电各战区司令长官部、各省市政府布告通知，并电各区财政金融特派员及中央银行知照，分别办理。经详细清查，该项被劫债券情形复杂，有系政府抵押或寄存银行者；有为银行自购存库或缴充准备者；有各银行互相抵押或人民寄存银行者；敌人投降后，其原债票有已收回尚属完整者；有虽收回而已打洞者。种种情形，不一而足。乃就债票本身汇查，分别情形，拟定收复区银行战时劫失债票处理办法十条，呈奉行政院核准，由部公告施行，并分电各银行查照办理。至战事期间各机关银行，及公私团体所存沪港等地我国发行之各种债券，曾经申请注销者，经部先后公告作废。敌人投降后，各机关银行回原地接收所有上项原被劫持之债券，据报告大部分均已收回。本部为顾及持券人权益起见，特予撤销作废原案，一并恢复有效，凭票照付本息，其少数未能收回者，业已汇计总数，准备向敌索赔补偿。

2. 登记收缴收复区敌伪发行债票：敌伪前在收复区发行之债券库券，呈经拟定登记收缴办法，呈奉行政院核准，由部分电各战区司令长官部、各省市政府布告周知，并电各区财政金融特派员及中中交农四行知照，分别办理。除东北九省因情形特殊尚未办理外，收复区大致均已办理完竣。所有敌伪债券收缴登记数字，业据各银行陆续报齐，并已初步汇计，计日金一〇，一六八，九一八元，联银券一一，一三四，八八〇元，中储券一九五，三二二，五四〇元，满币六六〇，六六四，一二五元。此次敌伪债券登记收缴之数目，不过为将来向敌索得赔款后，对原持有人酌予清偿之参考。至于敌伪债券应向敌索赔之总数，业已按照各区财政金融特派员办公处查报之发行数，连同利息，一并计算，计为伪中储券三八四，五三三，〇五〇，〇〇〇元，伪联银券三二六，四九二，六四四元。经并案汇请准备向日本索赔。

3. 登记收缴台湾区敌方发行债券：台湾区敌国发行债券登记收缴，曾由部拟定办法，委托台湾银行办理（原托中中交农四行办理），一面电饬台湾区财政金融特派员知照。惟该区债券情形复杂，整理需时。此次登记收缴日期，曾经一再展延。前据该区接收委员贺俊人呈报，登记日本政府在台澎区销售债库券，经分类统计，计日本国债三一五，八五二，〇八〇．〇〇元；储蓄券一八四，四七二．五〇元；日本地方债二，一三一，四〇〇．〇〇元；台湾地方债券二，七七二，八五〇．〇〇元；劝业银行代发债券八二，一二三，九五四．五〇元，合计为四〇二，〇六四，七五七．〇〇元。又据该员报称，日本在台销售国债约十一亿，劝业银行代发报国债券等约一亿，合共十二亿。但今登记只有四亿二百余万元，差额达七亿九千余万元。业经由部令饬台湾省行政长官公署财政处，将日本在台湾发行各债面额及已销未销数额查明，分别详列清单，报部备核。又台湾银行贮存该行东京支店之债券确数，及商工银行贮存该行东京事务处之债券确数，转饬该行等迅即查明，分别各债详列清单具报，转部备查。

4. 整理公债之缓办：三十五年计划内原定将战时发行之国币公债，统一整理，斟酌情形，延期减息，另行发行新公债，分类换偿一节，本应照办。惟因战时发行各国币公债，多经普遍募销，持票人分散各地各界，且币债迄未稳定，市场利率续长。如予延期减息发行新债换偿，影响持票人利益太甚，恐引起剧烈反感。为免减损债信维系人心故，以从缓办理为宜。嗣以上海证券交易所复业，本部拟选择战时发行曾向民间大量推销各债，呈请令准上市开拍，同时为辅导债市正常发展，简化债务行政手续，并拟将战前发行各国币公债提前清偿。惟此办法，经呈奉行政院指令应暂从缓议，固亦未能办理。

5. 省债之换偿与整理：浙、粤、湘、闽、鄂五省旧债，经奉准自三十三年十月展期至上年三月截止，换偿届期，闽鄂两省依限结束。其余三省虽经一再督促，惟因发行过于紊乱，仍难如期办竣。经准展至上年年底全部办理结束。

又苏、鲁、冀、辽四省旧债，因受战事影响，迄今未整理。复员后经呈院核准补办。苏省历发公债两种，共计面额三千万元。经调查整理结果，其中拨用债票三百万元，准予由部以整理省债公债换偿。其余均系借款押品，照案仍由该省清理。冀省所发民国十八年特种库券，因该省案卷于战时全部遗失，无从稽考。经向平津市面调查，发现各银行多持有上项债券。惟据估计数额不大，且早届偿清年限，为便利持票人并节省行政手续，决由该省以现金一次清偿。至辽省十八年所发整理金融公债，亦因档案无存，且市面已无旧债流通，自可不予办理。尚有山东一省现正由部电饬将旧债发行情形，查报再凭核办。

6. 发行公债之缓办：三十五年度工作计划内列于年初筹发水利公债，并发行三十五年建设国币及外币公债一项。关于拟发水利公债五十亿元，经国库署核以"三十五年度国家岁出总预算，水利委员会主管部分已列有农田水利事业费三亿余元。又善后救济基金项下分配水利事业费一千四百五十七亿余元，总计达一千四百六十亿余元。比较以往年度，增加甚巨。一切水利事业自应在预算范围内统筹匀支，且发行水利公债技术上诸多困难，又如农田水利费未经奉准列入预算，即无法案依据。此项公债更属无法发行"等语。经本司依据此项意见主办部稿，呈奉行政院训令以案经国防最高委员会第一八九次常会决议"照准"在案。至发行三十五年建设国币公债五百亿元，外币公债一亿美元。原议吸收游资，以减少发行弥补亏短，原则本甚妥善，惟国币公债因币值尚未稳定，募销不无困难，而美金公债因库存美汇另有急需用途。经呈请缓发，奉行政院训令，已转奉照办在案。

7. 发行土地债券：三十五年度内原拟发行土地债券一项，系为适应绥靖区土地问题之处理，奉核定先发行绥靖区土地债券，在土地银行未成立前，经政府指定由中国农民银行发行。

8. 收复区恢复偿付公债本息：政府所发公债，凡三十年以后发行者，已于三十四年十二月公布在收复区普遍恢复偿付。至三十年以前所发公债，因战事时期曾有被劫失情事，且此等劫失债票间多由本部登报通告作废。各地收复后必须先由曾被劫失之银行先行查明是否确实劫失不能收回，倘或多数不能收回，则须编印大宗作废债券号码册，预先分发各地经付银行，然后始能公布，定期在收复区普遍恢复偿付，旋据各银行陆续报告，当时被劫债券大部份封存未劫，各该银行已于接收复业时多数收回。故拟定一律恢复偿付，惟以各银行接收复业时期，迟早不一。本部汇总办理不得不候各银行报告齐全，始能汇案审核拟办，于上年六月间，呈奉行政院令准，即于上年七月一日普遍恢复偿付。

9. 限期补付逾期债票本息：本部历年发行各种公债，因战事关系，各持券人未能依照规定期限兑取本息者甚多。本部为顾念债权人权益，并同上项各债在收复区普遍恢复偿付办法，拟订逾期债票补付本息办法，规定自上年七月一日起至十二月三十一日，分别予以补付。逾此期限仍不兑取，即认为放弃权利不得再请补付。是项限期业已届满，本年初即可与经理银行结算，是项债款余额即予缴库。

10. 拨付内债本息：三十五年度内拨付各种内债本息（十二月份应拨付本息数额未列入），一月至十一月应付到期本息之公债计二十二种，共拨付到期本金计国币三七〇，五九七，五四六.三四元；英金一四，六八九镑；美金四，一六七，八七二元。到期息金计国币七一二，三〇〇，六三四.二八元；英金二六，四二九镑；美金二，三二五，五四一.〇八元；关金二七五单位（附件一）〔缺〕。

11. 追加外币内债本息基金：本部发行各种外币内债，三十五年度本息基金预算系照旧汇率折算新率订定后，原列预算不敷甚巨，前曾提出追加预算，案呈奉行政院指定应俟年终，照实际不敷数追加至上年年底。各银行已代本部垫付者计折合国币二二，〇八二，五六九，一九八，一二二元。已予如数办理追加手续（附件二）〔缺〕。

12. 筹募三十三年同盟胜利公债：当三十三年盟债筹募之始，鉴于以前旧债之筹募办法，系由本部订定。容有未尽适合各地实际情形，以致募政未能推行尽利。故特呈奉行政院核准，由各省市遵照十二中全会及国民参议会加重富户负担之决议案于不涉纷扰之原则下，再行参照当地实际情形自行订定筹募办法，策划筹募，俾切实际，而利推行。惟发动筹募之始，正值胜利来临之际，各省市中心工作大都着重于复员，对于筹募工作未暇兼顾。此种情形延至上年五月，还都前后尚未整个消除，以致筹募工作几濒中断，对于时效不无影响。经一再展期，至三十五年年底为止，各省市多以灾害并至迭请减免。经分电各省市政府，勉力筹募，截至上年十二月二十四日，募获数为国币十五亿余元（附件三）〔缺〕。此项公债自三十四年七月一日起开始发动筹募，至上年年底止已达一年六个月，现筹募限期业经届满，亟应办理结束。经制定三十三年同盟胜利公债筹募结束办法十条，呈奉部次长核定，由部分电中央银行国库局及各省市政府查照办理。

13. 处理美金公债悬案

（1）江西崇仁县民戴子谦，呈诉崇仁县长王良基，扣卖三十一年美金盟债票二，九〇〇美元，请予查办。案经电准江西省府函复，已饬该县长等将已卖债票全数购回，发还购债人。此案既经省府解决经批示原具呈人知照。

（2）前据央行国库局函，为福建晋江县安海经征处请改发三十一年美金盟债票一二，〇四〇美元案，以时过境迁，原领国币盟债票人，均散处各地，住址不明，沥陈改发美金债票，在手续上事实上之困难，请乃以国币盟债结案。经核情有可原，已电复姑准照办。

（3）杭州央行经售三十一年美金盟债二九〇，九六〇美元；桂林央行经售三十一年美金盟债一，四五五，〇八〇美元。案经查核表报所填日期，当有疑问，业电据央行国库局函复其债款系先交该局以预售户处理，有帐可稽，当以来函未将收款日期述明，是否在三十二年十月十五日美债停售期前出售。经饬将帐面收款日期查报，并抄送原帐，经电复已悉在案。

（4）浙江地方银行请补发应领三十一年美金盟债票三八八，八三三美元。案经饬据央行国库局查明，应发债票三八八、八三〇美元。经签奉部次长批示，俟报告单备查联送部再行核发，遵已电知国库局，转饬该行遵办，并电达该行知照。关于此案最近复经迭次电催国库局饬办，以便即予核发债票。

（5）成都央行经售三十一年美金盟债票四，二四一，九九〇美元及一，〇三九，四〇〇美元。案其报告单联前经央行国库局饬送到部，经查单上注有“补制”二字，显非原始凭证，经电知该局，仍应饬将报告单原件，呈转核办。最近已迭次催请迅予办理。

（6）前据央行国库局函，为粤省新昌邮局代售三十一年美金盟债票，因承办人员不明手续致稽报解，请仍准发给美金债票二，八〇〇美元。案经饬据将认购报告单联转部，以单列认购人系新昌商会整理委员会，经电粤省财厅饬查复该新昌县是否有此机构，俟查复后再行决定可否发给美金债票。最近已迭次电催粤省财厅速即查报。

（7）江西省裕民银行失窃三十一年美金盟债票一七，二〇〇美元。案迭经电催江西省府严催追缴，已准查复，正积极催缴。最近已迭次电催，迅予限期办理见复。

(8) 据央行国库局函，为粤省行承转三十一年美金盟债业务，迄未办结，请电饬迅速结案。经迭次电饬该行从速办结具报。

(9) 据民人朱清亭函，为前向开封央行购买美债执有临时收据，迄未换票，请予查究等情到司，经转函央行国库局查核并复。

14. 核销债券：查本司三十五年度点验核销各经理银行缴回各种公债本息票情形及数额，兹分别列左。

(1) 本司部分，三十五年度一至十二月，共核销各种国币公债本息票三，一七八，八六六张；美金公债本息票一，一五九，二三六张；英金债票本息票七，四三八张，总计四，三四五，五四〇张(内有在渝核销本息票一，二六〇，九〇七张)。

(2) 国债会清理处部分，查该处未经核销各种公债本息票共计五，二五五，八九九张，业经本司会同全部点清。

(3) 前驻沪核销债券处部分，查该处积存未经核销之本息票计二千七百余万张，业于三十五年度十二月间始，现正积极清点中。

上列三项核销之本息票，除本司部分在渝点验核销之本息票一，二六〇，九〇七张票经随时呈请销毁外，其还都后各银行缴回之本息票，连同国债会清理处及前核销债券处积存，未经销毁之本息票，一俟核计金额，并查封帐册后，即行汇编报告，呈请销毁。

乙、外债

1. 拟具关盐税担保各债恢复偿付办法。查战时停付之关盐两税担保各种外债，拟予恢复偿付，以昭国信。经依照上年度工作计划所拟定之原则两项(1)顺序递延八年偿付年限；(2)不计愆期利息，拟具详细具体办法，呈请行政院核示。一面汇备材料以为将来与外国交涉之用。现此项偿付办法，业奉行政院指令从缓办理。

2. 拟具庚款问题处理办法。关于各国庚子赔款尚欠数额，经拟具详细办法，呈请行政院分别向各债权国交涉放弃，已奉行政院令准饬外交部照办。至与庚子赔款有关之债权债务债券，及庚款管理机关之裁撤等问题，应俟交涉确定后，再行分别核办。

3. 核签交通债务通盘整理计划。本项工作已会同国库署参事厅会计处，就交通部原拟计划，详细核议意见，呈复行政院并函复交通部，俟奉行政院核定后再行遵办。

4. 查核关盐税担保各债摊存帐目。关盐两税担保各种外债及庚款八年来摊存数额，经详细查明，列表分送各省省机关核对去后，除关税担保项下民国三十年十一、十二两个月份，摊存数国币三百四十余万元，中央银行尚未转账，已饬迅予转列外，其余尚属相符。

5. 调整易货偿债事务。查易货偿债事务，原由前贸易委员会办理。该会裁撤后，院令原指由经济部接办。上年三四月间复奉院令，易货偿债业务交中信局办理。故此项工作，现由本部、经济部、中信局三机关分别负责。关于各机关之工作划分及联系办法，经会同国库署会计处拟订办法，呈奉核准施行。

6. 外债之动用及偿付。本年度内，除关盐税担保各债尚未恢复偿付外，所有战时订借各项易货借款及信用借款未动用完毕者，继续动用。未偿清者，继续偿付。截至去年十月底止之资料综计，本年内动用美金借款一一，二〇一，八五一元；英金三八二，七二七镑。本年偿付本息计美金债务本金九，四六〇，四〇五元；息金九八三，五五七元。英金债务本金三三六，五九九镑；息金二四二，五六五镑（小数未计入）。兹编制战时外债三十五年度动用及偿付数额表一份附后（附件四）〔缺〕。

7. 举借新债：上年奉行政院交下先后与加拿大订借信用贷款六千万加币，及美国各种贷款六项，综计债额共美金八千八百余万元，其中包括租借法案，接管贷款五千八百九十万元在内。本项工作多系由各机关自行办理，本部前经呈准行政院，嗣后各机关洽借外资，应会同本部办理，以期与财政金融相互配合，统筹支配。惟各机关多未遵行，拟再呈请行政院重申前令。

（1）人事调整〔略〕

（三）公文处理〔略〕

〔国民政府财政部档案〕

3. 公债司为配合全盘财政政策拟订目前及将来公债计划大纲致财政部部次长签呈

（1947年3月18日）①

签呈

查三中全会开会在即，政府正在参照经济紧急措施方案，针对当前情势，积极妥筹安定经济办法，准备提案讨论，付诸实施。关于财政问题，如开源节流，平衡预算，稳定金融，自亦在积极计划，以与经济政策相辅而行。职司主管国债，虽于开源节流无所助力，窃以为似可斟酌缓急，运用公债政策，以与财政政策配合进行。目前在内债方面，选择上市开拍公债，提前清偿战前公债，计划发行外币公债，或提售余存外币公债。在外债方面，分向美国及国际银行洽商借款，开始洽商偿还战时停付外债等等，均属急切需要。俟将来财政稳定，币制改革后，计划发行国币公债，统一战时公债，清理交通债务，整理无确实担保旧欠等事，亦均应次第办理。如此，目前既可树立公债市场，吸收大量游资，弥补预算不敷，俾益生产建设；将来更可昭示政府债信，安定人民心理，加强国际信誉。谨将内外债务分别缓急，区为目前及将来两阶段，按照上述各节，缕陈如左：

壹、目前急切需要办理各项

甲、内债

一、令准公债上市及提前清偿战前国币公债　查上年九月，

① 系公债司补稿时间。

上海证券交易所复业时，本部曾呈请选择经向民间推销之国币公债六种，令准上市开拍。同时为彻底消灭不合理之统债黑市，并拟将战前发行之各种国币公债，予以提前清偿一案，旋奉指令缓办。现在情形变迁，上海证券交易所股票市场将各种产业证券开拍后，对于经济金融已收相当调剂之效。惟游资仍形充斥，亟应妥谋出路，似可将公债市场续予开放，以资吸纳。而上海统债黑市交易，仍极旺盛，尤须予以消泯。拟再呈院请将本部前拟公债上市及提前清偿战前各种国币公债案，迅予核准饬办，以资促进流通，提高债信。

二、发行外币公债　现在预算亏绌，库需恐亟，除在其他方面力求增加收入外，似尚可运用公债政策，以为弥补之计。惟币值尚未稳定，发行国币公债，似感募销困难，惟有酌发外币公债或库券，以资因应。拟请就左列二项办法，择一而行。

1. 利用旧有债券　查本部寄存及抵押项下尚有二十七年英金公债九六九九三三〇镑，美金公债四六〇一二六九〇元，及二十九年英金公债九〇二五八四五镑、美金公债三二五五八二〇五元，拟予提出发售，或先将偿期较短之二十七年英、美金公债提售，视市场销纳情形，再将二十九年英、美金公债提售，或即将二十七、二十九年英、美金公债同时提出发售。其发售方法，或委托中央银行折合国币代售，或交由上海证券交易所拍卖。如此，旧有债券立时可以提售，供应急需，并可免重新印券之劳费。假定全部售完，可收回法币一万八千六百余亿元。

2. 发行短期美金公债或库券　揆酌已往公债筹募情形，为便利推销计，拟以库券形式发行，似可发行定期五年之美金库券二亿美元，销售方法如前项所列，并采用按照票面，分年平均偿还方式(不举行抽签还本)，以利推销，而便偿付。如此，可将开始偿付时期规定在发行一二年后，藉纾目前困难。

乙、外债

一、积极交涉五亿美元借款　查本案上年迭有交涉，惟交涉情形本部无案可稽。据报纸所载消息，美国原则上已同意对我贷款五亿美元，进出口银行且已专案划存备用。惟须我国在六月底以前，能实行健全之经济计划，并提出如何应用上述贷款之详细计划，过期则上项拨存即自动作废（据本年一月十二日《商报》载杜鲁门总统对国会所提出之下年度预算，其中进出口银行对外贷款额为数仅列七千三百万元而已）。现在距六月底之期甚迫，似应极力进行。至其交涉之理由及运用计划，兹拟呈意见如下：

1. 交涉理由

（1）大战之后，欧洲各国多由美国贷款协助经济复兴，其数额远在五亿美元之上。中国抗战最久，牺牲最大，战后中国在国际上又曾极力支持美国之外交政策。为中国经济复兴及世界和平繁荣计，要求美政府实践对华经济援助之诺言。

（2）中国政府改组后，已非一党专政之政府，行将实行全国人民议定之宪法，政治局势已不足为美国迟缓其贷款之理由。

（3）中国因抗战过久，经济破产，人民生计困难，易为共产党所号召，亟须大量资本扩充生产事业，容纳大量失业人口与现在及将来之退伍军人。

（4）为美国本身利益计，亟应及时援助中国，中国之长江流域、珠江流域，政治情形安定，富藏充足，倘能获得资本，以事开发，则其经济状况必可日趋良好，美国贷款之安全，亦绝可保障。倘不即时予以经济援助，则社会经济崩溃，政治影响甚大，或且迫使中国全面趋于共产化，彼时虽欲援助，亦已噬脐莫及矣。

2. 借款运用计划

（1）中国目前须扩充生产，以增加物资，容纳大量之失业人口，故借款将以三亿元购买美国之生产器材，开发农工、矿业，同时改进交通设备。

（2）以二亿元发行内国公债，吸收过剩之购买力，使物价与利息渐次稳定。

二、根据国际复兴建设银行协定，向该行申请贷款　查国际复兴建设银行，旨在复兴世界之战后经济，我国亦为重要之会员国，并经按照规定缴纳股本。现在该行已于三月一日开业，各会员国多已按照规定提出借款计划，我国似亦应及时提出借款申请。上年钱币司奉命主办有案，似应继续进行，期早实现。

三、酌量恢复停付各项外债，以维债信　战事结束，业已年余，政府对于内债早经恢复偿付。外债方面，持券人公会迭经函催恢复偿付，亟应开始洽商，以资应付，而维债信。查战时停付各债，除交通外债前已专案核议呈复行政院，及庚款担保各债似可暂缓外，对于关盐税担保各项债款，似应酌情恢复偿付，以维国家债信。其可行之办法有三：

1. 顺移停付年限，不计愆期利息，本息并付，前经呈奉行政院核示，暂缓办理。

2. 先行于一二年内恢复息金偿付，俟一二年后再行恢复本息并付，前已并同英国持券人公会请我政府表示考虑恢复偿付办法之备忘录案内，呈报行政院，尚未奉核定。

3. 将来如院令对于前项先行付息办法，仍以外汇头寸不敷周转未予核定时，拟分向英美各主要债权国洽借新款，专供偿付关盐税担保外债之用，估计关盐税担保各债尚欠本息英金五千八百余万镑，美金一千六百余万元(交通外债及庚款担保各债除外)，为数虽巨，但偿还年限为三十六年，每年还本付息并计只需英金二百二十余万镑，美金一百余万元，在贷款国家方面，年付此数，似尚非过重负担。至此项新借债款则逐年按照动支款额，运售相等价值之农矿产品至各该债权国销售，以其所获之外汇偿付新债款到期本息。如此，债信得以维持，而外汇问题亦得以解决。

贰、将来应需计划办理各项

甲、内债

一、整理旧债　关于战前、战时发行各种国币公债之整理，本司前经拟具办法呈核，只以币值迄未稳定，未能办理。将来币值稳定或币制改革时，似仍须予以整理。拟按当时币值或新币单位，发行统一整理公债，将所有以前发行之各种国币公债，统筹予以整理换偿，藉以适应新情势之需要。其办法大要拟仍依照以前发行各债之各种条件，分别妥予配合，整理换偿，并尽可能采用延缓偿期减低利息办法，以期减轻国库负担。

二、发行新债　将来币值稳定或币制改革时，建设繁兴，需费孔多。为配合财政上之需要，届时拟酌量发行新国币公债，以资吸收游资，增裕库收。

乙、外债

一、继续整理无确实担保外债　查北京政府旧欠各债，除有确实担保者外，尚有无确实担保各项债款。民国二十五、二十六年间，曾经我政府局部予以整理，迄今此项整理工作尚无法恢复。将来币值稳定或币制改革后，自应查酌情形，赓续分案或汇核整理。

二、整理交通债务　查交通部主管路电邮航四政所欠各项外债，在战前以币值稳定，事业本身收入正常，故其有确实担保各债，均照常偿付，无确实担保者，在民国二十五、二十六年间，曾并同本部主管部分，会商整理。战事发生以后，四政收入锐减，币值陆续跌落，迄今未能恢复战前原状，未予恢复偿付。上年奉交核交通部所拟整理方案，业经以毋宁另发新票，仍以铁路收入为偿债基金等项呈复行政院，尚未奉批。复拟俟将来币值稳定后，将交通各债战前经常照付部分，逐渐恢复偿付，其余债务陆续予以整理。

以上所陈目前及将来各项公债计划大纲，如奉核准，自当再加详细研拟呈核。是否有当，敬请分别核示只遵。谨呈

部、次长

公债司谨呈

〔国民政府财政部档案〕

4. 公债司关于1947年1月至1948年7月工作报告

（1948年7月12日）

本部国民月会公债司工作报告　三十七年七月十二日

主席、各位长官、各位同仁：今天本部国民月会轮到公债司报告，自从上年元月十三日本部国父纪念周本司轮值报告以后，到现在已经一年半了，在这一年半当中，本司在部、次长领导与同人协助之下，办理一般债务行政之业务尚称顺利，但对于运用公债政策，配合财政需要之工作，虽经随时研拟检讨，力求改进，仍觉效果欠佳。今天拟就一年半来比较重要的工作，分为十项，向各位作一个概括简单的报告。

一、发行内债

过去一年半中，本部发行内债两次，共计有三种。第一次是在去年四月，政府为稳定金融，鼓励储蓄，发行三十六年短期库券三亿美元；又为充实外汇基金，调剂对外贸易，发行三十六年美金公债一亿元。库券系以国库折购，公债则以外币缴购，其发行条件均较以往任何公债为优。这两种券债规定，于上年四月一日及十一月一日，各分两期发行。短期库券已于本年三月底停止募销，计第一、二两期共募销四千二百四十八万五千一百四十美元。美金公债原定于本年三月底停止募捐，因关系吸收外汇，且在当时并无其他公债募销，故经呈准继续募销，截至六月底止，一、二两期共募销五千二百九十九万七千五百五十美元。两种券债共计募销九千五百四十八万二千六百九十美元，约占发行总额四分之一。至其所以未能如期募足之主要理由，在库券方面，系因国币不断贬值，购买库券之利益追不上一般市场之利润；在公债方面，则因持有外汇者对于政府债信尚有疑虑，故不易顺利推销。第二次发行公债，是在今年四月，政府为调节金融，吸收游资，发行三十七年短期国库券，规定月息五分，期限分为一个月、二个月、三个月三种，发行总额不加限制，授权中央银行在公开市场发行，视市场资金供求情形，得升值或折扣发行（事实上只有折扣），并得于未到期前，向市场买回。至发行的折扣，亦由中央银行随时决定办理。据最近中央银行报告，截至六月三十日止，发售总数为十八万零一百四十四亿三千万元，到期偿还累积数五万二千六百八十三亿七千万元。在计议发行此项短期国库券之时，本司因其还本付息期限过短，出售折扣及利息过高，深恐国库负担既重，收益亦少，故对此办法未敢苟同。最近若干人士建议应予停办。但此办法施行未久，若忽予停办，恐招各界对政府有朝令夕改之讥，似又不得不从长检讨计议。

二、洽借外债

在最近一年半间，我国仅有向美国洽商借款之事。本年二月，美总统杜鲁门向国会提出五亿七千万美元的援华建议案，到四月，美国国会通过一九四八年援华法案借款总额原则美金四亿六千三百万元，最后削减为四亿美元。其中一亿二千五百万美元，指定为特种援助，可作军需之用，其性质为无条件赠与的。其余二亿七千五百万元，为经济援助，除六千万元指定用于经济建设，将来或须另议归还办法外，其余概为赠与性质。使用期限定为十二个月（即自本年四月三日起，至明年四月三日止）。此项经济援助，已于本月三日在本京签字成立中美双边协定，其条文及两国官方声明，已在各报发表，故本人不再详细报告。现行政院已经成立美援运用委员会，负责执行一切应办事宜。美国经济合作总署，亦已派莱普溪为驻华代表，协助我国处理美援事务。过去本部对于此项借款之商洽，似欠接头，此后应如何与美援运用委员会采取连系，似值得注意。

三、内外债之偿付

本部主管内外债，除战前外债尚未恢复偿付外，其余历经如期偿付，从未愆期。在外债方面，中美金属借款且已于本年二月全部偿清，计自上年元月到本年六月底止，内外债共偿付本息金国币十一亿八千一百二十万零五千八百二十九元，关金四万五千元，英金一百零六万九千零四十八镑二先令，美金八千三百零八万四千六百三十七元四角五分，加币一百三十八万六千一百七十一元七角五分（借垫款利息及粮食库券本息除外）。至本年下半年度债务费支出预算，已经主计部核转行政院者，计内债本息八万余亿元，外债本息六万六千余亿元，连同借垫款利息、粮食库券本息及还本付息经手费，合计三十七万余亿元。总数相当庞大，其原因有二：一因外债及外币内债之外汇折合率，从前按照中央银行官价折算，今则改按指定银行市价折算，汇率相差甚巨。二因外债部分中之易货偿债费及中美剩余物资清算案内之美国在华购买房地产费用，及教育基金等项，均须以接近黑市之汇价支付。因现列预算数字系照目前汇价折算，此后半年之中汇价难保不再变动，在实行支付时，势必仍有增加。故下半年度内外债债务，□预算增加颇大，实际上将来尚有追加之必要。

四、筹拟恢复偿付战前外债

本部主管的战前外债，抗战期间因沿海各地先后沦陷，指作担保的关盐两税被敌劫持，以致基金无着，不得已于二十八年春间暂行停付本息。复员后，本部曾经呈拟恢复偿付办法，三十五年冬间，奉行政院令缓办。嗣以外国债权人公会迭函催询，上年八月间呈奉行政院令，先发表宣言，表示我政府注意履行债务之诚意，但时过十个月，因财政困难重重，尚无切实恢复偿付之办法，以致常有持票人来函责问，对付困难。本司于上年冬间，曾再拟具方案，假定各种范围，或全部恢复偿付本息，或一部偿付本息，或先付利息，或□先付利息的半数，签呈请示，未奉批示。最近翁院长发表施政方针，曾有政府应积极恢复债信之宣言，如能实现，当可于行宪后一新中外耳目。但事关国库外汇头寸，且恐美国方面发生误会，仍应缜密计议。

五、改订外币债券兑付办法

自三十五年春间，政府公布管理外汇办法以后，本部对于外币债券兑付本息，先后改订办法三种。

第一种是外币债券国内兑付本息办法。原来二十七年英、美金公债，二十九年英、美金公债，及三十一年同盟胜利美金公债，除持有人有正当用途可申请核准支付外币外，其余均按中央银行外汇官价折付国币。迨上年八月间，政府修正管理外汇办法，中央银行官价以外，复有指定银行市价，□规定经本部呈准，凡上项债票已到期而尚未兑取本息者，一律按照上年十月一日指定银行市价折算付给，其以后到期者，则按照各该债本息到期日的市价，折算付给。至于三十六年短期库券本息的偿付，依照条例的规定，原应按照中央银行美金官价折付国币，但是中央银行官价远低于指定银行市价，且并不随时调整，亦经本部呈准改按指定银行市价折付。经此规定，持券人的利益提高很多，但国库的负担亦增加不少，足见政府维持债信的努力。

第二种是外币债券国外兑付本息办法。上述国内兑付本息办法，对于国外持票人很觉不便，且海外侨胞原系以外币缴购各债，本部乃于上年九月间，订定各种外币公债国外兑付本息办法，规定海外侨胞及外籍人士原向中国银行国外分行购买的债票，或原用外币径汇本部购买的，和办法公布以前曾在国外经付银行兑取本息，其债票的号码业由经付银行登记有案的，都准在国外以外币偿还，其余一概折付国币。此项规定的用意，一在维护购债人的利益，二在防止债票逃避海外，套取外汇。

第三种是海外侨胞原以美金或外币购买的国币储蓄券，可以换购三十六年美金公债，照购买时实际缴交外币数额，计算换购。

以上三种办法，意在维护持券人的利益，对于侨胞尤觉便利。公布以来，颇获各方的好评。惟自上月中央银行颁布外汇结汇新办法，对于外币债券本息折付国币的汇率又发生问题。最近京、沪两市银行业同业公会已先后呈部建议，对于三十六年短期库券或照现行市价，全部提前收回，或另定补救办法。本案关系国库负担甚大，现正由本部会同中央银行计议处理中。

六、核销债券

本部核销付讫债券的工作，战前在上海专设核销债务处负责办理，职员二十八人。三十年改在重庆设处办理。三十四年春间，为简化机构，该处奉令裁撤，业务划归本司兼办，专设一科，职员仅有十人。复员以来，除核销各经理银行经常缴购债券外，又补办清理战前战时各地积待核销之内外债债票，以致核销工作异常繁忙。最近一年半中，本部核销债券本息票总数为五千一百八十万零一千五百十五张，比较战时在重庆每年核销总数，增加几倍之多。

七、拟订公债法草案

上年政府颁布宪法，其中规定省县都可依法发行公债。本部为了配合行宪，已于本年四月间拟具公债法草案，呈送行政院核转立法院完成立法程序。此项草案内容，对于各级政府发行公债成立的过程，募销的方式及标准，债款收入的用途及监督，本息的偿还及经理，基金的保管，债券的印发转移及销毁等项，均经分别详加规定，俾有法律依据。现正由行政院审查中。

八、拟订公债会计制度草案

政府发行的内债和举借的外债日见加多，对于债务收支的处理，尚缺精当的会计制度。本司为适应当前需要，经参酌公债业务，依照会计法第十八条的规定，拟订中央公债会计制度草案一种，已由部送请前国民政府主计处审核中。

九、编制内外债说明书暨内外债统计手册

本部主管各项内外债，从清末到现在，已有五十年，种类繁多，情形复什，关于发行的条件，运用的情形，整理的经过，本息的偿还，结欠的数额，以及国债政策的演变，缺少详细精确的专册记载。本司为了便利研究财政人士及经办债务人员的参考，除已出版《公债法规汇编》一种外，复经同人一年来之努力，于处理经常公事之余，编纂内外债说明共十一卷，及内外债统计手册各一册，于本年五月间呈送部、次长鉴核。部、次长认为颇有价值，经批饬付印，现正在接洽印制中。

十、目前本司主要工作之检讨

现代先进国家莫不运用公债政策，以充实国家财政，但任何国家欲期充分运用公债政策，必先树立债信，我国自不能例外。政府信誉巩固，人民方能踊跃购债，公债方能顺利推销。本人以为本司目前的主要工作，第一是参酌财政情形，计议逐步整理旧债，以便一面简化债务行政，一面提高国家债信。其次是运用公债政策，以增裕库收，但过去政府不无失信于民之处。而目前财政未上轨道，货币不断贬值，若发行国币公债，对国库既无大补助，对人民亦不易推销；发行短期国库券，则本息负担太重；发行物价指数公债，国库负担亦重。若发行外币公债，则因目下人民购买力薄弱，政府亦乏强迫储蓄的力量，难收宏效，则以国币缴购外币债券，亦因外汇折合率波动的关系，难以同时兼顾国库及购债人的利益。故在目前情形之下，发行公债，似非易事。条件欠优，则人民不乐于认购，条件过优，则国库负担太重。但本年下半年度国家收支不敷甚巨，岁入总预算已列有债券收入二百万亿元，约及总收入四分之一。故本司正在殚精竭虑，研拟筹发公债之妥善方案，希望对于当前财政之困难，能有小小的帮助。

以上是本司过去一年半中比较重要工作的概况。目下本司办理经常事务，尚称顺利，尤其是在处理公文效率方面，年来极力设法提高，颇有进步。据秘书处每周统计，本司处理公文，历照部定期限，在三天之内办出，向不逾期，亦不积压，实际上平均时效尚不及两天。这在一方面是因为本司公文件数较少，但在另一方面，不能不谓是同人努力的结果，希望将来仍能维持此种效率。同时，本司为适应公务员精神上的需要符合新生活的精神，于上年初组织同仁公余同乐会，举办游艺晚会，郊外旅行，运动比赛，其用意则在策励同仁加紧工作，提高效率之外，另以最经济的办法，提倡正当的娱乐，藉以调剂心神，促进和衷共济的精神。办理一年半以来，成绩颇佳。惟有一事为本司最引为惭愧者，则因目前环境关系，未能充分推进公债政策，以协助国家财政。本司职责所在，在部、次长领导之下，自当随时检讨过去，策励将来，以期增加贡献。深望各位长官、各位同仁多多加以指教(完)。

〔国民政府财政部档案〕

5. 公债司在财政部纪念周会上的报告

(1948年9月30日)

今天轮由公债司报告。本年五月间，本司曾经报告一次，现将最近四个月比较重要之工作作一简明报告。

一、复员紧急措施

在债务部分原定两项：一为登记被敌伪劫失之我国债券库券，二为收缴登记敌伪前在收复区发行之债券库券。此两项登记期限原规定自三十四年十月一日起至三十一日止，嗣以收复区各地办理登记之银行多未能立即复业，经本部先后核准展至三十五年三月底为止。现除敌伪发行债券一项正在汇总核计外，其被敌伪劫持之政府债券未能收回者，为国币票面一亿零五百余万元，美金票面一万三千余元，此是东北九省以外各收复区登记情形。其东北九省对此两项措施则尚未完全开始办理，已核定俟经办银行开业随时开始办理，俟开始之后再定截止限期。此外，台湾方面虽经办毕，但尚未据报告，已在催报中。

二、三十年以前发行公债在收复区普遍恢复偿付

政府所发公债，凡三十年以后发行者，已于三十四年十二月间公布在收复区普遍恢复偿付。至三十年以前所发公债，所以未

能早日在收复区恢复偿付之主要理由，即因战事时期此项债券曾有被敌劫失情事，且此等劫失债券间多由本部登报通告作废，各地收复后，必须先由各该报告曾被劫失之银行先行查明是否确实劫失不能收回。倘或多数不能收回，则须编印大宗作废债票号码册，预先分发各地经付银行，然后始能公布定期在收复区普遍恢复偿付。旋据各银行陆续报告，当时被劫债券大部分封存未动，各该银行已于接收复业时照数收回。又因各银行接收复业时期迟早不一，本部汇总办理不得不候各银行报告齐全始能审核拟办。迨本年三月间陆续报齐，既系大部分均已收回，其未收回者即上面所总计国币票面一亿零五百余万元，美金票面一万三千余元，故经拟订将此项债券一律恢复偿付，已于本年七月一日起开始照此办理。其未收回者所付本息，另行汇入损失案内，对敌要求赔偿，并同时公布两点：1. 十七年金融长期公债、二十五年统一公债及二十五年复兴公债，于民国三十五年七月一日起一律恢复偿付本息，其原订贴现办法于同日取消；2. 本部发行各种公债，在抗战开始至恢复偿付之日止已逾规定兑取期限之本息票，并自恢复偿付之日起六个月内予以补付。

三、订定收复区银行战时劫失债票处理办法十条，呈奉行政院指令核准公布施行。

此系对劫失而又收回之债券本身分别处理，此项十条条文中最关重要者，如第三条中所列劫失债票分为三类处理之：

(1) 已经收回之打洞债票，

(2) 已经收回之未打洞债票，

(3) 未经收回之债票。

又第四条中所列“已经收回之已打洞债票，原系政府寄存银行者，缴呈财政部注销；原充政府向银行抵押者，以国库证换回注销；原系银行自有及各银行间互相抵押或向中央银行作领券准备及储蓄保证者，由财政部会同银行粘贴特制暗证，加盖硬印，继续使用，其未粘贴暗证及加盖硬印者，应报请财政部核办。”

第五条“已经收回未打洞债票，曾经呈报财政部备案并已公告作废者，由部撤销原案恢复有效；曾经呈报财政部备案未经公告作废者，一律继续有效”。

第八条“持有劫失债票确系敌伪人员，如经人检举查明属实者，予以没收处分”。

四、对日索赔

关于抗战损失要求日本赔偿一案，债务部分业就现有材料按照：(1)因战事发行之内国公债及粮食库券本息数；(2)因战事举借之外债本息数；(3)收复区敌伪发行债券尚欠本息数；(4)被敌劫持未收回之政府债券本息数；(5)收复区“七七”事变后关、盐两税应摊拨本息数；(6)国债基金被劫持数等项，分别详列，送由主办机关汇案办理。

五、上市公债之处理

战时后方无证券交易公开市场，各债券未予上市买卖，现在上海证券交易所正式复业，政府公债理应即准上市开拍，俾资流通。只以该交易所复业伊始，为稳便计，拟稍缓时日，俟一般产业证券(即股票)上市后，观察其对经济金融趋势如何，再行酌定适当时期令准上市开拍。此项原则及暂缓上市意见，已由部呈请行政院长鉴核，将已将拟先上市各债，由司会同钱币司详细拟议鉴呈指示。

六、所得税法经国府修正公布后，其公债到期息票应课之所得税，在四月十六日前到期者，仍按原税率计征；十六日起以后到期者，改照新税率课征。业经通知各经理银行照办。

七、战时停付外债恢复偿付之拟议

此项关、盐税担保外债及庚子赔款暨以庚款担保发行之债券，及交通部经管之外债，其恢复偿付办法，关系国家整个对外债务之措施，已经数度拟议。但以本部主管外债是否与庚款同时补付，及交通部外债是否与本部外债同时补付，或如何分别办理，因其中情形各不相同，仍须仔细研究。

八、筹募公债

三十三年度盟债五十亿元，原定于本年六月底结束筹募。近以时局不靖，复员受阻，以及旱灾、水患等等关系，各省市未能将配定债额如期募足，为顾全事实计，故于六月初即具签呈准展至本年年底结束，无论成绩如何，但时时均在竭力督催及计划筹募中。开募后已募十亿零五千三百余万元，其中在最近五个月募到者为九亿二千三百余万元。

九、本司主管之债务支出暨债券印刷事务费之三十六年度概算，已送会计处汇办。其内容计如下表所列：

内债	89,729,269,757.50
借垫款	101,754,929,457.00
手续费	9,472,927.00
债券印刷费	184,882,000
债券事务费	55,188,000
战前外债	61,140,799,138
易货偿债及战时外债	75,417,070,975
外债部分还本付息经手费	175,101,708

十、上海证券市场年来只有统一公债一种，价格时时高涨，该市场纯为黑市，迭经京沪区特派员加以取缔，但一般投机家操纵如故。宋院长及本部迭次宣示战前公债照票面偿还，并于七月一日起普遍恢复偿付三十年以前发行公债时实施，而至今仍时有加倍偿还之谣言，实不值识者一笑。前月又因法院判决四行储蓄会存款照千倍支付之事，至重行引起公债加倍还本之谣传。其实，公债照票面偿还乃是一定不易，况法院对存款千倍支付之判决原文，本已将公债除外，此事凡是本部同人均应明了，特为附带报告。

〔国民政府财政部档案〕

6. 财政部检送答复立法委员杨公达等关于公债政策质询案致行政院秘书处公函

（1948年10月14日）

公函 财公二字第5401号

案准贵处本年十月五日（三十七）六财四四〇九五号公函，略以立法委员杨公达、江一平等提出政府整理公债办法，经财政部公告，自十月一日起施行质询一案。奉谕：转饬财政部克速答复，以凭核办。等由。抄附质询案，嘱查照办理见复等由。准此。自应照办。相应拟附答案一件，函请查照转陈为荷。此致

行政院秘书处

附件

部长 王〇〇

答复立委杨公达、江一平质询案

查政府此次对旧发法币公债及外币债券之处理，系在维护持票人利益，及兼顾国库负担原则下，经缜密考虑，妥慎拟定者。兹扼要说明如次：

一、关于法币公债部分：依照原经立法院通过之各该公债条例，均应按票面法币数额一兑一还付，抗战期间以迄复员以来，均系如此办理。盖政府公债，与普通借贷性质不同，政府募销公债所得款项，均系随时用作国家正当支出，非如银行企业，对所吸收之存款，可作营利之运用。况公债票为不记名式，可以自由移转流通，目前持有人，多已非属原认购人，现在无法调查持票人身份。是以复员以后，各地法院对战前银行存款及私人借贷增倍偿还各讼案，其判决标准，虽因时间前后而有出入，但对公债均经特别提出"除外"，不在增倍偿还之列。最近币制改革，一切金银外币及物价，均以三十七年八月十九日市价为标准。对于法币公债之偿还，政府为体念持票人已往购债助国之热忱，不惜加重国库负担，亦经参照八月十九日一般公债市价，毅然特定予以

分级加倍偿付，以示优待。且 债原定偿期尚余期间计算，短者为数年，长者竟达三十三年余 政府不问其尚余期间长短，一律予以提前一次清偿。至所定分 最多二万七千倍，最少一千倍，以战前各债为例，较之本年八倍数，上海统一公债股市价格，且有过之无不及。即与银行业战前存款及 偿条例附表加成计算之每元本利和数额比较，则各种法币公债加倍偿 数，均约增至八倍之多。政府在财政极端困难之际，作此决定，可谓已尽其最大之能事。若如最近一小部分持票人所请按金圆与银元二兑一比率偿还，则各种法币公债尚欠应付本息约六十亿，需金圆券一百二十亿，始能偿清（金圆券发行则以二十亿为限），不仅国库无此能力，抑与事势实际情形不符。盖政府于二十四年实行法币政策后，法币以与银元等值之姿态出而代替银元，为全国所通行之货币，银元早已失去其通货之性能，而仅成为一种具有相当价值之物品，故不能就金圆对此“银元”物品所定之价格，作为法币公债本息偿付之标准。抑有进者，战前法币公债持有人，固因货币贬值致遭损失，但此种损失，似系抗战时期之一种牺牲，与一般人民直接间接生命财产之损失性质相同，且持票人究系小数（其中多系银行钱庄）。政府如对此小数持票人再予提高倍数偿付，则必加重一般人民之负担，似亦非合理之措施。

二、关于外币债券部分：按二十七、二十九、三十一等年之外币公债，其到期本息之偿付，依照立法院原通过之各该债条例，本应该给付外币。嗣因实施外汇管理，故经规定改以国币折付，持票人久已啧有烦言。最初原系依照中央银行外汇官价（每一美元折合法币一万二千元）折付法币，去年八月外汇管理办法改订后，政府为维护持票人利益，改按指定银行美金市价折付法币。三十六年短期库券条例，规定依照国行牌价销售及付还，至上年八月，亦改造上项办法销售付还。本年六月，结汇证明书制定实行后，指定银行市价所据以规定之平衡会结汇率冻结于每一美元折合法币四十七万四千元。各方对于外币债券本息之还付，或建议按平衡会结汇率（即四十七万四千元）全部提前一次偿

汇证明书市价(当时约为四五百万元,
还,或建议按平衡会结汇),按期还付本息。上项建议,本部方在旁
在八月十九日约七之际,适奉总统颁布财政经济紧急处分令,制定
征广询,加以缜其中规定将上述四种外币债券按照金圆与外币之法
金圆券发行发金圆公债。本部当即遵此原则,拟定"政府外币债券处
定兑换率,拟即发行三十七年整理公债甲、乙、丙三种债票,分别予以换
理办发。此项换发新债办法,其旧债票面每一美元折算法币之数目,若按金元与法币之折合率计算,共合法币一千二百万元,虽较前述结汇证明书制度实行后,各方所建议之还付数额略高,但自币制改革后,我国通货之唯一汇率,则系金圆对外币之法定汇率,似难另定一汇率,专供偿付公债之用。且旧债换发新债之后,外币票面改为金圆票面,永远无再兑领外汇之权利,匪特未如法币公债予以提前一次清偿。且将其利率部分降低(如三十六年短期库券原定利率年息二分,所换新债则为年息五厘),复将偿还期限概予延长。综此种种,最近一小部分法币公债持票人所谓政府对外币债券持有人特别优遇一节,实未尽然。

再者,政府过去以法币公债不易推销,故改发行外币债券,藉以保持购债人之币值。今如对外币债券再行失信,则将来公债之发行,势必更感无法推销也。

总之,政府对法币公债及外币债券两种处理办法公布后,有人谓政府优待法币公债持有者,同时亦有人谓政府优待外币债券持有者,似各以其个人立场设言。其实该两种处理办法,虽因事务上需要而有不同,但政府在维持债信及兼顾国库负担原则下,悉心筹划,尽力持平办理之用意,并无二致。

至于依照外币债券处理办法应发行之民国三十七年整理公债,本部于九月四日行政院第八次临时会议通过该债发行原则后,即将条例草案拟就,于七月十日呈院,请予转送核议,原期九月底可以完成立法程序。而原拟法币公债提前清偿及外币债券换发新债先办登记等项手续,均已先期备妥。且各旧债本息之计算,均截

算至九月底为止，准……始办理，故经本部公告如期分
别实行。现在上项三十七……例草案经立法院决议，与刘
委员振东等提案，合并交付审……有何变动。

〔……财政部档案〕

7. 公债司送1949年度施政计划纲……

(1948年10月27日)

司函

兹随函送上本司卅八年度施政计划纲要乙份，即请查照汇……为荷。此致

秘书处

附件

公债司启

公债司卅八年度施政计划纲要

一、发行内债：筹划继续发行内债，以弥补预算，辅助建设。

二、偿还内外债本息：卅八年度中央政府总预算债务支出内所列应还各债本息，内债部分均依照各该公债条例所定发行总额，以实际销售数计算还本付息数目，按期分别偿付。外债部分（除战前外债尚未恢复偿付者未经列入外），均系政府在战时及战后所订借，按照原约还本付息。

三、继续研拟恢复偿付战前外债办法：关于恢复偿付战前外债，卅六年早经开始研拟办法，迭次呈院请示，迄未作具体决定。卅八年度仍拟斟酌国库负担及外汇情形，继续研拟妥善办法，提请核定后，分别与各债权国开始洽商，俾便实施。

〔国民政府财政部档案〕

8. 财政部编经管内外债现负数目表

（1948年）

（1）财政部经管各种有确实担保外债现负数目表

（战前订借部分）　　卅七年九月底止

债名	订借日期 年	月	日	币别	原债额	已偿本金	已偿利息	尚欠本金	[illegible]利息
英德续借款	1898	3	1	£	16,000,000	13,003,575	21,240,941/12/6	2,996,425	
英法借款	1908	10	8	£	5,000,000	4,750,000	5,054,482/0/5	250,000	
克利斯浦借款	1912	8	30	£	5,000,000	1,333,020	6,155,301/14/0	3,666,980	12,[illegible]
善后借款	1913	4	26	£	25,000,000	5,308,120	30,165,713	19,691,880	1,56[illegible]
马可尼费克斯借款	*1936	10	6	£	2,403,200	……	583,016	2,403,200	7,255,2[illegible]
湖广铁路借款	*1937	4	3	£	5,656,000	……	5,783,300	5,656,000	# 441,667/4/[illegible]
芝加哥大陆银行借款	*1937	4	12	U.S.$	5,500,000	……	770,000	5,500,000	2,846.250 # 1,105,500
太平洋拓业公司借款	*1937	7	14	U.S.$	4,900,000	……	804,315.25	4,900,000	1,942,084.75
安利洋行库券	*1936	4	28	N.C.$	1,910,000	1,170,000	/	740,000	/
总计				£	59,059,200	24,394,715	68,962,754/6/11	34,664,485	23,704,747/9/0
				U.S.$	10,400,000	……	1,547,315.25	10,400,000	5,893,831.75
				N.C.$	1,910,000	1,170,000		740,000	

说明：*　系整理日期

#　系无利库券

(2) 财政部经管各种有确实担保外债现负数目表

（战时订借部分）　　卅七年九月底止

债　　名	币别	订借债额	已动用数额	已债〔偿〕本金	已偿利息	尚
美国滇锡借款	U.S.$	20,000,000.00	20,000,000.00	14,050,000.00	3,362,258.56	5 000.00
美国财政援助借款	U.S.$	500,000,000.00	500,000,000.00	∅	∅	5 34,332.64
苏联第三次借款	U.S.$	150,000,000.00	73,175,809.00	32,441,476.36	7,546,132.46	731,768/2/3
英国第一次信贷	£	2,859,000	2,850,600	1,118,831/17/9	717,365/11/9	4,545,341/4/5
英国第二次信贷	£	5,000,000	5,000,000	454,658/15/7	600,433/7	8,150,540/10/0
英国财政援助信贷	£	50,000,000	8,150,540/10/0	∅	∅	
总　　计	U.S.$	670,000,000.00	593,175,809.00	46,491,476.36	109,083 .20	546,684,332.64
	£	57,859,000	16,001,140/10/0	1,573,490/13/4	1,317 3/19/4	14,427,649/16/8

说明：∅尚未订偿还办法。

(3) 财政部经管各种有确实担保外债现负数目表

（战后订借部分）　　卅七年九月底止

债　　名	币　别	订借债额	已动用数	已偿本金	已偿利息	尚欠本金
美国铁道购料借款	U.S. $	18,650,000.00	16,500,000.00	/	346,135.10	16,500,000.00
美国发电机借款	U.S. $	8,800,000.00	6,900,000.00	/	[illegible]4,040.00	6,900,000.00
美国购船借款	U.S. $	2,600,000.00	2,540,947.55	/	[illegible]237.62	2,540,947.55
美国采煤设备借款	U.S. $	1,500,000.00	1,400,000.00	/	20[illegible]41	1,400,000.00
美国租借法案 3.C 借款	U.S. $	58,900,000.00	50,994,638.89	3,450,000.00	2,283,1[illegible]	47,544,638.89
加拿大借款	Can. $	60,000,000.00	39,542,147.46	/	1,386,171[illegible]	[illegible]9,542,147.46
美 N_3 轮十艘借款	U.S. $	4,243,750.00	4,243,750.00	/	/	[illegible]43,750.00
美航务局 BC_2 轮十艘借款	U.S. $	4,133,720.00	4,133,720.00	267,200.00	143,889.56	[illegible]
美航务局 N_3 轮八艘借款	U.S. $	2,812,560.00	2,812,560.00	170,960.00	97,162.00	2[illegible]520.00
美航务局 C_1 轮十二艘借款	U.S. $	7,462,860.00	7,462,860.00	/	/	7,4[illegible]00
美航务局 VC_2 轮三艘借款	U.S. $	1,977,980.00	1,977,980.00	/	/	1,977,[illegible]
总　　计	U.S. $	109,080,870.00	98,966,456.44	3,888,160.00	3,076,170.76	95,078,296.[illegible]
	Can. $	60,000,000.00	39,542,147.46	/	1,386,171.75	39,542,147.4[illegible]

（4）财政部经管庚款担保四项公债现负数目表

卅七年九月底止

债名	订借日期 年 月 日	币别	订借债额	已偿本金	已偿利息	尚欠本金
中法五厘美金公债	1925 5 27	U.S. $	43,893,900	21,757,250	25,976,515	22,136,650
华比六厘美金公债	1928 7 1	U.S. $	5,000,000	4,171,100	2,021,301	828,900
六厘英金庚款公债	1934 6 1	£	1,500,000	462,000	321,180	1,038,000
京赣铁路建设公债	1937 1 1	N.C. $	14,000,000	800,000	1,234,800	13,200,000
总计		U.S. $	48,893,900	25,928,350	27,997,816	22,965,550
		£	1,500,000	462,000	321,180	1,038,000
		N.C. $	14,000,000	800,000	1,234,800	13,200,000

9. 财政部公债司政绩交代比较表资料

(1949年4月)①

财政部公债司政绩交代比较表资料

一、整理旧有债券

前任工作：

1. 政府法币公债提前清偿：依照民国卅七年八月十九日总统颁布财政经济紧急处分令，金圆券发行办法第七条第二项“政府发行之法币公债尚未清偿者，由行政院另定办法处理之”之规定，经拟定“政府法币公债处理办法”呈奉行政院令公布，并通饬施行。所有政府历年发行之法币公债(即民国十七年金融长期等十七种)，实际销售在民国卅七年八月廿一日以后到期应还之本金及各债最近一期之息票，在卅八年八月廿日以后到期者，概照各该债原定利率，算至卅七年九月卅日为止，于卅七年十月一日起，开始提前清偿。持票人应于六个月内将债票持向各地经理银行兑付，逾期作废。其清偿计算标准，特定按照卅七年八月十九日一般法币公债市价，依各债发行先后，分级规定偿还倍数(最高二万七千倍，最低一千倍)，再照法定折合率折付金圆。并经订定法币公债提前清偿办理注意事项，由部函请中央银行办理，并转知各经理银行照办。此项清偿手续，业于卅七年十月一日开始办理。

2. 政府外币债票换发新债：依照财政经济紧急处分令金圆券发行办法第七条第三项“除民国卅六年美金公债应照原条例偿付外，所有民国廿七年金公债，廿九年建设金公债，民国卅一年同盟胜利美金公债，及民国卅六年美金短期库券，应按法定兑换率换发金圆公债”。经拟定“政府外币债券处理办法”，呈奉行政院令公布，并通饬实行。前项四种外币债券，实际销售在民国卅七年八月廿日

① 原文无时间，系从文中推出。

以后到期应还之本金，及各债卅七年九月卅日或十月卅一日到期之一期息票，其息金一律截至九月卅日为止，概行并入本金换发民国卅七年整理公债。并依照金圆券对外币之法定汇兑率，以各该债券票面每美金一元掉换整理公债票面四元，英金一镑掉换整理公债票面十二元，各种外币债券如依其原定清偿年限尚余期间之长短，分别配合，酌定掉换整理公债之某种债票。掉换手续，限于六个月内全部办理完竣，逾期作废，并经订定"外币债券换发卅七年整理公债办理注意事项"，由部函请中央银行办理，并转各经理银行照办。此项掉换手续业于卅七年十月一日开始办理登记，预定至卅八年三月底截止，先由经理银行制发收据，俟整理公债条例完成立法程序，奉令公布，及债票印就后，另行公告，凭据掉换。

3. 拟订卅七年整理公债发行原则暨公债条例：为适应财政经济处分令金圆券发行办法第七条第三项外币债券换发金元公债之规定，经拟定卅七年整理公债发行原则草案，呈奉行政院修正公布，并令发到部。遵即依照拟定公债条例草案及还本付息表等件，一并呈经行政院会议通过，转送立法院审议。

本任工作

1. 法币公债提前清偿：因原案所定按照卅七年八月十九日一般法币公债市价，依各该债发行先后分级规定偿还之倍数，即最高二万七千倍，最低一千倍，照法定折合率折付金圆券一节，在卅八年初，物价波动甚剧，持票人纷请政府考虑改善清偿办法。为增高债信计，经参照发〔?〕订倍数，再予增高五十倍，即最高为一百三十五万倍，最低为五万倍。此项改订办法，经呈奉行政院核准，令饬于一个月办理完竣。遵经函请中央银行转知各经办银行，自本年二月十一日起，开始办理，应截至三月十日为止。现迭据各银行及持票人申请，准予补领清偿。正拟再予展期中。

经办未了事项：展期清偿一节，移交后任办理。

2. 政府外币债券换发新债：民国廿七年金公债等四种外币债

券，按照财政经济紧急处分令及政府外币债券处理办法规定，按原定汇兑率（即美金一元折合金圆四元，英金一镑折合金圆十二元），换发民国卅七年整理公债。上项处理办法公布后，如持票人多有不满表示，且卅七年十一月十一日“修正金圆券发行办法”制定后，金圆券对外币法定汇兑率已有变更。爰经研究改订掉换新债办法，在巩固债信与纾缓国库负担原则下，上述四种外币债券实销尚欠部分，拟改发民国卅八年整理美金公债分别掉换此项公债，并定于卅八年四月一日发行。所有旧发外币债券在卅七年八月廿日以后最近之两期息票，一律截算至卅八年三月底为止，并准照其延付金额，连同尚欠本金合并计算，换发整理美金公债。经将此项改订办法及发行原则呈奉行政院修正通过，遵即拟具整理美金公债条例草案等件，呈院鉴核，转送立法院审议，一俟条例完成立法程序，债票印制完竣，即可公告换发新债票。

经办未了事项：实行换发整理美金公债，修理经办银行办理注意事项，将交后任办理。

3. 拟订民国卅八年整理美金公债条例：外币债券换发卅八年整理美金公债，业奉行政院核定，遵经拟具卅八年整理美金公债条例草案及还本付息表等件，呈请行政院核转立法院审议。此项整理美金公债，以美金为票面，卅八年四月一日发行，到期本息以美金还付。公债总额一亿三千六百万美元，分甲、乙、丙三种债票，偿【期】分别定为十年、十五年、廿五年偿清。

经办未了事项：此项公债条例尚未经立法院审议，移交后任办理。

二、筹发债券

前任工作

继续募销卅六年第二期美金公债：前任所发之卅六年第二期美金公债，仍继续募销，截至卅七年十月卅日止，募销累计数为二九六九七七〇〇美元。又为广为募销计，已商请侨务委员会将上项债票提出一部分在海外试销，所有办法，已由侨务委员会呈奉行政院核定，即可开始办理。

本任工作

1. 发行民国卅八年黄金短期公债：卅八年度总预算收支不敷甚巨，抵补方法除加紧整顿税收；运用外援，出售物资等项外，并运用公债政策，期于弥补预算之外，兼收鼓励储蓄，吸收游资之效。爰拟发行黄金公债一种，规定以黄金偿付本息，以合于一般人民心理之需求，而同时可将存兑黄金办法加以蜕变。此项黄金公债定额为黄金二万市两，于民国卅八年二月一日及六月一日分两期发行，每期发行半数，月息四厘，自发行起息，息随本付。惟息金不满五市钱者，折付金圆券偿还，期限两年，自发行日起每月抽签还本一次。所有本息基金，半数在库存黄金项下拨付，半数由美援运用委员会借拨款项购足，于每期发行日，全数拨交本公债基金保管委员会全权保管备付。其公债条例已奉紧急命令公布，并补送立法院追认。发行以来，因时局关系，指定先在上海发销，二、三两月已售出票面九千零九十市两，并自三月四日起，令准在上海证券交易所上市开拍，上海各经理行局门市暂行停售，另委由中央银行负责调剂此项公债市场。

经办未了事项：此项公债条例尚未经立法院审议追认，移交后任办理。

2. 继续募销卅六年第二期美金公债：截至卅八年三月卅一日止，共计募销三五七二八六五〇美元。现仍由中央银行各分支行处负责继续销售中。

三、筹拟恢复偿付战前外债办法

前任工作：

关于恢复偿付战前外债案，前任曾迭准持券人函催，经会同交通部请示行政院，旋奉院令，以我国抗战甚久，兼有匪乱，故原则上战前外债，暂从缓还。交通部所受铁路债务，可先为筹拟整理办法，再为核定施行，等因。嗣又准英国持券人公会催请恢复偿付战前外债利息，并请保障粤汉铁路借款持券人权益，复经呈院请示办理原则，俾便遵循。

本任工作：

本任内奉院令指示，以关盐两税担保各项外债，饬由本部先为筹拟整理方法，当经拟具六种范围呈请核定。上年十二月间，奉院令核准，先恢复偿付利息一期，自卅八年度起实施。因各债停付迄令〔今〕已历十年，经拟定原则三端，拟先与持券人代表作初步之洽商。

〔国民政府财政部档案〕

二、内　债

〔1〕内债整理与换发

1. 收复区政府债券及敌伪债券库券紧急处理办法[①]

（1945年10月8日）

收复区政府债券及敌伪债券库券紧急处理办法　民国卅四年十月八日行政院备案

一、敌伪组织前在收复区发行之债券及库券，自即日起一律禁止交易，听候处理。

（一）电收复区司令长官及省市政府先行布告，自即日起对敌伪发行之债券、库券，一律禁止交易，听候处理。并分电各区财政金融特派员知照，及分电四行二局转饬分行局知照。

（二）布告收复区我国人民，凡持有敌伪债券、库券者，限于规定期限内，向当地央中交农四行申请登记，将原券缴存，掣取收据，听候处理。

（三）由部规定应行登记事项，交由央中交农四行转电收复区各分支行处查照办理，于期满后将收缴之敌伪债券、库券详细列表，寄交四总行转部查核。其收缴之原券，暂由收缴银行保管。

（四）本部于期满后，将四总行汇转各地收缴之敌伪债券、库券登记表，查核登记核计总数，呈请政府向敌索赔，再定处理办法。如查明持券人附敌有据者，原券没收。

二、凡政府以往发行之各种公债，如持有人寄存银行有案，而被敌伪劫持，或因战事损失者，由财政部公告限期登记。

---

① 沿用原标题。

（一）电收复区司令长官及省市政府先行布告，此项劫失之债券，应候另行布告，限期向各地指定银行检据登记，汇转本部统筹处理。并分电各区财政金融特派员知照，及四行两局转饬分行局知照。

（二）布告凡我各级政府机关及公私团体人民，原在收复区持有我国发行债券，曾经寄放银行有案，而被敌伪劫持，或因战事损失者，限于规定期限内，检同原取具之银行寄存证，向当地中央银行申请登记，缴存原证，掣取收据，听候处理。

（三）由部规定应行登记事项，交由中央银行转电收复区各分行处查照办理，各地央行于收缴寄存证后，应分向原寄存银行核对，并于期满后将核对无误之收缴登记表汇列总表，寄交央行总行，转部查核。其收缴之寄存证，暂由各分行处保管。

（四）本部于期满后，将央行汇转各地收缴之劫失债券登记表，查核登记，核计总数，再按核定办法办理。

附登记收缴敌伪债券库券手续及

经理银行办理登记收缴手续

凡收复区我国人民持有敌伪发行之债券、库券者，应即向当地中央、中国、交通、中国农民四银行任何一行，填具申请登记，同时将所持敌伪债券或库券缴存银行，掣取收据，听候汇核处理。其申请书，应由申请人自备，将下列各事项详细据实填明。

（一）登记银行及地点；

（二）持券人姓名；

（三）籍贯；

（四）职业；

（五）住址（持券者如系团体，应由该团体负责人具名，并填明团体名称）；

（六）债券或库券名称；

（七）该券发行时期；

（八）币别；

（九）券面分类及各类张数；

（十）附带息票期数；

（十一）合计张数；

（十二）合计券面总额；

（十三）由申请人签名盖章；

（十四）申请日期。

由各收复区中央、中国、交通、中国农民四银行分支行处，在规定期限内，随时接受上项申请，核明所填申请书与所缴敌伪债券库券相符，即予收受，掣给该分支行处收据，发交申请人收执。并将所发收据号码，注入申请书内备查。一面对所缴债券库券，分别券类，以每一券名为标准，各列一表，将每日收缴之各该债券或库券，按上列第（九）、（十）、（十一）、（十二）四项数目，逐日核结，分别登录。俟规定限期满后，三日内各予核计结算总数，先行电报总行，汇报本部。并将上项分别券名登录各表，各缮一份。同时将收缴各券原条例，每种照抄一份，一并寄由总行转送本部查核。其收缴之原券，即由各经理银行暂行保管。

附登记寄存被劫失政府债券手续及经理银行办理登记手续

凡我各级政府机关及公私团体或人民，原在收复区持有我国发行之各种债券，曾经寄存银行有案者，如于战事期间被敌伪劫持，或因战事损失者，应即向当地中央银行填具申请书，申请登记。同时将原取具之银行寄存证缴存中央银行，掣取收据，听候汇核处理。其申请书应由申请人自备，填写同样二份，将下列各事项详细据实填明。

（一）登记银行及地点；

(二)寄存被劫失债券持有人姓名;

(三)籍贯;

(四)职业;

(五)住址(如系机关或公私团体,应由负责人具名,并填写机关团体名称);

(六)被劫失债券名称;

(七)币别;

(八)券面分类及各类张数;

(九)附带息票期数;

(十)合计张数;

(十一)合计券面总额;

(十二)原寄存银行名称地址;

(十三)原寄存证字号及日期;

(十四)被劫持或损失情形;

(十五)被劫持或损失地点;

(十六)缴存寄存证件数;

(十七)由申请人签名盖章;

(十八)申请日期。

由各收复区中央银行分行处在规定限期内,随时接受上项申请,核明所填申请书与所缴之银行寄存证所列相符,即予收受,掣给该分行处收据,发交申请人收执。并将所发收据号码,注入申请书内备查。一面于收缴寄存证后,分向原寄存银行核对。除核对不符或寄存银行另有异议者,随时通知原申请人持据领还外,其经核对无误者,即将原缴寄存证分别券类,以每一券名为标准,各列一表。将每日核准登记之各该债券,按上列第(八)、(九)、(十)、(十一)四项数目,逐日核结,分别登录。俟规定限期满后,各予核计结算总数,先行电报总行,汇报本部。并将上项分别券名登录各表,各缮一份,连同各申请人所送原申请书一份,一并寄由总行转送本部查核。其收缴之原寄存证，暂由原经理分行处保管。至经寄存银行核对不符，或有异议，业经发还不予登记各案，仍另列清表，一并寄转本部。

〔国民政府财政部档案〕

2. 国民政府关于各机关洽借内外债应先商同财政部洽办训令

（1945年10月16日）

国民政府训令 处□第四三五号
中华民国卅四年十月十六日

令参军处

查行政院平伍字第二一七六九号函，国防最高委员会秘书厅，为各机关如须洽借外资，举筹内债，应先商同财政部洽办，请转陈核准施行一案，业经国防最高委员会第一百七十三次常务会议决议：通过。除分行外，合行抄发原附件，令仰遵照，并转饬遵照。此令。

计抄发行政院原函一件

国民政府主席　蒋中正

行政院院长　宋子文

照抄行政院平伍字第21769号公函一件

据财政部呈称：查债务行政院系属财政要端，各国政府均交财部兼顾收支，统筹办理。我国债政在北京政府时期，情形颇为紊乱，中央各部会暨各省地方均得自由举借债务，漫无体制，事权分散，监督为难，基金无着，债信日堕。我国民政府成立以后，力谋财政统一，债务集中。对于旧债确立原则，逐步整理，虽全功未竟，而成效大著，债信大张。对于新债，责成本部斟酌情形，统筹举借。惟积重难返，狃习难移，各机关间仍不免有径洽外资、举借债款情事，虽情势或有所需，办理或较便捷，然与政府统一财权初旨，不无抵触。现在抗战胜利，举国一新，六全大会确定工业建设计划，必须配合财政金融政策，自应由本部妥慎筹谋，俾供需用。关于国家债政，更须盱衡国内国外情形，估量岁计收支盈绌，相机筹借，合理运用，似不能重蹈旧辙，再事分歧。拟恳钧院通令所属，嗣后不得径洽外资，举筹内债，如有必要，应先商由本部会同洽办，呈核施行。是否可行，理合呈请鉴核令遵。等情。经于本年十月二日提出本院第七一五次会议决议：原则通过。除指复外，相应函请查照，转陈核准施行为荷。此致

国防最高委员会秘书厅

院长　宋子文

〔国民政府档案〕

3. 台湾光复区敌方债券库券处理办法①

（1945年10月29日）

台湾光复区敌方债券库券处理办法　民国卅四年十月廿九日行政院备案

一、电台湾区行政长官公署先行布告，自即日起，台湾区敌方发行之债券、库券，一律禁止交易，听候处理。并分电台湾区财政金融特派员及四行两局，转饬台湾区分行局知照。

二、布告台湾人民，凡持有敌方发行债券、库券，限于规定期限内（拟定一个月），划分敌国政府及台湾本土政府所发行两部分，向当地央、中、交、农四行申请登记，将原券缴存，掣取收据，听候处

① 沿用原标题。

理。

三、由部规定应行登记事项，交央、中、交、农四行转电台湾区各分支行处查照办理，于期满后将收缴之券，分列详表，径送台湾区财政金融特派员公署核转。其收缴之原券，暂由收缴银行保管。

四、由部电令台湾区财政金融特派员，对四行办理登记收缴事宜，随时协助，并对上项各种券类名称、数额、发行时期、利率、欠付或现负本息数额、及有无确实担保各项，分别缜密调查研究。

五、台湾区财政金融特派员，俟规定收缴限期届满，四行报表送齐后，应于十日以内，分别敌国政府及台湾本土政府所发行两部分，详细核计，连同上项调查研究结果，分别拟具处理意见，并案报部核办。

六、本部依据台湾区财政金融特派员调查报告，及其汇转四行收缴之敌券报表，拟定处理办法，呈请办理。

七、台湾区敌方公司债部分，事关商事债权债务，其处理办法，似应由经济部主持，拟令由台湾区财政金融特派员先与经济部洽明，嗣后并与该部特派员随时互相洽助办理。

附台湾区日方发行之债券库券
经理银行登记收缴手续

凡台湾光复区人民持有日方发行之债券、库券者，在央、中、交、农四行未在台设行以前，应向台湾银行领填登记表（格式附后），申请登记。同时将所持日方债券、库券，缴存该银行，掣取收据，听候处理。一面由经理银行各分支行处遵照在规定期限内，依附发格式，印备登记表（印刷费由各分支行处垫付后，检据送由总行转部核拨归垫），随时接受申请登记，核明所填券类、数目等项与所缴者相符，即予收受，掣给收据。并将所发收据编列号码，注入第一联申请书及第二联报告内备查。一面将所缴日方债券、库券，分别券类，以每一券为标准，各列一表，将每日收缴之各该债券、库券，按照（一）券面分类及各券张数；（二）附带息票期数；（三）合计张数；（四）合计券面总额四项数目，逐日核结，分类登录。俟规定限期满后，各予核计结算总数，先行电报总行汇报本部，并将上项分别券名称登录各表各缮一份。同时将收缴各券原条例每种照抄一份，连同各申请人原填登记表第二联报告全份，一并报转本部查核。其收缴之原券，由原经理银行各分支行处保管。

〔国民政府财政部档案〕

4. 财政部公布各种公债到期息票及中签债票在收复区兑付办法电

（1946年1月17日）

三十五年一月十七日渝财公四字第三九一八号电令

查收复区持票人所持本部发行各种公债之到期息票暨中签债票，亟应分别偿付，以固债信，而维持票人之权益。兹分别规定如此：

一、自三十年起所发行之公债，计有三十年军需公债、三十年建设公债、三十一年同盟胜利美金公债、三十一年同盟胜利公债及三十二年同盟胜利公债等，其到期息票暨中签本票，自即日起恢复兑付。

二、二十九年以前发行之各种公债，其到期息票暨中签债票，暂缓兑付，应候另案办理。

以上两项，除分电中央银行国库局转知各经办银行一体遵照办理外，合行电仰知照，录案布告，并饬属布告周知。

〔国民政府财政部档案〕

5. 财政部关于战前内债拟先恢复偿付外债另案处理签呈

（1946 年 5 月 13 日）

财政部签呈　京财公四字第一三〇八号
中华民国三十五年五月十三日发

查本部战前发行各种内债及关盐税担保外债同时恢复偿付一案，前经于本年四月十二〔二十〕日，检同关盐税担保各项外债延付办法，及最近八年延付数额表，暨此次延付有关各项外债节略各一份，密呈钧院鉴核在案。兹经再详加考虑认为，本部于民国三十年以前发行各种内债之恢复偿付，所有应行准备事项，均已办理就绪，拟即照前拟办法，于本年七月一日先予实施。至关盐两税担保外债，则以情形复杂，拟俟另案处理，其详细办法，另拟呈核。所请是否有当，理合呈请鉴核示遵。谨呈

院长宋

财政部部长　俞鸿钧

〔编者注：档案原件有宋子文批：可。文。六月十五日〕

〔国民政府行政院档案〕

6. 收复区银行战时劫失债票处理办法①

（1946 年 6 月 26 日）

收复区银行战时劫失债票处理办法　民国三十五年六月二十六日财政部令公布

第一条　收复区银行战时劫失债票之处理，依本办法之规定。

第二条　本办法所称劫失债票，系指收复区各银行在战时被

---

① 沿用原标题。该办法于 1946 年 6 月 21 日由行政院核准。

敌伪劫失之公债债票，战时曾经呈报财政部备案，或公告作废，暨寄存银行被敌伪劫失，依限续办登记，经查属实者而言。

第三条　劫失债票分为左列三类处理之：

一、已经收回之已打洞债票；

二、已经收回之未打洞债票；

三、未经收回之债票。

第四条　已经收回之已打洞债票，原系政府寄存银行者，缴呈财政部注销；原充政府向银行抵押者，以国库证换回注销；原系银行自有，及各银行间互相抵押或向中央银行作领券准备及储蓄保证者，由财政部会同银行粘贴特制暗证，加盖硬印，继续使用。其未粘贴暗证及加盖硬印者，应报请财政部核办。

第五条　已经收回之未打洞债票，曾经呈报财政部备案并已公告作废者，由部撤销原案，恢复有效；曾经呈报财政部备案，未经公告作废者，一律继续有效。

前项恢复及继续有效之债票，仍准照常偿付本息，其恢复偿付日期另定之。

第六条　未经收回之债票，凭票照付本息，由财政部汇计总数，向敌索赔补偿。

第七条　各银行对于所报劫失债票如有重报、虚报，或对已经收回之债票有匿报或转移图利情事，依法从严惩处。

第八条　持有劫失债票确系敌伪人员，如经人检举查明属实者，予以没收处分。

第九条　财政部办理劫失债票之恢复有效及换发债票事宜，得酌收手续费。

第十条　本办法自公布日施行。

〔国民政府财政部档案〕

7. 收复区恢复公债偿还及逾期债券补付本息办法

（1946 年 7 月 1 日）

收复区恢复公债偿还及逾期债券补付本息办法　民国三十五年七月一日财政部核定施行

一、凡未逾规定兑取本息期限之各种债券中签本票及到期息票，均自三十五年七月一日起，开始恢复偿付。

二、凡在抗战期内各种债券中签本票及到期息票，已逾规定兑取本息期限者，定于三十五年七月一日起，至同年十二月三十一日止，分别由各地经办银行予以补付。如逾此期限仍不兑取者，即认为放弃权利，嗣后不得再请补付。

三、原由关税担保，前因基金无着，而照关税担保债务摊存办法办理之十七年金长、复兴、统一三债之贴现办法，自三十五年七月一日起，即予取消，并由各地经办银行恢复兑取本息。

〔国民政府财政部档案〕

8. 三十三年同盟胜利公债筹募结束办法①

（1946 年 12 月 25 日）

三十三年同盟胜利公债筹募结束办法　民国三十五年十二月二十五日财政部核定施行

一、三十三年同盟胜利公债（以下简称本公债），定于三十六年元月一日起停止发售，各级筹募机构应迅将债款催收，以便如期办理结束。

二、各级筹募机构于本公债停止发售后，对于已经认购持有临时收据者，应布告限于停止发售后一个月内，向原制发临时收据

① 沿用原标题。

银行换领债票。其尚未领得债票之省市，俟债票领到，再行布告换领，以清手续。

三、本公债自停止发售之日起，以三个月为结束期限，各县级筹募机构、各经办银行、各受委托银行，应于一个月内，各省级筹募机构、各保管债票银行暨各受委托银行总行，应于二个月内，中央银行国库局应于三个月内，分别办理结束。

四、各经办银行、各受委托银行，均应于结束期限内，按照三十三年同盟胜利公债经办收解债款领售债票实施办法之规定，将一切未了事宜，如期办竣。

五、本公债停止发售后，已领得债票之各经办银行暨受委托银行，应于二个月内将领售票号码、面额，逐级表报中央银行国库局，转报本部备查。

六、各级经办银行暨各受托银行及各经收债款筹募机构，应于结束限期内，将所有经收债款及应填表报，依照规定报解清楚。其所剩余之空白作废收据等，亦应分别开列清单，转报本部备核。

七、领有债票之各省市保管债票银行，如通盘计算在其省市境内尚有债票不敷情形，应即分别债票种类、数额，先行列表二份，送由中央银行国库局转请本部核拨。

八、领有债票之各经办银行暨各受委托银行，于本债停售后二个月内，应将剩余债票缴回各该省市保管债票银行，汇缴中央银行国库局，再由国库局表报本部备查。

九、本公债停售后，如仍有缴款认购者，应报由本部核办。

十、各级筹募机构应于结束期内，将工作人员奖惩、购债人奖励暨请领手续费等项事宜，逐一报办完竣。

〔国民政府财政部档案〕

9. 财政部订中央公债经理办法

(1947年)①

中央公债经理办法

第一章 总 则

第一条 财政部为统一中央各种公债之经理手续起见，特订定本办法。

第二条 中央政府发行之公债，关于债票之保管收付、债款之经收报解及还本付息等事宜，均依照公库法之规定，由中央银行负责经理，并委托代理国库分支库之银行共同办理。但代理国库契约另有规定者，不在此限。前项经收债款售发债票事宜，得由中央银行及其指定各地分行转为委托各银行(或机关)共同办理，但仍由中央银行负责，并须报部备案。所有受委托银行，如系分支行处，其经理公债事宜，须由其总行或由总行指定之代表行负责承转。

第三条 经理中央各种公债，应依各该公债发行条例之规定办理。

第四条 各银行经管公债本息票之寄运，应填制报告表，送财政部备案。

第五条 经理政府债票所垫付之邮电、运送、保险、印刷、广告、旅费各款，得列表检同单据，按月报由中央银行转请财政部核拨归垫，经付公债本息，并由部酌给手续费。

第二章 保 管

第六条 政府库存债票，均由中央银行负责保管，如运往各地分行分别保管时，须先经财政部核准。

第七条 库存债票均应依照财政部之通知书收付之，并应填制债票收付日报送部备查。

---

① 原文无时间，仅根据本卷行文推出。

第八条　库存债票遇有到期本息票，应由中央银行另列库存到期债票专户保管；遇有收付，应列表报部。

第三章　发　　行

第九条　各行经收债款应随同日报表，当日依次递解中央银行汇总解缴国库列收，收入总存款，并报部查核。其设有筹募机构者，应分报备查。

购债人如以外币或外汇缴购债票，其计算方法，由收款行以所收原币报解国库。

购债人如以金银饰物、有价证券及其他物品缴购债票时，其收解办法，亦于前条手续须知内规定。

第十条　各行经销债票，由财政部核定通知中央银行分别预拨备售，其未领债票先收债款者，应将实收债额填制请领债票清单，注明债款收解日期，请部核拨备换。

第十一条　各行领存备售或备换债票，应按照实际领到及售换情形，填制日报，并将结存票类、张数、面额及其号码，填制月报，依次递报中央银行转部备核。其设有筹募机构者，应分报备查。

前项债票每届还本抽签时，应于期前比照前项月报格式，将结存债票号码抄送财政部备查、备售。债票在募债结束后，应将余票依次递缴原发票行缴回中央银行，以清票款。

第十二条　领存备售或备换债票遇有中签时，应将中签债票加盖中签作废戳记，列入前条日报，依次递缴，由中央银行依照第八条规定办理。其备换部分，仍予换发同类未中签债票。

第十三条　各行领存备售债票之到期息票，依照前条之规定，办理备换债票之到期利息，应由各行兑现后，分别公债名称、期次，开列保管金专户存储，以便换发债票时，一并发给各购债人。

第四章　还本付息

第十四条　公债之到期本息基金，于开付期前由财政部依照各该债条例之规定，填发支付书，拨交中央银行备付。其设有基金保管委员会者,由部函知查照。

第十五条　拨存之备付利息基金,应一次扣缴所得税,俟持票人兑取息金时,分别扣除,冲收帐册。其经部核定免扣所得税者,应即按退税手续办理。

第十六条　中央银行收到公库拨款通知单拨来各种公债到期本息基金,应按各该公债名称期次,分别开立"特种公债基金户备付",依法开具公库支票支用,并分拨委托银行备付。其分拨及经付手续,由中央银行另定之,并报部备查。前项公库存款,得按所拨基金在特种基金公债项下,按币名别列户收付,并不受年度结束之限制。

第十七条　受委托银行收到前条拨款时,应按照各债名称期次,分别开立专户存储备付。

第十八条　凡照法令或契约规定预拨公债未到期本息基金,应按各种公债名称开立特种基金存款户存储,俟到期日再按第十七条规定,转拨中央银行存入〇〇公债基金户备付。

第十九条　经付公债到期本息,应按财政部公告所载中签债票号码查对,并须与部颁样本及暗记说明核验之。至到期息票,亦须查验本票,始可照付。

第二十条　经付银行付讫本息票,除每日将经付数目及余额抄报中央银行查核外,应于每月底分别债票名称、期次,汇拚成帙,并逐一加盖付讫戳记,连同报告表,径送财政部核销,由部先掣给临时收据,俟核点无误后,掣给回单,正联送经付银行,副联送中央银行,分别办理。

第二十一条　分拨各行公债本息基金所有收付情形,按月填制月报表,递报中央银行转报财政部备核。

各行经付本部抵押债票到期本息,应专案报核。

第二十二条　拨存备付之各期公债本息基金,于每届期满停止还本付息后,应将各该期余存未付之金额缴还中央银行,连同库存基金，按照规定岁入科目，列收库账。

第二十三条　经付公债本息票应得手续费，由财政部以支付书一次拨交中央银行，以“特种基金存款”科目专户存储，由部核点付讫本息票无误掣给回单时，由部函知中央银行核拨之，并取据报核。

第五章　附　则

第二十四条　本办法规定各项表报之格式另订之，其编送及承转期限，均依会计法第三十七条关于报表呈送期限之规定。

第二十五条　本办法自财政部公布之日施行。

〔国民政府财政部档案〕

10. 财政研究委员会关于公债政策问题会议纪录

（1948年1月15日）

公债政策问题

财政研究委员会第三十七次业务会议纪录

时　间　三十七年一月十五日下午二时

地　点　本会会议室

出席者　林秘书　金孔章　康伦先　吴德昭　由其民
秦　璋　钟远蕃　郭立华　陶德琨　涂　康
方　信　陈家洋　徐日琨　陈振鹭　侯选青
黎伟谦　周友璧　李延栋　梅利华　马子延

主　席　林秘书

纪　录　马子延

主席：今天讨论公债政策问题，关于公债不外整理内债与募集新债两部分。兹为便利起见，请各位就下列各项先予发表意见：

（一）国币公债应否加倍偿还；（二）国币公债可否提前一次清偿；（三）国币公债现在可否在证券市场公开拍卖。

由委员其民：关于公债，本人之意见可分：（一）提前整理问题；

(二)试募新债问题;(三)加倍偿还问题。

(一)本人赞同国币公债提前整理,一次偿还之主张。此举可使持票人所获利益较大于将来偿还,且为未来之公债政策廓清道路,免在改革币制时加重麻烦。如延至币制改革时同时整理,其可能之道不外:(1)以旧币折合新币之比率一次偿还;(2)换发新公债。假如采取前者,则世人惑于苏联改革币制一比三偿还公债之前例,必感不满(其实本人分析苏联新币与旧币之真实折合率,应在一比三以内,缘其物价平均不过降低二倍至三倍,对美元由一比十四改为一比八也)。该时如欲发行新公债,可能将受不良影响。假如采取后者一律换发新债,此在币制改革有绝对成功之把握下,自甚适当,但吾人系在困苦艰难中挣扎,情形不同,新币实行后必须利用种种机会加强人民信心,该时整理公债亦须顾及于此。如不一次偿付,而又换发延期,徒予人民以实力空虚之感,驯将影响对于新币之观感,而筹募新债将更困难。

如吾人于币制改革后尚拟运用公债政策,则应提前一次偿还现有公债,如拟在币制改革前再一试募债(此并非无可能),更应提前整理。且将来改革币制已成社会周知之事,如不早日整理,一般投机者将存幻想,以为改革币制时,公债将有优待办法,而将市价哄高。一旦将来整理,不免多人蒙受损失,故提前清理,尚可避免人民蒙受意外损失。

不过目前整理公债,亦无异一币制改革之信号,法币之信用可能更跌,流通速率可能更为增加。故如不复在币制改革前募债,则整理公债与币制改革之时间距离,不宜过远。

(二)但在公债整理之后,币制改革之前是否尚可发行一次新债,本人以为颇有可能,惟其前提须以保值为条件。缘提前整理公债,无异宣布币制即将改革,人民不愿存留法币而愿存货,理所当然。但同时改革币制后物价亦必跌落,故人民抛出法币,改存货物亦非最完善之策。倘能利用此一心理,发行一种保值之公债,规定于币制改革后一年(或一年半,须视政府稳定新币之力量而定)开始还本付息,或能吸收一部法币回笼,而弥补本年上半年度之预算。所谓保值,例如票面可以黄金或美汇为准,还本付息时以当时折合黄金或美汇之比率付给新币,如此可为人民找一保值出路。

(三)加倍偿还问题,本人不表赞同。其理由各方已有详尽说明,不再赘述。本人欲加补充者,即公债之偿还,系由纳税人负担,而吾人则须仰赖发行,是一般消费者负担。查此次抗战,全国人民均有牺牲,其能保留无损之财产,理应纳税,况公债原系有钱出钱之举。第一次欧战后,颇多国家主张举办重税,将政府负债一次课回,吾国公债一还一已属维持债信矣,岂能再加重纳税人或消费大众之负担,以加倍付还持票人乎,遑论持票人均已非原购债人,故加倍问题,似不必考虑矣。惟如前节所述,倘果于币制改革前再举办一次募债,则亦不妨考虑准许持票人按照票面价值,尽先换购新债,以示鼓励。但本席总以为对于以前之公债,仍以不优待为上,免开不良之端。

徐委员日琨:关于现行公债政策,本人主张政府将战前法币发行国内公债提前一次偿还,以一对一还本,不必加倍计算。其理由:

(一)战前法币公债数目有限,仅五十八亿,此时政府能提前一次偿清,政府负担甚轻,以免将来财政增加困难。

(二)现行公债持有人,均为投机家,并非全部公债原有购买人,彼等现存观望,皆认为法币益跌价,政府必加倍偿还,故从事投机日烈,实有碍于金融市场之安定。

(三)公债以法币一对一偿还,并不影响政府信用,因法律规定政府债务系以法币一对一归还,法律有据,反足以维持债信。

(四)加倍偿还,实无根据,究竟加几倍,如依照物价计算,则政府财政上之负担,损失不可计数。且加倍偿还,表面似乎予人民以利益,但所得者非原购公债人而为少数投机牟利者,如上海某四行,近日大量收购公债,俟将来官股退出时,彼可以公债抵充。如政府规定加倍偿还，则银行仅花少数资金购得公债，将来以之作资金，偿还政府，政府岂不大受损失乎。

（五）若谓法币价值日跌，此时以法币一对一偿还，太不近情理，政府为财政上着想，不能不从有利方面打算，且事实上人民对于政府信用，黄金政策之后已具怀疑，如再不整理，将来公债黑市更高，整理更为困难。又人民此时获得现行法币价值虽低，究竟较将来取得偿还为佳(Present value is better than future value)。

（六）若俟将来币制整理后，发行新币，再偿还公债，以新币一对一偿还，则于币制改革后，政府所负内债，即有五十八亿之巨，每年偿付本息已足使财政破产，将来政府预算更不平衡矣。

陈委员振鹭：关于国内公债，本人亦主提前一次清偿，因无论延到何时，此项债务总须清理，若延到币制改革时，国家为发行新币基金必更感困难，不如趁此时清理，国库负担可以减轻，或谓此时清理，将召怨人民，被视为政府向人民之又一讨便宜办法，其实不然。因目前一般人心理，求现心切，政府若清偿旧债，人民将视政府犹有办法，不至认之为失信而生反感。至于偿还加倍与否问题，本人认为国家之举债，其性质与私人不同，一则用于公家，二则基于公权之发动，非若私人借债以为工商活动，有利润收入，且纯为私法权之关系者可比，故不应加倍偿还。至对于公债上市开拍一节，本人总觉目前条件尚未成熟，不宜即行。

秦委员璋：现在提出讨论公债问题的动机，恐不外下列两种：(一)如何建立债信，以备发行新偿〔债〕；(二)研讨改革币制时新币折合旧债的标准与兑换旧债的方式。前一问题，在币制未改或币值不能稳定前，姑不论对旧债用如何方式整理，亦不易树立债信，以推行新债，其理至明。或谓因国币日在贬值之中，国币公债既不保值，固无法推行，但是否可以发行保值之物价指数债券或黄金外币公债，殊不知现在物价、黄金、外币均有市价与官价之不同。因系公债，自应照官价发行，官价偿还，其销纳如何姑不置论，将来物价统一后，究应如何偿还亦属问题。并且购买公债，原为一种储蓄，现在一般人之储蓄能力如何，当不难推测。至于市场上之游资，更难引导入于储蓄之途。所以用整理旧债方式以图发行新债，在目前恐属不可能。如不能发行新债，而于此时整理旧债，实无重大意义。至于整理方法，有主张发行统一新债掉换旧债者，有主张用法币一次偿还者，在货币未改制或币值未稳定前，发新债换旧债，不仅属浪费，因旧债中现已有还本将完者，或有尚未开始还本者，若通以一比一掉换新债，甚不公平，易激民愤。若分别增加倍数换发，既使政府债务增加，又不足以树立债信。用法币一次偿还，在财政收支难于平衡之际，一点一滴之支出，固应撙节，而一点一滴之收入，尤应争取。举债尚且艰难，超过债券之约束之一次偿还，实无必要。且若按一比一偿还，亦不足以示惠人民，加倍偿还，现持票人不必一定仍为公债购买人，徒增国库负担之累。如谓现因国币贬值，五十余亿元之内债，一次偿还为数无多，对国家有利，殊不知如果币值继续下落，按公债票面约束偿还，对国家更属有利。所以本席不认现在为整理公债适当时期，必待改革币制，同时发行统一新债，按新旧币之兑换率情形，分别规定新旧债掉换等级比率，较为适宜。

康研究员伦先：主席提出关于目前我国公债，有三个问题：(一)加倍偿还问题；(二)提前一次偿还问题；(三)上市开拍问题，深值考虑。兹将本席意见说明如下：

（一）加倍偿还问题　有主张加倍偿还者，其理由是：(1)加倍偿还足以建立债信；(2)私债务既已决定加倍偿还，公债亦应如此；(3)苏联已实行加倍偿还；(4)外债既按汇价偿还，为何单独让购买法币公债者蒙不利。本席认为不然。一国债信之能否建立，端视政府是否确守公债条例之规定而定，果能遵守，则债信即足以树立，何用加倍。况加倍，究竟加几倍、十倍、二十倍，无济于事，不能得人民之欢心，若加万倍或十万倍，将使国库负担过重。何况现在持有公债之人，并非原购买人，中经多次易手，其受损失者，为历次转让者，加倍偿还，不能补偿此辈受损之人，只使现有者获非常之利得。又何况政府偿还公债之款项，仍是由向全国人民征收租税等而来，此无异加重全国人民负担，而肥此少数投机富豪之辈，殊不合理。再退一步言之，即使现在持有公债者，为原来购债之人，因不加倍偿还而蒙受损失，于情于理亦未有不合，因自抗战以来，全国民众无不因法币之贬值而蒙受损失，尤以公教人员，因币值贬跌，薪给未按比例增加，牺牲极大。且前线士兵因抗战而牺牲生命，持有公债者何独不应受损失。此公债不应加倍偿还之理由一也。公债与私债务不能相提并论，因私债务之债权债务关系既系固定，而且受益者为单独之个人，而受损者亦为单独之个人，关系既明确，自不能令其一方受损。至公债之负债者为国家，由货币贬值而受益者亦为国家，亦即全体人民，而受损者为公债持有人，在抗战期间，全体人民均受损失，此少数之公债持有人何独不能牺牲。何况公债经多次易手，其受损失者非完全现在持有公债之人。此公债不应加倍偿还之理由二也。苏联对于货币持有规定十旧币与一新币兑换，而对于公债则规定三比一兑换，似乎是加倍偿还，其实不然。因为苏联物价只上涨三倍，故定新币一卢布之购买力等于旧币三卢布之购买力，即新旧卢布之比为三比一，所以苏联对于公债之偿还，仍是以旧卢布一比一偿还也。依此，我国公债不应加倍偿还三也。至谓外债既按汇价偿还，为何单独让购买法币公债者蒙不利，此亦不然。因外债或外币公债，发行该项公债时其条例上明明规定以外币或按汇价偿还，苟不如此，则是政府不守债信，有碍将来公债之发行。至法币公债，其条例上明明规定以法币偿还，以法币偿还何碍于债信。

总之，加倍偿还，既不足以建立债信，而加倍偿还确足以加重国库之负担，令大多数人多纳税，以肥少数人，殊不合理。

（二）提前一次偿还问题　提前一次偿还，本席认为无此必要，因为提前偿还，并不足以建立债信，反易使人民滋生对于政府此项举措又有何种企图之疑心。且偿还时仍须藉助发行，其数虽微，总不免加重膨胀之势，而且在目前即使一次偿还，而在通货膨胀币值日落之情形下，欲图再发行公债，亦不可能。因此，故不如与整理币制同时整理，依照新币与旧币之兑换比率，而定旧币公债与新币公债之掉换比率，使旧币公债换为新币公债。

（三）上市开拍问题　法币公债在现在情形之下，大可不必开拍，开拍实容易引起混乱之局面。

陶委员德琨：关于今天所讨论的公债问题，本席近数年来常常想到公债不设法推动，专赖发行钞票支持国家财政，甚非善策。就一般说来，在通货膨胀币值日形低落时期，增发法币公债，无人愿意购买，事实上无法推销。应将旧债加以整理，另发一种能保值能引起人民信心的新式公债，并用此种新公债，将旧债票统行换回，不必加倍偿还。只要新公债能永远保值，则持有公债者，即可不必虑及未来的损失，公债政策自可逐渐推进。本席常想到倘发行一种用金计算的新公债，令其与币制改革计划有密切的联系，俟新公债到期还本付息时，新币制已经实现，人民可不致受此时币值下落的损失。新公债的发行，可以吸收市上的法币回笼，可以吸收民间的黄金入库，为未来的币制的改革作一前驱，俾国际汇兑基金得以本国自有之力逐渐充实。如此，旧公债既得以清理，国库收入亦当大可增多。惟新公债万不宜用他国的币名计算，一国自应有一国的体制，何必舍己从人，自丧其独立尊严。

周委员友壁：币制未实施改革之前，公债政策问题亟应早予解决，主张提前付还者有之，加倍付还者有之，换发新公债者亦有之。兹分别讨论如下：

（一）提前付还　主张提前付还者，以为币制改革后付还公债，必增加国库负担，表面上似无可非议，但在通货膨胀当中，若用法币收回，无异增加通货膨胀，刻下政府财政政策在平衡政府收支，遏止通货膨胀，自不能藉印钞票以收回公债。且提前付还，若不补偿币值下跌之损失,则必引起不维持债信之批评。

（二）加倍付还　主张加倍付还者,以为在买公债时币值比现在高,应加倍付还。但加倍付还,仍不足以补偿币值下跌之损失,且债信攸关,政府若只计较本身之利益,而忽略维持人民之信仰,非善策也。

（三）换发新公债　主张换发新公债者,以为复员后公债名目繁多,亟应整理换发统一新公债。此种办法较为合理,但若币制不久实施改革,则于币制改革后一律换发新币公债,以省印刷费用。反对此种办法者,以为国库负担必因此增加,但此种增加实属公道,且政府财政来自人民,若经济安定亦不难筹措付还,国库负担增加固应考虑,而维持债信尤为重要,所谓两益相衡取其重,彰彰明甚。

吴研究员德昭:关于整理公债问题,除外币公债外,内债价值甚小,提前清理或俟改革币制时予以清理,均属可行。至于加倍偿还问题,则应慎重考虑,如现时清理内债,一次加倍偿还,倍数在千倍以上,则国库立须支付五万亿以上,当即影响物价。倘以新债券换旧债券形式加千倍偿还,则国库可以延缓支付,不至影响物价。而整理公债重建债信之功,亦可获致,以后新公债之推行,自有裨益。

选择数种外币债券及新债券上市开拍,尚可试办,以求逐渐推行公开市场政策,控制一部通货。

物价指数公债及短期高利国库券之发行,一俟前述公债之整理竣事后,可以考虑。

至改革币制后之公债政策,当又另议。

钟研究员远蕃:关于整理公债,本人认为须顾到三方面:一、使公债持有人(及过去认购人)不致受大之损失;二、勿使国库负担过重;三、勿使政府信誉受影响,必须使三者兼顾,才是最理想的办法。现有人主张政府立即清还所有国币公债,并以一对一比率清还，认为敏快。本人则认为此举使过去购债人及现公债持有人损失太大，颇能引起舆论指斥，但若略照物价加倍清还，则殊非目前国库所能负担(加倍太低则等于不加)。似此，则公债仍宜照旧维持，待币制改革仍以某种比率掉换。如此，则一方面政府未增加支出与负担，他方面仍维持政府债信，并使公债持有人充满希望，希望将来新币及经济稳定时，其握有之公债有其应有之价值。而其时经济稳定，政府逐渐清偿，亦不觉其负担綦重。此诚最健全之整理公债政策也。

涂编译康：公债政策，原与税收发行同样重要，在币制未改革前，一面须将旧债肃清，减少日后整理债务之麻烦，一面须将债信建立，开辟未来公债销路。兹分述如下：第一，旧债应一次提前偿还，在理论上与事实上，均有充分理由：(一)查第一次世界大战后，德、苏以受战事影响，马克、卢布一再贬值，财政陷于困难，而德、苏在此情形之下，均用贬值旧币，一次还清旧债，然后建立新币。我国虽为战胜国，然今日财政之困难，亦与当年德、苏战后相同，如将法币提前一次还清国内旧债，已有前例可援，在国际与国内当无反对之言论。(二)国家八年抗战，复遭受“共匪”之扰乱，讨伐清剿，尚待时日，积极建立新币，实不容缓。如将贬值之法币提前偿还国内旧债，于财政上实有莫大之利益，且可减少未来新币之发行。(三)此次空前战争，大多数人民均遭受重大损失，复普遍受法币贬值之损失，独有少数富民握存公债，揆之人民对国家义务，尤应平均负担损失，若以贬值之法币偿还彼等之债务，于情于理尚无不合。(四)在币制未改革前，提前一次还清，于整理公债技术上异常便利，而在握存债券者设想，必能感于国家财政困难，激发天良，而乐为接受此项办法，当无争议。倘在币制改革后偿还旧债，不特国库增加负担，且将引起许多纠纷。第二，应酌量加倍偿还。现在握存公债者，除富户外，则为一般商店收存，实非当年购买公债人民，论理实可以一比一偿还。最近苏俄虽以一比三偿还旧债，查苏俄战后国力已臻富强，且旧币值与新币比较，所差有限，故予以加倍偿还。我国正在戡乱时期，财力支绌，而币值低落极巨，与苏俄情形不同，自不能以此为藉口，惟为将公债销行计，应加倍偿还，但其倍数不能超过原额三倍，以免加重国库负担。第三，应继续推行新公债政策，此时仍须试发行高利短期债券，但数量不宜过巨，在发行技术上最好以三个月为一期。发行新券收回旧券，利息须以黑市利息相接近，还本期限短，预计发行成绩，当较美金债券为满意。至高利短期库券，虽增加国库利息负担，然不足为虑，因高利债券可以约束游资，稳定物价，到期即一律十足付还本息，足以树立债信基础。

李研究员延栋：关于用一比一提前一次清偿旧债办法，本人认为不妥。因为人民购买公债为纳税义务以外之额外负担，盖法律并未规定人民有买公债之义务，且公债票面所有之条文，即为一种债务契约，无论持有者为何人，政府对于公债本身有按照规定时间分期偿付之义务。如于此币值低落时期，采用上述一比一办法清还，恐将来此项办法提出立法机关讨论时，不易通过，而政府由此所得利益极为微小，所受威信之损失将不可弥补。如此时采用加倍偿还办法清偿，固可建立政府债信，但国库负担过大，且其困难亦多，亦不相宜。故本人意见，最好留待将来币制改革后再为整理，似较为妥善也。

主席结论：综合各位意见，关于第一题国币公债应否加倍偿还问题，大多数赞成仍维持一对一办法，反对加倍偿还主张。其理由如下：(一)公债发行时期先后不同，各种公债之性质亦极不一致，加倍偿还手续繁难，办理不易。(二)无法获得加倍标准，不问发行年期种类，划一加倍偿还固属不公，按照各地物价指数亦难获得合理标准。(三)加倍偿还之后，在政府方面固已出尽力量，但衡以物价指数，人民仍难感觉满足，甚或惹起纠纷，责难政府，对于将来提高债信一节不但无补，而且有害。(四)公债与私债不同，私债之债权及债务均属固定，至于公债之持有人，则已不知更易若干手，现在加倍偿还，得益者并非原始持有人，而多系投机操纵之暴发户。以全体国民负担之国库收入，加倍偿还此一类之少数人，一般人民心理决不甘服，而得此额外巨利者，未必对政府即有好感，而且政府实不应轻易加重人民之负担。(五)此次加倍偿还，往后续发公债，人民即存有加倍偿还之心理，推销上或稍顺利，然而倘若币值变化仍剧，则公债销路仍成问题。且逐次加倍偿还之负担，实属过重，其影响亦必甚为恶劣。(六)战时人民其不受有损失，持有公债票者，不能以损失为理由，要求增加政府支出，因而加重国民负担。现时公债持有人中，穷家小户购买公债生息以为养老及子女教育之资者，极为少数，且政府一向坚决维持公债条例，各方未有恶劣反响，似可不必顾虑少数人之利益，转增政府处理债务之困难。

关于第二题国币公债可否提前清理一次偿还问题，席上有两种不同之见解，一种主张不必提前清偿，留待将来改革币制同时办理，且多赞成以新债掉换旧债办法。其理由为此时清理，政府无任何显著之利益，且以一对一兑换，亦决难增加债信，减少今后公债发行之困难。另一种则赞成提前一次偿还。其理由如次：(一)此时提前清理，公债清偿问题完全解决，将来可以不致使人民因新旧币掉换比率公债清偿受损失发生不满之心理，因而反对新币，借端批评，多增改革币制之阻力，影响新币价值之稳定。且此时提前一次清偿，人民加倍偿还之幻想消灭，若干持有人不免失望，但与其留待将来改革币制时引起此种失望心理，影响新币之信心，增加改制初期之纠纷，不如此时先予解决。在币值继跌期中，提前偿债，一元公债掉换一元国币，持票人不至如何怨恨政府，亦不致影响将来新币之发行。因为按照公债条例提前偿还，并非失信，亦非故意加重持票人之损失。(二)提前一次清还，人民观感一新，转可引起好感，而政府亦得以自由身手，徐图新公债政策之推行。且国币公债为数无多，将来兑换数额比实发数额为少，即使藉增发偿还，其影响不大，而各国于币值跌落期中乘势清偿公债，至属方便有利。我国何仿援例办理，藉以减少将来之纠纷。

至于一次清偿办法，有人主张按照条例本利完全清偿，有人主张兼可准许按照现时外汇牌价兑换三十六年美金公债，兑换者既得保值，又较换取国币较为有利，政府亦无巨大损失，如若政府准许三十六年美金公债在证券市场公开拍卖，则掉换者更乐于从事。

最后，关于第三题国币公债可否在证券市场公开拍卖一节，多数主张从缓。盖在现时金融状况之下，全部公债开拍，不但无利益可言，且必引起金融市场之剧烈波动，惟以一、二种债券以试办之姿态开拍，亦未始不可一试。

〔国民政府财政部档案〕

11. 财政部转发政府法币公债处理办法及政府外币债券处理办法等令

(1948年9月17日)

财政部令　财三字第4175号
民国三十七年九月十七日
令视察室

案奉行政院三十七年九月六日(三十七)六财字第

三九四七六
三九四七七号
三九四九〇

政府法币公债处理办法

令开：兹制定政府外币公债处理办法公布之。此令。等因。奉此。

商业银行调整资本办法

除分行外，合亟抄发政府法币公债处理办法、政府外币债券处理办法及商业银行调整资本办法各一份，令仰知照，并转饬所属一体知照。此令。

政府法币公债处理办法
计抄发政府外币债券处理办法　各一份
商业银行调整资本办法①

部长　王云五

政府法币公债处理办法

第一条　本办法依照民国三十七年八月十九日总统颁布财政经济紧急处分令制定金圆券发行办法第七条第二项之规定订定之。

第二条　政府历年发行之法币公债实销部分而未清偿者，一律提前清偿，其公债名次如左：

(一) 民国十七年金融长期公债。

(二) 民国二十五年统一公债乙、丙、丁、戊种债票。

(三) 民国二十五年复兴公债。

(四) 民国二十五年四川善后公债。

(五) 民国二十五年整理广东金融公债。

(六) 民国二十六年救国公债。

(七) 民国二十六年整理广西金融公债。

(八) 民国二十七年金公债关金债票。

(九) 民国二十七年国防公债。

(十) 民国二十七年赈济公债第一期债票。

(十一) 民国二十八年军需公债第二期债票。

(十二) 民国二十九年军需公债第一期债票。

(十三) 民国三十年军需公债第一期债票。

(十四) 民国三十一年同盟胜利公债。

(十五) 民国三十二年同盟胜利公债。

---

① 该办法略。

（十六）民国三十二年整理省债公债第一、二、三、四类债票。

（十七）民国三十三年同盟胜利公债。

第三条　前条法币公债，在民国三十七年八月二十日以后到期应还之本金（包括已中签而在该日以后到期之债票），一律提前清偿各债最近一期之息票，在三十七年八月二十日以后到期者，概照各该债原定利率算至三十七年九月三十日为止一并偿付，是日以后概不计息。

第四条　前条所称最近一期之息票，其到期日如为三十七年九月三十日，即照该期利息全数计算，如在九月三十日以后者，即截算至九月三十日为止，其在三十七年八月三十一日到期者，除照计该期利息全数外，另加算至九月三十日止之利息。

第五条　政府为优待持票人起见，对于法币公债之提前清偿，特定按照三十七年八月十九日一般法币公债市价，依各债发行先后，分级规定偿还倍数，其倍数另详附表。

前项加倍偿还法币数额，按照法定折合率折付金圆。

第六条　各种法币公债提前清偿，应附带民国三十七年八月二十日以后到期之全部息票。

第七条　法币公债定于三十七年十月一日起开始提前清偿，持票人应于六个月内，将债票持向各地经理银行兑付，逾期未清兑付者，其所持之法币公债一律作废。

第八条　各种法币公债在国外提前清偿，均照本办法之规定办理，其有特殊情形者，得由国外经理银行呈请财政部核办。

第九条　各种法币公债在民国三十七年八月十九日以前业已中签并到期之债票及到期之息票尚未兑领者，仍依原定办法照票面所载应付法币数目，按法定折合率付给金圆。

第十条　本办法自公布日施行。

附表

各种法币公债提前清偿分级加价标准

公债名称	票面加倍数	附注
十七年金融长期公债	二七，〇〇〇	
二十五年统一公债乙丙丁戊种债票	二七，〇〇〇	
二十五年复兴公债	二七，〇〇〇	
二十五年四川善后公债	二七，〇〇〇	
二十五年整理广东金融公债	二七，〇〇〇	
二十六年救国公债	一三，〇〇〇	
二十六年整理广西金融公债	一三，〇〇〇	
二十七年国防公债	一二，〇〇〇	
二十七年金公债关金债票	一二，〇〇〇	
二十七年赈济公债第一期债票	一二，〇〇〇	
二十八年军需公债第二期债票	一〇，〇〇〇	
二十九年军需公债第一期债票	九，〇〇〇	
三十年军需公债第一期债票	七，〇〇〇	
三十一年同盟胜利公债	五，〇〇〇	
三十二年同盟胜利公债	三，〇〇〇	
三十二年整理省债公债一、二、三、四类债票	三，〇〇〇	
三十三年同盟胜利公债	一，〇〇〇	

政府外币债券处理办法

第一条　本办法依照民国三十七年八月十九日总统颁布财政经济紧急处分令制定金圆券发行办法第七条第三项之规定订定之。

第二条　左列四种外币债券实销部分尚未清偿者，以民国三十七年整理公债(以下简称新债)换发收回之，其未经销售者，由财政部另行处理。

(一) 民国二十七年金公债英金债票及美金债票。

(二) 民国二十九年建设金公债第一期英金债票及美金债票。

(三) 民国三十一年同盟胜利美金公债。

（四）民国三十六年（美金）短期库券。

第三条　前条外币债券在民国三十七年八月二十日以后到期应还之本金（包括已中签而在该日以后到期之债券），一律换发新债，其中民国二十七年金公债英金债票及美金债票，民国二十九年建设金公债第一期英金债票及美金债票，三十一年同盟胜利美金公债三十七年十月三十一日到期之息票，均照所载利息数额截算至三十七年九月三十日为止，暨民国三十六年（美金）短期库券三十七年九月三十日到期本息票内所载利息数额之全数，概行并入本金换发新债。

第四条　各种外币债券本息换发新债，依照金圆对外币之法定汇兑率，以各该债券票面，每美金一元换发新债票面四圆，英金一镑换发新债票面十二元计算。

第五条　各种外币债券，各依其原定清偿年限尚余期间之长短，分别配合酌定换发新债之种类。其换发之种类，于新债条例内规定之。

第六条　各种外币债券换发新债，应附带缴换之息票，计民国二十七年金公债英金债票及美金债票为第十九期至三十期息票，民国二十九年建设金公债第一期英金债票及美金债票为第十七期至第五十四期息票，民国三十一年同盟胜利美金公债为第十三期至第二十三期息票，民国三十六年第一期短期库券为第二期至第六期息票，第二期短期库券为第二期至第六期息票。

第七条　各种外币债券依照本办法第三、四两条之规定，本息一并计算，折合金圆后，如遇有零尾不足换发新债一圆者，其差额应由持票人以其移存中央银行（或其委托银行）之外汇存款或以金圆券之辅币，凑足一圆，随同债券缴交经理银行申请换发。

第八条　各种外币债券换发新债事宜，指定中央银行及其委托银行经理之。

第九条　各种外币债券换发新债手续，限于新债印就后六个月内全部办理完竣，其换发起迄日期另行公告。

在换发期内，持票人应将所有外币债券持向当地经理银行申请换发，逾期未请换发者，其所持之外币债券，一律作为无效。

各经理银行应将持票人缴换之外币债券本息票，于换发事宜结束后三个月内，全部缴送中央银行汇核转送财政部核销。

第十条 各种外币债券在国外换发新债，均照本办法之规定办理，其有特殊情形者，得由国外经理银行呈请财政部核办。

第十一条 各种外币债券在民国三十七年八月十九日以前业已中签并到期之债券及到期之息票尚未兑领者，仍依原定办法，照各该期本息到期开始支付日上海指定银行美金挂牌买入市价计算应付法币数额，再照法定折合率折付金圆。

第十二条 本办法自公布日施行。

〔国民政府财政部档案〕

12. 财政部送外币债券换发民国三十七年整理公债办理注意事项代电

(1948年9月27日)

代电 公二字第8288号

中央银行国库局公鉴：查政府外币债券处理办法，业奉行政院核定公布，应予换发三十七年整理公债，并经由部函达查照在案。此项换发事务，依照规定，应限于新债印就后六个月内全部办理完竣。兹为持票人及经理银行办理便利起见，特规定自本年十月一日起，提前开始办理申请登记，并拟定“政府外币债券换发民国三十七年整理公债办理注意事项”。相应抄同该项注意事项电请查照，并希转知各分行暨委托行局分转各该分支行局及海外经办银行遵照办理为荷。财政部。公二。印。附件。

外币债券换发民国三十七年整理公债办理注意事项

一、依照政府外币债券处理办法第九条规定换发新债手续，应限于新债印就后六个月内全部办理完竣。为便利持票人起见，特提前开始办理，申请登记换发，仍以六个月为限。

二、依照上项办法第二条之规定，应以民国三十七年整理公债（以下简称新债）甲、乙、丙三种债票，分别掉换旧有各种外币债券（以下简称旧债）如左：

甲种债票掉换民国三十六年第一、二期短期库券。

乙种债票掉换民国二十七年金公债英美金债票及民国三十一年同盟胜利美金公债。

丙种债票掉换民国二十九年建设金公债第一期英美金债票。

前项掉换同种新债，可以规定同种旧债之本息面额凑合计算，以期化零为整。

三、上项掉换新债之旧债，系以政府历年实际销售，在民国卅七年八月十九日尚未到期还清之本息票为限。其未经实际销售，而拨作抵押品之旧债，由财政部另行处理，不在前项规定掉换新债之列。但持票人所有之旧债，如有充作私人借款抵押品者，仍予掉换新债。

四、上项实际销售之旧债本息，在民国三十七年八月十九日以前业已到期，如尚未兑领者，应由持票人仍照原定偿付办法，按各该期本息到期开始支付日上海指定银行美金挂牌买入市价计算应付法币数额，再照法定折合率兑付金圆，不得混入未到期者，申请掉换新债。

五、办理旧债掉换新债事宜，指定中央银行及其委托银行经理之，国外并委托中国银行经理之。

六、旧债持票人申请换发新债时，应向就近各地经理银行领取申请书，依式详细填列所持之旧债名称、种类、张数、金额，附带息票或本息票起讫期次，实存本息金额（各种债券实存本息金额，参阅“应换三十七年整理公债数额表”）折合金圆总数，暨应掉换新债种类面额等。并在申请书及旧债券正面右上角逐一加盖本人图章或签字，连同旧债券缴交经理银行点收登记（此项申请书照部颁式样，由经理银行照印备用）。

七、经理银行收到前项申请书及旧债券时，应即查核（一）上项所列各节是否相符；（二）各旧债券之暗记样张是否相符；（三）债券号码已否挂失止付，或已否在民国三十七年八月十九日以前到期等项。

经理银行如发现有已挂失止付之债券，应予扣留，并专案报由中央银行国库局转报财政部核办。其有在民国三十七年八月十九日以前业已到期之本息票，应即检出，交还持票人，按照本注意事项第四项之规定办理。

八、前项所收旧债券，经查明无误后，应即准予登记填发临时收据，交申请人收执。该项临时收据系四联复写式（用双面复写纸复写），其第一联为收据，于旧债点收后，发交申请人收执，以凭换领新债票；第二联为通知单；第三联为报告单，均应寄交各该总行存转（各该总行本身门市经办换发事宜，可改为三联式，不必填制通知单）；第四联为存根，由经理银行留存备查（此项收据照部颁式样，由经理银行照印备用）。

九、旧债掉换新债，如有奇零不足掉换新债一元面额者，应由申请人以金圆辅币凑足之。

十、上项缴凑之现金，应于申请书及收据上之“旧债券名称”栏内列明“现金”字样，其金额并于“共计金圆数”栏内填列。各地经理银行对此项缴凑现金，应随时收入各该总行帐，每月一结，汇解各该总行转解国库，并另以报单报告财政部备核。

十一、此债最近一期在三十七年八月十九日以后到期之息票或本息票（如三十六年短期库券），应随同债票一并申请掉换新债，如有缺少，即仅就其所缴债券本金掉换。

持票人只缴上项最近一期之息票或本息票，而未缴债票者，应准掉换新债。但折换新债不足金圆票面一元者，应由持票人以金圆辅币凑足之。此项现金，经理银行应照第十项内规定办理。

申请掉换之旧债，除上项最近一期之息票或本息票外，其以后各期之息票或本息票如有缺少，应由持票人登报声明作废后，方准申请掉换新债。

前项旧债最近一期息票应付之利息，系以新债换偿，应免扣缴所得税。

十二、购债人已缴足债款而未领到债票者，应持临时收据或预约券，先向原经办银行换领旧债票后，再行申请换发新债。

十三、旧债票核收后，各经理银行应即在债票及最近一期息或本息票上加盖“掉换作废”戳记（式样如下）〔略〕，连同原申请书妥为保管，于换发新债后，按照向例，由各总行汇送财政部核销。

十四、各地经理银行应按旬将通知单、报告单寄送各该总行查核后，并由各该总行加制应领新债票种类、张数总表，连同原报告单，送财政部查核。

十五、财政部于新债印就后，交中央银行国库局保管，一面按各总行所缴送之前项报告单应掉换新债种类、张数，填发核发债票通知书，分送中央银行国库局及各总行领发转寄掉换。

各地经理银行于收到各该总行领运之新债后，应即日通告或通知申请人凭原填发之临时收据，掉换新债。

十六、中央银行国库局应将上项配发新债票之种类、张数、号码、金额及领票银行，分别填制经理新债日报表，送财政部备查。

各总行代所属各分支行领到之新债票，应填制邮寄运送债票通知书，随同债票（包封上注明“三十七年整理公债□种债票”字样），分别寄发各该分支行，并送财政部备查（附格式）〔略〕。

十七、各地经理银行于换发新债后，寄送旧债券时，应于包封上注明“调换作废债券”字样，并另行填寄运送债票报告单，将所寄债券名称、种类、张数、票额、附带息票或本息票、期次，及寄出日期、邮包挂号号数或运送人员姓名，暨火车班次、轮船名称等，详细填列，各一式三份。除一份留底外，其余二份分别径寄财政部及各该总行备查(附格式)〔略〕。

十八、各旧债券未到期可以掉换新债之号码及挂失止付号码，照财政部所编号码册，由中央银行国库局印发各经理银行，以便核对。

十九、各经理银行对于换发新债收回之临时收据，应妥为保管，其核销手续另定之。

二十、各种旧债券在国外换发新债票，均照本事项之规定办理，其有特殊情形者，得由国外经理银行呈请财政部核办。

国外经理银行换发新债，应以国外债券业经登记并经财政部特准于国外兑付本息者为限。其所换发之新债号码，均须登记列表，送请财政部备查。

二十一、此次换发申请登记手续，自民国三十七年十月一日开始办理，限至三十八年三月三十一日止，持票人逾期尚未申请掉换者，所有债票一律作废。

二十二、本注意事项，应由各地经理银行粘贴公布，俾众周知。

〔国民政府财政部档案〕

13. 财政部关于修正各种法币公债提前清偿分级加倍标准公告

(1949年2月8日)

财政部公告

查政府历年发行各种公债，前于币制改革之初，奉行政院于上年九月四日核定公布《政府外币债券处理办法》暨《政府法币公债处理办法》，当经本部公告并分行，自上年十月一日起开始办理各在案。兹政府为提高债信起见，经上月二十六日行政院第四一次会议决议，将原订两种办法分别予以修订，除《政府外币公债处理办法》另案修正办理外，关于法币公债处理办法，业奉核定，分别依照原订各债票面，分级加倍应还法币数额（原定最高二七〇〇〇倍，最低一〇〇〇倍），修订为最高一三五〇〇〇〇倍，最低五〇〇〇〇倍（详附表），按法定折合率折付金圆券，仍予提前一次清偿，并限于一个月内办理竣事，以资结束。但在本修订办法施行以前业已提前清偿者，不再加倍补付。除分行并规定各地经理行局自本月十一日（星期五）起开始办理外，希各持票人于开始办理起一个月之限期内，向中央银行及其委托之银行申请办理，幸勿自误。合亟公告周知。

中华民国三十八年二月八日

部长　徐　堪

附表

修正各种法币公债提前清偿分级加倍标准表

公债名称	票面加倍数	附注
十七年金融长期公债	1,350,000	所有各债在三十七年八月二十日以后最近到期之一期息票，一律算至三十七年九月三十日为止，并照左列各级加倍数折付金圆券，在九月三十日以后概不计息。
二十五年统一公债乙、丙、丁、戊种债票	1,350,000	
二十五年复兴公债	1,350,000	
二十五年四千〔川〕善后公债	1,350,000	
二十五年整理广东金融公债	1,350,000	
二十六年救国公债	650,000	
二十六年整理广西金融公债	650,000	
二十七年国防公债	600,000	
二十七年金公债关金公债	600,000	

续上表

公债名称	票面加倍数	附注
二十七年赈济公债第一期债票	600,000	
二十八年军需公债第二期债票	500,000	
二十九年军需公债第一期债票	450,000	
三十年军需公债第一期债票	350,000	
三十一年同盟胜利公债	250,000	
三十二年同盟胜利公债	150,000	
三十二年整理省债一、二三、四类债票	150,000	
三十三年同盟胜利公债	50,000	

〔国民政府财政部档案〕

14. 财政部关于抗战期间所发外币公债及1947年短期库券掉换1949年整理美金公债公告

（1949年4月18日）

财政部公告　沪公余二字第一〇六号

查旧发二十七年金公债英、美金公债，二十九年建设金公债第一期英美金债票，三十一年同盟胜利美金公债暨三十六年第一、二期短期库券等四种外币债券实销尚欠部分，依照金圆券发行办法第七条第三项规定，原应换发金圆公债，前经公告办理在案。三十七年十一月十一日，修正金圆券发行办法颁布后，金圆券对外币法定汇兑率变更。本部为提高债信起见，经拟订上项四种旧发外币债券改予换发民国三十八年整理美金公债办法，呈奉行政院会议通过，并拟具该项整理美金公债条例草案，呈转立法院审议，一俟审议通过公布，债票印制完成，即行订定掉换详细手续及限期，分知各地经理行局办理。所有各旧发外币债券持券人，前已依照原定掉换金圆公债（即民国三十七年整理公债）办法，向各经理行局办理登记者，务将所掣得之临时收据，妥为保存，以便届时改算，换领三十八年整理美金公债。其未经办登记者，将来可持原债票径行掉换三十八年整理美金公债。合亟公告周知。

中华民国三十八年四月十八日

部长　刘攻芸

〔国民政府财政部档案〕

〔2〕内债的发行与筹募

1. 民国三十六年短期库券条例①

（1947年3月29日）

民国三十六年短期库券条例　　国民政府三十六年三月二十九日明令公布

第一条　国民政府为稳定金融，鼓励储蓄，发行库券，定名为民国三十六年短期库券。

第二条　本库券定额为美金三亿元，分两期发行，于民国三十六年四月一日及十月一日，各发行半数，即美金一亿五千万元，按照票面，十足发行。

第三条　本库券为无记名式，票面计分为美金五千元、一千元、五百元、一百元、五十元、十元六种。

第四条　本库券依照中央银行美金牌价，以国币折合美金发售之。

第五条　本库券利率定为年息二分，自发行日起，每六个月付息一次。

第六条　本库券还本期限定为三年，自发行日起，每六个月平均还本六分之一，即美金五千万元，息随本减，并得提前偿还，收回本库券之一部或全部。

第七条　本库券还本付息，按照支付日中央银行美金牌价折算付给国币。

第八条　本库券还本付息基金，由国民政府就国营生产事业及接收敌伪产业中，指定若干单位，作为担保。

第九条　前条事业产业出售之所得款项，应尽先拨充本库券

---

① 沿用原标题。

每次到期还本付息基金，如基金不敷支付支息时，另由财政部拨款补足之。

第十条　本库券设基金监理委员会，负责办理基金之监理事项，由财政部、审计部、全国商会联合会、银行业同业公会、钱业同业公会及财政部聘请之人员组织之，其组织规程由财政部定之。

第十一条　本库券还本付息，指定中央银行及其委托之银行经理之。

第十二条　本库券得自由买卖、抵押，凡公务上须缴纳保证金时，得作为代替品，并得为金融业之保证准备金。

第十三条　对于本库券有伪造或毁损信用之行为者，由司法机关依法惩治。

第十四条　本条例自公布日施行。

〔国民政府财政部档案〕

2. 民国三十六年美金公债条例①

（1947 年 3 月 29 日）

民国三十六年美金公债条例　国民政府三十六年三月二十九日明令公布

第一条　国民政府为充实外汇基金，调剂对外贸易，发行公债，定名为民国三十六年美金公债。

第二条　本公债定额为美金一亿元，分两期发行，于民国三十六年四月一日及十月一日，各发行半数，即美金五千万元。

第三条　本公债为无记名式，票面计分为美金五千元、一千元、五百元、一百元、五十元五种。

第四条　本公债照票面十足发行，购买人得依照左列方法缴

---

① 沿用原标题。

付债款：

一、以美金存款或美金现币缴购。

二、以其他外币存款或现币，依照中央银行牌价，折合美金缴购。

三、以黄金缴购，其折合率由财政部以命令定之。

第五条　本公债本息，由国民政府特定一律以美金外汇给付。

第六条　本公债利率定为年息六厘，自发行日起，每六个月付息一次。

第七条　本公债还本期限定为十年，自发行日起，每六个月抽签还本一次，每次还本二十分之一，即美金五百万元。

第八条　本公债应付本息，由国民政府令饬中央银行，于每次还本付息期前六个月，就该行外汇基金项下，按期预拨同数之美金外汇，存储备付。

第九条　本公债设基金监理委员会，负责办理基金之监理事项，由财政部、审计部、全国商会联合会、银行业同业公会、钱业同业公会及财政部聘请之人员组织之，其组织规程由财政部定之。

第十条　本公债还本付息，指定中央银行及其委托之银行经理之。

第十一条　本公债得自由买卖、抵押，凡公务上须缴纳保证金时，得作为代替品，并得为金融业之保证准备金。

第十二条　对于本公债有伪造或毁损信用之行为者，由司法机关依法惩治。

第十三条　本条例自公布日施行。

〔国民政府财政部档案〕

3. 民国三十六年短期库券美金公债各地募销委员会组织规则

（1947年3月30日）

民国三十六年短期库券美金公债各地募销委员会组织规则　民国三十六年三月三十日财政部备案

第一条　中央银行依据民国三十六年库券公债募销收款领票规则第二条之规定，在各地设立募销委员会。

第二条　各地委员会称为民国三十六年短期库券美金公债某地募销委员会。

第三条　各地募销委员会办理左列事项：

一、募销之推进及宣传；

二、募销团体行庄之约定；

三、募销手续之简化及流弊之防止；

四、募销数额及超募之分配；

五、对于巩固本库券公债债信事项之建议。

第四条　各地募销委员会设委员十一人至十七人，除以中央银行代表一人或二人为当然委员外，由左列当地人士担任之：

商会代表二人至三人；

银行商业同业公会代表二人至三人；

钱商业同业公会代表二人至三人；

其他各界领袖四人至五人。

上海募销委员会委员中，应有财政部代表一人。

第五条　各地募销委员会设主任委员一人，由委员会就代表商会之委员中推定之；设副主任委员二人，由委员会就代表中央银行及银钱业两同业公会之委员中推定之；设执行委员二人至四人，由委员会就其他委员中推定之。

第六条　各地募销委员会之开会，应有全体委员过半数之出席，其决议应以出席委员过半数之同意行之。

第七条　各地募销委员会委员均为名誉职，委员会之事务费用，由中央银行拨付之。

第八条　各地募销委员会应设办公处于各当地中央银行内，其文书、计算及庶务事宜，均由中央银行酌派职员兼办。

第九条　各地募销委员会重要决议事项，应随时报告中央银行总行备查。

第十条　各地募销委员会于本库券/公债第二期发行库券/债票募销期限届满时，办理结束，并造具报告，送交中央银行总行，汇转财政部备查。

第十一条　本规则由中央银行订定施行，并报财政部备案。

〔国民政府财政部档案〕

4. 民国三十六年短期库券/美金公债基金监理委员会组织规程①

(1947 年 3 月 31 日)

民国三十六年短期库券/美金公债基金监理委员会组织规程

民国三十六年三月三十一日
财政部令公布

第一条　财政部依据民国三十六年短期库券/美金公债条例第十/九条之规定，设立民国三十六年短期库券/美金公债基金监理委员会于上海，办理本

---

① 沿用原标题。

库券公债基金之监理事项。

第二条　基金监理委员会于监理范围内，得独立行使其职权，在本库券公债本息全部清偿前，其监理权限不得变更。

第三条　基金监理委员会设委员十五人，以左列人员组织之：

财政部代表二人；

审计部代表一人；

全国商会联合会代表二人；

全国银行业同业公会代表二人（在全国银行业同业公会未成立前，由上海市银行业同业公会推举之）；

全国钱业同业公会代表二人（在全国钱业同业公会未成立前，由上海市钱业同业公会推举之）；

财政部聘请之其他机关社团代表六人。

上列委员任期定为一年，但经原机关、社团继续选任，或财政部继续聘请者得连任。

第四条　基金监理委员会设常务委员五人，由委员中互选之，其中一人应为财政部代表，并由常务委员互选一人为主任委员，常务委员及主任委员任期均为一年，连选得连任。

第五条　基金监理委员会每届委员暨所推选之主任委员及常务委员人选，应报请财政部备案。

第六条　财政部及中央银行暨其他有关机关，应将库券公债之基金，依照条例所规定，按时预先拨交基金监理委员会保管监理。

第七条　基金监理委员会对于指作本库券基金担保之国营生产事业及敌伪产业，得延聘专家为独立之调查、估价，并得监理此项事业及产业之出售及出售前之经营。

第八条　基金监理委员会对于巩固政府债信，维护持票人权益事项，得随时向财政部建议之。

第九条　本库券/公债基金存放机关，由基金监理委员会指定之，但应报请财政部备案。

第十条　基金监理委员会对于本库券/公债之收支存放每月结算一次，报请财政部备查。

第十一条　基金监理委员会所收本库券基金如不敷支付时，应于每次还本付息到期前一个月，报请财政部拨款补足之。

第十二条　本库券/公债每次还本付息到期前，基金监理委员会应于各该基金内按照应付数额，拨交经理银行备付，并登报公告之。

第十三条　本库券/公债本息票付讫后，由经理银行打孔作废，送交基金监理委员会核点，转送财政部核销。

第十四条　基金监理委员会经费，由基金存放所得利息项下开支。

第十五条　基金监理委员会应订定会议规则、基金监理规则，暨办公处组织规则，及办事细则，报请财政部备案。

第十六条　本规程如有未尽事宜，得由基金监理委员会提请财政部修改之。

第十七条　本规程自公布日施行。

〔国民政府财政部档案〕

5. 民国三十六年短期库券/美金公债募销收款发票规则①

（1947年3月31日）

民国三十六年短期库券/美金公债募销收款发票规则　民国三十六年三

---

① 沿用原标题。

月三十一日财政部部令公布

第一条　本库券公债之募销，由财政部委托中央银行依照本库券公债条例第四四条之规定办理之。

第二条　中央银行募销本库券公债，得在各地聘请当地人士组织募销委员会办理之，其组织规则，由中央银行订定，报请财政部备案。

第三条　各地中央银行募销本库券公债，得指定当地银行、钱庄代收券债款，报由中央银行总行查核，转报财政部备案。

第四条　各地募销总额，由中央银行依各当地金融情形分别酌定。

第五条　本库券公债募销期限如左：

一、第一期发行之库券公债，自三十六年四月一日起开始募销，至同年九月二十九日截止。承购人凡在三十六年四月底以前缴购者，给予第一期全期利息；其在五月一日至五月底以前缴购者，应依照规定利率贴付第一期全期利息六分之一；在六月一日至六月底以前缴购者，应贴付全期利息六分之二，以后依次递加。

二、第二期发行之库券公债，自三十六年十月一日起开始募销，至三十七年三月三十日截止。承购人凡在三十六年十月一日至十月底前缴购者，给予第一期全期利息，余与上列第一项办法同样办理。

第六条　凡承购本库券公债者，应依照本库券公债各类票面缴购，将应缴款项当时一次缴足，其以美金存款或现币及其他外币存款或现币缴购美金公债后之零数，不足最低面额者，由中央银行以原币退回。凡以黄金缴购美金公债者，应按所含纯色折算。

第七条　中央银行暨各地指定代收券/债款之行庄，对承购本库券/公债者，得先掣给预约券，交与承购人收执，凭以换领正式库券/债票。其格式由中央银行拟定之，并将样本检送财政部备案。

前项预约券分记名及不记名式两种，承购人于缴购时，得指定一种申请填给，但不记名式预约券如有遗失毁灭，不得挂失。

第八条　承购人缴购本库券/公债款项，一律不收手续费。

第九条　凡持有本库券/公债预约券者，即凭以向原发售行庄换领本库券/公债正式库券/债票，其开始换发日期，另行公告。

第十条　本库券/公债正式库券/债票，由财政部印制，全数拨交中央银行，酌量各地募销情形，分别配运，以便换发。并将配运行处库券/公债种类、张数、号码，随时报请财政部备查。以后遇有调拨，并应随时报部。

第十一条　代收本库券/公债行庄对所收券/债款，应专户存储，不计利息，逐日将当日收入金额报告各当地中央银行转报总行，并由总行逐日汇列总表一份，送财政部公债司备查。

第十二条　代收本库券/公债行庄对于上项券/债款，每十天应结算一次，解交各当地中央银行即日转解总行，列收库帐，并由总行汇列总表同式二份，分送财政部公债司及国库署备查。

第十三条　财政部对募销本库券/公债按收入库帐金额，给予千分之一手续费，按月核算，折合国币拨付中央银行总行领收分发。其募销所需各项费用，即在上项手续费内自行匀支。

第十四条　本规则如有未尽事宜，得由中央银行提请财政部修改之。

第十五条　本规则由财政部公布施行。

〔国民政府财政部档案〕

6. 财政部公布奖励承购及募销民国三十六年短期库券/美金公债办法令

（1947 年 8 月 18 日）

财政部公布令　财参 5280 号　中华民国三十六年八月十八日

兹制定奖励承购及募销民国三十六年短期库券/美金公债办法，公布之。此令。

部长　俞鸿钧

奖励承购及募销民国三十六年短期库券/美金公债办法

第一条　为奖励承购及募销民国三十六年短期库券/美金公债（以下简称本库券/公债），特订定本办法。

第二条　凡团体及个人向中央银行或其委托之代收债款行庄承购，或团体及行庄经募本库券/公债达规定数额者，依本办法奖励之。

第三条　团体承购本库券/公债之奖励办法如左：

一、购满美金五十万元者，由财政部报请行政院转呈国民政府明令褒奖，并由财政部发给奖状。

二、购满美金二十万元者，由财政部公告褒扬，并发给奖状。

三、购满美金五万元者，由财政部公告褒扬。

第四条　个人承购本库券公债之奖励办法如左：

一、购满美金十万元者，由财政部报请行政院转呈国民政府明令褒奖，并由财政部发给奖章。

二、购满美金五万元者，由财政部公告褒扬，并发给奖章。

三、购满美金一万元者，由财政部公告褒扬。

第五条　团体及行庄努力募销本库券公债之奖励办法如左：

一、募销满美金一千五百万元者，由财政部报请行政院转呈国民政府明令褒奖，并由财政部发给奖状。

二、募销满美金八百万元者，由财政部公告褒扬，并发给奖状。

三、募销满美金三百万元者，由财政部公告褒扬。

第六条　本办法自公布日施行。

〔国民政府财政部档案〕

7. 财政部与行政院关于确定所有外币债券发售及还本付息原则往来呈令

(1947年8月)

(1) 财政部呈(8月25日)

呈　财公二字第三二〇六号

查三十六年短期库券，前经本部委托中央银行负责募销，按该库券发行条例第四条规定，本库券依照中央银行美金牌价，以国币折合美金发售之。现在政府公布改订外汇管理办法后，关于国币对美金之折算汇率，除央行牌价(每一美元折合国币一万二千元)外，复有指定银行逐日挂牌市价(现每一美元折合国币约三万八九千元)。中央银行以该项短期库券之募销，是否照常出售，拟应如何办理，除先通知各地代收行庄暂停出售外，电征本部意见。

查三十六年短期库券问题之症结，在于依照何种汇率偿付本息，并将牵及其他外币公债偿还之汇率，亟待解决，以安众望。目下问题，似应在维持债信及节省国库负担两原则下，采取兼筹并顾之对策。

一、短期库券条例规定还本付息，按照支付日中央银行美金牌价折算付给国币，即于发售时，以国币依照中央银行美金牌价折合，系属一律办理。现在中央银行牌价并未变更，原应依照条例规定办理，此为节省国库负担之策。惟最近美金价格，在中央银行牌价以外，复有指定银行挂牌市价，今如依照央行牌价偿还，于法固无不合，但持券人因此不得享受外汇调整之利益，对于政府不免觖望，而与发行库券原以保持购券人缴购时国币购买力之义，亦属不符，深恐持券人以为政府再失债信，啧有烦言，对于此后公债，势将无法募销，实为政府无形之大损失。

二、为迎合一般持券人希望，不照央行牌价，而改照指定银行挂牌市价折付，自为维持债信之主策，但于法似属无据，抑且增加国库负担两倍以上。况此项挂牌市价，随时可能变动，折付计算殊多困难。

三、除上述意见外，另有主张将原定年息二分，酌为增加，以谋解决者。惟如此办理，既与条例规定不符，且仍难餍持券人之望。如修改条例，又恐贻朝令夕改之讥，对于其他外币公债之偿还问题，仍无法解决。

此事反复筹维，似应采用折中办法：(一)由政府即日宣布该项库券停止发售。(二)所有已经售出之库券，限期掉换三十六年美金公债，其不愿掉换仍愿兑取国币者，仍照中央银行牌价（一二〇〇〇元）折付。如此办理，虽该项公债到期须以美金偿付，但以定期三年，年息二分之库券，掉换定期十年，年息六厘之公债，既可满足购券人之希冀，而维持政府之债信，对于国库且可得减息延期之利，得失似可相抵。

再查政府发行之外币债券，除三十六年短期库券及美金公债外，尚有二十七年英美金公债，二十九年建设英美金公债，三十一年同盟胜利美金公债，及三十一年美金储蓄券数种。按照各该债券条例及办法规定，均应以各该外币偿付。其中三十一年同盟胜利美金公债及储蓄券，系以美国借款一部份拨充基金，而二十七年金公债且系以外币及生金银缴购，发行以来，向以外币汇票偿还。上年三月，中央银行以政府颁布管理外汇办法，对各外币债券持有人，除有正当用途可申请核准支付外，余悉按中央银行牌价折付国币。现在外汇管理办法改订，上述各种债券本息，究应按何汇率折付，亦应一并决定。

查外汇管理办法改订后，所有侨汇及出口外汇，均经规定，按照指定银行挂牌市价结汇。上项债券条例及办法规定，既系付给外币，除美金储蓄券购粮搭发部分，业奉专案核定，按照一二〇〇〇元折合偿付，似应仍照专案办理外，其余美金储蓄券及公债，似应准予按照指定银行挂牌市价计算，以资一律，而昭公允。

以上所拟是否有当，理合将三十六年短期库券售出数额应付本息数，按两种牌价计算每年各应平均偿付数额，并二十七、二十九、三十一年各种外币公债及美金储蓄券，尚负应还本息数额，分别列表，暨摘录各种外币公债条例内关于还本付息支付外币之条文，备文呈请鉴核示遵。谨呈

行政院院长张

附呈表三种、摘录条文一份〔条文略〕

财政部部长　俞〇〇

(2)行政院指令(8月30日)

行政院指令　(三十六)六财第34548号
中华民国三十六年八月三十日发

令财政部

三十六年八月二十五日财公二字第三二〇六号密呈，为管理外汇办法改订后，所有外币债券之发售及还本付息应如何办理由。

呈件均悉。案经提出三十六年八月三十日本院第七次临时会

三十六年短期库券销售数额表

截至本年八月十六日止

发行额	币别	实际销售数额					备注
		本金	利息	合计	折合	国币	
					@ $ 12,000	@ $ 38,000	
300,000,000	美金	27,484,640	9,619,624	37,104,264	445,251,168,000	1,409,962,032,000	该券所负本息数照原条例规定，应分三年偿清，每年计偿还1/3。

美金储蓄券到期已还未还本金表

券别	币别	发行额	到期已还本金	到期未还本金	备注
美金储蓄券	美金	103,369,580.58	84,278,282.62	19,091,296.96	左项未还本额包括滇晋两省购粮拨发部分，计10,875,000美金在内。

议决议:(一)三十六年度美金短期库券自即日起,按照指定银行挂牌市价照常出售。(二)三十六年度美金短期库券还本付息时,按照支付日之指定银行挂牌市价计算之。(三)二十七年英金美金公债,二十九年建设英金美金公债,三十一年同盟胜利美金公债,及三十一年美金储蓄券,均按照指定银行挂牌市价折付国币。(四)三十一年美金购粮储券,已专案核定,应照案办理。仰即遵照。此令。

院长　张　群

〔国民政府财政部档案〕

8. 财政部检送1947年短期库券等继续发售办法代电

(1947年9月3日)

代电　33511

中央银行公鉴:查三十六年短期库券奉准按照指定银行挂牌市价,照常发售及偿还,曾经本部于本年八月三十一日,以财公二字第三三一六二号代电贵行查照办理在案。所有该项库券暨三十六年美金公债继续发售办法,业经商洽议定,相应检同该办法随电送达,请迅查照办理,并希见复为荷。财政部。财公二。印。附件。

三十六年短期库券/美金公债继续发售办法　三十六年九月三日

一、三十六年短期库券发售价格,一律以当日上海指定银行挂牌卖出市价为标准。

上述外汇市价,由中央银行于每日上午分电发售库券地点各分行,转知当地经售各行局,电讯未达前不得发售。

二、经售机关以中央、中国、交通、中农四行及中信、邮汇两局为限,其他代收行庄一律停止代收。

三、发售地点暂以中央银行办理外汇业务之十九分行所在地为限(发售地点列后):汉口、福州、重庆、广州、天津、厦门、西安、青岛、北平、杭州、桂林、南京、梧州、汕头、昆明、海口、湛江、江门、上海。

四、其他各地一律以汇款方式,向上述指定地点之经售行局申请购买,以款项收妥日之市价为准。

五、美金公债贴息,按照购买日上海指定银行挂牌卖出市价计算。

〔国民政府财政部档案〕

9. 财政部关于 1947 年美金公债应以美金存款或现币缴购为限密电

(1947 年 9 月 4 日)

(限即刻到)上海中央银行:极密。(2816)(0903)电计达。该电文应补充为三十六年美金公债,暂以按照条例第四条第一项规定,即以美金存款或美金现币缴购为限,认购人以美金现币缴购者,并免收兑手续费。至该条第二、三两项以其他外币存款或现币,及以黄金缴购之规定,均暂停办。特再电达查照办理见复。财政部。财公二。申支。印。

〔国民政府财政部档案〕

10. 公债司关于 1947 年短期库券第二期募销情形签呈

(1948 年 3 月 6 日)

查三十六年第一期库券业经依照规定,于上年九月底期满停售。惟自上年八月外汇管制办法改订后,各方以库券期短利厚,国库负担甚重,纷纷建议停售。经本部考虑,以停售影响债信,惟可不必积极推销。经自九月份起，规定销售限额（九月份所定销售限额二千万美元，实际上只售出五八五八七〇美元）。第二期库券自上年十月一日开始募销，至本年二月底，计五个月，据报共售出券额三二五〇四七〇美元，折合国币二一六五二八四〇一〇〇〇元，业经逐日列表呈核。查上月下旬销售稍见转旺，各地经售库券中，有数笔券额为数较大，当经派员分别洽查经售情形，兹谨分列如次：（一）二月二十五日，南京邮汇局认购券额五万美元。（二）二月二十五日，上海中信局敌产清理处认购券额三八〇〇美元。（三）二月二十六日，央行国库局经售来人三笔券额共三三〇〇美元，中国银行信托部经售来人一笔券额三二〇〇美元，中信局产物保险处认购券额二万美元，上海邮汇局经售来人一笔券额五千美元。（四）二月二十七日，上海交通银行储蓄部认购券额一万美元。以上合计券额九五三〇〇美元。理合检具各地区每月募销券面金额报告表，备文报请钧座鉴核。谨呈

部次长

附呈三十六年第二期短期库券各地区每月募销券面金额报告表一纸

公债司谨签　三月六日

三十六年第二期短期库券每月募销数及累计数报告表

月　份	券面金额	折合国币
十月份	U.S. $1,648,270.	86,707,122,000
十一月份	468,560.	28,420,592,000
十二月份	696,990.	53,142,327,000
三十七年元月份	299,980.	28,169,170,000
二月廿四日截止	37,770.	5,155,290,000
共　计	3,151,570.	201,594,501,000

公债司第五科制

三十六年第二期短期库券各地区每月募销券面金额报告表

（自三十六年十月一日起至三十七年二月二十八日止）

地区	卅六年十月份	十一月份	十二月份	卅七年元月份	二月份	共计
上海	U.S. $1,033,890.	U.S. $286,290.	U.S. $521,490.	U.S. $218,480.	U.S. $70,200.	U.S. $2,130,350.
南京	310,370.	58,290.	70,590.	1,070.	52,310.	492,630.
天津	123,580.	11,800.	14,390.	43,030.	3,210.	196,010.
青岛	7,320.	1,660.	2,100.	2,570.	320.	13,970.
杭州	26,120.	4,900.	16,790.	3,760.	150.	51,720.
重庆	69,990.	20,160.	21,030.	9,270.	5,970.	126,420.
西安	24,340.	54,280.	15,180.	510.	540.	94,850.
福州	1,050.	690.	500.	300.	90.	2,630.
汉口	37,040.	17,310.	12,770.	4,200.	760.	72,080.
昆明	5,160.	240.	1,740.	400.	320.	7,860.
厦门	220.	1,600.	1,490.	390.	40.	3,740.
广州	1,820.	2,620.	3,540.	1,320.	350.	9,650.
江门收税处	500.	1,220.	1,140.	——	320.	3,180.
梧州	4,350.	3,100.	4,670.	1,210.	690.	14,020.
桂林	580.	360.	540.	40.	——	1,520.
北平	1,940.	2,500.	7,400.	12,450.	680.	24,970.
汕头	——	1,540.	1,630.	980.	270.	4,420.
湛江	——	——	——	——	450.	450.
总计	1,648,270.	468,560.	696,990.	299,980.	136,670.	3,250,470.
折合国币	86,707,122,000.	28,420,592,000	53,142,327,000	28,169,170,000.	20,089,190,000.	216,528,401,000.

公债司第五科编制

〔国民政府财政部档案〕

11. 财政部经管内债说明书①

(1948 年 4 月)

财政部经管内债说明书

第一章 导言

吾国历朝向无国债之制，盖因古代制用之道，侧重节用裕民，国家在平时则注意储积，充实府库，以备非常之需。至于弥补不足之方，则利用什税、榷酤、算缗诸法。又如由官铸钱，以图盈利，平准均输，官营商业，皆为弥补国费之方。至于对内借用民财，加息偿付者，则古无其制，有之乃至清代末叶为始。

前清同治四年(西历一八六五年)，左宗棠平捻军回，曾向外商订约借款，每次债额甚少，随借随还，是为我国举借外债之始。甲午(西历一八九四年)战败之后，依照马关条约赔款二万万两，又赎辽费三千万两，威海卫占领代偿费一百五十万两，初拟发行内债，以供偿付，乃于光绪二十四年(一八九八年)发行昭信股票，是为中国发行内债之嚆矢。宣统末年，效法欧美，发行爱国公债三千万元，有内国公债之名。

民国成立之初，依照国际法之惯例，对于前清所举之内外债务及庚子赔款，仍予承认，继续偿还，重要收入之关税，大部拨充偿还外债担保，财政大权于是旁落外人之手。北京政府成立后，袁氏恣暴自为，财政困难益甚，民国二年乃以盐税为担保，向英、法、德、日、俄五国成立善后借款，合约中规定组织盐务稽核总所，以外人主其事，自是盐税行政亦归外人掌握。其后，军阀割据，财政分裂，内战继起，政潮迭兴，驯至中央政府几无征收租税之权，更恃举债维持政费。而所发行之公债，其实际用途又往往与原定之目的不符，就中多以关盐两税担保外债之余款指为担保，恒受制于外人。

① 沿用原标题，时间仅从文中推出。

计自民元至民十五年间，除归入整理之内债及外债外，其有确实担保者计发行内国公债十二种，库券六种，债额共三四九，五一九，四五三元。综观北京政府时代，一因袁氏称帝，二因军阀混战，发行公债徒为助长内战之工具。至对外借款，尤多违平等互惠原则，国家主权之丧失匪细。

国民政府成立，对于北京政府所发行有确实担保债券仍承认继续偿付，其无确实担保者，亦经确定整理原则，指拨整理基金，债信日趋巩固。惟以时值统一伊始，军需建设支应浩繁，税收整理亦非可立时奏效，故发行债券数目逐年均有增加。二十年九月辽宁事变发生，债市不振。二十一年二月沪变继起，债市失其流通，基金亦虞动摇，尤因经济不景气，金融市场大受影响。各持票人激于爱国热忱，均愿牺牲私益，发表宣言，请将所持债券减息延期，以纾国难，于是与政府商订债券延期减息办法，确定本息基金每月由关税项下划拨八百六十万元，组设国债基金管理委员会，专责保管。国民政府于二十一年二月二十四日正式颁布内债延期减息命令。此项减息延还之公债库券，共有二十八种，统计债额八亿二千七百六十三万余元。其原来利率有月息六厘至八厘者，亦有年息六厘至八厘者，兹则一律减为年息六厘，或月息五厘。其延期还本方式，则系拟定适当标准，视各项债券原定偿还期限，酌予厘订程表，俾无偏陂。经此次厘订后，政府之负担减轻，而债券之在市场上价格日有起色，债市遂趋稳定。至二十二年间，因应付急需，续有发行债券，截止是年秋间，所发行之内国公债计有十四种，库券十七种，债额共国币十二亿六千六百五十万元。

民国二十二年十月，孔前部长接任之初，当时即揭櫫开源节流为理财方针，不愿增发公债，加重负担，而于结欠公债之本息，则力求按期偿付，提高信用。不料在此财政整理期间，剿"匪"军事犹未完成，福建事变忽又发生，其他救灾赈济、补助地方以及健全金融组织等事项，动需巨款，且以时机急迫，各项支出不能紧缩，各项税收整理虽有增加，但其效果缓不济急，乃不能不发行公债以资应付。综览自民国二十三年至二十五年，政府所发各种内国公债或为从事经建事业，或为弥补财政预算，或为弥补地方经费，或为救济黄泛水灾，其用途均特别注重经济建设及社会救济事业，与前此专赖发债以弥补普通军政费者，迥然不同，实为我国国债政策之一大转变。

二十五年初，值政府实施法币政策之后，社会金融渐趋活跃，政府为调剂金融市场，配合法币政策之实施起见，将以前历年所发公债库券三十三种加以统一整理，于二十五年二月发行统一公债甲、乙、丙、丁、戊五种债票，共计债款十四亿六千万元。因是从前各种债券渐趋整齐划一，每年国库负担之本息约可省八千五百万元。其对持票人之利益有三：(一)票额划一，兑领本息便利。(二)基金巩固，获得更确实之保证，债信提高。(三)债票市价上涨，利益优厚。其对政府之利益亦有三：(一)债券化零为整，偿付便利。(二)债期延长，利率平均，减轻国库负担。(三)腾出基金发行复兴公债，以完成法币政策。自是以后，债券名称统一，基金确实，不独债信巩固，而国民经济、社会金融均获良好之影响，战时财政之基础，于兹奠定。

抗战事起，战费激增，我国战时财政一方面供应军需，一方面筹应国防建设，应付至为艰巨。政府乃审度国民经济情形及其负担能力，采取适合时机之稳健政策，一方面奖励人民节约储蓄，培植税源，增加各种收入，一方面除对外商洽借款外，并向人民自由劝募公债，以资因应。为体恤人民骤受战时痛苦，不欲重增负担，因而发行额较少。嗣抗战进入第四年度，国际交通阻滞，物价继涨，为吸收游资，平抑物价起见，公债发行数额始酌量增加。计抗战期间，政府先后发行内债十五种，共国币一百五十亿零五百万元，关金一万万单位，英金二千万镑，美金二万万元。抗战末期，政府对于公债推销并渐注重于劝募与派募两种方式，经先后组设战时公债劝募委员会及公债筹募委员会，专负公债筹销之工作，以配合战时财政之需要。

战时财政之首要在把握粮食，然粮食之把握必须获得财政上之配合，方克济事。我国抗战进至第四年时（即民国二十九年秋间），各地灾祲歉收，粮食供需失调，一般存粮大户，乘机垄断，粮价暴涨。政府为维持军粮民食，自三十年度起，发行粮食库券，征购粮食，计三十年度发行九百五十万石，三十一年度发行一千二百七十八万石，三十二年度发行二千二百六十六万二千石，均以免赋征粮征获之粮额担保，到期本息分五年由应缴田赋之粮额内抵偿还清。募集办法系由政府于征购粮食时分别按成搭发，其搭发成数则视各地情形及征购价格，由粮食部斟酌决定。三年来，此项库券征购顺利，财政上之支应裕如，农村之游资减少，对于战时财政裨益甚大。

政府对于债信之维持，向事注意，所有到期之本息无不按期偿付，即抗战发生以后，财政虽感艰窘，但对公债信用始终勉力维持，除关税担保之十七年金融长期公债及二十五年统一、复兴三种公债，因战区敌人劫持税收，乃自二十八年起实施摊存办法，其余新旧各债均按期还本付息，从无愆期。即上项摊存之三种公债，亦经商由银行准将到期本息票，先行贴现，政府维持债信之努力于以概见。

国民政府成立后，各省或因兴办事业，或整理财政，发行地方公债，种类既繁，清偿手续又不一致。三十年间，改订财政收支系统，省级财政划归中央。经呈奉核准依照各省依法发行地方公债实负债额，发行民国三十二年整理省债公债国币一亿七千五百万元，予以换偿，利率均为周息六厘，根据原定清偿年限，分为四类换偿。此项省债之整理，其利有三：（一）手续简便，利率划一；（二）基金巩固，债信提高；（三）加强债务行政统一。

抗战胜利，国土重光，财政复员，经纬万端。关于公债部分，政府酌查实际情形，分为下列各项措施：

甲、关于财政紧急措施者：（一）登记敌伪劫失之我国债券：各级政府机关及公私团体或人民，原在收复区持有我国发行之各种债券、库券曾经寄存银行有案者，如于战事期间被敌伪劫持，或因战事损失，持有人应即向当地中央银行填具申请书，申请登记。同时将原取具之银行寄存证缴付中央银行，掣取收据，听候汇核处理。

（二）登记收缴敌伪发行之债券：敌伪前在收复区发行之债券、库券，应一律禁止流通，凡收复区我国人民持有敌伪发行之债券、库券，应向当地中央、中国、交通、中国农民四银行中任何一行填具申请书，申请登记。同时将所持敌伪债券或库券缴存该银行，掣取收据，听候汇核处理。

（三）处理台湾光复区之敌方债券：日本政府及其控制下之台湾本土政府，前在台湾区域所发行之债券、库券，于我政府官员前往接收时，已令饬即日一律停止交易。旋即核定登记收缴办法，凡台湾光复区人民持有日本发行之债券、库券者，应向台湾银行领填登记表，申请登记。同时将所持日方债券、库券缴存该银行，掣取收据，听候处理。

（四）订定收复区银行战时劫失债票处理办法：我国战时被敌伪劫持之债票，以属于银行者居多，各银行复员复业后，大部又已收回。财政部本宽大之旨，采简便之方，就各类债券汇查结果，分别情形，拟定收复区银行战时劫失债票处理办法，对已经收回预先打洞之债票，原系政府寄存银行者，缴交财政部注销；原系政府向银行抵押者，以国库证换回注销；原系银行自有及各银行间互相抵押或向中央银行作领券准备及储蓄保证者，由财政部会同银行粘贴特制凭证，加盖硬印，继续使用。对已经收回并未预先打洞之债票，凡曾经呈报财政部备案并已公告作废者，由财政部撤销原案，恢复有效；未经公告作废者，一律继续有效。至被劫持而未经收回之少数债票，仍准凭票照付本息，另由财政部汇集总数，向敌索赔补偿。

乙、恢复普遍偿付内债：三十年起，政府发行各种内债，均在后方销售，战时未被敌伪劫持，乃于三十四年底规定，在收复区内普遍照常兑付本息。至于三十年以前发行各债，因有一部分债券为敌伪劫持，须予清理，至〔衍字〕自民国三十五年七月一日起，亦续在收复区恢复还本付息。至所有收复区持票人所持各种债券，在抗战开始至恢复偿付之日止，已逾规定兑取期限之本息票，并自恢复偿付之日起，六个月内予以补付。嗣徇持票人之请，延展至三十六年三月底止。

丙、订定外币公债国内暨国外兑付本息办法：关于民国二十七、二十九、三十一年各种外币公债国内兑付本息办法，原系规定按照中央银行外汇官价折付国币。三十六年八月间，奉行政院令准按支付日之上海指定银行外汇挂牌市价折付国币。嗣因外汇市价时有变更，政府债务费预算之编列及经付银行办理均感困难，复经呈准改按各该债券本息到期开始支付日之上海指定银行外汇挂牌买进市价折付国币。又关于以上三种外币公债国外兑付本息办法，三十六年九月间规定为：(一)民国二十七、二十九、三十一年各种外币公债，如原向中国银行国外分行购买之债票，其号码业经该行登记，并送财政部备案者，准在国外以外币偿付。持票人在三十六年九月十五日以前，曾向国外经付银行兑取本息登记号码或经专案呈奉财政部核准者，以后仍准在国外以外币偿付，其他债票一律照国内兑付办法办理。(二)如原在国外以外币径汇财部购买之债票，持票人如能提供确实证据呈请财政部核准者，亦准在国外以外币偿付。该项债券如有寄回国内者，即照国内兑付办法办理。(三)以上各点，于三十六年九月十五日公布施行，并报请行政院备案。

以上所述，均系战后复员以来有关内国公债重要措施。又中国农民银行依据国民政府公布之《中国农民银行土地债券法》，于三十一、三十五、三十六年曾先后发行土地债券三期，合计五百一十一亿元。民国三十五年十月，政府颁布绥靖区施政纲领及绥靖区土地处理办法，依照该纲领第八条暨该办法第八条之规定，应由中国农民银行发行土地债券，以为各县政府征收土地补偿地价之用。经由中国农民银行拟订《中国农民银行发行绥靖区土地债券办法》，由财政部核定呈准办理。

战后建设，国用浩繁，财政部除于整理税制，增加收入外，同时推行公债政策，以资辅助。为鼓励储蓄，安定金融，发行民国三十六年短期库券美金三亿元，就出售之国营生产事业及接收敌伪产业中指定若干单位为本息基金担保。其库券之募销，委托中央银行依照美金牌价，以国币折合美金发售。又为充实外汇基金，调节对外贸易，同时发行民国三十六年美金公债一亿元，指定在中央银行外汇基金项下拨付本息基金。此项公债本息，由国民政府特定一律以美金外汇洽付。其公债之募销，亦委托中央银行办理。同时为巩固债信起见，由财政部、审计部、全国商会联合会、银行业同业公会及钱业同业公会各派代表，组织民国三十六年短期库券美金公债基金监理委员会，以负监理基金之责。上项短期库券暨美金公债，截至民国三十六年十二月底为止，统计第一期短期库券共募销二八一四二七一〇美元，第二期短期库券共募销二八一三八二〇美元；三十六年美金公债第一期债票共募销二三三三七七五〇美元，第二期债票共募销二四八一八〇〇美元。以上库券及公债，虽因基金巩固，债信卓著，担保确实，利率提高，然其募销数额未能达于理想者，其主要原因不外数端：（一）战后物价扶摇直上，币值愈趋低落，人民购债自难踊跃。（二）投机盛行，黑市利率过高，债券利率虽已较优，但仍难与之接近。（三）内战不戢，生产萎缩。以此种种原因，致未能如预期之效果。

关于公债政策方面，因政府公债乃有价证券之一种，持票人亟愿藉此周转，以为需用。战时后方无证券交易公开市场，各债未能上市开拍，而当时上海方面因统一公债流通甚多，早有黑市交易存在。复员后，上海游资充斥，该项统债黑市俨然为投机标的之一，价格波动甚剧。三十五年九月，上海证券交易所复业，财政部以该复业伊始，俟一般产业证券上市开拍经过相当期间后，观察其对经济金融影响如何，再行选定公债种类，令准上市开拍，以树立公开市场，藉以调剂金融。

公债、增税与发行通货，为财政政策之三环，互为因应。年来政府偏重于通货，以致物价继涨，财富不均趋于极端，国计民生，交受其困。故今后弥补财政收入，实施国民经济建设，允宜积极运用公债政策。举凡改善募债技术，树立健全公债市场，加强公债财务监督，尤宜详细研讨，益坚债信，是则鼓励储蓄，吸收游资，促进建设，增加生产，稳定金融，平衡预算，调节对外贸易，改善国民生活，胥于是赖。

以上所叙，为自有清以还，历年国内公债之概况，与夫国债政策之演变及其趋势。惟本说明书之主旨，在于详细说明每种公债之事实情形，俾有一集中之记录，以为他日之参考。至本说明书之范围，则以财政部主管之内债截至三十六年十二月止尚未偿清者为限，计有公债暨库券二十四种，都为一篇。关于各种公债发行之条件及偿付结欠情形，详见各债专章，兹另附五表〔表缺〕，以资参考。并于书后附载粮食库券、土地债券及交通部经管战前内债结欠数额，分别说明，备供浏览。

〔以下各章略〕

〔国民政府财政部档案〕

12. 行政院关于1948年短期国库券条例已公布施行训令

（1948年4月23日）

行政院训令　中华民国卅七年四月廿三日发出

（卅七）六财字第19639号

令财政部

查中华民国卅七年短期国库券条例一案，经于卅七年三月卅日以(卅七)六财字第一五一三九号指令饬知在案。兹奉国民政府卅七年四月十九日处字第三七〇号训令开：据立法院卅七年四月十六日京院议字第四八零三号呈：为奉发中华民国卅七年短期国库券条例草案，饬本院完成立法程序，经交财政委员会审查，审查结果予以修正，呈经提出本年四月十五日本院第四届第三百五十二次会议议决，照审查修正案修正通过。理合录案并缮具条文，备文呈请鉴核公布施行。等情。除已由府明令公布施行外，合行抄发该条例，令仰该院知照。此令。等因奉此。合行抄发该条例，令仰知照。此令。

计抄发中华民国卅七年短期国库券条例一份

中华民国卅七年四月　日

院长　张　群

中华民国卅七年短期国库券条例

第一条　国民政府为调节金融，吸收游资，发行国库券，定名为民国卅七年短期国库券。

第二条　本国库券视实际需要，分左列三种期限发行之，总额不加限制。

一、一个月期；

二、二个月期；

三、三个月期。

第三条　本国库券面额分为国币一千万元、五千万元、一亿元、五亿元、十亿元五种，均为不记名式。

第四条　本国库券利率定为月息五分，于到期日本息一并付给。

第五条　本国库券授权中央银行在公开市场发行，并视市场资金供求情形，得升值或折扣发行，并得于未到期前向市场购回。

第六条　本国库券发行折扣与第四条所定月息合计不得超过市面一般利率，中央银行并应按周将发行数额报告财政部备查。

第七条　本国库券还本付息基金，由财政部于库券到期前五日，就发行实数，在国税收入项下拨充，并由中央银行及其委托之银行经付。

第八条　对于本国库券有伪造之行为者，由法院依法惩治。

第九条　本条例自公布日施行。

〔国民政府财政部档案〕

13. 总统府公布民国三十七年整理公债条例令

（1948年12月30日）

总统令　三十七年十二月三十日

兹制定民国三十七年整理公债条例，公布之。此令。

总　　统　蒋中正

行政院院长　孙　科

财政部部长　徐　堪

民国三十七年整理公债条例

第一条　政府为整理掉换旧有各种外币债券，发行公债，定名为：民国三十七年整理公债。

第二条　本公债总额为金圆五亿二千三百万元，分为三种，甲种债票定额金圆一亿三千七百万元，乙种债票定额金圆三亿二千五百万元，丙种债票定额金圆六千一百万元。

第三条　本公债定于民国三十七年十月一日照票面十足发行。

第四条　本公债债票分为金圆一万元、一千元、一百元、五十元、十元、五元、一元七种。

第五条　本公债掉换旧有各种外币债券，各依其原定清偿年限先后，分别酌定换发种类如左：

（一）甲种债票掉换民国三十六年第一、二期短期库券；（二）乙种债票掉换民国二十七年金公债英美金债票及民国三十一年同盟胜利美金公债；（三）丙种债票调换民国二十九年建设金公债第一期英美金债票。

第六条　本公债专为掉调旧有各种外币债券实际销售，截至民国三十七年八月二十日尚未到期偿还之部分，其未销售者，由财政部另行处理。

第七条　各种外币债券依照金圆对外币之法定汇兑率，换发本公债（即美金债券每一元换发本公债票面四元，英金公债每一磅换发本公债票面十二元）。

第八条　本公债利率定为年息五厘，甲种债票民国三十八年三月三十一日第一期付息，乙种债票民国三十八年五月三十一日第一期付息，丙种债票民国三十八年七月三十一日第一期付息，以后即各届六个月付息一次。

第九条　本公债各种债票各自第五期付息期开始还本，以后每届六个月平均还本一次，甲种债票分五年还清，乙种债票分十年还清，丙种债票分二十年还清，每次还本以抽签法行之，上项甲乙丙三种债票，每次还本付息数目另详还本付息表。

第十条　本公债还本付息，由财政部依照各种债票还本付息表所载每次应还本息数额，在国库收入项下按期预先如数拨交国债基金监理委员会，专款存储备付，国债基金监理委员会就民国三十六年短期库券金公债基金监理委员会改组，并仍兼办监理民国三十六年美金公债基金，其组织规程，由行政院定之。

第十一条　本公债还本付息，指定中央银行及其委托银行经理之。

第十二条　本公债换发手续，限于债票印就后六个月内全部办理完竣，其换发起讫日期另行公告，在换发期内，持票人应将所有外币债券持向当地经理银行申请换发，逾期未申请换发者，其所持之外币债券一律作废，本公债在国外换发手续均照前项规定办理。

第十三条　本公债债票为无记名式，不得挂失。

第十四条　本公债债票得自由买卖、抵押，如公务上须缴纳保证金时，得作为代替品，并得为金融业之保证准备金。

第十五条　对于本公债票有伪造或毁损信用之行为者，由司法机关依法惩治。

第十六条　本条例自公布日施行。

还本付息表〔略〕

〔国民政府内政部档案〕

14. 民国三十八年黄金短期公债条例草案①

（1949年1月12日）

民国三十八年黄金短期公债条例草案

第一条　政府为鼓励储蓄，吸收游资，稳定金融，平衡预算，发行公债，定名为民国三十八年黄金短期公债。

第二条　本公债定额为黄金二百万市两，于民国三十八年二月一日及六月一日分两期发行，每期发行半数。

第三条　本公债十足发行，其发售价格按照中央银行每日侨汇牌价折算黄金价格，以金圆券缴购。

第四条　本公债在各地市场公开销售，并得由中外银行组织银团承销。

第五条　本公债偿付本息，依照票面付给黄金。

第六条　本公债利率定为月息四厘，自发行日起算，息随本

① 该条例系修正草案，时间依陈炳章签注日期为据。

付，惟息金总数不满五市钱者，按照债票中签还本期次开始支付日之中央银行侨汇牌价，折付金圆券。

第七条　本公债偿还期限定为两年，自发行日起每月抽签还本一次，并对中签债票计付息金，每次偿还数目依还本付息表之规定。

第八条　本公债本息基金，半数由政府在库存黄金项下拨存，半数由美援运用委员会借拨款项购足，于每期发行日，全数拨交本公债基金保管委员会全权保管备付。

第九条　本公债特设基金保管委员会，由政府指派代表三人，并选聘中外金融商界代表六人组织之，其组织规程另定之。

基金保管委员会对于本公债基金之保管处理，应负全责，在本公债未偿清前，其保管权限不得变更。

第十条　本公债还本付息指定中央银行及其委托之银行为经理机关。

第十一条　本公债票面分为黄金五市钱、一市两、五市两、十市两、五十市两五种，均为无记名式，不得挂失。

第十二条　本公债得自由买卖抵押，凡公务上须缴纳保证金时，得作为代替品，并得为金融业之保证准备金。

第十三条　对于本公债有伪造或毁损信用之行为者，由司法机关依法惩治。

第十四条　本条例自公布日施行。

〔国民政府财政部档案〕

15. 行政院抄发民国三十八年黄金短期公债基金保管委员会组织规程指令

(1949 年 2 月 19 日)

行政院指令　中华民国卅八年二月十九日
卅八穗六第 216 号

令财政部

卅八年元月未列日财丰公二字第五三三号呈，拟民国卅八年黄金短期公债基金保管委员会组织规程草案，请核定公布施行由。

呈件均悉。案经分别修正并提出卅八年二月十六日本院第四十四次会议决议，照修正本通过。除由院公布通饬施行外，兹抄发该规程仰即知照，并转行知照。此令。

抄发卅八年黄金短期公债基金保管委员会组织规程一份。

中华民国卅八年二月　日

院长　孙　科

民国卅八年黄金短期公债基金保管委员会组织规程

第一条　政府依据民国卅八年黄金短期公债条例第九条之规定，特设民国卅八年黄金短期公债(以下简称本公债)基金保管委员会，办理本公债基金之保管事项。

第二条　基金保管委员会由政府指派代表三人，并选聘中外金融、商界代表六人组织之。

前项政府代表，其中一人应为财政部代表，余由财政部延聘之。

第三条　基金保管委员会置常务委员三人至五人，除其中一人应为财政部代表外，余由委员中互选之，并由常务委员互选一人为主任委员。常务委员及主任委员任期均为一年，连选得连任。

第四条　基金保管委员会每届委员暨所互选之主任委员及常务委员人选，应报财政部转报行政院备案。

第五条　基金保管委员会置秘书长一人，秉承主任委员综理会务，并视业务需要，置秘书一人至二人，组长二人至三人，组员六人至九人，并得酌用雇员。

第六条　基金保管委员会对于政府依照本公债条例第八条规定，于每期公债发行日所拨备付该期全期公债本息之黄金基金，负保管处理之责。在本公债未清偿前，其保管权限不得变更。

第七条　本公债基金之存放地点及机关，由基金保管委员会全权处理之，但应报请财政部转报行政院备案。

第八条　基金保管委员会对于有关巩固债信，维护持票人权益事项，得随时向财政部建议之。

第九条　本公债每次还本付息到期前，基金保管委员会应于保管之黄金基金内，按照每月到期应付本息黄金数额，预先配定所需各种重量之金块数目。必要时可开列清单，连同所需黄金，交由中央造币厂依照铸造，拨由基金保管委员会验收，转交经理银行备付，并登报公告，一面报请财政部备案。

第十条　本公债债票中签付讫本息后，由经理银行将收回债票及应附带息票，打孔作废，送交基金保管委员会核点，转送财政部核销。

第十一条　基金保管委员会对于本公债基金之收支存放，每月结算一次，报请财政部转报行政院备查。

第十二条　基金保管委员会应订定会议规则、基金保管规则及办事细则，报请财政部转报行政院备案。

第十三条　基金保管委员会开办费及经常业务费，应分别编具预算，报请财政部转呈核定拨支。

第十四条　本规程如有未尽事宜，得由基金保管委员会提请财政部转呈行政院修改之。

第十五条　本规程自公布之日施行。

〔国民政府财政部档案〕

16. 黄金短期公债基金保管委员会成立会会议记录

(1949年3月1日)

民国三十八年黄金短期公债基金保管委员会成立会及第一次

全体委员会议记录

时　间:三十八年三月一日下午四时

地　点:上海中央银行三楼会议室

出席人:徐　堪(陈炳章代)　庄智焕　傅汝霖

关能创(倪伟生代)　刘攻芸　陈炳章

记　录:程君白

成立会

一、徐部长致词

诸位先生:民国三十八年黄金短期公债基金保管委员会早应召开成立会,因本人迩来仆仆京穗,故延至今日始行开会成立。诸位先生德高望重,素为社会所信仰,今承允担任委员,为政府及持票人民服务,此种热忱,至表感谢。而本公债信用之昭著,尤可预卜。

政府此次发行黄金短期公债,旨在鼓励储蓄,吸收游资,稳定金融。其发行条例,特别优越,如能推销顺利,则政府及人民当能均蒙其利。政府并为昭示债信起见,基金会委员名额,特定以各界代表三分之二,政府代表仅占三分之一。在公债条例,并规定每期债票本息基金应悉数拨交基金保管委员会全权保管处理,在本公债未清偿前,基金会保管权限,不得变更,尤显示政府维护债信之意旨。现在由各方推举之代表,除外籍代表二人俟外商承销银团组织后,再行推举延聘外,均已由本部分别函聘。基金保管委员会组织规程,亦经行政院上月十六日第四十四次会议决议通过公布。兹油印分送各位参阅。

黄金短期公债发售,经本部与中央银行商定,自上月十一日先在上海开始办理,两旬以来,售出数额,总计四千余市两。该债债票,亦经全部印齐,分送各经理银行,于上月二十六日换发完竣。至于第一期债票之本息基金,已由政府令饬中央银行悉数拨交基金会保管备付。惟前以第一次还本付息届期时间迫促,而基金会尚未成立,为使如期开付本息计,经将第一次应付本息基金,先由中央银行分拨各经理行局备付。本部并为辅导建立正常债市及便利持票人运用起见，已核定自本月四日起准予上市开拍，业经电令上海证券交易所遵办。一面并会商中央银行，自是日起，暂将各行局门市停止发售，改在证券交易所交易。至此项公债第一期债票第一次还本，已定本月二日上午十时举行抽签，三日由各经理银行开始兑付本息。最后，今日基金会成立，象征政府债信巩固。各位委员今后责任重要，一切有关基金保管，及维护债信事项，至希多多指示，随时向本部建议，俾资改进，至所感祷。

二、推举临时主席。

公推陈炳章先生担任。

三、礼成。

第一次全体委员会议〔略〕

〔国民政府财政部档案〕

17. 民国三十八年爱国公债条例①

(1949 年 7 月 23 日)

民国三十八年爱国公债条例　　三十八年七月二十三日公布

第一条　政府为激发人民爱国情绪，集中财力，平衡预算，稳定币制，以达戡建大业，发行公债，定名为民国三十八年爱国公债。

第二条　本公债定额为银元三亿元，于民国三十八年八月一日按照票面额十足发行。

第三条　本公债年息四厘，自发行日起，每六个月付息一次。

第四条　本公债自第五期付息期起，开始还本，每六个月平均还本一次，分十五年还清，每次还本抽签法定之。

第五条　本公债向全国爱国人士派募，其踊跃认销者，优予奖

---

① 沿用原标题。

励，其办法另定之。

第六条　本公债承购人志愿将所购债票全部或一部捐献政府者，应予特别奖励，其办法另定之。

第七条　认购本公债除照票面以银元或银元兑换券缴购外，得以白银、黄金，或外国币券，或政府指定之实物，按照市价折合缴购。

第八条　本公债还本付息，一律以银元或银元兑换券给付。

第九条　本公债还本付息基金，由财政部就盐税收入项下拨存中央银行按期支付。

第十条　本公债还本付息，指定中央银行及其委托之银行经理之。

第十一条　本公债票面分五十元、一百元、五百元、一千元、五千元、一万元六种，均为无记名式，不得挂失。

第十二条　本公债得自由买卖抵押及充公务上保证金，并得为金融业之保证准备金。

第十三条　对本公债有伪造或毁损信用之行为，由司法机关依法惩治。

第十四条　本公债得设立筹募委员会推进筹募事宜，其组织规程另订之。

第十五条　本条例自公布日施行。

〔国民政府财政部档案〕

18. 民国三十八年爱国公债筹募办法①

（1949 年）

民国三十八年爱国公债筹募办法

一、配募数额

---

① 沿用原标题。

依照民国三十八年爱国公债条例之规定，于国内及海外共募三亿元。

二、配募对象

（一）工商业者，包括各项公私经营之金融、信托、保险、代理业及产制、贩卖、运送、租赁等营业；

（二）土地管业人，包括已未办土地登记或土地陈报之土地管业人；

（三）房产管业人；

（四）自由职业收入丰富者；

（五）于银行有存款者；

（六）持有公司债票及各种有价证券者；

（七）自家备有汽车者；

（八）已领或进行领出国护照者；

（九）其他可推测有财产足为配募公债标准者。

三、配募比率

（一）工商业例如产制、贩卖、运送等业，按其资产总值计算，满银元二千元者，配募百分之七。至介绍、代理等业不便以资产总额计算，按最近一年营业收益（营业不及一年者，按其实在时间计算），满银元二千元者，配募百分之十二。

（二）土地管业人其土地已办登记或陈报者，按现值满银元二千元以上者，配募百分之三；其未办土地登记或陈报者，按田赋征收之数推算其收益，现值满银元一千四百元者，配募百分之四。

（三）房屋管业人以一个月房租收入配募公债，其自用无租金收入者，应比照同等房屋之租金配募之。

（四）自由职业全年收入满银元一千四百元者，按其收入配募百分之四。

（五）于银行有存款，按其款额募百分之五。

（六）持有公司债票或各种有价证券者，按其面值募百分之四。

（七）自家备有汽车者，按其汽车现值募百分之十。

（八）已领或进行领出国护照者，按其护照之种类与时间及领用人之身份，配募以相当数额之公债。

（九）其他富户，凡属人所公认之各等富户，而财产无从查明者，量其富力酌核配募之。

以上各项配额凡不满本公债最小面额五十元之数者免配。

四、计算财产标准

（一）工商业资产按照资产总和计算之。

（二）营业收益额参照营业税、所得税查定之数额计算之。

（三）土地现值以土地登记或土地陈报之底册，依现值计算之。

（四）土地收益依当地时价计算之。

（五）房屋收益依征收房捐底册，并调查其实际收益计算之，其自用无租金收入者，比照同等房屋计算之。

（六）自由职业者调查其实际收入数额计算之。

（七）富户财产之估计，由筹募机构依照所有资料公平核定之。

（八）对于依照以上计算标准算得之财产额或收益额提出异议者，筹募机构应先按异议人自行计算之数额核配，一面将争议案件提请评议人评议，并照评议结果处理之。

五、办理配募程序

（一）关于工商业者，由市县筹募机构参照当地税收机关之有关资料，调查各殷实铺户营业额或纯收益额，按照规定标准及核算根据，核定其应配之公债额；一面造具该县市民国三十八年爱国公债工商业配募清册。同时填发配募公债通知单，通知其于一定限期内，向经收本公债债款之银行缴款领票。

（二）关于土地管业人者，已办及未办土地登记或土地陈报之市县，由县市筹募机构依照土地登记或土地陈报之底册，或现行田赋征收底册，按照规定标准及核算根据，核定各户应配之公债额；一面造具该市县民国三十八年爱国公债土地管业人配募清册，同时填发配募公债通知单，通知其于一定限期内，向经收本公债债款之银行缴款领票。

（三）关于房屋管业人自由职业者及富户等之配募程序，均比照上列两项之规定办理。

（四）关于出国护照之配募事宜，另组审议委员会审议后送会办理，审议标准另定之。

六、债款缴纳办法

（一）认购本公债除以银元或银元券缴纳外，得以黄金、白银、外币按当地法定价格折缴，及以不动产与谷、麦、花纱布、盐、糖、煤等食物按当地市价抵缴之。

七、执行催缴步骤

（一）认购数额配定后，应分别通知并规定限期责令自行缴款，逾期以行政力量勒令缴纳。

（二）按第三条第九项配募公债之富户接到认购公债之通知，如认为估计资产不实无力缴纳者，应于前项限期内呈列财产清单，附拟认购数额，并声明如于单列财产之外，另有隐匿情事，愿受国家之处分，以凭核办。

（三）筹募机构接到上项呈文及财产清单，应准照数缴纳，同时进行调查工作。

（四）对于隐匿财产不肯照章认购者，各筹募机构除应依职权调查外，并奖励密告，经查实确有隐匿情事者，对此隐匿之财产第一次勒令加一倍认购，并捐献所购债票，第二次勒令加两倍认购，并捐献债票，三次以上者没收其隐匿之财产。

（五）凡能补报隐匿之财产者，从轻勒令加半倍认购公债。

（六）凡依出国护照配募之公债，如有不肯认缴情事，应停止发给或吊销其已领之护照。

八、劝募限期

公债全额限于六个月内募足。

九、扩大募债宣传

（一）各省市县政府、各级党部民意机关暨驻外使馆或代表团，应发动全体党员，各级民意代表，学生，绅者及侨民领袖扩大宣传，务使爱国公债关系救亡图存之义，家喻户晓，以期一致奋起，踊跃认购。

（二）党政军及工商各界领袖，各省市县首长、各级民意代表、社会贤达、地方士绅、侨民领袖及党委党员，应普遍以身作则，率先多购，以示倡导，而昭观感。

（三）各级筹募机构应邀请专家撰拟论文，利用报纸或印刷传单小册子，剀切分析发行及认购公债之重要性。

（四）中央应遴请热心国事，勇于负责之党政领袖及社会贤达若干人，分组前往各省市及海外各地宣导推动，各省应派得力人员分往各县市宣导推动。

十、考核奖惩

（一）劝募爱国公债列为三十八年度主要考成，各省市县行政首长、驻外使领及代表团长，应以劝募爱国公债为三十八年度主要业务，负责全力推动。

（二）前项各省市行政首长及海外负责人劝募不力者，应由中央筹募机构核呈行政院按其情节惩处之。

（三）各县市行政首长劝募公债不力，致有贻误者，应由各省主席按其情节，予以相当处分。

（四）各省市筹募公债，按其募得数提拨二成，作该省市充实地方武力之用。

（五）各级筹募机构劝募成绩优异者，应由中央筹募机构核呈行政院转请总统褒奖之。凡认购公债数额较多，或于配额以外自动认募，或将所购之债票捐献国家者，由各级筹募机构胪陈事实，报由中央筹募机构核请行政院或总统，分别按其情节优予褒奖，褒奖办法以命令定之。

十一、附则

（一）海外劝募办法另定之。

（二）本办法自公布之日施行。

〔国民政府财政部档案〕

19. 民国三十八年爱国公债海外劝募办法①

（1949年）

民国三十八年爱国公债海外劝募办法

一、劝募机构

1. 海外劝募工作，分别在各地设置筹募分会，负责办理。分会会长由爱国公债筹募委员会呈请行政院令派驻外使领馆长兼任，并由会长酌聘华侨领袖及社会团体代表若干人为委员，协助办理。遇必要时，爱国公债筹募委员会，得呈请行政院敦聘其他具有资望人士为海外筹募分会会长。

2. 海外各地进行劝募时，应由筹募委员会遴请在华侨方面具有信仰及号召能力人士，分区前往宣导，以利进行。

（1）美国、加拿大、古巴、墨西哥为一区；

（2）中美、南美及西印度群岛为一区；

（3）大洋洲、澳洲、纽西兰及飞枝群岛为一区；

（4）菲律宾、荷印马来亚、暹罗、安南、缅甸及印度为一区（必要时分两区）；

---

① 沿用原标题。原文无时间，仅依据文件推出。

(5) 南非、马达加斯加、模里斯(毛里西斯)及欧洲为一区。

前项宣导区得酌核增减之。

二、劝募方法

1. 海外劝募采用自由捐献或认购方法,即多方劝导华侨志愿捐献或认购,但对于特别富裕者,应密劝多所捐购。临时移寓海外人士,除依国内筹募办法按护照配募外,仍劝自由捐购,对于特别富裕者,亦应密劝多所捐购。

2. 遇有当地不便进行劝购情势时,应一律采用自由捐献方式,对于认购者,先给收据,事后补发爱国公债债票。

3. 用于海外之爱国公债债票,除以号码分别外,并应有特别标识,以防套购渔利,其标识于发票前公告周知。

三、劝募数额

海外各分会劝募数额,不硬性予以规定或公布,但秘密通知希望达到之数,应多方设法劝募完成。

四、债款用途

由政府保证切实用在剿匪军事方面,即全部用以奖励及支持剿匪武力,绝对防止中饱及滥用。

五、债款缴汇办法

1. 依照爱国公债条例第七条之规定,债款除准以银元或银元兑换券缴纳外,得以黄金白银或外国币券按市价折缴。

2. 债款通由财政部委托中国银行海外分支行处代收,其手续如下:

(1) 由侨团或侨胞或临时移寓海外人士开列认捐或认购团体名称或认购人姓名、住址及数额,报同筹募分会或经募委员,向当地中国银行缴款。

(2) 中国银行收到上项债款后,应即分别给以收据及债票或其预约券,一面汇交政府所在地之中央银行转入爱国公债专户。同时经收债款银行应分户列帐,并依照"民国三十八年爱国公债收解债款、领售债票实施办法”之规定，填造报告表件，分送筹募委员会及财政部备查。

(3) 在海外未设中国银行地方，债款得由筹募机构或由认捐或认购人直接汇缴政府所在地中央银行核收入帐，并通知爱国公债筹募委员会及财政部。

4. 国外侨胞或侨团直接向国内筹募机构或其他公私团体汇款交款认购爱国公债或捐献者，各该筹募机构及团体应即将原款送当地代收债款银行列收，并办理一切手续。

5. 海外各地募得债款，内汇有困难者，得由代收银行或筹募机构报经爱国公债筹募委员会核准后，购运直接或间接有助剿匪之物资回国抵缴。

六、还本付息之保证

1. 依照爱国公债条例第九条之规定，政府决就盐税收入项下拨存中央银行，按期支付本息。

2. 认购爱国公债者愿以银元或美金偿还，愿在国内或国外偿还均可，其愿以美金偿还者，按购买债票当时银元及美金折率计算之。

七、捐献及认购之奖励

凡捐献债款及踊跃或大量认购者，应由各地筹募分会胪陈事实，报由爱国公债筹募委员会转请行政院按其情节，分别给以下列荣誉奖励，其标准另定之。

1. 由政府发给奖章或奖状；

2. 请总统或总裁题颁匾额；

3. 由政府颁给勋章；

4. 由政府给予子女回国入国立或公立中等以上学校求学之优待；

八、附则

1. 海外各分会劝募限期，由爱国公债筹募委员会酌定之。

2. 本办法自行政院公布之日施行。

〔国民政府财政部档案〕

20. 民国三十八年爱国公债筹募委员会组织规程①

(1949年8月3日)

民国三十八年爱国公债筹募委员会组织规程

三十八年八月三日行政院

政务会议修正通过

第一条 依照民国三十八年爱国公债条例第十四条之规定，设立民国三十八年爱国公债筹募委员会(以下简称本会)，直隶于行政院。

第二条 本会于公债筹募范围内，得独立行使其职权，于本公债筹募任务完成后，即呈请撤销之。

第三条 本会设主任委员一人，由行政院院长担任之；副主任委员二人，由行政院长指定之；委员若干人，由行政院长聘任之。

第四条 本会办理左列各事：

一、筹募之推进及宣传；

二、筹募手续之简化及流弊之防止；

三、筹募数额之分配；

四、债款之催缴及稽核。

第五条 本会设秘书长一人，承主任委员、副主任委员之命，综理日常会务；设筹募、计核、总务三处，各设处长一人，承各级长官之命办理各该管事务；处以下得视事务繁简情形，酌予设组办事。

第六条 本会主任委员、副主任委员，均为无给职，各级职员以调用为原则，但得酌支车马费。

---

① 沿用原标题。

第七条　本会开办费及经常办公费，应编具预算由国库核拨。

第八条　本会议事细则另定之。

第九条　各省市县得设筹募分支会，其组织准则另订之。

第十条　本规程自公布之日施行。

〔国民政府财政部档案〕

21. 阎锡山在爱国公债筹募委员会第一次委员会议上的讲话

（1949 年 8 月）①

阎院长在爱国公债筹募委员会第一次委员会议致词

各位先生：

爱国公债筹募委员会，今天举行第一次会议，各位冒暑前来参加，热情至可感佩。在未讨论劝募办法以前，本席先就个人感想所及，分五项扼要加以说明，以供参考。

一、戡乱军事胜败对于国家和民众的关系

戡平匪乱，是维护领土完整和国家独立的战争，是反对极权、反对奴役的战争，是保障民众身家财产的安全，身体思想的自由的战争。如戡乱战事失败，我们的领土完整及国家独立，势必无法维持，民众的安全和自由，势将失去保障，以致遭受无情的宰割、奴役、凌虐、掠夺和压迫，利害关系至巨，这是大家早已深切了解的。但是想要争取戡乱胜利，必须先有支持戡乱军事的财力，希望借重大家研究上切实，宣传上的普遍，推行的努力，完成这一个剿匪戡乱救民的义举。

二、目前的财政状况及发行爱国公债的必要

我国今日的财政，已到了空前未有之困难境地。就经验言，国家财政必须收支适合，否则势必陷于崩溃。我国抗战八年，剿匪四

① 系根据文件内容推出。

年，支出膨胀，以致收支不能平衡，过去以法币、金圆券维持，收支尚能适合，截至本年五月，金圆券崩溃后，不兑现的纸币政策，无法维持，预算上收支不敷之数，遂形成最严重的问题。

依照目前情形，国家赋税收入，经过相当期间努力整理以后，每月至多可期达到一千五百万元乃至二千万元，支出曾详为核计至少月为四千五百万元，收支相较，月亏甚多，而库存金银有限，难望长期大量补助。

现因外债不能举办，通货不容膨胀，及税收一时难以激增，只有以发行爱国公债，解决当前财政上收支不敷的难关。如果筹募成功，财政上的庞大赤字，可资弥补，军政费用有着，大局自易扭转。反之，如此次公债之筹募，不幸失败，政府每月亏欠款额，及临时支出之数，无法填补，财政必致破产，戡乱军事亦蒙受重大影响，关系之大，无以复加。故此次爱国公债之筹募，与戡乱之胜败，有直接的关系，实乃当前经济作战上的主力战，而为胜败所关，及存亡所系。

三、国内外全体同胞必须出钱救国

当此危急存亡之秋，救国人人有责，全体同胞须知覆巢之下，决无完卵，假如政府因财政困难，不能充分供应军需，以致戡乱战事失败，共匪席卷全国，民众的房屋、土地、身家财产，均将遭共匪的清算、剥夺、凌虐、残杀。与其将来遭受损失和危害，何如现在拿出一部分钱来认购公债救国。历史上每到国家危急之时，毁家纾难的义士很多，此时只有拼命才能保命，破产才能保产。况且爱国公债还本付息，均有切实保障，认购爱国公债等于在变乱的时候，把金钱放在金柜内去生息，于己无损，于国有益，我想大家一定是见义勇为，当仁不让。

现在已去到外国的人士，或一向住在外国的侨胞，身虽未在国内，但在家乡或国内其他各地，总还有很多或一部分财产，如政府军事失利，其所受损失，也必定远较现在购买公债所出之钱为巨。所以他们虽在国外，同样应该出钱救国。况现在暂时到国外寓居的人士，经济上均较有办法，华侨爱护祖国，向来表现最好，此次为救祖国存亡筹募公债，我想他们认购，一定更为踊跃，更较大量。

四、展开募债工作应注意的事项

际此战局不利之际，筹募巨额公债，确非易事。我们可以想到有种种困难，但是募债一事，关系弥补财政支持战事，不能不办，而各种困难，也并非绝对无法克服，苟能不顾一切，断然执行，保证可以作成功的。以下再将办理此事要点分别加以说明。

1. 前项所讲有关戡乱和募债的各项道理，我们大家和一般有远大眼光的人，是全能知道的，但一般同胞和少数浅见之士，或还未甚了解。所以进行募债之际，必须扩大宣传，使全国上下能普遍的深切的了解，认购爱国公债为支持戡乱和保障民众自己的身家性命财产的方法，并彻底觉悟国亡则身家绝不能苟全的道理。

2. 依据过去的经验，一般民众对于捐款出钱，每因士绅大户不肯出钱，而意存观望。假如各地士绅，以身作则，率先认购，进行必能顺利，因此希望强力发动全国绅富及各级民意代表，均能倡导认购，用昭观感。

3. 目下控制地区缩小，精华省市沦失，财富减少，民生凋弊，固属实情。但京、沪、平、津及苏、浙等省市沦陷前后，商民财富逃移内地各省市、台湾、香港、南洋、美洲各地者，为数甚多，连同各地国人原有之财富，负担能力，仍属不少。在此危急存亡之秋，应不惜动用国民积蓄，募债成效之关键，在对国内财产，忍痛派募，对国外财产，控制得法。故对于内地各省市县，必须配募，以收实效，并对于临时移住台湾及海外其他各地的人士和华侨，则应加强推动劝募。

4. 国民党对于国家，有其历史上之使命，例如辛亥革命，十七年北伐，及抗日战争，对于国家，贡献最大。今天对于戡乱，仍应为民先锋，多负责任。今日宪治国家，故凡属参加政府之各党派党员对于爱国公债，均应率先认购，以示倡导，尤其是党政领袖之富于资产者，更应破格多购或负责多劝募，以示倡导。

5. 民众愿认购大宗爱国公债，而苦无现款者，必定所在多有，至足影响劝募。故于公债条例及劝募办法中已规定补救办法，即得以黄金、白银、外国币券及谷麦、花纱布、盐、糖等或其他政府指定之实物抵缴，当可解除困难。

6. 公债发行以后，政府决就盐税收入项下，拨存中央银行，以备还本付息。但认购人能念国力之维艰，国币之困难，愿将所购债票捐献政府，放弃本息之受偿权，此种义举，政府当更欢迎，并规定予以褒奖。请大家在劝募之际，注意及此，多加说明与鼓励。

7. 目前财政上需要迫切，爱国公债之劝募工作，必须加紧进行，分层派员督促，限期募缴足额，一洗过去因循迟误之积习。尤以各级政府及筹募机构，对于劝募工作，必须严密监督办理，力防中饱舞弊，以免政府未得巨款，民众先受苛扰之弊。

五、劝募工作和认购数额的考核奖惩

1. 凡各级行政人员受命筹募爱国公债者，政府对其劝募成绩，决定认真考核奖惩。至于聘请协助筹募各位先生，更盼努力办理，凡成绩优异者，当报请代总统褒奖。

2. 凡认购公债数额较多，或于派额以外自动多购，或捐献巨额债票者，均酌情予以褒奖，此点应请广为宣传。

总之，这次爱国公债的劝募工作，特别重要，也异常艰巨。所以举国上下，必须拿出全副力量来作，假如作不到或仅募得少数，则财政困难，不能解除，戡乱军事，必受打击。况且对外显示我党员国民已不知爱国救党，外援将更无望。因此劝募爱国公债，只许成功，不许失败。希望各位先生通力合作，奔走呼号，共襄盛举，对于爱国公债筹募工作如何实施有效，并希各位提示高见，以利进行，敬祝各位健康。

〔国民政府财政部档案〕

三、外　债

〔1〕筹议恢复外债偿付办法

（1）财政部经管外债恢复偿付办法

1. 财政部拟具战前各债恢复偿付办法呈

（1946年4月20日）

财政部呈　发文渝财公三字第二九八八号
中华民国三十五年四月二十日发

查本部自民国二十六年七七事变以还，虽以沿海、沿江区域渐次沦陷，税收渐形短绌，然对于主管范围内之内外债款到期本息，仍予极力维持，如期照付。二十七年秋，原以盐税为担保之两项外债，即因基金无着，未能偿付。嗣后战区日益扩大，税收被敌劫持者，竟占七成以上。为适应事实起见，决定自二十八年起，将关、盐两税担保之内外债款，一律照税收实额，将到期本息逐年以国币摊存中央银行，俟敌人将劫持税款中应摊债款如数缴解时，即行恢复偿付。又以关税担保各项内债中之十七年金融长期公债、二十五年统一公债及复兴公债等三种内债，关系国内市面金融甚巨，为变通兼顾起见，由本部核准贴现办法，听由以上三种公债之持票人，将中签债票到期息票向经理银行自商贴现。其余非以关、盐税担保及战事期间发行之内债，历在后方各地照付本息，不在摊存之列。至外债方面，除少数国库担保之整理债券及美国棉麦借款，暨战时成立之借款照常还付外，凡关、盐两税为担保之外债，迄今仍未恢复偿付。

抗战胜利后，河山次第收复，本部计议财政复员，对于民国三十年以后发行之内债，以债票多在后方人民之手，并无劫失情事，即于三十四年十二月十五日起，先在收复区恢复还付。至民国三十年以前发行之内债，据报多被敌伪劫持，自不得不先从清查着手。近据各区财政金融特派员及各银行陆续报告，大致均已收回。除未收回部分尚有国币票面一亿零三百余万元，美金票面一万三千余元，另行向敌索赔外，似应将民国三十年以前所发内债，统在收复区并予恢复偿付。

惟内债方面既经将兑付本息地域推广及于收复各区，恢复战前原状，外债方面似亦应规划偿付办法，以杜外人口实，而期巩固国信。无如此项停付之外债，八年来累计约达英金二千一百三十余万镑，美金六百五十余万元(赔款未列在内)，照案摊存之款，均属国币，为数不过一亿三千七百余万元，倘一次予以扫数补付，所需外汇头寸甚多，实非目前国库财力所能负担。拟援照民国六年，我国参加协约国对德、奥宣战时缓付庚款五年成案，将该项停付外债一律作为延付八年，并自民国三十五年七月一日起，开始补付，顺序递移，至偿清之日为止，俾资兼顾。其中应予恢复偿付之各项外债中，包括原由敌国银行经理发行之各项债票，以此项债票持券人多属本国及英美人士，未便视为对敌债务，另行处理，致蹈上次大战后停付此项债券之糜费纠纷，结果仍予照付之覆辙。惟日、德、意三国，现既均经盟军占领，似应由外交部另案分别洽商，将就地所发现之我国有价证券，无论其原来性质如何，概行交还我国。至原由敌国银行经理事项，自应照上项欧战后办法，一律改由我中国银行经理，以维权益。

兹谨拟具各项内债在收复区恢复偿付本息，及各项外债恢复偿付战时停付本息办法大要如左：

甲、内债

(一) 本部发行各项公债，除民国三十年以后发行者，已在收复区恢复还本付息外，其民国三十年以前发行者，于民国三十五年七月一日续在收复区恢复还本付息。所有各债，在抗战开始至恢复偿付之日止，已逾规定兑取期限之本息票，并自恢复偿付之日起，六个月内予以补付。

（二）十七年金融长期公债、二十五年统一公债及二十五年复兴公债，于民国三十五年七月一日起，一律恢复偿付本息，其原订贴现办法，于同日起废止。

乙、外债

（一）关、盐两税担保各债，自民国三十五年七月一日起，按原订还本付息表所列日期及金额，开始补付。即民国三十五年下半年补付二十七年下半年停付之两种债款本金；民国三十六补付民国二十八年停付各债本息；以后各年顺序递延。其民国三十五年到期各债本息，依次展至民国四十三年偿付，其余类推，至偿清为止。

（二）依照上项办法递延偿付之债款基金，均于到期前一个月拨交经理银行备付，其递延偿付之债款，一律不计愆期利息。

关于外债恢复偿付手续，因有借款合同关系，与内债本已照常偿付，此次不过推及收复区域，情形不同，应否即照民国二十八年停付摊存时办理手续，一面由部登报通告，一面知照外交部通知各债权国驻华使馆，抑须先向债权国洽商取得同意后再行实施之处，理合一并呈乞核定，密令遵行。再，关于交通部主管之内外各债及庚子赔款，均拟另案分别拟议呈报。惟交通债务中之湖广铁路借款，曾于民国二十六年订定整理办法，规定以铁路净盈余项下拨付息金，如有不足，由盐税项下拨补。自民国三十年以后，并以关税为担保，还本之款，由铁路净盈余项下拨付，如有不足，由财政部主管税收项下拨补。事实上民国二十六、二十七年到期息金，均由盐税项下拨付，此次计划关、盐税担保各债恢复偿付，应否并将此项债款列入，抑或俟将来归入交通债务案内办理之处，理合检同关、盐税担保各项外债延付办法，及最近八年延付款额表，并此次延付有关各项外债节略各一份，呈请鉴核示遵。谨呈

行政院院长

附呈办法一件、表一件〔缺〕、节略一件

财政部部长　俞鸿钧

关盐担保各项外债延付办法

一、以关、盐税为担保之左列各债，自一九四六年七月一日起恢复偿付：

甲、英法借款；

乙、克利斯浦借款；

丙、善后借款；

丁、英德续借款；

戊、芝加哥大陆商业银行借款；

己、马可尼费克斯借款；

庚、太平洋拓业公司借款；

辛、湖广铁路借款息金。

二、前条所列各债款，所有一九三八年下半年及其以后各年应付未付到期本息，自一九四六年七月一日起，按原订还本付息表所订日期及金额依次递移补付。俟所有停付期间本息补付完毕后，再行继续偿付一九四六年七月一日以后各项到期本息。

三、所有前项恢复偿付之本息基金，按照原订还本利息表所订金额，于到期日前一个月分别拨交各经理银行。

四、所有关盐税担保各债，在停付期间本息及以后依次递延偿付之各项到期本息，不计愆期利息。

五、关于善后借款日本正金银行经理事项，自恢复偿付日起，改由中国银行经理。

六、依本办法应行恢复偿付之各债，在停付期间照常抽签者，追认原中签号码为有效。

七、前项在停付期间经常抽签之债券，自恢复偿付日起暂停抽签，至停付期间本息偿清后，再行恢复抽签。

八、依本办法应行恢复偿付之各债券，在停付期间未经照常抽签者，自恢复偿付日起照原订日期恢复抽签，以便恢复偿付。

外债节略

一、英德续借款

查英德续借款，系前清政府于一八九八年向汇丰银行及德华银行共借英金一千六百万镑，截至民国二十七年止，尚欠英金二九九六四二五镑。原偿付办法系按月交付六万九千六百零二镑十三先令四便士，平均分交德华及汇丰两银行上海分行，该两行分别发行债票，送经我驻德大使及驻英大使或我国政府加盖关防，此项债票均为无记名式。民国九年(第一次欧战后)六月下旬及七月下旬，我政府在伦敦《泰晤士报》广告德发债票持有人，如不能证明其本人系非敌国或中立国国籍，及其债票从未为敌国人民所有者，则该项债票之本息，概行停付。此项广告刊出后，各方责难纷起，佥谓此等不记名式债票，无论在战时曾否由中立国交易所经售，一旦将其本息停付，势必致此项债票持有人人人自危。若中政府坚持此项办法，实无异自损其世界信誉。伦敦证券交易所反对尤力，并决定如中政府不取销此项限制，则其行情单内将不刊载所有英德正、续借款及湖广铁路债券。幸于该所作此项决定以前，我政府已特设审查机构，以资补救。嗣于民国十三年六月七日，由大总统颁发明令，撤销此项关于停付德发债票之限制，并切实声明完全照付。

此次战争期间，对敌债券亦曾拟议国外债券登记办法，先后准三十二年十月顾大使两次电复，略以(一)登记之后，凡未登记者，未必尽属敌国人民，则结果徒然。(二)登记费用甚昂，所失不敌所得。本司上年度又曾于复员计划中，拟议对在敌国发行债票流入我国、同盟国或中立国人民手中者，举行登记，由司函商驻英曾代表镕浦。嗣准函复，略以我国债票虽有英发德发之分，但并非某发即属某国或某国人民所有。至于登记办法，尤为英国人所反对。似此情形，旧债中之所谓德发债票，除概予恢复偿付外，似无何尽善之道。

二、善后借款

民国二年，善后借款由英、法、德、日、俄五国银行团承贷二千五百万镑，由各银行照数发行债券，计由英法各募集七百四十余万镑，德国募集六百万镑，俄国募集英金二百七十余万镑，其余英金一百三十余万镑，系在比利时募集，故债票未尝在日本募集。不过日本正金银行为经理此项债券还本付息人之一，且依据借款合同，持票人可以要求以日金兑付。至日人是否持有此项债券，无可稽考。就一般观察，则我国家银行及华籍银行持有此项债票，似不在少数。抗战发生之初（民国二十六年八九月间），本部曾奉委座面谕缓付。嗣奉委座手谕，根据宋部长意见，以善后借款日发部分，持票人多系英美人，仍应照付，直至停付时，始连同其他关盐税担保各债一律予以停付。上项债券经理银行，在第一次欧战后，原由德华银行经理者，改由中国银行经理。嗣道胜银行倒闭，其经理权平均分配于其余四经理银行。将来正金银行所有之经理权，拟改归中国银行。

三、湖广铁路借款

一九一一年，为兴建粤汉铁路，曾与英美法德四国银行团借用英金六百万镑，照数交由四国银行发行债券。原订以该路收入为还本付息之第一担保，盐税收入为第二担保。嗣以该路收入不丰，本息屡有延欠。民国二十六年以前数年，每年仅于盐款项下拨付利息一次。旋以协议整理已告成熟，于民国二十六年四月订定整理办法四项，将还本付息所需基金，由铁路净盈余项下拨付。如有不敷，由本部主管税收项下补足之。并规定在民国三十年以前，以盐税为担保；三十年以后，得以关税为担保。至还本付息经理银行，第一次欧战中国银行取德华银行而代之，民国二十六年以后，德华银行恢复加入，共为五家银行经理。将来恢复偿付后，拟将德华银行经理权，仍交中国银行经理。惟湖广铁路借款系属交通债务中之一项，今各铁路借款均未恢复,仅此一项先行恢复,似亦不无可以考虑之处。

四、英法借款

现仅余末次本金为数不过二五〇,〇〇〇镑,且法国与中国友好,似亦未能不予偿付。

五、其余此次恢复偿付之各项外债,均属英美债权,自应予以偿付。

〔国民政府行政院档案〕

2. 财政部关于外债恢复偿付案呈

(1946年10月30日)

呈 京财公三字第778号

查我国所有债务,向依基金来源,分别由本部及交通部经管,战前发行各债,均于战事发生【后】,先后停付。唯属于本部经管之内债,业经呈奉核准,于本年七月一日在收复区先行恢复偿付。其由本部主管之外债及庚子赔款,亦经呈报钧院,俟另案拟议办法呈核。现在战事结束业有年余,外人对战时停付债务,胥望能设法处理。兹谨赓续拟议办法,呈请核定施行,以维债信。

我国战前发行各项外债,除无确实担保部分应俟另案整理外,其余由本部经管,以关、盐税收为担保之各项债款暨庚子赔款,及交通部以交通事业收入为担保之各项债款,战前多系经常如期拨付本息。迨民国二十六年七月中日战事发生以后,交通部经管各债,以事业相继沦陷,收入短绌,各项债务遂相继停付。

本部经管之关、盐税担保各债,虽仍勉予照付本息,终因战区日益扩大,关、盐税收被敌劫持达七成以上,虽自二十八年一月及三月起,分别将关税、盐税担保之各项债款及庚款通行停付,然仍分别按照百分之十四及百分之三十五之比率,摊存后方,逐年依法定汇率折合国币,专款拨存中央银行,以俟敌人将劫持税款解缴后,恢复偿付。此项办法，曾经本部登报通告，并经外交部转知各国驻华使节有案。综计此项摊存款额现约共国币一亿九千九百余万元(三十五年度摊额在内)。而八年欠付债款本息总额，计英金二千一百卅余万镑，美金六百五十余万元，庚款部分计欠英金二百一十八万三千余镑，美金三千一百二十六万七千余元，法金七万余佛郎，荷金二十二万余佛罗林。数额巨大，倘予一次扫数补付，所需外汇头寸甚多，殊非国库目前财力所能负担。兹经斟酌实情，拟订原则三项。

(一)关、盐两税担保之各项债款(庚子赔款除外)先行恢复偿付。查本部经管以关、盐税担保之债款，共计八项(详见附件二)，其中湖广铁路借款，曾于民国二十六年整理，所需本息基金，原虽规定由铁路净盈余项下拨付，以盐税为担保。民国三十年以后，到期利息并以关税为担保。惟事实上历年本部均并入盐税担保各债项下处理。此次恢复偿付，拟仍将此债列入本部经管各债案内处理。所有此次拟行恢复偿付之八项债款，拟援照民国六年我国参加协约国对德、奥宣战，将协约国庚款一律停付五年成例，作为停付八年，于民国三十六年一月一日起，顺延八年，依次恢复偿付。其办法大要如次：

甲、关、盐税担保各债款，自民国三十六年一月一日起，按原订还本付息表所列日期及金额，开始补付。即民国三十六年补付民国二十八年应付未付之债款，并予补付民国二十七年应付未付两项债款本息尾数，预计共需英金二，二七四，九二〇镑、美金一九八，七五〇元，依三，三五〇汇率折合国币三百一十三亿七千八百余万元。民国三十七年补付民国二十九年到期本息，以后即顺序递延，至民国四十三年补付民国三十五年到期本息。其余类推，迄各债偿清为止。

乙、以上各债延付期间，概不计算愆期利息。

兹经依照上项原则，拟订关、盐税担保各项外债恢复偿付办法八项(见附件一)〔缺〕。

（二）庚子赔款应付未付及未到期部分，由我政府提向各债权国洽商，一律放弃，免予偿付。查我国庚款，除俄、德、义、奥部分早已清结，及日本部分战后自属取消外，其余英、美、法、荷、比、瑞、西、挪、葡九国，在民国二十八年以前，仍系经常由关税项下拨付。民国二十八年一月起，即随同其他债款，实行停付摊存。八年来，积欠本息总额，依三，三五〇汇率折合国币一，三四五亿元，为数颇巨。所幸近数年来，各主要庚款债权国，多已先后与我订定平等新约，依照新约规定，自订约生效之日起，所有未到期之庚子赔款，概行取消。至在平等新约生效之日以前到期未付庚款，系因过去八年共同对敌作战，日敌劫持海关税收，以致积欠未付。现在日本对我赔偿问题尚未解决，即行追予补付，于理于情，似有未合。且平等新约签订以后之部分，既已蠲除，则战时停付部分，就债权国观之，为数无多，事实上又均已退还我国，仅为各国名义上之债权，自亦无关重要。况此次反侵略战争，我国牺牲最大，出力尤多。既称友好邦交，共谋战后世界经济复兴，似可由政府提向各债权国洽商，请予免付，以减轻我国财政负担，或能邀得同意。

如订定平等新约之英、美、法、比、荷、瑞各国，经商允免付，则其余未订平等新约之西班牙、葡萄牙、挪威三国，当不难援例要求，概予放弃。同时，庚款事业机关亦可拟议裁撤，其所办事业，分别性质，移交各主管部会统筹接办，其债权债务，亦由国库代为清理。至以庚款为担保发行之二十三年六厘英金庚款公债、二十六年京赣铁路建设公债、十四年五厘美金公债、十七年六厘美金公债，可由本部会同有关部、会，另筹本息基金，恢复偿付。

上项洽商如获成功，则国库负担可减轻不少；如交涉久延不决，亦得借此稍缓庚款之偿付。倘交涉失败，尚可比照关、盐担保各债办法，恢复偿付。总之，先行提出洽商取消，于我实为有利无损。

（三）交通部经管各项外债，拟俟另案处理。查交通部对于其经管之内外各债，曾经提出通盘整理计划方案，奉钧院秘书处通知，本部核议具复，拟另案遵办。惟原方案内对于外债方面，以原借款合同，多有损害我国主权之处，似应提出交涉，修改合同，取消其中丧权条款，自不便与本部经管之关盐税担保之各项外债同时恢复偿付，以待进行。

至(一)关于外债恢复偿付手续，以对外借款关系，应否即照民国廿八年停付时办法，径行一面实施，一面通知债权国，抑应先行与债权国洽商取得同意后，再付实施。(二)关于所谓德发、日发债券，以事实上未能据以确认为敌性债权，仍须一律予以恢复偿付。惟现在德、日、义三国业经盟军占领，可否由我政府分别函请盟军将就地所发现之我国有价证券，除盟国、中立国人民经证明系战前所持有者外，无论其性质及来源如何，概行交还我国核数收回，俟将来和约议定后，再行依约办理。(三)关于湖广铁路借款，虽自民国二十六年以来，视同盐税担保之其他债款，由本部一并经管拨付。然论其根本，则仍属交通债务。现在所有交通债务，拟另案核议恢复偿付办法。此项债款，应否俟将来并入交通债务案内处理，抑仍并同此次本部主管关、盐税担保各债先行予以恢复偿付之处，理合一并呈请鉴核示遵。谨呈

行政院院长宋

财政部部长　俞〇〇

附呈：一、关盐税担保各项外债恢复偿付办法〔缺〕

二、关盐税担保各项外债最近八年延付数额表〔缺〕

三、各国庚子赔款最近八年延付数额表〔缺〕

四、关盐税担保各项外债节略

五、关税担保各国庚款节略

各项外债节略

一、英法借款

查英法借款系前清政府邮传部于一九〇八年向汇丰银行及汇理银行订借，总额英金五百万镑，分三十年还清。原订以直、鄂、苏、

浙四省盐斤加价及烟酒税、房契税等为担保，至民国十一年起，改由盐税项下拨付。该款用途以八成在欧洲凑还京汉铁路所借之比国款项，以二成兴办实业。历届本息均经照付，仅余民国二十七年十月末次一期本金计二十五万镑，尚未照付。此项债款自应于其他外债恢复偿付时，一并偿付，以资清结。

二、克利斯浦借款

查克利斯浦借款，系中国政府于民国元年（一九一二）向英商克利斯浦公司订借，实发债券英金五百万镑，分四十年还清，年息五厘，自第十一年起开始还本，每年一次，以盐税收入为担保。此项借款截至民国二十七年止，计已还本金十三次，共英金一百三十三万三千零二十九镑，已付利息五十二期，共英金六百十三万七千八百二十镑一先令三便士。此次关、盐税担保外债恢复偿付，此项债券自应照案恢复偿付。

三、善后借款〔略，参见 1946 年 4 月 20 日财政部呈，下同〕

四、英德续借款〔略〕

五、费克斯马可尼借款

查费克斯借款，系民国八年十月，旧陆军部因订购维梅式飞机一百架，并筹备地面一切组织及设备，与英商费克斯公司订借英金一百八十万三千二百镑。又马可尼借款，系民国七年八月，旧陆军部因购买最新式行军无线电话机二百架及运送保险各费用，与英商马可尼公司订借英金六十万镑，以三十万镑为购货之用，其余三十万镑由政府收用。以上两款均经旧财政部照数发行国库证券，惟因基金无着，仅付过利息英金四十五万六千八百八十镑。民国二十五年，由持券人推举代表来部，请求清还。经多次磋商，议定偿还办法，以原发库券数目为本金，民国二十五年六月三十日以前积欠利息，一律免除，自二十五年七月一日起付给，年息一厘半。以后每年递加，至年息三厘为止。民国三十年六月底开始还本，分三十五年还清，以盐税收入余款为担保。经双方同意，于二十五年十月六日登报通告实行。计截至二十七年底止，付过利息五期，共英金十万二千一百三十六镑。民国二十八年因盐税被敌劫持，并案停付。现在自应一并恢复偿付。

六、芝加哥大陆商业银行借款

查芝加哥大陆商业银行借款，系民国八年十一月，旧财政部向美国芝加哥大陆商业银行订借美金五百五十万元，为归还民国五年向该银行所借五百万元借款本息之用。年息六厘，期限二年。惟因基金无着，仅付过利息美金三十三万元，本金迄未偿还。民国二十五年四月，迭据持票人代表拟具整理方案，请求整理，美国政府亦迭催解决。经本部与驻美施大使及该代表往返商讨，至二十六年四月，始议定减息延期办法，以盐税余款为担保，自二十六年五月一日开始付息，分十八年还清。截至二十七年十一月止，计付过利息四期，共美金二十七万五千元。民国二十八年，因盐税被敌劫持，并案停付。现在自应一并恢复偿付。

七、太平洋拓业公司借款

查太平洋拓业公司借款，系民国八年十一月，旧财政部以补付积欠军饷及到期债款，向美商太平洋拓业公司订借美金五百五十万元，年息六厘，期限二年。惟因基金无着，仅付过利息美金六十六万八千八百元。民国二十五年五月，持券人代表美国摩根银公司迭向本部请予整理，经往返磋商，至二十六年七月，始在英伦商定整理办法。由中国政府发行美金新债票四百九十万元，收回前发美金五百五十万元之库券。所有原库券之利益及其积欠利息，一概免除。新债票自二十六年七月一日起息，分十七年还清，年息二厘，逐年增加半厘，至年息四厘为止，以盐税余款为担保。截至二十八年一月一日止，计付过利息三期，共美金十五万九千二百五十元，以后因盐税被敌劫持，并案停付，现在自应一并恢复偿付。

八、湖广铁路借款〔略〕

各国部分庚子赔款节略

一、英国部分庚子赔款

查辛丑和约我国应偿英国赔款英金七，五九三，〇八一镑七五〇，加预计利息英金八，九八〇，七二八镑四二四，共计本息英金一六，五七三，八一〇镑一七四，按年计息四厘，自西历一九〇二年开始偿还，限期三十九年偿清。并以关盐税为担保。民国六年十二月一日起，至十一年十一月止，因欧战关系，英政府与协约各国取一致办法，允将应得赔款缓付五年。民国二十一年三月至二十二年二月，又停付一年(所有两次缓付之款，移至民国三十年至三十五年补还)。民国十四年间，英政府曾颁布拟自十一年十二月起，将我国逐期所付庚款，悉数退还，作为两国互有利益事业之用。自该年始，我国逐期付出之庚款，均由英政府提存伦敦银行，不复划归英国国库。时值英国会改选，事遂搁置。至民国十九年，中英政府双方正式成立换文，规定除设立中英庚款董事会外，尚有两点：(一)为确定用途，将全部退还庚款设置基金，投资整理铁路及其他生产事业，再以所得利息，兴办教育文化事业。(二)为另设伦敦购料委员会，凡铁路及其他生产事业借用基金购买外洋材料时，必须交由上述购料委员会在英办理。

民国二十年四月，中英庚款董事会成立(民国三十二年三月二十三日起，改称中英文教基金董事会)。该会成立之目的，在支配并监督英退庚款之用途。查英国退还庚款总额，约为英金一千一百一十余万镑，其中分为两部：(一)积存部分——自民国十一年十二月，英政府宣言退还，至民国二十年中英庚款董事会成立止，我国逐期解去由英政府提存于汇丰银行者，总额约共三百九十六万五千镑。依据换文规定，提出四十六万五千镑补助香港大学及伦敦各大学中国委员会等机关，其余三百五十万余镑，悉交购料委员会作为料款价款。(二)到期部分——自民国二十年中英庚款董事会成立起，由我国逐期解付之款，规定以半数交付中英文教基金董事会，另一半数交付购料委员会，连同积存部分，并作料款。惟料款之拨借，仍由该董事会核定支配。

该董事会自成立时起，至二十七年底止，历年所收退还庚款，连同积存伦敦购料款额在内，约共计七百三十六万九千余镑。该会之工作，即以此所收款额，运用于生产建设之投资及教育文化事业之补助。二十八年庚款停付以来，该董事会以经费支绌，曾于三十四年七月间，以自二十八年至三十一年间应收未收庚款作抵押，由本部担保，向中央银行借款国币一千万元，另有三十五年度复员借款国币四千万元，合计五千万元。

截至二十八年庚款停付时止，我国已偿英国赔款本息英金一四，三九七，二六三镑九四四，尚欠本息英金二，一七六，五四六镑。民国三十二年五月廿日，中英平等新约成立，即日生效，故庚子赔款英国部分应即算至该约生效之前一日为止（五月十九日）。再民国二十三年以英退庚款为担保所发行之六厘英金公债，截至二十八年停付时，尚欠本息英金一，五六七，三八〇镑，似亦应于庚款恢复偿付办法核定后，同时开始补付。

二、美国部分庚款节略

查辛丑和约我国应偿美国赔款总计美金二四，四四〇，七七八元二〇〇，加预计利息美金二八，九〇七，三六六元三五六，统计本息共美金五三，三四八，一四五元一六六。按年计息四厘，自西历一九〇二年开始偿付，限期三十九年偿清，并指定以关、盐税为担保。嗣美国为表示友好起见，自一九〇九年一月一日起，将赔款退还一部分，指充清华大学经费，是为第一次美退庚款，计美金二八，九二二，五一九元三一二。民国十二年，我国商得美国政府同意，将自民国六年十二月起至偿清之日止应偿赔款之全部退还，是为第二次美退庚款，计美金一二，五四五，四三八元六二六，完全用充发展中美间教育文化事业。我国政府接受是项退款后，于民国十三年成立中华教育文化基金董事会，管理此款与用途性质相同之捐款及信托等款项。

此项赔款，曾因欧战停付五年，民国二十一年又停付一年，除清华大学经费外，其缓付六年之款，须展至民国三十五年终了。民国二十八年一月起，政府摊存停付债赔各款，庚子赔款因亦停付。迨民国三十二年（一九四三）五月二十日，中美平等新约签订，按照该项新约条文辛丑和约及其附件所给予该国权利应予终止之规定，所有应付该国之庚子赔款，自应计算至该约签订之前夕三十二年五月十九日为止。计我国已偿赔款本息为美金四六，八四三，一六七元，尚欠本息美金六，五〇四，九七七元（二十八年起庚款停付，该会经费无着，曾以二十八年至三十二年应收未收美退庚款，计美金二百三十余万元作抵，由部担保，向四行先后借款七次，共计国币二千三百六十八万六千元）。

清华大学基金问题——清华大学经费向由中华教育文化基金董事会管理，每年由该会拨交清校。惟自二十八年庚款停付，该校经费无着，乃以该校应收未收庚款基金利息作抵，向昆明四行先后借款六次，共计国币一千八百二十四万元，历由本部担保有案。嗣经查据中华教育文化基金董事会函复，以该会接受管理清华基金办法第八条规定："在庚子赔款未满期间，清华大学基金之本息，概不提用。期满后，可动用息金。"但自抗战军兴，二十八年起，庚款停付，清华基金尚未足额，即已停付。故自二十九年起，上项基金利息即已依照教育部核定该大学预算开始动用，且自三十年太平洋战事发生后，清华基金之存在上海者，已为敌劫持，不能提取利息。今抗战结束，所存上海之该校基金历年应存余若干，尚待庚款偿付时汇案清理。

三、法国部分庚款节略

查辛丑和约我国应偿法国赔款总计法金二六三，七九三，四〇〇佛郎，加预计利息法金三一四，三六七，五三五佛郎五八四，本息共计为法金五八〇，一六〇，九三五佛郎五八四。按年计息四厘，自一九〇二年开始偿付，限期三十九年偿清，并指定以关、盐税为担保。在民国六年十一月以前，均系按期以佛郎照付。自民国六年十二月一日起，至十一年十一月底止，法国政府因与第一次欧战协约国家采取一致办法，允将该五年期内法郎应得赔款缓付，移至民国三十年至三十四年补付。至所有自民国十一年十二月至十三年十一月之二十四个月延付之本息，则作为展缓期内过期不付之款，悉数交退中国政府（按所称过期未付之款，系指法国自要求以金佛郎偿付赔款，对于中国政府以纸佛郎计算之赔款拒绝不收之款）。此两年期内之赔款，亦分移在民国三十五年至三十六年归还。惟查民国十一年六七月间，法国政府拟将此次赔款未付之余额全数退还，其时适有中法实业银行决定复业之计划，经中法双方换文商妥，将法国部分庚子赔款余额，全部退还，充作改组中法实业银行及办理中法间教育事业之用。此为第一次协定，时在民国十一年七月。嗣于上次欧战结束以后，因各国纸币与现货比价发生差异，法国驻华公使遂要求将法国部分赔款，改按金圆支付。经多方交涉，乃于民国十四年四月成立第二次协定。该协定大致办法，系由法国政府承认将自民国十三年十二月一日起，算至三十六年十二月三十一日止之庚款余额，退还中国政府。但中国政府承认将上项退还庚款余额，全数按纯金等价折合美金，逐年垫借与中法实业银行，作为该行发行五厘美金公债之基金。中法实业银行即以此项美金债券，充作(1)换回远东债权人所持之该银行无利证券；(2)办理中法间教育及慈善事业；(3)代缴中国政府未缴清之股本余额；(4)拨还中国政府所欠该行各项债务等四项用途。并由中法实业银行以收回远东债权人所持之无利证券，悉数一次交与中国政府，作为中国政府垫借赔款之担保，并按和解办法，由中法合办之管理公司所经营之中法实业银行各项利益，拨还中国政府。同时中国政府以中法管理公司之中国股本，至少应增为法金一千万佛郎，并以中国政府欠缴中法实业银行股本余额，应在美金公债项下拨还银行。自民国十四年第二次协定成立后，中法工商银行(即中法实业银行，管理公司所改之名称)对于协定条款，多未能切实履行，并拒绝中国方面董事到行任事。至民国十六年八月八日成立第三次协定，敦促法方履行前约。惟查该行除经承认中国股本增至一千万佛郎，并经逐年拨美金二十万元予中法教育基金委员会外，其余各项条款仍未悉予履行。迄民国十九年二月十九日，中法工商银行再与中国政府换文成立协定解决悬案，对于中国政府所欠该行一切垫款，结至一九三〇年一月卅一日止，共计法金一万二千二百万佛郎，其中一万〇〇六十五万佛郎，已以民国十七八年政府所有该行官股红利，及以美金债券七二五六一张之本息，暨该行所收北平电车公司款项，合并抵偿清结。仅余民国九年政府所发五厘股本库券款，结欠本息法金二千一百三十五万佛郎，亦经商定以政府所有该行官股二万股，自民国十九年起至三十七年止十八年以内之红利，连同该行原拨充中法教育慈善事业基金之美金债券六三二五〇张，除其中按年拨付中法教育基金委员会美金二十万元外，所有之余额，均充偿付上欠本息之用。该行并承认，如至民国三十七年(一九四八)，上项欠款仍未能清结，该行允许抛弃要求补偿之权利。又该行以美金债券换回之远东债权人无利证券，总数票面法金四万五千六百万佛郎，经教育部函请该行，将全部一次交与中法教育基金委员会妥为保管，充作办理中法间有益事业之用。后于民国十九年四月十五日，由该行与中法教育基金委员会协议，除解决一部票面法金一万八千〇二十万佛郎外，尚存票面计二万七千五百八十万佛郎，由该行制成二百七十六张票面证书，以中法教育基金名义，存在中法工商银行，代为保管。全部悬案至此虽告一段落，但帐项计算及查核问题，仍有未尽解决或履行之处。

至于此项法国部分庚款，自二十八年停付时起算，至三十五年六月七日中法平等新约互换批准生效之前一日止，共计尚欠本息美金二三，二一七，三六三元四六九。现此项庚款如经规划偿付，则与此款有关事业之机构及业务，亦应分别清理，以资了结（至于中法教育基金委员会，自二十八年庚款停付起，经费亦告无着，曾以应收未收庚款抵押，由本部担保，向四行借款五次，共计国币一千四百七十八万九千一百五十元）。

四、比国部分庚子赔款

查庚子之乱，依据辛丑和约，我国应偿比国赔款总额法金三一，八一六，二九三佛郎七五〇，加预计利息三七，六三〇，七六七佛郎三九八，共计本利法金六千九百四十四万七千零六十一佛郎一四八。按年计息四厘，西历一九〇三年开始偿付，限期三十九年偿清，并指定以关、盐税为担保。民国六年十一月以前，均经按月照付。民国六年十二月一日起，比政府与协约各国取一致办法，允将该期比国应得赔款缓付五年。惟此项缓付赔款处置，与其他各国有所不同，系将自民国六年十二月起，至十一年十一月底止所有缓付之五年分〔份〕款，移在十四年九月起至十九年八月止，随同各该期内应付赔款，一并照付。查民国十一年十二月份起，应付该国赔款至民国十四年八月间，尚存储海关，并未照付。盖因比政府要求以金佛郎付给，故对我国以纸佛郎交付之款，拒绝收受。嗣后中比两国几经磋商，乃于民国十四年九月五日成立解决办法之换文，系由中国政府承认，将自民国十四年九月一日起，至民国二十九年十二月底止（此中有应补还民国六年十二月起至十一年十一月底止之比部份展缓五年之赔款，及自民国十一年十二月起，至十四年八月底止之三十三个月存储海关之款，均应自民国十四年九月一日起，按每月赔款双份，顺序偿还。故其赔款终了之期，并无变动）之比国部分庚子赔款数额，本金法金二千九百零五万三千六百十一佛郎十五生丁，按照当时汇率计算，折合美金（本息总数为九，〇四四，四〇二美元六角八分），由华比银行一次垫出，交付比国政府。中国政府应饬知总税务司，将自民国十四年九月一日起之关款，先行照美金按月偿还华比银行垫款。垫款偿清后，即以总税务司按月所付之款，交与中比委员会，充作中比间教育公益事业之用。此为第一次协定（民国十四年九月五日）。

上项应行偿还华比银行之垫款，自民国十四年九月份起，截至民国十六年五月间，除业已将垫付本息完全偿清外，计十六年五月份应付之月款，尚余美金二万三千五百四十一元五角六分。依据原协定垫款债清后，所余之款应即悉数交与中比委员会保管支配。为确定支配用途起见，中比两国政府特再于民国十六年十二月间，开始协商办法，结果将民国十六年五月份之余款美金二三，五四一元五六，连同自民国十六年六月份起，至十七年三月份止十个月关款本息美金五五六，六九四，五五〇，由政府留用（此款移至三十年一月至十月份补付）。并应于此项关款内留出美金十万元，用作遣回及需要周济之比国人。所有民国十七年四月一日起，至民国二十九年十二月三十一日为止，按月所收之关款，即作为发行五百万元美金债券之担保。此项美金债券（民国十七年开始发行，截至二十八年停付时止，已偿本金美金四，一七一，一〇〇元，尚欠本金八二八，九〇〇美元，息金六〇，八二八美元）之用途，系以百分之四十拨交陇海铁路，专充向比购买材料之用；以百分之三十五，拨充其他中国国有铁路，亦充向比购买材料之用；以百分之二十五，为中比间教育慈善事业之用。并将此项赔款偿清期延长十个月，至民国三十年十月为终了期。此为第二次协定（民国十六年十二月八日）。

所有比国部分庚款还本付息情形，截至二十八年庚款停付时，我国已偿赔款本息法金二二，五七三，五三九佛郎〇四九，美金七，四九九，六四八元〇六五，尚欠本息美金一，五四四，七五四元七六五。

中比庚款委员会成立始末　该会于民国十六年六月间成立。其设立系根据民国十四年（一九二五年）九月五日中比协约，并经民国十六年（一九二七年）十二月八日协约改订及补充者。该委员会成立之目的，在支配拨给中比学术及慈善事业之款项，并监督其用途。该会过去所举办之事业，最重要者为上海镭锭院，价颇巨。现在该委员会中国代表团本身，已于三十三年底遵照行政院原裁撤庚款机关通令办理结束，并呈报政府在案。合并注明，以备将来调整全部庚款机关之参考。

五、荷兰部分庚子赔款节略

荷兰部分庚子赔款，其应还总数为荷金一，四〇四，六五一佛罗林六〇〇，加预计利息荷金一，六六一，三五三佛乐林六八九，共计荷金三，〇六六，〇〇五佛乐林二八九。当第一次欧战协约各国【对】德国宣战时，荷兰并未加入协约方面，故协约各国承认缓付五年赔款之事，该国未与其别，所有应得赔款，仍照常拨付。民国十四年，荷兰政府自动宣言，并提出照会，将该国赔款自十五年一月一日起，悉数退还中国政府。乃于二十二年四月四日，中荷两国互换照会，其退还之款，百分之六十五用于中国水利事业，百分之三十五供作文化用途。嗣自民国二十八年一月起，因关税被敌劫持，基金无着，由政府规定按照税收比例，实行摊存。截至二十八年停付时止，共计已还本息荷金二，八四五，三一七佛乐林九八一，未还本息荷金二二〇，六八七佛乐林三〇八。

六、西班牙部分庚子赔款节略

西班牙部份庚子赔款，其应还总数为法金五〇七，四三一佛郎二五〇，加预计利息法金六〇〇，一六五佛郎〇四五，共计法金一，一〇七，五九六佛郎二九五。当第一次欧战协约各国对德国宣战时，西班牙并未加入协约方面，故协约各国承认将赔款缓付五年之事，该国未与其别，其后亦未将此项赔款退还。故历年本息均如期照付。但自民国二十八年一月起，因关税被敌劫持，基金无着，由政府规定按照税收比例实行摊存。此项赔款截至二十八年停付时止，共计已还本息法金一，〇二七，八七二佛郎八六九，未还本息法金七九，七二三佛郎四二六。

七、瑞典挪威部分庚子赔款节略

瑞典、挪威两部分庚子赔款，其应还总数为英金九，四二三镑，加预计利息英金一一，一四五镑〇七五，共计英金二〇，五六八镑〇七五。当第一次欧战协约各国对德国宣战时，瑞典、挪威两国并未加入协约方面，故协约各国承认将赔款缓付五年之事，该两国未与其别，其后亦未将此项赔款退还，故历年本息均如期照付。但自民国二十八年一月起，因关税被敌劫持，基金无着，由政府规定按照税收比例实行摊存。此项赔款截至二十八年停付时止，共计已付本息英金一九，〇八七镑六一一，未还本息英金一，四八〇镑四六四。

八、葡萄牙部分庚子赔款节略

葡萄牙部分庚子赔款，其应还总数为英金一三，八三七镑五〇〇，加预计利息英金一六，三六六镑二九六，共计英金三〇，二〇三镑七九六。自民国六年十二月至十一年十一月，本息经商定缓付，其缓付之款，移在三十年至三十四年补还，余均如期偿付。此项赔款虽曾与葡使馆商洽退还，但无结果。嗣自民国二十八年一月起，因关税被敌劫持，基金无着，由政府规定按照税收比例实行摊存。截至停付时止，共计已还本息英金二四，二六五镑三八四，未还本息英金五，九三八镑四一二。

〔国民政府财政部档案〕

3. 行政院关于恢复偿付外债应从缓实施密令

（1946年12月24日）

令财政部

卅五年十二月七日京财公三字第一零二八号呈，请将湖广铁路借款并入关、盐税担保各债恢复偿付，并请示外债恢复偿付，应否先与债权者接洽再付实施由。

呈悉。查明年恢复偿还外债，尚嫌过早。该部前呈关、盐税担保八项外债恢复偿付办法，应从缓实施。除函请主计处将卅六年度国家总预算内所列战前外债九项数均予删除外，仰即遵照。此令。

院长　宋子文

〔国民政府财政部档案〕

4. 行政院关于外债恢复偿付办法致外交财政两部代电

（1947年5月15日）

极密

交通部前据财政部呈拟各项外债恢复偿付办法一案，经饬据审查报告称：案经再三研讨，佥以揆之目前国家财力，如恢复偿付外债，根据财政部报告第一年计需偿付英金二百二十余万镑、美金一十九万余元，折合国币约计一千一百五十八亿余元，需要如许之外汇似非易易。况战后诸盟国对其所举外债，亦未见诸偿付，惟外人对于我国债信既生疑虑，似可由财政部对外发表谈话，其内容应表示我国偿付外债之诚意。实以战后经济情况尚未稳定，须赖国际间之援助发展工商业，以培植偿债能力。一俟我国财政金融稍入稳定时，即行与各持券人进行洽商恢复偿付办法。比时，并由财政部将原订一切不合理之条件予以修改。至庚子赔款应否给付问题，于谈话中暂不提及，留待将来各债权国表示态度后再议。等语。应准照办。除分电外，特电知照。行政院。辰。

〔国民政府交通部档案〕

5. 财政部拟外债恢复偿付对外声明文稿致行政院密呈

（1947年7月17日）

呈　财公三字第二八九二号

案奉钧院本年五月十五日从盈字18390号代电，以本部呈拟各项外债恢复偿付办法一案，为消除外人对我国债信之疑虑，准由本部对外发表谈话。等因。奉此。遵经拟具对外声明中、英文稿，送请外交部核复意见去后，准该部欧字36第13415号函复，略以(一)钧院原电有须赖国际间之援助发展工商业，以培植偿债能力一语，声明书中应否予以列入，似值研究；(二)声明书第四段各债权国对此项措施，均能同情谅解，“各债权国”似可改为“各国债权人”。等由。兹依照外交部意见，将原拟声明文稿酌加修正，是否即可照此发表之处，理合检具对外声明中、英文修正文稿各一份，呈请鉴核示遵。谨呈

行政院院长

财政部部长　俞〇〇

附呈对外声明中、英文稿各一份。

声　明　文　稿

财政部本日发表声明如下：

中国政府对于中日战争期中停付之各项外债，郑重表示其恢复偿付之决心。至近年先后所举各项新债，并不妨碍战前各债之担保品或损害各该持券人之权益，同时中国政府希望一本维持债信之政策，不久即可逐步整理旧债。

溯忆战前数年，中国政府曾经解决前北京政府所遗旧欠悬案甚多，就整理外债方面而言，曾有显著之进步。不幸此种艰苦之努力，尽为日敌侵略所摧毁。

此次战争初起之一年半中，虽供外债担保之关、盐各税深受战争之阻挠，然中国政府对其债务仍继续维持，如期如数偿付本息。当此民族之空前危机中，此种成就，似足表示中国竭力维持债信之诚意。

迨一九三九年春，中国之主要税收几乎全部为敌劫持，中国政府迫不得已，乃将各项债款暂行停付，各国债权人对此项措施均能同情谅解，中国政府实深感谢。

此次世界反侵略大战，中国抗战最久，损失最重。现在战争虽已结束，然中国经济与财政复员工作仅方开始，而战后建设需款迫切，构成当前财政上之艰巨负担，尤以外汇方面为然。另一方面，全国工商、交通各业，以及税务行政，又需相当时日方可恢复正常。今日之中国，正如战后其他多数国家，仍须依赖国际间之经济援助，发展工商业，以培植偿债能力。

虽如是，中国政府深具决心，尽其最大努力以履行其偿债义务，并诚心愿望财政状况能尽速改进，以便战前各债，得以早日恢复偿付。

〔国民政府财政部档案〕

6. 财政部拟具战时停付及战后恢复偿付外债备忘录

(1947年)

查自一九三七年七月中日战争发生以后，战况发展，使中国沿江沿海区域，亦即关、盐税收最富之区渐次沦陷。是项税收，自亦日形短绌，常不足以拨付各债到期本息基金。然而，中政府初无意将关、盐税为担保之对外债款愆期不付，故于一九三八年前后，由国库垫付美金达五千一百万元，以使各债按期偿付。嗣因战区日益扩大，战争费用日益增多，国库收入则日形减少，不得已于一九三九年一月十五日起，将关税担保各债债款暂行停付，仍按后方各关实际税收比例摊存各年应付本息，以待日后解决。同年三月二十六日，盐税担保各项债款亦采相同措施。

中国政府虽于不得已之情况下，实行债款停付摊存办法，然对于持券人之利益实未忘怀。日本投降，战争胜利以后，迄今虽财政困难尚未解除，国民经济尚未复苏，国际贸易尚未平衡。关、盐税收尚形短绌情形之下，仍尽最大努力以求在可能范围内顾全持券人之利益，敦睦中外邦交。目前计划拟在一九四七年内，先将战前以关、盐税为担保之八种外债，即英法借款、克利斯浦借款、善后借款、英德续借款、芝加哥大陆商业银行借款、马可尼费克斯借款、太平洋拓业公司借款、湖广铁路借款恢复偿付，以求事实与债权人之利益得以双方顾全。

鉴于目前中国经济、财政之困难情形，中政府对于恢复偿付原属关、盐税担保之八种外债，不得不采取下列二项原则，即：(一)仿照第一次世界大战中国政府经征得协约国同意，对于庚子赔款缓付五年之先例，将所有上项债款一律缓付八年。为便利起见，于恢复偿付之第一年补付一九三九年到期之本息，并将英法借款及克利斯浦借款一九三八年到期未付之本息并予偿付；开始偿付之第二年，完全照还本付息表所列一九四〇到期本息拨付；以后逐年递向后移，故原订一九四七年到期应付本息，须于一九五五年始行偿付。(二)再，此次战争，中国以全国人民之生命财产从事与联合国共同作战，牺牲重大，中国政府自有充分理由不负愆期八年利息之责任，且实际上，中国目前之经济财政状况，亦不容其增此负担。

至于庚子赔款虽亦属关税担保债务之一种，但由于各国政府早已将此项赔款退还中国政府办理文化教育事业，仅为各国名义上之债权。而中国政府在抗战期间，对于中外文化之沟通，较诸战前实有长足之进展，而其用费亦并非以退还之庚款为财源，此足以证明中政府对于中外文化工作之深切注意，初不必以庚款为此类用途之担保也。故中国政府已另案由外交部向各债权国交涉，将所有到期未付及将到期之庚款余额取消，并取消其一切有关之协定。如获各国政府同意，则关于前以退还庚款为担保而发行之各种债券，除中法实业银行所发行之一九二五年五厘美金债券尚欠本息，应由中法实业银行负责另筹基金外，其余一九二八年中比六厘美金公债、一九三四年六厘英金庚款公债、一九三七京赣路建设公债，当由中国政府分别查核情形，另筹的款，以求早日恢复偿付。再有交通债务原属以铁路收入盈余为担保，自当另案办理。

关于拨款手续之更改，吾人均知在以前中国之关、盐税收受不平等条约拘束(如一九〇一年辛丑条约)，所有关、盐税收机构均由外国人士参加，原意在监督税收，偿付赔款。其后，各项外债债权人亦多要求以关、盐税为担保，以为有外国人士参加之税收较为确实。但事实上，则在一九三八年以前中国关、盐税收，往往有不敷偿付之事实发生。且一九四二年五月二十日，中政府已与英、美二国，其后又与其他各国订立平等新约，取消若干旧有已失时代性质之中外条约，中国之关、盐税收，依据新约自不受任何约束，则债款以关、盐税收为担保亦不较以其他税收为担保更为可靠。同时，中国目前关、盐税收尚未完全恢复原状，其收入尚不足以偿付所担保之各项债款。最后，而且最重要者，即中国之财务行政，八、九年来有一重大之改革，此即一九三九年十月一日国民政府公布施行之公库法。依据此项法令，中央政府之税收，不论其性质如何，概须由纳税人直接向代理国库之中央银行缴纳；一切支出，须由财政部核饬中央银行拨付。关、盐税收自亦不能例外。因此，今后应拨偿债基金，已不能如一九三八年以前直接自关税或盐税项下拨付经理银行，而必须按照公库法之支用手续办理。

所有上述八项债款恢复偿付后，基金之拨付手续，应请各债权人谅解。以上所举事实，中国政府将以换文方式与各债权国政府商洽，改由国库为担保。其余原订合约或换文或整理办法等文件中，关于债权人监督偿债基金之收支暨其他有碍中国主权之各种条款文字，应概予取消。其应拨各次偿债基金，按期由中政府于到期前一次拨交经理银行。因之，依原合约或换文或整理办法而成立之基金保管委员会，自亦无继续存在之必要，自恢复偿付日起一并取消。

关于八项债款中之债票有德发、日发者仍属照常有效，概予恢复偿付。惟德籍、日籍银行之经理权，无论已否前经分配予其他各国银行，自恢复偿付后，概改由中国银行经理。

关于债票之抽签，以有若干种债票在过去八年停付期间，经理银行仍予照常抽签，虽未予偿付，但经呈报中国政府备案，此类抽签号码追认为有效，仍依原订还本付息表次序及本备忘录所述之办法，顺序补付。俟各次已抽签之还本次数届满后，再行继续抽签，在补付期间暂行停止抽签。其余在过去八年中，因债券本息停付一并停止抽签者，自恢复偿付日起，按原订次序逐年补行抽签，并依本备忘录所列办法偿付本息。

〔国民政府财政部档案〕

7. 公债司拟议外债恢复偿付洽商方案密签呈

(1947年11月4日)

签呈

查关于战前外债计划恢复偿付一案，前经拟具方案，于上年十月卅日呈院核示。旋奉院令核准照办。正准备间，复奉行政院上年十二月廿四日令饬暂缓实施。嗣以英法两国持券人公会迭函催询，经呈奉本年五月十五日指令，略以本案经再三研讨，佥以揆之国家目前财力，如恢复偿付，第一年需英金二百二十余万镑，美金一百九十余万元。需要如许外汇，似非易易。饬由本部发表谈话，表示我国偿付外债之诚意，实以战后经济情况，尚未稳定，须赖国际援助，发展工商业，以培植偿债能力。一俟我国财政金融稍入稳定时，即行与各持券人进行洽商恢复偿付办法。此时并由财政部将一切不合理条件，予以修改。至庚子赔款应否给付问题，于谈话中暂不提及，留待将来各债权国表示态度后再议。等因。原令关于由部发表谈话，重申我国偿还外债之诚意一节，业经于本年八月十三日由行政院新闻局代为发布。十月间，又接英国持券人公会函请从速拟订具体实施办法，以维债信，而顾持券人之权益，亦经由司承办英文部函，另案核复。至原令所开一俟我国财政金融稍入稳定时，即行与各持券人进行洽商恢复偿付办法一节，职意似可即时进行与持券人洽商。兹谨就洽商之必要、偿付之范围、洽商之步骤、举债还债之办法诸项，分别详陈于次：

甲、开始洽商之必要

一、战事结束已逾两年之久，本部经管之各项内债，业经于前年十二月及上年七月间在收复区先后恢复偿付。两年来原充外债大部分基金之关、盐两税收入，亦逐渐恢复增加，如对全部战前有确实担保之外债，且依约原应优先偿还者，再延缓恢复偿付，未免有失国家对外债信，且更难以对付持券人之要求。

二、原令一俟我国财政金融稍入稳定时一语，亦无确切时限，如目前进行计议洽商，预计函电交涉，开会讨论，至洽商完毕，至少亦须数月，甚至半年以上之时间。旧债恢复偿付，揣情度势，迟早终必实行，拖延愈久，负担愈重，交涉愈难，债信愈堕。或至招致恶果，影响将来向外洽借新债。

三、伦敦中国债券市场，自战事结束以来，又跌落约百分之六十，最近甚至票面一百镑者，跌落至二十镑或十五镑不等，较之日本债券跌落情形，尤有过之。此种情形，对于我国政府信誉不无影响（附呈伦敦中国债券市场统计图暨图解各乙纸，证明日向下游之趋势）。

综上所述，职意似可即时开始计议洽商恢复偿付办法。将来洽商进行中，如财政情况毫无好转趋势，仍可相机拖延，或竟予暂行中止，皆无不可。

乙、恢复偿付范围

关于洽商恢复偿付之范围，与国库负担有密切关系，如拟议之范围过于庞杂，揆诸目前国家财力，势难实行；如拟议之范围过于偏狭，不惟不能提高国家之债信，亦将遭致大部分持券人之怨言。兹谨权衡国库负担之轻重，按由大至小之层次，分列六种范围，藉供采择，每种所需偿付数额，并附统计图表分别说明。

一、恢复廿八年停付前之现状：除无确实担保债务应俟将来另行整理，及庚子赔款因平等新约订定概行免付外，恢复廿八年停付前之状况，将所有关、盐两税担保债款八种，及以庚款为担保之债款四种，暨战前经常照付之交通外债七十七种，予以恢复偿付，则第一年应付本息，计需英金三三六八三九一镑，美金一六〇五九二八元，法金一六六〇四一九六佛郎，比金四一七七二七五佛郎，荷金七九七五七五佛罗林，国币一九八五一三五元。依现行汇率将各项外币折成美金计算，共需美金一二二三七〇五一元，国币一九八五一三五元。

二、交通债务未发债券部分暂缓恢复偿付：关、盐担保八债及庚款担保四债暨交通债务在国外发行债券流通市面之部分，先行恢复偿付，其余交通债务未发债券之借款、欠款、垫款等，暂不恢复偿付。则第一年应付本息，计需英金三〇八三六八八镑，美金九九一三八九元，法金一七〇六二五〇佛郎，比金三四四三五七五佛郎，荷金七八七〇七五佛罗林，国币四三九〇〇〇元。所有外币共折合美金一〇六二八六三八元，较诸第一种减少美金一六〇八四一三元，国币一五四六一二五元。

三、交通债务全部暂缓恢复偿付：如认所有交通债务应俟交通事业收入恢复以后再行恢复偿付，而先就关、盐税担保八债及庚款担保四债恢复偿付，则第一年需英金二四六九二二〇镑，美金九九一三八九元，国币四三九〇〇〇元，共折合美金八三九九〇四九元，较诸第二种又减少美金二二二九五八九元。

四、庚款担保四债亦暂缓恢复偿付：如以庚款担保四债之发行机关及其基金用途各不相同，应另行分别筹划，连同交通债务暂缓恢复偿付，则关盐税担保八债应付本息，第一年共需英金二二七四九二〇镑，美金一九八七五〇元，共折合美金七〇二三五一〇元，较诸第三种又减少美金一三七五五三九元，国币四三九〇〇〇元。

五、各债仅先恢复付息：若第一种范围内各项债款（即关盐税担保八债，庚款担保四债暨战前照付之交通债七十七项，共八十九项，仅先行恢复付息，俟相当时间后，再行恢复还本，则第一年仅需英金一六五七八三五镑，美金八一七三五三元，法金一三三六一四九七佛郎，比金三四四三五七五佛郎，荷金七九七五七五佛罗林，国币六〇七七三七元，共折合美金六二七四九五九元。较诸第四种又减少美金七四八五五一元，但增加国币六〇七七三七元。

六、各债仅先恢复偿付利息之半数：又若第五种办法，即各债恢复偿付利息仅先行恢复偿付其半数，则各项数字，均为第五种之一半，计共需美金三一三七四八〇元，国币三〇三八六九元，较诸第五种又减少美金三一三七四八〇元，国币三〇三八六九元。此为最小之偿付范围。

附呈恢复偿付外债各种范围第一年所需本息基金数额比较表一纸〔缺〕，以资说明。

丙、洽商偿付之步骤

至于洽商恢复偿付原则，似宜按下列步骤进行：

一、初步采取前述之第六种最小范围，必要时参照我国财政之情形及交涉之趋势，酌予放宽，务求兼顾提高债信及减轻目前国库负担。

二、自停付之日起至恢复偿付之日止一段期间，不计愆期利息。

三、修改原订合约一切不合理之条件，并自恢复偿付后，所有本息基金，概行改为国库担保。

四、如恢复偿付范围包括庚款担保四债，则一九二五年中法五厘美金公债之本息基金，应由中法工商银行负责另筹。至中法工商银行与中国政府之帐项，另项清算。

丁、举债还债之检讨

抑有进者，关于外债恢复偿付，前呈行政院限于关盐税担保八债，估计第一年应付本息需英金二二七四九二〇镑，美金一九八七五〇元，共计折合美金年不过七〇二三五一〇元。而院令以为需要如许外汇，似非易易等语，是外债恢复偿付问题之症结，在于外汇头寸，既不能自现在外汇收入中拨付此项外债所需本息，则惟有另辟来源。职意似不妨与各主要债权国政府，另洽借款，作为恢复偿付旧债之本息基金。至新借款之偿付，则仿战时各易货债款先例，由我国按年输出一定数量之农矿产品，至各该债权国出售，以其售价作为还本付息基金。一切办法，大致可仿中美桐油及中英一二次信贷例案办理。其收购农矿产品之基金，或即以关盐税收中应拨之外债本息基金，或另征关盐税附加税，专款拨存支付。职意此项办法，或可望成功。其理由如下：

一、此次因对敌作战，中国抵抗最久，经济损失非三五年内可能恢复，中国之愆期偿付旧债，实出于迫不得已。在此财政尚未复员以前，而计划恢复偿付旧债，实出于体念持券人之困难，若外国政府不与中国政府合作，此项计划，仍无法实现。道义上，外国政府既有协助之义务，利害关系上，则此项借款仍用于各该国或各该国之经济势力范围，楚弓楚得，亦所以提高各该国人民收入之一道。

二、我国战前旧债，债权人大体上以英国人为多，法国次之。兹附呈战前关盐税担保各债百分比国别分配图（此系就原债各经理银行经售债款而言，至实际债券流动于市场，当与此略有出入）。例如关盐税担保八债恢复偿付后，五年内应付之本息总额，每年所需英镑、美金如下：

年　　别	英　　镑	美　　金
第 一 年	二二七四九二〇镑	一九八七五〇元
第 二 年	三一四九〇四〇镑	四二二〇〇〇元
第 三 年	三〇二二二四二镑	四四六五〇〇元
第 四 年	三〇三六六四九镑	一〇四六二七五元
第 五 年	三〇三七九三七镑	一〇二二七二五元
总　　计	一四五二〇七八八镑	三一五六二五〇元①

如英镑部分由英国贷款垫付，美金部分由美国贷款垫付，则在各该国每年财政负担上并不增加太多。至于此次垫出之头寸，中国并不提作别用，经过还本付息之门，仍转入各该国人民之手，并不影响各该国之国际收支差额。

三、英国战后极感物资缺乏，尤以农产品为然，故甚望对华恢复贸易。苟中国能按年由政府运售定量之农矿产品，似亦为英国所乐意接受。且此项价款用作偿还新债之用，并不需英国付出外汇。至于美国，则债额较小，国富较充，谅可同意。惟将来确定照此方案进行，交涉中可不按照旧债英镑、美金比例，向英美两国借款，似可设法使英美贷我款额大致平均，如此则美国一部分头寸将转入欧洲。倘美政府能同意，则英国在目前缺乏美元情形之下，尤所欢迎。

此种借新债还旧债办法，于我国亦属有利，因(一)可以维持债信；(二)不影响通常外汇收支；(三)新债之利息当可较低；(四)新债之期限亦可较长；(五)旧债之对象甚多，今可简化为二三国之政府，将来有所交涉，亦较易处理。

戊、结论

综上所述，旧债恢复偿付一案，职意以为：

---

① 原数字如此，系有错。

一、接续政府声明，发表即进行与持券人公会洽商恢复偿付办法。

二、恢复偿付范围暂不予以确定，交涉时先就国库负担最轻之办法洽商，必要时可予酌量放宽。

三、否则洽商举借新债，以还旧债。

四、如此办理，当可表示我国拟议维持债信之诚意。

以上所陈，如奉钧准，拟请先行与张院长、王外长、张总裁商洽，如认为可行，当再行详细计划呈核。是否可行，理合检呈统计图表共八种，呈请鉴核示遵。谨呈

部长
次长

附件〔缺〕

职陈炳章谨呈

〔国民政府财政部档案〕

8. 财政部关于筹拟关盐税担保各项外债整理办法与行政院往来呈令

(1948年12月)

(1) 财政部呈(12月17日)

呈 财丰公三字第235号

前据伦敦中国债券持券人公会主席俾斯保罗勋爵本年八月函，询可否先行恢复偿付战前外债利息一案，当经由部呈请钧院核示。兹奉钧院本年十一月十八日(卅七)五交字第五一二八七号指令开:战前外债中有关交通部主管者，仍应遵照本院卅七年九月廿三日(卅七)五交字第四二二二五号代电所示原则办理。至以关盐两税担保之各项外债，由该部先筹拟整理办法，呈候核定施行。等因。

查本部主管之战前外债，自廿八年停付迄今，已近十载。复员以来，内债部分早经恢复偿付，而外债部分，自胜利以后，已逾三年，既未还本，又未付息，各国持券人公会迭函要求，并有最低先行恢复付息之请求，情词殊切。本部应付颇感为难。为维持国际信誉，一新外人耳目，藉以挽回已失债信，及便于将来举借外债计，似有立即拟订具体办法，开始与债权人洽商恢复偿付方式之必要。

溯查关于筹拟恢复偿付办法一案，本部曾经拟具方案，于卅五年十月卅日，呈请核示。奉钧院卅五年十一月十四日，节京五字第一九三七二号指令，核准照办。正准备间，复奉钧院卅五年十二月廿四日，节京五字第二四九二九号令，饬暂缓实施。嗣以英法两国持券人公会迭函催询，经再呈奉钧院卅六年五月十五日指令，饬由本部发表谈话，表示我国注意履行债务之诚意，一俟我国财政金融稍入稳定时，即行与持券人进行洽商恢复偿付办法。遵经拟具宣言稿，呈奉钧院核定后，送由新闻局，于卅六年八月十三日发布。惟自发布上项宣言以来，又逾一年。是年十二月间，因广东省政府以广九铁路本身已有外汇收入，函征交、财两部意见，可否先行恢复偿付利息一期，以便洽借新债。经两部会同呈奉院令，饬由两部会商，筹拟全面交通外债恢复偿付办法，又经两部于本年四月廿六日，会同呈拟交通外债恢复偿付范围，并附带陈明，政府如拟全面研讨，则财政部主管部分，似亦应一并考虑。嗣奉钧院本年九月廿三日(卅七)五交字第四二二二五号代电略开：吾国抗战甚久，兼有匪乱，故原则上抗战以前之对外欠债，暂从缓还。抗战以后之债款，则力守信约，历年均照此办理。交通部所管各路债务，可先筹拟整理办法，再为核定施行，等因。除交通部主管之各路债务，由该部另案遵照外，对于英国持券人公会主席俾斯保罗勋爵函请先行恢复偿付战前外债利息一节，经呈奉钧院指复前因，自应遵办。兹谨拟具本部主管战前外债整理六种范围，缕陈于后：

甲、除敌国债务外，本部经管战前关盐担保八债，及庚款担保四债，恢复偿付本息。

乙、关盐担保八债，先行恢复偿付本息，庚款担保四债，暂从缓议。

丙、就甲种范围内之债务，暂缓还本，先行付给全年两期之利息。

丁、就乙种范围内之债务，暂缓还本，先行付给全年两期之利息。

戊、就甲种范围内之债务，暂缓还本，先行付给全年利息之半数。

己、就乙种范围内之债务，暂缓还本，先行付给全年利息之半数。

如照以上划分范围，则将来恢复偿付时，每种范围，第一年所需外汇估计如下：

甲、关盐担保八债及庚款担保四债本息，约需美金八，三九九，〇四九元。

乙、关盐担保八债，本息约需美金七，〇二三，五一〇元。

丙、关盐担保八债及庚款担保四债偿付全年利息，约需美金四，一五八，七二八元。

丁、关盐担保八债偿付全年利息约需美金三，三九七，〇八九元。

戊、如仅付丙种范围半数，约需美金二，〇七九，三六四元。

己、如仅付丁种范围半数，约需美金一，六九八，五四四元。①

以上所拟整理办法，系权衡国库负担轻重，按由大至小之层

---

① 原稿曾贴附签：丙、应改为美金六百五十三万零七十五元八角八分；

丁、应改为美金五百十八万六千六百六十九元三角八分；

戊、应改为美金三百二十六万五千零三十七元九角四分；

己、应改为美金二百五十九万三千三百三十四元六角九分。

次，遵令分别筹划。查恢复偿付外债，原为顾全债信之要图，惟我国八年抗战，三年戡乱，军事正在紧张阶段，财政金融亦未回复稳定。抗战期中举办之内外债，已属勉力付还，对于战前外债之恢复偿付事，衡以此时外汇来源种种关系，应否即予实施，不无顾虑。事关国际信誉之维持及当前国策之配合，究应如何办理之处，理合一并陈明，并检同附表三份，呈请鉴核令遵。谨呈

行政院

附件

附表(一) 财政部经管战前外债恢复偿付后第一年所需外汇估计表

债名	第一年		
	本金	利息	合计
关盐八债暨庚款四债	4,240,321.00	4,158,728.00	8,399,049.00
关盐八债	3,626,421.00	3,397,089.00	7,023,510.00

说明：1. 本表所列数字，均为美金元，其原为英金者，均按每镑合美金三元折算。

2. 本表所列应付本息数，系依据各该债原还本息表数字核列。

附表(二) 财政部经管关盐税担保八债恢复偿付后第一年应付本息数额估计表

债名	币别	第一年		
		本金	利息	合计
英法债款	£	250,000	/	250,000
善后借款	£	511,440	492,297	1,003,737
英德续借款	£	/	67,420	67,420
克利斯浦借款	£	141,909* 305,458	172,528	141,909* 477,986
费克斯马可尼借款	£	/	51,068	51,068

续上表

债　　名	币别	第　一　年		
		本　金	利　息	合　计
湖广铁路借款	£	/	282,800	282,800
芝加哥大陆银行借款	U.S.$	/	137,500	137,500
太平洋拓业公司借款	U.S.$	/	61,250	61,250
总　计	£	1,208,807	1,066,113	2,274,920
	U.S.$		198,750	198,750

说明：1. * 系补付民国廿七年九月卅日到期本金。

2. 本表系照停付日起原订还本付息表估计。

附表(三) 财政部经管庚款担保四债恢复偿付后第一年应付本息数估计表

债　　名	币别	第　一　年		
		本　金	利　息	合　计
中法五厘美金公债	U.S.$	/	553,416.25	553,416.25
华比六厘美金公债	U.S.$	211,900.00	24,867.00 2,456.40	239,223.40
六厘英金庚款公债	£	134,000.00	60,300.00	194,300.00
京赣铁路建设公债	N.C.$	40,000.00	399,000.00	439,000.00
总　计	U.S.$	211,900.00	580,739.65	792,639.65
	£	134,000.00	60,300.00	194,300.00
	N.C.$	40,000.00	399,000.00	439,000.00

(2) 行政院指令(12 月 31 日)

行政院指令　中华民国三十七年十二月三十一日发出
(三十七)六财第57681号

令财政部

三十七年十二月十七日财丰公三字第235号呈拟关盐担保各项外债整理办法由。

呈悉。案经提出三十七年十二月二十九日本院第三十二次会议决议:一、照财政部所拟已项办法通过,自三十八年起实施。二、广九铁路借款付息办法,由财政、交通两部会同研究呈核。除令知交通部外,仰即遵照办理。此令。

中华民国三十七年十二月　日

〔国民政府财政部档案〕

9. 财政部关于战前八项外债先恢复偿付一期利息代电

(1949年1月5日)

代电

外交部公鉴:查我国政府战前举借之英德续借款、善后借款、英法借款、克利斯浦借款、湖广铁路借款、费克斯马可尼借款、芝加哥大陆商业银行借款及太平洋拓业公司借款等八项外债,前以税收短绌,暂行停付。兹经行政院卅七年十二月廿九日第卅二次会议通过,自民国卅八年起,先行恢复偿付利息一期。除开始偿付日期另行公告外,相应电请查照,转知各关系国驻华使馆查照,并转饬驻外各使馆知照为荷。财政部。财裕公三字。〈一〉印。

〔国民政府财政部档案〕

10. 中央银行编《历年国外借款还本付息表》

（1949年1月10日）

历年国外借款还本付息表

（截至三十七年十二月三十一日止）

借款名称	币别	借款总额	已还本金	已付利息	合　计
美　国					
桐油借款	美金	22,000,000.00	22,000,000.00	1,466,573.78	23,466,573.78
华锡借款	美金	20,000,000.00	15,750,000.00	3,475,864.95	19,225,864.95
钨砂借款	美金	25,000,000.00	25,000,000.00	3,808,245.15	28,808,245.15
金属借款	美金	50,000,000.00	50,000,000.00	6,965,291.51	56,965,291.51
中美五亿元财政协定	美金	500,000,000.00	----	----	----
3C借款	美金	50,293,853.38	3,352,923.56	2,210,756.07	5,563,679.63
N-3货轮十艘借款	美金	4,243,750.00	107,800.00	74,876.03	182,676.03
旧船十六艘借款 (16LaKeS)	美金	2,540,947.55	----	145,704.20	145,704.20
铁路材料借款	美金	16,650,000.00	----	589,917.98	589,917.98
发电机设备借款	美金	8,800,000.00	----	171,333.84	171,333.84
煤矿设备借款	美金	1,500,000.00	----	40,132.48	40,132.48
自由轮十艘借款	美金	4,133,720.00	267,200.00	143,889.56	411,089.56
N-3轮八艘借款	美金	2,812,560.00	170,960.00	97,152.00	268,112.00
C-1轮十二艘借款	美金	7,462,960.00	----		
Vc2轮三艘借款	美金	1,977,980.00	----	124,744.86	124,744.86
英　国					
第一次信贷	英金	3,000,000-0-0	1,257,589-14-1	760,621-19-1	2,018,211-13-2
第二次信贷	英金	5,000,000-0-0	604,833-6-9	668,828-6-2	1,273,661-12-11
加拿大					
中加信贷	加币	60,000,000.00	2,786,110.17		2,786,110.17

三十八年一月十日编制

〔国民政府中央银行档案〕

11. 财政部公债司关于偿付外债利息应先与债权人代表洽定意见签呈

（1949年1月14日）

案奉行政院（三十七）六财57681号指令，以本部呈拟关、盐担保各项外债整理办法案，经提出第三十二次会议决议：一、照财政部所拟己项办法通过，自三十八年起实施。二、广九铁路借款付息办法，由财政、交通两部会同研究呈核。除令知交通部外，仰即遵照办理。等因。

查原令关于广九铁路借款付息一事，应俟本部与交通部会同研究后再行呈核外，其本部原拟关、盐担保各项外债整理办法，计分六种范围。兹简述如下：

甲、关、盐担保八种外债及庚款担保四种公债，全部恢复还本付息。

乙、先行恢复关、盐担保八种外债还本付息。

丙、偿付关、盐担保八债及庚款担保四债全年两期利息。

丁、偿付关、盐担保八债全年两期利息。

戊、偿付关、盐担保八债及庚款担保四债一期利息。

己、偿付关、盐担保八债一期利息。

前项六种偿付范围，现经决议照己项办法自三十八年起实施，即自三十八年起，全年先行偿付关、盐担保八种外债利息一期。所有此项八种外债应还本金及庚款担保四债应偿本息，均暂继续停付。

现查三十八年应行偿付关、盐担保八种外债一期利息及应给经理银行付息经手费，共为英金八十二万五千四百九十九镑八先令一便士，美金十五万四千零七十八元五角，折合美金约共二百六十三万零五百七十六元七角一分（各债应付细数详细附表）〔缺〕。

惟查此项关、盐税担保八种外债，本年各偿付一期利息，在开始实施之前，似有应行先决者三端：

一、各债自二十八年停付迄今，已满十载。此十年愆期，拟照第一次欧洲大战期间，庚子赔款展缓偿付例，一律不计愆期利息。

二、各债照原合约每年应付息两期，现在规定每年仅先付息一期，拟作为偿付全年应得之利息，即将各债原定利率，暂照半数计算，俟将来战争平定，财源充裕，再议恢复全息，每年付息二期。

三、各债原合约均以关、盐两税收入为担保，自公库法施行后，关、盐税收汇解国库，以后各债应付本息，拟统改为由国库担保。

以上三端，或免计愆期利息，或暂时减低利率，或变更债务担保，似均应先与英、美、法三国持券人代表洽商，得其同意，再行公布施行，以免将来发生纠纷。是否有当，理合签请鉴核示遵。谨呈

部长
次长

附呈表一件〔缺〕

公债司谨签　三十八、元. 十四

〔国民政府财政部档案〕

12. 财政部拟具处理内外债办法致行政院呈稿

(1949年)①

〔前缺40个字〕对外各项债务，自应针对目前局势，参酌各债个别情形，作权宜之处置。谨就内债及外债两部分，分别拟具处理办法如次。

(甲) 内债部分

政府历年在国内发行之各种法币内债，业经呈准于本年四月

① 原文无文种与时间，日期仅从文中推出。

底以前全部提前清偿。目前尚待偿付之内债，全属外币内债及黄金公债，即卅六年第一、二期美金公债，卅八年黄金短期公债，卅八年整理美金公债，航空救国券暨节约建国储蓄券等五种。除卅八年黄金短期公债经呈准暂时停付，暨卅八年整理美金公债及节约储蓄券因换票手续未及办理，不及兑付外，其余卅六年第一、二期美金公债及航空救国券，本年尚待偿付本息，约需美金四百八十余万元(见附表)〔缺〕。关于各债处理办法，兹分别详拟如次。

(一) 卅六年第一、二期美金公债　本公债第一至三、四期本息，均经依照规定偿付有案。因本债持票人多系京、沪、穗一带人士，为维护各该债持票人权益起见，自本年九月起，第一、二期债票第四、五期本息暂停偿付，并已由本部先后公告，限于本年十一月底以前，由各持票人向各地经理银行申请登记，现各地经理行局正在办理登记手续中。拟俟期满，各经理行局将登记数额报部后，再行定期偿付。惟此项手续颇为繁复，预计本年度不及办理完竣，将延至明年始能兑付。

(二) 卅八年黄金短期公债　本债于本年二月开始在上海发行，其第一、二、三期本息业经依照规定抽签偿付。自第四期起，已呈奉钧院核准暂行停付，拟仍暂缓恢复偿付。

(三) 卅八年整理美金公债　甲、乙、丙三种债票，系换发卅六年第一、二期短期库券，廿七年英、美金公债，卅一年同盟胜利美金公债，廿九年建设金公债第一期英、美金债票，于本年四月一日起开始换发。因全部债票存于上海中央银行，上海撤守时，该行未及运出，以致换发工作不克进行。除已由部将该债号码全部公告作废外，拟俟时局稍定，再行重印债票换发。

(四) 航空救国券　按本债券条例规定，自抗战胜利后一年开始还本，分五年还清。胜利后因外汇支绌，经呈奉钧院核准，自卅八年十二月份起开始还本，仍分五年还清，不给利息在案。现外汇更加困难，拟请钧院准予再延展一年，至卅九年十二月份起开始还本，仍分五年还清，不给利息。

（五）节约建国储蓄券　本债券原在海外以外币结购者，经呈奉钧院核准，以卅六年美金公债换偿，并经本部预拨卅六年美金公债票面额六百万美元，交中国银行备换。上海撤退后，该行未及运出，已由本部呈准公告作废。拟暂时停换，俟重印卅八年整理美金公债票时，再请增加整理美金公债发行额，改以该债换偿。

以上五种在国内发行之外币债券，拟分别登记、延展、换发、停付后，本年度已毋须支出外汇偿付到期本息。下年度是否恢复偿付换【发】，似视当时局势情形再定。

（乙）外债部分

政府在抗战前向英美两国洽借，以关、盐税为担保之各项债款，在抗战初期，因关、盐两税为日敌劫持，基金无着，自民国廿八年宣布停付以来，迄未恢复偿付。拟仍继续停付外，其他战时战后向英、美、加诸国洽借，尚在继续偿付中者，计有中英第一次信贷、中英第二次信贷、中美锡借款、美国财政部租借剩余物资借款、美国进出口银行一九四六年四项借款、N_3 轮十艘借款、美国航务局四项船借款、中加信用贷款等项，每年约需偿付本息美金一千二百万元（见附表）〔缺〕。本年五月上海撤退前，所有各债到期本息，均依约清偿。五月以后，除陆续付偿一部分外，本年尚欠付与待付本息约需美金六百一十余万元（见附表）〔缺〕。关于上项尚欠与待付本息，兹按各该借款性质、内容，汇拟处理办法如次：

（一）中美锡借款暨中英第一次信贷　以上二借款，本年度应付本息，业经清偿。按各该合约规【定】，其所发期票，均由中国银行作无条件之担【保】，拟下半年度仍继续偿付为原则。

（二）美国进出口银行一九四六年四项借款暨 N_3 轮十艘借款　以上五项借款，均属商业性借款，且前四项借款目前仅付利息，尚未届还本之期，均为数无多，拟暂继续偿付。

（三）美国航务局四项船借款　本项借款前经呈准钧院，由交通部出售船只以售价偿还，本年应付本息除以修船项下余项等偿付一部份外，其余不敷部分仍拟售船变价偿付。

（四）美财政部租借剩余物资借款及中英第二次信贷　前项借款系接管租借法案项下剩余物资，系属战时援助性质，且数目庞大。本年七月一日到期前，已由部电请顾大使向美方商请展期缓付，惟尚未准复。今后仍拟继续洽商展缓。后项信贷系属战时政治性贷款，且未指定确实担保品，本年到期本息虽已偿清，但下年度以商请英方展期偿付为原则。

（五）中加信贷　本信贷依约规定，于上年底截止动用，到期前曾预拨出部分债额，于本年内继续支用。本年六月底到期利息，业经清偿，十二月底到期本息，除拟以上项预拨债款余款抵偿一部分外，不敷之数，拟另筹现金补足。

以上拟议之五种处理办法，除其中第四项洽商展期偿付，暨第三项所需外汇头寸已筹的款抵付外，其余（一）、（二）、（五）三种办法内八项借款，下年度约需偿付本息美金元〔元字愆〕六百一十万元，加币〔以下空〕（参见附表一）〔缺〕。

〔国民政府财政部档案〕

13. 公债司关于暂停偿付外债签呈

（1949 年 11 月 1 日）

查我国历年举借之各项外债，除战前关盐税担保各债，在抗战初期，因关盐两税陆续为敌劫持，基金无着，自民国二十八年宣布停付，迄未恢复偿付外，其他战时战后向英、美、加、苏诸国洽借者，所有到期本息，均经依约偿付，并无积欠。尚在继续偿付之借款，属于战时洽借者，计有中英第一次信贷，中英第二次信贷，中美锡借款；属于战后洽借者，计有美国进出口银行船借款两项，铁道购料借款，发电机借款，采煤设备借款，美国国务院租借剩余物资借款，美国航务局船借款四项，中加信用贷款等。按各该合约规定，最近三年，每年应付到期本息，折合美金约需一千二百万元。惟自政府离京沪后，库存外汇日形拮据，本年到期本息，多衍期未付。兹以戡乱步入严重阶段，政府财政愈形困难，为谋减轻国库负担，并兼顾国际债信起见，除中苏易货借款一种，因我国与苏联业经宣布绝交，自应即时停止偿付外，其余英、美、加各国债务，拟咨请外交部循外交途径，转商各债权国，所有到期本息，即时暂停偿付，俟将来局势稍形稳定，财政情况好转时，再行恢复。是否可行，理合附呈最近三年(一九四九年至一九五一年)各项外债还本付息逐年所需外汇数额表一份，呈请鉴核示遵。谨呈

部长
次长

附表一纸。

公债司谨呈

十一月一日

(2) 交通外债恢复偿付办法

1. 交通部拟整理交通四政外债方案致行政院院长宋子文节略

(1945年12月)

照录呈宋院长节略　民国卅四年十二月

查本部所绾四政债务，为数綦巨，种类繁多，情形至为复杂。在战前，还本付息已多愆期，及抗战后几至全告停顿，但整理工作，频年以来，历经督饬主管，竭尽可能从事清厘登记，拟议整编，未容稍懈。前曾饬据拟有整理债务方案，嗣后经加以修改，期臻尽善，而便实施。综核该方案主要之点：首为偿债基金如非来源有恃，保证确实而巩固，则整理仍不免于徒托空言；次如废除旧约，取消不利条件，势非逐案与各债权方面往复协商，难收成果；再次如中外货币之汇率问题，与战前、战后国币之比值问题，所关出入甚大，亦非本部所克解决。以上数端，除应与财政部保持联系密切合作外，应请钧院指示决策，庶有遵循。至于抗战以后之国币贷款，似尚不难提前筹偿，即使不敷，由国库弥补，为数当亦无多。英庚款之处理办法，如照方案拟议，极合财政统一政策，简化事务，节省人力、物力。窃以为兹事繁重复杂，措置处理，宜先从简易入手，徐议烦难，庶逐步推行，以竟全功。是否有当，谨缮具节略，附同整理债务方案暨参考表类三种，及节译财政部美籍顾问杨亚瑟(即杨格)意见书恭陈，敬候钧核施行。再，本件业经照录全份送财政部洽照。合并陈明。谨略。

参考表类三种〔缺〕

计附呈整理债务方案一件

节译杨亚瑟意见书一件

交通四政债务通盘整理方案

溯自满清光绪年间，吾国交通建设之始，大都假手外人。列强挟其凭陵之势，迫订优惠条约，各分疆域，视若禁脔。其后，建设频繁，内外债次第并举，其方式亦各互殊。约分之，则有借款、垫款、债券、证券、料债等。大凡外债，类均含有政治及经济侵略性，故条件内容，亦极鱼龙曼衍之致，损害主权，剥削利益，不胜枚举。数十年来，受此桎梏浸假，而至于制度攸殊，规范各异，凡此措施，难收整齐划一之效；一方内战屡起，外患迭乘，每值变故，交通事业无不首先蒙受重大摧残，疮疾未复，祸又接踵，使坐困于债累之下，难期自拔。前者，本部鉴于侵略主义指顾消灭，和平建设即在目前，革故鼎新，实为大好良机。爰于卅一年间，先就主管各政债务，分别部居，逐项勾稽，详列欠数表，附具经过实事简说，汇集成编，以便查考；次复就全般债务，熟权利病，拟就通盘整理方案，以备实施。在债权方面，多年宿逋，积累难偿，苟有彻底清厘办法，确实保证按期偿还，固无有不乐于接受协商者；在我则脱去种种束缚，得以自由规划制度之统一，进而亟图业务之发展，彼时信用既固，利用内外投资，亦可顺利推行，洵一举而数善毕具矣。

第一，协商取消原订合同另立新协议。其协商取消原合同不利之条件，包含左列各点：

(1) 不再以事业本身之财产及或关、盐、地等税为个别之担保品；

(2) 取消外人之监督业务、管理财政权(延用外籍专门技术人员合作，当由我自主)；

(3) 取消采矿合作权(矿业属于国家经营，外人投资应依中国法令办理)；

(4) 取消独家承揽及优先权(如延长干线、建筑支路、包办工程、垄断购料等)；

(5) 展长还本期限，减轻过高利率，免计战时利息及复利。

（6）取消包工购料等之经理费、酬劳费、佣金等一切不合理之剥削；

（7）委托驻外之经济机构或人员，以及在外之国家银行，于我国债券价值低落之际，在国外市场收购注销，亦为肃清债务之一有利办法，似不妨相辅而行。

按：友邦均已自动宣言对我放弃不平条约及既得之权益，则对于整理债务，取消合同，当能乐于协商。

第二，将所有旧债通盘筹划，化散为整，分类规定统一办法，收回旧债，由政府换发新债券及无利债券。其办法如左：

（1）发行新债券，完全以政府信用为担保，按期直接由国库还付本息；

（2）到期本息，由国库于期前如数拨汇有关之中外银行，并委托代兑；

（3）由本部体察各附属事业财务状况之盈虚消长，核定各单位每年应缴偿债基金数目，汇缴国库。备付有余则划归下期，不足由国库弥补。

第三，故国及其他特殊情形之债务，依左列办法处理之：

（1）对敌国或其人民之债务或持有之债券一律没收、作废或抵偿赔款，由本部列表送请主管机关办理；

（2）盟国或其人民持有在敌国所发行之债券（如德发债票），仍予清理换发，惟须提出系在战前持有之证据。

（3）交通所属各项建设，其资金系由内外借款而来而遭受损失者，应予其他战事损失一并另案办理，要求赔偿。

（4）在廿五、廿六年间业经整理之料债，如无不利条件，仍应照案履行，以维信用。

（5）英庚款名义系由不平条约而产生，早应随不平条约而消灭，在统一财政制度下，亦无特设此项基金必要，中英文化事业需款，可按年编具预算，由国库拨发。拟将本部积欠英庚款，除六厘英金公债属于财政部清理范围外，一律取消。所有上项债款本息数目，悉行拨作本部资金，以节管理上人力、物力、财力之浮费，而期早告一结束。

第四，为谋财政及国债之统一，并确立及巩固偿债基金办法如左：

整理债务最大前提唯一条件厥为偿债基金，基金不固，则信用不彰，整理亦属徒托空言，无裨实际。本部主张就各事业之财政状况而定摊解基金之多寡，酌剂盈虚，原意不外巩固债信。惟目前大局甫平，业务尚未恢复旧观，而修复、保养、扩充、改进，在在均须大宗款项支出，经济力量一时骤难充沛，最近数年恐不易于自给自足，是以不得不再谋第二重之保障，以为之支持，则舍由国库负担别无他法。自身财力不足，由国库拨补，有余仍以归之国库，实深合财政统收统支之国策，与卅四年十月十九日行政院平伍字二三〇六八号训令，借款或发行公债应力谋统一，债务集中之办法若合符契，非此不足以贯彻整理债务，维持信用之目的。而竟取消合同，解除束缚之全功，亦非先立确定之方针，无以循章进行。本部曾于本年五月将拟议通盘整理债务方案，函送财政部征求意见，俾便会同呈核施行，今尚未准答复，深愿早定方策，以赴事功也。

第五，外币债务比值之研究与其利病。本部债务之外币为本位者，计有八种：即英镑、美金、法佛郎、比佛郎、荷盾、港币、马克、日金。在目前吾国法币币值低落之环境下，与外币比值差数甚大，其不利于偿付以外币为本位之债务，已甚显明。且此际偿还大宗债款，能否悉数准购外汇，尤属疑问。此一问题，非仅整债，实与今后调整或改革币制有重大联系。在币制未确定前，似难单就债务片面研究，更须与币制主管详细商讨。

第六，国币债务比值之研究与其利弊。本部债务以国币为本位者，计有三种：即法币、银两、海关金（大多属于内债）。在抗战前与今日，其比值相差甚大，债务之偿付如何，尚未奉有明文规定。假定仍为一比一，则应尽于短期内将国币为本位之债务一举清偿，实为有裨于国之举，兹拟议办法如下：

（1）属于敌国之债务，与前第三项之（1）一并办理；

（2）英庚债务，已详述于前三项之（5），此款似应提前决定，早日结束；

（3）其他以国币为本位之内外旧债，分（甲）负债本身有清偿能力者，督令尽速偿还；（乙）在本部财力许可范围内代为拨偿；（丙）数额较大而非前二项所能偿还者，呈请准由国库拨款偿还；

（4）战后短期透借之款（均为国币不生比值问题）为数既大，利率亦高，极应提前偿还，以轻负担。其办法：（甲）有专款作抵者，由部代扣拨还；（乙）以材料作抵者督令变价清偿；（丙）以营业进款作抵者，严令尽速清偿；（丁）遭受战事损失一时无力偿还者，请由国库拨款偿还，另案向敌国清算赔偿。

节录财政部顾问杨亚瑟研究铁路债务意见书

财政部顾问杨亚瑟君，受前铁道部委托，对我国铁路债务加以研究，并附结论与建议，由王参事递送来部。兹节录如下，以供参考。

甲、关于研究者。铁路财政极其复杂，债务种类亦属繁多，因无充分资料以为研究之依据，初步只有在环境许可限度尽量搜罗，虽其数字均得自官方，比较可靠，而时期则为一九三七年，故战事发生时所呈局势，未能完全表达。就所得资料加以分析，曾获若干结论，以期有助于战后复兴之需。在外债中，有基金以备还本付息者有廿余项。近年来（按指战前言），政府与债权人协力将路债整理，成绩甚佳，历年营业比例，亦有进步之表征。由一九三四年至一九三六年，虽非经济最佳之年，而盈利竟超乎偿债，缘中国经济的发展，铁路管理继续改良及路线设备之改善，相信将来对债务必能应付裕如。过去十年间，因各地时有变乱，铁道部之权力能及于各路者，虽渐加强而实仍有限，故愆期之债未能清偿，以未蓄有余力也。自经过整理之债务而言，不问各债之担保如何，部中完全负起偿还责任，此举甚属重要，已为一部份债权人认为维持债信之表现，而不重视既往之担保品如何。此种趋势，虽未完全达到目的，然已甚为显著矣。

乙、结论及建议。在中日开战时，中国铁路前途甚有希望，全国各路均有进步，行车效率亦佳，部权渐次增强，军人干涉大减，若干铁路能以复兴，新的建设于焉重振。爰将研究所得，建议如下：

（一）全国铁路虽仅七千余公里（按此指关内而言，时关外铁路尚未能由部管辖），而管理局竟达十六个之多，曾有外国专家波兰君及哈门将军研究中国铁路，均主张合并，分区管理，以省经费，而增效能。此种合并，虽不能谓为因借款合同而中阻，然受其牵制，必更较行复杂。

（二）中国债券价格每种互殊，正足显示每路情况之良窳及前途希望之多寡，有损政府信用，极应纠正。自民国政府权力渐臻巩固，尤其一九三七年路政情形渐入佳境，足为路债改革张本。

（三）路债之复杂情形，不特足以影响铁路管理之改革，而债票或因票面价值不便买卖，或因债额过小、或因过去成绩欠佳、或因不易获悉债票赋与权力之内容，均为不能流通于市面之因素。

（四）由此等情形观之，路债结构之亟需改革，使各个不同之路债合并，简化为数种，以政府保证为依归，其计划应于实行时斟酌环境而定，可分数大类标准于下：

(1)现在及将来之利率；(2)特定担保品；(3)清偿日期及还本付息办法；(4)过去还本付息之成绩；(5)市价。

照英京市场规定，新债券须付二厘半印花税费，则以新易旧，其费必有可观。巨额之债券应研究可否由持券人呈出旧券，加盖印章而取得新效能，以避免此等损失，至于零星短期路债，可不必归并在内，其未能在市场交易者亦可付印花费，而期在广大市场流通。若干材料债亦可改为借、垫款，或以新债券代之。各路合同之目的，不特简化国债之结构，使债券易于流通，且能令各债基金重新布署，偿期缩短，将短期付款次数减少，以纾财力。此等办法，虽在事实上容有困难，但时机一至，必应铲除，盖于中国政府及债权人均有利益，宜下决心以底于成也。

〔国民政府行政院档案〕

2. 财政部公债司张正矩关于交通部整理外债方案补充意见签呈

（1946年9月17日）

签呈

查外债恢复偿付一案，业经由司签呈请示，其中关于战前经常拨付部分之交通债务，拟订并案予以恢复偿付，并以债额数大者由国库负担，其偿额数小者由交部自行筹偿为原则。本月十三日职因公往交通部接洽，据主管人谈称，交部上年曾拟具交通债务整理方案呈院，尚未奉批示，原方案亦经抄送本部核议意见，请予提前办理。等语。当以前情具复。兹据交部整理方案，及本司本年三月间对于该方案暨此次外债恢复偿付方案全盘检讨，深有其荦荦大者仍须加以补充，谨分别胪陈于次：

（一）交通外债与关、盐担保仍予并案办理，惟交通外债须以修改合同为恢复偿付之先决条件。查交通部整理方案，中心宗旨在于修改旧有借款合同，收回国权，此点极属重要，现在情势亦可进行。惟如先行恢复偿付，则修改旧借款合同一点，恐外人不易就范，同时国库负担骤增，亦恐财力不胜担负，不如一面将我国对外债务中之关、盐税为担保者，先行恢复偿付，一面对交部各项外债，主张修改合同后再订期偿付。于是对外、对交部意见、对国库负担，使三面兼顾，而于原签意见亦能配合。

（二）债务集中管理与基金收入之监督，宜与国库负担偿付同时确定办法。查交部整理方案中主张统一债务集中办法，以铁路收入为偿债之第一担保，以国库为第二重担保，此项政策自属可行。惟在公有营业及公库制度未臻健全以前，似宜有较具体之办法，以免所谓第一重担保及债务集中二项徒托空言。其办法之大旨如次：

甲、就交通外债，依国别将各债并案予以整理，重订新合同，自订新合同后之债务，统由本部接管。

乙、已订新合同之交通各债，由本部会同交通部汇计每年偿债基金数额，就交部各种事业收入项下尽先拨解国库专款存储。所有各债本息，统由基金内拨付。如有不敷之数，可暂由国库垫付，惟仍应由交通四政项下随时拨还归垫。

丙、由交通部依照前项汇计之基金数额，就主管各事业，参照原借款合同之担保标准，分配各事业应摊基金数额，由本部派员常驻稽核收解。

此与交通部所主张之整理意见亦相吻合，本部债政亦可乘此收回，基金来源亦甚确实。至交通整理方案共分六点意见，除其第五、第六两项无关重要外，其余各点另纸抄录附呈。职意如照上述意见修正，本部可予赞成。惟整理债务将来是否发行统一债券，以掉回旧有债券，须视修改合同之成果如何，如能将原订利厘减低，期限延长，则发行新债券以掉回旧券自有必要，否则亦不必掉换。

（三）本案进行程序拟仍遵照钧座上年批示：依照债额性质，分别拟具处理办法。先与国库署、会计处会商，呈核后，再与交通部会商，呈院请示。当否，谨请核示。谨呈。

帮办董

司长陈

抄附交通部交通债务整理方案提要〔略〕

职　张正矩谨签　九、十七

〔国民政府财政部档案〕

3. 财政部国库署等核议交通四政债务整理方案意见签呈

(1946年)①

查外债恢复偿付一案，业经由司签呈请示。其中关于战前经常照付及已整理有案之交通外债，似亦应分别研究恢复偿付办法。本年二月间交通部在渝时，拟有交通四政债务通盘整理方案，径呈宋院长，并抄送本部洽照。经核内容颇为复杂，除有关内债部分，因性质不同另案核议外，所有外债方面问题，仍就原送方案所列六点，逐项核议如次：

经核交部方案第一点，拟以协商方式取消原合同不利我国各条款，本部自表赞同。惟如先行恢复偿付，则取消原合同中不利我国主权各条款，恐不易协商就范，拟先由交部与各债权方面协商，不必与本部经管外债同时恢复偿付，俟商议妥协后，再定恢复偿付办法。

原方案第二点，拟将旧债化零为整，规定统一办法，发行新债券，收回旧债一节。查交通外债其在民国廿五、廿六年间已订有整理办法者，如无不利条款，似可即照原案履行，且已顺延八年恢复偿付，自未便再行展期减息。其余战前已经照付各债，向未发行债票及息大期短者，似可照交部所拟化零为整办法办理。

第三点，对敌国或其人民所有债券或债务，一律没收作废，或抵偿赔款一节，当与国际法例以及此次盟国对德、意、日三国赔偿问题处置方案轻重等次不同。据外交部表示，敌国人民之债权似不便予以没收，惟可将债权让渡与其本国政府，以为抵偿赔款之一部。似应开送行政院赔偿委员会通盘对敌清算。

第四点关于偿债基金问题，交部所拟先由国库代垫，然后核拨

---

① 原文无时间，据文意推出。

收入汇解存库一节，核与公库法之统收统支有关。按交通债务大都以各该事业收入为本息之担保，且设有交通特别会计制度及偿债基金保管委员会，今如改请国库担保先行垫付，则本部自有以监督其会计财务之必要。似可由部商同交部就交通四政收入数额，而核定各单位应缴偿债基金之比例，由本部派员就地会同稽核，分解汇存备付，而国库庶不致有垫支过巨之虑。

至于原方案第五、第六两点，系研究国币与外币债务比值之利弊，并非本案之中心问题，似可暂从缓议。

兹拟本上列本部所核意见，先行函复交部，必要时再约同两部有关各单位会同协商，呈院请示，当否。理合签请鉴核示遵。

谨呈

部长
次长

国库署
会计处　谨签
公债司

抄附交通部交通债务整理方案提要〔缺〕

〔国民政府财政部档案〕

4. 交通部请速定交通债务整理方略呈
(1946年10月)①

抄原呈

窃查关于本部所绾内外债务，曾于上年十二月间，拟议整理方案，备其节略，附同杨亚瑟顾问意见书暨参考表类，由俞前部长面呈钧座指示决策，俾便遵循。同时并抄送财政部一份，藉资洽照在

① 原文无时间。仅从文中推出，似在1946年10月。

案。诚以事关国家要政，亟须具有一贯方针，庶能推行尽利。现抗战胜利已届一年，国内秩序虽未尽臻安定，而各债权者要请规复战前状态，继续履行合同，催索历年积欠，已纷至沓来。倘无既定方略，殊感应付维艰。理合再将前呈各件抄本一份附呈，恳请钧院迅予指示祇遵，毋任迫切待命之至。谨呈

行政院院长宋

附呈节略一件，整理方案一件，节译杨亚瑟意见书一件，参考表类三种〔均缺〕

交通部部长　俞大维

〔国民政府财政部档案〕

5. 财政交通两部拟具交通外债统一整理办法原则致行政院会呈稿

（1948年4月26日）

会呈

案查关于广九铁路借款中英银公司要求恢复偿付一案，呈奉钧院丑（鱼）五交代电，饬对于交通各项外债会同拟具确切整理办法，呈候核办。等因。遵经会同商洽，以交通债务前曾详细规划，拟具整个整理方案，呈请核夺。惟以基金及外汇问题，以致未能解决。嗣以各债权者催索日急，应付为难，而广九铁路因有港币收入，催迫尤甚，爰有单独提前恢复偿付该路借款之拟议，此实为不得已之举。倘能整个有确切办法，自仍以统筹办理，以免引起其他债权人之责难为是。兹奉电前因，遵经再行研讨，拟议统一整理办法原则如下：

（一）将各项交通外债分类换给统一债券，以后统一办理，其旧有各别合同条件，无形予以取消。债权人如愿接受者，则照所定办法办理；其不愿接受者，则暂予悬置。

（二）新债券依照类别、利率高低、期限长短，酌分为若干种，统一发行。其担保品及偿还办法均归一律，还本付息采逐年递增比率，以纾财力。至一切实施办法，拟候原则核定后，再行详拟呈核。

（三）新债券由政府及各该类事业财产及进款担保，并由政府统筹基金及结购外汇，委托中国银行经理，按期偿付。

查关于整理外债，前面迭次筹拟办法，迄尚未得结果，其症结所在，厥为基金及外汇问题，如基金及外汇有着，自可迎刃而解。交通部主管各项外债之有确实担保，及整理有案在战前经常照付者，如予偿付，计第一年应付本息共约需英金一，四一三，四〇三镑（附表一）〔缺〕。目前外汇头寸虽感不足，惟数额并非过巨，仅占政府支出外汇极小部分。为国家信用着想，即使挹彼注此，略予腾挪，以为偿债之需，似亦非绝不可能。如能办到，则对于交通外债，其利约有数端：

（一）政府在三十六年八月十三日宣布偿债决心后，引起各债权人纷来质询，如实行偿债，则我政府履行诺言，可昭大信于中外，国际间信誉立可增加。

（二）债务既已统一办理，则因旧有各别合同所引起之问题，如根据合同要求任用外人充工程师及总会计、请求恢复借款基金会、由外人参加干预事业行政以及查阅会计帐目等等，均可随之取消。

（三）各项外债换给新债券以后，可统一处理，各事业旧日债务束缚既可解除，再无各自为政之弊。

（四）各铁路产业及营业收入，均因本身借款个别提充担保品，所有进款只能用于本路，不能互通有无，如改为统一整理，则各路收入自可互相流用。

再就偿债数额研讨，计：

（一）全部按年照约偿付，共约需英金一，四一三，四〇三镑

（附表一）〔缺〕，如能照此办理，则恢复债信收效最宏，倘财力不逮不能全数照偿，则有下列减额办法两项可供采抉。

（二）拟将德、日债务留待将来和约订立以后再行办理，先就其余各债予以整理偿付，则共约需英金一，二二〇，七四八镑（附表二）〔缺〕。

（三）长江以北各事业，因地方秩序尚未恢复，可暂悬置，先就江南未受扰乱地区各事业之债务整理，则共约需英金五二一，九八〇镑（附表三）〔缺〕。

以上三项办法，究应采取何种数额，敬候钧院就外汇基金情形核定施行。至如就广九一路单独筹偿，虽可解决该路问题，但势必引起各债权人之纷起责难，穷于应付。而商议修改不利条件，亦复匪易，如恶例仍留，则将来整理其他各路外债均将援例，恐永无改善之日，此亦单独办理之困难情形也。

此外，尚有财政部经管战前关、盐两税担保外债八项，前经拟具恢复偿付办法，于卅五年十月卅日以京财公三字第778号呈奉钧院，同年十二月廿四日节京五字第2429号指令从缓实施。嗣准伦敦中国债券持券人公会主席俾斯保罗勋爵函，暨法国远东经济代表团团长穆和君面致法籍证券持有人全国联合会函，催洽订恢复偿付战前债务办法，复经先后于卅六年二月十八日以京财公三字第1612号暨卅六年三月廿日以京财公三字第1893号呈请核示。奉钧院卅六年五月十四日从盈字第18390号代电核定，先发表对外声明，一俟我国财政金融稍入稳定时，即行与各持券人进行洽商恢复偿付办法。业经遵照发表声明各在案。将来如拟全面恢复偿付外债时，以上关、盐担保八债连同庚子赔款担保四债，其第一年应付本息尚需英金约计二，四六九，一二〇镑，美金九九一，三九八·六五元，似亦应同时考虑，合并陈明（附表四）〔缺〕。

综上所陈，事关国策，究应如何办理之处，敬乞鉴核指令遵行。谨呈

行政院

〔国民政府财政部档案〕

6. 关于财交两部会商恢复偿付战前外债节略①

(1948年6月)

关于财交两部会商恢复偿付战前外债节略

查财政部主管战前有确实担保之各项外债，自二十八年停付迄今已近十载，复员以还，虽经迭次拟议恢复偿付草案，惟迄尚未奉政府核定。最近政府改组，翁院长所提施政方针中，曾有应积极恢复国家债信之宣言，自应及时筹划恢复偿付外债之办法，俾宪政开始之时，即有恢复国信之举，固不徒一新外人之耳目，亦有利将来新债之举借。

关于战前外债计划恢复偿付一案，本部前经拟具方案，于三十五年十月三十日呈院核示，旋奉院令核准照办。正准备间，复奉行政院三十五年十二月二十四日令饬暂缓实施。嗣以英、法两国持券人公会迭函催询，经呈奉三十六年五月十五日指令，饬由本部发表谈话，表示我国注意履行债务之诚意，一俟我国财政金融稍入稳定时，即行与持券人进行洽商恢复偿付办法。关于由部发表谈话一节，业经于三十六年八月十三日由行政院新闻局代为发布。惟自发表宣言以来，已逾十月。上年十二月间，因广东省政府以广九铁路本身已有外汇收入，函征交、财两部意见，可否先行恢复偿付利息一期，以便将来洽借新债。经两部会同呈院请示，复奉院令饬两部会商筹拟全面整理交通外债，乃于本年四月二十六日两部会同呈复，经拟具交通外债恢复偿付范围，并附带声明，政府如拟全面研讨，则财政主管部分似亦应一并考虑。

---

① 沿用原标题。原件无时间，仅据文意推定。

交、财两部主管之战前外债，如拟恢复偿付，自以一律同时恢复为最理想。但因国库外汇头寸关系，或需逐步分别恢复偿付，即先偿付一部分。其范围约有下列数种：

甲、除敌国债务外，全部战前有担保外债一律恢复停付以前之原状（例如关、盐担保八债及庚款担保四债，照旧偿付本息）。

乙、原债务之担保品现已恢复原状者，先偿付其债务之本息（例如关、盐担保八债）。

丙、甲种范围内之债务暂缓还本，先行付给全年两期之利息。

丁、乙种范围内之债务暂缓还本，先行付给全年两期之利息。

戊、甲种范围内之债务暂缓还本，先行付给半年一期之利息。

己、乙种范围内之债务暂缓还本，先行付给半年一期之利息。

根据以上划分范围，如将来恢复偿付时，每种范围第一年所需外汇估计如下：

财政部主管部分：

甲、关、盐担保八债及庚款担保四债本息，约需美金八，三九九，〇四九元。

乙、八债本息约需美金七，〇二三，五一〇元。

丙、八债及四债仅付全年利息，约需美金四，一五八，七二八元。

丁、八债付全年利息约需美金三，三九七，〇八九元。

戊、如仅付（丙）种半数约需美金二，〇七九，三六四元。

己、如仅付（丁）种半数约需美金一，六九八，五四四元。

交通部主管部分（根据四月二十六日两部会呈稿所列数字）：

甲、有确实担保及整理有案各债，除去敌国债务，第一年本息约需美金三，六六二，一六一元。

乙、如长江以北事业债务暂缓偿付，先就江南安定地区事业债务恢复偿付，第一年本息约需美金一，五二八，〇四三元。

丙、如仅付甲种全年利息，约需美金一，九九九，一八七元。

丁、如仅付乙种全年利息,约需美金九一二,六二二元。

戊、如仅付甲种利息半数,约需美金九九九,五九三元。

己、如仅付乙种利息半数,约需美金四五六,三一一元。

兹将两部所拟六种恢复偿付外债范围所需外汇数目列表于后。

种别	币别	财政部经管部分	交通部经管部分	合计
甲	美金	8,399,049.00	3,662,161.00	12,061,210.00
乙	美金	7,023,510.00	1,528,043.00	8,551,553.00
丙	美金	4,158,728.00	1,999,187.00	6,157,915.00
丁	美金	3,397,089.00	912,622.00	4,309,711.00
戊	美金	2,079,364.00	999,593.00	3,078,957.00
己	美金	1,698,544.00	456,311.00	2,154,855.00

注:上表内所有英镑均按三元美金折合。

〔国民政府财政部档案〕

7. 行政院关于交通债务先筹拟整理办法再核定施行代电

(1948年9月23日)

行政院代电 中华民国卅七年九月廿三日发出
(卅七)五交字第42225号

财政部:查关于英政府催我偿付广九铁路债款一案,经并该部会同交通部所拟交通部经管各项外债整理办法案,召集有关机关开会审查,并据报告:(1)自我政府去年八月宣传对于恢复偿债谈话以后,各债权人期望至殷,迄今年余,无何具体办法,以实践诺言,致多责难。为维护国誉及债信计,各项外债中有确实担保及整理有案在战前经常照付者,均应积极整理,继续偿付。(2)交通部经管各项外债,在抗战时期因各该事业大半沦陷,先后宣告停付,其近与财政部会拟统一整理方案中,为国库负担偿债力量着想,就偿债数额方面所拟三项原则:(甲)全部按年照约偿付,共约需英金一四一三四〇三镑。如能照此办法，则恢复债信收效最宏。倘财力不逮，不能全数照偿，则有以下两办法：（乙）将德日债务留待将来和约订立以后，再行办理，先就其余各债予以整理偿付，则共需英金约一二二〇七四八镑。（丙）长江以北各事业，因地方秩序尚未恢复，可暂悬置。□□□□□□□□□□区各事业之债务整理，则共约需英金五二一九八〇镑。就目前国家财力言，似以第三项意见为当。财政部以关盐两税担保之八项外债，亦应同时整理，以示我政府履行诺言，藉昭债信。至各债如何分期，利息如何减低支付，以及有关整理技术问题，可由财政部会同交通、外交两部妥拟实施办法，呈院核办。(3)广九铁路因有港币收入，且目前财力足以偿付宿债，故债权人催偿尤急。如单偿付，固可解决该路问题，然有下列数点，似应考虑：（甲）该路提前筹偿，势将引起其他债权人之责难，以至难于应付。（乙）原合同不利条件，势难商议修改，如恶例仍留，则将影响其他外债之整理。（丙）广九路与粤汉路已合并管理，如广九欠债清理，势必牵连粤汉，是该路债款似仍应通盘筹划，不宜提前单独偿付。惟其情形特殊，可准予优先整理，列入第一类清偿。等语。查吾国抗战甚久，兼有匪乱，故原则上抗战以前之对外欠债，暂从缓还。抗战以后之债款，则力守信约，历年均照此办理。交通部所管各路债务，可先筹拟整理办法，再为核定施行。除分行外，特电知照。行政院。申梗。五交。

〔国民政府财政部档案〕

8. 财政部关于整理交通外债办法应暂缓办理致行政院秘书处公函

（1949年6月1日）

公函1359

案准　贵处穗交字第五〇八一号通知单，关于交通部呈拟交通外债整理办法请鉴核一案，奉谕：交财政部迅速核复。等因。抄附交通部原呈一件，检送原表一份，并嘱检件办毕后随又送还。等由。

查交通部所拟整理交通外债六种偿付范围，系比照本部前拟之关、盐担保各债整理办法拟具，原则上似属可行，将来恢复偿付时，自宜就最小范围（即原拟己项办法）开始实施。惟以目前匪势猖獗，战区日广，国内经济情况殊不安定，所有本部经营各项关、盐税担保外债，前经钧院核准自本年度起恢复偿付一期利息者，刻因局势关系，已暂缓付诸实施。交通部所拟整理交通外债办法，自亦应暂缓办理，俟将来国内经济情况稍形稳定时，再行抉择施行。兹准通知前由，相应检还原表乙份，复请查照转陈为荷。此致

行政院秘书处

附件

抄原呈

案奉钧院卅七年十二月卅一日第五七六八一号密训令，略以财政部呈拟关、盐担保各项外债整理办法，经院会决议：一、照财政部所拟己项办法通过，自卅八年起实施；二、广九铁路借款付息办法，由财政、交通两部会同研究呈核。除指复外，抄发原呈，令仰遵照办理。等因。奉此。自应遵照办理。查关于广九铁路借款英方要求恢复偿付一案，迭经本部会同财政部筹拟办法，呈请核夺。该路前以运输联总物资，略有外汇收入，近来日形减少，为数无几，如谨将该路借款恢复偿付，固可解决该路问题，惟其他债权势必群起责难要求，将无法应付。且财、交两部经管债务同为国债，如办法步骤不能一致，亦易引起其他纠纷。经与财政部会同研商，拟将本部经管交通外债仍取整理办法，将广九路借款一并包括在内，不予单独办理，以免厚此薄彼。兹谨仿照财政部所拟关、盐担保各债整理办法，将本部经管交通外债拟具整理范围六种如后（本部经管各

债项目较繁，且非全属债券，有于整理后不计利息分期偿付者，有将本息并计发给期票者，故不能仅付利息，与财政部办法不能强同）。

甲、除敌国债务外，就战前已整理及经常照付各债恢复偿付本息。其战前未加整理及久未照付者，仍暂不偿付。

乙、除敌国债务外，先就江南地带交通事业所负各债在战前已整理及经常照付者，恢复偿付本息。其余暂从缓议。

丙、就甲种范围，除债券本金暂缓偿付外，其余按期照付。

丁、就乙种范围，除债券本金暂缓偿付外，其余按期照付。

戊、就甲种范围，除债券本金暂缓偿付外，其余按期先付半数。

己、就乙种范围，除债券本金暂缓偿付外，其余按期先付半数。

照以上划分范围，如恢复偿付，按现时美金汇率，核计每种范围第一年所需外汇估计如下：

甲种范围全年约需本息美金 4,418,352 元。

乙种范围全年约需本息美金 1,986,310 元。

丙种范围全年约需本息美金 4,063,954 元。

丁种范围全年约需本息美金 1,834,412 元。

戊种范围全年约需本息美金 2,031,977 元。

己种范围全年约需本息美金　917,206 元。

财政部经管债务既已决定办法实施，本部经管之交通外债似亦应同时办理，庶对国家债信可资维持，而广九路债款亦可连带解决。惟交通事业近年以来因战乱频仍，破坏摧残，愈演愈烈，经济情形极端困难，本身财力均恃国库贴补，万难负此偿债任务。而所需外汇，更属无法获得，惟有仍由本部编列预算，请准由国库筹拨外汇，方可清理。上陈办法，如何采抉施行，理合检具清表一份，呈请鉴核令遵。再，前奉钧院卅七年九月廿三日第四二二二五号代电，饬对于交通路债先行筹拟整理办法。遵与财政部会商，佥以两部主管债务同为国债，同应不分轩轾同时整理，庶可顾全国际信用，而偿债方案其先决问题，不外偿债基金以及结购外汇，胥当视国力而定。正拟会同呈复间，适财政部主管债务已奉指示办法，本部爰即援照拟议，已如上所陈，故不再另会呈。合并陈明。谨呈
行政院

〔国民政府财政部档案〕

〔2〕举 借 外 债

(1) 中加信贷借款

1. 行政院抄发加拿大借款有关文件训令

(1946 年 2 月 14 日)

行政院训令 节伍字第04422号 中华民国三十五年二月十四日发

令财政部

查我国向加拿大借款经过情形一案,经于三十五年二月十二日报告本院第七三三次会议,除转请国防最高委员会备案,并分行外交、经济两部知照外,合行抄发借款合约草案暨有关文件,令仰知照。此令。

抄发一、借款合约草案中文译本一件;

二、报告一件;

三、加财长致华大使函及复函译文各一件;

四、刘师舜由奥太瓦来电抄件二份。

借款合约草案

中国政府请求加拿大政府贷款,以便购买加制货物运往中国。加拿大财政部部长经一九四六年一月　日加政府之授权,得照出口信用担保法案之规定,贷款于中国。而中国驻加大使刘师舜又经中国政府授权,得代表中国政府签订本约。因此,双方同意订立借款条件如下:

(一) 本约所称"出口商"、"加制货物"及"加制货物原值"等名称,其意义均以加拿大出口信用担保法案及其附属法规之规定为准。

（二）加财长允照本合同所开条款，以不超过加币六千万元之款项贷与中国，俾中国得随时支用，以便向出口商购买加制货物运往中国。

（三）加财长应随时以本约第二条所指之中方购货用款，拨入中国政府在加拿大银行内所开之帐户。

（四）中政府对上述借款，应专用以偿付购买加制货物原值之用。至该项购货程序，将随时由加商务部部长、财长及中大使指定之中国代表会同议定。

（五）中政府对上述借款，允付年息三厘，自加财长逐次付款之日起算，至中政府依本约第六条规定，将中国政府公债票送交加方作为合并偿还上述借款之日为止。

（六）中政府应于一九四七年年底，将加财长逐次所付款项连同应得利息，结一总数，即以同额之中国政府债票，交付加财长，作为绝对偿还上述借款之用。该公债票本金分三十年摊还，利息按年三厘计算，每年于六月底及十二月底付息一次，年底平均还本一次，至一九七七年年底，本息全部还清。

（七）如至一九四七年年底，加财长依本约第二条规定拨交中政府之购货用款总额不足借款总额加币六千万元时，除非双方另行协定，其余额不再出借。

（八）双方同意如中政府不能依照规定如期以政府债票交付加财长，或对到期之债票不能如期偿付本息时，则所有本借款项下未清款项，均作已到期论，应由中政府提前一次偿还。

（九）中政府对偿还借款，得随己意所欲，以加币或纯金支付，惟纯金须依加外汇管理处当日公布之买入金价折合加币。又如遇加政府统制外汇规定出口商于对华输出时，所得之外币必须售与外汇管理处指定之外汇商，并允许进口商应用上述外币，以偿付其在华所购之货款时，则中政府依本约付款时所用之加币，将由外汇管理处指定之外汇商获得，或照公布之买入官价出售。上述外币，或由中政府及加外长另行商定其他方式。

（十）加财长同意中政府得提前偿还其所交公债票之一部或全部，利息照算，惟须依本约第九条之规定，以纯金或加币偿付。

院会报告

我国向加拿大政府借款一案，当文在加时，与加总理金氏将原则谈妥，细节由驻加大使刘师舜、驻美供应委员会主任委员王守竞及驻加供应主任江杓等协同与加拿大财长商洽。初因美国对借款虽原则已定，尚未公布，故加拿大亦迟迟未决，现经迭次催促，已决定照办，其办法如次：

（一）款额　加币六千万元。

（二）利息及期限　按年三厘计算，分三十年本息还清。

（三）用途　此项借款专用以购买加制货物，总数六千万元，中以二千五百万元购买中国政府原拟向加拿大购买之互助物资及其他工业设备，以其余三千五百万元购买中国所需之各种建设器材及支付服务费用。

（四）采购程序　由加拿大商务、财政两部部长及中国政府代表会同商定，所需购货价款，由加政府随时拨交我方以备支用，自一九四六年开始至一九四七年底采购手续须办理完毕。

（五）现金部分　除加拿大贷款六千万元外，每隔半年中政府须以纯金或外汇购入加币，以备支付在加采购或其他费用，其数目至少应为该半年内付支款额之百分之二十。凡中国进口商在加所付之购货价款，亦可抵充此项现款数额。

（六）还本付息　一九四七年采购程序完毕后，由双方结算历次拨款，连同利息合成总数，由中国政府以同额之加币债票送交加拿大财政部作为清偿上述借款之用。该项债票规定分三十年平均摊还，年息三厘，每年于六月底及十二月底付息一次，每年年底平均还本一次，至一九七七年年底本息全数还清。

查该项借款为数虽不甚大，但为战后各国向我国投资之第一次，可引起国际之注意。已呈奉主席核准照办。兹附合约及换函草案译本于后。

一九四六年一月加财长致华大使函草案

关于本日所订依出口信用担保法案拨借贵国加币六千万元之借款合同，兹查有关于运用信贷采购加制货物，及出售黄金或外汇换取加币，作为购货用款等之若干双方谅解事项，拟请贵方加以记录。

依本约第四条规定，中政府对于借款将专用以购买加制货物，其程序由加商、财两长及中政府代表会同商定。兹由双方成立谅解，在借款总额加币六千万元内，其中二千五百万元，须用以购买中政府前向加方要求购买而现为加方过剩之互助物资及其他中国拟购之工业设施，包括改造及运费在内；其余三千五百万元，则用以购买中国复兴所需之各种器材及支付服务费用，其程序由双方随时商定。至尊处所提拟以信贷一部支付货物运华时之船费，依目前加方法规，难以如命。惟法规时有变更，俟有变更时，对于尊嘱船费一节，商务部长及余必当同情的考虑，设法予以加入。

加政府同意本约所指之公债票，依第十条规定取赎时，其所需加币得就双方活期交易内华方之余款内提用。又华方在国际金融专款或国际银行内所得之加币，亦可用以偿付本约所指之信贷或公债票，加政府并同意华方如有美金为偿还之用，当由加外汇管理处依官价折合加币。

双方同意华方在加所需动用之加币，其一部分须以出售纯金或外汇之方法取得之。为贯彻以上愿望，自一九四六年开始，每隔半年华方应出售纯金或外汇以换取加币，其数额至少应为该半年内借款额百分之二十。此项加币将用以应付中政府在加各项用款，包括购货价款及服务费用与海事保险费等。又在一九四六年年初，中政府在本约未签订前所已换得之加币，亦可计算在内。又中国进口商向加方采购货物时所付之美金或其他外币，亦可抵充中政府依上述规定所应购买之加币。惟中国进口商在加付款，须有加外汇管理处之证明，方为有效。如此项付款总数超过中政府应购加币数额时，其余额可予保留，并入第二半年内计算。

上述各节，如蒙同意，至祈来函证明。又中政府派与加方商订购货程序之代表姓名，亦请开示为感。

一九四六年一月华大使复加财长函草案

顷接大函，对于本日所订加币六千万元之借款合同，其中有关于运用信贷采购货物及出售黄金或外汇换取加币作为购货用款各节，特就双方谅解事项，来函伸叙，并请敝方复函证明。等因。俱已诵悉。兹代表中国政府对于上述谅解事项，表示同意。至敝国所派与贵方商定购货程序之代表，并当随时以其姓名奉告。

抄刘师舜电二件

第五七六号　七日

特急。重庆外交部部、次长钧鉴：中加信用借款事，驻美大使馆转来钧电敬悉。此事一切均已议妥，数额为六千万元加金，分三十年还清，利率三厘，已于本日下午三时，由师舜与财政部长IL-SLEX氏签字，九日在重庆及奥太瓦同时承认。舜赴美京参加远东委员会，协定原件当携往交由外交邮袋寄呈，并请转呈宋院长。刘师舜。

第577号　八日

重庆外交部：576号电计达。加方所拟发表之消息，除款额、利率及期限外，并提协定内容以下数点：(一)六千万元中二千五百万元用以购买中国政府前依互助协定，请加方供给，战争结束时未交付之供应，上年九月一日加方正在制造中之物资，及中国政府前拟在加购买之旧工业设备。(二)其余三千五百万元，则由中国政府用以购买建设所需物资，物资项目由双方随时议定。(三)中国政府同意在未来两年内，以黄金或可变为黄金之外汇，购等于借款百分之二十之加金，在加购买物资。详情除已由王主任委员守竞径电宋院长外，谨再电闻，并请转陈。刘师舜。

附注：576号来电一电陈中加信用借款签字事。　机要室注。

〔国民政府财政部档案〕

2. 中加信用贷款附约

(1947年5月28日)

加拿大财政部部长(以下简称部长)与中国政府(由中国驻加大使馆田代办保生代表)双方于一九四七年五月廿八日在柯大华签订。

兹因根据一九四六年二月七日中加签订协定(以下简称原约)，加拿大政府允贷加币六千万元以内之贷款与中国政府。

又因中国政府曾请求，加拿大政府曾同意，根据原约由加拿大贷与中国之贷款，除供原约所规定之购买外，并得用以支付加拿大劳务之费用。

又因一九四六年加拿大律令第四十九章已将加拿大出口信贷保险法案修正，授权加财政部部长，准许贷款国家将根据该法案而贷出之借款，用以支付贷款物资所需加拿大劳务之费用。

又因原约规定，中加贷款加币六千万元中任何部分，如中国政府于一九四七年十二月卅一日以前未照该约之规定而加申请，除原约双方另有协议者外，即归无效，加财政部部长将不予交付。

又因中国政府曾陈述由于加拿大物资缺乏之故，于上述期限以前不能将加贷金额全数动支用以采购中国所急需之商品，因而请将原约所规定贷款动用期限展延至一九四八年十二月卅一日。

又因贷款动用期限之展延已经双方同意，因此对于展延期间内中国所申请贷款之偿付办法应加以规定。

职此之故,订约双方彼此签订并同意下列条款:

(一)本约“加拿大劳务”一辞,其意义应照“出口信贷保险法案”,或根据该法案而订定之规章所指定者解释之。

(二)加贷原约虽另有规定,但缔约双方兹同意,加财政部部长根据原约第二条贷与中国政府之贷款,中国政府得申请之,以供支付根据该条规定已运或将运往中国之加货之价款,暨该项加货在加所需劳务之所费。中国政府并同意根据原约及附约,中国向加拿大贷得之借款,应尽用于向加出口商购办物资及支付已运或将运往中国之加货价款之用。关于此事,加财政部部长及中国驻加大使馆所指派之中国政府代表,应随时协商一定之程序,以资根据。

(三)根据原约第七条,双方同意原约第二条所载之加贷六千万加元之任何部分,在未经中国政府依照该约第二条于一九四七年十二月三十一日以前加以申请者,得于一九四八年十二月三十一日以前由中国政府加以申请,加财政部部长并应依照原约关于所申请款项之交付方法支付之。

(四)由正约发生效力之日起至一九四七年十二月三十一日止之期间内,加财政部部长拨付中国政府之贷款数额及其利息之偿付办法,虽仍依照正约第六条规定办理,不受本条之限制。但中国政府同意加财政部部长根据正约及附约第三条规定,于一九四八年一月一日至一九四八年十二月三十一日之期间内,拨付中国政府之借款款额暨原约第五条规定贷款应付利息款额,于上述期间届满时,应积累为一综合债款,中国政府应于一九四八年十二月三十一日偿还此“综合债款”款额之三十分之一,其余差额则以票面价值相等之债券交付加财政部部长收执,为中国政府对加政府有法律上效力的、不可诿卸的、绝对的及无条件的一种债务。此项债券订定周息三厘,每半年付息一次,以每年六月三十日及十二月三十一日为付息日期。债券本金每年以相同之金额分廿九年偿还,由一九四九年起至一九七七年止，每年十二月三十一日为还本日期。

（五）本约与原约应作一个合约解读，原约内之规定不与本约相悖者，对于原约及本约下之贷款一律适用。

缔约双方兹于上列年月日签订本约，以资互守。

加拿大财政部部长 D. C. Abbott（签署）

中国政府代表 田保生（签署）

证人 周维干（签署）

R. B. Bryce （签署）

〔国民政府财政部档案〕

3. 公债司编《中加借款还本付息节略》

（1948年12月）①

中加借款还本付息节略

中加借款签订于民国卅五年二月七日，总额加币六千万元。按合约规定，借款动用截止后，我政府即以同额之加币债票送交加拿大财政部，作为清偿借款之用。该项债票分卅年平均摊还，年息三厘，每年六月底及十二月底各付息一次，自一九四八年开始每年年底还本一次。截至卅六年年底为止，共动用加币三三，五二三，四〇八.九一元，当经我政府如数发行债票六十张，交加政府执存（内中三千五百万元贷款部分卅张，二千五百万元贷款部份卅张），以后按年收回两张，至一九七七年年底全部收回。卅六年年底第一次偿付利息加币八八三，三二〇.六二元，未用现金外汇拨付，系动用借款拨交加方。本年六月底偿付第二次到期利息加币五〇二，八五一.一三元，系由中央银行汇偿，由国库以国币归垫央行。本年年

① 系从文中推出，原文无时间。

底应付到期本息数额，因本借款嗣经双方同意展期动用一年，至本年年底为止，刻尚在继续动用中，确数须待最后结算，前准驻加大使馆通知，约需加币二，四〇〇，〇〇〇元，业经由国库署主稿，电知央行预为准备，按期汇偿。最近复经本司洽请该署再电央行催办，务请于期前汇出。假定本借款于本年底前总额六千万元全数动用完毕，则明年六月底应付到期利息加币八十余万元，明年年底应付到期本息加币二百八十余万元。利息系按实际动用额计算，如借款尚有余额未予动用，则应付本息随之减少。

〔国民政府财政部档案〕

4. 财政部编《中加贷款购料办理情形节略》

(1948年12月)①

中加贷款购料办理情形节略

(一) 贷款购料分配　加贷款购料标准，前经分别核定报院有案，其数额如次：

甲、二千五百万元部分

国防部	一六，一四八，六四五.〇〇元
交通部	七，四一九，三〇七.〇〇元
资源委员会卫生部 江南造船所共计	一，四三二，〇四八.〇〇元

乙、三千五百万元部分

中央信托局	一二，五五八，〇七三.九六元
资源委员会	四，八六九，一〇〇.〇〇元
交通部	一七，三五三，九〇〇.〇〇元
物资供应局	二一八，九〇〇.〇〇元

① 系从文中推出，原文无时间。

（二）各机关领用物资缴价办法

加贷款购料物资，均由各原分配购料机关领用，其缴价办法，除国防部购用部分照院准成案，准予办理追加预算转帐领用外，其余各机关领用物资应缴之价款依照院定办法，均以由各机关原预算内拨款缴付为原则。如原预算内无款拨缴者，得按照国营事业机关借用外汇办法，向中央银行借款拨缴，但其中关于交通部购用部分，亦有呈院准办理追加预算转帐者。

（三）截至目前止动支贷款数额

甲、二千五百万元部分，因加方已宣布之战时剩余物资已无可购用，而加方复不允改购非战时剩余物资，截至□□底止，尚余八百八十万元未经动用。

乙、三千五百万元部分，均经全部分别划购物资，除保留一部分备充物资运费及物资增值之用外，已无余额。

（四）加贷二千五百万加元部分，洽请改购非战时剩余物资及展期动支经过。

加贷二千五百万元部分余额八百八十余万元，因加方已宣布之战时剩余物资已无可购用，且贷款动用期限瞬即届满（卅七年年底），为维护我国动支贷款权益起见，本年十月间曾由驻加物资供应处周处长向加财政、商务两部次长洽商改购非战时剩余物资，承允协助提供可以改购烟叶、木材、皮革等物资之意见，惟以须提请加内阁同意后始能决定，而加政府最高当局嗣又认为此事于法律上无从解释，终遭否定。当即由本部电知驻加大使馆会同驻加物资供应处向加政府交涉，酌予延长动用期限，以便续购加方陆续宣布之战时剩余物资，惟近据加处报称，加政府似有不允展延动支期限之意。

附中加贸易展望节略〔略〕

〔国民政府财政部档案〕

5. 驻加拿大大使馆关于中加借款1948年度动用数及发行第二期债券情形快邮代电

（1949年3月5日）

快邮代电　　38加大字第138号

财政部公鉴：准卅八年元月十七日财有公三字第4243号代电，嘱将中加借款于一九四八年度内动用之款项确数，连同利息之综合债款数额，及续发之债券式样、种类与内容，一并查复等由。兹分别详复如下：（一）查一九四八年度内动用之款项确数，前经于本年一月十日以第286号电请外交部转咨在案。复按加财政部一月五日来函，并经驻加物资供应处及本馆核算，三千五百万元部分，动支一五，〇三六，一二〇．八八元，利息二一九，二〇一．五二元；二千五百万元部分，动支三，三六〇，八八一．九八元，利息七六，三八四．一九元，故一九四八年度内两部分综合债款共为一八，六九二，五八八．五七元。（二）一九四八年底应偿付到期本息共计二，二五八，八四八．六一元，奉外交部本年一月四日第241号电略称，贵部曾饬上海国行汇交美金二，二八三，二六〇．〇四元。嗣准本京加拿大帝国银行（IMPERIAL BANK OF CANADA）一月七日函通知，实汇到二，二八三，二五九．〇四元，当即于一月八日检具二，二五八，八四八．六一元支票一纸，送交加拿大国家银行（BANK OF CANADA）经理。同时函告加财政部长，并于一月十日及十一日分别准复照收各在案。汇款于偿付本息后，尚余存二四，四一〇．四三元。（三）依照修正合约第四条规定，应于一九四八年年底将综合债款发行第二期债券一节，亦经于第286号电转达，经与加财政部洽定债券仍采打字本无息记名式。三千五百万元部分债款除还本四九四，三三二．〇〇元①外，余一四，

① 此数字后经驻加大使馆复核，应为494，322.40元。

七六一，〇〇〇．〇〇元；二千五百万元部分债款除还本一三一，二六六．一七元外，余三，三〇六，〇〇〇．〇〇元。两部分各发行债券廿九张，当于一月十九日备齐赍送财政部长收执，关于一月二十日准复照收，另退回注销后之一九四七年第一联债券两部分各一张在案。除另呈外交部外，相应检附有关函件抄本、退回债券，及第二期债券副本等，一并代电复达，即请查核，并惠复为荷。驻加拿大国大使馆。

计附〔略〕

中华民国卅八年三月五日

〔国民政府财政部档案〕

（2）中美购棉借款

1. 华盛顿进出口银行关于订立美棉借款合约致中国银行函

（1946年3月14日）

查贵国政府会同敝行申请贷款美金三千三百万元，以供在美采购美棉运华之用，本案已经敝行董事会通过照办。兹将本案贷款拨提及其运用之各条件，列举于后：

一、购棉合同　中国采购棉花商人应照通常办法，向美国棉商洽购棉花。

二、承兑书之申请　贵行经同意某购棉者在本贷款项下购棉后，应由贵纽约分行用书面向敝行申请发给承兑书交美国棉商。申请书上应注明买卖棉花商人之姓名、住址、购棉数量、种类，运至卸货港口C. L. F. 价格（即包含货价、保险费及运费之价目），期票及证件到期日期，是否分批装运，期票所附证件之说明，暨银行信贷书所应备注之其他各项。棉价应照每磅美金若干分，或折合美金之其他货币单位计算。关于保险条件，贵行并应注意详注所保水险之切实数额及任何附加或特定之保险数额。

三、承兑书之签发　敝行收到贵行依照本合约所规定之申请书时，即行发给承兑书，交由指定之棉商承售。贵行所签发之期票，该棉商转将是项期票及附件交其指定之商业银行后，敝行即向该商业银行接洽办理。承兑书将含有银行商业信贷书内所备具之依照商务信贷文书一般惯例办理之条款。

四、期票之条件　上项期票应由贵行于发票后廿四个月内以美金兑现，年息$2\frac{1}{2}\%$，自发票日起算至付款日止，一年照三百六十五日计算，并由贵行在美通讯处或纽约分行付款，付款之银行应于期票上注明。期票到期前，贵行有权拒兑。期票格式应照附件式样A办理。

五、期票之数目　每次装运棉花，其价款应分三张期票支付，一张按照C.I.F.货价支付85%，另两张每张支付7.5%，以便敝行按动用货款比例数额，向棉商及其他银行洽办手续。

六、期票之承兑　贵行于每次购棉收到期票暨所附文件时，应即予以接收承兑，但于载运各该批棉花之船舶未到达前，得暂缓办理。惟该项船舶到达提单上所载明之港口时，贵行应即办理承兑期票手续，并将该票送回经手之美国银行，其附件则由贵行自由处理。购买棉花商人对于棉花如发现数量不符或损坏时，应由该商人或贵行径与出售棉商，或保险公司，或轮船公司交涉，与贵行承兑期票之责任无关。棉船如逾提单上所载明日期十五天后尚不到时，贵行仍应办理承兑期票手续，不得借口棉船之丧失或因其他缘故不能到达而卸脱责任，不予兑付。其因购棉之全部或一部分损失所得之保险赔偿，应即用以支付期票所需之款额。贵行可与购棉商人洽商该款之偿还办法，本条规定不仅适用于本行，根据本约与贵行之交易皆适用之。

七、代理承兑　为应事实上需要起见，期票之承兑及附件之递送，应由贵纽约分行代办，经手之商业银行先将期票及其附件送交贵纽约分行，该分行则将该项附件转寄贵行，贵行于收到该附件或于每批棉花运到时，应即电知贵纽约分行办理承兑手续。本条规定不能视为更变第六条所规定贵行承兑期票之责任。

八、根据本约成立之贷款，并应照下列各附加条件办理：

1. 承兑之款额　根据本约承兑之总额，不得超过美金三千三百万元。

2. 有效合约　根据本约办理之棉贷，应以本约生效之日起六个月内所订之合同为限，所有贵行于本约生效之日起七个月后之承兑申请，本行概不承认。本约自中国政府签署之日起生效。

3. 装运期间　根据本信贷采办之棉花，均应于本约生效后一年内装运。

4. 装运船舶　除非经本行特予表示放弃，所有根据本信贷采办之棉花，一律应用美籍船舶装运。

5. 杂费　凡因办理棉贷事宜，由本行或商业银行代付之电费及其他零星垫款，包括本行或商业银行因代收期票所付之法律费用，贵行于接到通知时应即归垫，但商业银行因经办及代收期票与处理有关附件所需之佣金，应归出售棉花商人支付，贵行或买棉商人均不负担。

6. 合约之取消　订约之任何一方有权以书面或电报通知对方取消本约，被通知之对方收到此项通知时，本约即实行取消。但根据本约业已办理之承兑书，暨根据是项承兑书业已签发或尚未签发之期票，均不得受此影响。

7. 代理人之授权　贵行应出具证件授权贵纽约分行，以贵行名义负责代表执行本约申请本行发给承兑书，并承兑第七条规定之期票及代表贵行办理该条规定之其他有关事宜。

8. 担保与法律意见书　本合约须俟中国政府出具保证书，保证偿付根据本合约所成立之每项贷款时始生效力。中国政府并须出具足使本行满意之中国法律顾问意见书，证明中国政府已依照中国法定手续保证偿付根据本约所成立之每项贷款，中国政府并曾正式授权签署该项保证书。该项保证书内所列条款，对中国政府具有法律上之约束力。

本约一式三份，业经本行签署，其所载各项条件，如贵行暨中国政府认为同意时，应由贵行暨贵国政府正式授权之代表加以签署。除以一份送回本行外，其余二份由中国政府及贵行分别收存。贵纽约分行代表贵行向本行签署申请承兑书函件暨承兑期票之签字式样，应连同本约一份，并送本行备查。此致

中国银行总管理处

华盛顿进出口银行董事长　马　丁（签署）

中国银行接受前项各条款，此证。

中国银行纽约分行副经理　哈骏文（签署）

保　证　书

中华民国政府为使华盛顿进出口银行签订上述合约，并根据该约签发承兑书起见，对于该行根据该约收受之期票，兹特无条件保证其本息之偿付，并声明此项保证适用于上述之一切期票，中华民国政府无须再在票面加以签署保证。又是项保证不仅适用于华盛顿进出口银行，凡本信贷期票之任何执有人均适用之。

中　华　民　国　代　表

驻美中国物资供应委员会主任委员　王守竞（签署）

一九四六、三、十四、

式样 A（期票式样）

款额美金（用数目字）

地点：

日期：

凭票（列本未付）自本日起算廿四个月内照付（　　）美金元，及自本日起算至付款日止，照年息 $2\frac{1}{2}$%计算之利息。此票系根据　年　月　日华盛顿进出口银行签发之第　　号承兑书所签发，用以购运美棉前往中国。

上款请入　　帐户。此致

中国银行

美国棉花输运商签字人

（下列空格之附注由经办之美国商业银行加盖铃印后，再将期

票送交外国银行)

同意兑付上项期票。

(此栏应由同意兑付期票之外国银行填注)

年　月　日

中国银行签字人签署

〔国民政府中央银行档案〕

2. 中国政府代表王守竞等为担保信贷公平分配致华盛顿进出口银行函

(1946年3月14日)

关于本日所签订之美金三千三百万元信贷,用以购买棉花由美运华事,承嘱将中国政府及中国银行对于该信贷施行步骤予以说明,本人等因奉中国政府暨中国银行分别授权签订,并执行该信贷。兹特向贵行申述,前项信贷将公平分贷与官办或商办纱厂,决不因购棉者无政府身份而加以歧视或优待,并声明中国私人棉商必须出具抵押,保证其能履行其对于进出口银行之债务,中国银行始予此项棉贷,中国政府始允代作保证。

中国政府代表并声明,在前项美棉信贷案内所购之棉花,将售与政府或商办纱厂,决不因各该厂所有权或管理权之性质而有所歧视。此致

华盛顿进出口银行

中国政府代表　王守竞　(签署)

中国银行代表　哈骏文　(签署)

一九四六、三、十四、

〔国民政府中央银行档案〕

3. 中央银行编《美棉贷款案节略》

(1947—1948年)①

一、委托中国银行代理经办美棉贷款案节略(1947年)

(一) 美棉贷款总额及动支数额　贷款总额共为美金三千三百万元,截至三十六年七月十日止,实际动用美金三千二百九十七万六千四百四十二元一角四分,未动用余额为美金二万三千五百五十七元八角六分。

(二) 贷款动用手续　依照合约规定,纽约中国银行申请华盛顿进出口银行发给美国棉花出口商承兑委托状,美国棉花出口商即依据上项委托状开出二年期之汇票,此项汇票由纽约中国银行签证承兑。查此项贷款于三十五年六月十日开始动用起至三十六年七月十日止,共计动支美金三千二百九十七万六千四百四十二元一角四分,其中美金一千七百六十八万三千七百九十四元六角五分系由中国银行国外部结售,其余美金一千五百二十九万二千六百四十七元四角九分系由其他指定银行结售。上项委托状中美金六百八十二万六千五百七十九元一角一分系驻美物资供应委员会订购美棉请求发出,其余美金二千六百十四万九千八百六十三元零三分系自上海直接向美国出口商订购所发。

(三) 本息之偿付　按照美棉贷款合约规定,纽约中国银行签发之承兑汇票为期二年,利息按年息$2\frac{1}{2}$%计算。兹将自三十七年六月十二日起分别到期应行偿付之本息数字开列于后:

---

① 系依文件内容推定。

单位(美元)

日期	本金	利息	合计
37年6月	4,627,690.90	231,384.50	4,859,073.40
37年7月	4,125,285.90	206,264.26	4,331,550.16
37年8月	10,167,709.80	508,385.44	10,676,095.24
37年9月	3,927,167.30	196,358.33	4,123,525.63
37年10月	4,364,082.50	218,204.08	4,582,286.58
37年11月	1,583,444.50	79,172.21	1,662,616.71
37年12月	1,369,329.30	68,466.45	1,437,795.75
38年1月	1,359,073.70	67,953.67	1,427,027.37
38年2月	810,154.20	40,507.70	850,661.90
38年3月	203,368.34	10,168.41	213,536.75
38年4月	439,135.70	21,957.11	461,092.81
共计	32,976,442.14	1,648,822.16	34,625,264.30

(四)贷款运用情形　本行于三十五年四月及六月间,先后订定 Procedure for use of the US $ 33 Million Cotton Credit 一种,通函各指定银行查照办理。按照上项处理手续,中国纺织建设公司暨各民营纱厂及棉花商向出口商购入美棉,得向各指定银行结购外汇,截至最近止,美棉贷款项下各指定银行售结进口美棉外汇计:

(1) 各民营纱厂　　美金一二,五六六,三二二.四七元

(2) 中纺公司　　美金一三,三五〇,五四八.六三元

(3) 各棉花进口商　　美金　七,〇五九,五七一.〇四元

(4) 共计　　美金三二,九七六,四四二.一四元

(五) 购棉款拨存情形　上项购棉所结售之款项,均由国内棉花厂商缴付中国银行,计全部价款三千二百九十七万六千四百四

十二元一角四分，其中美金三千二百二十五万元已由中国银行拨付本行，余数美金六十二万六千四百四十二元一角四分存于中国银行国外部“国行棉贷专户”内。

二、美棉贷款案补充节略(1948年3月)①

(甲) 本行受政府委托办理之经过

(一) 本行奉行政院三十五年五月九日京伍字第三五八号代电，以美棉借款美金三千三百万元合约已于三十五年三月十四日正式签订，依照合约规定，应由中国银行承兑美进出口银行所出之汇票，由财政部无条件担保该项借款本息之偿付，并应由中央银行随时匡计到期偿还之本息各条款转知国库，拨交中国银行拨付，希监督办理一切有关手续。

(二) 驻美物资供应委员会王主任委员守竞三十四年十二月八日致宋前院长电报告，向美进出口银行商借之棉花贷款美金三千三百万元已洽妥。并请示三点：(1)美进出口银行要求由中国银行纽约分行代表该行，证明本借款所列各条款，系经宋前院长核准并订立协定。(2)由行政院指派该会主任委员王守竞并授权代表中国政府签订合约。(3)美棉之鉴定，所拟运往之口岸，在中国境内由何机【构】办理运棉事宜。

(三) 宋前院长接得上项电报，于三十四年十二月十二日函财政部俞部长，以所请三点，除第二点已请外交部转知照办，第三点已饬纺调会查照电复外，其第一点希转饬核办。

(四) 本行奉行政院三十六年二月二日从伍字第三一八九号公函，附送美棉贷款合约一份(此份系补送)，并于三十五年十二月二十六日节京伍字第二四七七一号公函，附送美棉贷款修正合约一份。

---

① 年月系据本节略稿批注。

（乙）关于各民营纱厂、中纺公司及各棉花进口商向美国出口商购入美棉之根据

（一）本行奉令办理美棉借款，关于贷款办法及处理手续经奉准后，于三十五年四月二十六日以第三十六号通函通知各指定银行、各外汇经纪人、各棉花进口商及各纱厂棉商知照。兹将贷用手续要点摘录如后：

（1）凡已售与我国纱厂及棉商而尚未付款或将签订合约，于卅五年三月【十】四日以后，不论已、未运到之棉花，均得依本办法规定运用美棉借款。

（2）依照借款合约规定，此项棉花借款不论国营或民营纱厂，一律平等待遇，可以贷用，毫无歧视，中国纱厂及棉商均得依本办法向美国任何商人订购美棉，并可向任何一家指定银行洽购外汇。

（3）中国银行根据购买人之需要，分配此项美棉借款，凡属合格之厂商，必须依照本行规定所需之资料随时供给，但中央银行得保留变更分配之权利，即将剩余之美棉借款平均分配其他纱厂及棉商。

（4）依照国民政府之训令规定，中国银行为政府及中央银行之代理人，办理美棉借款业务。

（二）本行为修正美棉借款贷用手续第八、九两条关于美棉已出售尚未付款及向中国银行贷款之手续，经于三十五年六月五日以第四十四号通函通知各指定银行查照。

（三）按照上项处理手续，截至三十六年七月十日止，美棉借款实际动用美金三二，九七六，四四二.一四元，未动用余额为美金二三，五五七.八六元。兹将各指定银行售结进口美棉外汇统计如下：

（1）	各民营纱厂	美金一二，五六六，三二二.四七元
（2）	中国纺织建设公司	美金一三，三五〇，五四八.六三元
（3）	各棉花进口商	美金七，〇五九，五七一.〇四元
	共计	美金三二，九七六，四四二.一四元

〔国民政府中央银行档案〕

4. 美棉贷款补充修正合约①

(1948年8月12日)

美棉贷款补充修正合约

译稿

立合约人:中国银行、美国政府代表人华盛顿进出口银行(简称进出口银行)于一九四八年八月十二日,双方对于一九四六年三月十四日协定之美棉贷款合约,前经于同年九月十二日及十二月十一日先后修正各一次,兹特再予补充并加修正。

按进出口银行前基于一九四六年一月三日所为之决议,及同年八月二十八日所为之修正案,爰决定由进出口银行贷出不超过三千三百万美元之款,作为中国在美购棉及运棉输往中国之用。此项贷款得由中华民国政府就其国内之金融机构中指定任何银行运用之。兹悉中华民国政府并已指定中国银行为运用此款之银行。

又依据一九四六年一月三日进出口银行之决议,中国银行与进出口银行经于一九四六年三月十四日订立美棉贷款合约,成立上述贷款,而中华民国政府则无条件担保,凡因购买美棉所开之期票,均应由中国银行承认到期凭票兑付之。此项规定在美棉贷款合约经由一九四六年九月十二日及同年十二月十一日修正案所附之担保书格式上载明。

又进出口银行依据前经修正之美棉贷款合约条款规定,托由若干美国商业银行之代理机构垫付此项美棉贷款美金共三千二百九十七万六千四百四十二元十四分,此项垫款所发之美棉期票若干张,其支付人为中国银行纽约分行并由该分行承认如期偿付:

---

① 沿用原标题。

(子)在此若干张期票上所列之垫款,应于一九四八年八月十五日到期,或于是日以后到期者,计为美元二千零八十九万三千九百零四元五十九分。(丑)其余款额(美金一千二百零八万二千五百三十七元五十五分)则系于一九四八年八月十五日以前到期者,亦应偿付。

又中国银行兹因中国之中央银行及中国银行本行现时所有之外汇来源紧缩,经中华民国政府之允许,要求进出口银行对上述期票欠付款额之本金及利息将于一九四八年八月十五日到期或于是日以后到期应付之期限,予以调整并延展之。

又中国银行对棉贷期票所列分期应偿之本息,现因上述外汇来源紧缩关系,中国银行对上述本息于一九四八年八月十五日或是日以后到期者将不能依约全部偿付。

又中国银行为欲使进出口银行对美棉贷款期票之于一九四八年八月十五日或是日以后到期本金,连同是日及是日以后到期之利息展期偿付并予调整之要求得以实施起见,业经向进出口银行承认照付一九四八年八月十四日以后增加之全部利息,并将中国银行纽约分行前向纽约艾尔文信托公司提出之保证,作为中国银行向该公司透支帐款之担保品,将来可由艾尔文信托公司出售时所得之过分利得金,以书面证明方式交与进出口银行作为担保。进出口银行对于上项提出之条件认为可行,同意中国银行所为之要求。

中国银行与进出口银行基于上述各项情形,并对今后交换之条件及协议予以考虑后,双方爰订立本美棉贷款补充修正合约。条款如下:

第一条　棉贷期票偿付期限之延展及调整

进出口银行依据本合约规定之条件及事项,兹对前经修正之一九四六年三月十四日美棉贷款合约由进出口银行垫款所发出之棉贷期票到期本金之期限,予以延展及调整。该项期票系以中国银行为支付人,并经该银行承认期票上所载之条件及期限。期票本金偿付期限系在一九四八年八月十五日或是日以后者,计本金总数为美金二千零八十九万三千九百零四元五十九分,连同应付利息,按息二厘半计算,于一九四八年八月十五日或是日以后到期偿付。

(甲)本金之延展及调整　原订于一九四八年八月十五日到期或是日以后到期所有棉贷期票全部本金之偿付期限,兹均予以延展及调整,自一九四九年二月十五日至一九四九年十月十五日平均分九期逐月偿付。第一次到期为一九四九年二月十五日。兹将各期本金额及偿付期分列如后:

第一期本金二,三二一,五四四.九九美元,一九四九年二月十五日到期。

第二期本金二,三二一,五四四.九五美元,一九四九年三月十五日到期。

第三期本金二,三二一,五四四.九五美元,一九四九年四月十五日到期。

第四期本金二,三二一,五四四.九五美元,一九四九年五月十五日到期。

第五期本金二,三二一,五四四.九五美元,一九四九年六月十五日到期。

第六期本金二,三二一,五四四.九五美元,一九四九年七月十五日到期。

第七期本金二,三二一,五四四.九五美元,一九四九年八月十五日到期。

第八期本金二,三二一,五四四.九五美元,一九四九年九月十五日到期。

第九期本金二,三二一,五四四.九五美元,一九四九年十月十五日到期。

(乙)本金偿期延展调整以后之息金偿付办法

棉贷期票本金之偿还既经分为九期延期偿付，则其每期应付之息金自应按照前定利率，依下列规定办理：

（子）上列展期棉贷期票债本平均分九个月偿付，其第一次本金偿付期为一九四九年二月十五日，到期之时，除应付一期本金外，同时并应偿付展期债本全部自一九四八年八月十五日起至一九四九年二月十四日止之六个月应得利息。

（丑）以后各月份（自三月份起至十月份止）偿付各该月到期本金时，均应同时照付余剩未还本金之利息（一个月）。其利率应照原定利率计算，直至最后一期为止。

第二条　偿期延展执行之条件

棉贷期票偿期延展及调整既如上述，其执行办法兹经双方议定，应有如下之措置，俾使进出口银行满意。

（甲）中国银行按前开棉贷期票各别期限对原定一九四八年八月十四日或是日以前所有到期本金连同利息，均应依照规定予以偿清。

（乙）中国银行对一九四八年八月十四日以后增加之全部利息，原定于一九四八年八月十五日或是日以后到期应付之利息，亦应依照规定予以偿清。

（丙）中国银行与中华民国政府对棉贷期票债款之偿付义务，虽无需任何限制，但为保证中国银行对修正后棉贷期票所负之债务能迅速偿付起见，中国银行及其纽约分行应向进出口银行提出一种有资产利益之保证书，此种资产即系提供纽约艾尔文信托公司作为保证之资产。该项资产将来于其出售时所得之过分利得金，即以之作为担保品，是即为中国银行向艾尔文公司透支帐款，按照担保品抵押总约之规定应行提出之保证（以下简称保证书）。保证书应由中国银行及其纽约分行签署后送致艾尔文信托公司。保证书之全文在实质上与本合约之附件甲同。保证书送达进出口银行时，应附列中国银行提供艾尔文公司担保品之全部清单（以下简称清单)。清单于送致进出口银行前,应由中国银行于清单上载明日期,并予签署。

第三条 关于担保品及清单之特别协定

中国银行与进出口银行兹特商定并同意,关于债务偿还之履行如有意外情事发生,进出口银行得自凭主见,有权将担保品予以取出,或使其提交艾尔文信托公司。所称意外情事如下:

(甲) 任何到期本息不能依约偿付时。

(乙) 中国银行或其纽约分行有下列情事之一时:

1. 银行结束或中止存在。

2. 宣告破产或业务失败委托清算。

3. 触犯任何破产之行为。

4. 该银行或其纽约分行与艾尔文信托公司有关之帐款或资产遭受扣押警告之处分。

5. 该银行或其纽约分行自动申请或被动宣告破产而请求指定清算。

6. 关于解除负债人之债务。凡因依据破产法或议会法案或其他政府法令,而进行程序应即开始——或由改组方式或经混合扩充以及其他途径以解除或调整该银行或其纽约分行之债务时。

(丙) 进出口银行及中国银行或其纽约分行同意于上述担保品保证书送达进出口银行后,遇有非常紧急事件发生,或即将发生,或势必发生,而足以影响中国银行或其纽约分行,又或任何分行之继续存在时,则应认为已达紧急状态,而进出口银行即有充分理由将中国银行所送致之担保品保证书移存于艾尔文信托公司。

(丁) 如中国银行因不能履行本合约任何条款而未如期偿付债款本息时。

第四条 中国银行对担保品及清单之特别义务

中国银行对担保品及清单愿依下列手续办理:

(甲) 中国银行自一九四八年九月份起至修正展期之期票本

息偿完为止，每月应具新保证书一份，连同新担保品清单一并送致进出口银行。此项新清单须逐月注明日期，保证书及清单均须照前规定。由中国银行签署之清单内并应附有送致纽约市国家银行总监理处月报之抄本一份，内开每月提出分项列记之担保品。此即系依据前述之担保品抵押总约规定送致艾尔文信托公司者。

（乙）中国银行纽约分行应在其担保品总账内，将上述清单所列担保品专户列入。此种账项之记录须以明显之记载，说明担保品遇有处分时，应先审查其账项，并说明除非商得中国银行纽约分行经理许可及其个人命令，任何担保品不得处分，而此种帐项之记载，每次均应经该经理亲笔签押。

（丙）期票本息如未全部偿清，所有提供抵押之担保品在未得进出口银行书面认可以前，中国银行不得处分或允许处分，而将原担保品任何一部份或其出售后可能获得之过分利益另作抵押之用。假定再予押出，则其效力亦应订明居于进出口银行优先权之次一地位。

（丁）艾尔文信托公司对中国银行购棉透支之帐款于清算后，如查明前述清单所列之担保品全部售价净得不敷偿付棉贷期票尚欠本息时，其不敷之数应立由中国银行汇付进出口银行。

（戊）在展期后之期票本息未全部偿清以前，依据中国银行纽约分行与艾尔文信托公司所成立之担保品抵押总约之规定，现存于信托公司之担保品，其购价总值须与送致进出口银行之担保品清单上所列购买价值相同，不得有所变更。但任何担保品经由艾尔文信托公司出售所得利益，以局部或全部偿付中国银行向该公司透支之帐款，或以之提前偿付进出口银行所垫之棉贷欠款尾数时，其担保品价值可以出售时之价值为准。

第五条　进出口银行对担保品及清单之特别义务

进出口银行对担保品及清单愿依下列手续办理：

（甲）非有本合约第三条所载意外事件，进出口银行不得将中国银行所具担保品提送艾尔文信托公司。

（乙）棉贷期票到期尚欠之本息无法偿付时，进出口银行得将艾尔文信托公司移来之抵押品出售得价清偿，售价如有剩余，则进出口银行应立即汇付中国银行。

第六条　本息到期愆付得先期索偿

中国银行如不能依照本合约规定偿付任何本息，或不能履行本合约任何条款时，则此次协商修改延展之期票应即依照原合约前定期限立予偿付。此外，由于任何愆付而产生不利债权人之结果，则进出口银行或其他持票人得立即催索中国银行，将所欠之全部本息不论到期与否，一次悉予偿清。

中国银行如有上述愆付情事时，进出口银行有权变更手续，对本合约所订之分期偿付期限将不再考虑。

第七条　本金之提前偿还

中国银行对棉贷期票本金之全部或一部尚欠余额，得有权于一九四九年二月十五日以前任何时间提前偿还，不受处罚及补息之拘束。

除期票遇有本约第六条所列愆期欠付情事，而将依据原合约条款规定，由期票到期相反程序逆溯提前偿还外，任何本金之分批提前偿还，应适用期票到期相反程序办理。

第八条　期票及背书效力之承认

中国银行兹证实其对依据修正之一九四六年三月十四日棉贷合约，而经进出口银行发出并经中国银行接受之全部期票之效力予以承认。此种期票之各别限期，依原约规定，应在一九四八年八月十五日或是日以后偿付者，并系交由进出口银行存执，以为该行垫付贷款之证明。

中国银行对期票上所具背书效力之承认，及连同对各该背书人及各该与进出口银行往来之美国商业银行效力之承认，一并予以证实。上述背书无论其形式或内容如何，但其效力中国银行自应承认。

第九条 改正及补充前经修改之一九四六年三月十四日美棉贷款合约 前于一九四六年九月十二日及十二月十一日修改之同年三月十四日美棉贷款合约,其中一切互约条件,除经本合约此次改正及补充者外,应充分继续有效。

中国银行与华盛顿进出口银行,兹经由各该银行全权代表人于上述日期在美国哥伦比亚区华盛顿对本补充及修正合约共同签字,计一式两份。

中 国 银 行 代 表 (签字)

华盛顿进出口银行主席

代 表 (签字)

证明人 (签字)

中国政府出具之承诺及担保书(译稿)

中华民国政府将:(一)依本约规定,对于经中国银行承受之期票上本息之延展及调整条款予以承认,按该项期票系据前经中国银行与进出口银行双方协议修订之一九四六年三月十四日棉贷合约所成立,而原定于一九四八年八月十五日或是日以后到期应付之本息,依约应由中华民国政府无条件担保偿还者。(二)中国政府又对本约规定分期偿付之本息,无条件担保,依期偿还。此举系证实中国政府前此在一九四六年三月十四日合约之上附具之原担保书,仍有续续履行之义务,该项担保书并不因本约之修改而对原承认与担保之规定有所变更,并将与本担保书具同等效力。

本担保书系于一九四八年八月十二日在美国哥伦比亚区华盛顿订立。

中华民国政府代表

中华民国驻美全权大使 (签字)

附件甲

中国银行纽约分行为出售担保品案致纽约艾尔文信托公司函

执事先生公鉴：

当进出口银行将此委托函交与贵公司时，贵公司即有权将所存之担保品立即出售，其价格即照出售日期之市场价格发卖，毋庸再由本行或纽约分行证实。此批出售之担保品，即系本函所附之一九——年——日担保品清单上所列之物品。此项清单业由本行之纽约分行签字，系依据本行之纽约分行与贵公司前此所签之担保品抵押总约而成立者，经以本行纽约分行名义存于贵公司作为透支帐款之担保。

此外，贵公司亦有权：(一)运用担保品售款先行清抵本行向贵公司所透支之帐款。(二)上项售款所得经处理后，如仍有余款，即应扫数交付进出口银行。此项交付办法，系适用于进出口银行所为第三八八号之贷款。

中国银行 启

中国银行纽约分行 启

一九 年 月 日

〔国民政府财政部档案〕

5. 中央银行业务局关于美棉借款已提前付清签呈

(1949年2月14日)

签呈 业(38)字第四七六号

谨签呈者：查关于美棉借款美金三千三百万元，前以逐月到期应还之本息为数綦巨，筹付困难，经由贝代表祖诒与美进出口银行洽商，自上年八月十五日起展期六个月，经于上年九月十四日以业呈字第二八五六号呈报鉴察在案。查该宗借款实际为美金三二，九七六，四四二.一四元，除展期前已付美金一二，〇八二，五三七.五五元及利息美金六一八，六一九.一二元，暨展期款项自汇票日至上年八月十四日止应付利息美金九八三，七九九.六三元外，计尚欠本金二〇，八九三，九〇四.五九元，分开汇票九纸，于本年二月十五日起至十月十五日止，逐月平均归还。利息仍按年息二厘半计算。嗣接纽约中国银行李经理十二月七日电略：以为节省利息负担，经洽准贝代表祖诒同意，拟将该款提前拨还，并经该总行与钧座洽定照办，电复纽约中国银行即在美棉借款备偿户内如数照付，不足之数约美金五十余万元即由该行先行垫付。兹接该行复电，谓该款本金二〇，八九三，九〇四.五九美元暨算至一月卅日止利息二四一，八五四.一〇美元，已如数付清等语。理合制具美棉借款还本付息表一份，敬祈鉴察备案。谨呈

总裁

副总裁

附件〔略〕

业务局　谨签

中华民国卅八年二月十四日

〔国民政府中央银行档案〕

（3）中美铁道购料借款

1. 中国向美国购买修理铁道器材贷款合约

（1946年6月3日）

本合同订于一九四六年六月三日，订约人一方为中华民国，另一方为华盛顿进出口银行（美国政府机构之一，以下简称进出口银行）。

兹因中华民国曾向进出口银行申请信用贷款，以便购料运华修复中国铁路之用。又因是项贷款有助于中美贸易及两国之进出口货物交换，是以本此前提并为执行本合同所规定起见，双方议定条款如左：

第一条　信用贷款之设立

进出口银行为资助中国（在美国）购料运华修复铁路起见，特设立信用贷款美金一六，六五〇，〇〇〇元，依照本合同规定，随时由进出口银行本身或假美国商业银行之手，将款分批贷与中国。除非中国随时书面申请，经进出口银行书面同意变更限制外，此项贷款只能依照附表A所规定之种类及约略数量，以供在美购买美国材料运赴中国之用。

第二条　信用贷款期票

为根据本合同借用贷款起见，中华民国应随时发行期票交给进出口银行，是项期票应为中华民国的一般债券，可在市面出售，并以美国法币在进出口银行华盛顿总行，或进出口银行所指定之其他地点付给进出口银行。每张期票均以英文书写，其字句及式样均照附表B所定为准，除最后之一张外，每张均以五〇〇，〇〇〇元或其加倍数为额。

每张期票均以发行之日起算，其本金分五十个半年期偿还，其第一期还本之日期为一九五一年十月一日。期票利率定为年息三厘，依照当时未还之本金计算。此项利息于每年四月及十月一日，每半年付给一次，所付息金须照用款之实在日期计算，而每年以三六五天为标准。是以期票虽经规定自发行之日起息，但所实付之息金，则系其贷款日期，分别按照实用日数核算之。

中华民国有权在付息之任何日期先期偿还任何期票之全部或其一部分之本金，此项本金之偿还应自最后到期之一期开始。

第三条　信用贷款之实施

中华民国因进出口银行已依照本合同规定：(甲)购买及运华材料；(乙)由商业银行发出信用书(押汇)，以购买及运华材料等垫款，得请求该银行贷款以资偿还。此种垫款应以购运材料之发票或合同内所定之价款，及与购运直接有关之费用为限。此项费用计包括美国境内自内地至海口之内陆运费、堆栈费、美国境内之保险费、海洋运费，在美国所保之海运保险费，以及关于采购及运送此项材料至中国口岸，或亚洲其他处所之一切费用。

每次申请偿还之款不得少于二五，〇〇〇元，而是项申请，中华民国应开附详细清单，证明所购之材料、厂名及地址，及所应偿还之数，并证明是项材料之用途系依照本合同第六条规定。该清单并应附以信用书之副本或影本，已签收之发货单、提货单，以及其他费用之证据，为进出口银行所认为满意者。

进出口银行一经接到申请时，即照下列条件垫款与中国，以便偿还前付款项。

(一)倘进出口银行已预先接到本合同第二条规定所发之期票一张或一张以上，而其本金的总数最少等于当时所垫之数，及前此所垫各款之总和。

(二)倘进出口银行认为所附清单及文件皆齐备合格。

(三)倘所开之材料均与附表A相符，而其数量与从前所购同一物件之数量相加约在附表A所示范围之内，或该材料与数量曾经进出口银行书面允许。

当申请时或请付款所关之材料未装运时，中国应于装运后在一合理之时期内，将有关之提货单之一副张给与进出口银行。

若进出口银行所根据付款之信用书未经全部利用，其未经利用之部份得以调整作为下次申请付款时之用。

第四条 期票之交换

依照本合同贷款完竣之后，中国得依进出口银行所请，随时发出新期票一张或一张以上给与进出口银行，以代替其根据本合同第二条给与该银行之期票。其票面之数额由进出口银行定之。该期票本金之总数，应等于业已清偿所交换之期票，但是若根据第二条规定给与进出口银行之期票，其本金之总数超过实际垫款之总额时，则新期票之本金暨未缴销之期票应等于所有垫款之总和。是项新期票之式样及字句应与第二条所规定者同，但是若进出口银行要如是规定，所有新发之期票，其数额与偿款日期应相当于所交换之期票。

第五条 期票之免税

根据本合同所发之期票，及由其所得之款与利润应皆免税，中国不得任何借口削减。

第六条 材料之用途

根据本合同规定所购之材料，为运往中国修复中国铁路之用，而不得移作别项用途。

第七条 信用之期限及撤销

进出口银行于一九四七年十二月三十一日之后，不复担负垫款之责。

无论何时倘有意外发生，致令本合同不能继续履行者，立约之任何一方得诚意对他一方提出书面请求，将合同终止。是项终止在通知书发出时生效。但此项终止不得损害中国未接通知时业已订约购料而申请垫款之权利，且合同无论由何方终止，皆不得解除中国对于本合同规定垫款所负之一切责任。

撤销合同之通知书，其致中国者，应寄交美京中国大使馆，其致进出口银行者，则交美京该行办事处。

第八条　洋面保险

中华民国应允根据本合同所购之材料，向进出口银行所认为满意之商行购买洋面及运输保险，是项保险费应为美国金元。

第九条　海运

中华民国应允，除进出口银行认为无此必要外，所有材料应由在美国注册之船舶装运。

第十条　许可证及执照

进出口银行对于美国政府或其附属机关现在或将来所发之许可证垫[执]照，或根据本合同规定所购之材料的制造输出或装运之先后次序的规定一概不能负责。

第十一条　应给之情报

根据本合同所发之期票，其未清还之前，中国应照进出口银行所请，随时供给该行或该行所指定之美国政府之任何机关以下列之情报：政府及私人所有之黄金与外币，现在及预期之出超、入超情形、长期及短期之国际投资状况，在国外所负之债务，现在或预期之黄金产量，以及其他有关中国经济状况之情报。是项情报应随时供给，惟不得多过六个月一次，且要详细，不可概括出之。

第十二条　代表之权限及法律意义

第一次垫款实行之前，进出口银行应得下列之凭证，为垫款所附之条件：

（甲）期票签字权之凭证及代表中国签名者之签字式样正、副各一份。

（乙）证明本合同对于中华民国有拘束效力，而根据本合同所发之期票为中华民国之合法债务。

本合同正、副各一份，于上述日期在美京华盛顿订立。

中华民国　○○签字

进出口银行　〇〇签字
书　　　记　〇〇作证

附表A　合同规定可购之材料

钢　轨	九〇,〇〇〇吨
避车道	一,〇〇〇单位(件)
零　件	六二五吨
枕　木	一,五〇〇,〇〇〇单位(件)
桥　钢	五〇,〇〇〇吨

附表B　中华民国　期票

日期　　号码　　美金　元

中华民国兹愿付与美京进出口银行或银[银字衍]该行所指定之承受人本金美金　元,照下面规定分期付给,并照本票日期起算。对于本票任何时期未还之本金付周息三厘,每年四月一日及十月一日支付。该本金及利息以美国法币在　付给,而对于现在或将来中国国内之任何税收机关所抽之捐税皆应豁免。

本期票之本金分五十个半年期清还,第一个半年期付　元,在一九五一年十月一日付给,其余四十九期每期　元,则依次每半年于四月一日及十月一日付给。

本金或利息到期不能偿付时,则全部未偿之本金及应付利息应作为届满给与持票人。

若持票人不履行本合同所赋与之权利,其不履行不得视为权利放弃。

中华民国　签字

〔国民政府行政院档案〕

2. 中美铁道借款修正合约①

（1946年8月26日）

本合约系中华民国与美国代理人美京进出口银行（以下简称进出口银行）于一九四六年八月廿六日签订。

兹因进出口银行依照一九四六年六月三日与中华民国签订合约，贷与中国美金一千六百六十五万元，以供在美订购铁道器材运华修理铁道之用。

又因上述合约现有数点应予修正。

职是之故，订约双方同意将一九四六年六月三日所订之合约修正，将该合约第三条删除，以下列第三条条文替代之。

第三条　贷款之运用

一、直接垫拨　中国政府得随时向进出口银行申请借款，以偿还其所付得依本合约支付之物资价款及其出口费用。拨付款额应限于所购物资之发票上或合同上所载价值，及由于取得及输出此项物资之各种直接费用。如有美国内地运至美国口岸运费，美国国内之栈租及保险费，美籍船舶海运运费，在美投保之海洋水险保险费，及其他在美支付关于取得物资并将该物资运至中国或其他亚洲卸货港埠之必需费用等。

中国政府每次请款，其数额应为二万五千美元或其倍数，并应提供下列各件：

1. 采购之物资分项说明书，注明厂商姓名、住址及货价，并须证明该物资系供本约第六条规定用途。

2. 信用支付书、签收发票、载货清单、雇用合约，或其他进出口银行所认为满意之费用证件之照片或副本。

---

① 该修正合约后又于1947年12月26日、1948年6月14日续订，将借款动支限期延至1948年9月30日止。

进出口银行于收到上述文件对其格式及内容认为满意，并已收到中国政府依照本约第二条规定所具期票，其票额至少等于本次暨以前借款全额总和时，应即拨与中国政府。

中国政府请款时如该购运之物资尚未起运，应于起运后合理期间内将该批物资提货单副本送交进出口银行。

二、信用支款书　进出口银行随时经中国之请求，应付款与各商业银行以偿还各该行依照其徇中国政府之请所开之信用支款书，已垫付或行将垫付关于采购本约认可各物资之价款。上项信用支款书应规定至迟于一九四七年十二月廿日满期。其他条款应得进出口银行同意，进出口银行非经收到下列各件，不得付出上述借款。

1. 中国政府授权进出口银行将款偿还与指定商业银行之申请书，及中国政府令许商业银行开立之信用支款书文件之副本。订约双方同意，进出口银行得依据前项申请书付款与其指定之任何商业银行，并对商业银行所有行为及错漏不负责任。

2. 进出口银行所索取之其他证明文件

进出口银行于收到上述文件对其格式及内容认为满意，并已收到中国政府照本合约第二条之规定所具之期票面额至少等于本次商业银行即将开立之信用支款书之数额，暨所有以前直接垫款及偿还根据信用支款书办理所拨垫款之金额总和时，应即付款与商业银行归垫。

倘商业银行所垫款项已由中国政府归还，进出口银行经中国政府之申请，应凭中国政府依照本约第二条所具之期票，将该垫款付还中国政府。为便于计算进出口银行归垫与商业银行款项之利息起见，商业银行垫款日期即作为进出口银行根据中国政府期票付款之日期，除期票上之本金数额而外，进出口银行并得扣压贷款一部分，以偿付商业银行垫支款项之利息。

订约双方兹同意于上述日期在华府签订本修正合约一式

两份。

中华民国代表 王守竞
华盛顿进出口银行代表 马 丁
见 证 人 Francis. E. Bell

〔国民政府财政部国库署档案〕

3. 世界贸易公司编制《铁道材料借款动支情形表》

（1948年9月30日）

铁道材料借款动支情形表

时期	开发票据数目		
	号数	日期	金额
截至1948年9月30日	398-1	6/11/46	$ 5,000,000.00
	398-2	9/13/46	$ 5,000,000.00
	398-3	11/29/46	$ 5,000,000.00
	398-4	11/—/47	$ 1,500,000.00
	398-5	6/17/47	$ 150,000.00
共计			$ 16,650,000.00
	申请数目		
	号数	日期	金额
	398-s-1	10/3/46	$ 1,225,000.00
	398-s-2	10/29/46	$ 175,000.00
	398-s-3	11/19/46	$ 200,000.00
	398-s-4	1/15/47	$ 300,000.00
	398-s-5	2/17/47	$ 925,000.00

续上表

时期	申请数目		
	号数	日期	金额
	398-s-6	5/7/47	$ 1,000,000.00
	398-s-7	5/16/47	$ 1,575,000.00
	398-s-8	6/5/47	$ 975,000.00
	398-s-9	7/7/47	$ 925,000.00
	398-s-10	7/16/47	$ 2,275,000.00
	398-s-11	7/28/47	$ 900,000.00
	398-s-12	8/21/47	$ 1,375,000.00
	398-s-13	9/25/47	$ 1,600,000.00
	398-s-14	11/25/47	$ 825,000.00
	398-s-15	12/23/47	$ 925,000.00
	398-s-16	3/30/48	$ 525,000.00
	398-s-17	4/28/48	$ 525,000.00
	398-s-18	6/18/48	$ 250,000.00
	398-s-19	8/25/48	$ 150,000.00
共计			$ 16,650,000.00
	实支数目		
	支票号数	日期	金额
	3024	10/21/46	$ 1,225,000.00
	3052	11/6/46	$ 175,000.00
	3082	11/25/46	$ 200,000.00
	3184	1/23/47	$ 300,000.00

续上表

时　　期	实　　支　　数　　目		
	支票号数	日　期	金　　额
	3232	2/25/47	$ 925,000.00
	3365	5/14/47	$ 1,000,000.00
	3379	5/26/47	$ 1,575,000.00
	3399	6/9/47	$ 975,000.00
	3463	7/10/47	$ 925,000.00
	3470	7/22/47	$ 2,275,000.00
	3487	7/31/47	$ 900,000.00
	3548	9/9/47	$ 1,375,000.00
	3614	10/8/47	$ 1,600,000.00
	3732	12/3/47	$ 825,000.00
	3822	1/13/48	$ 925,000.00
	4022	4/4/48	$ 525,000.00
	4126	5/12/48	$ 525,000.00
	4242	6/29/48	$ 250,000.00
	4567	9/28/48	$ 150,000.00
共　　计			$ 16,650,000.00

〔国民政府中央银行档案〕

（4）中美租借剩余物资借款

1. 中美两国政府关于处理战时租借物资未动用部分协定①

（1946年6月14日）

中美两国政府关于处理战时租借物资未动用部分协定

关于战时美国根据一九四一年三月十一日租借法同意租借与中国而在停战时尚在制运中之物资之战后之处理问题，中美两国政府为求得互利及此种物资之适当利用起见，同意于下列各条款：

第一条　本协定所载之一切物资与劳务之让与，系依照美国一九四一年三月十一日国会修正法案所授权，并适用该法案所载之一切条件。

第二条　凡已载在租借财产帐内，或系中国申请已获准之物资，其系一九四五年八月十八日以前，系中国申请及已经协商同意租借，但至一九四五年九月二日上午十二时零一分以前尚未交付者，中美两国同意于法令规定之期间内，由美国照本协定第五条之规定，将其移交与中国点收。

上项物资之总值及其水陆运费暨其他费由中国同意以美元偿付与美国，款额及利息及其偿付条件另详订于本协定附表一，为本协定之一部分。

第三条　本协定第二条所载之物资，经中国将其总值付给美国时，中国对美国关于此项物资之债务即告清了。如中国对于某项物资或劳务不予接收时，因取销此项合约之费用，中国亦须付给。

---

① 沿用原标题。

第四条　于法定期间内，美国政府同意供给船只及有关之劳务，用以襄助中国转运本协定第二条所载之物资，中国政府同意将其运费、杂费照本协定附表一及其所载条件偿给于美国。

第五条　美国政府同意于可能范围内，将物资原来之厂商及内地运输机关所提供关于物资之保证转移与中国政府，用以代替由美国政府径向中国提供保证。美国政府并同意于发现物资与保证不相符时，尽量协助中国政府向物资原来之厂商及运输机关或其他私人之机关交涉，获取完满解决。

第六条　美国一九四一年三月十一日修正法案及一九四二年六月二日中美两国签订之互助协定内所载关于中国政府接收美国援助之条件之最后解决谈判，并不受本协定之约束，但根据本协定而获取之物资及劳务应为例外。

第七条　本协定于一九四五年九月二日上午十二时零一分发生效力。

本协定由以下签署之两国全权代表于一九四六年六月十四日在美京签订。

美国代表

美国国务部国外产业清理委员会副主任委员　伦　尼

中国代表

驻美物资供应委员会主任委员　王守竞

附表一

根据本协定所移交之物资及供给之劳务，其种类及约值，经双方协议同意如下：

交通类：

运输器材	三二，〇〇〇，〇〇〇美元
通讯器材	一五〇，〇〇〇美元
工矿器材	二，六七五，〇〇〇美元

兵工类：

兵工厂	一,一五〇,〇〇〇美元
工业设备	五,五〇〇,〇〇〇美元
医药类:	二〇,〇〇〇美元
纺织类:	六,五〇〇,〇〇〇美元
其他	五,〇〇〇美元
内地转运杂费	三,六〇〇,〇〇〇美元
水运运费	七,三〇〇,〇〇〇美元

物资及劳务之种类及数量,经双方协议同意,得予变更。

美国政府将租借物资移交与中国政府接收,并供给中国政府以所需之劳务,双方同意遵守下列各条件办理:

甲、本协定内所称“合同价格”,意指该物资在起运地点装运之价格,或系美政府照由起运地点装运算付厂商而有证件证明之价格。物资中如系美政府购料机关按照中国申请而与厂商特别订约购办者,或系美国向中国建议采办以供战时之需者,其合同价格应另以该特订之合约证明之。物资中如有原系由美政府用普通合同自向厂商订购,而并未指明物资之一部或全部系交付与何方者,其合同价格应照美政府购料机关所付之由起运地点装运之价格估计协定之。

乙、物资在美国港埠装上船只时,即视为业经移交中国接收,为中国所有,此后如有意外损失,亦归中国自理。一九四六年八月三十一日以前,或美国业经通知中国,该项物资已准备移交,经过九十日以后,如该物资仍尚未装船时,此项物资应认为业于该日期移交于中国接收。以上两期限应适用其较迟者,届期以后,该项物资之财务责任,包括风险损失与及囤储、保险、保管、转运及一切费用在内,均由中国负担。

移交之物资应包装妥当,适合轮运。美政府送交中方之发票,即为该项物资价格之充分证件。

丙、物资总价款应为下列三项之总数:

（一）物资之合同价格；（二）仓租、内地运费、内地及港埠杂费，共为合同价格之7.5%；（三）由美国港埠运至中国港埠之轮运实收运费。

以上总价款，中国政府同意于一九七六年七月一日以前，分三十年期清偿与美国政府，每年付一次，第一期付款期为一九四七年七月一日。每年应付款额为总款额减去已付款数之剩余，再将尚应付款之年数除之即得。

中国政府同意遵守上开还款办法，履行不爽。

在上开付款期间内，如因有非常的或困难的经济情形，使偿付期款于两国均有不利时，得由两国协议，将到期之期款展期偿付。

中国政府同意所欠价款付 $2\frac{3}{8}$% 年息，由每次物资移交后之七月一日起算，年付一次，第一期付息应在一九四七年七月一日。

缔约双方同意上开付款条件及利率，得于本协定第六条所载之债务最后解决谈判时修改之。

美国政府代表

美国国外产业清理委员会副主任委员　伦　尼

中国政府代表驻美中国物资供应委员会主任委员　王守竞

〔国民政府行政院档案〕

2. 中美两国关于处理战时租借物资未动用部分协定原稿

(1946年6月17日)①

中美两国关于处理战时租借物资未动用部分之协定

---

① 系公布时间。

一九四六年六月十七日美国务部向报界记者发表原稿

关于中美对日抗战时美国同意给予中国之租借物资之战后用途，中美两国政府代表曾签订协定，美国代表为美国国外产业清理委员会副主任委员伦尼LANE，中国代表为驻美中国供应委员会主任委员王守竞。

该协定亦称为租借物资接购合同，载明中国获得该项租借物资应给付全价，并须给付其水陆运费，两约美金五千八百九十万元，其中租借物资约值四千八百万美元。物资之种类计有运输及通讯器材、工矿器材、兵工器材、医药品、纺织器材及其他。

上款应分三十年拨付，每年偿还一次，其第一次付款期为一九四七年七月一日。年息 $2\frac{3}{8}\%$，于物资移交后之七月一日起算，每年付息一次，第一次付息应在一九四七年七月一日。

本协定于一九四五年九月二日上午十二时零一分发生效力。

〔国民政府行政院档案〕

3. 行政院物资供应委员会关于3C物资运出情形致财政部公函

（1948年3月17日）

行政院物资供应委员会公函　　发文(三十七)供账字第1006号
中华民国三十七年三月十七日发

案准行政院秘书处(三十七)六经字第七三六〇号公函，以租借接购3C物资帐目编送清册一案，兹准财政部函复，原代电所称运华总值，与前驻美物资供应委员会列报数额不符，希径与财政部洽明见复等由。准此。查关于经济部前苏浙皖区特派员办公处接收及拨售3C物资账目，前据物资供应局列册报会，经于本年一月廿三日(三十七)供账字第二九六号函送贵部查照在案。至此项物资接收总值，前驻美供应委员会及物资供应局前后所报数目均不一致，兹经饬据前驻美供应委员会呈称：本会C—2554号呈送运输单总数美金四二，三九六，七五二.二二元，仅为六十二批物资中我方运输单初步记录之净值，但尚未包括海洋运输费、美财政部管理费及运输手续费等，且此项数字内中一部分，仍须逐项与美方VT账单核对后加以调整。故前项运输单总册，并非最后中美双方共认之净值，而VT十二号帐单之数字美金四四，五九五，四一七.六九元，为美财政部截至六月底根据美方记录与我方历次调整后向我方开列帐目之数额，其数字为六十二批物资中一部分物资之净值及其管理费，并一部分海洋运输费及其手续费等。至于3C物净值、管理费、海洋运输费及手续费全案，中美双方最后共认之数字，尚待美财政部此后续送VT帐单(其中包括此后双方核对调整项目)经双方承认准确齐全之后，始能确定完案，但对于六十二批物资数字我方最准确之估计，目前当以本会C—2554号呈所附表一中美租借物资接管合约案下运出物资分别船名统计表为准。该表第二柱所开净值Net Invoice Value系本会根据厂商发票及运输单就实际情形加以调整之数字，其第三柱管理费Surcharge百分之七.五系根据净值计算，第四柱海洋运输费Ocean Freight系根据运输费帐单加以调整之数字，运输手续费Freight Forwarding Charge系按海洋运输费百分之一估计，而3C案六十二批物资之总值，目前似以C—2554号呈附表一之美金四九，九九一，〇四一.三二元与将来最后双方结算之结果为最近。惟此数中包括我国自付之非美籍船装载物资之运费美金二八七，一四七.五四元暨一九四六年十二月以后运出物资之运费二八，六五四.七七元，以及该项运费之手续费三，一五八.〇〇元，扣去上项数字计净额应为美金四九，六七二，〇八一.〇一元。此数乃3C案下截至七月底本会计算动支借款之总数。等情。附呈VT一号至十二号账单影本、VT账目分类表暨支付款项分析表各一份。据此，查此项物资账目全案，既尚须待美财部此后VT账单经双方承认准确齐全之后始能定案，除电世界公司饬将美财部今后续送VT账单随时抄寄副本报会，并将VT一至十二号账单影本，径寄物资供应局一份以便查对，另补呈一份，以便转送贵部查对外，相应检同前驻美会C—2554号原呈运出3C物资分别船名统计表及种类统计表，又抄同VT账目分类表、支付款项分析表各一份，函请查照核对见复为荷。此致

财政部

附一、运出3C物资分别船名统计表〔略〕；

二、种类统计表；

三、VT账目分类表〔略〕；

四、支付款项分析表〔略〕。

中华民国三十七年三月十七日

主任委员　俞鸿钧

中美租借物资接管合约案下运出物资分别种类统计表

1947年4月30日

1. 1945年11月13日至1945年12月14日运交战时生产局

	吨数	价值
运输器材	12,156	$ 8,702,951.32
信号器	35	85,199.80
工矿产品	2,377	1,220,854.30
军火	3,248	1,053,670.78
医疗品	1	5,221.84
纺织品	2,686	5,898,910.15
其他	3	5,899.28
	20,506	$ 16,972,707.47

2. 1946年1月23日至1946年6月22日运交战时生产局在中国转交经济部驻上海特派员办公处

	吨　数	价　　值
运输器材	32,999	23,816,116.52
信号器	23	67,959.70
工矿产品	5,178	4,058,859.14
军　火	193	122,224.23
工业装备	11	28,309.90
医疗品	2	12,244.39
纺织品	550	1,094,947.48
	38,956	$ 29,200,661.36

3. 1946年6月26日至今运交物资供应局

	吨　数	价　　值
运输器材	780	732,813.99
信号器	1	2,975.26
工矿产品	604	532,720.53
军　火	2	9,277.20
发电厂	2,361	2,482,445.07
纺织品	8	13,689.44
	3,756	$ 3,773,921.49
合　计	63,218	$ 49,947,290.32
运输手续费按海洋运输费百分之一估计		$ 4,375,155.32
		43,751.00
	总计	$ 49,991,041.32

〔国民政府财政部国库署档案〕

4. 财政部编3C租借接管借款还本付息表

（1948年7月）

借款项目	借款总额	动支总额	年率	期数	到期日期	付息金额		付本金额	共付本息
3-C租借接管借款	58,900,000.00	50,344,968.65	$2\frac{3}{8}\%$	1	36-7-1	已付	1,095,020.32	1,725,000.00	2,820,020.32*
						应付	1,081,888.17	1,678,165.62	2,760,053.79
				2	37-7-1	已付	1,123,107.70	1,701,823.05	2,824,930.75*
						应付	1,126,266.81	1,678,165.62	2,804,432.43

* 已由纽约中国银行付出。

各次应还本息现正向美财政部提出调整。

〔国民政府中央银行档案〕

5. 国库署抄附关于3C借款动支总额及一、二两期本息应还确数代电等函

（1948年12月30日）

奉交下行政院物资供应委员会亥冬供账代电，抄送3C借款项下VT-22号账单，请查照等由。除存核外，相应抄附原代电及账单，函请查照为荷。此致

公债司

抄附原代电及账单〔账单略〕

国库署　启

十二月三十日

抄件

财政部公鉴：关于3C借款我方超付美方第一、二两期本息美金八六，一八一.八七元一案，前据世界贸易公司电报到会，当经以（37）供账字第3606号电请查照在案。兹续据世界公司世秘字第0620号代电，以3C借款偿付本息一案，现已收到美国财政部会计长复函并附账目清单VT-22前来。查单内所载数目总额为美金五〇，二九三，八五三.四〇元，与本公司账目核对，仅多美金二分，自可认为正确。又根据该债务总额计算一九四七及一九四八两期本息，我方仅应付美金五，五五八，七六九.二〇元，但我方前已付出美金五，六四四，九五一.〇七元，计实超付美金八六，一八一.八七元。除函复美财部会计长请其将超付之数退还纽约中国银行收国库账，俟得回信再行奉达外，理合检附VT-22账目清单一份，呈请鉴核。等情。相应抄同账目清单一份，电请查照为荷。行政院物资供应委员会。亥冬供账。印。

附抄VT-22账目清单一份二纸〔略〕

〔国民政府财政部档案〕

(5) 中美购买发电机借款

1. 中美关于购买发电机贷款合约

(1946 年 7 月 16 日)

中国向美购买发电机贷款合约

公历一九四六年七月十六日,立合约人:中华民国政府代表、美国之代表人华盛顿进出口银行(以下简称进出口银行)。兹因中华民国拟在国内装置补助发电机十具及附件设备等,特向进出口银行请求成立贷款,以便在美购置是项电机所需器材及雇用人工。同时,此项贷款成立后,中美两国并可按照本身需要,互相交换商品。双方鉴于上述情形,爰经同意签订合约条文如左:

第一条 订立贷款之办法

进出口银行兹与中华民国订立美金八百八十万元贷款合同,由该项〔行〕自行或托美国商业银行代表,随时依照下列所订条款垫款在美订购必要器材,在华装置每具五千瓩之发电机十具,以及附件设备、转电、分电等器具。

第二条 凭期票支用贷款之办法

每次支给贷款时,中华民国均应出具还款期票,此项期票即为中华民国之债务,应照进出口银行所指定之地点,以美国法定货币付与进出口银行,或其推定之代表。期票上应使用英文格式,如附件甲。

每期均应自出票之日起算,本金应分期付还,计每半年付还一次,分五十次还完,每次还款金额大致相等,第一次偿付时期应在一九五一年十月一日。期票均应按年息三厘行息,此项利息应于每年四月初及十月初半年到期付息一次,并按三百六十五日计算利息,同时进出口银行应按每次支给款项之日起收取利息。

中华民国在付息日期得将期票上之本金全部或一部提前付

还，须按到期之颠倒次序办理。

第三条　工程师雇用办法

中华民国同意在进出口银行认为满意之条件下，雇用该行同意之工程师事务所，以资顾问。上述工程师对于本合同所购电机器材之设计、绘图、说明、估价、探价等应负准备与同意之责，同时并应协助探听及分析行情，准备购料合同，审核厂商绘图，监督工厂试验，以及监督装置电机设备，并应于本合同第四条所规定之任务外，对电机之使用予以技术上之监督，时间至少六个月。如事先未经进出口银行同意，中华民国及工程师事务所对于上述责任不能有所更改或修正。

第四条　贷款之运用

一、直接付款办法：所有本合同范围内之合法购用物料或雇用人工须付款项，中华民国得随时要求进出口银行拨款偿付。关于物料一项偿付之范围，系限于物料之发票或合同价格，连同购运此项物料直接引起之费用，如在美由内地运至装运港口之费用，在美之堆存及保险费，美船上海洋运费，在美购料之海险费，以及美运华或亚洲其他卸货港口之种种费用。

每次清付款项，应以二五，〇〇〇元或此数之倍数为限，中华民国请求付款时，并应随附左列各件：

(a) 分栏详列之报表一纸，说明所购物料或人工、厂商名称、地址，以及应附各费数目。

(b) 支款书之摄影本或副本、发票副本、提货单、雇用合同以及其他进出口银行认为满意之证件。

(c) 上列第三条规定之工程师事务所应出具证明书，证明贷款项下所购物料及所雇人工，均为设置电厂所必不可少，并证明一切物料均系按照工程师事务所同意之标准定制。

(d) 中华民国出一还款期票，款额总数应与上述(a)段内之报表上开支总数相等或较少，此项期票未能包括之开支余额，应转入下项报表内列报。惟存入进出口银行作为最后支款之期票总数，应与(一)所附报表上开支总数之实数，或(二)贷款未用部分之实数，两者之较小数相等。

进出口银行于接获上述文件认为满意时，当可即将款付给中华民国。在请求付款时，或请求付款之物料如未能运出时，则在装运后相当时期，中华民国应将此项装运物料之船上提单副本一份，送给进出口银行。

二、信用支款书办法：进出口银行应中华民国之请求，得随时负责付款与各商业银行，以备该银行等于中华民国请求付款购料时，遵照所订支款办法付款。此项信用支款书照规定应于一九四七年十二月二十日以前满期，所订其他条款亦应经进出口银行认为满意。此项支款如无下列各条作证，进出口银行不予照办。

(a) 第二条所规定之期票一纸或数纸，其总数至少须与商业银行所开之支款书数目相等。

(b) 应由中华民国请求进出口银行负责付款与指定之商业银行，并附中华民国请商业银行成立支款书之通知副本二件，盖进出口银行须赖中华民国之请求，以为付款与商业银行之凭证。至该商业银行之行为，进出口银行应不负责。

(c) 关于上述支款书项下支付之物料，应由按第四条第一款所规定之工程事务所出具证明书。

(d) 其他进出口银行索取之证明文件。

倘中华民国必须偿付商业银行款项时，进出口银行经中华民国要求，得照数垫付，即以期票作抵。为便于计算进出口银行支给商业银行款项之利息起见，即将进出口银行垫款之日期，作为商业银行支款日期。除所出期票上之本额而外，进出口银行并应有权扣压一部贷款，以偿付商业银行支用金额之利息。

如信用支款书项下，进出口银行垫付支出总数尚较中华民国所出期票之数为少，则中华民国得于一九四七年十二月三十一日或该日期前，按照第二条之规定，另出期票，上列数目应与进出口银行垫付总数相等。惟中华民国于交换期票时，须将进出口银行退换之旧期票之利息付讫。

第五条　期票交换办法

垫款到期后，不论何时，经进出口银行请求时，中华民国得照该行指定名称，发出新期票交与该行，将原来之期票换回，新期票上之总数应与提请交换之旧期票上总数相等。此项新期票之样式、内容应与第二条之规定相符，惟如经进出口银行特别指定所换期票之同时，到期应还本额，须分别以一相等数额及到期日期之新期票证明。

第六条　期票应豁免税款

本合同内所出期票及该期票所得款额，不论中国之何种税款，均一律豁免，不得征收。

第七条　贷款之有效期间及取销办法

进出口银行在一九四七年十二月三十一日后，即无付给是项贷款之义务。

如遇特殊情形，任何一方认为必须停止本合同贷款时，得以书面通知对方，停止本合同，并自通知递出时起生效。惟在接到此项通知前，中国已购物料所应领垫款，不能受此影响。同时不拘何方请求停止贷款，中华民国对于已往依约所负债务，不能因此解脱。

凡取销合同之通知送与中国方面者，应送交华盛顿中国大使馆，送与进出口银行者，应送交华盛顿该行。

第八条　投保水险办法

中华民国同意所有本合同项下全部或一部购料，均照进出口银行之意投保水险，保费以美金支付。

第九条　海运办法

中华民国同意，所有本合同项下全部或一部购料，除进出口银行自动放弃权利外，均应由美国注册船只装运。

第十条　优先出口等证之请领办法

进出口银行对于所有本合同项下购进之全部或一部物料，现时或将来美政府法律规定，凡关于物料之制造、出口、装运等，必须事先请领优先制造证、出口许可证时，该行不负请领之责。

第十一条　代表之委派权及法律上之依据

在进出口银行第一次付款前，中国应先供给该行以左列各证件：

(a) 授权与期票签字人之证明文件，连同签字人之签字样片二张，及授权代表中华民国办理此项贷款之代表人之证明文件。

(b) 证明此项代表中华民国签订之合同，使中国遵守所订条款，并对所出期票负责之文件。

缔约双方兹为同意执行上述各条起见，特于上述年月日在美国华盛顿签订本合同，一式二份，以昭信守。

中　华　民　国　王守竞　签字

华盛顿进出口银行　Wm. Mcc Martin jr　签字(总理)

见　签　人　Silly Sherwood　签字(秘书)

附件甲　中华民国还款期票式样

第　号期票

数额：美金　元　日期：一九四　年　月　日

立期票人：中华民国。兹收到美国华盛顿进出口银行美金　元整，该款准按下列办法分期摊还，并照周息三厘，于每年四月一日及十月一日对未还本金付息一次。又本息均应以美国货币支付，不得扣缴一切税捐等费。

本期票之本金应于每半年还一次，分五十期还完，第一次应于一九五一年十月一日付还，计美金　元，其余百分之四十九应于以后陆续每半年付还　元。

中华民国于付息日期，得有权将本期票之全部或一部本金预付，惟预付时应按到期之颠倒次序办理。

如每期到期后，本息未能如约立即照付，则本期票之全部未付本息，经持票人之请求，均应立即偿付。

持票人如因特殊原故，未曾利用权利，不能作为放弃权利论。

中华民国　签字

〔国民政府行政院档案〕

2. 行政院物资供应委员会关于中美电机借款动支期限续延一年公函

（1948年6月11日）

行政院物资供应委员会公函　三十七供业字2060号

查美国进出口银行第397号动力电机借款，动用期限延长至三十七年六月底止之第一次修正合约副本，经前本会以展艳供业494号代电送请查照办理在卷。兹接世界公司呈称：现因美国市场求过于供，交货迟缓，该项借款虽经展期一次，仍不能在限期前动支完毕。经与该行商妥，将该借款动支限【期】续延一年（原修正合约展延至1948年六月三十日，现继续展延至1949年六月三十日），业于本年四月二十八日签订修正合约一种。理合检具该约正本一份，副本两份，译本三份，祈接转。等情。除检同该修正合约副本暨中文译本各一份，呈请政院察核外，相应将该修正合同正本送请查照，转送中央银行、国库署密存为荷。此致

财政部

附三十七年四月二十八日签订之中美电机借款修正合约正本及中英译本各一份〔略〕

中华民国三十七年六月十一日

主任委员　王云五

〔国民政府财政部国库署档案〕

3. 世界贸易公司编《发电机借款使用情况表》

(1949年2月28日)

发电机借款使用情况表

时期	开发票据数目		
	号数	日期	金额
截至1949年2月28日止	397-1	10/11/46	$ 5,000,000.00
	397-2	11/5/47	$ 3,000,000.00
			$ 8,000,000.00

时期	申请数目		
	号数	日期	金额
截至1949年2月28日止	397-s-1	11/26/46	$ 300,000.00
	397-s-2	1/31/47	$ 625,000.00
	397-s-3	2/27/47	$ 275,000.00
	397-s-4	6/23/47	$ 700,000.00
	397-s-5	7/22/47	$ 425,000.00
	397-s-6	10/1/47	$ 575,000.00
	397-s-7	12/5/47	$ 1,000,000.00
	397-s-8	1/12/48	$ 200,000.00
	397-s-9	2/6/48	$ 775,000.00
	397-s-10	3/31/48	$ 425,000.00
	397-s-11	6/4/48	$ 850,000.00
	397-s-12	8/19/48	$ 750,000.00
	397-s-13	10/4/48	$ 250,000.00
	397-s-14	12/6/48	$ 125,000.00
	397-s-15	1/17/49	$ 325,000.00
	397-s-16	1/27/49	$ 100,000.00
	397-s-17	2/18/49	$ 150,000.00
			$ 7,850,000.00

续上表

	实支数目		
	支票号数	日期	金额
截至1949年2月28日止	3094	12/3/46	$ 300,000.00
	3208	2/6/47	$ 625,000.00
	3250	3/3/47	$ 275,000.00
	3430	6/26/47	$ 700,000.00
	3477	7/24/47	$ 425,000.00
	3707	11/24/47	$ 575,000.00
	3774	12/26/47	$ 1,000,000.00
	3917	3/1/48	$ 200,000.00
	3916	3/1/48	$ 775,000.00
	4079	4/26/48	$ 425,000.00
	4237	6/4/48	$ 850,000.00
	4448	8/30/48	$ 750,000.00
	4664	10/18/48	$ 250,000.00
	4891	12/13/48	$ 125,000.00
	5086	1/31/49	$ 325,000.00
	5134	2/1/49	$ 100,000.00
	5235	2/24/49	$ 150,000.00
			$ 7,850,000.00

〔国民政府中央银行档案〕

(6) 中美煤矿设备借款

1. 中美煤矿设备借款合同①

（1946年8月26日）

中美煤矿设备借款合同

中国政府与代表美国政府之华盛顿进出口银行（以下简称进出口银行）于一九四六年八月廿六日签订本合同。

中国政府曾向进出口银行申请贷款，在美购买各项器材、物资及设备品输往中国，以开采煤矿之用。

此项贷款之成立将促进中美两国间商品之交换，并足将两国间之进出口货增加。

职是之故，双方互遵订约之旨，爰订立下列各款：

第一条　信贷之成立

进出口银行同意借给中国政府以美金一百五十万元之贷款，得自行或经由美国商业银行依左列各项条款及规定情形，随时拨付垫款，购器材由美运华，以为中国采煤工业之用。

此项垫款仅能用以购办本合约附件甲所列之式样及数量之美国物资，但进出口银行应中国政府书面请求而办理之购买特种物资之贷款，当不受此限制。

第二条　凭期票支付贷款之办法

信贷项下每次垫拨之款，凭中国政府出具之期票为证，此项期票为中国政府所负一般得以转移之债据，应按进出口银行或其指定受权人之请，在指定地点以法定美币偿付之。期票应采用英文，其格式内容应与本合约附件乙相同。

每张期票应自发出之日起开始计算，本金约平均分三十期清

---

① 沿用原标题。

偿（每期为六个月），第一期还本自一九五一年十月一日开始。每一期票，此后随时依其尚欠本金余额，付百分之三之周息，于每年四月一日及十月一日各付息一次，每年实按三百六十五日计算。此项期票规定自发出之日起息，但进出口银行计期票之息金，仅自依票拨款之日起。

中国政府应有提前偿还之权，于任何付息日期提前偿还期票本金之全部或一部，此项提前偿还之办法，适用于本金之摊还，但应与其到期先后成相反程序。

第三条　信贷之运用

一、直接垫拨　中国政府得随时向进出口银行请求垫款，为偿付购运合于本约规定物资之价款及其出口费用。此项偿付款额，仅以所购物资之发票上或合同上价值，及因获得并输出此项物资而直接需要之费用为限。兹列举如下：

由美国内地运往美国口岸起运港埠之费用，在美之堆栈费及保险费，美国船只之海运运费在美投保之海上水险保，其他将物资取得并运至中国或亚洲他处卸货港埠之费用。

中国政府每次请求偿付之款，应为二万五千美元或其若干倍数，并应于请求偿付时作下列之说明：

（子）分项说明所购得之物资，其卖方之姓名、住址及应偿付之数值。

（丑）每一说明单应附以信用支付书及签收发票、载货清单，或其他进出口银行可认为满意之费用等证件之照片或副本。

（寅）中国政府依本约第二【条】之规定，所发期票，其本金总额应为美金二万五千元之若干倍数，亦即等于或仅低于上述（子）项所列应行偿付各项费用之总计。此项费用未经偿付之尾数，得并入次期请求偿付说明单内递列。惟存入进出口银行作为最后支款之期票总金额，应与（一）所附分项说明单内所列开销之确实总数，或（二）信贷未用部分之确数两者之较小数相等。

进出口银行于收到上述文件后，对其格式及内容均认为满意时，即行拨款与中国政府。

中国政府于请求偿付时，如此项请求付款之物资尚未启运，得于启运后相当时间内将有此项装运装货清单副本咨送进出口银行。

二、信用支款书　进出口银行应中国之请求得随时负责付款与各商业银行，以备各该行于中国请求付款购料时，遵照所订支款办法付款。上述信用支款书按照所订条款，应经进出口银行认为满意，此项支款如无下列各条件作证，进出口银行不予照办：

（子）第二条规定之期票一纸或数纸，其总数至少与商业银行所开之交款书数目相等。

（丑）应由中国请求进出口银行负责付款与指定之商业银行，并附中国请商业银行成立支款书之通知副本二件，盖进出口银行须赖中国之请求，以为付款与商业银行之凭证。至于该商业银行之行为，进出口银行应不负责。

（寅）其他进出口银行索取之证明文件。

倘中国必须偿付商业银行款项时，进出口银行经中国要求，得照数垫付，即以期票作抵。为便于计算进出口银行垫款之日期，作为商业银行支款日期，除所出期票上之本额而外，进出口银行并应有权扣压一部分贷款，以偿付商业银行支用金额之利息。

第四条　期票之交换

中国政府为应进出口银行之请，于所有垫款偿毕后，将随时发行新期票，以换回前述业经开出之期票，此项新期票之本金总额，应与所有依据将行换新之期票所列应拨垫款之总额相等。此项新期【票】即为中国政府所负一般得以转移之债据，应按进出口银行或其指定受权人或持票人之请而偿付之。此项新期票应完全加盖图印，并应采用英文。如进出口银行欲加详定，则此项新期票更应附具息票，采用【英】文。其息票利率应与待换期票所载相同，并应依进出口银行规定，照下列方式发行，即对于待换之期票其每期应付本金之全部或一部，又或对于待换之各期期票遇有任何同时到期本金之全部或一部，概应另发新票，以资佐证。新期票之形式及内容，应与本合约附件乙同。倘进出口银行拟作如是请求，中国政府应于新期票发行后，再随时续发新期票，以换回前发旧期票，其目的在使某张期票分为数张，或数张期【票】得并为一张。

第五条　期票免税

本合同内所出期票及该期票所得款额，不论中国之何种税款，均一律豁免，不得征收。

第六条　物资之运用

本贷款项下购办输华之物资，应用于中国境内采煤工业，不得转卖或移于其他用途。

第七条　信贷之时效及取销办法

进出口银行在一九四七年十二月卅一日以后即无付给是项贷款之义务。

如遇特殊情形，任何一方确认为必须停止本合同贷款时，得以书面通知对方停止本合同，并自通知发出时起生效，惟在接到此项通知前，中国已购物料所应垫款不能受此影响。同时不拘何方请求停止贷款，中国对于已往及将来依约所负债务，不能因此解除。

取销合约之通知，送与中国方面者，应送交美京中国大使馆，送与进出口银行者，应送交美京该行。

第八条　海上保险

中国同意所有本合同项下全部或一部购料，均照足使进出口银行满意之办法投保水险，保费以美元交付。

第九条　海运办法

中国同意所有本合同项下之全部或一部购料，除进出口银行自动认为不必要外，均应美国注册之船只装运。

第十条　代表之委派权及法【律】上之依据

进出口银行于信贷项下第一次付款以前，应获知左列各项作为垫付之条件：

（甲）期票签署人之授权证明书，连同其签署印鉴样本正、副各一份，及动用本信贷之中国政府代表人员授权证明书。

（乙）证明此项代表中国签订之合同，中国将遵守履行不爽，依约所发期票为中国政府不可诿卸之债务。

订约双方于上述日期在美京签订，本合约一式两份，即日生效。

中华民国代表　王守竞

美国进出口银行代表　Wm Mac Martin Jr（总理）

证明人　Silly Sherwood（秘书）

附件甲、附件乙

附件甲　修正煤矿设备器材品名价值单

品名	价值
滑车轮	一〇七，〇〇〇美元
钢轨及附件	二〇〇，〇〇〇美元
钢缆	九〇，〇〇〇美元
铜线	一七五，〇〇〇美元
吕宋缆	一，〇〇〇美元
软管	二〇，〇〇〇美元
油及润滑油	三三，〇〇〇美元
皮带	三，〇〇〇美元
采矿工具	一三〇，〇〇〇美元
机厂供应品及工具	五二，〇〇〇美元
钢条钢板及钢料	一五〇，〇〇〇美元
测量绘图仪器	一六，五〇〇美元
电话设备	九五，〇〇〇美元
炸药	一六七，〇〇〇美元
建筑材料	二六〇，〇〇〇美元
	共计一，五〇〇，〇〇〇美元

附件乙　中华民国还款期票式样

第　号期票

数额：美金　元　日期：一九四　年　月　日

立期票人：中华民国，兹收到美国华盛顿进出口银行美金　元整。该款准按下列办法分期摊还，并照周息三厘，于每年四月一日及十月一日对未还本金付息一次。又本息均以美国国币支付，不得扣缴一切税捐等费。

本期票之本金应于每半年付还一次，分二十期还完，第一次应于一九五一年十月一日付还，计美金　元，其余百分之十九计美金　元，应于以后陆续于四月一日及十月一日分期付还美金　元

中华民国于付息日期，得有权将期票之全部或一部分本金预付，惟预付时应按到期之颠倒次序办理。

如每次到期后本息未能如约立即照付，则本期票之全部未付本息，经持票人之请求，均应立即偿付。

持票人如因特殊原因未能利【用】权利，不能作为放弃权利论。

中华民国代表　（签字）

〔国民政府行政院档案〕

2. 行政院物资供应委员会关于中美采煤借款动支限期延至1949年6月代电

（1949年4月14日）

财政部公鉴：查前驻美物资供应委员会与美进出口银行签订之中美采煤借款合约及其第一、二次修正合约，业经本会先后送请查照在案，兹据世界贸易公司呈略称：现因该项借款前次延长期限又将届满，而借款仍继续动支，经与美进出口银行续商再行展限半年，已于卅七年十二月九日续签第三次修正合约。理合检具该项修

正合约正本影印本及译文，呈祈鉴核转呈核备。等情。经核本借款动支期限，依照第二次修正合约规定，应至卅七年十二月卅一日满期，兹该公司以借款尚须继续动支，复与美进出口银行签约，再行展限半年，延至卅八年六月卅日为满期，尚属可行。除呈院鉴核并请转送立法院补完立法程序外，相应检同上项第三次修正合约正本、抄本各一份，电请查照，并希将正本转送中央银行、国库局密存为荷。行政院物资供应委员会。(卅八)卯寒供业。印。计送合约正本、抄本各一份〔略〕

〔国民政府财政部档案〕

(7) 中美购船借款

1. 中美售让自由轮预约合约

(1946年7月12日)

中美售让自由轮预约合约

签订合约人:中华民国国民政府由中国供应委员会代表(以下简称中国政府),美利坚合众国由美国航海委员会代表(以下简称委员会)。兹为:

一、遵照美国总统根据租借法(一九四一年三月十一日第七十七届国会核准之第十一号公共法)修正法及补助法所颁发之命令,所有下列自由式船只(EC—2式)之使用及所有权均于一九四六年六月转让中国政府。

二、上述转让手续应依照下列协定办理,即应根据一九四六年之商船售卖法令各条(下称法令),由中国政府购买,由委员会售出上述船只,惟须受制于上述法令之一切条款,即委员会对于上述船只之决定亦皆包括在内。

三、中国政府已根据是项法令向委员会申请购买某种船只,计包括上列船只在内,并要求借予贷款,以支付上述船只购价百分之七十五。

四、在是项法令下船只售与外国者,是否应予贷款,又如可贷款,其范围及期限应如何,委员会均尚未决定。

五、中国政府为对上述转让船只享有使用及所有之权,并为在此继续使用及所有期间,给予委员会保证及备付上述船只之购价,或不在贷款支付范围内之一部分购价起见,愿存一笔款项以作下列用途,委员会亦愿接受此款此[以]供此用。爰经双方同意于一九四六年七月十二日签订合约条文如左:

第一条　保证存款

中国政府同意在执行此项合约期间，同时交付委员会五百五十万元由其执存，以供第二条所列之各项用途。

第二条　保证存款之使用

如委员会对于售予中国政府轮船十艘之申请予以批准，并将上述所有船只或现有一部分船只之主权让渡书连同主权保证书，以及租借法令项下，是项船只在使用权、所有权转让前发生任何阻障之保证书一并送与中国政府时，则委员会执存之保证存款应按照比例，用以抵偿上述船只之购价。又如委员会允借与贷款，则上述存款当用以偿付是项船只购价之现金部份。如使用保证存款后，购价中尚有不能由贷款支付之余数到期应付时，中国政府同意于是项船只十艘让渡书交出时，照付现款。反之如保证存款有余额时，则中国政府可用以向委员会购买其他船只，惟如在六个月内另购船只尚未购妥时，则所存之款应退还中国政府。

如上列船只有在让渡手续完成之前遭受损失者，应由保证存款中拨支一笔相等于是项船只之法定售价之数额，付与委员会作为此项损失之赔偿，并照第三条之规定办理之。

第三条　购价之决定

上述船只十艘之购价应根据当时每艘船只在租借法案项下完整交与中国政府时之法定售价，再经委员会斟酌，根据二十年可用之年龄及战时服役等关系，予以减价后决定之。其中任何一艘轮船如在让渡手续完成之前损失，该船之价值应以所定购价为其标准。

第四条　船只之损失或赔偿

如在使用及执有船只期中，并在让渡手续完成之前，船只有遭受损伤而未达完全损失者，又如委员会对于购买船只一事愿供给贷款时，除中国政府提出圆满证据证明损失业已修复，阻碍及留置权业已除掉，或其他措置可使委员会满意而外，中国政府同意由保证存款内扣留一笔委员会估计认为足以弥补任何损失，或除掉上述留置权或其他阻碍之款额。

第五条　除经一九〇九年三月四日核准之法令第一一六段所规定者外，国会会员或代表，及驻会委员均不得参加本合约任何一部份，或由本合约而起之利益。

本合约于上载年月日由双方代表签字盖章，以昭信守。

美国航海委员会主任委员　史密斯

中国供应委员会主任委员　王守竞

证　　　　　　　　　人　助理秘书

合 约 格 式 核 准 人　法律顾问

〔国民政府财政部国库署档案〕

2. 中美购买轮船贷款合约

（1946年8月5日）

中国向美国购买轮船贷款合约

公历一九四六年八月五日，立合同人：中华民国政府代表、美国代表人华盛顿进出口银行。兹因中国拟向美国政府及民间订购轮船十六艘，特与进出口银行订立信用贷款，以作此用。同时此项贷款成立后，两国间货物交换更为便利，进出口业务亦可促进。缔约双方爰遵斯旨，同意签订本合同，条文如左：

第一条　订立贷款之办法

进出口银行兹与中国订立美金二百六十万元贷款合同，由该行自行或托美国商业银行代表，随时依照下列条件垫款与中国在美购买附单所列之轮船十六艘（船名单另列于附件甲）。

第二条　凭期票支用贷款之办法

每次支给贷款时，中国应出具还款期票，此项期票即为中国之债务，应照进出口银行所指定之地点，以美国国币付与进出口银行或其推定之代表。期票上应使用英文格式，如附件乙。

每期票应自出票之日起算，本金应分期付还，计每半年付还一次，分二十次还完，第一次偿付日期为一九五一年十月一日。期票年息三厘五分，利息应于每年四月初及十月初半年到期付息一次，并按每年三百六十五日计算利息。

中国于付息时，有权将期票上之本金全部或一部分提前付还，须按到期之颠倒次序办理。

第三条 贷款之运用

中国为购买上述轮船十六艘全部或一部分，需付价款时，得请求进出口银行付给，惟须随附该行认为满意之付款收据等证据，连同遵照第二条规定之期票，上列金额并须与垫付之款相等。

进出口银行于收到是项请求时，加[如]认为齐备，即将款照付与中国。

第四条 期票之交换办法

垫款到期后，不论何时，经进出口银行请求时，中国得照该行指定名称，发出新期票交与该行，将原来之期票换回。新期票上之总数应与提请交换之旧期票上总数相等。此项新期票之样式、内容应与第二条之规定相符，惟如经进出口银行特别指定所换期票之同时，到期应还本金须分别照相等数额及到期期间相同之新期票证明。

第五条 期票免税

本合同所出期票及该期票所得款项，不论中国之何种税款，均一律豁免，不得征收。

第六条 贷款之有效期间及取销办法

进出口银行在一九四七年十二月三十一日后，即无付给是项贷款之义务。如遇特殊情形，任何一方认为须停止本合同贷款时，得以书面通知对方停止本合同，并自通知送出时起生效。惟在接到此项通知前，中国已购物料所应领垫款，不能受此影响，同时不拘何方请求停止贷款，中国对于已往依约所负债务不能因此解除。

凡取销合同之通知书，其送与中国者，应送美京中国大使馆，送进出口银行者，应送美京该行。

第七条　代表之委派权及法律上之依据

在进出口银行第一次付款前，中国应先供给该行左列各证件：

甲、授权与期票签字人之证明文件，连同签字人之签字样片二张，及授权代表中国办理此项贷款之代表人之证明文件。

乙、证明此项代表中国签订之合同，中国将遵守其所定条款，并对所出期票负责之文件，此项文件得进出口银行认为满意始可。

缔约双方兹遵订约之旨，于上述年月日在美国华盛顿签订本合同，一式二份，以昭信守。

中华民国代表　王　守　竞

美国进出口银行代表　Herbert. H. Gaston 签字（总理）

证　　明　　人　Sidney Sherwood（秘书）

附件甲、乙

附　件　甲

本合同所购十六艘轮船船名如下：

1. S. S. Caribqueen

2. S. S. Norin dles

3. S. S. Tnterna tional

4. S. S. Point Sun Pedio

5. S. S. Gery Lay

6. S. S. Norlago

7. S. S. Calor rdo

8. S. S. City of FT. Worth

9. S. S. Agtyark

10. S. S. City of Hoirstn

11. S. S. City of Phiti delphia

12. S. S. San Antonno

13. S.S. Wirhita Talle

14. S.S. West Texas

15. S.S. Chippewa

16. S.S. Wlamo

附件乙

中华民国还款期票式样

第　　号期票

数额:美金　　元　日期:一九四　年　月　日

立期票人:中华民国。兹收到美国华盛顿进出口银行美金　　元整,该款准按下列办法分期摊还,并照周息三厘五分,于每年四月一日及十月一日对未还本金付息一次。又本息均以美国国币支付,不得扣缴一切税捐等费。

本期票之本金应于每半年付还一次,分二十期还完,第一次应于一九五一年十月一日付还,计美金　　元,其余百分之十九计美金　　元,应于以后陆续于四月一日及十月一日分期付还美金　　元。

中华民国于付息日期得有权将本期票之全部或一部分本金预付,惟预付时应按到期之颠倒次序办理。

如每次到期后,本息未能如约立即照付,则本期票之全部未付本息,经持票人之请求,均应立即偿付。

持票人如因特殊原因未能利用权利,不能作为放弃权利论。

中华民国代表　签字

〔国民政府行政院档案〕

3. 中美售让船舶合约①

(1947年7月15日)

中美售让船舶合约

(美国航务委员会代表美国政府,驻美中国物资供应委员会代表中国政府)

本合约由美国航务委员会(以下简称为卖方)代表美国,驻美中国物资供应委员会(以下简称为买方)代表中国政府,于一九四七年七月十五日签订。

一、兹因买方依照一九四六年三月八日第七十九届国会第二次会议通过第三二一号公法,即一九四六年商船售卖法案(以下简称为商船售卖法案)之第六节,暨卖方规定一九四六年四月廿三日联邦法令汇编第二卷第七十九号登载第六十号补充及修正章则条例,向卖方请购战时建造之船舶一百五十九艘,其中EC2—S—C1型二十艘,VC2—S—AP2型十六艘,N3—S—A1或N3—S—A2型五十五艘,C1—M—AV2型六十八艘。

二、又因卖方依照美国大总统根据租借法案(一九四一年三月十一日第七十七届国会通过公法第十一号)授权所颁发命令及其修正与补充之命令,暨卖方与买方于一九四六年七月十二日签订之合约(以下简称为一九四六年七月合约),将下列战时建造之EC2—S—C1型船舶,在中国海面于下列日期移交于买方,并经买卖双方同意依照该法案就所在地及现状,将下列船舶售让与购买。计开:

船名	移交日期
John B. Ashe	一九四六年六月廿一日

---

① 沿用原标题。

Amil F. Haines	同	前
Lymdn Beecher	同	前
Chief Joseph	同	前
Stephen H. Long	同	前
Ben A. Ruffin	同	前
Arthen Dobbs	同	前
James J. Mckuy	同	前
Jocob Perkins	同	前
Nicholas J. Sinnot	同	前

三、又因买方依照一九四六年七月之合约，曾付卖方美金五百五十万元，以备卖方允售前项船舶与买方时，将该款扣抵船价，卖方并应交付买方将船舶就所在地照状出售之货票一份，注明前项定金应比例扣抵每一艘船舶价款。又如卖方向买方提供信用时，前项定金应扣抵所购船舶第一次须付之价款。

四、又因买卖两方愿意依照下列各条款及条件及出售及购买前项船舶，卖方并已照该法案规定妥办一切必要之调查。

职是之故，订约双方同意于下列各项：

第一条　购买协定

卖买双方同意依照本合约下开各条规定，及商船售卖法案与上开章则条例一切适用之规定出售及购买各船舶，本合约发生效力，即认为卖方对于各船舶使用权及所有权之终止，暨卖方依照一九四六年七月合约及本合约各条款将船舶向买方交货手续之完成。

第二条　交货时船舶状况

本合约发生效力时，卖买两方即将船舶在所在地，照现状分别售让与承购。

第三条　所有权之转移——船上生财之付价

(A) 卖方应以政府标准格式之货票一纸签送买方收执，注明将船舶连其所有权之保证，按照本合约各条款及各条件规定移让买方，并放弃其债权留置权，但买方对于使用及占有该项船舶之留置权应予保留。同时买方应照本合约第五条规定，将期票及抵押书送卖方收执。

(B) 买方依照一九四六年七月合约终止其对于前项船舶之使用权及所有权，并将船舶交还与卖方时，卖方应付买方船上未启用之可用食粮、燃用油料及食水等价款，及卖方依照本合约将船舶移交买方时，买方应付卖方船上上开各物之价款，于本合约发生效力时，均应认为经已付讫。

(C) 买方依照一九四六年七月合约使用并占有前项船舶，美国政府得在买方对美国政府租借法案价[债]务项下向买方收取相当款项，此项权利不得因本合约有所变更或放弃。又买卖双方代表曾于下列日期清点船上未启用之可用食粮、燃料油料及食水等，并参照当时纽约市价编造财产价值清册，此项货价，买方承认卖方有权在租借法案债务项下向买方收取。计开各船生财价值清册编造日期如下：

船 名	生财清册编造日期
John B. Ashe	一九四六年二月廿一日
Amil F. Haines	三月卅日
Lyman Beecher	三月廿三日
Chief Joseph	四月十八日
Stephen H. Long	二月廿五日
Ben A. Ruffin	二月十八日
Arthen Dobbs	四月五日
James J. Mckuy	二月十三日
Jocob Perkins	二月十五日
Nicholas J. Sinnot	二月廿七日

本章所称可用食粮，系指美国航务委员会航程粮食报告内第

7915A、7916A、7918A、7919A 等号一九三九年修正表内所列之一切食粮(但无线电用品、日用设备品、废铁及小船不在内)。

第四条　船舶之价格

(A)各船舶售价应如下表

船　　名	价　　格
John B. Ashe	五四四,五〇六.〇〇美元
Amil F. Haines	五八一,一七五.五八美元
Lyman Beecher	五四四,五〇六.〇〇美元
Chief Joseph	五四四,五〇六.〇〇美元
Stephen H. Long	五四四,五〇六.〇〇美元
Ben A. Ruffin	五六三,六三三.〇一美元
Arthen Dobbs	五四四,五〇六.〇〇美元
James J. Mckuy	五四四,五〇六.〇〇美元
Jocob Perkins	五五八,五五六.〇〇美元
Nicholas J. Sinnot	五四四,五〇六.〇〇美元

(B)上项价款系前述商船售卖法案及条例所规定之法定售价,由卖方向造船厂买进时起至卖方将船舶使用权及所有权转让与买方时止之期间内,普通折旧及战时折旧均经计算在内,予以调整。

(C)买方同意所购船舶倘经卖方验明有无上述商船售卖法案第3(1)节第二、三款所载之特点时,该船底价应由卖主依照各该款规定照予增减,此种特点系于造船工竣由船厂交船与卖方时证明。但如美国政府档卷证明美政府接收是项船舶后,曾用款增设或除去此项特点时,是项船舶之售价,亦应按照增减。

第五条　船价之交付

(A)船价百分之廿五应由买方于本合约发生效力及送达双方时,同时付与卖方。付款方式,系由卖方在买方以前依照一九四六年七月合约所付卖方定金五百五十万元项下扣抵每艘船价百分之廿五，本合约发生效力时，卖方应认为已被授权扣抵是项船价。每艘船舶其余价款，应由买方出具有价期票及保证该期票之抵押书，送交卖方，各期票应由本合约生效日起算。各该船舶所余经济寿命年数，分为若干年，平均付偿，每年偿额相等（船舶寿命由造船厂交货日订起应为二十年），但买方所欠价款得提前偿付，卖方得依照上述商船售卖法案所规定出售战时建造船舶与外国人之办法处置。前项船舶价款各抵押书，如照本合约第6(B)条之规定合并为一总合抵押书时，各抵押书所保证之各期票，得由买卖双方协议满意之综合偿款办法。

(B) 根据本合约支付之款项，一律应以美金缴付华盛顿卖方办公处所。

第六条　保险

(A) 买方对于各船舶应照抵押书内规定投买保险，其种类、保额、投保公司暨投保条件，应照一九四六年十月一日美国航务委员会主任委员士蔑斯海军上将致驻美中国物资供应委员会王主任委员守竞函内所规定办理，船价未清偿以前，买方同意不作任何行为，致令保险中止或失效。各船亦不得作保险书所不准之任何航行或承运任何不准载运之货物，除非对于所作之航行或所承运货物已投买其保额，为卖方所满意之保险。

(B) 卖方同意买方得酌投保"仅保全部损失"之海洋及战争船身险，以代替仅保局部或全部损失，要求保护及赔偿之船身保险，保额应为船价未付款额百分之一百一十，并应照前述士蔑斯海军上将致王主任委员守竞函内所规定办法办理。为照前函办法办理及改投保险便利起见，卖方同意得徇买方之请，将买方提供之各抵押书合并为一综合抵押书，务使卖方满意，并保险一部分或全部船舶，或买方依照本合约向卖方购买之任何战时建造船舶，但卖方对于各原抵押书之优先债权留置权，应予保留。

(C) 船价未付讫以前，卖方对于本条所载及前述士蔑斯海军上将函内所述关于投保事项,应加以检讨,至少每年一次。对于买方关于改变投保办法之申请,应予以缜密考虑。

(D)除前项抵押书第一条第三节另有规定外,所有一切投保款项,概应以美金缴交华盛顿卖方办公处所。

第七条 一九四六年七月合约效力

除条约修正者外,一九四六年七月之合约包括本合约所修正部分在内,仍应继续生效。

第八条 船舶得由中国政府各机关转移

卖方同意买方,得随时将所购任何船舶转交与买方任何机关,包括国营招商局及任何其他买方所有或管辖之公司在内,但买方同意本合约第六条关于保险办法之规定,接收是项船舶机关亦应受约束,并须向卖方证明接收机关同负前项抵押书暨期票之债务责任。前项船舶之任何其他之转让、售卖、租用或其他用途,概应照前项抵押书第一条第二节规定办理。

第九条 美国赔偿责任之限制

买方依照前述商船售卖法案第十节规定,代表其本身及其任何附属机关,同意美国对于一九四六年三月八日以后及一九四七年九月三日以前买方或前项附属机关所有船舶所遭损失之责任,应以当时法定公正赔偿之款额,或两方协议同意之款额为限。

第十条 国会议员之聘用

买方同意:关于本合约事项不聘用美国会任何议员充任名誉或受薪之律师代理人、职员或处长。

第十一条 官员不得受聘或享受【合】约利益

除一九〇九年三月四日通过法案第一一六节之规定外,美国国会议员或代表或"常务厅长"不得参加本合约之任何部份,或享受本合约所产生之任何利益。缔约双方,兹于上述日期签订本合约一式五份。

美利坚合众国代表

美国航务委员会　A. J. Williame(签署)

中华民国代表

驻美中国物资供应委员会主任委员　王守竞(签署)

证　　人　R. Lmac Donald(佐理秘书)

L. F. Chen(主任秘书)

核定本约格式　Eemer E. Metz(美国航务委员会律师)

〔国民政府财政部国库署档案〕

4. 中美购售战时建造船舶合约

(1947年7月15日)

美国航务委员会中华民国政府售购战时建造船舶合约

第MCO——60365号合约

本合约系由美国航务委员会(以下简称为委员会)于一九四七年七月十五日与由驻美中国物资供应委员会代表之中华民国政府(以下简称买方)签订。

一、兹因买方依照一九四六年三月八日第七十九届国会第二次会议通过第三二一号公法,即一九四六年商船售卖法案(以下简称该法案)第六节暨委员会规定之一九四六年四月二十三日联邦法令汇编第二卷第七十九号登载之第六十号补充及修正章则条例(以下简称为该条例),向卖方请购附件A(为本约之一部分)表内所列各战时建造船舶(以下简称船舶)。

二、又因委员会与买方同意依照下开条款及条件,售购前项船舶,委员会并已照该法案规定办妥一切必要之调查。

职是之故,缔约双方同意于下列各项:

第一条　购买协定

买方及委员会同意依照本合约下开各条规定及该法案与条例

一切适用之规定,购售各船舶。

双方同意如委员会因任何理由不能将前项船舶交付买方时,得依照本合约附录规定改交为买方所接受之相同船舶。

第二条 船舶交货时之情形

下列各条应为适用:

(A)“照现状”售购 委员会暨买方同意照船舶现状售购。

(B)进干船坞与检查 委员会于买方请求时,应将船舶驶进干船坞,由买方检查船底,费用与风险归买方负责。检查后,买方只得照现状购买,或拒绝购买,是项船舶委员会并无代加工程,或加强构造,或致送任何津贴之义务。买方如拒收任何船舶,其船价于扣除进干船坞检查及出船坞等一切费用后,余额应由委员会退还于买方,本合约关于该船部分亦认为终止。如买方照现状购买该船,应于委员会将货票送达买方以前或同时,将该船进干船坞检查及出船坞等一切费用交付委员会。任何船舶由买方请进干船坞检查时起至该船交货或出坞驶回原所在地时止之一切风险与费用,概由买方负责。船未进坞以前,买方并应将该船投保进坞期间内足使委员会满意之保险。

(C)零件及备用品清单所列附件 委员会应照第六十号修正通令所载该会一般政策之规定,将每船零件及备用品清单上所列各件,一并配发。

(D)国防设备 船上之国防或战时设备或租借用之设备,委员会有权将全部或一部拆除,但并非必须拆除不拆除时,亦无须补回费用与买方。

第三条 船舶交付——货票

委员会与买方依照第二条规定,同意各船舶应在其现在美国所在地点交货,或在委员会认为便利或于准备移交手续完全时,在船舶所在地交货。如买方请将船进干船坞时,交货地点可在买方接收时该船之所在地,但转运费用应由买方负担。不进干船坞之船,应于本约签订及委员会将售船货票送买方后，即行移交。如须进船坞，应于买方通知接收该船及委员会将售船货票送买方时，即行移交。委员会应通知买方移交船舶及货票之地点及时间，该时间不得较次一营业日为早（营业日指任何一日，但星期六、星期日及假期除外）。如买方在委员会通知之地点、时间，不将船舶接收，船价（如在底价以上）不再扣减折旧，该船由委员会代保管之责任与费用，亦应由买方负担。如买方逾通知移交船舶及货票时间十天后仍不接收时，则买方所付价款应由委员会留充清算，扣抵损失之用，但不作罚金，而本约关于该船之一部分亦认为终止。

委员会将船移交买方时，应将政府标准格式之货票一纸签送买方，将船之所有权转移与买方，并保证免除债务留置权。

未移交前，委员会与买方之代表应将船上一切设备、家具、装备、器材、零件、未用粮食、燃料及食水等编造财产目录，双方同意点交，并协定未用粮食、燃料及食水等之价格。

移交时，船上未启用之可用食粮、燃用油料及食水，如属完好而并不超过船上通常需要者，买方同意照移交时所在地之时价付价接收。又“可用食粮”系指美国航务委员会航程粮食报告第7915A、7916A、7918A、7919A 等号一九三九年修正表内所列之一切粮食（但无线电用品、日用设备品、废铁及小船不在内）。

第四条　船舶价格

委员会依照该法案规定（除该法案第 3(D)款第(2)(3)项关于船上有无特点一节外），对于适用该船一切调整办法，亦已注意。决定各船购价如下：

船　　名	购　　价
Josiah P. Cressy	$　468,817 美元
Justin Deane	同　前
Northern Master	同　前
Nosthern Chiefstain	同　前

Josiah A. Mitchell	同　前
Northern Traveller	同　前
Northern Warrior	同　前
Northern Pioneer	同　前
Ephraim Harding①	同　前
James Miller	同　前
John Lscker	同　前
Allen H. Knowles	同　前
Judiah P. Baker	同　前
Otis White	同　前
Rolert H. Waterman	同　前

第五条　船价之交付

买方同意照本约之一部分之附件 A 规定办法，照上第四条开列之价格，将各船舶付价购买。

第六条　移交前船舶之损失问题

由本约生效时起至船舶移交时止之期间内（但船舶转运或进干船坞，或照本约规定由买方出费及负责扣留之时间为例外），各该船如有委员会认为实际之全部损失发生时，委员会及买方对于本约之互相责任均应解除，船价应由委员会退还与买方，否则委员会应以为买方同意接收之相同船舶一艘交与买方，以资替代。如损失程度并非实际之全部损失，则应由委员会出费，并负责修理完好。

第七条　买方移交前出费修改船舶

买方于船舶移交前，如事前得委员会书面或电报允许，并经照委员会认为需要而满意之格式及保额投购保险时，得自出费将船舶加工修改。

第八条　美国赔偿责任之限制

---

① 原件此处注：以下各船均退回未购。

买方依照前述该法案第十节规定，代表其本身及其任何附属机关，同意对于一九四六年三月八日以后及一九四七年九月三日以前，买方或前项附属机关所有船舶所遭损失之责任，应以当时法定公正赔偿之款额，或两方协议同意之款额为限。

第九条　船舶转移与外国所有注册及旗帜

船舶之售让与移交，即为委员会依照一九一六年修正船务法案之规定核准，将是项船舶转移为中国所有及注册，并悬中国国旗行驶。

第十条　官员不得受聘或享受本约利益

除一九〇九年三月四日通过法案第一一六节规定外，美国国会议员或代表或“常务厅长”不得参加本合约之任何部分，或享受本合约所产生之任何利益。

第十一条　附录

船舶之售让与移交应受以上各条及本合约附件 A 内所载各条规定之限制，该附件 A 为本约之一部。

缔约双方兹于上述日期签订，本合约一式五份。

美国航务委员会代表　A. J. Williams　（签署）

中华民国政府代表

驻美中国物资供应委员会主任委员　王守竞（签署）

见　证　人　R. L. Mc Donald

L. F. Chen

Eclmer E. Metz

附件 A

船　名	船身号码	购　价
Josiah P. Cressy	407	$ 468,817 美元
Justin Deane	410	同　前

Northern Chieftain	2513	同　前
Northern Master	2542	同　前
Josiah A. Mitchell	2543	同　前
Northern Traveler	2544	同　前
Northern Warsior	2512	同　前
Northern Pioneer	2514	同　前
Ephraim Harding①	2549	同　前
James Miller	1635	同　前
John Lecker	2548	同　前
Allen H. Knowless	1615	同　前
Judiah P. Baker	1642	同　前
Qtis White	1623	同　前
Robert H. Waterman	1622	同　前

一、船价　以上船价系一九四七年六月十七日所订，即为上述该条例公布之船舶底价。

买方同意所购船舶，倘经委员会验明有无上述该法案第3(D)节第二、三款所载之特点时，该船底价应由委员会依照各该款规定，照予增减。

二、依照买卖双方一九四六年七月十二日签订合约之条件，买方曾付卖方美金七十万零三千二百二十五元五角，用以扣抵船舶购价之百分之十(10%)，本合约签订时，卖方应认为已被授权扣抵是项船价。每船交货时，买方应付卖方该船价款百分之十五(15%)，即在本合约授权与卖方在根据一九四六年七月十二日合约所交付款项内扣抵，卖方应具收据交买方收执。

每艘船舶其余价款，应由买方出具有价期票及保证该期票之抵押书，送与卖方。各期票应照由本合约生效日起算各该船舶所余经济寿命年数，分为若干年，平均付偿，每年偿额相等(船舶寿命由

① 原件此处注：以下各船退回未购。

造船厂交货日起，计应为二十年），但买方所欠偿款得提前偿付，买方得依照上述该法案所规定出售战时建造船舶与外人之办法处置。前项船舶价款各抵押书，如照本合约第6(B)条之规定，合并为一综合抵押书时，各抵押书所保证之各期票，得由卖买双方协议满意之综合偿款办法。

三、保险

(A) 买方对于各船舶应照抵押书规定，投买保险，其种类、保额、投保公司暨投保条件，应照一九四六年十月一日美国航务委员会主任委员士蔑斯海军上将致驻美中国物资供应委员会主任委员王守竞函内所规定办理。船价未清偿以前，买方同意不作任何行为，致令保险中止或失效。各船亦不得作保险书内所不准之任何航行或承运不准载之任何货物，除非对于所作之航行或所承运货物，已投买保额为卖方所满意之保险。

(B) 卖方同意买方得酌投保"仅保全部损失"之海洋及战争船身险，以代替仅保局部或全部损失，要求保护及赔偿之船身保险，保额应为船价未付款额百分之一百一十，并应照前函规定办法办理。为照前函办法办理及改投保险便利起见，卖方同意得徇买方之请，将买方提供之各抵押书合并为一综合抵押书，务使卖方满意。并保险一部分或全部船舶，或买方依照本合约向卖方购买之任何战时建造船舶，但卖方对于各原抵押书之优先债权留置权，应予保留。

(C) 船价未付讫以前，卖方对于本条所载及前述士蔑斯海军上将函内所述关于投保事项，应加以检讨，至少每年一次。对于买方关于改变投保办法之申请，应予以缜密之考虑。

(D) 除前项抵押书第一条第三节另有规定外，所有一切投保款项，概应以美金缴交华盛顿卖方办公处所。

四、"就地""照现状"售让之船舶　本合约虽有其他规定，但卖买双方同意"就原地""照现状"将 Josiah P. Cressy Justin Deane

Northern Chieftain, Horthern Master 各轮分别移交与接收,无权拒绝。

五、船舶得由中国政府各机关转移　卖方同意买方得随时将所购任何船舶转交与买方任何机关,包括国营招商局及任何为其他买方所有或管辖之公司在内,但买方同意本合约第六条关于保险办法之规定,接收是项船舶机关亦应受约束,并须向卖方证明接收机关同负前项抵押书暨期票之债务责任。前项船舶之任何其他之转让、售卖、租用或其他用途,概应照前项抵押书第一条第二节规定办理。

〔国民政府财政部国库署档案〕

5. 财政部关于向美购船借款各案说明呈①

(1948 年 9 月 10 日)

财政部呈行政院文　卅七年九月十日
财库陆一二五七号
向美购船借款各案说明

甲、查我国向美购买战余船舶,原订计划为一百五十九艘,估计船价约一亿美元,其中百分之七十五由美方承贷,余由我方付现。此项原则曾奉宋前院长核准,旋以我方筹款困难,故商定先购一部分,由美方承贷一,六五〇万美元,我方付现五五〇万美元,经就此范围签订左列购船贷款合约。

一、一九四七年七月十五日订中美售让船舶合约,计自由轮十艘。

二、同日订中美购售战时建造船舶合约,计 N—3 轮等十五艘(内七艘因不适用,业予退还)。

① 系抄件。

以上两约业经立法院第四届三五二次会议通过。

三、一九四八年二月廿七日订中美购售战时建造船舶合约，计C—M—AV1轮等十二艘。

四、一九四八年三月一日订中美购售战时建造船舶合约，计胜利轮等三艘。

以上两约经以(三十七)供业一一七一号呈送院，奉(三十七)五交三一五九七号令，以系向美贷款续购船只，无须逐案送立法院审议。

乙、N—3轮十艘系由宋前院长于三十四年十一月廿三日电饬前驻美物资供应委员会洽购，价款四，三二五，〇〇〇美元，全部付现(由院令饬纽约中国银行拨付五百万美元)，曾否立约，因事在本会成立以前，无从稽悉。本年三月二十九日世界贸易公司遵奉院令，以此项船舶向美进出口银行抵押借款，签立借款合约，经本会将该约以(三十七)供业二〇二一号呈送院，奉(三十七)五交三一五九七号院令：并案饬知，无须送立法院审议。

综上情形，(甲)项所立四约，系属分批签订，并无经由立法院完成立法程序之总案，似应逐案送立法院审议。至(乙)项所立借约，系属另一案件，与甲项各案无关，尤有补完立法程序必要。

〔国民政府财政部档案〕

6. 中央银行编《美国航务局暨美国进出口银行购船借款分析表》

(1948年)

美国航务局暨美国进出口银行购船借款分析表①

贷款机关：美国航务局

① 为编排方便，谨将表改为文字叙说形式。

（甲）自由轮十艘借款

借款总额：4,133,720.22 美元

利率：$3\frac{1}{2}\%$

期限：十四年至十七年。

还本付息条件：

（一）由中国政府开具承兑票据交美航务局。

（二）自一九四八年起每年七月十五日还本付息一次（每年一月十五日并付息一次）。

（三）各轮还本付息期限：(1)海天、海地、海玄、海宇十六年；(2)海黄十四年；(3)海宙、海辰、海列、海张十五年；(4)海宿十七年。

订购情形：由我国先付美金五百五十万元交美航务局作为购置本案船只押金，俟售船借款成立，由该局扣除应缴现款四分之一后，将余款退还。

（乙）N—3 轮八艘借款

借款总额：2,812,560.00 美元

利率：$3\frac{1}{2}\%$

期限：十五年至十七年。

还本付息条件：

（一）由中国政府开具承兑票据交美航务局。

（二）自一九四八年起每年七月还本付息一次（每年一月并付息一次）。

（三）各轮还本付息期限：(1)教仁、宣怀、铁桥、成功、鸿章、继光十七年；(2)郑和、廷枢十五年。

（丙）C1—S—Ay1 轮四艘借款

借款总额：3,300,000.00 美元

利率：$3\frac{1}{2}\%$

期限：十五年。

还本付息条件：

(一) 由中国政府开具承兑票据交美航务局；

(二) 自一九四八年十一月二十五日起每半年付息一次，每年五月二十五日并还本一次；

(三) 各轮还本付息期限十五年。

(丁) C1—M—AV1 轮八艘借款

借款总额：4,162,960.00 美元

利率：$3\frac{1}{2}\%$

期限：十六至十七年。

还本付息条件：

(一) 由中国政府开具承兑票据交美航务局。

(二) 复新、复权、复生、复昌自一九四八年十二月一日起每半年付息一 次，每年六月一日还本一次。复明自一九四八年十月二十二日起每半年付息一次，每年四月二十二日还本一次。复航、复运自一九四八年十一月十三日起每半年付息一次，每年五月十三日还本一次。复贸自一九四八年十月二十九日起每半年付息一次，每年四月二十九日还本一次。

(三) 各轮还本付息期限：(1)复明、复贸、复航、复运、复生、复昌各十七年。(2)复新、复权各十六年。

(戊) 胜利轮三艘借款

借款总额：1,977,980.00 美元

利率：$3\frac{1}{2}\%$

期限：十六至十七年。

还本付息条件：

(一) 由中国政府开具承兑票据交美航务局。

(二) 京胜自一九四八年十一月二十五日起每半年付息一次，

每年五月二十五日还本一次。沪胜自一九四八年一月份起每半年付息一次,每年七月一日还本一次。渝胜自一九四八年二月五日起每半年付息一次,每年八月五日还本一次。

(三) 各轮还本付息期限:(1) 京胜十六年。(2) 沪胜、渝胜各十七年。

贷款机关:美进出口银行

(甲) N—3 货轮十艘借款

借款总额:4,243,750.00 美元

利率:$3\frac{1}{2}\%$

期限:二十年。

还本付息条件:

(一) 由中国政府开具承兑票据交美国进出口银行。

(二) 本金自一九四八年十月一日起平均分四十次偿付,每年四月一日及十月一日各付一次。

(三) 利息每年四月一日及十月一日各付一次。

订购情形:

(一) 系由行政院宋前院长三十四年十一月二十三日电令驻美物资供应委员会向美航务委员会投标购得。

(二) 由我国先拨美金五百万元垫付船价及修理费、行驶费等,再向美进出口银行借款归垫。

(乙) 旧船十六艘借款

借款总额:2,540,947.55 美元

利率:$3\frac{1}{2}\%$

期限:十年。

还本付息条件:

(一) 由中国政府开具承兑票据交美国进出口银行。

(二) 本金自一九五一年十月一日起平均分二十次偿付,每年

四月一日及十月一日各偿付一次。

（三）利息按一年三六五天计算，每年四月一日及十月一日各偿付一次。

订购情形：由我国先拨美金三百五十万元，交由驻美物资供应委员会向美选购后，向进出口银行借款归垫。

〔国民政府中央银行档案〕

7. 中央银行编《战后我国向美财政部进出口银行及航务局各项借款历次付息还本数额一览表》

（1949年1月14日）

战后我国向美财政部进出口银行及航务局各项借款历次付息还本数额一览表

民国三十八年一月十四日制

承借机关	借款号数	借款项目	借款总额	动支总额	年率
进出口银行	395	N_3轮十艘借款	4,243,750.00	4,243,750.00	$3\frac{1}{2}\%$
	396	旧船十六艘借款	2,540,947.55	2,540,947.55	$3\frac{1}{2}\%$
	397	发电厂机借款	8,000,000.00	7,150,000.00	3%
	398	铁道材料借款	16,650,000.00	16,650,000.00	3%
	399	采煤器材借款	1,500,000.00	1,450,000.00	3%
财政部	3-C	租借接管借款	58,900,000.00	50,293,853.38	$2\frac{3}{8}\%$
航务局	MCc-60364	自由轮十艘借款	4,133,720.00	4,133,720.00	$3\frac{1}{2}\%$
	MCc-60365	N_3轮八艘借款	2,812,560.00	2,812,560.00	$3\frac{1}{2}\%$
	MCc-61091	C_1轮十二艘借款	7,463,172.00	7,462,960.00	$3\frac{1}{2}\%$
	MCc-61100	VC_2轮三艘借款	2,202,750.00	1,977,980.00	$3\frac{1}{2}\%$

续上表

第一次还本付息				
日期	尚欠本金	计息日数	付息金额	还本金额
37-10-1	4,243,750.00	183	74,876.03	107,800.00
36-4-1	2,540,947.55	182	12,182.63	---
36-4-1	7,150,000.00	182	6,363.70	---
36-4-1	16,650,000.00	182	24,836.30	---
36-4-1	1,450,000.00	182	238.36	---
36-7-1	50,293,853.38	365	1,148,468.97	1,676,461.78
37-1-14	4,133,720.00	183	71,944.78	---
37-1-20	2,812,560.00	183	48,211.16	---
37-11 12				
38				

第二次还本付息				
日期	尚欠本金	计息日数	付息金额	还本金额
38-4-1	4,135,950.000	182	72,180.83	106,050.00
36-10-1	2,540,947.55	183	44,588.41	---
36-10-1	7,150,000.00	183	26,040.41	---
36-10-1	16,650,000.00	183	106,362.33	---
36-10-1	1,450,000.00	183	6,577.41	---
37-7-1	48,617,391.60	365	1,062,287.10	1,676,461.78
37-7-14	4,133,720.00	182	71,944.78	267,200.00
37-7	2,812,560.00	182	50,197.69	170,960.00
5 38-4 6	7,462,960.00	182	129,823.04	468,700.00
1 38-2 5	1,977,980.00	183	34,709.47	41,210.00

续上表

第　三　次　还　本　付　息				
日　期	尚欠本金	计息日数	付息金额	还本金额
38-10-1	4,029,900.00	183	70,716.47	106,050.00
37-4-1	2,540,947.55	182	44,466.58	---
37-4-1	7,150,000.00	182	51,635.89	---
37-4-1	16,650,000.00	182	214,936.47	---
37-4-1	1,450,000.00	182	13,776.64	---
38-7-1	46,940,929.82	365	1,675,461.78	
38-1-15	3,866,520.00	183	68,220.24	---
38-1	2,641,600.00	183	46,607.94	---
10 38-11 12	6,994,260.00	183	123,122.40	---
7 38-8 11	1,936,770.00	182	33,792.72	79,990.00

第　四　次　还　本　付　息				
日　期	尚欠本金	计息日数	付息金额	还本金额
37-10-1	2,540,947.55	183	44,466.58	---
37-10-1	7,150,000.00	183	87,293.84	---
37-10-1	16,650,000.00	183	243,782.88	---
37-10-1	1,450,000.00	183	19,540.07	---
38-7-15	3,866,520.00	182	67,107.96	267,200.00
21 38-7-23 31	2,641,600.00	182	45,848.06	170,960.00

〔国民政府中央银行档案〕